KB237282

경영정보 시각화능력

과목별 **핵심정리** ＋ 과목별 **실력 점검 문제** ＋ **기출복원문제**

필기

김민지 지음

데이터는 더 이상 "분석 부서"만의 언어가 아닙니다. 오늘의 조직은 매출 · 원가 · 고객 · 운영 · 리스크 등 흩어진 정보를 빠르게 해석하고, 설득력 있게 공유하며, 실행으로 연결해야 합니다. 이때 의사결정의 속도와 품질을 좌우하는 것이 바로 정보를 '보이게' 만드는 힘, 즉 경영정보 시각화 역량입니다. 대한상공회의소가 주관하는 경영정보시각화능력(Business Intelligence Specialist) 자격은 이러한 흐름 속에서, 기업 내외부의 정보를 시각적 요소로 효과적으로 표현 · 전달하는 능력을 검증하는 국가기술자격으로 마련되었습니다.

이 자격은 단순히 차트를 "예쁘게" 만드는 시험이 아닙니다. 무엇을 지표로 삼을지, 어떤 관점으로 데이터를 구조화할지, 어떤 메시지를 우선순위로 전달할지처럼 비즈니스 문제를 시각화로 해결하는 사고 과정을 요구합니다. 또한 필기(객관식)와 실기(작업형)로 구성되어, 개념 이해부터 실제 구현까지 균형 있게 준비해야 합니다.

이 책은 처음 준비하는 분도, 실무 경험이 있는 분도 "한 권으로 끝낼 수 있는 학습 흐름"을 만들기 위해 다음과 같은 구성으로 설계했습니다.

첫째, 과목별 핵심이론으로 출제 포인트를 빠짐없이 정리했습니다. 단순 정의의 나열이 아니라, 시험에서 자주 묻는 개념의 경계(비슷한 용어의 차이), 지표 해석의 함정, 시각화 설계의 기준을 함께 잡아드립니다.

둘째, 이론을 바로 실력으로 바꾸기 위해 과목별 실력 점검 문제를 촘촘히 배치했습니다. 실력 점검 문제는 "기본 50문제+심화 50문제"로 구성하여, 개념을 '맞히는 단계'에서 '설명하고 적용하는 단계'로 자연스럽게 올라가도록 설계했습니다. 기본 문제로 자주 나오는 유형을 익히고, 심화 문제로 시간 압박과 변형에 대비하면 실전에서 흔들리지 않습니다.

셋째, 시험의 감각은 결국 기출문제에서 완성됩니다. 본서에는 최신 기출복원문제를 수록하여, 최근 출제 경향과 난이도, 선택지 구성의 특징을 실제 시험 흐름 그대로 점검할 수 있도록 했습니다.

학습을 시작할 때는 '한 번에 완벽히'보다 '정확히 반복'이 더 중요합니다. 핵심이론으로 기준을 세우고, 기본 50문제로 빈틈을 찾고, 심화 50문제로 변형 대응력을 올린 뒤, 최신 기출복원문제로 실전 감각을 마무리해 보세요. 이 순서를 따라가면 지식이 단편적으로 남지 않고, 시험장에서 바로 꺼내 쓸 수 있는 형태로 굳어집니다.

경영정보시각화능력은 합격 이후에 더 빛나는 자격입니다. 보고서 · 대시보드 · 성과지표 체계와 같은 실무의 언어로 여러분의 역량을 증명해 주기 때문입니다. 이 책이 여러분의 첫걸음을 가장 빠르고, 가장 단단하게 만들어 주는 동반자가 되길 바랍니다. 오늘의 한 문제, 한 장의 학습이 내일의 의사결정을 바꾸는 힘이 될 것입니다.

저자 김민지

1 경영정보시각화능력 종목 소개

4차 산업혁명, 디지털 전환 등으로 인해 데이터에서 의미있는 정보를 도출하는 능력이 무엇보다 중요해지고 있습니다. 〈경영정보시각화능력(Business Intelligence Specialist)〉은 경영 관련 의사결정을 위해 기업 내외부의 정보를 시각적 요소들을 사용하여 효과적으로 표현하고 전달하는 능력을 평가하는 국가기술자격 시험입니다.

2 시험 방법 및 합격 기준

시험 방법	시험 과목	출제 형태	시험시간	합격 기준
필기시험	• 경영정보 일반 • 데이터 해석 및 활용 • 경영정보시각화 디자인	객관식 60문항	60분	• 매과목 100점 만점에 과목당 40점 이상 • 평균 60점 이상
실기시험	• 경영정보시각화 실무	컴퓨터 작업형	70분	• 100점 만점에 70점 이상

※ 윈도 계산기 및 메모장 기능 사용 불가

3 필기 출제 기준

과목명	주요 항목	세부 항목	세세 항목
경영정보 일반 (20문제)	1. 경영정보 이해	기업의 부문별 활동 이해	• 인적자원, 생산, 마케팅, 재무, 회계의 일반적인 활동
	2. 기업 내부정보 파악	회계 · 재무 · 인적자원 기본정보	• 회계정보 관련 용어 • 재무정보 관련 용어 • 인적자원정보 관련 용어
	3. 기업 외부 정보 활용	마케팅 · 영업 기본정보	• 시장정보 관련 용어 • 고객정보 관련 용어 • 유통정보 관련 용어 • 매출정보 관련 용어
		공급관리 기본정보	• 구매조달정보 관련 용어 • 생산정보 관련 용어 • 물류정보 관련 용어
		기업 외부정보 활용	• 공공정보
데이터 해석 및 활용 (20문제)	1. 데이터 이해 및 해석	데이터 개념	• 데이터의 개념 • 데이터의 종류 • 데이터의 종류별 유의사항. 특성 • 데이터 파일 형식
		데이터 해석	• 데이터 해석 관점 • 데이터 기초통계량 • 확률과 확률분포

과목명	주요 항목	세부 항목	세세 항목
데이터 해석 및 활용 (20문제)	2. 데이터 파일 시스템	데이터 파일 시스템의 개념 및 종류	• 자료의 계층구조 • 데이터 파일 시스템의 개념 • 데이터 파일 시스템의 종류 및 특징
		데이터베이스 이해	• 데이터베이스 구성요소 • 데이터베이스 구조 • 키(Key)의 개념 • 변수의 개념
	3. 데이터 활용	데이터 가공 방법	• 데이터 오류와 결측치 • 데이터 정제 • 데이터 변환 • 데이터 분리 • 데이터 결합
		데이터 관리	• 데이터 수집 및 전환 • 데이터 적재 및 저장 • 데이터 보안 및 개인정보보호
		비즈니스 인텔리전스	• 비즈니스 인텔리전스의 개념 • 비즈니스 인텔리전스와 데이터 기반 의사결정 • 비즈니스 인텔리전스의 활용
경영정보 시각화 디자인 (20문제)	1. 시각화 디자인 기본 원리 이해	디자인의 기본 원리	• 리듬, 강조, 대비, 대칭 • 변화, 통일, 조화 • 균형, 형태, 공간, 규모, 비례
		인포그래픽 디자인	• 인포그래픽 유형과 원리 • 질감, 제목, 서체, 주석, 격자선, 클립아트, 두 번째 축, 범례 배경
	2. 시각화 도구 활용	사무자동화 프로그램을 활용한 시각화	• 사무자동화 프로그램의 시각화 관련 주요 기능 • 사무자동화 프로그램 활용 시각화의 장단점
		시각화 도구 (BI 소프트웨어)의 특징	• 시각화 도구(BI 소프트웨어)의 특징 • 시각화 도구의 장단점
		시각화 도구 (BI 소프트웨어)의 주요 기능	• 대시보드의 개념 및 특징 • 시각적 요소의 상호작용 • 기본함수
	3. 시각화 요소 디자인	차트 디자인	• 막대 차트, 누적막대 차트 • 꺾은선 차트 • 원형 차트 • 도넛 차트 • 분산형 차트 • 트리맵 차트 • 영역 차트 • 결합형 차트(두 개 종류의 차트를 결합한 차트) • 박스플롯 • 맵
		테이블 디자인	• 테이블 • 캘린더 차트

PART 03 경영정보시각화 디자인

CHAPTER 01 시각화 원리

목/차

PART

04 기출복원문제

경영정보 일반

경영정보시각화능력 자격증의 첫 번째 파트인 '경영정보 일반'은 모든 학습의 기초가 되는 영역이다. 현대 기업 환경에서 데이터와 정보가 경쟁력의 핵심 요소로 자리 잡으면서, 이를 효과적으로 활용하고 시각화하는 소통 능력이 더욱 중요해지고 있다.

이 영역에서는 경영의 기본 개념부터 시작하여, 정보의 특성과 가치, 그리고 시각화를 통한 정보 전달의 효과까지 체계적으로 학습한다. 특히 이해관계자 개념, 데이터와 정보의 구분, 시각화의 효과는 단골 출제 영역이므로 정확한 이해가 필수다.

더 나아가 기업의 5대 부문(인사, 생산, 마케팅, 재무, 회계)별 핵심 활동과 각 부문에서 생성되고 활용되는 정보의 특성을 이해함으로써, 경영정보시각화의 실무적 적용 기반을 다진다.

Part 01은 경영정보의 기본 개념과 활용을 다루는 영역으로 전체 60문항 중 20문항(33%)이 출제된다. 이 영역은 경영학의 기초 이론부터 실무 응용까지 폭넓은 지식을 요구하며, 특히 개념의 정확한 이해와 실제 업무 상황에서의 적용 능력이 중요하다.

Part 01 출제기준 및 기출문제 분석(3회분 60문항 기준)

대분류	세부 내용 및 기출 핵심 키워드	출제 비중
Chapter 01. 경영정보 이해	• 경영의 정의와 특성(SWOT, 5–Forces 등) • 이해관계자의 개념과 분류	30%
	• DIKW(데이터, 정보, 지식, 지혜) 구분 • 정보 시스템의 역할(CRM, ERP 등)	
	• Part 03에서 주로 다루나, Part 01에서는 정보 전달의 효과 측면에서 간접적으로 언급	
Chapter 02. 경영 활동 정보	• 재무/회계: 재무제표, 재무비율, 감가상각, 투자분석(NPV) • 인사: 직무분석, 성과평가(다면평가 등), 교육(OJT), 모집 • 마케팅: LTV, ROAS, CPC/CPM, 크로스셀링 • 생산/운영: 재고관리(EOQ, P/Q–model), SCM(황소채찍효과)	70%
	• ERP, CRM, DSS, EIS, BI의 역할과 특징 • 데이터베이스, 데이터 웨어하우스(DW)의 개념	

01 경영정보 이해

학|습|목|표

1. 경영의 개념과 관리 활동의 관계를 설명하고, 현대 경영 환경의 특성을 이해할 수 있다.
2. 이해관계자의 정의와 분류를 정확히 구분하고, 이해관계자별 관리 방안을 제시할 수 있다.
3. 정보의 특성과 데이터와의 차이점을 이해하고, 경영 의사결정에서의 정보 활용 방법을 설명할 수 있다.
4. 시각화의 정의와 효과를 구체적 수치로 설명하고, 경영 상황별 적절한 시각화 방법을 선택할 수 있다.
5. 기업 5대 부문의 핵심 활동과 정보 특성을 파악하고, 부문 간 연계성을 이해할 수 있다.
6. 경영 활동 단계별 정보 분류 체계를 이해하고, 각 단계에 적합한 정보 유형을 구분할 수 있다.

01 경영, 정보, 시각화

1 경영[Management]

1) 경영의 정의와 현대 경영의 특징

① 경영이란?

경영은 조직의 목표 달성을 위해 한정된 자원을 효과적이고 효율적으로 활용하는 제반 활동을 의미한다. 경영학의 아버지로 불리는 피터 드러커(Peter Drucker)는 "경영은 성과를 통해 증명되는 것"이라고 정의했으며, 이는 경영의 본질이 결과 지향적 활동임을 강조한 것이다.

㉠ 경영 활동의 본질

- **목표 지향성:** 명확한 목표 설정과 달성에 초점
- **자원 활용:** 인적 · 물적 · 재정적 자원의 최적 배분
- **성과 창출:** 투입 대비 최대의 산출 실현
- **지속 가능성:** 장기적 관점에서의 조직 생존과 발전

ⓒ 경영과 일반 관리의 차이점

경영은 단순한 관리(Administration)와는 구별되는 개념이다. 관리가 기존 시스템의 유지 운영에 중점을 둔다면, 경영은 혁신과 변화를 통한 가치 창출에 초점을 맞춘다.

- **관리의 특성:** 안정성, 질서 유지, 규칙 준수, 현상 유지
- **경영의 특성:** 혁신성, 변화 주도, 기회 포착, 가치 창출
- **관리와 경영의 상호 보완성:** 효과적인 조직 운영을 위해서는 두 활동이 균형있게 수행되어야 한다.

ⓒ 경영 과정

프랑스의 경영학자로, 현대 경영이론의 기초를 마련한 앙리 파욜(Henri Fayol)이 제시한 현대 경영과정은 네 가지 주요 요소로 나뉜다.

- **계획(Planning):** 목표 설정과 달성 방법 결정
    - 조직의 비전과 목표 수립
    - 목표 달성을 위한 전략과 전술 개발
    - 자원 배분 계획과 일정 수립
- **조직(Organizing):** 업무 분담과 권한 배분
    - 조직 구조 설계와 부서 편성
    - 업무 분담과 역할 정의
    - 권한과 책임의 명확한 배분
- **지휘(Leading):** 구성원 동기부여와 리더십 발휘
    - 구성원들의 동기부여와 사기 진작
    - 효과적인 의사소통과 조정
    - 갈등 해결과 팀워크 구축
- **통제(Controlling):** 성과 측정과 조정
    - 성과 기준 설정과 측정
    - 편차 분석과 원인 파악
    - 시정 조치와 개선 방안 실행

② 현대 경영의 특징

㉠ VUCA 환경의 대두

21세기 경영 환경은 VUCA(Volatility, Uncertainty, Complexity, Ambiguity)로 특징지어지며, 기업들은 이러한 환경 변화에 적응하기 위한 새로운 경영 패러다임을 요구받고 있다.

- **변동성(Volatility)**: 급격하고 예측 불가능한 변화
  - 기술 발전 속도의 가속화(AI, 메타버스, 블록체인 등 신기술의 빠른 확산)
  - 시장 상황의 빠른 변화(소비 트렌드의 단기화, 산업 생명주기 단축)
  - 고객 요구의 다양화와 개별화(개인 맞춤형 서비스 수요 증가)
- **불확실성(Uncertainty)**: 미래 예측의 어려움
  - 팬데믹과 같은 예상치 못한 글로벌 위기
  - 지정학적 불안정과 정책 변화(무역분쟁, 규제 강화)
  - 새로운 경쟁자와 비즈니스 모델의 등장(플랫폼 기업의 산업 간 진출)
- **복잡성(Complexity)**: 다양한 요인들의 상호 작용
  - 글로벌 공급망의 복잡화와 리스크 증가
  - 다양한 이해관계자들의 상충하는 요구사항 조율
  - 규제 환경의 복잡화와 다변화(개인정보보호, 환경규제 등)
- **모호성(Ambiguity)**: 명확하지 않은 인과 관계
  - 기존 산업 경계의 모호화(핀테크, 에듀테크 등 융합 산업)
  - 새로운 성공 요인의 불분명함(전통적 KPI의 한계)
  - 전통적 경영 원칙의 적용 한계

ⓛ 디지털 전환과 경영 혁신

디지털 기술의 발전은 기업 운영 방식을 근본적으로 변화시키며, 경쟁 우위의 새로운 원천이 되고 있다.

- **인공지능(AI)의 도입**: 의사결정 지원, 업무 자동화, 고객 서비스 개선
- **빅데이터 활용**: 고객 행동 분석, 시장 예측, 운영 최적화
- **클라우드 컴퓨팅**: 비용 절감, 확장성 증대, 원격 협업 환경 구축
- **사물인터넷(IoT)**: 실시간 모니터링, 예측 유지보수, 스마트 팩토리 구현
- **디지털 플랫폼**: 생태계 구축을 통한 네트워크 효과 창출

ⓒ 지속 가능 경영의 확산

기업의 사회적 책임과 장기적 가치 창출에 대한 인식이 높아지면서, 지속 가능 경영이 선택이 아닌 필수 요소로 자리잡고 있다.

- **ESG 경영**: 환경(Environment), 사회(Social), 지배구조(Governance)
- **환경 친화적 경영 활동**(탄소중립, 재생에너지 활용)
- **사회적 책임 이행**(일자리 창출, 지역사회 기여)
- **투명하고 윤리적인 지배구조**(이사회 독립성, 정보 공개)

- **이해관계자 자본주의:** 주주뿐만 아니라 고객, 직원, 지역사회 등 모든 이해관계자의 가치 고려
- **순환경제 모델:** 자원의 재사용과 재활용을 통한 지속 가능한 성장 추구

| 표 1-1 | 전통적 경영과 현대 경영의 비교

구분	전통적 경영	현대 경영
환경 인식	안정적, 예측 가능	VUCA, 급변하는 환경
조직 구조	계층적, 수직적	수평적, 네트워크형
의사결정	직관과 경험 중심	데이터와 분석 중심
고객 관계	대량 표준화	개인화, 맞춤형
혁신 방식	내부 R&D 중심	개방형 혁신, 협력, 산업 간 융합
성과 측정	재무적 성과 위주	균형 잡힌 성과 지표
가치 창출	주주 가치 극대화	이해관계자 가치 균형

2) 이해관계자와 경영 환경

★★★
출제포인트

이해관계자(Stakeholder) 개념이 출제되었다. 정확한 정의와 포함 범위를 명확히 해야 한다. 특히 주주(Shareholder)와의 구분이 중요하다.
주주는 기업의 소유권을 가진 자로 이해관계자 중 하나에 해당하나, 전체를 포괄하는 개념은 아니다. 이해관계자가 주주보다 훨씬 넓은 개념이라는 점을 기억해야 한다.

① 이해관계자의 개념과 중요성

㉠ 이해관계자(Stakeholder)의 정의

- 기업 경영에 직간접적으로 영향을 미치거나 영향을 받는 모든 개인 또는 집단
- 기업의 의사결정과 활동에 이해관계를 가지는 주체들
- 기업의 성공과 실패에 영향을 주고받는 상호 의존적 관계

㉡ 이해관계자 개념의 등장 배경

- **전통적 관점:** 기업의 목적은 주주 이익 극대화
- **현대적 관점:** 기업은 사회의 일부로서 다양한 이해관계자에게 책임
- **지속 가능 경영:** 장기적 생존과 성장을 위해서는 모든 이해관계자와의 균형 필요

ⓒ 이해관계자 포함 범위

- 고객, 종업원, 협력업체, 정부, 지역사회, 주주, 채권자, NGO 등

- 직접적 이해관계자와 간접적 이해관계자로 구분

- 1차 이해관계자(핵심)와 2차 이해관계자(주변)로 분류

| 표 1-2 | 이해관계자의 상세 분류

분류 기준	이해관계자 유형	구체적 대상	주요 관심사	영향력
위치별	내부 이해관계자	주주, 경영진, 직원, 노동조합	수익성, 안정성, 근무환경, 복리후생	직접적, 지속적
	외부 이해관계자	고객, 협력업체, 정부, 지역사회, 경쟁사	제품 품질, 상생협력, 법규 준수, 사회공헌	간접적, 상황적
중요도별	1차 이해관계자	주주, 고객, 직원, 협력업체	기업 존속에 핵심적 영향	매우 높음
	2차 이해관계자	정부, 지역사회, 미디어, NGO	기업 평판과 사회적 책임	보통
관계별	계약적 이해관계자	주주, 직원, 협력업체, 고객	명시적 계약 관계 기반	법적 구속력
	공동체적 이해관계자	지역사회, 정부, 환경단체	사회적 기대와 책임 기반	도덕적 압력

② 유사 개념과의 정확한 구분

㉠ 주주(Shareholder) vs 이해관계자(Stakeholder)

- **주주**: 기업의 지분을 소유한 투자자들만을 지칭

- **이해관계자**: 주주를 포함하여 기업과 관련된 모든 집단을 포괄

㉡ 대리인(Agent)

- 대리인 이론에서 등장하는 개념

- 주주(주인)의 이익을 위임받아 경영을 수행하는 경영진

㉢ 의사결정자(Decision maker)

- 특정 상황에서 선택을 내리는 개인이나 집단

- 경영 전반의 참여자나 이해관계자 전체를 지칭하지는 않는다.

③ 현대 기업의 이해관계자 관리 전략

㉠ 이해관계자별 관리 방안

현대 기업은 주주뿐만 아니라 고객, 직원, 협력업체, 정부, 지역사회 등 다양한 이해관계자들과 상호 의존적인 관계를 형성하고 있다. 각 이해관계자 그룹의 서로 다른 기대와 요구사항을 충족시키기 위해서는 맞춤형 관리 전략이 필요하다.

| 표 1-3 | 이해관계자별 핵심 관심사와 관리 전략

이해관계자	핵심 관심사	주요 관리 전략
주주	투자수익, 기업가치	• 정기적이고 투명한 재무 정보 공개 • 안정적인 배당 정책과 주주환원 정책 • 기업 지배구조 개선과 주주권익 보호
고객	품질, 서비스, 가치	• 지속적인 제품 · 서비스 품질 향상 • 고객 만족도 조사와 피드백 시스템 운영 • 브랜드 신뢰도 구축과 장기적 관계 유지
직원	보상, 성장, 복지	• 성과 기반의 공정한 평가와 보상 시스템 • 교육 훈련 기회 제공과 경력 개발 지원 • 근무 환경 개선과 워라밸 정책 시행
협력업체	공정거래, 상생발전	• 공정한 거래 조건과 투명한 계약 관계 • 기술 지원과 자금 지원을 통한 동반성장 • 장기적 파트너십 구축과 신뢰 관계 형성
정부	법규준수, 사회적 책임	• 관련 법규와 규제의 철저한 준수 • 성실한 세금 납부와 투명한 회계 처리 • 정부 정책과의 협력과 사회적 책임 이행
지역사회	사회공헌, 환경보호	• 지역사회 발전을 위한 사회공헌 활동 • 환경 보호와 지속 가능한 경영 활동 • 지역 고용 창출과 경제 활성화 기여

㉡ 이해관계자 갈등 관리

이해관계자들의 이익이 항상 일치하는 것은 아니다. 기업은 서로 상충하는 요구사항들 사이에서 균형점을 찾아 갈등을 관리해야 한다.

| 표 1-4 | 주요 이해관계자 갈등 유형과 관리 방향

갈등 유형	갈등 상황	관리 방향
단기 vs 장기	단기 수익과 장기 투자 간의 균형	• 주주들의 단기 수익 요구와 장기 성장 투자의 조화 • 분기별 실적 압박과 R&D 투자의 균형 • 배당 정책과 재투자 정책의 적절한 배분

갈등 유형	갈등 상황	관리 방향
주주 vs 직원	비용 절감과 고용 안정 간의 딜레마	• 인건비 절감 압력과 고용 유지의 상충 • 구조조정과 직원 복리후생의 균형 • 성과급 지급과 안정적 임금 체계의 조화
고객 vs 주주	가격 인하와 수익성 간의 상충	• 고객 만족을 위한 가격 경쟁력과 수익성 확보 • 품질 투자와 비용 절감의 균형 • 고객 서비스 개선과 운영 효율성의 조화
성장 vs 환경	사업 확장과 환경보호 간의 조화	• 생산 확대와 환경 영향 최소화의 균형 • 경제적 성장과 지속 가능성의 조화 • 단기 성과와 장기 환경 책임의 균형

ⓒ 통합적 이해관계자 관리 원칙

- **투명성:** 모든 이해관계자에게 정확하고 시의적절한 정보 제공
- **공정성:** 이해관계자 간의 공평한 대우와 기회 제공
- **책임성:** 이해관계자에 대한 약속과 의무 이행
- **지속 가능성:** 장기적 관점에서의 상생 관계 구축

② 정보[Information]

1) 데이터와 정보의 구분

★★★
출제포인트

데이터와 정보의 개념 구분이 출제되었다. 단순한 정의뿐만 아니라 실제 업무에서의 활용 맥락까지 이해해야 한다.

① 데이터와 정보의 기본 개념

㉠ 데이터(Data)의 특성

데이터는 정보화 시대의 원료에 해당하는 개념으로, 아직 가공되지 않은 원시 상태의 사실이나 수치를 의미한다. 데이터 그 자체로는 특별한 의미를 갖지 못하며, 적절한 처리와 분석을 통해 비로소 가치 있는 정보로 변환된다.

- **정의:** 가공되지 않은 원시 사실이나 수치, 기호, 문자 등의 집합
- **특징:** 객관적, 중립적, 맥락 없이 존재
- **상태:** 그 자체로는 의미가 부족하거나 불명확
- **예시:** 100, 500, 김철수, 2024-01-15, 서울, 25도 등의 개별 요소들

ⓛ 정보(Information)의 특성

정보는 데이터가 특정 목적을 위해 가공되고 분석되어 의미를 갖게 된 상태를 말한다. 정보는 의사결정자가 판단을 내리는 데 직접적으로 활용할 수 있는 형태로 제공되며, 경영 활동의 핵심 자원 역할을 한다.

- **정의**: 특정 목적을 위해 가공되고 해석된 데이터
- **특징**: 주관적, 목적 지향적, 맥락 속에서 의미 부여
- **상태**: 의사결정에 직접 활용 가능한 형태
- **예시**: "김철수의 1월 매출이 전월 대비 20% 증가했다", "서울의 오늘 날씨는 야외활동하기 좋다."

ⓒ 데이터에서 정보로의 변환 과정

데이터가 정보로 변환되는 과정은 체계적이고 단계적으로 이루어진다. 이 과정을 통해 데이터가 가치 있는 정보로 탄생한다.

- **수집(Collection)**: 다양한 원천에서 관련 데이터 확보
  - 내부 시스템에서의 데이터 추출
  - 외부 소스로부터의 데이터 수집
- **정제(Cleaning)**: 오류 제거, 중복 제거, 표준화
  - 결측값(관측되지 않은 데이터) 처리
  - 이상값(데이터의 정상 범위를 넘어선 데이터) 탐색
  - 데이터 형식의 통일과 표준화
  - 중복 데이터 식별과 제거
- **가공(Processing)**: 분류, 집계, 계산, 분석
  - 목적에 맞는 데이터 분류와 그룹화
  - 통계적 분석과 수치 계산
  - 패턴 인식과 트렌드 분석
- **해석(Interpretation)**: 맥락 고려, 의미 부여, 패턴 발견
  - 업무 맥락에서의 의미 해석
  - 비즈니스 관점에서의 시사점 도출
  - 의사결정에 필요한 인사이트 생성
- **표현(Presentation)**: 시각화, 보고서 작성, 대시보드 구성
  - 차트, 그래프를 통한 시각적 표현
  - 구조화된 보고서 형태로 정리
  - 실시간 모니터링을 위한 대시보드 구성

구분	데이터(Data)	정보(Information)
정의	가공되지 않은 원시 사실이나 수치	특정 목적을 위해 가공되고 해석된 데이터
특징	객관적, 중립적, 맥락 독립적	주관적, 목적 지향적, 맥락 의존적
형태	숫자, 문자, 기호의 나열	구조화된 메시지나 지식
예시1	매출액: 500만원, 600만원, 700만원	3개월 연속 매출 증가 추세, 월평균 16.7% 성장
예시2	온도: 25℃, 습도: 60%, 바람: 5m/s	야외 활동하기 적정한 날씨
예시3	고객 연령: 25, 30, 35, 40, 45세	주 고객층은 30~40대, 마케팅 타깃 설정 필요
활용도	그 자체만으로는 의미 부족	의사결정에 직접 활용 가능
가치	잠재적 가치 보유	현실적 가치 실현

🖥️ 사례 예시

실무에서의 데이터-정보 변환 사례

① 매출 관리 분야
- 데이터: A제품 100개, B제품 50개, C제품 200개 판매
- 정보: C제품이 전체 매출의 57%를 차지하는 주력 상품으로, 마케팅 자원을 집중 배치
- 활용: 제품별 마케팅 예산 배분과 재고 관리 전략 수립

② 인사 관리 분야
- 데이터: 직원별 근무 시간, 교육 이수 시간, 평가 점수
- 정보: 김대리는 업무 역량이 높고 교육 참여도가 우수하여 승진 후보자로 적합
- 활용: 승진 인사와 교육 프로그램 개선 방안 수립

③ 재고 관리 분야
- 데이터: 창고별 재고량, 일별 출고량, 발주량
- 정보: D창고의 재고 회전율이 낮아 재고 최적화가 필요하며, 월말까지 30% 재고 조정 권장
- 활용: 창고 운영 효율화와 재고 비용 절감 전략 수립

2) 정보의 3대 특성

① 정보 가치의 필수 조건

정보가 경영 의사결정에 실질적으로 도움이 되려면 목적성, 시의성, 정확성의 3가지 특성을 모두 만족해야 한다. 이 중 하나라도 부족하면 정보의 가치가 크게 떨어지며, 때로는 잘못된 의사결정을 유도할 수 있다.

- **목적성**(Relevance): 특정 의사결정 목적에 부합해야 한다.
- **시의성**(Timeliness): 적절한 시점에 제공되어야 한다.
- **정확성**(Accuracy): 오류 없는 올바른 내용이어야 한다.

| 표 1-6 | 정보의 3대 특성 상세 분석

특성	정의	구체적 요구사항	긍정적 예시	부정적 예시	위반 시 문제점
목적성	특정 의사결정 목적을 위해 가공됨	• 의사결정자의 니즈 반영 • 활용 가능한 형태 • 적절한 상세 수준	신제품 출시를 위한 경쟁사 가격 분석 자료	회계 감사용 자료를 마케팅 전략 수립에 사용	불필요한 정보로 혼란 가중, 잘못된 초점
시의성	적절한 시점에 제공됨	• 실시간 또는 정기적 제공 • 의사결정 시점 고려 • 변화 속도 반영	실시간 재고 현황, 일일 매출 속보	6개월 전 시장조사 결과를 현재 전략 수립에 사용	기회 상실, 시기 부적절한 판단
정확성	오류 없는 올바른 내용	• 검증된 출처 • 일관된 기준 • 신뢰할 수 있는 방법론	공인 기관 통계, 검수 완료된 재무 데이터	미확인 루머, 조작된 데이터, 품질 관리가 제대로 되지 않은 데이터	잘못된 의사결정으로 인한 손실과 위험

② 정보 품질 관리의 실무적 접근

㉠ 목적성 확보 방안

정보의 목적성을 확보하기 위해서는 정보 이용자의 구체적인 요구사항을 사전에 파악하고, 이에 맞는 맞춤형 정보를 제공해야 한다. 의사결정 과정에서 실제로 활용 가능한 정보가 되도록 체계적인 접근이 필요하다.

| 표 1-7 | 정보 목적성 확보를 위한 세부 방안

구분	주요 활동	실행 방법
요구사항 정의	정보 이용자의 구체적 니즈 파악	• 정기적인 사용자 인터뷰 실시 • 정보 활용 패턴 분석 • 의사결정 프로세스 매핑
사전 협의	의사결정자와 사전 협의 진행	• 정보 제공 전 활용 목적과 방법 확인 • 기대 성과와 활용 방안 논의 • 정보 형식과 구조 사전 조율
맞춤형 제공	활용 시나리오별 차별화된 정보 구성	• 상황별 정보 템플릿 개발 • 사용자 그룹별 맞춤 대시보드 • 의사결정 유형별 정보 패키지
적정 수준 조절	의사결정 레벨에 맞는 정보 깊이 조정	• 경영진용 요약 정보 • 실무진용 상세 정보 • 계층별 정보 접근 권한 설정

ⓒ 시의성 확보 방안

변화하는 경영 환경에서 적시에 제공되는 정보만이 의사결정에 실질적인 도움을 줄 수 있다. 실시간 데이터 처리와 정기적인 보고 체계를 통해 정보의 시의성을 확보해야 한다.

| 표 1-8 | 정보 시의성 확보를 위한 체계적 접근

구분	핵심 요소	구현 방안
실시간 시스템	자동화된 데이터 수집과 처리 체계	• IoT 센서 기반 실시간 모니터링 • API 연동을 통한 자동 데이터 수집 • 클라우드 기반 실시간 분석 시스템
정기 보고	일간, 주간, 월간 보고 체계 확립	• 보고 주기별 템플릿 표준화 • 자동 보고서 생성 시스템 • 배포 일정 관리 시스템
예외 알림	임곗값 설정과 자동 알림 시스템	• KPI 기준 알림 설정 • 다단계 에스컬레이션 체계 • 모바일 푸시 알림 연동
스케줄 연동	회의 일정과 연동된 정보 제공	• 의사결정 회의 전 사전 브리핑 • 실시간 회의 자료 업데이트 • 후속 조치를 위한 액션 아이템 추적

ⓒ 정확성 확보 방안

정확하지 않은 정보는 잘못된 의사결정을 야기할 수 있어 기업에 치명적인 손실을 가져올 수 있다. 체계적인 검증 프로세스와 품질 관리 체계를 통해 정보의 정확성을 보장해야 한다.

| 표 1-9 | 정보 정확성 확보를 위한 품질 관리 체계

구분	관리 방법	세부 실행 방안
검증 절차	다단계 검증과 승인 프로세스	• 1차 데이터 입력자 자체 검증 • 2차 담당자 교차 검증 • 3차 관리자 최종 승인
교차 확인	여러 소스의 데이터 비교 검증	• 내부 시스템과 외부 데이터 비교 • 과거 데이터와의 일관성 검토 • 유사 지표 간 상관관계 분석
품질 점검	월별, 분기별 데이터 품질 감사	• 정기적인 데이터 품질 스코어카드 작성 • 오류 패턴 분석 및 개선 방안 도출 • 데이터 소스별 신뢰도 평가
오류 대응	신속한 정정과 재배포 체계	• 오류 발견 즉시 관련자 통보 • 수정된 정보의 신속한 재배포 • 오류 원인 분석과 재발 방지책 수립

③ 정보 가치의 측정과 평가

㉠ 비용 절감 효과

정보 활용을 통한 비용 절감은 가장 직접적이고 측정 가능한 정보 가치 중 하나다. 잘못된 의사결정 방지와 운영 효율성 개선을 통해 상당한 비용 절감 효과를 얻을 수 있다.

• 재고 최적화를 통한 보관비용 절감

• 시장 정보 활용을 통한 투자 리스크 감소

• 고객 정보 분석을 통한 마케팅 비용 효율화

• 운영 데이터 활용을 통한 불필요한 지출 방지

㉡ 수익 증대 효과

적시적절한 정보는 새로운 시장 기회를 포착하고 기존 사업의 수익성을 향상시키는 데 핵심적인 역할을 한다. 시장 트렌드 정보와 고객 행동 분석을 통해 직접적인 매출 증대로 이어질 수 있다.

• 시장 트렌드 정보를 활용한 신규 사업 기회 발굴

• 고객 행동 분석을 통한 매출 증대

- 운영 정보 활용을 통한 생산성 향상
- 경쟁 정보 분석을 통한 시장 점유율 확대

ⓒ 리스크 감소 효과

불확실한 경영 환경에서 정확한 정보는 리스크를 사전에 감지하고 대응할 수 있게 해주는 조기 경보 시스템 역할을 한다. 예측 정확도 향상과 불확실성 해소를 통해 기업의 안정성을 크게 높일 수 있다.

- 시장 변화 조기 감지를 통한 대응력 강화
- 재무 정보 분석을 통한 투자 리스크 관리
- 운영 데이터 활용을 통한 사고 예방
- 규제 변화 모니터링을 통한 컴플라이언스 리스크 최소화

3 시각화[Visualization]

1) 시각화의 중요성과 특징

① 시각화의 중요성

인간의 뇌는 수백만 년의 진화 과정에서 시각 정보를 처리하는 데 특화되어 발달해왔다. 이러한 생리학적 특성은 현대 비즈니스 환경에서 정보 전달과 의사결정에 핵심적인 역할을 한다.

| 표 1-10 | 인간 뇌의 시각 정보 처리 특성

구분	처리 능력	비교 데이터	비즈니스 시사점
처리 속도	0.13초 내 시각 정보 인식	텍스트 대비 60,000배 빠름	대시보드를 통한 즉시 상황 파악 가능
기억 지속성	3일 후 65% 기억 유지	텍스트 10% vs 시각 +텍스트 85%	교육 · 프레젠테이션 효과 극대화
뇌 활용도	뇌의 30%가 시각 정보 처리	청각 3%, 촉각 8%	인간 친화적 정보 전달 방식
병렬 처리	다중 시각 요소 동시 처리	순차적 텍스트 처리와 대비	복잡한 정보의 통합적 이해 가능

지역/분기	1분기	2분기	3분기	4분기
서울	120백만원	135백만원	98백만원	87백만원
부산	95백만원	88백만원	105백만원	92백만원
대구	78백만원	82백만원	89백만원	95백만원
광주	65백만원	71백만원	68백만원	73백만원

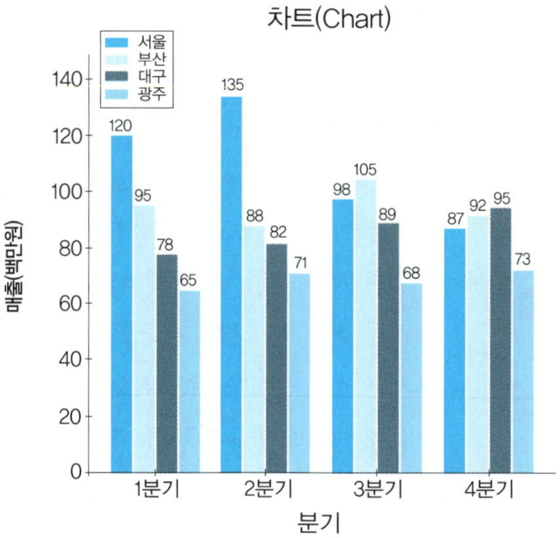

▲ **그림 1-1** 표 vs 차트 비교

- **표(Table)**: 지역별/분기별 매출 데이터가 복잡한 표 형태로 나열되어 한눈에 파악하기 어려운 상태
- **차트(Chart)**: 같은 데이터를 막대 차트로 시각화하여 지역별 성과 차이와 분기별 트렌드를 즉시 파악 가능

② 시각화의 3가지 핵심 기능

비즈니스 데이터 시각화는 단순한 그래프 작성을 넘어서 전략적 의사결정을 지원하는 세 가지 핵심 기능을 수행한다.

㉠ 패턴 인식(Pattern Recognition)

숫자의 나열로는 발견하기 어려운 규칙성과 의미 있는 패턴을 시각적으로 명확하게 드러낸다.

| **표 1-11** | 패턴 인식을 위한 시각화 적용 사례

패턴 유형	시각화 기법	비즈니스 활용 사례	발견 가능한 인사이트
시계열 패턴	라인차트, 히트맵	• 월별 매출 변화 추이 • 시간대별 웹사이트 접속률	• 계절성 파악 • 피크 시간대 식별
공간적 패턴	지도 시각화, 클러스터 차트	• 지역별 매장 성과 분포 • 고객 거주지 클러스터링	• 지역별 특성 이해 • 신규 진출 지역 선정
상관관계 패턴	산점도, 버블차트	• 광고비와 매출의 관계 • 온도와 음료 판매량 상관성	• 투자 효과 측정 • 외부 요인 영향도 파악

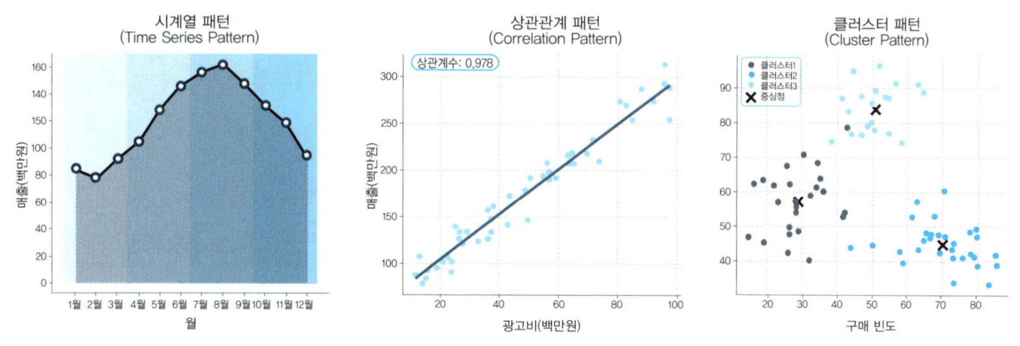

▲ **그림 1-2** 패턴 인식을 위한 시각화

- **왼쪽:** 시계열 패턴(라인 차트) – 월별 매출의 계절성 패턴
- **가운데:** 상관관계 패턴(산점도) – 광고비와 매출의 양의 상관관계
- **오른쪽:** 클러스터 패턴 – 구매 행동에 따른 고객 세그먼트 분류

Ⓛ 비교 분석(Comparative Analysis)

여러 대상 간의 차이점과 유사점을 명확하게 구분하여 우선순위 설정과 의사결정을 지원한다.

| **표 1-12** | 비교 분석을 위한 시각화 방법론

비교 유형	적합한 차트	활용 시나리오	의사결정 지원 효과
크기 비교	막대그래프, 파이 차트	• 제품별 매출 순위 • 부서별 예산 배분 현황	• 성과 순위 즉시 파악 • 자원 배분 우선순위 결정
시간별 비교	라인 차트, 영역 차트	• 전년 동기 대비 성장률 • 월별 누적 성과 추이	• 성장 추세 모니터링 • 목표 달성 가능성 예측
다차원 비교	레이더 차트, 버블 차트	• 경쟁사 대비 역량 분석 • 제품 포트폴리오 매트릭스	• 종합적 경쟁력 평가 • 전략적 포지셔닝 수립

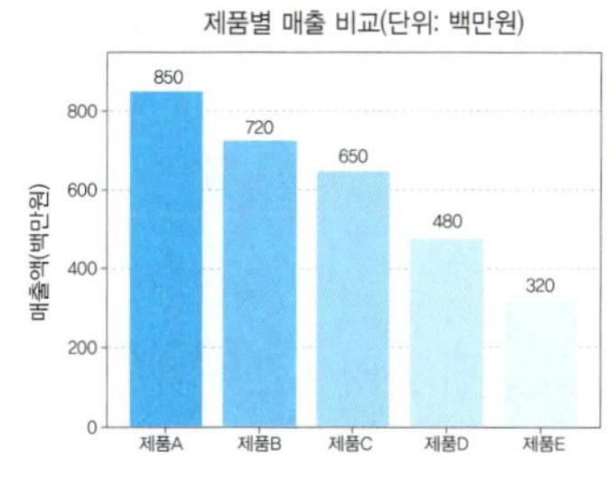

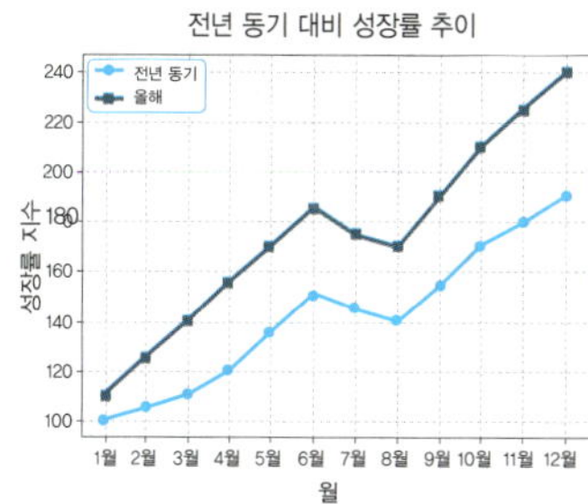

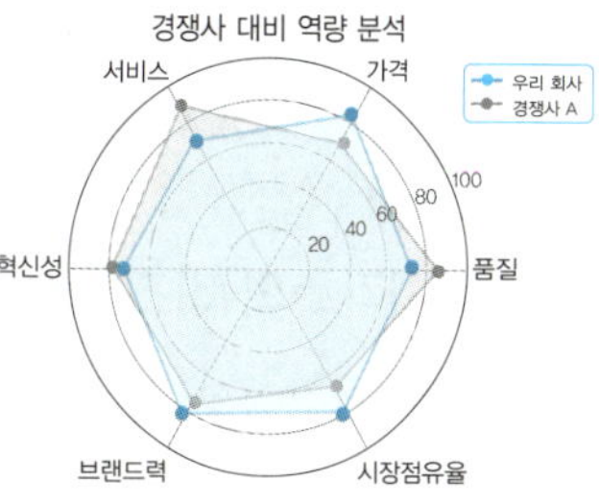

▲ **그림 1-3** 비교 분석을 위한 시각화

- **왼쪽:** 크기 비교 패턴(막대 차트) – 제품별 매출 규모의 명확한 순위 비교
- **가운데:** 시간별 비교 패턴(라인 차트) – 전년 동기 대비 성장 추세
- **오른쪽:** 다차원 비교 패턴(레이더 차트) – 경쟁사 대비 종합 역량의 균형 분석

ⓒ 예외 탐지(Anomaly Detection)

일반적 범위를 벗어난 이상 상황을 조기에 발견하여 리스크 관리와 기회 포착을 지원한다.

| 표 1-13 | 예외 탐지를 위한 시각화 접근법

예외 유형	탐지 방법	시각화 도구	비즈니스 대응 방안
이상값 식별	통계적 분포 분석	박스플롯, 산점도	• 급격한 매출 변화 원인 분석 • 고객 이상 행동 패턴 조사
임곗값 초과	기준선 비교	게이지차트, 컨트롤차트	• KPI 목표치 이탈 시 즉시 대응 • 품질 관리 기준 위반 시 조치
트렌드 이탈	예측 모델 비교	추세선, 예측 구간	• 예상 성장 궤도 이탈 시 전략 수정 • 시장 변화 조기 감지 및 대응

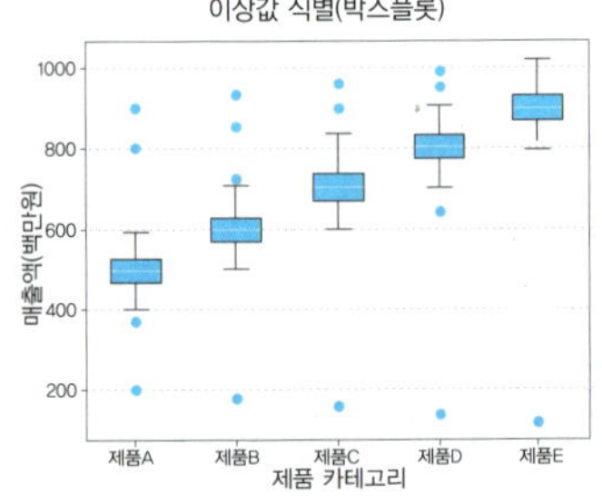
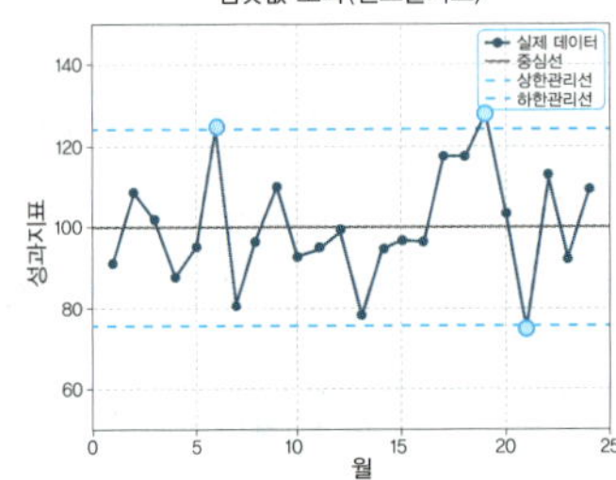
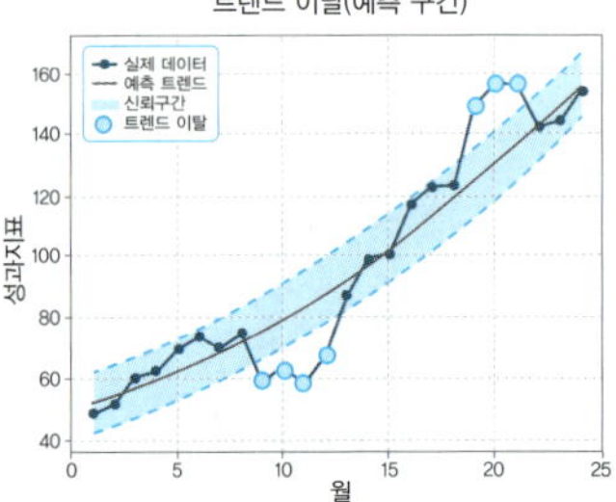

▲ 그림 1-4 예외 탐지를 위한 시각화

- **왼쪽**: 이상값 식별(박스플롯)-제품별 매출 분포에서 통계적 이상값을 점으로 표시하여 비정상적인 판매 패턴 식별
- **가운데**: 임곗값 초과(컨트롤차트)-24개월간 품질 지표의 관리한계선 위반 지점을 실시간 모니터링하여 품질 관리 상태 추적
- **오른쪽**: 트렌드 이탈(예측 구간)-예측값 대비 실젯값의 신뢰구간 이탈 지점을 강조하여 성과 지표의 비정상적 변화 탐지

③ 시각화의 비즈니스 활용 효과

현대 경영 환경에서 시각화는 단순한 정보 전달 도구를 넘어서 조직의 경쟁력을 좌우하는 핵심 역량이 되고 있다.

㉠ 의사결정 속도 향상

- **정보 처리 시간 단축**: 복잡한 데이터를 빠르게 인식하여 즉시 핵심 포인트 파악
- **핵심 인사이트 즉시 도출**: 중요한 패턴과 예외상황을 우선적으로 인지
- **회의 효율성 증대**: 시각 자료 기반의 신속한 의견 수렴과 결론 도출

ⓒ 커뮤니케이션 효과 극대화

- **언어 장벽 극복**: 시각적 표현은 언어와 문화적 배경에 관계없이 직관적 이해 가능
- **복잡한 개념의 단순화**: 다차원적 데이터와 복잡한 관계를 간결하게 표현
- **설득력 강화**: 객관적 데이터 기반의 논리적 근거 제시로 의사결정 신뢰도 향상

ⓒ 학습과 기억 효과 증진

- **장기 기억 저장**: 시각 정보의 높은 기억 유지율로 지속적인 학습 효과 창출
- **연관 학습 촉진**: 관련 정보들 간의 시각적 연결고리 형성으로 통합적 이해 증진
- **반복 학습 효과**: 한 번 인식된 시각적 패턴의 빠른 재인식으로 업무 효율성 향상

02 기업 6대 부문 활동 및 정보 특성

1 6대 경영 부문과 정보 체계

① 6대 경영 부문의 개념

㉠ 기업 조직의 기능적 분화

기업은 복잡한 경영 목표를 효율적으로 달성하기 위해 전문화된 부문으로 조직을 구성한다. 각 부문은 고유한 역할과 책임을 가지며, 서로 유기적으로 연결되어 전체 성과에 기여한다.

- 6대 핵심 부문의 구성
  - **생산 부문**: 제품과 서비스의 창출을 담당하는 핵심 부문
  - **영업 부문**: 고객과의 직접적인 접점에서 판매를 담당하는 부문
  - **마케팅 부문**: 시장 분석과 브랜드 전략을 담당하는 부문
  - **재무 부문**: 자금의 조달과 운용을 관리하는 부문
  - **회계 부문**: 경영 활동의 측정과 보고를 담당하는 부문
  - **인사 부문**: 인적 자원의 관리와 개발을 책임지는 부문

㉡ 부문별 정보의 특성과 역할

각 부문은 담당하는 업무의 성격에 따라 서로 다른 유형의 정보를 필요로 하며, 생성하는 정보의 특성도 다르다. 이러한 정보들은 부문 내 의사결정뿐만 아니라 다른 부문과의 협업에도 중요한 역할을 한다.

- 부문별 정보의 3가지 역할
  - **의사결정 지원**: 각 부문의 전략적, 운영적 의사결정에 필요한 근거 제공
  - **성과 측정**: 부문별 목표 달성도와 효율성을 평가하는 기준 제공
  - **부문 간 조정**: 다른 부문과의 협업과 전체 조직 목표 달성을 위한 연결고리 역할

2 생산 부문의 정보 특성

① 생산 정보의 기본 특성

㉠ 생산 정보의 정의와 범위

생산 정보는 제품이나 서비스를 창출하는 모든 과정에서 발생하고 활용되는 정보를 의미한다.

- 투입(원재료, 인력, 설비)→변환(가공, 조립, 서비스 제공)→산출(완제품, 서비스) 과정의 모든 데이터
- 품질, 비용, 납기, 안전 등 생산 활동의 핵심 요소에 관한 정보
- 내부 생산 활동뿐만 아니라 공급업체, 외주업체와 관련된 정보도 포함

㉡ 생산 정보의 주요 특성

- **실시간성:** 생산 현장의 상황 변화에 즉각적으로 대응하기 위한 실시간 정보 필요
  - 설비 가동률, 작업 진행 상황, 품질 상태 등의 실시간 모니터링
  - 생산 지연이나 품질 문제 발생 시 즉시 파악하여 신속한 대응 가능
- **정량적 측정 가능성:** 대부분의 생산 정보는 수치로 표현 가능
  - 생산량, 불량률, 가동률, 원가 등 객관적 측정이 가능한 지표들
  - 데이터 기반의 과학적 관리와 지속적 개선 활동 지원
- **통합성:** 다양한 생산 요소들이 유기적으로 연결된 통합 정보 체계
  - 계획→실행→통제의 전 과정에 걸친 정보 연계
  - MES(Manufacturing Execution System), ERP(Enterprise Resource Planning) 등 통합 정보 시스템 활용

| 표 1-14 | 생산 부문 정보의 분류와 특성

정보 유형	주요 내용	특성	활용 목적
계획 정보	생산계획, 자재소요계획	예측적, 중장기적	자원 배분, 일정 수립
실행 정보	작업지시, 진도관리	실시간, 구체적	현장 관리, 진도 통제
통제 정보	품질데이터, 성과지표	정량적, 객관적	성과 평가, 개선 활동

② 스마트 팩토리와 Industry 4.0 정보

㉠ 디지털 전환과 생산 정보의 혁신

4차 산업혁명 시대의 생산 정보는 IoT, 빅데이터, AI 등 첨단 기술과 결합하여 혁신적 변화를 겪고 있다. 전통적인 수동 데이터 수집에서 자동화된 실시간 데이터 생성으로 패러다임이 전환되고 있다.

- IoT 기반 실시간 데이터 수집
  - **센서 네트워크**: 설비, 제품, 환경에 설치된 센서를 통한 연속적 데이터 수집
  - **디지털 트윈**: 물리적 생산 시설의 가상 복제본을 통한 시뮬레이션과 예측
  - **엣지 컴퓨팅**: 생산 현장에서 즉시 데이터를 처리하여 지연 시간 최소화
- 빅데이터 분석과 예측
  - **예측 유지보수**: 설비 고장을 사전에 예측하여 계획적 유지보수 실행
  - **수요 예측**: 과거 생산 데이터와 시장 정보를 결합한 정확한 수요 예측
  - **품질 예측**: 공정 데이터 분석을 통한 불량 발생 가능성 사전 예측

㉡ AI와 머신러닝 활용

- 지능형 생산 최적화
  - **생산 스케줄링**: AI 알고리즘을 통한 최적 생산 계획 자동 생성
  - **자동 품질 검사**: 컴퓨터 비전을 활용한 실시간 품질 검사
  - **에너지 최적화**: 생산 패턴 분석을 통한 에너지 사용량 최적화
- 무인 자동화 시스템
  - **로봇 프로세스 자동화(RPA)**: 반복적 작업의 완전 자동화
  - **자율 운반 시스템**: AGV, AMR을 통한 자동 물류 관리
  - **협동 로봇**: 인간–로봇 협업을 통한 생산성과 안전성 동시 향상

| 표 1–15 | 전통적 생산 관리 vs 스마트 팩토리 비교

구분	전통적 생산 관리	스마트 팩토리
데이터 수집	수동, 주기적	자동, 실시간
의사결정	경험 기반, 사후적	데이터 기반, 예측적
품질 관리	샘플링 검사	전수 검사, 실시간 모니터링
유지보수	사후 보전	예측 보전
생산 계획	정적 계획	동적 최적화
인력 역할	직접 작업	모니터링, 예외 처리

③ 품질 관리와 생산성 향상 정보

㉠ 통합 품질 관리 시스템

- 실시간 품질 모니터링
  - **통계적 공정 관리(SPC):** 실시간 공정 데이터의 통계적 분석과 관리
  - **전사적 품질 관리(TQM):** 조직 전체의 품질 향상 활동과 성과 측정
  - **6시그마:** 데이터 기반의 체계적 품질 개선 프로젝트 관리
- 품질 비용 관리
  - **예방 비용:** 품질 교육, 공정 개선에 투입되는 비용 정보
  - **평가 비용:** 검사, 시험, 감사 등 품질 확인에 소요되는 비용
  - **실패 비용:** 불량품 처리, 고객 불만 처리, 리콜 등의 비용

㉡ 생산성 향상과 린 생산

- 적시생산(JIT) 정보 시스템
  - **간반(Kanban) 시스템:** 실시간 생산 지시와 재고 관리
  - **공급업체 연계:** 협력업체와의 실시간 정보 공유 시스템
  - **재고 최적화:** 안전재고와 순환재고의 균형점 관리
- 생산성 지표와 KPI 관리
  - **OEE(Overall Equipment Effectiveness):** 설비 종합 효율 실시간 측정
  - **생산성 지표:** 시간당 생산량, 인당 생산성, 설비 가동률
  - **원가 관리:** 표준원가 대비 실제원가 분석, 원가 절감 활동 성과

| 표 1–16 | 생산 부문 핵심 KPI와 측정 방법

KPI 분류	주요 지표	측정 방법	개선 방향
생산성	OEE, 시간당 생산량	실시간 센서, MES	설비 효율화, 자동화
품질	불량률, 고객 만족도	품질 검사, 고객 피드백	공정 개선, 교육 강화
납기	납기 준수율, 리드타임	생산 계획, 실적 비교	스케줄링 최적화
비용	단위당 원가, 원가 절감률	원가 회계, 실적 분석	자동화, 공정 효율화
안전	재해율, 안전 교육 이수율	안전 관리 시스템	안전 시설, 교육 강화

❸ 영업 부문의 정보 특성

① 영업 정보의 기본 특성

㉠ 영업 정보의 정의와 중요성

영업 정보는 고객과의 직접적인 접점에서 발생하는 판매 활동과 관련된 모든 정보를 포괄한다. 고객 관계 구축과 매출 달성을 위한 의사결정에 핵심적으로 활용된다.

- **고객 접점 중심성:** 직접적인 고객 상호작용에서 발생하는 정보가 중심
- **관계 지향성:** 단순한 거래를 넘어서 장기적 고객 관계 구축에 초점
- **성과 측정:** 개별 영업사원과 팀의 성과를 구체적으로 측정하고 관리

㉡ 영업 정보의 주요 특성

- **즉시성과 개인화:** 고객별 맞춤 대응을 위한 실시간 정보 처리
  - 고객 접촉 이력과 선호도 정보의 즉각적 활용
  - 개별 고객 니즈에 따른 맞춤형 제안서 작성
  - 경쟁 상황과 시장 변화에 대한 신속한 대응
- **예측 가능성:** 매출 예측과 목표 관리를 위한 체계적 정보 관리
  - 영업 파이프라인을 통한 단계별 성사 확률 관리
  - 과거 실적 데이터 기반의 미래 매출 예측
  - 시장 상황과 고객 동향을 고려한 목표 설정

| 표 1–17 | 영업 정보의 핵심 영역과 활용

정보 영역	주요 내용	수집 방법	활용 목적
고객관계정보	고객 기본정보, 상호작용 기록	CRM 시스템, 직접 접촉	관계 관리, 맞춤 서비스
파이프라인정보	영업 기회, 단계별 진척률	영업 보고, 시스템 입력	매출 예측, 목표 관리
성과정보	매출 실적, 활동 지표	매출 데이터, 활동 보고	평가, 보상, 개선

② 디지털 영업과 CRM 시스템

㉠ 디지털 전환과 영업 혁신

디지털 기술의 발전은 영업 활동의 모든 측면을 변화시키고 있다. 전통적인 대면 영업에서 디지털 채널을 활용한 하이브리드 영업 모델로 전환되고 있으며, 데이터 기반의 과학적 영업 관리가 중요해지고 있다.

- 옴니채널 영업 활동
  - **다중 접점 관리:** 전화, 이메일, 소셜미디어, 웹사이트, 대면 미팅의 통합 관리
  - **고객 여정 추적:** 각 채널에서의 고객 상호작용 기록과 분석
  - **일관된 고객 경험:** 모든 접점에서 동일한 수준의 서비스와 정보 제공
- AI와 자동화 활용
  - **리드 스코어링:** 머신러닝을 통한 잠재 고객의 구매 가능성 자동 평가
  - **세일즈 인텔리전스:** AI 기반의 고객 행동 예측과 최적 접촉 시점 제안
  - **챗봇과 가상 어시스턴트:** 초기 고객 문의 대응과 기본 정보 수집 자동화

ⓒ 통합 CRM 시스템의 활용

- 360도 고객 뷰 구현
  - **고객 통합 프로필:** 기본 정보, 거래 이력, 서비스 이력, 선호도의 통합 관리
  - **상호작용 히스토리:** 모든 접촉점에서의 대화 내용과 결과 기록
  - **예측 분석:** 과거 데이터 기반의 고객 행동과 구매 패턴 예측
- 영업 프로세스 자동화
  - **워크플로우 자동화:** 단계별 영업 활동의 체계적 관리와 자동 알림
  - **제안서 자동 생성:** 고객 정보와 제품 정보를 결합한 맞춤형 제안서 작성
  - **계약 관리:** 계약서 작성, 승인, 체결까지의 전 과정 디지털화

| 표 1-18 | 전통적 영업 vs 디지털 영업 비교

구분	전통적 영업	디지털 영업
고객 접촉	대면 위주	옴니채널(대면+디지털)
정보 관리	개인 기록, 수기 작성	CRM 시스템, 자동화
영업 활동	경험과 직감 기반	데이터와 분석 기반
고객 분석	정성적 판단	AI 기반 예측 분석
성과 측정	결과 중심	프로세스와 결과 통합
협업	개별 활동	팀 기반 정보 공유

③ 영업 성과 관리와 예측 분석

㉠ 데이터 기반 영업 성과 관리

- 영업 파이프라인 분석
  - **단계별 전환율:** 리드→기회→제안→계약 단계별 성공률 분석
  - **영업 주기 분석:** 첫 접촉부터 계약 완료까지 소요 시간 분석

- 영업사원 성과 분석

  - **개인별 KPI**: 매출, 신규 고객 확보, 고객 만족도, 활동 지표

  - **역량 분석**: 강점과 약점 파악을 통한 맞춤형 교육과 코칭

  - **팀 성과**: 팀별 목표 달성률과 협업 성과 측정

ⓛ 예측 분석과 인사이트 도출

- 매출 예측 모델링

  - **확률론적 예측**: 각 영업 기회별 성사 확률과 예상 매출액 계산

  - **시나리오 분석**: 낙관적, 보통, 비관적 시나리오별 매출 예측

  - **시계열 분석**: 과거 매출 패턴을 기반으로 한 미래 트렌드 예측

- 고객 분석과 세분화

  - **고객생애가치(CLV)**: 고객별 장기적 수익 기여도 예측

  - **이탈 위험도**: 기존 고객의 이탈 가능성 사전 예측

  - **크로스셀/업셀 기회**: 추가 판매 가능성이 높은 고객과 제품 식별

- 시장 분석과 경쟁 정보

  - **시장 점유율**: 지역별, 제품별, 고객 세그먼트별 점유율 분석

  - **경쟁사 분석**: 가격, 제품, 서비스 측면에서의 경쟁 위치 파악

  - **시장 기회 발굴**: 미개척 시장과 새로운 고객 세그먼트 식별

| 표 1-19 | 영업 성과 지표와 측정 방법

지표 분류	핵심 KPI	측정 방법	개선 방향
매출 성과	매출액, 목표 달성률	CRM, 회계 시스템	파이프라인 관리, 전환율 향상
활동 성과	고객 방문, 제안서 제출	활동 보고, CRM 로그	활동량 증가, 효율성 개선
관계 성과	고객 만족도, 재구매율	고객 설문, 거래 분석	관계 강화, 서비스 개선
효율성	고객당 매출, 영업비 비율	매출 분석, 비용 관리	생산성 향상, 비용 최적화

4 마케팅 부문의 정보 특성

① 마케팅 정보의 기본 특성

ⓖ 마케팅 정보의 정의와 중요성

마케팅 정보는 시장과 고객에 대한 종합적 이해를 바탕으로 브랜드 전략과 마케팅

캠페인을 수립하는 데 활용되는 모든 정보를 의미한다. 영업이 개별 고객과의 직접적 관계에 초점을 둔다면, 마케팅은 시장 전체와 고객 세그먼트에 대한 거시적 관점에서 접근한다.

- **시장 지향성:** 전체 시장의 동향과 트렌드 분석을 통한 전략적 방향 설정
- **고객 중심성:** 고객의 니즈와 행동 패턴을 깊이 이해하여 가치 제안 개발
- **브랜드 관점:** 중장기적 브랜드 자산 구축과 포지셔닝 전략 수립
- **통합적 접근:** 온오프라인을 아우르는 다양한 마케팅 채널의 통합적 관리

ⓛ 마케팅 정보의 주요 특성

- **내외부 정보의 융합성:** 외부 시장 정보와 내부 고객 데이터의 통합적 활용
  - **외부 정보:** 시장 조사, 경쟁사 동향, 업계 트렌드, 소비자 라이프스타일 변화
  - **내부 정보:** 웹사이트 행동 데이터, 구매 이력, 고객 여정 분석, 앱 사용 패턴
  - **디지털 플랫폼:** 고객의 실시간 행동 패턴과 선호도를 내부적으로 수집·분석
  - **통합 분석:** 내외부 데이터를 결합하여 360도 고객 인사이트 도출
- **실시간성과 예측성:** 즉시적 데이터 수집과 미래 트렌드 예측의 결합
  - **실시간 모니터링:** 소셜미디어 반응, 웹사이트 트래픽, 캠페인 성과의 즉시 측정
  - **예측 분석:** AI/ML 기반의 고객 행동과 시장 트렌드 예측
  - **적응적 대응:** 실시간 데이터를 바탕으로 한 마케팅 전략의 즉각적 조정
  - **A/B 테스팅:** 실시간 실험을 통한 최적화된 마케팅 메시지 도출
- **다양성과 복합성:** 정량적 정보와 정성적 정보의 다층적 분석
  - **정량적 정보:** 시장점유율, 클릭률, 전환율, ROAS, 고객생애가치(CLV) 등
  - **정성적 정보:** 브랜드 이미지, 고객 만족도, 감정 분석, 트렌드 인사이트 등
  - **행동 데이터:** 웹사이트 이동 경로, 체류 시간, 구매 패턴, 이탈 지점 등
  - **소셜 데이터:** 소셜미디어 언급, 인플루언서 효과, 바이럴 확산 패턴 등

| **표 1-20** | 마케팅 정보의 핵심 영역과 활용

정보 영역	주요 내용	수집 방법	활용 목적
시장정보	시장 규모, 성장률, 트렌드 분석	시장 조사, 업계 보고서	전략 수립, 기회 발굴
고객 인사이트	고객 세그먼트, 행동 패턴, 니즈 분석	웹 분석, 설문조사, 빅데이터	타깃팅, 개인화 마케팅
경쟁정보	경쟁사 전략, 점유율, 마케팅 활동	경쟁 분석, 소셜 리스닝	포지셔닝, 차별화 전략

정보 영역	주요 내용	수집 방법	활용 목적
캠페인성과	클릭률, 전환율, ROAS, 브랜드 리프트	디지털 분석, 성과 측정	최적화, ROI 개선
브랜드정보	브랜드 인지도, 이미지, 충성도	브랜드 조사, 감정 분석	브랜드 관리, 자산 구축

② 전통적 마케팅 정보 vs 디지털 마케팅 정보

㉠ 전통적 마케팅 정보의 특성

- 시장 조사 정보
  - **시장 규모와 성장률:** 전체 시장 크기와 향후 전망
  - **고객 세분화:** 인구통계학적 특성 기반의 고객 분류
  - **브랜드 인지도:** 자사 및 경쟁사 브랜드 인지도와 이미지
  - **구매 행동:** 구매 결정 과정, 영향 요인, 채널 선호도
- 경쟁 분석 정보
  - **경쟁사 현황:** 시장점유율, 주요 제품, 가격 정책
  - **마케팅 활동:** 광고, 프로모션, 유통 전략
  - **강점과 약점:** SWOT 분석을 통한 경쟁 포지션 파악

㉡ 디지털 마케팅 정보의 혁신

- 고객 행동 추적 정보
  - **웹 분석:** 방문자 수, 페이지뷰, 체류 시간, 이탈률, 전환 경로
  - **모바일 앱 분석:** 앱 설치, 사용 빈도, 인앱 구매, 푸시 알림 반응률
  - **고객 여정 매핑:** 인지-고려-구매-재구매 단계별 행동 패턴 분석
- 소셜미디어 분석
  - **인게이지먼트:** 좋아요, 댓글, 공유, 저장, 클릭률
  - **소셜 리스닝:** 브랜드 언급, 감정 분석, 이슈 모니터링
  - **인플루언서 마케팅:** 도달률, 참여율, 브랜드 언급 효과, ROI 측정
- 개인화 마케팅 정보
  - **고객 세분화:** 행동 기반 동적 세그먼테이션
  - **추천 시스템:** 개인별 상품 및 콘텐츠 추천 알고리즘
  - **예측 모델링:** 고객 이탈 예측, 구매 가능성 예측, 생애가치 예측

| 표 1-21 | 전통적 마케팅 vs 디지털 마케팅 정보 비교

구분	전통적 마케팅 정보	디지털 마케팅 정보
정보 수집	설문조사, 시장조사, 포커스그룹	웹 분석, 소셜미디어 분석, 고객 행동 추적
측정 방법	브랜드 인지도, 만족도, 구매 의도	클릭률, 전환율, 인게이지먼트, 고객 여정
시간성	주기적, 사후적(월/분기별)	실시간, 즉시적(초/분/시간별)
정보 특성	정성적, 주관적	정량적, 객관적
데이터 소스	외부 조사기관, 설문 응답	내부 플랫폼, 고객 행동 로그
분석 범위	표본 기반 추정	전수 데이터 분석
개인화 수준	세그먼트 수준	개인 수준(1:1 마케팅)
비용 구조	높은 조사 비용	상대적으로 낮은 수집 비용

③ 마케팅 정보의 통합적 활용

㉠ 옴니채널 마케팅 정보 통합

- 채널 간 고객 여정 추적
    - **온라인-오프라인 연결:** 웹-모바일-매장 방문 경로 통합 분석
    - **터치포인트 최적화:** 각 접점에서의 고객 경험과 전환율 개선
    - **크로스 디바이스 추적:** 스마트폰, 태블릿, PC 간 연속된 고객 경험 분석
- 통합 성과 측정
    - **어트리뷰션 모델링:** 다양한 마케팅 채널의 기여도 정확한 측정
    - **마케팅 믹스 모델링(MMM):** 전체 마케팅 활동의 통합적 효과 분석
    - **고객생애가치(CLV) 최적화:** 장기적 관점에서의 마케팅 투자 수익률 측정

㉡ AI와 머신러닝 활용

- 예측 분석과 자동화
    - **수요 예측:** 계절성, 트렌드, 외부 요인을 고려한 정확한 수요 예측
    - **가격 최적화:** 경쟁사 가격, 수요 탄력성을 고려한 동적 가격 책정
    - **캠페인 자동화:** 고객 행동에 따른 실시간 개인화 메시지 자동 발송
- 고급 분석 기법
    - **자연어 처리(NLP):** 고객 리뷰, 소셜미디어 텍스트의 감정과 의도 분석
    - **이미지 분석:** 소셜미디어 이미지에서 브랜드 노출과 컨텍스트 분석
    - **네트워크 분석:** 고객 간 영향 관계와 입소문 확산 패턴 분석

| 표 1-22 | 마케팅 정보 활용 단계별 특성

단계	정보 유형	주요 활동	핵심 지표	시간 관점
전략 수립	시장 환경 정보	시장 분석, 포지셔닝	시장점유율, 브랜드 인지도	장기적(연단위)
캠페인 기획	고객 인사이트	세분화, 타깃팅	세그먼트별 반응률, ROI	중기적(월/분기)
실행 및 최적화	실시간 성과 데이터	A/B 테스팅, 개인화	CTR, 전환율, CPA	단기적(일/주)
성과 평가	통합 성과 정보	효과 측정, 학습	ROAS, CLV, 브랜드 리프트	중장기적(분기/연)

5 재무 부문의 정보 특성

① 재무 정보의 기본 특성

㉠ 재무 정보의 정의와 중요성

재무 정보는 기업의 자금 조달과 운용에 관한 모든 활동을 포괄하는 정보로, 기업의 재무적 건전성과 성장 가능성을 판단하는 핵심 지표들을 제공한다. 경영진의 전략적 의사결정과 투자자의 투자 판단에 직접적으로 활용되는 중요한 정보 영역이다.

- **자금 관리 중심성:** 현금 흐름과 유동성 관리를 통한 기업 운영의 안정성 확보
- **위험 관리:** 재무 위험 식별과 관리를 통한 기업 가치 보호
- **투자 의사결정:** 자본 배분과 투자 프로젝트 평가를 위한 정량적 근거 제공
- **성과 측정:** 재무적 관점에서의 기업 성과와 가치 창출 능력 평가

㉡ 재무 정보의 주요 특성

- **정확성과 신뢰성:** 법적 요구사항과 회계 기준에 따른 정확한 정보 처리
  - 국제회계기준(IFRS)과 국내 회계기준에 따른 일관된 정보 처리
  - 외부 감사와 내부 통제를 통한 정보의 신뢰성 확보
  - 실시간 재무 모니터링을 통한 정확한 현황 파악
- **미래 지향성:** 과거 데이터 기반의 미래 재무 성과 예측과 계획 수립
  - 재무 예측 모델을 통한 미래 현금 흐름 추정
  - 시나리오 분석을 통한 다양한 상황에 대한 대비책 마련
  - 투자 프로젝트의 NPV, IRR 등을 통한 장기적 가치 평가
- **통합성과 체계성:** 전사적 관점에서의 재무 정보 통합 관리

– 모든 부문의 재무 활동을 통합한 전사적 재무 현황 파악

– 예산 관리와 실적 분석을 통한 체계적 재무 통제

– 리스크 관리와 컴플라이언스를 포함한 종합적 재무 관리

| 표 1-23 | 재무 부문 정보의 분류와 특성

정보 유형	주요 내용	특성	활용 목적
자금조달정보	자본구조, 차입 조건, 신용등급	전략적, 장기적	최적 자본구조, 자금비용 최소화
투자평가정보	NPV, IRR, 투자수익률	정량적, 예측적	투자 의사결정, 자원 배분
위험관리정보	신용위험, 시장위험, 유동성위험	예방적, 종합적	리스크 통제, 안정성 확보

② 디지털 재무 관리와 핀테크 혁신

㉠ 디지털 전환과 재무 혁신

4차 산업혁명 시대의 재무 관리는 AI, 빅데이터, 블록체인 등 첨단 기술과 결합하여 전례 없는 혁신을 경험하고 있다. 전통적인 수작업 중심의 재무 업무에서 자동화되고 지능화된 재무 관리 시스템으로 패러다임이 전환되고 있다.

- 실시간 재무 모니터링
  - 대시보드 기반 실시간 재무 현황 모니터링과 예외 상황 자동 알림
  - 현금 흐름의 실시간 추적과 유동성 위험 사전 경고 시스템
  - 환율, 금리 등 시장 변수의 실시간 반영을 통한 동적 위험 관리
- AI 기반 재무 예측과 분석
  - 머신러닝을 활용한 매출 예측과 현금 흐름 예측 모델
  - 빅데이터 분석을 통한 시장 트렌드와 경제 지표 기반 재무 전망
  - 자연어 처리를 활용한 뉴스와 보고서 분석을 통한 시장 위험 예측

㉡ 핀테크와 금융 혁신

- 디지털 금융 서비스 활용

- 온라인 대출과 크라우드펀딩을 통한 다양한 자금 조달 채널 확보
- 디지털 결제 시스템과 전자어음을 통한 효율적 자금 관리
- 로보-어드바이저를 활용한 자동화된 투자 포트폴리오 관리
- 블록체인과 스마트 컨트랙트
  - 블록체인 기반의 투명하고 안전한 거래 기록 관리
  - 스마트 컨트랙트를 통한 자동화된 계약 실행과 정산
  - 디지털 자산 관리와 암호화폐를 활용한 새로운 투자 기회 모색

| 표 1-24 | 전통적 재무 관리 vs 디지털 재무 관리 비교

구분	전통적 재무 관리	디지털 재무 관리
정보 처리	수작업, 주기적 업데이트	자동화, 실시간 처리
예측 방법	경험과 과거 데이터 기반	AI/ML 기반 고도화된 예측
위험 관리	사후적, 정기적 점검	사전적, 실시간 모니터링
자금 조달	전통적 금융기관 의존	핀테크, 온라인 플랫폼 활용
의사결정	수동적, 사람 중심	자동화, 데이터 기반
보고 체계	정기 보고서 중심	실시간 대시보드, 즉시 알림

③ 재무 성과 측정과 가치 창출

㉠ 통합 재무 성과 관리

- 재무 비율 분석과 벤치마킹
  - **수익성 지표**: ROA, ROE, 매출이익률, 순이익률 등의 체계적 관리
  - **안정성 지표**: 부채비율, 유동비율, 이자보상배수 등의 지속적 모니터링
  - **활동성 지표**: 총자산회전율, 재고자산회전율 등 효율성 측정
- 가치 기반 경영(VBM)
  - EVA(Economic Value Added): 경제적 부가가치 창출 능력 측정
  - MVA(Market Value Added): 시장에서 인정받는 기업 가치 증대 분석
  - ROIC(Return on Invested Capital): 투자 자본 대비 수익률 최적화

㉡ ESG와 지속 가능 재무

- ESG 재무 지표 관리
  - **환경 투자**: 친환경 설비 투자와 탄소 저감 비용의 재무적 효과 분석
  - **사회적 책임**: 사회 공헌 활동과 직원 복지 투자의 장기적 수익률 평가
  - **지배구조**: 투명한 경영과 리스크 관리 체계의 재무적 가치 창출 효과

- 지속 가능성 재무 계획
    - 장기적 관점에서의 재무 계획과 투자 전략 수립
    - 기후 변화와 사회적 변화에 따른 재무 리스크 관리
    - 이해관계자 관점을 고려한 균형 잡힌 가치 창출 전략

| 표 1-25 | 재무 부문 핵심 KPI와 측정 방법

KPI 분류	주요 지표	측정 방법	개선 방향
수익성	ROE, ROIC, 영업이익률	재무제표 분석, 성과 측정	자본 효율성, 수익 구조 개선
안정성	부채비율, 유동비율, 이자보상배수	재무 건전성 분석	자본 구조 최적화, 위험 관리
성장성	매출 성장률, 자산 성장률	시계열 분석, 업계 비교	지속적 성장 동력 확보
효율성	총자산회전율, 현금전환주기	활동성 분석, 운영 효율성	자산 활용도, 운영 최적화
가치창출	EVA, 주주가치 증대율	가치 기반 측정, 시장 평가	경제적 부가가치, 시장 가치

6 회계 부문의 정보 특성

① 회계 정보의 기본 특성

㉠ 회계 정보의 정의와 중요성

회계 정보는 기업의 모든 경영 활동을 화폐 단위로 측정, 기록, 요약하여 보고하는 체계적인 정보 시스템이다. 기업의 재무상태와 경영성과를 객관적으로 파악할 수 있는 기본 자료를 제공하며, 내외부 이해관계자의 의사결정에 핵심적인 역할을 한다.

- **객관성과 검증가능성:** 명확한 회계 기준과 원칙에 따른 일관된 정보 처리
- **완전성과 적시성:** 모든 거래의 빠짐없는 기록과 적절한 시점의 보고
- **비교가능성:** 시계열 분석과 타 기업과의 비교 분석이 가능한 표준화된 정보
- **법적 요구사항:** 상법, 세법, 증권거래법 등 관련 법규에 따른 의무적 보고

㉡ 회계 정보의 주요 특성

- **역사적 정확성과 실시간성의 결합:** 과거 거래의 정확한 기록과 현재 상황의 즉시 반영
    - 발생주의 원칙에 따른 경제적 실질의 정확한 반영
    - 실시간 거래 처리를 통한 최신 재무 정보 제공

– 월별, 분기별, 연별 마감을 통한 체계적 성과 측정

- **내외부 보고의 이중 목적:** 경영진의 내부 관리와 외부 이해관계자 보고
  - **관리회계:** 경영진의 의사결정 지원을 위한 상세한 내부 정보
  - **재무회계:** 투자자, 채권자 등 외부 이해관계자를 위한 표준화된 정보
  - **세무회계:** 세법에 따른 과세소득 계산과 세무 신고
- **통제와 감사:** 내부 통제 시스템과 외부 감사를 통한 정보의 신뢰성 확보
  - 내부 통제 시스템을 통한 오류와 부정 방지
  - 외부 감사인의 독립적 검증을 통한 정보 신뢰성 제고
  - 컴플라이언스 관리를 통한 법적 요구사항 준수

| 표 1-26 | 회계 부문 정보의 분류와 특성

정보 유형	주요 내용	특성	활용 목적
재무회계정보	재무제표, 주석, 감사보고서	표준적, 공시적	외부 이해관계자 의사결정
관리회계정보	원가 분석, 예산 통제, 성과 평가	상세적, 관리적	내부 경영진 의사결정
세무회계정보	세무 조정, 신고 서류, 세액 계산	법적, 의무적	세무 신고, 컴플라이언스

② 디지털 회계와 자동화 시스템

㉠ 디지털 전환과 회계 혁신

디지털 기술의 발전은 회계 업무의 모든 영역에서 혁신을 가져오고 있다. 전통적인 수작업 중심의 장부 작성에서 자동화되고 지능화된 회계 시스템으로 진화하면서, 회계사의 역할도 단순 기록에서 분석과 자문으로 변화하고 있다.

- 자동 거래 처리와 AI 회계
  - RPA(Robotic Process Automation)를 통한 반복적 회계 업무 자동화
  - AI 기반 거래 분류와 계정 과목 자동 배정 시스템
  - 머신러닝을 활용한 오류 탐지와 이상 거래 자동 식별

- 클라우드 기반 통합 회계 시스템

  - 실시간 다중 사용자 접근과 협업이 가능한 클라우드 ERP

  - 은행, 카드사, 전자세금계산서 시스템과의 자동 연계

  - 모바일 기반 영수증 스캔과 자동 장부 반영 기능

  ⓛ 블록체인과 스마트 감사

- 블록체인 기반 회계 장부

  - 분산원장을 통한 변조 불가능한 거래 기록 관리

  - 스마트 컨트랙트를 활용한 자동 정산과 회계 처리

  - 실시간 감사 추적(Audit Trail) 기능을 통한 투명성 확보

- AI 기반 스마트 감사

  - 빅데이터 분석을 통한 전수 감사와 위험 지역 식별

  - 자연어 처리를 활용한 계약서와 문서 자동 분석

  - 예측 분석을 통한 부정과 오류 가능성 사전 탐지

| 표 1-27 | 전통적 회계 vs 디지털 회계 비교

구분	전통적 회계	디지털 회계
거래 처리	수작업, 일괄 처리	자동화, 실시간 처리
장부 관리	종이/엑셀 기반	클라우드 기반 통합 시스템
오류 탐지	사후 발견, 수동 점검	AI 기반 실시간 탐지
감사 방식	표본 감사, 정기 감사	전수 감사, 연속 감사
보고 체계	정기 보고서	실시간 대시보드
협업 방식	오프라인, 순차적	온라인, 동시 협업

③ 관리회계와 성과 측정

  ㉠ 통합 원가 관리 시스템

- 활동기준원가계산(ABC)

  - 제품별, 고객별, 채널별 정확한 원가 배분과 수익성 분석

  - 부가가치 활동과 비부가가치 활동의 구분을 통한 효율성 개선

  - 실시간 원가 추적을 통한 동적 원가 관리 시스템

- 표준원가와 예산 통제

  - 표준원가 설정과 차이 분석을 통한 성과 평가

  - 유연예산을 활용한 활동 수준별 비용 관리

  - 롤링 예측(Rolling Forecast)을 통한 동적 예산 관리

ⓒ 균형성과표(BSC)와 통합 성과 관리

- 다차원 성과 측정
  - **재무적 관점:** 수익성, 성장성, 주주가치 창출 지표
  - **고객 관점:** 고객 만족도, 시장점유율, 고객유지율
  - **내부 프로세스 관점:** 운영 효율성, 혁신 역량, 품질 지표
  - **학습과 성장 관점:** 직원 역량, 조직 역량, 정보 시스템 역량
- 전략적 성과 관리
  - 전략 맵(Strategy Map)을 통한 성과 지표 간 인과관계 분석
  - KPI 대시보드를 통한 실시간 성과 모니터링
  - 성과 동인 분석을 통한 핵심 성공 요인 도출

| 표 1-28 | 회계 부문 핵심 KPI와 측정 방법

KPI 분류	주요 지표	측정 방법	개선 방향
정확성	오류율, 수정 빈도, 감사 지적사항	내부 통제, 품질 관리	자동화, 교육 강화
적시성	마감 일정 준수율, 보고서 제출 시간	프로세스 관리, 시간 측정	업무 효율화, 시스템 개선
효율성	처리 시간, 인당 처리량, 비용 절감률	업무량 측정, 원가 분석	자동화, 프로세스 개선
컴플라이언스	법규 준수율, 세무 리스크 지수	법규 점검, 리스크 평가	제도 개선, 전문성 강화

7 인사 부문의 정보 특성

① 인사 정보의 기본 특성

ⓐ 인사 정보의 정의와 중요성

인사 정보는 조직의 인적 자원과 관련된 모든 데이터와 정보를 포괄하는 개념으로, 직원의 채용부터 퇴직까지의 전 생애주기에 걸친 관리 정보를 의미한다. 조직의 가장 중요한 자산인 사람을 효과적으로 관리하고 개발하기 위한 전략적 정보 시스템이다.

- **전략적 자산 관리:** 인적 자원을 조직의 핵심 경쟁 우위 요소로 인식하고 관리
- **개인과 조직의 동반 성장:** 개인의 역량 개발과 조직 목표 달성의 균형 추구
- **법적 컴플라이언스:** 노동법, 개인정보보호법 등 관련 법규의 엄격한 준수
- **문화와 가치 구현:** 조직 문화와 핵심 가치를 실현하는 인사 정책 수립과 실행

ⓛ 인사 정보의 주요 특성

- **개인정보 보호와 보안:** 민감한 개인정보의 엄격한 관리와 보안 체계
  - 개인정보보호법에 따른 수집, 처리, 보관, 폐기의 체계적 관리
  - 접근 권한 관리와 암호화를 통한 정보 보안 강화
  - 직원 동의를 기반으로 한 투명한 정보 처리 절차
- **정성적 평가와 정량적 측정의 결합:** 객관적 데이터와 주관적 평가의 통합적 활용
  - 역량 평가, 성과 평가 등 정성적 요소의 체계적 측정
  - 근무 시간, 교육 이수 시간 등 정량적 데이터의 객관적 관리
  - 360도 피드백, 동료 평가 등 다면적 평가 정보 통합
- **예측적 분석과 선제적 관리:** 데이터 분석을 통한 미래 인사 이슈 예측
  - 이직 위험도 예측을 통한 핵심 인재 유지 전략
  - 승진 적합성 분석을 통한 체계적 후계자 계획
  - 교육 효과 분석을 통한 맞춤형 역량 개발 프로그램 설계

★★★
출제포인트

직무분석, 인사평가, 교육훈련, 보상관리, 노사관계 관련 정보 체계, HR Analytics와 People Analytics 활용에 대한 명확한 이해가 필요하다.

| 표 1-29 | 인사 부문 정보의 분류와 특성

정보 유형	주요 내용	특성	활용 목적
기본인사정보	개인정보, 근무이력, 조직 배치	기초적, 필수적	인사행정, 급여관리
성과평가정보	업무 성과, 역량 평가, 목표달성도	주기적, 체계적	승진, 보상, 개발계획
교육개발정보	교육이력, 역량 수준, 학습계획	발전적, 미래지향적	역량 강화, 경력개발

② 디지털 HR과 피플 애널리틱스

㉠ 디지털 전환과 HR 혁신

4차 산업혁명 시대의 인사 관리는 AI, 빅데이터, 모바일 기술과 결합하여 혁신적 변화를 겪고 있다. 전통적인 행정 중심의 인사 업무에서 전략적 파트너 역할을 수행하는 데이터 기반 HR로 진화하고 있다.

- AI 기반 인재 관리
  - 머신러닝을 활용한 채용 후보자 스크리닝과 적합성 평가
  - 자연어 처리를 통한 이력서와 자기소개서 자동 분석
  - 예측 분석을 통한 직원 이직 위험도와 성과 예측
- 모바일 HR과 셀프 서비스
  - 모바일 앱을 통한 근태 관리, 휴가 신청, 급여 조회
  - 셀프 서비스 포털을 통한 개인정보 업데이트와 증명서 발급
  - 실시간 피드백과 소통을 위한 모바일 플랫폼 활용

ⓛ 피플 애널리틱스의 활용

- 데이터 기반 인사 의사결정
  - 직원 만족도, 참여도, 성과 지표의 통합적 분석
  - 조직 네트워크 분석을 통한 협업과 영향력 패턴 파악
  - 다양성과 포용성 지표의 정량적 측정과 개선
- 예측 모델링과 시뮬레이션
  - 인력 수요 예측을 통한 선제적 채용과 인력 계획
  - 교육 효과 예측을 통한 ROI 기반 교육 투자 결정
  - 조직 변화의 영향도 시뮬레이션을 통한 변화 관리

| 표 1-30 | 전통적 HR vs 디지털 HR 비교

구분	전통적 HR	디지털 HR
업무 방식	서류 기반, 오프라인	디지털 기반, 온라인
의사결정	경험과 직감 기반	데이터와 분석 기반
직원 상호작용	정기적, 일방향적	상시적, 쌍방향적
성과 측정	정성적, 주관적	정량적, 객관적
교육 방식	집합 교육, 획일적	개인화, 적응형 학습
채용 프로세스	인력 의존적, 순차적	AI 지원, 병렬적

③ 인재 개발과 조직 문화 관리

㉠ 통합적 인재 개발 시스템

- 역량 기반 인재 관리
  - 직무별 핵심 역량 모델링과 체계적 역량 진단
  - 개인별 역량 갭 분석을 통한 맞춤형 개발 계획 수립

– 멘토링, 코칭, 프로젝트 배치를 통한 실무 중심 역량 개발

• 경력 개발과 후계자 양성

– 개인 경력 목표와 조직 니즈의 매칭을 통한 경력 경로 설계

– 하이포텐셜(High Potential) 직원 식별과 집중 육성 프로그램

– 리더십 파이프라인 구축을 통한 체계적 후계자 양성

ⓛ 조직 문화와 직원 경험 관리

• 직원 경험(Employee Experience) 최적화

– 입사부터 퇴사까지의 전체 여정(Employee Journey) 관리

– 단계별 터치포인트에서의 직원 경험 개선

– 실시간 피드백 수집과 개선 사항 즉시 반영

• 조직 문화 측정과 개선

– 조직 문화 진단을 통한 현 상태 파악과 목표 설정

– 문화 변화 이니셔티브의 효과 측정과 지속적 모니터링

– 다양성, 포용성, 혁신 문화 등 핵심 가치의 정량적 측정

| 표 1-31 | 인사 부문 핵심 KPI와 측정 방법

KPI 분류	주요 지표	측정 방법	개선 방향
인재 확보	채용 성공률, 채용 소요기간	채용 프로세스 분석	채용 프로세스 개선, 브랜딩
인재 유지	이직률, 핵심인재 유지율	HR 데이터 분석	근무환경 개선, 보상체계
역량 개발	교육 이수율, 역량 향상도	교육 성과 측정	맞춤형 교육, 학습 문화
조직 문화	직원 만족도, 참여도	설문조사, 면접	소통 강화, 문화 개선
성과 관리	목표 달성률, 성과 분포	성과 평가 시스템	공정한 평가, 피드백 강화

02 경영정보 분류

학 | 습 | 목 | 표

1. 기업 내부 정보와 외부 정보의 특성과 차이점을 구분할 수 있다
2. 전략 수립을 위한 주요 분석 도구들(PEST, 5 Forces, 3C, SWOT)을 이해하고 활용할 수 있다
3. 계획 수립 단계에서 필요한 핵심 정보 유형을 파악할 수 있다
4. 경영 의사결정 단계별로 적절한 정보 분류 체계를 적용할 수 있다

01 기업 내부/외부 정보 구분

1 정보 분류의 기본체계

① 정보 분류의 이론적 기준

기업에서 활용하는 정보는 다양한 기준으로 분류할 수 있다. 전통적인 분류 기준과 현대적 분류 체계를 함께 이해해야 효과적인 정보 관리가 가능하다.

㉠ 소유권 기준 분류

- **내부 소유 정보:** 기업이 직접 생성하고 소유하는 정보
- **외부 소유 정보:** 외부 기관이나 조직이 소유하는 정보
- **공유 소유 정보:** 여러 조직이 공동으로 소유하는 정보

㉡ 접근성 기준 분류

- **제한 접근 정보:** 특정 권한자만 접근 가능한 정보
- **일반 접근 정보:** 조직 구성원 누구나 접근 가능한 정보
- **공개 접근 정보:** 외부에도 공개되는 정보

㉢ 생성 주체 기준 분류

- **자체 생성 정보:** 기업 내부에서 직접 생성하는 정보
- **외부 수집 정보:** 외부에서 획득하여 활용하는 정보
- **협업 생성 정보:** 내외부 협업을 통해 생성하는 정보

② 실무에서 사용하는 분류 체계

현실적으로 기업에서는 시스템 중심의 실용적 분류를 사용한다. 이는 데이터의 물리적 위치와 관리 주체를 기준으로 한다.

⑦ 1차 분류: 시스템별 분류

- **ERP 시스템:** 전사적 자원관리 시스템으로 재무, 회계, 인사, 생산 등 기업 운영의 핵심 정보를 통합 관리
- **CRM 시스템:** 고객관계관리 시스템으로 고객 정보, 영업 활동, 서비스 이력을 체계적으로 관리
- **MES 시스템:** 제조실행 시스템으로 생산 현장의 실시간 정보와 품질 관리 데이터를 처리
- **외부 API:** 공공데이터포털, 금융정보 제공업체, 시장조사기관 등에서 제공하는 외부 데이터 연계

ⓛ 2차 분류: 6대 부문별로 관리되는 정보 체계 분류

- **영업:** 고객정보, 계약정보, 매출정보
- **마케팅:** 캠페인정보, 리드정보, 브랜드정보
- **생산:** 생산계획, 품질정보, 설비정보
- **재무:** 자금정보, 투자정보, 리스크정보
- **회계:** 회계정보, 원가정보, 세무정보
- **인사:** 인적자원정보, 급여정보, 평가정보

ⓒ 3차 분류: 경영 의사결정 단계별 분류

- **전략 수립:** 시장 환경 분석, 경쟁사 정보, 장기 투자 계획 등 기업의 방향성 결정을 위한 정보
- **계획 수립:** 예산 편성, 목표 설정, 자원 배분 등 구체적 실행 계획을 위한 정보
- **업무 운영:** 일상적 업무 수행, 실시간 모니터링, 고객 대응 등 운영 활동을 위한 정보
- **성과 분석:** 실적 평가, 편차 분석, 개선점 도출 등 결과 검토를 위한 정보
- **통합 의사결정:** 부문별 정보를 종합하여 전사적 관점에서 최종 판단을 위한 정보

③ 기업 유형별 분류 체계 사례

업종과 규모에 따라 정보 분류 체계의 중점이 달라진다. 제조업은 생산 효율성과 품질 관리에, 유통업은 고객 분석과 재고 관리에, IT기업은 서비스 성능과 사용자 경험에 초점을 맞춘 분류 체계를 구축한다.

| 표 1–32 | 기업 유형별 주요 정보 분류 체계

기업 유형	핵심 시스템	주요 데이터	분류 기준
제조업	MES, ERP, SCM	생산데이터, 품질데이터, 공급망데이터	생산라인별, 공정별
유통업	POS, CRM, WMS	판매데이터, 고객데이터, 재고데이터	매장별, 상품별
IT기업	로그시스템, 사용자 분석	서비스로그, 사용자 행동, 성능데이터	서비스별, 사용자별
금융업	코어 시스템, 리스크 관리	거래데이터, 신용데이터, 리스크데이터	상품별, 고객별

② 내부 정보의 특성과 분류

① 내부 정보의 정의와 특성

내부 정보는 기업이 직접 생성하고 관리하는 정보로, 기업의 핵심 자산이다. 내부 정보는 높은 신뢰성과 실시간성을 가지지만, 관점의 편향성과 제한된 범위라는 한계가 있다.

㉠ 내부 정보의 핵심 특성

- **소유성**: 기업이 완전히 소유하고 통제하는 정보
- **통제가능성**: 데이터 품질과 접근 권한을 직접 관리
- **구체성**: 기업 상황에 특화된 구체적이고 상세한 정보
- **실시간성**: 업무 프로세스와 연동된 실시간 데이터

㉡ 내부 정보의 장점과 한계

- 내부 정보는 기업이 직접 통제할 수 있어 높은 품질과 보안을 유지할 수 있지만, 내부 관점에 제한되어 시장 전체를 파악하기 어려운 한계가 있다. 이러한 특성을 정확히 이해하고 외부 정보와 균형있게 활용하는 것이 중요하다.

| 표 1–33 | 내부 정보의 장점과 한계

구분	내용	비고
장점	높은 데이터 품질과 신뢰성	직접 관리로 품질 통제 가능
	실시간 업데이트와 즉시 활용	업무 프로세스 연동
	기업 특성에 맞춤화된 정보 구조	업무 요구사항 반영
	보안과 접근 권한의 완전한 통제	정보 보안 및 권한 관리

구분	내용	비고
한계	내부 관점의 편향성	외부 시각 부족
	제한된 정보 범위	시장 전체 동향 파악 어려움
	시스템 구축과 유지보수 비용 부담	높은 투자 비용
	조직 내부의 정보 사일로 현상	부문 간 정보 공유 제약

② 6대 부문별 핵심 내부 시스템과 데이터

㉠ 영업 부문 내부 정보

- 영업 부문은 고객관계관리시스템(CRM)을 중심으로 고객과의 모든 접점에서 발생하는 정보를 체계적으로 관리한다.
- 글로벌 표준 CRM 솔루션, 중소기업 친화적 마케팅 자동화 연계 시스템, 오피스 생태계 연동 시스템 등이 널리 활용된다.

㉡ 마케팅 부문 내부 정보

- 마케팅 부문은 마케팅 자동화(MA) 시스템을 통해 캠페인 관리와 리드 육성을 체계화한다.
- 대기업 중심의 종합 마케팅 자동화 솔루션, B2B 마케팅 특화 시스템, 이메일 마케팅 중심의 중소기업용 솔루션으로 구분된다.

㉢ 생산 부문 내부 정보

- 생산 부문은 제조실행시스템(MES)과 ERP 생산 모듈을 통해 생산 현장의 실시간 정보를 관리한다.
- 기업별 맞춤 구축이 일반적이며, 국내외 다양한 스마트팩토리 솔루션과 글로벌 제조 솔루션이 활용된다.

㉣ 재무 부문 내부 정보

- 재무 부문은 ERP 재무 모듈과 전용 자금관리 시스템을 통해 자금의 조달과 운용을 관리한다.
- 은행 연계 현금관리시스템과 자금 조달 및 운용 관리 시스템이 핵심적으로 활용된다.

㉤ 회계 부문 내부 정보

- 회계 부문은 회계 시스템과 세무 시스템을 통해 재무정보의 정확한 기록과 보고를 담당한다.
- 국내외 다양한 회계 솔루션과 국세청 연계 세무 시스템이 통합 운영된다.

㉥ 인사 부문 내부 정보

- 인사 부문은 인적자원관리시스템(HRM)을 중심으로 직원의 전 생애주기 정보를 관리한다.

- 글로벌 표준 인사 시스템, 클라우드 기반 차세대 HRM, 국산 인사급여 시스템과 그룹웨어가 연계되어 운영된다.

| 표 1-34 | 6대 부문별 내부 정보 시스템 현황

부문	주요 시스템	핵심 데이터	특징
영업	CRM 시스템	고객정보, 영업파이프라인, 계약정보, 영업 성과	고객 중심 통합 관리
마케팅	MA 시스템	캠페인정보, 리드정보, 콘텐츠 성과, 브랜드 인지도	마케팅 자동화 중심
생산	MES, ERP 생산 모듈	생산계획, 품질정보, 설비정보, 재고정보	실시간 생산 모니터링
재무	ERP 재무 모듈, 자금관리시스템	자금정보, 예산정보, 투자정보, 리스크정보	자금 흐름 통합 관리
회계	회계시스템, 세무시스템	회계정보, 원가정보, 세무정보, 감사정보	재무보고 및 세무 준수
인사	HRM, 그룹웨어	인적자원정보, 급여정보, 평가정보, 교육정보	인재 생애주기 관리

❸ 외부 정보의 특성과 분류

① 외부 정보의 정의와 특성

외부 정보는 기업 외부에서 생성되어 기업이 활용하는 정보이다. 객관적 시각과 폭넓은 범위를 제공하지만, 통제 불가능성과 데이터 품질 검증의 어려움이라는 한계가 있다.

㉠ 외부 정보의 핵심 특성

- **객관성**: 제3자 관점에서 생성된 편향성이 적은 정보
- **광범위성**: 시장 전체나 업계 전반을 아우르는 정보
- **통제불가능성**: 기업이 직접 통제할 수 없는 정보
- **비용성**: 정보 획득을 위한 비용과 시간 소요

㉡ 외부 정보의 장점과 한계

- 외부 정보는 객관적이고 편향되지 않은 시각을 제공하며 시장 전체에 대한 폭넓은 정보를 얻을 수 있지만, 데이터 품질 검증의 어려움과 정보 획득 비용이라는 한계가 있다.
- 기업 특성에 맞는 정보 선별과 활용이 중요하다.

| 표 1-35 | 외부 정보의 장점과 한계

구분	내용
장점	객관적이고 편향되지 않은 시각 제공
	시장 전체와 경쟁 환경의 폭넓은 정보
	업계 표준과 벤치마킹 기준 제시
	새로운 트렌드와 기회 발견 가능
한계	데이터 품질과 신뢰성 검증의 어려움
	정보 획득 비용과 시간 소요
	기업 특성에 맞지 않는 일반적 정보
	실시간성 부족과 시차 발생

② 사용자 행동 데이터

㉠ 검색 데이터

- 현대 기업에서 가장 활용도가 높은 외부 정보 중 하나다.
- 소비자의 관심사와 니즈를 실시간으로 파악할 수 있는 핵심 데이터다.

| 표 1-36 | 검색 데이터 주요 소스와 활용 사례

구분	주요 소스	제공 정보	주요 활용 사례
국내 검색	네이버 데이터랩	통합 검색어 트렌드, 쇼핑 인사이트, 지역별 트렌드	신제품 출시 전 시장 관심도 측정
글로벌 검색	구글 트렌드	키워드 관심도 변화, 연관 검색어, 지역별/언어별 분석	계절별 수요 예측과 재고 계획
검색 광고	Google Ads 키워드 플래너	검색량, 경쟁도, 입찰가 정보	경쟁사 브랜드 대비 관심도 비교

㉡ 소셜 버즈 데이터

- 소셜미디어와 온라인 커뮤니티에서 생성되는 대화와 반응 데이터이다.
- 실시간 여론과 감성을 파악할 수 있는 중요한 정보원이다.

| 표 1-37 | 소셜 버즈 데이터 주요 소스와 활용 사례

구분	주요 소스	제공 정보	주요 활용 사례
글로벌 모니터링	Brandwatch, Hootsuite	브랜드 언급량, 감성 분석, 인플루언서 분석	브랜드 이미지와 평판 모니터링
국내 전문 분석	썸트렌드, 코난테크놀로지	한국어 특화 텍스트 분석, 커뮤니티 분석	제품 불만사항과 개선점 발굴

구분	주요 소스	제공 정보	주요 활용 사례
온라인 리뷰	네이버쇼핑, 쿠팡, 앱스토어	상품 리뷰, 평점, 구매 후기	경쟁사 대비 고객 만족도 비교
커뮤니티 리뷰	다나와, 뽐뿌	전문가 평가, 상세 리뷰, 비교 분석	마케팅 메시지의 시장 반응 측정

ⓒ 웹 행동 데이터

- 웹사이트 방문자의 행동 패턴과 쿠키 데이터를 통한 외부 정보이다.
- 개인정보보호 강화로 제한되고 있지만, 여전히 중요한 정보원이다.

| 표 1-38 | 웹 행동 데이터 주요 소스와 활용 사례

구분	주요 소스	제공 정보	주요 활용 사례
웹 분석 도구	Google Analytics, Adobe Analytics	방문자 수, 페이지뷰, 체류시간, 전환율, 고객 여정 분석, 세그멘테이션	웹사이트 사용자 경험 개선, 개인화 마케팅 전략 수립
검색 광고	Google Ads, 네이버 광고	키워드 성과, 클릭률, 전환율	검색 마케팅 최적화
소셜 광고	Facebook 광고 관리자	타깃 오디언스 인사이트, 참여율	소셜 미디어 마케팅 전략

③ 센서/IoT 데이터

㉠ 위치 데이터

- 스마트폰과 IoT 기기에서 생성되는 위치 정보는 유통업과 서비스업에서 핵심적인 외부 정보이다.

| 표 1-39 | 위치 데이터 주요 소스와 활용 사례

구분	주요 소스	제공 정보	주요 활용 사례
GPS 데이터	스마트폰 위치 서비스	실시간 위치, 이동 경로, 체류 시간	매장 입지 선정과 상권 분석
비콘 데이터	매장 내 비콘 시스템	매장 내 고객 동선, 구역별 체류 시간	고객 방문 패턴과 동선 최적화
와이파이 데이터	와이파이 접속 정보	특정 지역 방문자 수, 재방문율	배송 루트 최적화와 물류 효율성
교통카드 데이터	대중교통 이용 정보	교통 패턴, 유동인구, 시간대별 이동량	위치 기반 마케팅과 타깃팅

ⓛ 환경 데이터

- 제조업과 농업에서 중요한 외부 환경 정보이다.

| 표 1-40 | 환경 데이터 주요 소스와 활용 사례

구분	주요 소스	제공 정보	주요 활용 사례
기상 데이터	기상청 날씨 정보	온도, 습도, 강수량, 풍속, 일조량	제조 공정의 환경 조건 최적화
대기질 데이터	환경부 대기질 정보	미세먼지, 오존, 이산화황, 일산화탄소	농작물 생육 환경 모니터링
IoT 센서	각종 환경 센서	진동, 소음, 조도, 압력, 온습도	에너지 사용량 예측과 절약
통합 환경	환경 모니터링 시스템	종합 환경 지수, 예측 정보	설비 고장 예측과 예방 보전

④ 공공/오픈 데이터

㉠ 정부 오픈 데이터

- 정부와 공공기관이 제공하는 다양한 통계와 행정 정보이다.

| 표 1-41 | 정부 오픈 데이터 주요 소스와 활용 사례

구분	주요 소스	제공 정보	주요 활용 사례
통합 데이터	공공데이터포털	인구통계, 경제지표, 사업자 정보	시장 규모 추정과 타깃 시장 분석
공식 통계	통계청	각종 공식 통계, 조사 결과	매크로 경제 환경 분석과 사업 계획
경제 금융	한국은행	경제통계, 금리, 환율, 물가 정보	정부 정책 변화에 따른 비즈니스 영향 분석
행정 정보	각 부처 오픈 데이터	부처별 전문 통계 및 행정 정보	지역별 사업 진출 가능성 평가

ⓛ 업계 데이터

- 업계 협회와 연구기관에서 제공하는 전문 정보이다.

| 표 1-42 | 업계 데이터 주요 소스와 활용 사례

구분	주요 소스	제공 정보	주요 활용 사례
업계 협회	산업별 협회 통계	시장 규모, 동향 분석, 회원사 현황	업계 전체 트렌드 파악
시장조사	닐슨, 칸타, 트렌드 모니터	소비자 조사, 시장 세분화, 경쟁 분석	고객 니즈와 시장 기회 발굴
학술 연구	연구기관, 대학 연구소	연구 보고서, 기술 동향, 미래 전망	기술 혁신과 미래 사업 기회
글로벌 리서치	McKinsey, BCG, Deloitte	글로벌 시장 분석, 산업 전망	해외 진출과 글로벌 전략 수립

4 내외부 정보의 통합 활용

① 통합 활용의 실무적 접근법

내외부 정보의 효과적 통합은 현대 기업의 경쟁력 확보에 필수적이다. 단순한 데이터 결합을 넘어서 비즈니스 가치 창출 관점에서 접근해야 한다.

㉠ 데이터 소유권 vs 활용권 구분

- 현실에서는 데이터의 소유권과 활용권이 명확하지 않은 경우가 많다. 특히 클라우드 서비스와 SaaS 도구가 확산되면서 이러한 구분이 더욱 중요해졌다.

| 표 1-43 | 데이터 소유권과 활용권 구분 기준

구분	소유권 기준	활용권 기준
저장 위치	물리적 저장 위치: 자사 서버 vs 외부 서버	접근 및 수정 권한: 완전 통제 vs 제한적 접근
생성 주체	데이터 생성 주체: 자사 직원 vs 외부 사용자	2차 가공 가능성: 자유로운 가공 vs 제약적 활용
비용 부담	비용 지불 주체: 자사 비용 vs 무료/외부 비용	상업적 이용 범위: 무제한 이용 vs 라이선스 제약

㉡ 내부 설치 vs 외부 호스팅 구분

- 기업이 시스템을 구축할 때 내부 설치와 외부 호스팅 중 어떤 방식을 선택하느냐에 따라 데이터의 통제권과 보안 수준이 달라진다.

| 표 1-44 | 시스템 설치 방식별 특성

구분	시스템 유형	특징
내부 설치	온프레미스	• 자사 데이터센터에 직접 구축
	프라이빗 클라우드	• 자사 전용 클라우드 환경
	하이브리드	• 중요 데이터는 내부, 일반 데이터는 외부
외부 호스팅	퍼블릭 클라우드	• AWS, Azure, GCP 등 공용 클라우드
	SaaS	• Salesforce, Office 365 등 서비스형 소프트웨어
	매니지드 서비스	• 외부 업체가 관리하는 전용 시스템

② 그레이존 데이터의 통합 전략

실무에서 가장 고민이 되는 것은 내부와 외부의 경계가 모호한 데이터들이다. 이런 데이터들을 어떻게 분류하고 활용할지가 통합 전략의 핵심이다.

㉠ 웹/앱 분석 도구(GA, Amplitude 등)

- 웹이나 앱 분석 도구는 외부 서비스이지만 우리 고객의 행동 데이터를 수집하므로 내외부 특성이 혼재되어 있다.

| 표 1-45 | 웹/앱 분석 도구의 내외부 분류

도구명	외부 요소	내부 요소	통합 전략
Google Analytics	구글이 제공하는 무료/유료 서비스	우리 웹사이트 방문자의 행동 데이터	외부 도구로 수집한 내부 고객 데이터로 분류
Amplitude	미국 기업이 제공하는 유료 서비스	우리 앱 사용자의 행동과 전환 데이터	외부 분석 플랫폼의 내부 고객 인사이트로 활용

실무 예시

데이터 분류는 외부 도구와 내부 데이터를 결합한 하이브리드 정보로 관리하며, 사내 마케팅/분석 팀 전용 접근 권한을 설정한다. 중요 데이터는 정기적으로 내부 시스템에 백업하고, 외부 서비스 중단에 대비한 대체 솔루션을 미리 준비해야 한다.

㉡ 소셜미디어 인사이트

- 소셜미디어 플랫폼에서 제공하는 인사이트 데이터는 우리가 운영하는 계정의 성과를 보여주지만, 플랫폼 자체는 외부 업체가 소유하고 있다.

플랫폼	외부 요소	내부 요소	통합 전략
페이스북/ 인스타그램	메타(Meta)가 소유하는 소셜미디어 플랫폼	우리가 운영하는 페이지와 광고 성과 데이터	외부 플랫폼의 우리 브랜드 데이터로 관리
유튜브	구글이 운영하는 동영상 플랫폼	우리가 업로드한 콘텐츠의 조회수, 구독자 데이터	외부 채널을 통한 브랜드 노출 데이터로 활용

실무 예시

월별/주별 성과 데이터를 내부 시스템으로 정리하는 정기 리포트 작성과 여러 소셜미디어 데이터를 통합하는 크로스 플랫폼 분석이 필요하다. 또한 소셜미디어 활동이 실제 매출에 미치는 영향을 측정하는 ROI 분석을 통해 투자 효과를 정량적으로 평가해야 한다.

ⓒ API 연동 데이터

- 외부 API를 통해 실시간으로 수집하는 데이터는 외부 소스이지만, 우리 비즈니스에 직접적으로 활용되므로 내부 데이터에 준하는 관리가 필요하다.

| 표 1-47 | API 연동 데이터 유형과 통합 전략

API 유형	데이터 소스	통합 전략	관리 방법
날씨 API	기상청, OpenWeatherMap	실시간 연동	외부 데이터의 정확성과 일관성 지속 확인
지도 API	구글 맵스, 네이버 맵스	명확한 활용 목적 정의	API 호출 비용과 데이터 품질의 균형점 찾기

③ 6대 부문별 내외부 데이터 융합 사례

부문별로 내부 데이터와 외부 데이터를 결합하여 시너지를 창출하는 실제 사례들을 살펴보면, 단순한 데이터 통합을 넘어 비즈니스 성과 향상을 위한 전략적 접근이 중요함을 알 수 있다.

㉠ 영업 부문: CRM＋소셜 프로필＝고객 360도 뷰

- 영업팀이 고객 미팅 전에 CRM의 거래 이력과 LinkedIn의 담당자 정보, 최근 회사 뉴스를 종합하여 완전한 고객 상황을 파악한다. 이를 통해 맞춤형 제안서를 준비하고 적절한 타이밍에 접근하여 영업 성공률을 크게 높일 수 있다.

| 표 1-48 | 영업 부문 내외부 데이터 융합

데이터 유형	세부 항목	활용 방법
내부 데이터 (CRM)	고객 기본정보: 회사명, 담당자, 연락처, 거래이력	• 영업 준비: 고객 미팅 전 최신 정보로 맞춤형 제안 준비 • 관계 관리: 고객의 관심사와 니즈 변화에 맞춘 소통 전략 • 기회 발굴: 고객사 확장이나 프로젝트 정보를 통한 신규 기회 포착
	영업 활동: 미팅 기록, 제안 내역, 계약 진행 상황	
	거래 성과: 매출액, 수익률, 거래 빈도	
외부 데이터 (소셜 프로필)	LinkedIn 프로필: 고객사 담당자의 경력, 네트워크, 관심사	
	회사 뉴스: 고객사의 최근 동향, 사업 확장, 인수합병	
	업계 소식: 고객사가 속한 업계의 트렌드와 이슈	

ⓒ 마케팅 부문: 캠페인 성과 + 시장 트렌드 = ROI 최적화

- 마케팅팀이 내부 캠페인 성과 데이터와 외부 검색 트렌드, 경쟁사 동향을 결합하여 최적의 마케팅 타이밍과 메시지를 찾는다.
- 시장 관심도가 높은 시점에 차별화된 메시지로 캠페인을 진행하여 한정된 예산으로 최대 효과를 달성할 수 있다.

| 표 1-49 | 마케팅 부문 내외부 데이터 융합

데이터 유형	세부 항목	활용 방법
내부 데이터 (캠페인 성과)	캠페인 실행: 예산, 기간, 채널, 크리에이티브	• 타이밍 최적화: 시장 관심도가 높을 때 캠페인 집중 투입 • 메시지 차별화: 경쟁사 대비 우리만의 독특한 메시지 개발 • 예산 배분: 성과가 좋은 채널과 시기에 예산 집중
	성과 지표: 노출수, 클릭률, 전환율, 매출 기여도	
	고객 반응: 문의 증가, 브랜드 인지도 변화	
외부 데이터 (시장 트렌드)	검색 트렌드: 관련 키워드의 검색량 변화	
	경쟁사 동향: 경쟁사 마케팅 활동과 메시지	
	소셜 버즈: 우리 브랜드와 경쟁 브랜드에 대한 온라인 반응	

ⓒ 생산 부문: MES + 날씨/교통 = 공급망 최적화

- 제조업체가 MES의 생산 계획과 재고 정보에 날씨, 교통, 원자재 가격 등 외부 변수를 결합하여 선제적으로 생산 일정을 조정한다. 이를 통해 태풍이나 교통 마비 같은 돌발 상황에도 공급망 차질을 최소화하고 효율적인 생산 운영을 유지할 수 있다.

| 표 1-50 | 생산 부문 내외부 데이터 융합

데이터 유형	세부 항목	활용 방법
내부 데이터 (MES)	생산 계획: 제품별 생산 일정과 수량	• 생산 계획 조정: 날씨나 교통 상황을 고려한 생산 일정 수정 • 재고 관리: 외부 변수를 반영한 안전재고 수준 조정 • 물류 최적화: 실시간 교통 정보를 활용한 배송 루트 최적화
	설비 상태: 기계 가동률, 고장 이력, 유지보수 계획	
	재고 현황: 원자재, 반제품, 완제품 재고량	
외부 데이터 (환경/교통)	날씨 정보: 온도, 습도, 강수 확률, 태풍 경로	
	교통 상황: 도로 정체, 물류 지연, 항만 상황	
	원자재 시세: 글로벌 원자재 가격 변동	

- 6대 부문별로 내외부 데이터를 융합하여 얻을 수 있는 효과를 종합적으로 정리하면 다음과 같다.

| 표 1-51 | 부문별 내외부 데이터 융합 매트릭스

부문	핵심 내부 시스템	주요 외부 데이터	융합 목표	기대 효과
영업	CRM, SFA	소셜프로필, 업계뉴스	고객 360도 뷰	영업 성공률 향상
마케팅	MA, 캠페인관리	검색트렌드, 소셜버즈	ROI 최적화	마케팅 효율 개선
생산	MES, ERP	날씨, 교통, 원자재 시세	공급망 최적화	운영비용 절감
재무	자금관리, 투자	금리, 환율, 경제지표	리스크 관리	재무리스크 감소
회계	회계시스템, ERP	세법 개정, 업계 기준	컴플라이언스	세무리스크 제거
인사	HRM, 급여	채용시장, 급여 수준	인재 경쟁력	이직률 감소

④ **통합 정보 활용 시 고려사항**

내부와 외부 데이터를 결합한 통합 정보는 강력한 비즈니스 도구이지만, 활용 과정에서 법적, 윤리적 측면을 신중히 고려해야 한다.

㉠ 법적 고려사항

- 통합 정보 활용 시에는 개인정보보호법부터 데이터 3법까지 다양한 법적 규제를 준수해야 한다.

| 표 1-52 | 통합 정보 활용 시 법적 고려사항

법규	주요 내용	준수 방안
개인정보보호법	개인정보 수집과 활용 범위 준수	개인정보 수집 시 사전 동의 확보 및 활용 범위 명시
저작권법	외부 콘텐츠 이용 시 저작권 침해 방지	외부 콘텐츠 사용 전 저작권 확인 및 라이선스 취득
공정거래법	시장 지배적 지위 남용 방지	경쟁사 정보 활용 시 공정 경쟁 원칙 준수
데이터 3법	데이터 가명처리와 활용 기준 준수	개인식별정보 가명처리 후 통계 목적으로만 활용

㉡ 윤리적 고려사항

- 법적 준수를 넘어서 기업의 사회적 책임 차원에서 데이터 활용의 투명성과 공정성을 확보해야 한다.

| 표 1-53 | 통합 정보 활용 시 윤리적 고려사항

원칙	주요 내용	실행 방안
데이터 투명성	데이터 수집과 활용 목적의 명확한 공개	고객에게 데이터 수집 목적과 활용 방법 사전 공지
고객 동의	고객 데이터 활용에 대한 사전 동의 확보	옵트인 방식의 명시적 동의 절차 구축
공정성	알고리즘 편향성 방지와 공정한 의사결정	정기적인 알고리즘 감사 및 편향성 점검
보안성	데이터 유출과 오남용 방지를 위한 보안 체계	데이터 암호화, 접근 권한 관리, 보안 교육 실시

02 전략 수립을 위한 정보(PEST, 5 Forces, 3C, SWOT 등)

1 전략적 분석 도구의 개요

① 전략 분석 도구의 필요성

㉠ 전략적 사고의 체계화

현대 기업 환경의 복잡성과 불확실성이 증가함에 따라, 직관이나 경험에만 의존한 전략 수립은 한계가 있다. 전략적 분석 도구는 복잡한 경영 환경을 체계적으로 분석하고 논리적인 전략 수립을 가능하게 한다.

- 분석의 체계성 확보
  - 산발적인 정보 수집에서 벗어나 체계적인 분석 프레임워크 제공
  - 놓치기 쉬운 중요 요소들을 빠짐없이 검토할 수 있는 체크리스트 역할
  - 분석 과정의 논리성과 일관성을 확보하여 의사결정의 정확성 향상
- 객관성과 타당성 증진
  - 주관적 판단보다는 객관적 사실과 데이터에 기반한 분석
  - 다양한 관점과 이해관계자의 시각을 종합적으로 고려
  - 분석 결과에 대한 논리적 근거와 타당성 제시 가능
- 의사소통과 합의 형성
  - 조직 내 다양한 구성원들이 공통으로 이해할 수 있는 분석 언어 제공
  - 전략 수립 과정에서의 토론과 합의 형성을 위한 구조화된 틀
  - 이해관계자들에게 전략의 논리와 근거를 명확히 설명 가능

㉡ 주요 전략 분석 도구의 분류

전략 분석 도구는 분석 대상과 관점에 따라 여러 가지로 분류할 수 있다. 각 도구는 고유한 분석 관점과 장점을 가지므로, 상황에 맞는 적절한 도구를 선택하거나 여러 도구를 조합하여 활용하는 것이 중요하다.

- 분석 범위에 따른 분류
  - **거시환경 분석**: PEST 분석 → 정치, 경제, 사회, 기술 환경
  - **산업환경 분석**: Porter의 5 Forces 분석 → 산업 구조와 경쟁 강도
  - **경쟁환경 분석**: 3C 분석 → 고객, 경쟁사, 자사의 상호관계
  - **종합분석**: SWOT 분석 → 강점, 약점, 기회, 위협의 통합적 분석
- 분석 관점에 따른 분류
  - **외부 지향적 분석**: PEST, 5 Forces → 외부 환경 변화에 초점

- **내부 지향적 분석**: 내부 역량 분석, 가치사슬 분석
- **통합적 분석**: SWOT, 3C → 내외부 요인의 종합적 고려

2 PEST 분석[거시환경 분석]

① PEST 분석의 개념과 구성

㉠ PEST 분석의 기본 개념

PEST 분석은 Political(정치), Economic(경제), Social(사회), Technological(기술) 환경의 영문 첫 글자를 따서 명명된 거시환경 분석 도구이다. 기업을 둘러싼 광범위한 외부 환경을 체계적으로 분석하여 장기적인 전략 수립의 기초를 제공한다.

- PEST 분석의 목적
  - 기업이 통제할 수 없지만, 큰 영향을 받는 거시환경 요인들을 체계적으로 파악
  - 환경 변화가 기업에 미치는 기회와 위협 요소를 사전에 식별
  - 장기적 관점에서의 전략적 대응 방안 수립을 위한 기초 정보 제공

㉡ PEST 분석의 4가지 구성 요소

각 구성 요소는 서로 독립적이면서도 상호 연관성을 가지므로, 개별 분석과 함께 요소 간의 상호작용도 고려해야 한다.

| 표 1-54 | PEST 분석의 구성 요소와 주요 분석 항목

환경	주요 분석 항목	기업에 미치는 영향	정보 출처
Political	정부 정책, 규제, 정치 안정성	사업 기회/제약, 운영 환경	정부 발표, 정책 자료
Economic	경제 성장, 금리, 환율, 소득	시장 규모, 수익성, 투자 환경	경제 통계, 금융 정보
Social	인구 구조, 문화, 가치관 변화	고객 니즈, 시장 기회	인구 통계, 사회 조사
Technological	기술 혁신, 디지털 전환	경쟁 우위, 사업 모델 변화	기술 동향, R&D 정보

② PEST 분석의 실무 적용

㉠ 분석 과정과 방법론

PEST 분석을 효과적으로 수행하기 위해서는 체계적인 분석 과정과 방법론을 따라야 한다.

- **1단계**: 분석 범위 설정
  - **지리적 범위**: 국내, 지역, 글로벌 시장 중 분석 대상 설정

- **시간적 범위**: 단기(1~2년), 중기(3~5년), 장기(5년 이상) 관점 설정
    - **산업 범위**: 자사가 속한 산업과 관련 산업의 범위 결정
  • **2단계**: 정보 수집과 분석
    - **정보 출처 다각화**: 정부 통계, 연구 기관 보고서, 언론 보도, 전문가 의견, 뉴스 기사, 경쟁사 보도자료, 업계 전문가의 소셜미디어 포스팅, 관련 커뮤니티의 반응
    - **정량적/정성적 정보 결합**: 수치 데이터와 전망, 의견 정보의 균형적 활용
    - **신뢰성 검증**: 정보의 출처와 신뢰성, 최신성 확인
  • **3단계**: 영향도 평가
    - **직접적 영향**: 자사 사업에 즉시적으로 미치는 영향 평가
    - **간접적 영향**: 고객, 공급업체, 경쟁사를 통해 미치는 2차적 영향
    - **영향 정도**: 높음/중간/낮음으로 영향도 수준 평가
  • **4단계**: 시사점 도출
    - **기회 요소**: 사업 확장이나 새로운 기회 창출 가능성
    - **위협 요소**: 사업에 부정적 영향을 미칠 수 있는 리스크 요인
    - **대응 전략**: 기회 활용과 위협 대응을 위한 전략적 방향

ⓒ PEST 분석 사례와 활용 포인트

실제 기업 사례를 통해 PEST 분석의 구체적 적용 방법을 살펴보고자 한다.

  • 전기차 산업 PEST 분석 사례
    - Political: 정부의 친환경 정책, 전기차 보조금, 내연기관차 판매 금지 정책
    - Economic: 배터리 가격 하락, 충전 인프라 투자, 경제성 개선
    - Social: 환경 의식 증가, 친환경 소비 트렌드, 젊은 세대의 가치관 변화
    - Technological: 배터리 기술 발전, 충전 기술 개선, 자율주행 기술 융합

실무 예시

실무자들은 PEST 분석을 위한 분석을 하지 않는다. 그들은 당면한 문제 해결을 위해 PEST의 프레임워크를 '빌려' 쓰고, 형식보다는 '핵심 질문'에 집중한다

"정부에서 이커머스 플랫폼 규제를 강화한다는데, 우리 사업에 직접적인 리스크는 뭐지?(P)"

"요즘 고물가 때문에 다들 지갑을 닫는다는데, 우리 제품 가격 전략을 어떻게 바꿔야 할까?(E)"

"MZ세대는 가치 소비를 중시한다는데, 우리 브랜드 이미지를 어떻게 가져가야 할까?(S)"

"ChatGPT 때문에 우리 서비스가 대체될 수도 있을까? 아니면 이걸 활용해서 더 좋은 서비스를 만들 수 있을까?(T)"

이런 질문에 답을 찾는 과정에서 자연스럽게 PEST의 각 요소를 검토하게 되는 것이다. 보고서에 PEST 분석이라는 제목을 붙이지 않더라도, 그 본질은 이미 업무에 녹아 있으므로 핵심 질문을 찾아가는 것에 집중이 필요하다.

❸ Porter의 5 Forces 분석[산업환경 분석]

① 5 Forces 분석의 개념과 의의

㉠ 5 Forces 분석의 기본 개념

Porter의 5 Forces 분석은 마이클 포터(Michael Porter)가 개발한 산업 구조 분석 도구로, 산업 내 경쟁 강도와 수익성을 결정하는 5가지 경쟁 세력을 체계적으로 분석한다.

- 5 Forces 분석의 핵심 논리
  - 산업의 수익성은 5가지 경쟁 세력의 강도에 의해 결정된다.
  - 경쟁 세력이 강할수록 기업의 수익성은 제약 받는다.
  - 경쟁 세력이 약할수록 기업은 높은 수익성을 확보할 수 있다.
- 분석의 목적과 의의
  - **산업 매력도 평가:** 진입하거나 투자할 산업의 수익성 전망 평가
  - **경쟁 전략 수립:** 5가지 경쟁 세력에 대한 대응 전략 개발
  - **포지셔닝 전략:** 경쟁 세력의 영향을 최소화하는 사업 위치 선택

㉡ 5가지 경쟁 세력의 구성

각 경쟁 세력은 산업의 구조적 특성에 따라 그 강도가 달라지며, 기업은 이를 이해하고 적절한 대응 전략을 수립해야 한다.

- **기존 경쟁자 간의 경쟁 강도:** 산업 내 이미 자리 잡은 기업들 간의 직접적인 경쟁 수준을 의미한다. 경쟁자 수가 많고, 산업 성장이 정체되었으며, 제품 차별화가 어려울수록 경쟁은 심화된다.
- **신규 진입자의 위협:** 새로운 경쟁자가 시장에 쉽게 들어올 수 있는 정도를 나타낸다. 막대한 초기 자본이나 독점적 유통망 같은 높은 진입 장벽이 존재할수록 신규 진입의 위협은 낮아진다.
- **대체재의 위협:** 현재 제품이나 서비스가 제공하는 핵심 기능을 다른 방식으로 충족시키는 대체재의 존재 여부이다. 성능 좋고 저렴한 대체재가 많을수록 위협은 커진다.
- **공급업체의 교섭력:** 제품 생산에 필요한 원료나 부품을 제공하는 공급업체가 가격이나 거래 조건을 좌우할 수 있는 힘이다. 소수 공급업체가 시장을 독점하거나 핵심 부품을 공급할 때 교섭력은 강해진다.
- **고객의 교섭력:** 제품이나 서비스를 구매하는 고객이 가격 인하나 품질 향상을 요구할 수 있는 힘을 말한다. 소수의 대형 고객이 매출의 대부분을 차지하거나, 표준화된 제품을 구매할 때 고객의 힘은 강해진다.

경쟁 세력	강도를 높이는 요인	강도를 낮추는 요인	대응 전략
기존 경쟁	다수의 유사 규모 경쟁자	차별화된 제품/서비스	차별화, 브랜드 구축
신규 진입	낮은 진입 장벽	높은 자본 요구, 규제	진입 장벽 강화
대체재	우수한 대체재 존재	높은 전환 비용	고객 충성도 강화
공급업체	독점적 공급업체	다수의 공급 선택지	공급망 다변화
고객	소수의 대형 고객	분산된 고객 구조	고객 다변화

② 5 Forces 분석의 실무 적용

㉠ 분석 절차와 실행 방법

5 Forces 분석을 효과적으로 수행하기 위한 체계적인 절차와 방법론을 제시한다.

- 1단계: 산업 정의와 경계 설정
  - **산업 범위:** 분석 대상 산업의 명확한 정의와 경계 설정
  - **가치사슬:** 산업 내 가치사슬의 어느 부분을 분석할 것인지 결정
  - **지리적 범위:** 지역, 국가, 글로벌 시장 중 분석 범위 설정
- 2단계: 세력별 상세 분석
  - **정보 수집:** 각 세력에 관련된 정량적/정성적 정보 수집
  - **강도 평가:** 각 세력의 강도를 5점 척도로 평가(1점: 매우 약함, 5점: 매우 강함)
  - **근거 제시:** 평가 결과에 대한 논리적 근거와 증거 제시
- 3단계: 종합 평가와 시사점 도출
  - **전체적 매력도:** 5가지 세력을 종합한 산업의 전반적 매력도 평가
  - **핵심 이슈:** 가장 중요하고 영향력이 큰 경쟁 세력 식별
  - **전략적 함의:** 분석 결과가 기업 전략에 주는 시사점 도출

㉡ 5 Forces 분석 활용 사례

구체적인 산업 사례를 통해 5 Forces 분석의 실제 적용 방법을 살펴보고자 한다.

- 스마트폰 산업 5 Forces 분석 사례
  - **기존 경쟁:** 애플, 삼성, 중국 브랜드 간 치열한 경쟁(강도: 높음)
  - **신규 진입:** 높은 기술력과 자본 요구로 진입 장벽 높음(강도: 낮음)
  - **대체재:** 태블릿, 웨어러블 기기 등의 위협 존재(강도: 중간)
  - **공급업체:** 핵심 부품의 소수 공급업체 의존(강도: 높음)
  - **고객:** 통신사와 개별 소비자로 분산(강도: 중간)

4 3C 분석[고객-경쟁사-자사 분석]

① 3C 분석의 개념과 구조

㉠ 3C 분석의 기본 개념

3C 분석은 Customer(고객), Competitor(경쟁사), Company(자사)의 영문 첫 글자를 따서 명명된 전략 분석 도구로, 성공적인 사업 전략 수립을 위해 반드시 고려해야 할 3가지 핵심 요소를 체계적으로 분석한다.

- 3C 분석의 핵심 논리
  - 성공적인 전략은 고객 니즈, 경쟁 상황, 자사 역량의 최적 조합에서 나온다.
  - 3가지 요소 중 하나라도 간과하면 전략의 실패 위험 증가
  - 3C의 상호작용과 역학관계를 이해하는 것이 전략 수립의 핵심

㉡ 3C 분석의 구성 요소

각 구성 요소는 독립적으로 분석되지만, 궁극적으로는 3가지 요소 간의 적합성(Fit)을 찾는 것이 목표이다.

- Customer(고객) 분석
  - **고객 세분화:** 인구통계학적, 지리적, 심리그래픽, 행동적 세분화
  - **고객 니즈:** 명시적 니즈와 잠재적 니즈, 니즈의 변화 트렌드
  - **구매 행동:** 구매 과정, 의사결정 요인, 구매 채널 선호도
  - **고객 가치:** 고객이 중요하게 생각하는 가치와 우선순위
  - **시장 규모:** 타깃 고객 시장의 규모와 성장 잠재력
- Competitor(경쟁사) 분석
  - **주요 경쟁사:** 직접 경쟁사와 간접 경쟁사, 잠재적 경쟁사
  - **경쟁 우위:** 각 경쟁사의 핵심 경쟁력과 차별화 포인트
  - **전략 분석:** 경쟁사의 사업 전략, 마케팅 전략, 투자 계획
  - **성과 비교:** 시장점유율, 수익성, 성장률 등 성과 지표 비교
  - **대응 패턴:** 경쟁사의 과거 대응 방식과 예상 반응
- Company(자사) 분석
  - **핵심 역량:** 자사만의 독특한 강점과 경쟁 우위 요소
  - **자원과 능력:** 재무, 인적, 기술, 조직적 자원과 능력
  - **가치사슬:** 자사의 가치창출 과정과 단계별 경쟁력
  - **조직 문화:** 기업 문화, 핵심 가치, 조직의 특성
  - **성과 현황:** 현재의 사업 성과와 시장 위치

구성요소	주요 분석 항목	정보 수집원	분석 목적
Customer	니즈, 구매행동, 시장 규모	시장조사, 고객설문, 판매데이터	시장 기회 발굴
Competitor	전략, 성과, 경쟁우위	공개정보, 벤치마킹, 시장분석	경쟁 전략 수립
Company	역량, 자원, 성과	내부 자료, 역량 평가, 재무분석	차별화 방안 도출

② 3C 분석의 통합적 활용

㉠ 3C 간의 상호작용 분석

3C 분석의 진정한 가치는 개별 요소의 분석이 아니라 3가지 요소 간의 상호작용과 적합성을 찾는 데 있다.

- 고객–자사 적합성
  - **니즈 충족도:** 고객 니즈와 자사 제공 가치의 일치 정도
  - **접근 가능성:** 자사의 역량으로 타깃 고객에게 도달할 수 있는 정도
  - **가치 제안:** 고객에게 제공할 수 있는 독특하고 의미 있는 가치
- 자사–경쟁사 비교
  - **상대적 우위:** 경쟁사 대비 자사의 강점과 약점
  - **차별화 가능성:** 경쟁사와 구별되는 자사만의 차별화 포인트
  - **경쟁 대응:** 경쟁사의 움직임에 대한 자사의 대응 능력
- 고객–경쟁사 관계
  - **고객 인식:** 고객이 각 경쟁사를 어떻게 인식하고 평가하는지
  - **시장 점유:** 고객 선택에서 각 경쟁사가 차지하는 위치
  - **전환 가능성:** 고객이 경쟁사로부터 자사로 전환할 가능성

㉡ 3C 분석 활용 사례

3C 분석의 최종 목표는 고객 니즈를 효과적으로 충족하면서 경쟁사와 차별화되는 자사만의 독특한 포지션을 찾는 것이다. 구체적인 사례를 통해 3C 분석의 실제 적용 방법을 살펴보자.

- 고객(Customer) 분석
  - **니즈:** 바쁜 맞벌이 부부와 1인 가구는 신선한 식재료를 원하지만, 장 볼 시간이 부족하다. 특히 아침 식사를 위한 신선한 빵과 유제품에 대한 니즈가 크다.

- **가치**: 가격보다 '시간 절약'과 '신선도'를 더 중요한 가치로 여긴다.
- 경쟁사(Competitor) 분석
  - **대형마트 온라인몰**: 다양한 상품을 보유했지만, 당일 배송이나 새벽 배송의 신선도에 한계가 있다.
  - **일반 이커머스**: 가격 경쟁력은 있으나, 신선식품 배송 시스템이 취약하다.
- 자사(Company) 분석
  - **역량**: 수도권 내 자체 콜드체인 물류망과 베이커리 파트너십을 보유하고 있다.
  - **강점**: 소량의 신선식품을 빠르게 배송하는 데 특화된 역량을 가지고 있다.
- 전략적 포지셔닝 도출(Sweet Spot)
  - **고객이 원하지만**: 아침 식사용 신선식품을 밤에 주문해서 새벽에 받고 싶다.
  - **경쟁사가 못하고**: 대형마트는 신선도에, 이커머스는 배송 속도에 약점이 있다.
  - **자사가 잘할 수 있는**: 자체 물류망을 통해 '밤 11시 주문, 아침 7시 문 앞 도착'이라는 차별화된 서비스를 제공할 수 있다.

5 SWOT 분석[종합적 전략 분석]

① SWOT 분석의 개념과 구조

㉠ SWOT 분석의 기본 개념

SWOT 분석은 Strengths(강점), Weaknesses(약점), Opportunities(기회), Threats(위협)의 영문 첫 글자를 따서 명명된 종합적 전략 분석 도구이다. 내부 요인(강점, 약점)과 외부 요인(기회, 위협)을 체계적으로 분석하여 전략적 대안을 도출한다.

- SWOT 분석의 논리적 구조
  - **내부 분석**: 자사의 강점과 약점을 객관적으로 파악
  - **외부 분석**: 환경의 기회와 위협 요소를 체계적으로 식별
  - **전략 매칭**: 내부 요인과 외부 요인의 조합을 통한 전략 대안 개발

㉡ SWOT 분석의 4가지 구성 요소

각 구성 요소는 서로 다른 관점에서 기업 상황을 분석하며, 이들의 조합을 통해 전략적 시사점을 도출한다.

- Strengths(강점) – 내부 긍정 요인
  - **핵심 역량**: 경쟁사보다 우수한 자사만의 능력과 자원
  - **경쟁 우위**: 시장에서 인정받는 자사의 차별화 포인트

- **자원과 자산:** 유형/무형의 우수한 자원과 자산
    - **조직 문화:** 성과 창출에 기여하는 긍정적 조직 특성
- Weaknesses(약점) – 내부 부정 요인
    - **역량 부족:** 경쟁사 대비 부족한 능력과 자원
    - **구조적 문제:** 조직, 시스템, 프로세스의 비효율성
    - **자원 제약:** 재무, 인적, 기술적 자원의 한계
    - **성과 부진:** 시장에서의 부진한 성과와 평판
- Opportunities(기회) – 외부 긍정 요인
    - **시장 기회:** 시장 성장, 새로운 수요, 미충족 니즈
    - **기술 발전:** 신기술 등장, 기술 융합, 혁신 기회
    - **규제 변화:** 규제 완화, 정책 지원, 제도 개선
    - **사회적 변화:** 트렌드 변화, 라이프스타일 변화, 가치관 변화
- Threats(위협) – 외부 부정 요인
    - **경쟁 심화:** 신규 진입, 경쟁 강화, 대체재 등장
    - **시장 악화:** 시장 축소, 수요 감소, 경기 침체
    - **규제 강화:** 새로운 규제, 정책 변화, 진입 장벽
    - **기술 위협:** 기술 변화, 산업 구조 변화, 디지털 전환

| 표 1-57 | SWOT 분석 매트릭스와 전략 도출

내부\외부	Opportunities(기회)	Threats(위협)
Strengths (강점)	SO 전략(공격적 전략) 강점을 활용한 기회 포착	ST 전략(차별화 전략) 강점을 활용한 위협 대응
Weaknesses (약점)	WO 전략(개선 전략) 약점 보완을 통한 기회 활용	WT 전략(방어적 전략) 약점 보완과 위협 회피

② SWOT 분석을 통한 전략 수립

㉠ 4가지 전략적 대안

SWOT 분석의 핵심은 내부 요인과 외부 요인을 조합하여 4가지 유형의 전략적 대안을 도출하는 것이다.

- SO 전략(Strength–Opportunity): 공격적 전략
    - **전략 논리:** 자사의 강점을 활용하여 외부 기회를 적극적으로 포착
    - **적용 상황:** 강점이 뚜렷하고 외부 기회가 풍부한 경우
    - **전략 예시:** 핵심 기술을 활용한 신시장 진출, 브랜드 파워를 통한 해외 확장

- ST 전략(Strength-Threat): 차별화 전략
    - **전략 논리**: 자사의 강점을 바탕으로 외부 위협에 효과적으로 대응
    - **적용 상황**: 강점은 있지만 외부 환경이 어려운 경우
    - **전략 예시**: 기술력을 통한 차별화로 경쟁 대응, 고품질로 가격 경쟁 회피
- WO 전략(Weakness-Opportunity): 개선 전략
    - **전략 논리**: 약점을 보완하고 개선하여 외부 기회를 활용
    - **적용 상황**: 좋은 기회가 있지만 현재 역량이 부족한 경우
    - **전략 예시**: 인수합병을 통한 역량 보강, 전략적 제휴를 통한 약점 보완
- WT 전략(Weakness-Threat): 방어적 전략
    - **전략 논리**: 약점을 최소화하고 위협을 회피하는 방어적 접근
    - **적용 상황**: 내외부 모두 어려운 상황에서 생존을 위한 전략
    - **전략 예시**: 사업 다각화를 통한 리스크 분산, 핵심 사업 집중

ⓒ SWOT 분석 활용 사례

SWOT 분석은 내부 역량과 외부 환경을 종합적으로 진단하여 최적의 전략적 대안을 도출하는 과정이다. 구체적인 사례를 통해 SWOT 분석을 활용한 전략 수립 과정을 살펴보고자 한다.

- 강점(Strengths)
    - **고품질 시그니처 메뉴**: 주인의 특별한 레시피로 만든 시그니처 커피와 디저트를 보유하고 있다.
    - **단골 고객과의 유대감**: 사장님이 직접 운영하며 단골 고객과 친밀한 관계를 형성하고 있다.
    - **독특한 인테리어**: 대형 프랜차이즈와 차별화되는 아늑하고 감성적인 매장 분위기를 갖추고 있다.
- 약점(Weaknesses)
    - **낮은 브랜드 인지도**: 대형 프랜차이즈에 비해 브랜드 인지도가 매우 낮다.
    - **부족한 자본력**: 마케팅이나 매장 확장에 투입할 자본이 부족하다.
    - **협소한 공간**: 매장 공간이 좁아 좌석 수가 제한적이다.
- 기회(Opportunities)
    - **스페셜티 커피 시장 성장**: 개성 있는 커피 맛을 찾는 소비자가 증가하고 있다.
    - **로컬 상권 활성화**: 동네의 특색 있는 가게를 찾아다니는 '로컬 투어' 트렌드가 확산되고 있다.

- **SNS 입소문 효과:** 인스타그램 등 소셜미디어를 통해 적은 비용으로 홍보가 가능하다.
- 위협(Threats)
  - **대형 프랜차이즈의 경쟁:** 인근에 대형 프랜차이즈 카페가 공격적으로 출점하고 있다.
  - **원가 상승 압박:** 원두, 우유, 임대료 등 전반적인 비용이 상승하고 있다.
  - **경기 침체:** 경기 불황으로 소비자들이 커피 지출을 줄일 가능성이 있다.

| 표 1-58 | SWOT 매트릭스를 활용한 전략 수립

구분	기회(Opportunities)	위협(Threats)
강점 (Strengths)	SO 전략(공격적 전략) 시그니처 메뉴와 독특한 인테리어를 SNS 콘텐츠로 적극 홍보하여 '우리 동네 커피 맛집'으로 포지셔닝하고, 스페셜티 커피에 대한 관심을 온라인 원두 판매로 연결한다.	ST 전략(차별화 전략) 단골 고객 대상 멤버십 혜택을 강화하고, '사장님과 함께하는 커피 클래스' 등 대형 프랜차이즈가 할 수 없는 특별한 경험을 제공하여 고객 충성도를 높인다.
약점 (Weaknesses)	WO 전략(개선 전략) 지역 기반 인플루언서나 동네 커뮤니티와 협업하여 마케팅 예산의 한계를 극복하고, 낮은 브랜드 인지도를 개선하여 신규 고객을 유치한다.	WT 전략(방어적 전략) 매장 내 좌석 판매에만 의존하지 않고, 배달 플랫폼 입점 및 테이크아웃 할인 혜택을 강화하여 협소한 공간과 원가 상승의 압박을 극복하고 매출 구조를 다각화한다.

03 계획 수립을 위한 정보

1 계획 수립과 정보의 역할

① 계획 수립 단계의 정보 특성

㉠ 계획 정보의 개념과 중요성

전략이 수립된 후에는 이를 실행하기 위한 구체적이고 실행 가능한 계획이 필요하다. 계획 수립 단계에서는 전략적 방향을 구체적인 행동으로 변환하기 위한 상세한 정보가 요구된다.

- 계획 정보의 특성
  - **구체성**: 추상적인 전략을 구체적인 실행 방안으로 구체화
  - **실행가능성**: 실제로 수행할 수 있는 현실적인 계획 수립
  - **측정가능성**: 계획의 진행 상황과 성과를 측정할 수 있는 기준 제시
  - **시간성**: 명확한 시간 계획과 일정 관리를 위한 정보
- 전략과 계획의 연결고리
  - **전략 분해**: 거시적 전략을 부문별, 기능별 세부 계획으로 분해
  - **자원 배분**: 전략 실행에 필요한 자원의 구체적 배분 계획
  - **일정 수립**: 전략 목표 달성을 위한 단계별 실행 일정
  - **성과 지표**: 계획 실행 결과를 평가할 수 있는 측정 지표

ⓛ 계획 수립 정보의 분류

계획 수립에 필요한 정보는 그 성격과 활용 목적에 따라 여러 가지로 분류할 수 있다.

- 내부 역량 분석 정보
  - **자원 현황**: 인적, 물적, 재무적 자원의 현재 상태와 활용 가능성
  - **조직 역량**: 조직의 능력, 문화, 프로세스의 현황과 개선 방향
  - **핵심 역량**: 경쟁 우위의 원천이 되는 독특한 능력과 자산
- 실행 환경 분석 정보
  - **내부 환경**: 조직 구조, 시스템, 문화 등 실행에 영향을 미치는 내부 요인
  - **외부 제약**: 규제, 시장 상황, 경쟁 환경 등 실행을 제약하는 외부 요인
  - **이해관계자**: 계획 실행에 영향을 미치거나 영향을 받는 다양한 이해관계자
- 실행 계획 정보
  - **프로젝트 계획**: 구체적인 실행 프로젝트와 업무 분해 구조
  - **일정 계획**: 시간 계획, 마일스톤, 의존관계 등 일정 관리 정보
  - **자원 계획**: 필요 자원의 종류, 수량, 투입 시기 등

| 표 1-59 | 계획 수립 단계별 정보 요구사항

계획 단계	주요 정보 유형	정보 출처	활용 목적
현황 분석	내부 역량, 자원 현황	내부 데이터, 평가 결과	실행 가능성 검토
목표 설정	성과 지표, 벤치마크	과거 성과, 업계 기준	구체적 목표 수립
실행 계획	프로젝트, 일정, 자원	전문가 의견, 과거 경험	상세 실행 방안
모니터링	진행 지표, 성과 측정	실시간 데이터, 보고서	진행 상황 관리

2 내부 역량 분석 도구

① VRIO 분석

㉠ VRIO 분석의 개념과 구조

VRIO 분석은 Value(가치), Rarity(희소성), Imitability(모방 곤란성), Organization(조직)의 4가지 기준으로 기업의 자원과 역량이 지속 가능한 경쟁 우위를 창출할 수 있는지를 체계적으로 평가하는 도구이다.

- VRIO 분석의 논리
  - 자원이나 역량이 경쟁 우위를 가져다주려면 4가지 조건을 모두 충족해야 한다.
  - 단계별로 평가하여 해당 자원/역량의 전략적 가치를 판단
  - 지속 가능한 경쟁 우위의 원천을 식별하고 강화 방안 도출
- 4가지 평가 기준
  - **Value(가치):** 해당 자원/역량이 기업에게 실질적 가치를 제공하는가?
  - **Rarity(희소성):** 경쟁사들이 쉽게 보유하기 어려운 희소한 것인가?
  - **Imitability(모방 곤란성):** 경쟁사가 모방하거나 대체하기 어려운가?
  - **Organization(조직):** 해당 자원/역량을 효과적으로 활용할 조직 체계를 갖추었는가?

㉡ VRIO 분석의 단계별 평가

단계별로 체계적인 평가를 통해 자원과 역량의 전략적 가치를 판단한다.

- **1단계:** Value(가치) 평가
  - **고객 가치:** 고객에게 의미 있는 가치를 제공하는가?
  - **비용 절감:** 비용을 절감하거나 효율성을 향상시키는가?
  - **수익 증대:** 매출 증가나 수익성 향상에 기여하는가?
  - **위협 대응:** 외부 위협에 효과적으로 대응할 수 있는가?
- **2단계:** Rarity(희소성) 평가
  - **경쟁사 보유:** 동일하거나 유사한 자원/역량을 보유한 경쟁사 수
  - **획득 난이도:** 해당 자원/역량을 새롭게 확보하는 데 필요한 시간과 비용
  - **시장 가용성:** 시장에서 구매하거나 확보할 수 있는 정도
- **3단계:** Imitability(모방 곤란성) 평가
  - **역사적 조건:** 특정한 역사적 경험이나 과정을 통해 형성된 것인가?
  - **인과 관계 모호성:** 성과와 원인 간의 관계가 명확하지 않은가?
  - **사회적 복잡성:** 복잡한 사회적 관계나 문화적 요소가 포함되어 있는가?

- **4단계:** Organization(조직) 평가
  - **조직 구조:** 자원/역량을 활용할 적절한 조직 구조를 갖추었는가?
  - **관리 체계:** 효과적인 관리 프로세스와 시스템이 있는가?
  - **보상 체계:** 자원/역량 활용을 촉진하는 인센티브 체계가 있는가?

| 표 1-60 | VRIO 분석 결과에 따른 경쟁 우위 유형

V	R	I	O	경쟁 우위 유형	성과 기대	전략적 함의
No	–	–	–	경쟁 열위	평균 이하	개선 또는 포기
Yes	No	–	–	경쟁 균형	평균 수준	기본 요구사항
Yes	Yes	No	–	일시적 우위	평균 이상	단기 활용
Yes	Yes	Yes	No	미활용 우위	평균 이상	조직 체계 개선
Yes	Yes	Yes	Yes	지속적 우위	평균 초과	핵심 역량 강화

② 가치사슬 분석(Value Chain Analysis)

㉠ 가치사슬의 개념과 구조

가치사슬 분석은 마이클 포터가 개발한 분석 도구로, 기업의 모든 활동을 가치 창출 관점에서 체계적으로 분석하여 경쟁 우위의 원천을 찾는 방법이다.

- 가치사슬의 기본 개념
  - 기업의 모든 활동은 고객에게 가치를 전달하는 연결된 활동들의 사슬
  - 각 활동은 비용을 발생시키지만 동시에 가치를 창출
  - 경쟁 우위는 가치사슬의 특정 활동이나 활동 간의 연계에서 발생
- 가치사슬의 구성 요소
  - **주활동:** 제품/서비스의 물리적 창출과 고객 전달에 직접 관련
  - **지원활동:** 주활동을 효과적으로 수행할 수 있도록 지원
  - **마진:** 총 가치에서 모든 활동의 비용을 뺀 차이

㉡ 주활동과 지원활동의 상세 분석

가치사슬 분석의 핵심은 주활동과 지원활동을 구체적으로 분해하여, 각 단계에서 가치가 어떻게 창출되고 비용이 발생하는지 파악하는 데 있다. 주활동과 지원활동을 구성하는 세부적인 내용은 다음과 같다.

주활동 (Primary Activities)	입고물류	• 원재료 수령, 저장, 재고 관리, 운송 일정 관리 • 공급업체 관계 관리, 품질 검사, 창고 운영
	운영	• 투입 요소를 최종 제품으로 변환하는 활동 • 생산, 조립, 포장, 설비 유지, 품질 관리
	출고물류	• 완성품의 수집, 저장, 고객 배송 • 주문 처리, 창고 운영, 배송 차량 운행
	마케팅과 판매	• 고객이 제품을 구매하도록 유도하는 수단 제공 • 광고, 프로모션, 영업, 채널 관리, 가격 정책
	서비스	• 제품 가치를 유지/향상시키는 활동 • 설치, 수리, 교육, 부품 공급, 제품 개선
지원활동 (Support Activities)	조달	• 가치사슬 전체에서 사용되는 투입 요소의 구매 • 원재료뿐만 아니라 기계, 사무용품, 서비스 구매 포함
	기술 개발	• 제품과 프로세스를 개선하기 위한 기술적 노력 • R&D, 제품 설계, 공정 개선, 정보 시스템 개발
	인적자원 관리	• 모든 유형의 인력에 대한 채용, 교육, 개발, 보상 • 조직 개발, 성과 관리, 노사 관계
	기업 인프라	• 전체 가치사슬을 지원하는 활동들 • 일반 관리, 기획, 재무, 회계, 법무, 정부 관계

③ McKinsey 7S 모델

㉠ 7S 모델의 개념과 구조

McKinsey 7S 모델은 조직의 효과성을 결정하는 7가지 핵심 요소를 체계적으로 분석하는 도구이다. 모든 요소가 상호 연관되어 있으며, 균형과 일치가 조직 성과의 핵심이라는 관점을 제시한다.

- 7S 모델의 기본 철학
  - 조직의 성과는 7가지 요소의 상호작용에 의해 결정된다.
  - 어느 한 요소의 변화는 다른 요소들에도 영향을 미친다.
  - 7가지 요소 간의 일치성이 핵심이다.
- 하드 S와 소프트 S
  - **하드 S(Hard S):** 상대적으로 관리하기 쉽고 명확히 정의 가능
  - **소프트 S(Soft S):** 관리하기 어렵고 문화적, 인간적 요소 포함

ⓒ 7가지 구성 요소 분석

McKinsey 7S 모델은 조직의 성과가 7가지 핵심 요소의 유기적인 상호작용에 의해 결정된다고 본다. 각 요소의 정의와 함께 현재 상태를 진단하고 개선 방향을 도출하는 방법을 종합적으로 살펴보자.

| 표 1- 62 | McKinsey 7S 모델의 구성 요소와 분석

구분	요소	주요 내용	주요 분석 질문	개선 방향
하드 S (Hard S)	Strategy (전략)	• 조직의 목표 달성을 위한 계획과 행동 방향 • 경쟁 우위 확보와 자원 배분에 관한 의사결정	• 명확한 전략이 있는가? • 구성원이 이해하는가?	전략 명확화, 소통 강화
	Structure (구조)	• 조직도, 보고 체계, 부서 간 관계 • 의사결정 권한과 책임의 분배 방식	• 전략 실행에 적합한 조직 구조인가?	조직 재설계, 권한 재분배
	Systems (시스템)	• 업무 수행을 위한 절차, 프로세스, 정보 시스템 • 성과 관리, 보상, 예산 등의 관리 시스템	• 효율적인 시스템과 프로세스인가?	시스템 개선, 디지털화
소프트 S (Soft S)	Shared Values (공유 가치)	• 조직 구성원이 공유하는 핵심 가치와 신념 • 기업 문화의 중심이 되는 가치관과 원칙	• 조직 전체가 공유하는 가치가 있는가?	가치 정립, 문화 개선
	Skills (스킬)	• 조직이 보유한 핵심 역량과 능력 • 개인적 기술과 조직적 역량의 총합	• 전략 실행에 필요한 역량을 보유했는가?	역량 개발, 교육 강화
	Staff (구성원)	• 조직의 인적 자원과 인재 관리 방식 • 채용, 개발, 유지에 관한 인사 정책	• 적절한 인재를 확보하고 있는가?	인재 확보, 유지 전략
	Style (스타일)	• 리더십 스타일과 조직의 관리 방식 • 의사결정 과정과 조직 운영의 특성	• 리더십과 관리 스타일이 적절한가?	리더십 개발, 스타일 개선

③ 프로젝트 계획 수립 도구

① PERT/CPM 분석

㉠ PERT/CPM의 개념과 특징

PERT(Program Evaluation and Review Technique)와 CPM(Critical Path Method)은 복잡한 프로젝트의 일정 계획과 관리를 위한 네트워크 기반 분석 도구이다.

- PERT의 특징
  - **확률적 접근**: 활동 시간을 확률 분포로 표현
  - **불확실성 고려**: 낙관적, 비관적, 가장 가능한 시간 추정
  - **연구개발 프로젝트**: 불확실성이 높은 프로젝트에 적합
- CPM의 특징
  - **결정론적 접근**: 활동 시간을 고정값으로 설정
  - **시간-비용 최적화**: 시간 단축을 위한 비용 분석 포함
  - **건설/제조 프로젝트**: 경험이 풍부한 반복적 프로젝트에 적합

㉡ PERT/CPM 분석 과정

체계적인 분석 과정을 통해 프로젝트의 최적 일정과 관리 포인트를 도출한다.

- 1단계: 활동 정의와 순서 설정
  - **WBS(Work Breakdown Structure)**: 프로젝트를 세부 활동으로 분해
  - **선후 관계**: 각 활동 간의 의존관계와 순서 설정
  - **네트워크 다이어그램**: 활동들을 네트워크로 연결하여 시각화
- 2단계: 시간 추정
  - PERT 시간 추정
    - a. **낙관 시간(a)**: 모든 조건이 최적일 때의 소요 시간
    - b. **비관 시간(b)**: 모든 조건이 최악일 때의 소요 시간
    - c. **가장 가능한 시간(m)**: 정상적 조건에서의 예상 시간
    - d. 기대 시간=(a+4m+b)/6
  - CPM 시간 추정
    - a. **정상 시간**: 일반적인 자원과 비용으로 수행할 때의 시간
    - b. **단축 시간**: 추가 자원 투입으로 단축 가능한 최소 시간
- 3단계: 임계경로 분석
  - **임계경로(Critical Path)**: 프로젝트 완료에 가장 오랜 시간이 걸리는 경로

– **임계활동**: 임계경로 상의 활동들

– **여유시간**: 활동을 지연시켜도 전체 프로젝트에 영향을 주지 않는 시간

4 인적자원 개발 및 관리 도구

① 인재 확보 및 모집

㉠ 모집 원천별 유형과 특징

인재 모집은 원천에 따라 내부 모집과 외부 모집으로 나뉘며, 각각 뚜렷한 특징과 장단점을 가진다.

- 내부 모집의 특징
  - **주요 방법**: 사내 공모, 직원 추천, 핵심인재 데이터베이스 활용 등
  - **검증 용이성**: 기존 성과와 역량이 검증되어 채용 실패 위험 감소
  - **빠른 조직 적응**: 회사 문화와 직무에 대한 이해도가 높아 조직 적응 용이
  - **비용 절감 및 사기 진작**: 채용 및 교육 비용 절감, 내부 승진 기회로 동기 부여
  - **한계점**: 조직 침체 가능성(고인물 현상), 선발 탈락자 불만 등 내부 갈등 유발
- 외부 모집의 특징
  - **주요 방법**: 공개 채용, 헤드헌팅, 캠퍼스 리크루팅, 취업 포털 등
  - **새로운 관점 유입**: 다양한 인재 풀에서 선발하여 조직에 새로운 기술과 혁신 촉진
  - **높은 비용과 실패 위험**: 채용 과정에 많은 비용과 시간이 소요되며, 역량 검증이 어려워 실패 가능성 존재
  - **조직 문화 부적응**: 기존 구성원과의 갈등이나 조직 문화 부적응으로 인한 조기 퇴사 가능성

② 인재 개발

㉠ 인재 개발의 주요 유형

- 조직의 전략적 목표와 개인의 성장을 위해 다양한 교육 훈련 기법이 활용된다.
- OJT(On-the-Job Training): 직무 현장 훈련
  - **개념**: 실제 업무를 통해 지식과 기술을 습득하는 훈련 방식
  - **주요 방법**: 멘토링, 코칭, 인턴십, 직무 순환 등
  - **목적**: 실무 적용성 강화, 이론과 실제의 간극 해소
- **리스킬링**(Reskilling): 직무 전환 교육
  - **개념**: 기존 직무가 아닌 새로운 직무 수행을 위해 필요한 역량을 재교육

- **주요 상황:** 기술 변화로 인한 직무 소멸, 디지털 전환 대응
- **목적:** 내부 인력의 재배치, 고용 안정성 및 조직 유연성 확보
- **업스킬링(Upskilling):** 직무 역량 심화 교육
  - **개념:** 현재 직무의 전문성을 높여 더 높은 부가가치를 창출하도록 심화 교육
  - **주요 상황:** 신기술 도입, 직무 고도화 요구
  - **목적:** 개인과 조직의 경쟁력 강화, 전문성 향상

③ 성과 관리 및 평가

㉠ 성과 관리 체계

- **목표관리법(MBO: Management by Objectives):** 조직의 목표와 개인의 목표를 연계하여, 스스로 설정한 목표의 달성도를 기준으로 성과를 평가하는 방식이다. 결과 중심적이며 측정 가능한 계량적 목표를 강조한다.
- **OKR(Objectives and Key Results):** 조직 전체가 도전적인 목표(Objectives)를 설정하고, 그 달성 여부를 측정할 수 있는 핵심 결과(Key Results)를 설정하여 관리하는 방식이다. MBO보다 더 유연하며, 과정의 투명성을 중시한다.
- **핵심 성공 요인(CSF: Critical Success Factors):** 전략적 목표를 달성하기 위해 반드시 성공시켜야만 하는 핵심적인 요인들을 의미한다. CSF가 먼저 정의되면, 이를 측정하기 위한 구체적인 지표인 KPI(핵심 성과 지표)가 설정된다.

㉡ 성과 평가 방법

- 성과 평가는 다양한 방법을 통해 이루어지며, 각 방법은 고유한 장단점을 가지므로 조직의 특성과 목적에 맞게 조합하여 활용하는 것이 중요하다.

| 표 1-63 | 성과평가 기법

평가 방법	핵심 설명	장점	단점
서열법 (Ranking)	평가 대상자들을 상대적으로 비교하여 종합적인 성과 순위를 매기는 방법이다.	평가가 간편하고 빠르며, 의사결정이 용이하다.	구체적인 피드백이 어렵고, 평가자의 주관 개입 가능성이 높다.
강제할당법 (Forced Distribution)	S(10%), A(20%), B(40%) 등 사전에 정해진 비율에 맞춰 평가 등급을 의도적으로 할당하는 방법이다.	평가의 관대화/중심화 경향을 방지하고, 변별력을 확보할 수 있다.	우수한 인재가 많아도 낮은 등급을 받을 수 있어 동기 저하를 유발할 수 있다.

평가 방법	핵심 설명	장점	단점
서술법 (Narrative Method)	평가자가 피평가자의 강점, 약점, 성과 사례 등을 문장으로 자유롭게 서술하는 방법	구체적이고 상세한 피드백이 가능하다.	평가자별로 내용의 질과 양이 달라 객관적 비교가 어렵고 시간이 오래 걸린다.
형태기준평정 척도법 (BARS)	'매우 우수', '보통' 등 각 평가 등급마다 기대되는 핵심적인 행동 사례를 구체적으로 기술하여 평가하는 방법	평가 기준이 명확하고 객관적이며, 평가자와 피평가자 모두에게 유용한 피드백 제공	개발에 많은 시간과 노력이 소요되며, 모든 직무에 적용하기 어렵다.
형태관찰 척도법 (BOS)	직무 성공에 중요한 여러 행동들을 나열하고, 해당 행동을 얼마나 '자주' 보이는지를 관찰하여 빈도를 평가하는 방법	구체적인 행동에 기반하여 평가와 피드백이 용이하다.	관찰자의 주관이나 편견이 개입될 수 있으며, 행동의 빈도가 성과와 직결되지 않을 수 있다.
평가센터법 (Assessment Center)	여러 평가자들이 다양한 시뮬레이션 과제(토론, 발표, 역할 연기 등)를 통해 피평가자의 잠재 역량을 종합적으로 평가하는 방법	잠재력과 역량을 다면적으로 깊이 있게 평가 가능하며, 선발 및 교육에 효과적	시간과 비용이 많이 소요되어 주로 관리 자급 선발이나 핵심 인재 육성에 활용
다면평가법 (360-degree Feedback)	상사, 동료, 부하, 본인, 때로는 고객까지 다양한 관계자들이 평가에 참여하여 한 개인을 입체적으로 평가하는 방식	균형 잡힌 시각을 제공하고, 자기인식과 개인의 행동 개선에 큰 도움을 준다.	평가자 익명성 보장이 어렵고, 인기투표나 담합 등 관계 문제로 변질될 우려가 있다.

④ 경력 관리

㉠ 개인의 경력 지향성 분석

- 경력 앵커(Career Anchor) 이론
  - **개념**: 개인의 경력 선택에 기준이 되는 핵심적인 가치, 동기, 욕구의 조합을 의미한다(Edgar Schein 제시).
  - **주요 유형**: 관리 역량, 기술/기능 역량, 안정성, 자율성, 창업가 정신 등
  - **활용 목적**: 개인의 경력 만족도를 높이고, 조직은 개인의 앵커에 맞는 직무 배치나 경력 개발을 지원하는 데 활용한다.

ⓛ 조직의 경력 경로 설계

- 경력 경로 제도
  - **개념:** 구성원이 조직 내에서 성장할 수 있는 공식적인 직무 순서와 이동 경로를 체계적으로 설계한 것이다.
  - **이중경력 제도:** 전통적인 관리자 트랙 외에, 특정 분야의 깊이 있는 전문가로 성장할 수 있는 전문가 트랙을 별도로 제공하여 경력 발전 기회를 다각화하는 제도이다. 우수 기술 인력의 이탈 방지에 효과적이다.

ⓒ 전략적 인재 관리

- 핵심인재육성
  - **개념:** 조직의 미래를 이끌어갈 잠재력이 높은 인재를 조기에 식별하여, 체계적이고 집중적인 육성 프로그램을 통해 차세대 리더로 성장시키는 전략적 인재 관리 방식이다.
  - **주요 활동:** 도전적 과제 부여, 리더십 코칭, 해외 파견, 멘토링 등
- 승계 계획
  - **개념:** CEO 등 조직의 핵심 직무에 공석이 발생할 경우를 대비하여, 사전에 후보자 풀을 육성하고 관리하는 계획이다.
  - **목적:** 리더십 공백 최소화, 경영 안정성 확보, 핵심인재에게 명확한 성장 비전 제시로 동기 부여

04 업무 운영을 위한 정보

1 운영 정보의 특성과 실시간 모니터링

① 운영 정보의 개념과 특성

㉠ 운영 정보의 정의와 역할

업무 운영을 위한 정보는 일상적인 비즈니스 프로세스를 효율적으로 수행하고 관리하기 위해 필요한 모든 현재 진행형 정보를 의미한다. 성과 분석이 결과를 평가하는 것이라면, 운영 정보는 지금 당장 무엇을 해야 하는지를 알려주는 정보이다.

- 운영 정보의 핵심 특성
  - **즉시성:** 현재 상황을 즉시 파악하고 신속한 대응을 위한 실시간 정보
  - **행동 지향성:** 구체적인 행동과 의사결정을 유도하는 실행 중심 정보

- **예외 감지:** 정상 범위를 벗어난 상황의 즉각적 감지와 알림
  - **프로세스 중심:** 업무 프로세스의 진행 상황과 병목점 파악

- 운영 정보와 성과 정보의 구분
  - **운영 정보:** 지금 무엇이 일어나고 있는가?
    a. 실시간 재고 수준, 생산 진행률, 시스템 가동률
    b. 주문 처리 상황, 배송 현황, 고객 문의 대기 건수
  - **성과 정보:** 우리가 얼마나 잘하고 있는가
    c. 목표 대비 달성률, 고객 만족도, 수익성 지표
    d. 장기 트렌드, 경쟁사 대비 성과, 전략적 목표 달성도

ⓛ 디지털 시대의 운영 정보 진화

디지털 전환과 4차 산업혁명으로 인해 운영 정보의 수집, 처리, 활용 방식이 혁신적으로 변화하고 있다.

- IoT 기반 실시간 데이터 수집
  - **센서 네트워크:** 생산 설비, 물류 차량, 환경 센서의 실시간 데이터
  - **자동 데이터 수집:** 인간의 개입 없이 자동으로 수집되는 정확한 데이터
  - **연결성:** 모든 자산과 프로세스의 디지털 연결과 가시성
  - **예측적 감지:** 문제 발생 전 이상 징후의 조기 감지

- AI/ML 기반 지능형 운영
  - **패턴 인식:** 과거 데이터 학습을 통한 정상/비정상 패턴 자동 인식
  - **예측 분석:** 현재 상황을 바탕으로 한 단기 미래 예측
  - **자동 최적화:** AI가 실시간으로 운영 파라미터를 최적화
  - **지능형 알림:** 상황의 중요도와 긴급성을 자동 판단하여 차등 알림

| 표 1-64 | 전통적 운영 관리 vs 스마트 운영 관리

구분	전통적 운영	스마트 운영	주요 기술
데이터 수집	수동, 주기적	자동, 실시간	IoT, 센서
문제 감지	사후 발견	예측적 감지	AI/ML
대응 방식	인간 판단 중심	AI 지원 자동화	머신러닝
최적화	경험 기반	데이터 기반	최적화 알고리즘

② 재고 관리 운영 시스템 및 정보

① 실시간 재고 모니터링

㉠ 재고 가시성과 추적 시스템

현대의 재고 관리는 단순한 수량 파악을 넘어서 실시간 가시성과 예측적 관리가 핵심이다.

- RFID/바코드 기반 실시간 추적
  - **자동 인식:** 입고, 출고, 이동 시점의 자동 데이터 수집
  - **위치 추적:** 창고 내 정확한 위치와 이동 경로 추적
  - **배치 관리:** 제조일, 유효기간 등 배치별 상세 정보 관리
  - **오류 방지:** 인간의 실수로 인한 재고 오류 최소화
- 재고 상태 실시간 모니터링
  - **재고 수준:** 현재 재고량과 안전재고, 최대재고 대비 상태
  - **재고 회전:** 품목별 재고 회전율과 체류 기간
  - **진부화 위험:** 장기 체류 재고와 유효기간 임박 품목
  - **조달 상황:** 발주 대기, 진행 중, 입고 예정 상태 통합 관리

㉡ 수요 기반 동적 재고 관리

전통적인 정적 재고 관리에서 벗어나 실시간 수요 변화에 따라 동적으로 조정되는 시스템이 필요하다.

- 수요 감지 시스템
  - **POS 연동:** 판매 시점의 실시간 데이터를 통한 즉시 수요 파악
  - **온라인 행동 분석:** 웹사이트 방문, 검색, 장바구니 데이터 분석
  - **외부 요인 감지:** 날씨, 이벤트, 경쟁사 동향 등 수요 영향 요인
  - **예측 알고리즘:** AI/ML 기반 단기 수요 예측
- 동적 재주문 시스템
  - **가변 재주문점:** 수요 예측에 따라 재주문점 자동 조정
  - **긴급 주문:** 예상치 못한 수요 급증 시 긴급 조달 프로세스
  - **공급업체 연동:** 실시간 재고 정보 공유를 통한 협력적 관리
  - **시나리오 분석:** 다양한 수요 시나리오에 따른 최적 재고 수준 계산

② **EOQ와 현대적 재고 최적화**

㉠ 경제적 주문량(EOQ): '얼마나' 주문할 것인가? EOQ(Economic Order Quantity)는 발주 비용(주문 비용)과 보관 비용(재고 유지 비용)을 균형 맞춰 총 재고 관련 비용을 최소화하는 1회 최적 주문량을 계산하는 전통적인 모델이다.

- EOQ 기본 모델

  - **기본 공식**: $EOQ = \sqrt{\dfrac{2DS}{H}}$

  - D: 연간 총 수요량(Demand)

  - S: 1회 주문 시 발생하는 비용(Ordering Cost)

  - H: 제품 1단위를 1년간 보관하는 비용(Holding Cost)

- EOQ 모델의 한계와 확장

  - EOQ는 수요가 일정하고, 리드타임이 없으며, 가격이 고정되어 있다는 비현실적인 가정을 전제로 하므로, 실제 상황에 맞게 확장된 모델들이 사용된다.

  - **수량 할인 고려 모델**: 대량 구매 시 단가 할인을 반영하여 최적 주문량을 재계산한다.

  - **결품 허용 모델**: 일시적인 재고 부족(결품)을 허용하고, 그로 인한 비용까지 고려한다.

  - **생산 주문량 모델(POQ/EPQ)**: 제품을 외부에서 구매하는 것이 아니라, 내부에서 직접 생산하며 동시에 소비하는 경우에 적용된다.

㉡ 재고 관리 시스템(P-model & Q-model): '언제' 주문할 것인가? EOQ가 한 번에 얼마나 주문할지를 결정하는 모델이라면, 언제 주문을 실행할지를 결정하는 운영 시스템이 필요하다. 이때 사용되는 대표적인 두 가지 모델이 바로 정량발주모형(Q-model)과 정기발주모형(P-model)이다.

- 정량발주모형(Q-model: Fixed-Quantity System)
  - **개념**: 재고 수준을 계속 감시하다가, 미리 정해 놓은 특정 재고량, 즉 재주문점(ROP: Reorder Point)에 도달하면 미리 계산된 일정한 양(Q)만큼 주문하는 방식이다. 재주문점 시스템이라고도 불린다.
  - **주문 시점**: 재고량이 재주문점(ROP)에 도달하는 시점(수요에 따라 가변적)
  - **주문량**: 항상 일정한 양(EOQ)으로 고정적
  - **특징**: 재고를 지속적으로 파악해야 하므로 관리 노력이 많이 들지만, 수요 변동에 신속히 대응할 수 있어 비교적 적은 안전재고를 유지할 수 있다. 주로 고가의 중요 품목(A급 품목) 관리에 적합하다.

- 정기발주모형(P-model: Periodic Review System)
  - **개념**: 재고 수준과 관계없이, 매주 월요일, 매월 1일처럼 정해진 시점마다 재고를 파악하고, 미리 설정된 목표 재고 수준까지 채울 수 있는 양만큼 주문하는 방식이다.
  - **주문 시점**: 매주, 매월 등 항상 고정적
  - **주문량**: '목표 재고 − 현재 재고'이므로, 매번 주문량이 가변적
  - **특징**: 재고 조사가 특정 시점에만 이루어져 관리가 편리하지만, 재고 조사 시점 사이의 수요 변동에 대응하기 위해 더 많은 안전재고가 필요하다. 주로 저가의 일반 품목(B, C급 품목) 관리에 적합하다.

| 표 1-65 | Q-model과 P-model의 핵심 비교

구분	정량발주모형(Q-model)	정기발주모형(P-model)
주문 시점	재고량이 재주문점(ROP) 도달 시(불규칙)	정해진 주기 도래 시(규칙적)
주문량	항상 일정한 양(EOQ)(고정)	목표 재고를 채우는 양(가변적)
재고 조사	지속적	주기적
안전 재고	비교적 적음	비교적 많음
주요 관리 품목	고가, 중요 품목(A급)	저가, 일반 품목(B, C급)

ⓒ **현대적 재고 관리 전략**: 전통적인 재고 모델의 한계를 극복하고, 공급망 전체의 효율성을 추구하는 현대적 재고 관리 전략들이 발전했다.

- JIT(Just-In-Time) 재고 관리
  - **기본 철학**: 필요한 것을, 필요한 때에, 필요한 만큼만 생산하고 조달하여 재고를 '0'에 가깝게 관리하는 생산 시스템 철학이다.
  - **핵심 목표**: 과잉생산, 대기, 운반, 가공, 재고, 동작, 불량 등 7대 낭비를 철저히 제거하여 효율성을 극대화한다.
  - **구현 요건**: 공급업체와의 긴밀한 파트너십, 높은 품질 수준과 공정 안정성, 유연하고 신속한 생산 체계, 지속적 개선 문화가 필수적이다.
- VMI(Vendor Managed Inventory)
  - **개념**: 공급업체가 고객사의 재고를 직접 모니터링하고 관리하며, 자율적으로 재고를 보충해주는 협력적 재고 관리 모델이다.
  - **운영 방식**: 고객사는 판매 및 재고 정보를 공급업체와 실시간으로 공유하고, 공급업체는 미리 정한 기준에 따라 자동으로 제품을 납품한다.

– **기대 효과:** 고객사는 재고 관리 부담과 결품 위험을 줄일 수 있고, 공급업체는 수요 예측 정확도를 높여 안정적인 생산 계획을 수립할 수 있다.

❸ 생산 운영 관리 시스템 및 정보

① MRP/ERP 통합 생산 관리

㉠ MRP 시스템의 운영 프로세스

MRP(Material Requirements Planning)는 완제품 생산 계획을 바탕으로 필요한 부품과 원재료의 소요량과 조달 시기를 계산하는 핵심 운영 시스템이다.

- MRP 입력 정보
  - **주생산계획(MPS):** 완제품별 생산 수량과 일정
  - **부품명세서(BOM):** 제품 구성 부품과 소요량 정보
  - **재고 현황:** 현재 보유 재고량과 예정 입고량
  - **리드타임:** 부품별 조달 소요 시간

㉡ ERP 시스템의 통합 운영

ERP(Enterprise Resource Planning)는 MRP를 확장하여 전사적 자원 관리를 통합한 시스템으로, 현대 기업 운영의 핵심 인프라이다.

- ERP 모듈 구성
  - **생산 모듈:** MRP/MPS, 작업장 관리, 품질 관리
  - **구매 모듈:** 구매 요청, 발주 관리, 공급업체 관리
  - **재고 모듈:** 재고 관리, 창고 관리, 재고 평가
  - **판매 모듈:** 주문 관리, 배송 관리, 고객 관리
  - **회계 모듈:** 총계정원장, 매출/매입, 고정자산
  - **인사 모듈:** 급여, 인사 관리, 교육 훈련
- ERP 실시간 통합 효과
  - **정보 통합:** 모든 부서가 동일한 데이터베이스 공유
  - **프로세스 표준화:** 베스트 프랙티스 기반 업무 프로세스
  - **실시간 가시성:** 전사적 운영 현황의 실시간 파악
  - **의사결정 지원:** 통합된 정보를 바탕으로 한 신속한 의사결정

4 물류 및 공급망 운영 시스템 및 정보

① WMS와 실시간 물류 관리

㉠ WMS(Warehouse Management System) 운영

WMS는 창고 내 모든 물류 활동을 체계적으로 관리하고 최적화하는 시스템으로, 현대 물류 운영의 핵심 인프라이다.

- WMS 핵심 기능
  - **입고 관리**: 입고 예정 정보 관리, 검수, 로케이션 할당
  - **보관 관리**: 최적 보관 위치 결정, 재고 추적, 순환 재고
  - **피킹 관리**: 출고 지시 최적화, 피킹 경로 최적화, 피킹 검증
  - **출고 관리**: 포장, 라벨링, 선적, 배송 관리

② SCM 통합 운영 시스템

㉠ 공급망 가시성

현대의 복잡한 글로벌 공급망에서는 전체 공급망의 실시간 가시성 확보가 경쟁우위의 핵심이다.

- 공급망 가시성의 구성 요소
  - **공급업체 모니터링**: 1차, 2차 공급업체의 생산 및 배송 현황
  - **재고 가시성**: 공급망 전체의 재고 위치와 수량 실시간 파악
  - **운송 추적**: 육상, 해상, 항공 운송의 통합 추적
  - **리스크 모니터링**: 자연재해, 정치적 불안, 파업 등 공급 리스크
- 공급망 협업 플랫폼
  - **정보 공유**: 파트너 간 실시간 정보 공유와 협업
  - **성과 관리**: 공급망 파트너의 성과 측정과 개선
  - **리스크 관리**: 공급망 리스크의 공동 모니터링과 대응

㉡ 공급망 최적화와 시뮬레이션

공급망의 복잡성 증가로 인해 시뮬레이션과 최적화 도구의 중요성이 커지고 있다.

- 네트워크 최적화
  - **입지 선정**: 창고, 물류센터의 최적 위치 결정
  - **운송 최적화**: 비용과 서비스 수준을 고려한 최적 운송 계획
  - **재고 배치**: 수요 패턴을 고려한 최적 재고 배치 전략
  - **용량 계획**: 시설 및 운송 수단의 최적 용량 계획

- 시나리오 분석
  - **수요 변화:** 수요 급증/급감 시나리오별 대응 계획
  - **공급 중단:** 주요 공급업체 중단 시 대체 공급망 활성화
  - **비용 변화:** 유가, 환율 변동 등이 공급망 비용에 미치는 영향
  - **새로운 시장:** 신규 시장 진입 시 공급망 재설계 방안

5 IT 시스템 운영 모니터링

① 시스템 성능 모니터링

㉠ 인프라 모니터링 지표

현대 비즈니스는 IT 시스템에 크게 의존하므로, 시스템의 안정적 운영을 위한 실시간 모니터링이 필수이다.

- 서버 성능 지표
  - **CPU 사용률:** 서버 프로세서의 현재 사용률과 과부하 여부
  - **메모리 사용률:** RAM 사용량과 가용 메모리 상태
  - **디스크 사용률:** 저장 공간 사용량과 I/O 성능
  - **네트워크 대역폭:** 네트워크 트래픽량과 지연 시간
- 애플리케이션 성능 지표
  - **응답 시간:** 사용자 요청에 대한 시스템 응답 속도
  - **처리량:** 단위 시간당 처리 가능한 요청 수
  - **에러율:** 시스템 오류 발생 비율
  - **가용성:** 시스템 정상 운영 시간 비율

㉡ 보안 모니터링과 이상 탐지

사이버 보안 위협이 증가하는 환경에서 실시간 보안 모니터링은 필수적 운영 요소이다.

- 보안 이벤트 모니터링
  - **접근 시도:** 비정상적 로그인 시도와 권한 상승 시도
  - **네트워크 트래픽:** 의심스러운 네트워크 패턴과 DDoS 공격
  - **데이터 접근:** 민감한 데이터에 대한 비정상적 접근 패턴
  - **시스템 변경:** 중요 시스템 파일이나 설정의 무단 변경
- AI 기반 이상 탐지
  - **행동 분석:** 사용자의 정상 행동 패턴 학습과 이상 행동 탐지

- **패턴 인식**: 과거 공격 패턴과 유사한 행동 자동 감지
    - **실시간 대응**: 위험 수준에 따른 자동 차단과 알림
    - **위협 인텔리전스**: 외부 위협 정보와 내부 로그 연계 분석

05 성과 분석을 위한 정보

1 성과 분석의 개념과 체계

① 성과 분석 정보의 특성

㉠ 성과 분석의 정의와 목적

성과 분석을 위한 정보는 조직이 설정한 목표와 전략에 대해 실제로 달성한 결과를 평가하고 분석하기 위한 모든 정보를 의미한다. 이는 운영 정보가 '현재 무엇이 일어나고 있는가'에 답한다면, 성과 정보는 '우리가 얼마나 잘하고 있는가'에 답하는 정보이다.

- 성과 분석의 핵심 목적
  - **목표 달성도 평가**: 설정한 목표 대비 실제 달성 수준 측정
  - **전략적 효과성 검증**: 수립한 전략이 의도한 결과를 가져왔는지 평가
  - **개선 영역 식별**: 목표 미달성 원인 분석과 개선 포인트 도출
  - **미래 계획 수립**: 과거 성과 분석을 통한 향후 목표와 전략 개선
- 성과 정보의 특성
  - **결과 지향성**: 프로세스보다는 최종 결과와 성과에 초점
  - **비교 가능성**: 목표, 과거, 경쟁사와의 비교 분석 가능
  - **시간적 관점**: 단기, 중기, 장기 성과의 종합적 분석
  - **다차원성**: 재무적, 비재무적 다양한 관점의 성과 종합

㉡ 성과 측정의 진화

전통적인 재무 중심 성과 측정에서 균형 잡힌 다차원적 성과 측정으로 진화하고 있다.

- 전통적 성과 측정의 한계
  - **재무 지표 편중**: 매출, 이익 등 재무적 결과에만 집중
  - **단기 성과 치중**: 장기적 가치 창출보다 단기 실적 중시
  - **과거 지향적**: 이미 발생한 결과 분석으로 예측력 부족
  - **내부 관점 한정**: 고객, 시장 관점의 성과 측정 미흡

• 현대적 성과 측정의 특징
  - **균형적 관점:** 재무적, 비재무적 성과의 균형적 측정
  - **전략 연계:** 전략적 목표와 직접 연결된 성과 지표
  - **선행 지표 중시:** 미래 성과를 예측할 수 있는 선행 지표 활용
  - **이해관계자 관점:** 고객, 직원, 사회 등 다양한 이해관계자 고려

| 표 1-66 | 전통적 vs 현대적 성과 측정 비교

구분	전통적 성과 측정	현대적 성과 측정
관점	재무 중심	다차원 균형
시간	단기 결과	단기/장기 균형
지표	후행 지표	선행/후행 지표 조합
대상	주주 중심	이해관계자 전체

② KPI 체계와 성과 대시보드

㉠ KPI(Key Performance Indicators) 설계 원칙

KPI는 조직의 핵심 성과를 측정하는 지표로, 전략적 목표 달성 여부를 객관적으로 평가할 수 있는 측정 기준이다.

• SMART 원칙 기반 KPI 설계
  - **Specific(구체적):** 명확하고 구체적으로 정의된 지표
  - **Measurable(측정 가능):** 정량적으로 측정 가능한 지표
  - **Achievable(달성 가능):** 현실적으로 달성 가능한 수준의 목표
  - **Relevant(관련성):** 전략적 목표와 직접적 관련성을 가진 지표
  - **Time-bound(시한성):** 명확한 측정 기간이 설정된 지표
• KPI 계층 구조
  - **전사 KPI:** 기업 전체의 성과를 나타내는 최상위 지표
  - **부문 KPI:** 각 사업 부문이나 기능 부문의 성과 지표
  - **팀 KPI:** 팀 단위의 구체적 성과 지표
  - **개인 KPI:** 개인별 성과 목표와 연결된 지표

㉡ 성과 대시보드 구성

성과 대시보드는 핵심 KPI들을 한눈에 파악할 수 있도록 시각화한 성과 관리 도구이다.

- 대시보드 설계 요소

  - **KPI 카드:** 각 지표의 현재값, 목푯값, 달성률을 한눈에 표시
  - **트렌드 차트:** 시간에 따른 성과 변화 추이 시각화
  - **비교 분석:** 목표 대비, 전년 동기 대비, 경쟁사 대비 성과 비교
  - **드릴다운:** 요약 지표에서 세부 분석으로 이동할 수 있는 기능

- 색상 코딩 시스템

  색상 코딩 시스템이란 일반적으로 신호등처럼 녹색, 노란색, 빨간색을 사용해 데이터의 상태와 심각성을 즉시 파악할 수 있도록 하는 시각적 규칙이다.

  - **녹색:** 목표 달성 또는 우수 성과(90% 이상)
  - **노란색:** 주의 필요한 성과 수준(70~89%)
  - **빨간색:** 목표 미달 또는 개선 필요(70% 미만)
  - **회색:** 데이터 없음 또는 측정 불가

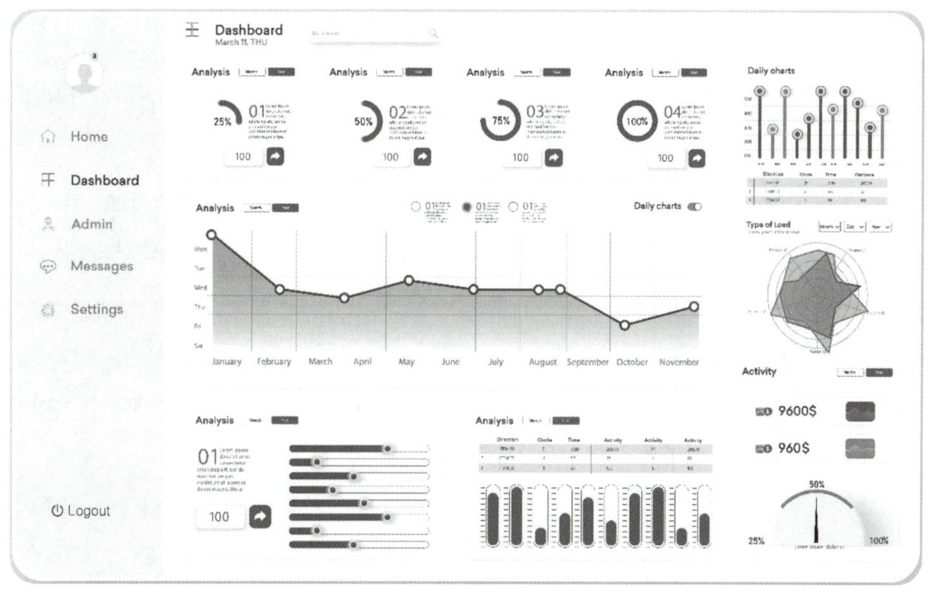

▲ 그림 1–5 성과 대시보드

② 재무 성과 분석 체계

① 재무제표의 이해

㉠ 재무상태표(Balance Sheet)

- **개념:** 특정 시점(결산일) 현재 기업이 보유한 자산(Assets)과 부채(Liabilities), 그리고 자본(Equity)의 상태를 보여주는 재무 스냅샷이다.
- **역할:** 기업의 재무 구조 건전성과 단기적인 지급 능력을 파악하는 데 핵심적인 정보를 제공한다.

㉡ 손익계산서(Income Statement)

- **개념:** 특정 기간(회계 기간) 동안 기업의 경영 성과, 즉 얼마를 벌고(수익) 얼마를 썼는지(비용)를 보여주는 성과 비디오이다.
- **역할:** 기업의 수익성, 즉 이익 창출 능력을 평가하고, 사업의 경쟁력을 가늠하는 데 중요한 정보를 제공한다.

㉢ 현금흐름표(Cash Flow Statement)

- **개념:** 특정 기간 동안 현금이 어떻게 유입되고 유출되었는지를 영업활동, 투자활동, 재무활동으로 구분하여 보여주는 보고서이다.
- **역할:** 손익계산서 상의 이익(발생주의)과 실제 현금(현금주의)의 차이를 보여준다. 기업의 유동성 위기 가능성을 판단하고, 실제 현금 창출 능력을 파악하는 데 필수적이다.

㉣ 자본변동표(Statement of Changes in Equity)

- **개념:** 특정 기간 동안 자본의 각 항목(자본금, 이익잉여금 등)이 어떻게 변동했는지를 상세하게 보여주는 보고서이다.
- **역할:** 배당, 증자, 당기순이익 등으로 인한 자본의 변동 내역을 보여주어 주주 몫의 변화를 상세히 이해할 수 있게 한다.

② 재무비율 분석

기업의 건강 진단 재무제표의 항목들을 서로 비교하여 기업의 상태를 다양한 관점에서 입체적으로 분석하는 방법이다.

㉠ 안정성 비율: 기업의 채무 상환 능력과 재무 구조의 건전성을 평가

| 표 1-67 | 안전성 비율 지표

지표	개념	해석
유동비율	1년 내에 현금화할 수 있는 유동자산이 1년 내에 갚아야 할 유동부채에 비해 얼마나 많은지를 측정	높을수록 단기채무 상환 능력이 양호하고, 일반적으로 200% 이상을 이상적으로 본다.
부채비율	타인자본(부채)이 자기자본에 비해 얼마나 많은지를 측정하여 재무구조의 건전성을 평가	낮을수록 재무구조가 안정적이고, 일반적으로 100% 이하를 이상적으로 보며, 200%를 초과하면 위험 신호로 간주
이자보상배율	기업이 주된 영업활동으로 벌어들인 이익(영업이익)으로 금융비용(이자)을 얼마나 감당할 수 있는지를 측정	높을수록 이자 지급 능력이 양호하고, 1배 미만일 경우 영업이익으로 이자도 갚지 못하는 한계기업 상태를 의미

ⓛ 수익성 비율: 기업의 이익 창출 능력을 평가

| 표 1-68 | 수익성 비율 지표

지표	개념	해석
매출총이익률	제품(서비스) 자체의 판매 수익성을 측정	높을수록 원가 관리가 잘 되고, 제품의 마진이 높음을 의미
영업이익률	주된 영업활동의 성과를 측정하는 핵심 수익성 지표	기업의 핵심 비즈니스 경쟁력을 보여주며, 이 비율이 높을수록 수익 창출 능력이 우수
자기자본이익률 (ROE)	주주가 투자한 자본(자기자본)으로 얼마의 이익을 냈는지를 측정	주주 관점에서 가장 중요한 수익성 지표로, 높을수록 투자 효율성이 좋음을 의미
총자산이익률 (ROA)	기업이 보유한 총자산을 얼마나 효율적으로 활용하여 이익을 냈는지를 측정	기업 전체의 자산 운용 효율성을 보여준다.

ⓒ 활동성 비율: 기업이 자산을 얼마나 효율적으로 활용하여 사업을 영위하는지를 평가

| 표 1-69 | 활동성 비율 지표

지표	개념	해석
재고자산회전율	재고자산이 얼마나 빨리 판매되는지를 측정	회전율이 높을수록 재고가 창고에 쌓이지 않고 빠르게 팔려 나감을 의미(단위: 회)
매출채권회전율	외상으로 판매한 대금이 얼마나 빨리 현금으로 회수되는지를 측정	회전율이 높을수록 현금 회수가 원활함을 의미(단위: 회)
총자산회전율	기업이 보유한 자산을 활용하여 얼마나 많은 매출을 일으켰는지를 측정	높을수록 자산 운용의 효율성이 높음을 의미(단위: 회)

ⓔ 성장성 비율: 기업의 규모나 성과가 전년 대비 얼마나 성장했는지를 평가

| 표 1-70 | 성장성 비율 지표

지표	개념	해석
매출액증가율	전년 대비 매출액이 얼마나 증가했는지를 측정	기업의 외형적 성장과 시장 지배력 확대 정도를 보여줌
총자산증가율	전년 대비 기업의 전체 자산 규모가 얼마나 증가했는지를 측정	기업의 전반적인 성장 추세를 파악하는 데 사용

ⓜ 생산성 비율: 투입 대비 산출의 효율성을 평가

| 표 1-71 | 생산성 비율 지표

지표	개념	해석
부가가치	기업이 생산과정에서 새롭게 창출한 가치	기업의 국민 경제 기여도나 순수한 생산 활동의 성과를 나타냄
노동생산성	직원 1인당 얼마나 많은 부가가치를 창출했는지를 측정	인적 자원 활용의 효율성을 나타내는 핵심 지표

ⓗ 시장가치 비율: 주식시장에서 기업의 가치가 어떻게 평가받는지를 평가

| 표 1-72 | 시장가치 비율 지표

지표	개념	해석
주가수익비율(PER)	주가가 주당순이익(EPS)의 몇 배인지를 나타내는 지표	낮을수록 주가가 저평가되었다고 해석될 수 있고, 성장성이 높은 기업은 PER이 높은 경향이 있다.

지표	개념	해석
주가순자산비율 (PBR)	주가가 주당순자산(BPS)의 몇 배인지를 나타내는 지표	PBR이 1배 미만이면 주가가 회사의 청산가치보다도 낮게 평가받고 있음을 의미할 수 있다.

③ 주요 회계 처리의 이해

재무제표의 숫자에 직접적인 영향을 미치는 핵심 회계 처리 방식을 이해해야 한다.

㉠ 재고자산 평가 방법

- 기말에 남아있는 재고자산의 원가와 팔려 나간 상품의 매출원가를 결정하는 방법이다. 어떤 방법을 선택하느냐에 따라 이익과 자산의 크기가 달라진다.

| 표 1–73 | 재고자산 평가 방법 종류

평가 방법	가정	물가 상승 시 효과	특징
개별법	각 재고자산에 가격표를 붙여 개별적으로 원가를 파악	판매되는 개별 자산의 실제 취득원가에 따라 결정	가장 정확하지만, 현실적으로 적용이 어렵다(예 보석, 자동차).
선입선출법 (FIFO)	먼저 매입한 상품을 먼저 판매	이익과 기말재고가 가장 크게 계산됨	실제 물량 흐름과 유사하며, 재무상태표의 자산 가치를 현실적으로 반영
후입선출법 (LIFO)	나중에 매입한 상품을 먼저 판매	이익과 기말재고가 가장 작게 계산됨	수익–비용 대응 원칙에 충실하나, 재고 자산이 과거 원가로 표시됨(IFRS 미인정)
가중평균법	기초재고와 매입재고를 평균하여 단가를 계산(총평균법, 이동평균법)	FIFO와 LIFO의 중간 효과	계산이 간편하고, 이익 조작의 가능성이 적다.

㉡ 유형자산 감가상각 방법

- 토지를 제외한 유형자산(건물, 기계 등)의 취득원가를 내용연수(사용 가능 기간) 동안 체계적으로 비용으로 배분하는 과정이다.

감가상각 방법	개념	특징
정액법	매년 동일한 금액을 비용으로 인식	• 가장 간단하고 널리 사용됨 • 자산의 효익이 매년 균등하게 발생한다고 가정
정률법	매년 기초 장부금액에 일정한 상각률을 곱하여 계산	• 초기에 감가상각비가 많이 인식되는 가속상각법 • 자산의 효율이 초기에 높을 때 합리적
연수합계법	내용연수의 역순을 분자로 하는 분수를 곱하여 계산	• 초기에 감가상각비가 많이 인식되는 가속상각법 • 정률법보다 계산이 복잡하다.
생산량비례법	자산의 실제 사용량(생산량)에 비례하여 비용을 인식	• 가장 합리적이지만, 총생산량 예측과 실제 생산량 측정이 어렵다.

④ 투자 분석

미래 가치 평가 미래의 불확실한 현금흐름을 바탕으로 투자안의 경제적 가치를 평가하여, 기업 가치 극대화라는 목표에 부합하는 합리적인 투자 의사결정을 지원하는 방법론이다.

㉠ 순현재가치법(NPV: Net Present Value)

- 개념: 투자로부터 예상되는 미래 현금유입의 현재가치(PV)에서, 초기 투자 지출액의 현재가치를 차감한 순가치를 의미한다. 투자로 인해 기업의 가치가 실질적으로 얼마나 증가하는지를 화폐 금액으로 보여주는 가장 합리적인 투자 평가 방법으로 알려져 있다.
- 의사결정 기준
  - NPV〉0: 투자안 채택. 투자가 기업의 가치를 증대시킴을 의미한다.
  - NPV〈0: 투자안 기각. 투자가 기업의 가치를 감소시킴을 의미한다.
  - NPV=0: 투자를 해도, 안 해도 가치 변화가 없다.
- 특성 및 장점
  - **모든 현금흐름 고려**: 투자 기간 전체에 걸쳐 발생하는 모든 현금흐름을 분석에 포함한다.
  - **화폐의 시간가치 고려**: 미래의 현금흐름을 적절한 할인율로 할인하여 현재가치로 평가한다.
  - **가치의 가산원칙 성립**: 독립적인 여러 투자안의 NPV 합은, 그 투자안들을 동시에 수행할 때의 NPV와 같다. 이는 포트폴리오 가치 평가를 용이하게 한다.

- **가치 극대화 목표 부합**: NPV는 주주 부의 극대화라는 기업의 재무 목표와 직접적으로 일치한다.
- 단점 및 한계
  - **할인율 추정의 어려움**: 분석 결과에 결정적 영향을 미치는 할인율(자본비용)을 정확하게 추정하기 어렵다.
  - **자본 제약 미고려**: 표준 NPV법은 예산 제약(자본 제약)이 있는 상황에서 최적의 투자 조합을 직접적으로 알려주지는 못한다.

ⓒ 내부수익률법(IRR: Internal Rate of Return)

- 개념: 투자의 순현재가치(NPV)를 정확히 '0'으로 만드는 할인율을 의미한다. 즉, 투자안 자체에 내재된 기대수익률을 나타낸다.
- 의사결정 기준
  - **IRR 〉 자본비용(요구수익률)**: 투자안 채택
  - **IRR 〈 자본비용(요구수익률)**: 투자안 기각
- 특성 및 장점
  - **직관적 이해**: 수익률을 % 단위로 보여주므로, 경영진이 NPV의 절대 금액보다 더 직관적으로 이해하기 쉽다.
  - **자본비용 불필요**: IRR을 계산하는 과정 자체에서는 자본비용이 필요하지 않다(물론, 최종 결정 시에는 자본비용과 비교해야 함).
- 단점 및 한계
  - **복수 IRR 문제**: 비전통적인 현금흐름(투자 기간 중 음(−)의 현금흐름 발생)의 경우, 여러 개의 IRR이 계산되거나 존재하지 않을 수 있다.
  - **상호배타적 투자안의 오류**: 투자 규모나 기간이 다른 여러 투자안 중 하나를 선택해야 할 때, IRR이 높은 안이 항상 NPV가 높은 것은 아니므로 잘못된 의사결정을 유도할 수 있다(이 경우 NPV법이 더 우월함).
- 가치의 가산원칙 불성립: IRR은 가치의 가산원칙이 성립하지 않는다.

ⓒ 회수기간법(Payback Period)

- 개념: 초기 투자비용을 회수하는 데 걸리는 기간을 측정하는 가장 간단한 방법이다.
- 의사결정 기준: 기업이 설정한 목표 회수기간보다 짧으면 투자안을 채택한다.
- 특성 및 장점
  - **계산의 간편성**: 계산이 매우 간단하고 이해하기 쉽다.
  - **유동성 및 위험 측정**: 투자 원금 회수가 얼마나 빠른지 보여주므로, 유동성 확보나 위험도 평가의 보조 지표로 유용하다.

- 단점 및 한계
  - **화폐의 시간가치 무시**: 미래 현금흐름을 할인하지 않고 그대로 사용하여, 화폐의 시간가치를 완전히 무시하는 치명적 단점이 있다(이를 보완한 것이 할인회수기간법).
  - **회수기간 이후 현금흐름 무시**: 투자 원금이 회수된 이후에 발생하는 현금흐름은 전혀 고려하지 않는다.
  - **목표 기간의 자의성**: 기준이 되는 목표 회수기간 설정에 객관적인 근거가 없다.

| 표 1-75 | 투자 분석 방법론 비교

구분	순현재가치법(NPV)	내부수익률법(IRR)	회수기간법 (Payback Period)
시간가치 고려	O	O	X
모든 현금 흐름 고려	O	O	X(회수기간 이후 무시)
가치 가산원칙	O	X	X
장점	이론적으로 가장 우월, 가치 극대화 목표와 일치	직관적 이해 용이(%수익률)	계산이 매우 간단, 위험도 파악에 용이
단점	할인율 추정의 어려움	복수 IRR, 상호배타적 투자안 선택 오류 가능	시간가치 및 회수 후 현금흐름 무시

3 고객 성과 분석 체계

① 고객 만족도 분석 지표

㉠ NPS(Net Promoter Score) 분석

NPS(Net Promoter Score)는 "이 회사(제품/서비스)를 친구나 동료에게 얼마나 추천하고 싶으십니까?"라는 단일 질문을 통해 고객 충성도를 측정하는 핵심 지표이다. 0점에서 10점 척도로 응답을 받은 후, 점수에 따라 고객을 세 그룹으로 분류하고 순수 추천 고객의 비율을 산출한다.

- **NPS 계산 방식**: NPS 점수는 전체 응답자 중 추천자의 비율에서 비추천자의 비율을 차감하여 계산한다. 일반적으로 50점 이상일 경우 우수한 수준으로 평가된다.

| **표 1-76** | NPS 고객 그룹 분류 및 계산

구분	점수 범위	특징	NPS 계산 시 역할
추천자 (Promoter)	9~10점	브랜드에 대한 높은 충성도를 가진 열성적인 고객	비율을 더함(+)
중립자 (Passive)	7~8점	만족은 하지만 추천 의사는 없는 수동적인 고객	계산에서 제외
비추천자 (Detractor)	0~6점	부정적인 경험으로 인해 이탈 가능성이 높은 비판적인 고객	비율을 뺌(−)

- NPS 분석 방법
  - **세그먼트별 NPS 분석**: 고객의 인구통계학적 특성, 구매 제품, 사용 서비스, 지역 등 다양한 기준으로 그룹을 나누어 NPS를 비교 분석함으로써 취약점을 구체적으로 파악한다.
  - **NPS 트렌드 분석**: 시간의 흐름에 따른 NPS 변화 추이를 추적하여 특정 마케팅 활동이나 제품 업데이트가 고객 충성도에 미친 영향을 정량적으로 평가한다.
  - **NPS 드라이버 분석**: 후속 질문("해당 점수를 주신 가장 큰 이유는 무엇입니까?")에 대한 텍스트 데이터를 분석하여 NPS 점수에 긍정적 또는 부정적 영향을 미치는 핵심 요인을 식별한다.
  - **경쟁사 NPS 벤치마킹**: 업계 평균 및 주요 경쟁사의 NPS와 비교하여 자사의 상대적 위치를 객관적으로 진단하고 개선 목표를 설정한다.

- NPS 개선 전략
  - **비추천자 전환**: 낮은 점수를 준 고객에게 신속하게 연락하여 문제의 근본 원인을 파악하고 해결책을 제시함으로써 부정적 경험을 긍정적으로 전환시킨다.
  - **추천자 활용**: 추천 의사가 높은 고객에게 추천 보상 프로그램을 제공하거나 긍정적 후기 작성을 유도하여 바이럴 마케팅 효과를 극대화한다.
  - **피드백 루프 구축**: NPS 조사 결과를 관련 부서에 공유하고, 개별 고객의 피드백에 대한 개선 조치가 완료되었음을 고객에게 다시 알려주는 체계적인 프로세스를 운영한다.

ⓛ 고객생애가치(CLV: Customer Lifetime Value) 분석

CLV(Customer Lifetime Value)는 한 명의 고객이 기업과 거래를 시작해서 관계를 마칠 때까지의 전체 기간에 걸쳐 창출할 것으로 기대되는 총이익의 현재 가치를 의미한다. 이는 고객 획득 비용(CAC)의 효율성을 판단하고, 장기적인 관점의 마케팅 전략을 수립하는 데 필수적인 지표이다.

- **CLV 계산 모델의 다양한 접근:** CLV는 분석 목적과 데이터의 가용성에 따라 다양한 모델을 활용하여 계산할 수 있다.

| 표 1-77 | CLV 계산 모델 유형별 비교

모델 유형	설명
과거 데이터 기반 CLV	고객의 과거 구매 이력을 바탕으로 미래 가치를 단순 추정하는 방식이다.
예측 기반 CLV	고객의 미래 구매 행동과 이탈 가능성을 예측하여 보다 정교하게 가치를 산출한다.
확률적 CLV	고객의 이탈 확률, 구매 주기 등을 확률 모델을 통해 추정하여 개별 고객의 CLV를 정밀하게 계산한다.

- CLV 기반 고객 관리 전략
  - **고객 세분화 및 차별적 관리:** CLV 수준에 따라 고객을 등급화하고, 각 등급에 맞는 차별화된 자원 배분 및 마케팅 전략을 실행한다.
    a. VIP 고객(상위 10%): 전담 매니저 배정, 프리미엄 서비스 제공 등 최상의 관계 유지 전략을 구사한다.
    b. 우수 고객(상위 11~30%): 로열티 프로그램, 특별 할인 혜택 등을 통해 지속적인 관계를 강화한다.
    c. 일반 고객(상위 31~70%): 자동화된 마케팅 툴을 활용하여 효율적으로 관계를 관리한다.
    d. 관심 고객(하위 30%): 최소한의 비용으로 관리하거나, 이탈을 허용하여 자원의 낭비를 막는다.
  - **마케팅 예산의 효율적 배분:** 고객 획득 비용(CAC)이 고객생애가치(CLV)를 넘지 않도록 예산을 통제하고, 고가치 고객 확보에 마케팅 자원을 집중적으로 투자한다.
    a. 수익성 원칙: 일반적으로 고객 획득 비용은 CLV의 30%를 넘지 않도록 관리하는 것이 바람직하다.

② 고객 행동 분석 지표

⊙ 디지털 고객 행동 지표

디지털 환경에서는 고객의 모든 활동이 데이터로 기록되므로, 이를 분석하여 서비스의 성장성과 고객의 참여도를 정량적으로 측정하고 개선 방향을 도출할 수 있다.

- 사용자 참여도(Engagement) 지표
  - MAU(Monthly Active Users): 월간 활성 사용자 수를 의미하며, 한 달 동안 서비스에 1회 이상 접속한 순수 사용자 수를 집계한다. 서비스의 전반적인 성장성과 사용자 기반의 크기를 나타내는 거시 지표이다.
  - DAU(Daily Active Users): 일간 활성 사용자 수를 의미하며, 하루 동안 서비스를 이용한 순수 사용자 수를 집계한다. 서비스가 사용자의 일상에 얼마나 깊숙이 자리 잡았는지를 보여주는 미시 지표이다.
  - DAU/MAU 비율(고착도, Stickiness): 월간 활성 사용자 중 얼마나 많은 비율이 매일 서비스를 이용하는지를 나타내는 지표로, 서비스에 대한 고객의 충성도와 습관성을 측정한다.

| 표 1-78 | DAU/MAU 비율 수준별 해석

비율	수준	대표 서비스 유형
30% 이상	매우 우수	소셜미디어, 메신저 등 매일 사용하는 습관적 서비스
20~30%	우수	게임, 유틸리티 등 자주 사용하는 서비스
10~20%	보통	전자상거래, 콘텐츠 등 필요할 때 사용하는 서비스
10% 미만	개선 필요	사용자 재방문을 유도할 전략적 개선이 필요한 상태

- 고객 유지율(Retention Rate) 분석
  - **고객 유지율**: 특정 기간에 서비스를 시작한 고객 중, 일정 시간이 지난 후에도 여전히 서비스를 이용하는 고객의 비율을 의미한다.

    a. Day 1 Retention: 가입 또는 첫 사용 다음 날 재방문한 사용자의 비율. 서비스의 첫인상과 즉각적인 가치 전달 능력을 평가한다.

    b. Day 7 Retention: 가입 1주일 후에도 남아있는 사용자의 비율. 서비스의 핵심 가치를 사용자가 인지했는지를 평가한다.

    c. Day 30 Retention: 가입 1개월 후에도 남아있는 사용자의 비율. 서비스가 사용자의 습관으로 자리 잡을 가능성을 평가한다.

  - **코호트 분석(Cohort Analysis)**: 동일한 시점(예 2025년 7월)에 가입한 사용자 그룹(코호트)을 설정하고, 이 그룹의 시간 경과에 따른 행동 변화(유지율, 구매액 등)를 추적하는 분석 기법이다. 이를 통해 특정 마케팅 캠페인이나 제품 기능 업데이트의 장기적인 효과를 정확하게 측정할 수 있다.

ⓒ 고객 세분화와 RFM 분석

모든 고객을 동일하게 취급하는 대신, 구매 행동 데이터를 기반으로 고객을 의미 있는 그룹으로 분류하고, 각 그룹의 특성에 맞는 맞춤형 전략을 실행해야 한다.

- **RFM 분석 심화:** 고객의 가치를 평가하는 대표적인 데이터 분석 방법론으로, 세 가지 핵심 지표를 사용한다.

| 표 1-79 | RFM 지표별 정의 및 점수화

지표	영문명	정의	점수화 방식(例 5점 척도)
최근성(R)	Recency	고객이 얼마나 최근에 구매했는가?	최근 구매 고객일수록 높은 점수(5점) 부여
빈도(F)	Frequency	고객이 얼마나 자주 구매했는가?	구매 빈도가 높을수록 높은 점수(5점) 부여
금액(M)	Monetary	고객이 얼마나 많은 금액을 지출했는가?	총 구매 금액이 많을수록 높은 점수(5점) 부여

- **RFM 기반 고객 세그먼트 구분:** 각 지표의 점수를 조합하여 고객을 다음과 같은 세그먼트로 분류하고 차별화된 전략을 적용한다.
  - Champions(R:5, F:4~5, M:4~5)
    a. 특성: 가장 최근에, 가장 자주, 가장 많은 금액을 구매한 최고의 VIP 고객 그룹이다.
    b. 전략: 신제품 우선 체험 기회 제공, VIP 전용 이벤트 초청, 추천인 프로그램 참여 유도 등 최상의 예우를 통해 관계를 유지하고 이들을 통한 구전 효과를 창출한다.
  - Loyal Customers(R:2~5, F:3~5, M:3~5)
    a. 특성: 구매 빈도와 금액이 높은 충성 고객 그룹이지만, 최근 구매가 다소 뜸할 수 있다.
    b. 전략: 로열티 프로그램을 통한 보상, 관련 상품 추천(크로스셀링), 더 높은 가치의 상품 제안(업셀링)을 통해 구매를 활성화한다.
  - Potential Loyalists(R:3~5, F:1~3, M:1~3)
    a. 특성: 최근에 구매했지만, 아직 구매 빈도나 금액이 낮은 잠재적 충성 고객이다.
    b. 전략: 멤버십 가입 유도, 개인화된 상품 추천, 첫 구매 감사 쿠폰 등을 통해 재구매를 유도하고 관계를 발전시킨다.
  - New Customers(R:4~5, F:1, M:1)
    a. 특성: 최근에 처음으로 구매한 신규 고객이다.
    b. 전략: 서비스 사용법 안내(온보딩), 환영 메시지 및 쿠폰 발송 등 긍정적인 첫 경험을 제공하여 이탈을 방지하고 재구매로 연결한다.
  - At Risk(R:1~3, F:2~5, M:2~5)

a. 특성: 과거에는 구매 빈도와 금액이 높았으나, 최근 구매가 현저히 줄어든 이탈 위험 고객이다.

b. 전략: "돌아오세요"와 같은 윈백(Win-back) 캠페인, 파격적인 할인 혜택 제공, 개인화된 메시지를 통해 재방문을 적극적으로 유도한다.

| 표 1-80 | RFM 분석 기반 고객 세그먼트별 전략 예시

세그먼트	RFM 점수(R,F,M)	고객 비율	마케팅 전략
Champions	5, 4~5, 4~5	5%	VIP 서비스, 관계 극대화
Loyal Customers	2~4, 3~5, 3~5	15%	관계 강화, 업셀링/크로스셀링
At Risk	1~2, 3~5, 3~5	10%	윈백(Win-back) 캠페인, 재활성화
New Customers	4~5, 1, 1	20%	온보딩, 첫 재구매 유도
Others	기타	50%	자동화 기반 효율적 관리

4 마케팅 성과 분석 체계

① 디지털 광고 성과 핵심 지표

㉠ 디지털 광고의 성과는 사용자가 광고를 인지하는 첫 순간(노출)부터 클릭(관심), 전환(행동), 그리고 최종적인 매출 기여도에 이르기까지의 과정을 종합적으로 추적하여 평가한다. 아래의 핵심 지표들은 광고 캠페인의 효율성과 효과성을 다각도로 진단하는 기준이 된다.

| 표 1-81 | 디지털 광고 성과 핵심 지표

지표(용어)	설명	계산식	주요 특징 및 활용
CTR (Click-Through Rate)	광고 노출 횟수 대비 클릭 횟수의 비율	CTR(%)= (클릭 수÷노출 수) ×100	광고 소재(이미지, 문구)가 타깃 고객의 관심을 끄는 정도를 나타내는 매력도의 척도
CVR (Conversion Rate)	광고를 통해 유입된 방문자 대비 전환(구매, 가입 등)을 완료한 사용자의 비율	CVR(%)= (전환 수÷방문자 수) ×100	랜딩 페이지나 서비스가 사용자를 얼마나 잘 설득하는지 보여주는 설득력의 척도

지표(용어)	설명	계산식	주요 특징 및 활용
CPM (Cost Per Mille)	광고가 1,000회 노출될 때 발생하는 비용	CPM = (총 광고비 ÷ 총 노출 수) × 1,000	주로 브랜드 인지도 증대를 목표로 하는 캠페인에서 비용 효율성을 측정할 때 사용
CPC (Cost Per Click)	광고를 한 번 클릭할 때마다 발생하는 비용	CPC = 총 광고비 ÷ 총 클릭 수	웹사이트나 앱으로의 트래픽 확보가 목표인 캠페인에서 가장 보편적으로 사용되는 지표
CPI (Cost Per Install)	앱이 한 번 설치될 때마다 발생하는 비용	CPI = 총 광고비 ÷ 총 앱 설치 수	모바일 앱 마케팅에서 신규 사용자 확보 비용을 측정하는 핵심 지표
CPA (Cost Per Action)	구매, 회원가입 등 특정 행동(Action)이 발생할 때마다 지불하는 비용	CPA = 총 광고비 ÷ 총 전환 수	전환 중심의 캠페인에서 가장 직접적인 성과 비용을 측정하는 방식으로 활용
CPR (Cost Per Reach)	광고가 중복을 제외한 고유 사용자 한 명에게 도달하는 데 드는 비용	CPR = 총 광고비 ÷ 순수 도달 사용자 수	특정 타깃 그룹에게 광고를 최대한 넓게 노출시키는 것이 목표일 때 효율성을 평가
ROAS (Return On Ad Spend)	지출한 광고비 대비 발생한 매출의 비율	ROAS(%) = (광고를 통한 매출 ÷ 광고비) × 100	광고 캠페인의 재무적 효율성과 수익성을 직접적으로 측정하는 가장 중요한 지표

② 비즈니스 성장 및 지속성 지표

개별 광고 캠페인의 성과를 넘어, 마케팅 활동이 비즈니스의 장기적인 성장과 재무적 건전성에 얼마나 기여하는지를 평가하는 거시적 관점의 지표이다. 이는 기업의 생존과 직결되는 핵심적인 숫자들이다.

㉠ 사용자 활성도 및 충성도 지표

기업이 사용자를 얼마나 성공적으로 유치하고 유지하는지, 그리고 우리 서비스가 고객의 일상에 얼마나 깊숙이 자리 잡았는지를 보여주는 지표이다.

- **활성 사용자(Active Users)**: 서비스의 현재 규모와 영향력
  - MAU(Monthly Active Users): 월간 활성 사용자. 한 달 동안 최소 한 번 이상

서비스에 접속하거나 핵심 행동을 한 순수 사용자 수를 의미한다. 서비스의 전반적인 규모와 시장 내 위치를 보여주는 대표적인 거시 지표이다.

- DAU(Daily Active Users): 일간 활성 사용자. 하루 동안 서비스를 이용한 순수 사용자 수를 의미한다. 서비스가 사용자의 일상에 얼마나 자주 사용되는지를 보여주는 미시 지표이다.

- **고착도(Stickiness)**: 사용자가 얼마나 우리 서비스에 빠져있는가?
  - 정의: 월간 활성 사용자 중 얼마나 많은 비율이 매일 서비스를 이용하는지를 나타내는 지표로, 서비스에 대한 고객의 충성도와 습관성을 측정한다. 고착도가 높을수록 사용자들이 서비스를 일상적으로, 그리고 매우 활발하게 사용하고 있음을 의미한다.
  - 계산식: 고착도(%)=(DAU/MAU)×100
  - 해석: 일반적으로 소셜미디어나 메신저처럼 매일 사용하는 서비스는 30% 이상, 게임이나 유틸리티는 20% 이상일 때 우수하다고 평가된다. 이 비율이 낮다면, 사용자들이 서비스를 단발성으로 이용하고 이탈하고 있음을 시사하므로 재방문을 유도할 전략이 시급하다.

- **이탈률(Churn Rate)**: 얼마나 많은 고객이 우리를 떠나는가?
  - 정의: 특정 기간 동안 서비스를 더 이상 이용하지 않게 된 고객의 비율이다. '밑 빠진 독에 물 붓기'를 막기 위해 신규 고객 유치(CAC)만큼이나 중요한 지표이다.
  - 계산식: 이탈률(%)=(특정 기간 내 이탈 고객 수/기간 시작 시점의 총 고객 수)×100
  - 활용: 이탈률이 높다면 제품이나 서비스에 근본적인 문제가 있을 가능성이 크다. 이탈 고객들을 분석하여 공통적인 원인을 찾고, 이를 해결하는 것이 지속 가능한 성장의 핵심이다.

ⓛ 고객 가치 및 수익성 지표

고객 한 명 한 명이 비즈니스에 얼마나 기여하는지를 금전적 가치로 환산하여, 마케팅 투자의 효율성과 장기적인 수익성을 판단하는 지표이다.

- **고객 획득 비용(CAC: Customer Acquisition Cost)**: 신규 고객 한 명을 데려오는 데 드는 비용
  - 정의: 신규 고객 한 명을 유치하는 데 투입된 총 마케팅 및 영업 비용을 의미한다.
  - 계산식: CAC=총 마케팅 및 영업 비용÷해당 기간에 확보한 신규 고객 수
  - 포함 비용 항목: CAC를 정확히 계산하기 위해서는 광고비뿐만 아니라 관련 인력의 인건비, 외주비, 사용하는 소프트웨어 구독료 등 고객 획득과 관련된 모든 비용을 포함해야 한다.

- **고객평생가치(LTV: Customer Lifetime Value):** 고객 한 명이 우리에게 벌어다 줄 총이익
  - 정의: 한 명의 고객이 기업과 거래하는 전체 기간에 걸쳐 창출할 것으로 기대되는 총이익의 현재 가치를 의미한다. 이는 고객 관계의 장기적인 가치를 측정하는 핵심 지표이다.
  - 계산식(간단한 모델): LTV=(고객당 평균 구매액×평균 구매 빈도)×평균 고객 수명
  - 중요성: LTV는 우리가 고객 한 명을 유치하기 위해 얼마까지 지출할 수 있는지(CAC의 상한선)를 결정하는 기준이 된다.
- **LTV와 CAC의 관계:** 비즈니스 건강의 바로미터 CAC와 LTV는 반드시 함께 분석되어야 한다. 이 두 지표의 비율은 비즈니스의 수익성과 지속 가능성을 판단하는 가장 중요한 척도이다.
  - **LTV/CAC 비율:** 이 비율이 높을수록 마케팅 투자 효율이 높고 비즈니스가 건강함을 의미한다.
    a. 1 미만: 고객 한 명을 데려오는 데 드는 비용이 그 고객이 벌어다 줄 돈보다 많다는 의미로, 심각한 적자 구조이다.
    b. 1:1: 손익분기점. 돈을 벌지 못하고 있다.
    c. 3:1 이상: 일반적으로 건강하고 지속 가능한 비즈니스의 기준으로 여겨진다.
  - **CAC 회수 기간(Payback Period):** 고객 한 명으로부터 CAC를 회수하는 데 걸리는 시간이다. 이 기간은 짧을수록 현금 흐름에 유리하며, 일반적으로 12개월 이내일 때 건전하다고 평가된다.

| 표 1-82 | 비즈니스 성장 지표 포트폴리오

지표 분류	핵심 지표	무엇을 알려주는가?(Key Question)
사용자 규모	MAU, DAU	우리 서비스는 얼마나 많은 사람이 사용하고 있는가?
사용자 충성도	고착도 (DAU/MAU)	사용자들이 얼마나 자주, 그리고 꾸준히 우리 서비스를 찾는가?
고객 유지력	이탈률 (Churn Rate)	얼마나 많은 고객이 우리를 떠나가고 있는가?
획득 효율성	CAC	신규 고객 한 명을 데려오는 데 비용이 얼마나 드는가?
고객 수익성	LTV	고객 한 명이 평생 동안 우리에게 얼마의 가치를 주는가?
비즈니스 건전성	LTV / CAC	우리의 고객 획득 투자는 장기적으로 수익성이 있는가?

③ 콘텐츠 및 브랜드 평판 지표

직접적인 매출이나 전환 외에, 장기적인 고객 관계와 브랜드 자산을 구축하는 활동의
성과를 측정하는 지표이다.

㉠ 콘텐츠 마케팅 성과 지표

콘텐츠 마케팅의 성공은 단순 조회 수를 넘어, 잠재 고객의 참여를 유도하고 실질적인
비즈니스 목표 달성에 얼마나 기여하는지로 평가해야 한다.

- **콘텐츠 소비 지표**: 페이지뷰(Pageviews), 고유 방문자 수(Unique Visitors), 평균
  페이지 체류 시간(Avg. Time on Page), 이탈률(Bounce Rate)
- **콘텐츠 참여 지표**: 소셜 공유(Social Shares), 댓글 및 반응, 신규 구독자 전환,
  리드(Lead) 생성

㉡ 브랜드 인지도 및 평판 지표

브랜드라는 무형 자산의 가치를 정량적, 정성적으로 측정하고 관리하는 것은 장기적인
경쟁 우위 확보의 핵심이다.

- **브랜드 인지도 측정**: 브랜드 회상(Brand Recall), 브랜드 인지(Brand Recognition),
  브랜드 연상(Brand Association), 브랜드 선호도(Brand Preference)
- **온라인 평판 지표**: 소셜 미디어 언급량(Social Mentions), 감성 분석(Sentiment
  Analysis), 온라인 리뷰 평점, 추천 의향(NPS 등)

5 조직 성과 분석 체계

① BSC(Balanced Scorecard) 분석

㉠ BSC의 4가지 관점

BSC는 재무적 성과뿐만 아니라 비재무적 성과를 균형 있게 측정하여 조직의 종합적
성과를 평가하는 전략적 성과 관리 도구이다.

- 재무적 관점
  - 목적: 주주와 투자자에게 기업의 재무적 성과 제공
  - 핵심 질문: "주주들이 우리를 어떻게 보는가?"
  - 주요 지표
    - a. 매출 성장률, 수익성 지표(ROI, ROA, ROE)
    - b. 비용 절감률, 현금흐름
    - c. 주주 가치 증대율

- 고객 관점
  - 목적: 고객 만족과 시장에서의 성과 측정
  - 핵심 질문: "고객들이 우리를 어떻게 보는가?"
  - 주요 지표
    a. 고객 만족도, NPS, 고객 유지율
    b. 시장 점유율, 브랜드 인지도
    c. 신규 고객 획득률
- 내부 프로세스 관점
  - 목적: 핵심 비즈니스 프로세스의 효율성과 효과성 측정
  - 핵심 질문: "우리가 잘해야 하는 것은 무엇인가?"
  - 주요 지표
    a. 프로세스 개선율, 품질 지표
    b. 생산성, 사이클 타임
    c. 혁신 성과, 신제품 개발
- 학습과 성장 관점
  - 목적: 조직의 학습 능력과 성장 잠재력 측정
  - 핵심 질문: "우리가 계속 개선하고 가치를 창출할 수 있는가?"
  - 주요 지표
    a. 직원 만족도, 역량 개발
    b. 교육 투자, 지식 관리
    c. 혁신 문화, 변화 적응력

ⓒ BSC 전략 맵과 인과관계

BSC의 핵심은 4가지 관점이 독립적으로 존재하는 것이 아니라, 명확한 인과관계로 연결되어 있다는 점이다. 이를 시각화한 것이 '전략 맵(Strategy Map)'이다.

- 인과관계 체인: BSC의 4가지 관점은 다음과 같은 논리적 흐름을 가진다.
  - 학습과 성장→내부 프로세스→고객→재무
  - 예시: 직원의 역량을 강화하면(학습과 성장), 제품 생산 프로세스가 개선되고 품질이 향상된다(내부 프로세스). 이는 고객 만족도 증대로 이어지고(고객), 최종적으로 매출과 수익성 향상에 기여한다(재무).
- 전략 맵의 구성 요소
  - **비전과 전략**: 조직이 궁극적으로 도달하고자 하는 최상위 목표
  - **관점별 전략 목표**: 각 관점에서 비전을 달성하기 위한 구체적인 목표들

- **인과관계:** 전략 목표들 간의 논리적 연결 관계를 화살표로 표시
- **핵심성과지표(KPI):** 각 전략 목표의 달성도를 측정하기 위한 구체적인 지표

| 표 1-83 | BSC 관점별 핵심성과지표(KPI) 예시

관점	전략적 목표	핵심성과지표(KPI)	목푯값
재무	수익성 극대화	자기자본이익률(ROE)	15% 이상
고객	고객 충성도 증대	순수 추천 고객 지수(NPS)	50점 이상
내부 프로세스	제품 품질 혁신	제품 불량률	2% 이하
학습과 성장	핵심 인재 역량 강화	직원 1인당 연간 교육 시간	40시간 이상

6 BCG 매트릭스와 포트폴리오 분석

① BCG 성장-점유율 매트릭스

㉠ BCG 매트릭스의 개념과 구조

BCG 매트릭스는 보스턴 컨설팅 그룹이 개발한 사업 포트폴리오 분석 모델로, 시장 성장률과 상대적 시장점유율이라는 두 축을 기준으로 각 사업부의 전략적 위치를 평가하고 자원 배분 의사결정을 지원한다.

- BCG 매트릭스의 2가지 축
  - **시장 성장률(Y축):** 해당 사업이 속한 시장의 연간 성장률을 의미하며, 일반적으로 10%를 기준으로 고성장과 저성장 시장으로 구분한다.
  - **상대적 시장점유율(X축):** 업계 1위 경쟁사의 시장점유율 대비 자사 사업부의 시장점유율을 나타낸다. 1.0을 기준으로 높음(시장 선도자)과 낮음(시장 추격자)으로 구분한다.

| 표 1-84 | BCG 매트릭스 4가지 사업 유형 분석

유형	위치	특성	전략적 방향	현금흐름
Star	고성장, 고점유율	높은 성장 잠재력과 강력한 경쟁력을 보유한 유망 사업	유지 및 확대: 지속적인 투자를 통해 시장 지배력을 유지하고 성장을 가속화	높은 수익을 창출하지만, 성장을 위한 재투자 비용도 많이 소요된다.
Cash Cow	저성장, 고점유율	성숙 시장에서 확고한 시장 리더의 지위를 차지한 안정적 사업	수확: 현금 창출을 극대화하고, 최소한의 유지 투자만 집행	기업의 주된 현금 창출원(Cash Generator) 역할을 한다.

유형	위치	특성	전략적 방향	현금흐름
Question Mark	고성장, 저점유율	성장 잠재력은 높으나, 시장 내 경쟁 지위가 약해 미래가 불확실한 사업	선택과 집중: 스타로 육성할지, 철수할지를 신중하게 결정	성공 시 큰 수익을 기대할 수 있으나, 많은 투자 자금이 필요
Dog	저성장, 저점유율	시장 매력도와 경쟁력 모두 낮아 수익성이 저조한 사업	철수 또는 축소: 추가적인 투자를 중단하고, 사업을 정리하거나 매각	현금흐름이 거의 없거나 마이너스이며, 기업 자원을 소모시킨다.

ⓒ BCG 매트릭스 활용 전략

BCG 매트릭스는 개별 사업 평가를 넘어, 전사적 차원에서 균형 잡힌 사업 포트폴리오를 구성하고 자원을 효율적으로 배분하는 데 활용된다.

- 이상적인 포트폴리오 균형 전략
  - 다수의 Cash Cow를 통해 안정적인 현금을 확보한다.
  - 확보된 현금을 유망한 Star와 잠재력 있는 Question Mark에 투자하여 미래 성장 동력을 육성한다.
  - 수익성이 낮은 Dog 사업은 신속하게 정리하여 자원의 낭비를 최소화한다.
- 전략적 현금흐름 관리
  - **Cash Cow→Star/Question Mark**: Cash Cow에서 창출된 잉여 현금을 Star와 Question MArk의 성장을 위한 투자 자금으로 활용한다.
  - **Star→Cash Cow**: 시장 성장이 둔화되면 Star는 자연스럽게 Cash Cow로 전환되어 새로운 현금 창출원 역할을 하게 된다.
  - **Question Mark→Star/Dog**: 집중 투자를 통해 Question Mark를 Star로 육성하거나, 성공 가능성이 낮다고 판단되면 조기에 철수시킨다.

② GE 매트릭스와 확장된 포트폴리오 분석

㉠ GE 9블록 매트릭스

GE 매트릭스(GE-McKinsey Matrix)는 BCG 매트릭스의 두 축(시장 성장률, 상대적 시장점유율)을 산업 매력도와 사업 강점이라는 다차원적인 개념으로 확장하여 보다 정교하고 현실적인 포트폴리오 분석을 제공하는 도구이다.

- GE 매트릭스의 2가지 축
  - **산업 매력도(Y축)**: 시장의 전반적인 매력도를 평가하는 외부 요인
    - a. 시장 규모 및 성장률, 산업의 수익성, 경쟁 강도, 진입 장벽, 기술 변화, 규제 환경 등

- **사업 강점(X축)**: 해당 산업 내에서 기업이 가진 상대적인 경쟁력을 평가하는 내부 요인

  a. 시장 점유율, 브랜드 파워, 기술력, 원가 경쟁력, 유통망, 경영 역량 등

- **9가지 전략적 포지션**: 각 축을 상/중/하 3단계로 나누어 총 9개의 칸(블록)으로 사업을 분류하고, 크게 세 가지 전략 방향을 제시한다.

  - **투자/성장 영역**: 산업 매력도와 사업 강점이 모두 높은 영역으로, 적극적인 투자를 통해 성장을 추구해야 한다.

  - **선택적 투자 영역**: 일부 요인은 긍정적이나 다른 요인은 부정적인 영역으로, 현상 유지를 하거나 선별적으로 투자하여 수익성을 개선해야 한다.

  - **수확/철수 영역**: 산업 매력도와 사업 강점이 모두 낮은 영역으로, 추가 투자를 중단하고 점진적으로 철수하거나 즉시 사업을 정리해야 한다.

ⓛ 포트폴리오 최적화 전략

다양한 분석 도구를 활용하여 리스크를 분산하고 시너지를 극대화하며, 한정된 자원을 가장 효율적으로 배분하는 최적의 사업 포트폴리오를 구성하고 동적으로 관리해야 한다.

- 포트폴리오 설계 원칙
  - **다각화**: 서로 다른 성장 단계와 리스크 특성을 가진 사업들을 조합하여 전체 포트폴리오의 안정성을 높인다.
  - **시너지**: 사업들 간의 기술, 마케팅, 유통 채널 등을 공유하여 높은 시너지 효과를 창출한다.
  - **균형**: 사업의 생명주기(도입기-성장기-성숙기-쇠퇴기)를 고려하여 단기적 수익성과 장기적 성장성 간의 균형을 맞춘다.
  - **자원 배분 효율성**: 가장 높은 투자 수익이 기대되는 사업에 우선적으로 자원을 배분한다.

- 동적 포트폴리오 관리
  - **신규 사업 진출**: 미래 성장 동력이 될 새로운 유망 사업을 지속적으로 발굴하고 진입을 검토한다.
  - **기존 사업 강화**: 핵심 사업의 경쟁력을 지속적으로 강화하여 시장 지배력을 유지한다.
  - **사업 구조 조정**: 한계 사업이나 비핵심 사업은 과감하게 매각하거나 정리하여 조직의 효율성을 높인다.
  - **전략적 제휴 및 M&A**: 부족한 역량을 보완하거나 신규 시장에 빠르게 진입하기 위해 외부 파트너십을 적극적으로 활용한다.

1 의사결정지원시스템(DSS)의 이해

① 의사결정지원시스템의 개념과 특성

㉠ DSS의 정의와 목적

의사결정지원시스템(DSS: Decision Support System)은 명확한 해결책이 없는 반구조적(Semi-structured) 및 비구조적(Unstructured) 의사결정 문제를 해결하기 위해 데이터, 분석 모델, 사용자 인터페이스를 통합한 대화형 정보시스템이다. 정형화된 업무를 처리하는 거래처리시스템(TPS)과 달리, DSS는 경영자의 경험과 직관이 요구되는 복잡한 문제 해결 과정을 지원하는 데 그 목적이 있다.

- DSS가 지원하는 의사결정 유형
  - **반구조적 의사결정**: 일부 절차는 정형화되어 있으나, 최종 결정에는 의사결정자의 경험과 판단이 중요한 문제(예 예산 편성, 마케팅 채널 믹스 결정)
  - **비구조적 의사결정**: 해결을 위한 표준 절차가 존재하지 않으며, 창의적이고 복합적인 분석이 요구되는 문제(예 신사업 진출, M&A 결정).
  - **전략적 의사결정**: 기업의 장기적 방향성과 전사적 자원 배분에 영향을 미치는 중대한 결정
- DSS의 핵심 기능
  - **데이터 통합**: 조직 내외부에 흩어져 있는 다양한 형태의 데이터를 연결하고 통합한다.
  - **모델링 및 분석**: 통계 모델, 최적화 모델 등 다양한 분석 모델을 활용하여 의사결정 상황을 수치적으로 분석한다.
  - **시뮬레이션**: 'What-if' 분석과 같이 다양한 시나리오에 따른 결과를 미리 예측하고 비교한다.
  - **대화형 분석**: 사용자와 시스템이 실시간으로 상호작용하며 질문과 답변을 통해 문제의 해답을 탐색한다.

㉡ DSS의 구성 요소

DSS는 데이터, 모델, 사용자 인터페이스라는 세 가지 핵심 구성 요소가 유기적으로 결합하여 작동한다.

구성요소	주요 기능	세부 특징
데이터베이스 관리시스템 (DBMS)	내외부 데이터의 저장, 추출, 관리	실시간 데이터 연동, 데이터 품질 및 무결성 보장, 다양한 데이터 소스 연결
모델베이스 관리시스템(MBMS)	분석 모델의 저장, 실행, 관리	통계, 재무, 최적화 등 다양한 분석 모델 탑재, 시나리오 분석 및 시뮬레이션 지원
대화형 인터페이스(Dialog Management)	사용자와 시스템 간의 상호작용 지원	직관적인 조작 환경(GUI), 데이터 시각화(차트, 그래프), 질의응답 기능 제공

ⓒ DSS의 주요 특징

- **대화형 처리 방식**: 사용자가 시스템에 질문을 던지고 즉각적인 분석 결과를 확인하며, 반복적인 탐색 과정을 통해 최적의 해답을 찾아가는 상호작용을 지원한다.
- **'What-if' 분석 기능**: "만약 특정 변수의 값을 변경한다면 결과는 어떻게 달라질까?"와 같은 가상 시나리오를 시뮬레이션하여 의사결정에 따른 잠재적 영향을 예측한다.
- **모델 중심 접근**: 복잡한 현실 세계의 문제를 수학적, 통계적 모델로 단순화하고 구조화하여 객관적이고 정량적인 근거에 기반한 합리적 의사결정을 돕는다.

2 경영자정보시스템[EIS]과 비즈니스 인텔리전스[BI]

① 경영자정보시스템(EIS)의 특성

⊙ EIS의 개념과 목적

경영자정보시스템(EIS: Executive Information System)은 최고경영진(CEO, 임원 등)의 비구조적이고 전략적인 의사결정을 지원하기 위해 조직 내외부의 핵심 정보를 요약하고 시각화하여 제공하는 시스템이다. EIS는 DSS보다 상위 경영진에 특화되어 있으며, 전사적 관점의 핵심 성과 모니터링과 전략적 이슈 파악에 집중한다.

- EIS의 핵심 목적
  - **전략적 의사결정 지원**: 신사업, M&A 등 기업의 장기 방향성에 영향을 미치는 의사결정을 지원한다.
  - **핵심 성과 모니터링**: 기업의 핵심성과지표(KPI)를 실시간으로 추적하고 목표 대비 실적을 관리한다.

- **예외 상황 관리**: 사전에 설정된 임계치를 벗어나는 이상 징후를 조기에 감지하고 경고한다.
    - **외부 환경 분석**: 시장 동향, 경쟁사 정보, 경제 지표 등 외부 환경 변화를 종합적으로 파악한다.

ⓒ EIS의 주요 특성

- **정보의 요약성과 예외 보고**: 방대한 데이터를 핵심성과지표(KPI) 중심으로 요약하여 대시보드 형태로 제공하며, 문제가 발생한 영역을 신호등(Red-Yellow-Green) 방식으로 표시하여 직관적인 상황 인지를 돕는다.
- **드릴다운(Drill-down) 기능**: 요약된 정보에서 시작하여 점차 상세한 데이터로 파고들어 문제의 근본 원인을 추적할 수 있는 계층적 정보 탐색 기능을 제공한다(예 전사 매출→사업부별 매출→제품별 매출).
- **외부 정보 통합**: 조직 내부 데이터뿐만 아니라 뉴스, 주가, 경제 지표 등 외부 정보를 통합하여 시장 환경 변화와 내부 성과를 연계하여 분석할 수 있도록 지원한다.

| 표 1-87 | EIS와 DSS 비교

구분	경영자정보시스템(EIS)	의사결정지원시스템(DSS)
주 사용자	최고경영진	중간관리자, 실무 분석가
의사결정 유형	전략적, 비구조적	전술적, 반구조적
정보 수준	고도로 요약된 핵심 정보	상세 분석 정보
분석 깊이	개괄적 분석	심층적 분석
사용 빈도	정기적, 간헐적(필요시 확인)	지속적, 반복적(상시 분석)

② 현대적 비즈니스 인텔리전스(BI)

㉠ BI의 개념과 진화

비즈니스 인텔리전스(BI: Business Intelligence)는 기업의 데이터를 수집, 정리, 분석하여 비즈니스 의사결정에 활용하는 모든 기술과 프로세스를 포괄하는 개념이다. 현대의 BI는 DSS와 EIS의 개념을 통합하고 빅데이터, 인공지능(AI) 기술과 결합하여 단순한 과거 분석을 넘어 미래 예측과 인사이트 발굴에 중점을 두는 지능형 의사결정 지원 플랫폼으로 진화했다.

- BI의 발전 과정
    - 1세대(1990년대): IT 부서가 생성하는 정적 보고서 중심
    - 2세대(2000년대): 사용자가 직접 데이터를 탐색하는 대화형 분석(OLAP) 도구 등장

- **3세대(2010년대)**: 현업 사용자가 직접 데이터를 분석하고 시각화하는 셀프서비스 BI 시대 개막
- **4세대(2020년대)**: 인공지능이 데이터 분석 및 인사이트 추천까지 수행하는 증강 분석(Augmented Analytics) 기반 BI

| 표 1-88 | BI 플랫폼의 핵심 기능

기능 영역	주요 기능	활용 예시
데이터 통합	ETL(Extract, Transform, Load)	여러 시스템에 흩어진 판매, 재고, 고객 데이터를 통합하여 분석 준비
분석 처리	OLAP(Online Analytical Processing)	지역별, 제품별, 시간대별 매출을 다차원적으로 비교 분석
데이터 마이닝	예측 모델링, 군집 분석	고객 데이터를 분석하여 이탈 가능성이 높은 고객 그룹 예측
시각화	대시보드, 인터랙티브 차트	월간 실적 현황을 한눈에 파악할 수 있는 경영진 대시보드 제작
리포팅	자동화된 보고서 생성 및 배포	매일 아침 주요 KPI 현황 보고서를 관련자에게 이메일로 자동 발송

ⓒ 셀프서비스 BI의 특징

최신 BI 트렌드의 핵심은 IT 전문가가 아닌 현업 사용자(마케터, 기획자 등)가 직접 필요한 데이터를 분석하고 인사이트를 도출하는 '데이터 분석의 민주화'이다.

- **사용자 친화적 인터페이스**: 코딩 지식 없이 드래그 앤 드롭(Drag-and-Drop) 방식으로 데이터를 시각화하고 분석할 수 있는 직관적인 환경을 제공한다.
- **분석의 민주화**: 데이터 분석의 권한이 소수의 전문가에게서 다수의 현업 사용자로 확산되어, 데이터에 기반한 의사결정 문화가 조직 전체에 자리 잡게 된다.

3 다부문 통합 정보 분석

① 부문별 정보의 통합 필요성

㉠ 부문 간 상호 의존성

현대 기업의 복잡한 의사결정은 특정 부문의 정보만으로는 최적의 해답을 찾기 어렵다. 마케팅, 재무, 인사, 운영 등 각 부문의 활동은 서로에게 영향을 미치므로, 전사적 관점에서의 통합 분석이 필수적이다.

- **마케팅-재무 연관성**: 광고 투자(마케팅)가 실제 매출 증대(재무)로 이어지기까지의 시차와 효과를 분석하고, 고객 획득 비용(CAC)과 고객생애가치(CLV)의 균형을 맞춘다.
  - **인사-운영 연관성**: 높은 직원 만족도(인사)가 고객 서비스 품질과 생산성 향상(운영)으로 이어지는 상관관계를 분석한다.
  - **생산-마케팅 연관성**: 신제품 출시 캠페인(마케팅)에 맞춰 적정 생산량과 재고 수준(생산)을 계획한다.

ⓒ 시너지 효과 창출

각 부문이 자신의 목표만 추구하는 '부분 최적화'는 종종 전사적 관점에서의 손실을 야기할 수 있다. 부문 간의 상충관계(Trade-off)를 고려한 '전사 최적화'를 통해 더 큰 시너지 효과를 창출할 수 있다.

② 통합 분석 프레임워크

㉠ 재무-마케팅 통합 분석

마케팅 활동을 단순 비용이 아닌 '투자'의 관점으로 보고, 재무적 성과와의 연결고리를 명확히 측정한다.

- **CLV 기반 분석**: 마케팅 채널별로 유입된 고객들의 CLV를 분석하여 가장 수익성 높은 채널에 자원을 집중한다.
- **마케팅 ROI 측정**: 마케팅 캠페인에 투입된 총비용 대비 순이익 증가분을 측정하여 투자의 효율성을 평가한다.

㉡ 운영-인사 통합 분석

인적 자원 관리가 운영 성과에 미치는 영향을 정량적으로 분석하여 인사 정책의 효과를 입증한다.

- **직원 만족도-운영 성과 상관관계**: 직원 만족도 조사 결과와 생산성, 품질, 고객 만족도 지표 간의 연관성을 분석한다.
- **교육훈련 투자 효과 분석**: 특정 교육 프로그램 이수 전후의 업무 성과 변화를 측정하여 교육 투자의 ROI를 평가한다.

㉢ 전략-실행 통합 분석

전사 전략이 실제 현장에서 얼마나 잘 실행되고 있는지를 측정하고, 전략과 실행 간의 격차(Gap)를 해소한다.

- **전략 목표-운영 지표 정렬**: BSC의 전략 맵을 활용하여 전사 전략 목표와 각 부문의 KPI가 논리적으로 연결되어 있는지 확인하고, 가치 창출 과정을 시각화한다.

실력 점검 문제

01 다음 중 '직무 명세서'에 포함될 내용으로 가장 적절한 것은?

① 해당 직무의 주요 과업 및 책임 목록

② 직무 수행에 필요한 학력, 자격증, 스킬

③ 일일 업무 보고 라인 및 지휘 체계

④ 직무 수행에 사용되는 주요 장비 및 도구 목록

02 다음 중 성과평가 방법인 '서열법'에 대한 설명으로 가장 옳지 않은 것은?

① 평가자가 피평가자들의 전반적인 성과를 비교하여 1위부터 순위를 매긴다.

② 평가 과정이 간단하고 비용이 적게 든다.

③ 평가 결과에 대한 구체적인 피드백을 제공하기 용이하다.

④ 직원 간의 상대적인 서열 정보만을 제공한다.

03 한 스타트업이 빠른 성장에 따라 체계적인 성과관리 시스템을 처음 도입하려고 한다. 조직의 비전과 전략을 재무, 고객, 내부 프로세스, 학습과 성장이라는 4가지 균형 잡힌 관점에서 측정하고 관리하고 싶을 때, 가장 먼저 고려해야 할 성과관리 도구는?

① MBO(Management by Objectives)

② OKR(Objectives and Key Results)

③ BSC(Balanced Scorecard)

④ 360도 다면평가

04 최근 IT 인재 확보 경쟁이 심화되면서, 많은 기업들이 관리자 트랙 외에 해당 분야의 최고 기술 전문가로 성장할 수 있는 별도의 경력 경로를 만들어 제공하고 있다. 이를 통해 비관리직무의 직원도 높은 보상과 인정을 받을 수 있도록 하는 제도는?

① 패스트 트랙

② 이중경력제도

③ 직무 순환

④ 종업원지주제도

05 다음 중 보상 시스템 설계 시 '외부 공정성'을 확보하기 위해 기업이 가장 먼저 수행해야 할 활동은?

① 각 직무의 상대적 가치를 평가하는 직무 평가를 실시한다.

② 직원의 성과에 따라 인센티브를 차등 지급한다.

③ 경쟁사의 동일 직무 임금 수준을 조사하는 시장임금조사를 실시한다.

④ 직원의 근속연수에 따라 호봉을 자동으로 인상한다.

06 기업의 재무 상태를 나타내는 재무상태표의 기본 등식으로 가장 옳은 것은?

① 자산=부채-자본

② 자산=부채+자본

③ 수익=비용+이익

④ 자산=수익-비용

07 기업이 영업활동으로 벌어들인 이익으로 금융비용(이자)을 얼마나 감당할 수 있는지를 나타내는 안정성 지표는?

① 부채비율
② 유동비율
③ 이자보상비율
④ 총자산이익률

08 물가 상승(인플레이션) 시기에 기말 재고자산이 가장 높게 평가되는 재고자산 평가 방법은?

① 선입선출법
② 후입선출법
③ 총평균법
④ 개별법

09 주식 시장에서 기업의 수익성 대비 주가가 어떻게 평가되고 있는지를 나타내는 대표적인 가치평가 지표는?

① 주가순자산비율
② 주가수익비율
③ 주당순이익
④ 자기자본이익률

10 아래 글상자에서 설명하는 금융 파생상품으로 가장 옳은 것은?

> 기초자산을 미래의 특정 시점에 미리 정해진 가격으로 '살 수 있는 권리'

① 풋옵션　　　② 콜옵션
③ 선물　　　　④ 스왑

11 다음 중 마이클 포터의 5 Forces 모델에 해당하지 않는 것은?

① 산업 내 기존 기업 간의 경쟁
② 공급자의 교섭력
③ 정부의 규제 정책
④ 잠재적 진입자의 위협

12 다음 중 공급망 관리의 효율성을 저해하는 '황소채찍효과'의 주요 원인으로 보기 어려운 것은?

① 공급망 참여자 간의 실시간 정보 공유
② 수요 예측의 반복적인 수정
③ 긴 리드타임과 주문 처리 지연
④ 가격 변동에 따른 대량 주문

13 한 고객이 노트북을 구매한 후, 매장에서 해당 노트북에 맞는 마우스와 키보드를 추가로 추천받아 구매했다. 이러한 판매 전략을 무엇이라고 하는가?

① 업셀링(Up-selling)
② 다운셀링(Down-selling)
③ 크로스셀링(Cross-selling)
④ 번들링(Bundling)

14 한 기업이 전체 직원의 기본급을 물가상승률을 반영하여 일괄적으로 3%씩 인상하기로 결정했다. 이러한 임금 조정 방식을 무엇이라고 하는가?

① 승진
② 승급
③ 베이스업(Base-up)
④ 성과급

15 다음 중 디지털 마케팅의 성과 측정 지표에 대한 설명으로 가장 옳지 않은 것은?

① CTR(클릭률)은 광고 노출 대비 클릭 수의 비율을 나타낸다.

② CVR(전환율)은 광고 클릭 대비 실제 구매나 회원가입 등 목표 행동으로 이어진 비율을 나타낸다.

③ CPA(액션당 비용)는 고객이 특정 행동을 할 때마다 발생하는 비용을 의미한다.

④ LTV(고객생애가치)는 특정 광고 캠페인을 통해 발생한 단기적인 총매출을 의미한다.

16 다음 중 프로젝트의 범위를 정의하고, 주요 인도물과 작업 내용을 상세히 기술하여 프로젝트 팀원 및 이해관계자 간의 공통된 이해를 형성하는 문서는?

① 프로젝트 헌장

② 작업분류체계

③ 주경로

④ 이해관계자 명부

17 기업의 핵심 역량이 아닌, 비교적 중요도가 낮은 비핵심 업무를 외부의 전문 업체에 위탁하여 처리하는 경영 전략을 무엇이라고 하는가?

① M&A

② 아웃소싱

③ 리스트럭처링

④ 벤치마킹

18 다음 중 기업의 재무제표에 해당하지 않는 것은?

① 재무상태표

② 손익계산서

③ 사업보고서

④ 현금흐름표

19 기업이 보유한 총자산을 얼마나 효율적으로 사용하여 매출을 발생시켰는지를 측정하는 활동성 지표는?

① 총자산이익률(ROA)

② 자기자본이익률(ROE)

③ 총자산회전율

④ 매출액순이익률

20 신제품 개발 프로젝트의 활동별 소요 시간을 낙관치, 최빈치, 비관치로 나누어 예측하고, 이를 가중평균하여 기대 시간을 계산하는 일정 관리 기법은?

① CPM(주경로 기법)

② 간트 차트(Gantt Chart)

③ PERT(프로그램 평가 및 검토 기법)

④ WBS(작업분류체계)

21 기업이 고객의 불만이나 문의에 대해 얼마나 신속하고 적극적으로 대응하는지를 나타내는 서비스 품질의 구성요인은?

① 신뢰성(Reliability)

② 공감성(Empathy)

③ 유형성(Tangibles)

④ 응답성(Responsiveness)

22 다음 중 기업의 인적자원관리(HRM) 활동과 그 목적의 연결이 가장 옳지 않은 것은?

① 채용 및 선발 – 조직에 필요한 역량을 갖춘 인재 확보

② 교육 및 훈련 – 구성원의 직무 능력 및 잠재 역량 개발

③ 성과 평가 – 조직 목표 달성에 대한 기여도 평가 및 피드백

④ 임금 관리 – 직원의 동기부여를 위해 업계 최고 수준의 보상 제공

23 광고 캠페인을 진행한 후, 광고를 통해 발생한 총수익에서 광고 비용을 뺀 순수익을 광고 비용으로 나눈 투자 대비 수익률 지표는?

① ROAS(광고비 대비 수익률)

② ROI(투자수익률)

③ LTV(고객생애가치)

④ CAC(고객 획득 비용)

24 아래 글상자에서 설명하는 마케팅 분석 기법으로 가장 옳은 것은?

> 고객의 구매 데이터를 바탕으로 '가장 최근에(Recency)', '얼마나 자주(Frequency)', '얼마나 많이(Monetary)' 구매했는지를 분석하여 고객을 여러 그룹으로 세분화하고, 우수 고객을 식별하는 방법이다.

① SWOT 분석

② 5 Forces 분석

③ RFM 분석

④ STP 분석

25 다음 중 기업의 가치사슬 분석에서 본원적 활동에 해당하지 않는 것은?

① 입고 및 자재관리

② 인사관리

③ 생산 및 운영

④ 마케팅 및 판매

26 기업이 보유한 특허권, 상표권, 저작권 등 법적인 권리에 의해 보호받는 무형자산을 무엇이라고 하는가?

① 영업권

② 산업재산권

③ 개발비

④ 라이선스

27 다음 중 프로젝트 관리의 5대 프로세스 그룹에 해당하지 않는 것은?

① 착수 ② 계획

③ 예산 ④ 실행

28 기업이 신제품을 출시하면서, 초기에는 높은 가격을 책정하여 고수익을 얻고 점차 가격을 낮추는 전략을 무엇이라고 하는가?

① 시장침투 가격전략

② 스키밍 가격전략

③ 동적 가격전략

④ 가치 기반 가격전략

29 재무상태표의 자산 항목을 유동성이 높은 순서대로 배열할 때, 가장 먼저 위치하는 것은?

① 재고자산 ② 유형자산

③ 당좌자산 ④ 무형자산

30 조직 내에서 공식적인 직급이나 직책과는 무관하게, 특정 이슈에 대해 다른 구성원들에게 영향력을 행사하는 사람을 무엇이라고 하는가?

① 공식적 리더

② 비공식적 리더

③ 거래적 리더

④ 변혁적 리더

31 다음 중 기업의 사회적 책임(CSR) 활동에 대한 설명으로 가장 거리가 먼 것은?

① 법적, 윤리적 책임을 넘어 사회 전체에 긍정적인 영향을 미치려는 활동이다.

② 기업의 장기적인 브랜드 이미지와 평판을 제고하는 데 기여한다.

③ 단기적인 이익 극대화를 최우선 목표로 설정한다.

④ 환경보호, 사회공헌, 윤리경영 등 다양한 형태로 나타난다.

32 스마트폰을 구매하려는 고객에게 더 높은 저장 용량의 모델이나 최신 플래그십 모델을 추천하여 더 높은 가격의 제품을 판매하는 전략은?

① 업셀링(Up-selling)

② 크로스셀링(Cross-selling)

③ 다운셀링(Down-selling)

④ 고객 세분화(Segmentation)

33 품질 문제의 잠재적인 원인들을 물고기 뼈 모양의 그림으로 체계적으로 정리하여 근본 원인을 찾아가는 데 사용하는 품질관리 도구는?

① 파레토 차트

② 관리도

③ 특성요인도

④ 산점도

34 다음 중 기업이 보유한 현금 및 현금성 자산의 변동 내용을 영업, 투자, 재무 활동으로 구분하여 표시하는 재무제표는?

① 재무상태표

② 손익계산서

③ 자본변동표

④ 현금흐름표

35 고객의 웹사이트 방문 기록, 페이지 체류 시간, 클릭 패턴 등을 분석하여 사용자 경험(UX)을 개선하는 것은 어떤 유형의 데이터를 주로 활용하는 것인가?

① 거래 데이터

② 인구통계학적 데이터

③ 행동 데이터

④ 설문 데이터

36 다음 중 기업의 외부 환경 분석에 사용되는 PEST 분석의 구성 요소가 아닌 것은?

① 정치적 요인

② 경제적 요인

③ 사회적 요인

④ 경쟁사 요인

37 직무의 내용, 요구되는 기술, 작업 조건 등을 상세히 기술하여 채용, 평가, 교육 등 인사관리의 기초 자료로 활용되는 문서는?

① 직무 명세서
② 직무 기술서
③ 경력 개발 계획
④ 성과 평가서

38 다음 중 기업의 단기적인 지급 능력을 평가하기 위해, 유동자산 중에서도 현금화가 어려운 재고자산을 제외하고 계산하는 재무비율은?

① 유동비율
② 당좌비율
③ 부채비율
④ 이자보상비율

39 다음 중 마케팅 믹스(4P) 전략의 구성 요소에 해당하지 않는 것은?

① 제품
② 가격
③ 사람
④ 유통

40 기업이 새로운 시장에 진입할 때, 경쟁사보다 낮은 가격을 설정하여 단기간에 시장 점유율을 빠르게 높이려는 가격 전략은?

① 시장침투 가격전략
② 스키밍 가격전략
③ 원가 기반 가격전략
④ 경쟁 기반 가격전략

41 다음 중 기업이 보유한 인적자원을 단순한 비용이 아닌, 미래 가치를 창출하는 핵심 자산으로 보고 체계적으로 관리하려는 관점은?

① 인적자원관리
② 인적자본관리
③ 전사적자원관리
④ 고객관계관리

42 다음 중 프로젝트의 시작부터 종료까지의 모든 활동과 일정을 시간 축 위에 막대 형태로 시각화하여, 프로젝트의 전체적인 진행 상황을 한눈에 파악할 수 있도록 돕는 도구는?

① PERT 차트
② 간트 차트
③ 특성요인도
④ 관리도

43 다음 중 주주가 아닌 경영자(대리인)가 자신의 이익을 위해 행동하여 주주의 이익을 침해할 수 있는 가능성에서 발생하는 문제는?

① 도덕적 해이
② 역선택
③ 대리인 문제
④ 정보의 비대칭

44 기업이 목표를 달성하기 위해 보유한 자원과 역량을 어떻게 배분하고 활용할 것인지에 대한 장기적인 계획과 방향성을 무엇이라고 하는가?

① 전술

② 전략

③ 운영

④ 정책

45 다음 중 기업의 재무 활동으로 인한 현금흐름에 해당하지 않는 것은?

① 은행으로부터의 장기 차입금 상환

② 신주 발행을 통한 자본금 조달

③ 주주에 대한 현금 배당금 지급

④ 기계 장치 등 유형자산의 취득

46 아래 글상자에서 설명하는 채용 면접의 유형으로 가장 옳은 것은?

> 과거의 실제 경험과 행동 사례에 대해 구체적으로 질문하여, 지원자의 미래 행동과 성과를 예측하는 면접 방식이다. "과거에 동료와 심각한 갈등을 겪었던 경험에 대해 말해보세요. 그때 어떻게 행동했고, 결과는 어떠했나요?"와 같은 질문이 대표적이다.

① 비구조화 면접

② 구조화 면접

③ 스트레스 면접

④ 행동사건 면접

47 다음 중 시장세분화의 기준으로 가장 적절하지 않은 것은?

① 인구통계학적 기준(나이, 성별, 소득)

② 지리적 기준(국가, 지역, 도시)

③ 심리분석적 기준(라이프스타일, 가치관, 성격)

④ 경쟁사 기준(경쟁사의 시장 점유율, 가격)

48 다음 중 기업의 비용 구조에서, 생산량의 증감과 관계없이 고정적으로 발생하는 비용은?

① 변동비

② 고정비

③ 한계비용

④ 평균비용

49 다음 중 조직 구성원들이 공동의 목표를 달성하기 위해 서로 협력하고 상호작용하는 방식을 의미하는 용어는?

① 조직 구조

② 조직 문화

③ 팀워크

④ 리더십

50 다음 중 기업이 경쟁사에 비해 우월한 성과를 지속적으로 창출할 수 있는 고유한 능력이나 자원을 무엇이라고 하는가?

① 핵심 역량

② 규모의 경제

③ 학습 곡선

④ 벤치마킹

51 한 온라인 쇼핑몰이 '개인화 추천 알고리즘' 을 도입한 후, 단기적인 클릭률(CTR)과 초 기 구매 전환율은 상승했지만, 6개월 후 고 객 이탈률이 오히려 증가하고 고객생애가치 (LTV)가 하락하는 현상이 나타났다. 이 현 상에 대한 가장 합리적인 해석은?

① 추천 알고리즘의 기술적 오류가 발생했다.

② 알고리즘이 단기 성과에 과적합되어, 고객에게 계속 유사한 상품만 노출시켜 장기적인 탐색의 즐거움을 저해했을 수 있다.

③ 경쟁사의 대규모 할인 프로모션으로 인 해 고객들이 이탈했다.

④ 추천 알고리즘은 LTV와 같은 장기 지표 에는 영향을 미치지 않는다.

52 다음 중 '데이터 거버넌스(Data Governance)'의 역할로 가장 거리가 먼 것은?

① 전사 데이터 용어 표준화 및 데이터 사 전 구축

② 데이터의 소유권 및 책임자(Owner, Steward) 지정

③ 역할 기반 데이터 접근 권한 정책 수립

④ 데이터 분석 모델의 알고리즘 개발 및 튜닝

53 다음 중 현금흐름표의 '투자 활동'으로 인한 현금 유출에 해당하는 것은?

① 직원 급여 및 상여금 지급

② 원재료 매입 대금 지급

③ 공장 증설을 위한 토지 매입

④ 은행 차입금 원금 상환

54 한 패션 쇼핑몰이 AI 챗봇을 도입하여 24시 간 고객 응대를 시작했다. 이로 인해 고객 문의 처리 속도는 크게 향상되었지만, 반품 률이 오히려 소폭 상승하는 현상이 나타났 다. 이 현상에 대한 가장 논리적인 추론은?

① AI 챗봇이 상품 정보를 잘못 안내하여 고객 불만이 증가했다.

② 챗봇 도입으로 인해 반품 절차가 더 간 편하고 명확해져, 이전에는 번거로워서 반품을 포기했던 고객들이 쉽게 반품을 신청하게 되었을 수 있다.

③ AI 챗봇 도입과 반품률 상승은 아무런 관련이 없는 우연의 일치이다.

④ 경쟁사의 무료 반품 정책 때문에 전체 시장의 반품률이 상승했다.

55 아래 글상자에서 설명하는 최신 데이터 아 키텍처 패러다임으로 가장 옳은 것은?

> 중앙화된 데이터 팀의 병목 현상을 해결 하기 위해, 데이터를 각 비즈니스 도메인 (예: 마케팅, 물류)별로 분산하여 소유하고 관리한다.
> 각 도메인 팀은 자신의 데이터를 하나의 '제품(Product)'처럼 취급하여, 다른 팀이 쉽게 발견하고 사용할 수 있도록 고품질 의 데이터 서비스를 제공하는 것을 목표 로 하는 분산형 아키텍처이다.

① 데이터 웨어하우스(Data Warehouse)

② 데이터 레이크(Data Lake)

③ 데이터 메시(Data Mesh)

④ 데이터 파이프라인(Data Pipeline)

56 다음 중 '카페테리아 복리후생' 제도의 가장 큰 장점으로 옳은 것은?

① 모든 직원에게 동일한 복리후생을 제공하여 공정성을 높인다.

② 기업이 복리후생 프로그램을 직접 선택하므로 운영 비용이 저렴하다.

③ 직원 개인의 필요와 선호에 맞는 복리후생을 선택할 수 있어 만족도가 높다.

④ 법적으로 정해진 복리후생만 제공하므로 관리가 용이하다.

57 기업이 신규 채용 시, 지원자의 학력이나 경력보다는 실제 직무 수행 능력을 평가하기 위해 코딩 테스트, 발표 과제, 문제 해결 시뮬레이션 등을 활용하는 채용 방식을 무엇이라고 하는가?

① 블라인드 채용
② 역량 기반 채용
③ 구조화 면접
④ 인턴십

58 다음 중 기업의 경영 활동을 지원하는 정보 시스템과 그 주된 역할의 연결이 가장 적절하지 않은 것은?

① ERP(전사적자원관리) – 기업 내 재무, 생산, 인사 등 모든 업무 프로세스 통합 관리

② SCM(공급망관리) – 원자재 조달부터 최종 고객까지의 물류 및 정보 흐름 최적화

③ CRM(고객관계관리) – 고객 데이터를 분석하여 개인화된 마케팅 및 서비스 제공

④ KMS(지식관리시스템) – 시장의 경쟁사와 고객에 대한 외부 정보를 수집 및 분석

59 기업이 환경(Environment), 사회(Social), 지배구조(Governance) 등 비재무적 요소를 고려하여 장기적이고 지속 가능한 성장을 추구하는 경영 방식을 무엇이라고 하는가?

① 가치 경영(VBM)
② 윤리 경영(Ethics Management)
③ ESG 경영
④ 지식 경영(KM)

60 다음 중 '린 스타트업(Lean Startup)' 방법론의 핵심 프로세스로 가장 옳은 것은?

① 계획(Plan)→실행(Do)→점검(Check)→개선(Act)

② 구축(Build)→측정(Measure)→학습(Learn)

③ 정의(Define)→측정(Measure)→분석(Analyze)→개선(Improve)→관리(Control)

④ 공감(Empathize)→정의(Define)→상상(Ideate)→시제품(Prototype)→시험(Test)

61 다음 중 '데이터 사일로(Data Silo)' 현상에 대한 설명으로 가장 적절한 것은?

① 데이터가 여러 서버에 분산 저장되어 시스템의 안정성이 높아진 상태

② 데이터의 중요도에 따라 접근 권한을 엄격히 통제하여 보안이 강화된 상태

③ 부서별로 데이터가 독립적으로 저장되고 공유되지 않아 전사적인 분석이 어려운 상태

④ 모든 데이터가 데이터 레이크에 원시 형태로 통합 저장되어 있는 상태

62 재무상태표의 '자산' 계정은 유동성 배열법
에 따라 배열된다. 이는 어떤 정보이용자의
의사결정에 가장 유용한 정보를 제공하기
위함인가?

① 장기 투자자　　② 정부 및 규제 기관
③ 단기 채권자　　④ 경영진

63 다음 중 기업의 지속 가능한 성장을 위해,
현재의 고객 만족뿐만 아니라 미래 세대의
필요까지 고려하는 마케팅 철학은?

① 생산 개념
② 제품 개념
③ 판매 개념
④ 사회적 마케팅 개념

64 기업이 보유한 고객 데이터베이스를 분석하
여, 특정 캠페인에 가장 긍정적으로 반응할
것으로 예상되는 고객 그룹을 추출하고자
한다. 이때 가장 먼저 적용해야 할 데이터
마이닝 기법은?

① 연관 분석　　② 회귀 분석
③ 군집 분석　　④ 분류 분석

65 다음 중 '오픈 데이터(Open Data)'의 핵심
적인 특징으로 가장 적절하지 않은 것은?

① 누구나 상업적, 비상업적 목적으로 자유
　롭게 사용할 수 있다.
② 기계 판독이 가능한(Machine-
　readable) 형태로 제공되어야 한다.
③ 특정 개인이나 기업에게만 독점적으로
　제공된다.
④ 저작권이나 특허 등 법적인 제약 없이
　재사용 및 재배포가 가능하다.

66 인사평가 시 평가자가 피평가자의 특정 한
두 가지 긍정적인 특성에 현혹되어 다른 모
든 특성까지 좋게 평가해버리는 오류를 무
엇이라고 하는가?

① 후광 효과
② 중심화 경향
③ 대비 효과
④ 최근 효과

67 다음 중 애자일(Agile) 프로젝트 관리 방법
론의 특징으로 가장 거리가 먼 것은?

① 짧은 주기의 반복(Iteration)을 통해 점
　진적으로 제품을 개발한다.
② 프로젝트 초기 단계에 모든 요구사항을
　상세하게 정의하고 문서를 작성한다.
③ 변화하는 고객의 요구사항에 유연하고
　신속하게 대응하는 것을 중시한다.
④ 고객 및 이해관계자와의 지속적인 소통
　과 협업을 강조한다.

68 다음 중 조직 구성원들이 공유하는 기본적
인 가정, 가치관, 신념, 행동 패턴 등의 총체
를 의미하는 용어는?

① 조직 구조　　② 조직 문화
③ 조직 전략　　④ 조직 목표

69 다음 중 기업이 새로운 정보시스템을 도입
할 때, 기존 시스템을 즉시 중단하고 새로운
시스템으로 한 번에 전면 교체하는 전환 전
략은?

① 병행 운영
② 단계적 도입
③ 직접 전환
④ 파일럿 도입

70 다음 중 데이터 웨어하우스(DW)의 특징인 '비휘발성'이 의미하는 바로 가장 옳은 것은?

① 데이터가 일단 적재되면 삭제되거나 수정되지 않고 계속 누적된다.

② 데이터가 실시간으로 계속해서 업데이트된다.

③ 데이터의 구조가 고정되지 않고 유연하게 변경될 수 있다.

④ 특정 주제와 관련된 데이터만을 통합하여 저장한다.

71 다음 중 '데이터'와 '정보'의 관계에 대한 설명으로 가장 옳은 것은?

① 데이터는 정보를 요약한 결과물이다.

② 정보는 데이터에 맥락과 의미를 부여하여 가공한 것이다.

③ 데이터와 정보는 상호 교환하여 사용할 수 있는 동의어이다.

④ 정보는 객관적인 사실이며, 데이터는 주관적인 해석을 포함한다.

72 아래 글상자에서 설명하는 재무비율과, 그 비율이 속하는 재무비율의 종류가 올바르게 짝지어진 것은?

> 기업이 보유한 자산 중 가장 현금화하기 어려운 재고자산을 제외하고, 단기 채무에 대한 지급 능력을 얼마나 갖추고 있는지 측정하는 지표이다.

① 유동비율 – 안정성 비율

② 당좌비율 – 유동성 비율

③ 부채비율 – 수익성 비율

④ 이자보상비율 – 활동성 비율

73 다음 중 행동기준평정척도(BARS)와 행태관찰척도(BOS)에 대한 설명으로 가장 옳지 않은 것은?

① 두 방법 모두 직무의 성공에 결정적인 중요 사건(행동)을 기반으로 한다.

② BARS는 피평가자의 행동이 어떤 '수준'에 해당하는지를 평가한다.

③ BOS는 특정 행동이 얼마나 '자주' 나타나는지를 빈도로 평가한다.

④ BARS는 BOS에 비해 평가 척도 개발이 간단하고 시간이 적게 걸린다.

74 기업이 신제품의 시장 반응을 예측하기 위해, 통제된 환경의 특정 지역이나 매장에서 먼저 제품을 출시하여 판매 데이터를 수집하는 마케팅 조사 방법을 무엇이라고 하는가?

① 설문조사

② 표적집단면접

③ 시장 테스트

④ 델파이 기법

75 다음 중 디지털 광고의 과금 방식에 대한 설명으로 가장 옳지 않은 것은?

① CPC(Cost Per Click)는 광고가 클릭될 때마다 비용이 발생한다.

② CPM(Cost Per Mille)은 광고가 1,000회 노출될 때마다 비용이 발생한다.

③ CPA(Cost Per Action)는 회원가입, 구매 등 특정 행동이 발생할 때 비용이 발생한다.

④ CPP(Cost Per Period)는 광고가 노출된 기간에 비례하여 비용이 발생한다.

76 다음 중 기업의 투자안 평가 시, 투자로 인해 미래에 발생할 현금흐름을 현재가치로 할인한 총합에서 초기 투자 비용을 차감한 값을 무엇이라고 하는가?

① 내부수익률(IRR)

② 순현재가치(NPV)

③ 회수기간법(Payback Period)

④ 수익성지수(PI)

77 다음 중 공급망 관리(SCM)의 성공적인 도입을 통해 얻을 수 있는 효과로 가장 거리가 먼 것은?

① 채찍 효과 감소

② 재고 수준 최적화 및 재고 비용 절감

③ 고객 요구에 대한 대응 속도 향상

④ 개별 부서의 독립성 및 자율성 강화

78 다음 중 조직의 목표 달성을 위해, 조직과 개인의 목표를 명확하게 연계하고 그 달성도를 객관적으로 평가하려는 성과관리 철학은?

① MBO(Management by Objectives)

② TQM(Total Quality Management)

③ BPR(Business Process Reengineering)

④ 6시그마(Six Sigma)

79 기업의 재무제표 중, 일정 기간 동안 발생한 수익과 비용을 대응시켜 기업의 경영 성과를 보여주는 보고서는?

① 재무상태표

② 손익계산서

③ 현금흐름표

④ 자본변동표

80 아래 글상자에서 설명하는 고객 분석 지표로 가장 옳은 것은?

우리 서비스의 월간 활성 사용자(MAU) 중, 얼마나 많은 사용자가 거의 매일 서비스를 이용하는지를 나타내는 비율이다. 사용자의 충성도나 서비스에 대한 몰입도를 측정하는 핵심 지표로 활용된다.

① 이탈률

② 고객생애가치

③ 고착도

④ 재방문율

81 다음 중 기업의 외부 환경 분석을 위한 거시 환경 분석 도구는?

① SWOT 분석

② 5 Forces 모델

③ PEST 분석

④ 가치사슬 분석

82 다음 중 프로젝트 관리에서 '주경로(Critical Path)'에 대한 설명으로 가장 옳은 것은?

① 프로젝트를 완료하는 데 드는 총비용을 의미한다.

② 프로젝트의 모든 활동 중에서 가장 중요한 활동을 의미한다.

③ 프로젝트 전체 일정을 결정하는 가장 긴 시간이 소요되는 활동들의 경로이다.

④ 프로젝트 활동 중 가장 많은 여유 시간(Slack)을 가진 경로이다.

83 다음 중 기업의 정보시스템 유형과 그 설명의 연결이 가장 적절하지 않은 것은?

① TPS(거래처리시스템) – 일상적인 거래 데이터를 기록하고 처리한다.
② MIS(경영정보시스템) – 중간 관리자의 의사결정을 지원하기 위해 요약된 보고서를 제공한다.
③ DSS(의사결정지원시스템) – 최고경영자의 비정형적인 전략적 의사결정을 지원한다.
④ EIS(중역정보시스템) – 기업의 핵심 정보를 시각적인 대시보드 형태로 제공한다.

84 다음 중 재고관리에서 '안전재고'를 보유하는 가장 주된 이유는?

① 대량 구매를 통해 매입 단가를 낮추기 위함
② 수요나 공급의 불확실성에 대비하여 품절을 방지하기 위함
③ 생산량 변동과 관계없이 고정비를 줄이기 위함
④ 재고 자산의 회계적 가치를 높이기 위함

85 다음 중 신규 고객 1명을 확보하는 데 소요되는 총비용(마케팅비, 영업비 등)을 의미하는 마케팅 지표는?

① 고객생애가치(LTV)
② 고객 획득 비용(CAC: Customer Acquisition Cost)
③ 광고비 대비 수익률(ROAS)
④ 전환율(CVR)

86 다음 중 콜옵션의 가치를 상승시키는 요인으로 가장 거리가 먼 것은?

① 기초자산 가격의 상승
② 행사가격의 상승
③ 변동성의 증가
④ 잔존만기의 증가

87 다음 중 조직 내에서 발생하는 갈등에 대해, 긍정적인 측면을 부각하여 설명한 것으로 가장 옳은 것은?

① 갈등은 구성원의 스트레스를 증가시키고 직무 만족도를 떨어뜨린다.
② 갈등은 의사결정을 지연시키고 조직의 에너지를 소모시킨다.
③ 갈등은 기존의 문제점을 드러내고 새로운 아이디어나 혁신을 촉진하는 계기가 될 수 있다.
④ 갈등은 부서 간의 이기주의를 심화시키고 협력을 저해한다.

88 품질관리 도구 중, 불량 항목이나 문제의 원인을 발생 빈도 순으로 정렬한 막대그래프와 누적 비율을 나타내는 꺾은선 그래프를 함께 사용하여, 개선 활동의 우선순위를 결정하는 데 사용하는 것은?

① 히스토그램   ② 파레토 차트
③ 산점도   ④ 관리도

89 다음 중 기업이 보유한 특허, 브랜드, 고객 관계 등 눈에 보이지 않지만 미래의 수익 창출에 기여하는 자산을 총칭하는 용어는?

① 유형자산   ② 재고자산
③ 무형자산   ④ 투자자산

90 다음 중 '데이터 리터러시(Data Literacy)'에 대한 설명으로 가장 적절한 것은?

① 데이터를 분석하기 위해 파이썬이나 R과 같은 프로그래밍 언어를 능숙하게 사용하는 능력

② 데이터의 의미를 비판적으로 읽고 이해하며, 데이터 기반으로 합리적인 주장을 펼치고 소통하는 능력

③ 대규모 데이터를 저장하고 관리하기 위해 데이터베이스를 설계하고 구축하는 능력

④ 복잡한 머신러닝 알고리즘의 수학적 원리를 증명하고 구현하는 능력

91 다음 중 기업의 사회적 책임(CSR)과 공유가치창출(CSV)의 차이점에 대한 설명으로 가장 옳은 것은?

① CSR은 선행이지만, CSV는 기업의 이윤 추구 활동이다.

② CSR은 경제적 가치와 사회적 가치를 동시에 추구한다.

③ CSV는 기업의 비즈니스 활동과 사회적 가치 창출을 분리하여 생각한다.

④ CSR은 비용으로 인식되지만, CSV는 경쟁우위를 위한 기회로 인식된다.

92 다음 중 마케팅의 STP 전략을 올바르게 나열한 것은?

① 세분화→타깃팅→포지셔닝

② 타깃팅→포지셔닝→세분화

③ 포지셔닝→세분화→타깃팅

④ 세분화→포지셔닝→타깃팅

93 인사 평가 시, 평가 기간 전체의 성과를 보지 않고 최근의 실적이나 행동만을 중심으로 평가하여 발생하는 오류는?

① 후광 효과

② 관대화 경향

③ 중심화 경향

④ 최근 효과

94 다음 중 기업의 재무제표를 분석하여 투자 의사결정을 내리는 외부 정보이용자로 가장 거리가 먼 것은?

① 주주 및 잠재적 투자자

② 은행 및 채권자

③ 생산 관리자

④ 정부 및 과세 당국

95 다음 중 조직이 변화에 저항하는 이유로 가장 적절하지 않은 것은?

① 기존의 익숙한 방식과 습관을 바꾸고 싶지 않은 관성

② 변화로 인해 자신의 권력이나 지위가 축소될 것이라는 두려움

③ 변화의 목적과 필요성에 대한 명확한 정보와 소통의 부재

④ 변화를 통해 새로운 성장과 발전의 기회를 얻을 수 있다는 기대감

96 다음 중 광고 캠페인의 성과를 평가할 때, '광고를 통해 얼마나 많은 매출이 발생했는가?'를 직접적으로 보여주는 지표는?

① 노출

② 클릭률

③ 광고비 대비 수익률

④ 도달률

97 다음 중 생산 운영 관리에서 '리드타임(Lead Time)'이 의미하는 바로 가장 옳은 것은?

① 제품 하나를 생산하는 데 걸리는 총 시간

② 주문을 한 시점부터 제품이 고객에게 인도되기까지의 총 소요 시간

③ 재고가 창고에 보관되어 있는 평균 시간

④ 기계가 고장 난 후 수리가 완료될 때까지 걸리는 시간

98 조직의 비전과 전략 목표를 달성하기 위해, IT를 어떻게 활용하고 관리할 것인지에 대한 전사적인 계획과 방향성을 수립하는 것을 무엇이라고 하는가?

① 정보 기술 아키텍처(ITA)

② 정보 전략 계획(ISP)

③ 전사적 자원 관리(ERP)

④ 비즈니스 프로세스 재설계(BPR)

99 다음 중 '암묵지'의 예시로 가장 적절한 것은?

① 회사의 공식적인 업무 처리 매뉴얼

② 베테랑 요리사의 손맛과 조리 감각

③ 시장 분석 데이터가 담긴 보고서

④ 데이터베이스에 저장된 고객 구매 이력

100 어떤 기업이 고객 데이터를 분석하여 '30대 여성, 서울 거주, 최근 1개월 내 뷰티 상품 구매'라는 특정 조건을 만족하는 고객 그룹을 추출했다. 이는 마케팅의 STP 전략 중 어느 단계에 해당하는가?

① 시장 세분화

② 표적 시장 선정

③ 포지셔닝

④ 시장 조사

정답 및 해설

기본 문제 정답 및 해설

01 ②	02 ③	03 ③	04 ②	05 ③
06 ②	07 ③	08 ①	09 ②	10 ②
11 ③	12 ①	13 ③	14 ③	15 ④
16 ②	17 ②	18 ③	19 ③	20 ③
21 ④	22 ④	23 ②	24 ③	25 ②
26 ②	27 ③	28 ②	29 ③	30 ②
31 ③	32 ①	33 ③	34 ④	35 ③
36 ④	37 ②	38 ②	39 ③	40 ①
41 ②	42 ②	43 ③	44 ②	45 ④
46 ④	47 ④	48 ②	49 ③	50 ①

01 직무 명세서는 해당 직무를 성공적으로 수행하기 위해 필요한 인적 요건(KSAO: Knowledge, Skills, Abilities, and Other characteristics)을 기술한 문서이다. ①, ③,④는 직무 자체의 내용과 환경을 기술하는 직무기술서(Job Description)에 포함될 내용이다.

02 서열법은 단순히 직원들의 순위만을 결정하기 때문에, 왜 그런 순위가 나왔는지에 대한 구체적인 이유나 개선점에 대한 피드백을 제공하기 어렵다는 명백한 단점이 있다.

03 BSC(균형성과표)는 기업의 성과를 재무적 관점뿐만 아니라 고객, 내부 프로세스, 학습과 성장이라는 비재무적 관점까지 균형 있게 관리하는 전략적 성과관리 도구이다. 문제에서 제시된 4가지 관점은 BSC의 핵심 구성요소이다.

04 이중경력제도는 전통적인 관리자 승진 경로 외에, 특정 분야의 전문가로 계속 성장할 수 있는 '전문가 트랙'을 만들어 두 경로 모두 동등한 보상과 인정을 제공하는 제도이다.

05 외부 공정성은 자사의 임금 수준이 외부 노동시장(경쟁사 등)과 비교했을 때 경쟁력이 있는지를 의미한다. 이를 확보하기 위해서는 시장임금조사를 통해 외부의 임금 수준을 파악하는 것이 필수적이다. ①은 내부 공정성, ②,④는 개인 공정성과 관련된 활동이다.

06 재무상태표의 기본 등식은 '자산=부채+자본'이다. 이는 기업이 보유한 자산(자금의 운용)이 타인에게서 조달한 부채와 주주로부터 조달한 자본(자금의 조달)의 합과 같다는 회계의 기본 원리를 나타낸다.

07 이자보상비율은 영업이익을 이자비용으로 나눈 값으로, 이자 지급 능력을 평가하는 대표적인 재무 안정성 지표이다. 이 비율이 1보다 크면 기업이 영업활동으로 번 돈으로 이자를 지불하고도 남는다는 의미이다.

08 물가 상승기에는 먼저 매입한 저렴한 재고가 팔려 나가고, 나중에 매입한 비싼 재고가 기말 재고로 남게 되는 선입선출법(FIFO)을 적용할 때 기말 재고자산의 가치가 가장 높게 평가된다.

09 주가수익비율(PER: Price Earning Ratio)은 현재 주가를 주당순이익(EPS)으로 나눈 값으로, 기업이 벌어들이는 이익 1원당 주가가 몇 배로 평가받고 있는지를 나타낸다.

10 콜옵션은 특정 기초자산을 미래의 특정 시점에 미리 정해진 가격(행사가격)으로 '살 수 있는 권리'를 의미한다. 기초자산의 가격이 행사가격보다 상승할 것으로 예상될 때 이익을 얻을 수 있다.

11 마이클 포터의 5 Forces 모델은 산업의 구조와 수익성을 결정하는 5가지 경쟁요인을 분석하는 도구이다. 5가지 요인은 '산업 내 경쟁', '공급자의 교섭력', '구매자의 교섭력', '잠재적 진입자의 위협', '대체재의 위협'이다. '정부의 규제 정책'은 산업 환경에 영향을 미치는

중요한 외부 요인이지만, 5 Forces 모델에 직접 포함되지는 않는다.

12 황소채찍효과는 공급망 하류에서 상류로 갈수록 수요 정보가 왜곡되고 변동성이 증폭되는 현상이다. 이를 해결하기 위한 가장 효과적인 방법은 공급망 참여자들이 판매 데이터(POS), 재고 수준 등을 '실시간으로 공유'하여 투명성을 높이는 것이다. 따라서 실시간 정보 공유는 원인이 아니라 해결 방안이다.

13 크로스셀링(교차판매)은 고객이 구매한 상품과 연관된 다른 상품을 추가로 판매하여 객단가를 높이는 전략이다. 노트북과 관련된 마우스, 키보드를 추천하는 것이 대표적인 예시이다.

14 베이스업은 개인의 성과나 역할 변화와 관계없이, 조직 전체 직원의 기본급 기준(Base) 자체를 일괄적으로 인상(Up)하는 방식이다.

15 LTV(고객생애가치)는 한 명의 고객이 기업과 거래하는 '전체 기간'에 걸쳐 발생시킬 것으로 예상되는 총 순이익을 의미하는 '장기적인' 지표이다. 단기적인 총매출과는 개념이 다르다.

16 작업분류체계(WBS)는 프로젝트의 전체 범위를 관리 가능한 작은 단위의 작업으로 계층적으로 분해한 문서이다. 이를 통해 프로젝트의 모든 작업과 인도물을 명확히 정의하고 누락을 방지할 수 있다.

17 아웃소싱은 기업이 비용 절감, 효율성 증대, 핵심 역량 집중 등을 위해 특정 업무 프로세스를 외부 전문 업체에 맡겨 처리하는 경영 전략이다.

18 재무제표는 기업의 재무 상태와 경영 성과를 보여주는 회계 보고서로, 일반적으로 재무상태표, 손익계산서, 현금흐름표, 자본변동표, 주석으로 구성된다. 사업보고서는 기업의 전반적인 현황을 담은 공시 서류로, 재무제표를 포함하지만 재무제표 자체는 아니다.

19 총자산회전율은 매출액을 총자산으로 나눈 값으로, 기업이 보유한 자산을 얼마나 활발하게 사용하여 매출을 일으켰는지를 나타내는 대표적인 활동성 또는 효율성 지표이다.

20 PERT는 활동의 소요 시간이 불확실한 연구개발 프로젝트 등에 주로 사용되는 기법이다. 세 가지 시간 추정치(낙관치, 최빈치, 비관치)를 사용하여 활동별 기대 소요 시간을 계산하고, 이를 바탕으로 전체 프로젝트 일정을 계획하고 통제한다.

21 응답성은 고객의 요구, 질문, 불만 등에 대해 신속하게 응답하고 문제를 해결하려는 직원의 의지와 자세를 의미한다.

22 임금 관리의 목적은 직원의 동기부여뿐만 아니라, 기업의 지불 능력, 내부적 공정성, 외부 시장과의 경쟁력 등을 종합적으로 고려하여 합리적이고 지속 가능한 보상 체계를 수립하는 것이다. '업계 최고 수준'을 제공하는 것이 항상 목표가 되지는 않는다.

23 ROI(Return On Investment)는 투자한 비용 대비 얼마나 많은 이익이 발생했는지를 측정하는 지표로, '(수익−투자 비용)/투자 비용'으로 계산된다. ROAS가 광고비 대비 '매출'을 측정하는 반면, ROI는 광고비를 제외한 '순이익'을 기반으로 하여 캠페인의 최종적인 수익성을 평가한다.

24 RFM 분석은 고객의 가치를 평가하는 대표적인 데이터 분석 기법이다. Recency(최근성), Frequency(구매 빈도), Monetary(구매 금액)의 세 가지 지표를 기준으로 고객에게 점수를 매기고 등급을 나누어, VIP 고객, 이탈 가능 고객 등을 식별하고 차별화된 마케팅 전략을 수립하는 데 활용된다.

25 마이클 포터의 가치사슬 모델에서 본원적 활동은 제품의 생산, 운송, 판매, 서비스와 직접적으로 관련된 활동을 의미한다. 여기에는 입고 물류, 생산, 출고 물류, 마케팅 및 판매, 서비스가 포함된다. 인사관리는 이러한 본원적 활동을 지원하는 '지원 활동(Support Activities)'에 해당한다.

26 산업재산권은 특허권, 실용신안권, 디자인권, 상표권 등 산업 활동과 관련된 지적 창작물을 보호하는 권리를 총칭하는 용어이다.

27 국제 프로젝트 관리 표준인 PMBOK 가이드에 따르면, 프로젝트 관리 프로세스는 착수, 계획, 실행, 감시 및 통제, 종료의 5가지 그룹으로 구성된다. '예산'은 '계획' 프로세스 그룹 내에서 수립되는 중요한 요소이지만, 독립적인 프로세스 그룹은 아니다.

28 스키밍 가격전략(초기 고가 전략)은 신제품 출시 초기에 혁신 수용층이나 고소득층을 대상으로 높은 가격을 책정하여 개발 비용을 빠르게 회수하고, 이후 경쟁이 심화되면 점차 가격을 낮추는 전략이다.

29 재무상태표의 자산은 일반적으로 현금화가 쉬운 순서, 즉 유동성이 높은 순서대로 배열한다. 당좌자산(현금, 예금, 매출채권 등)은 유동자산 중에서도 판매 과정을 거치지 않고 바로 현금화할 수 있어 유동성이 가장 높다. 그 다음이 재고자산이며, 유형자산과 무형자산은 비유동자산에 속한다.

30 비공식적 리더는 조직도상의 직책이 아니라, 전문성, 인간관계, 신뢰 등을 바탕으로 동료들에게 자연스럽게 영향력을 미치는 사람을 의미한다. 이들은 조직 내 여론 형성과 정보 전달에 중요한 역할을 한다.

31 기업의 사회적 책임(CSR)은 단기적인 이익을 다소 희생하더라도, 장기적인 관점에서 기업과 사회가 동반 성장하는 것을 추구하는 경영 철학이다. 따라서 단기 이익 극대화와는 상충될 수 있다.

32 업셀링은 고객이 구매하려던 제품보다 더 비싸고 성능이 좋은 상위 버전의 제품을 판매하여 객단가를 높이는 전략이다.

33 특성요인도(어골도 또는 피쉬본 다이어그램)는 특정 문제(결과)에 대해 잠재적인 원인들을 4M(Man, Machine, Method, Material) 등과 같은 큰 가지로 분류하고, 세부 원인들을 잔가지로 연결하여 문제의 근본 원인을 시각적으로 분석하는 도구이다.

34 현금흐름표는 일정 기간 동안 기업의 현금이 어떤 활동을 통해 유입되고 유출되었는지를 명확히 보여주는 보고서이다. 이를 통해 기업의 실제 현금 창출 능력과 유동성을 평가할 수 있다.

35 행동 데이터는 사용자가 디지털 환경에서 남기는 모든 종류의 '행동' 기록을 의미한다. 웹/앱 로그, 클릭 스트림 등이 대표적인 예시로, 사용자 경험을 분석하고 개선하는 데 가장 직접적인 정보를 제공한다.

36 PEST 분석은 기업의 거시 환경을 정치적(P), 경제적(E), 사회적(S), 기술적(T) 요인으로 나누어 분석하는 기법이다. '경쟁사' 요인은 산업 환경을 분석하는 5 Forces 모델 등에서 다루어지는 미시 환경 요인이다.

37 직무 기술서는 해당 직무의 명칭, 과업, 책임, 역할, 작업 조건 등 직무 자체에 대한 정보를 상세하게 기술한 문서이다.

38 당좌비율(Quick Ratio)은 유동자산에서 재고자산을 차감한 당좌자산을 유동부채로 나눈 값이다. 유동비율보다 더 보수적으로 기업의 단기 지급 능력을 평가하는 지표이다.

39 전통적인 마케팅 믹스 4P는 제품(Product), 가격(Price), 유통(Place), 촉진(Promotion)으로 구성된다. '사람(People)'은 서비스 마케팅에서 중요하게 다루어지는 확장된 마케팅 믹스(7P)의 요소 중 하나이다.

40 시장침투 가격전략은 낮은 초기 가격을 통해 가격에 민감한 소비자를 빠르게 유인하고, 대량 생산을 통한 규모의 경제를 달성하여 시장에 조기 안착하는 것을 목표로 한다.

41 인적자본관리(HCM)는 직원의 지식, 기술, 경험 등을 기업의 중요한 '자본(Capital)'으로 인식하고, 이를 측정, 관리, 개발하여 기업 가치를 극대화하려는 전략적 접근 방식이다.

42 간트 차트는 프로젝트의 각 작업(Task)을 가로 막대로 표현하고, 가로축을 시간으로 하여 작업의 시작일, 종료일, 기간, 선후 관계 등을 시각적으로 보여주는 대표적인 프로젝트 일정 관리 도구이다.

43 대리인 문제는 주주(주인)와 경영자(대리인) 간의 목표 불일치와 정보 비대칭으로 인해, 대리인이 주인의 이익이 아닌 자신의 이익을 추구하면서 발생하는 문제를 총칭한다. 도덕적 해이와 역선택은 대리인 문제의 구체적인 유형이다.

44 전략은 경쟁 우위를 확보하고 조직의 장기적인 목표를 달성하기 위한 전사적인 차원의 계획과 행동 방침을 의미한다. 전술은 전략을 실행하기 위한 구체적인 단기적 방법이며, 운영은 일상적인 업무 활동을 의미한다.

45 재무 활동 현금흐름은 기업의 자본 조달 및 상환과 관련된 활동이다. ①, ②, ③은 모두 차입, 증자, 배당 등 대표적인 재무 활동이다.④ 기계 장치와 같은 유형자산을 취득하는 것은 '투자 활동'으로 인한 현금흐름에 해당한다.

46 행동사건 면접(BEI)은 '과거의 행동이 미래의 행동을 예측하는 가장 좋은 지표'라는 가정에 기반한다. 지원자의 과거 성공 및 실패 경험에 대한 구체적인 사례(STAR: Situation, Task, Action, Result)를 질문하여, 지원자의 실제 역량과 행동 패턴을 심층적으로 평가한다.

47 시장세분화는 '고객'을 유사한 특성을 가진 그룹으로 나누는 과정이다. 따라서 고객의 특성인 인구통계학적, 지리적, 심리분석적, 행동적 기준을 사용한다. '경쟁사 기준'은 시장 환경을 분석하는 요소이지, 고객을 분류하는 기준이 아니다.

48 고정비는 생산량이나 판매량의 변화에 관계없이 일정하게 발생하는 비용을 의미한다. 임차료, 보험료, 감가상각비 등이 대표적인 예시이다.

49 팀워크는 팀의 공동 목표 달성을 위해 구성원들이 각자의 역할을 수행하면서, 서로 소통하고 협력하며 시너지를 창출하는 과정을 의미한다.

50 핵심 역량은 경쟁사들이 쉽게 모방할 수 없으며, 다양한 시장에 적용 가능하고, 고객에게 핵심적인 가치를 제공하는 기업 내부의 고유한 기술, 지식, 문화의 조합을 의미한다. 이는 지속적인 경쟁우위의 원천이 된다.

심화 문제 정답 및 해설

51 ②	52 ④	53 ③	54 ②	55 ③
56 ③	57 ②	58 ④	59 ③	60 ②
61 ③	62 ③	63 ④	64 ④	65 ③
66 ①	67 ②	68 ②	69 ③	70 ①
71 ②	72 ②	73 ④	74 ③	75 ④
76 ②	77 ④	78 ①	79 ②	80 ③
81 ③	82 ③	83 ③	84 ②	85 ②
86 ②	87 ③	88 ②	89 ③	90 ②
91 ④	92 ①	93 ④	94 ③	95 ④
96 ③	97 ②	98 ②	99 ②	100 ①

51 문제의 지시사항은 단기 지표 최적화의 함정을 보여주는 대표적인 사례이다. 추천 알고리즘이 당장의 클릭과 구매 가능성이 높은 상품에만 집중하면, 고객은 새로운 상품을 발견할 기회를 잃고 추천 목록에 싫증을 느끼게 된다. 이로 인해 장기적인 고객 만족도와 충성도가 하락하여 LTV가 감소할 수 있다.

52 데이터 거버넌스는 데이터를 '관리'하고 '통제'하기 위한 전사적인 정책과 체계를 수립하는 활동이다. 데이터의 표준, 품질, 보안, 접근 권한 등을 정의한다. 반면, 분석 모델의 알고리즘을 개발하고 튜닝하는 것은 데이터 과학자나 분석가의 '분석 실행' 영역에 해당한다.

53 투자 활동 현금흐름은 기업의 미래 수익 창출을 위한 자산(유형자산, 무형자산, 투자자산 등)의 취득 및 처분과 관련된 현금의 유입과 유출을 의미한다. 공장 증설을 위한 토지 매입은 대표적인 투자 활동이다. ①, ②는 영업 활동,④는 재무 활동에 해당한다.

54 데이터 분석 시 상관관계의 이면을 살펴보는 것이 중요함을 보여주는 사례이다. 챗봇 도입으로 고객 경험(UX)의 특정 부분, 즉 '반품 프로세스'가 개선되면서 이전에는 숨겨져 있던(잠재되어 있던) 반품 수요가 현실화되었을 가능성을 추론할 수 있다. 이는 부정적인 현상이라기보다 서비스 개선의 결과로 해석될 수 있다.

55 데이터 메시는 중앙 집중식 데이터 관리의 한계를 극복하기 위해 등장한 분산형 데이터 아키텍처 패러다임이다. 핵심은 '도메인 중심의 소유권', '데이터를 제품처럼(Data as a Product)', '셀프서비스 플랫폼', '연합 거버넌스'이다.

56 카페테리아 복리후생은 직원에게 일정한 포인트를 부여하고, 정해진 메뉴판 안에서 원하는 복리후생 항목을 자유롭게 선택하도록 하는 제도이다. 직원 개인의 다양한 니즈를 충족시켜 만족도를 극대화할 수 있다는 것이 가장 큰 장점이다.

57 역량 기반 채용은 지원자가 해당 직무를 성공적으로 수행하는 데 필요한 핵심 역량(지식, 기술, 행동)을 사전에 정의하고, 다양한 평가 도구를 통해 그 역량의 보유 수준을 직접적으로 평가하여 선발하는 방식이다.

58 지식관리시스템(KMS)은 주로 조직 '내부'의 지식(업무 노하우, 문서, 보고서 등)을 체계적으로 축적, 공유, 활용하여 조직 전체의 문제 해결 능력을 높이는 데 목적이 있다. 외부 정보 수집 및 분석은 경쟁 인텔리전스(CI) 또는 시장 정보 시스템(MIS)의 역할에 더 가깝다.

59 ESG 경영은 기업이 전통적인 재무적 성과뿐만 아니라 환경, 사회, 지배구조라는 비재무적 가치를 경영 활동에 적극적으로 반영하여, 장기적인 기업 가치와 지속 가능성을 추구하는 경영 패러다임이다.

60 린 스타트업은 아이디어를 빠르게 최소 기능 제품(MVP)으로 '구축(Build)'하고, 시장의 반응을 데이터로 '측정(Measure)'하며, 그 결과로부터 배운 것을(Learn) 다음 제품 개선에 빠르게 반영하는 순환적 과정을 핵심으로 한다. ①은 PDCA 사이클, ③은 6시그마의 DMAIC, ④는 디자인 씽킹 프로세스이다.

61 데이터 사일로는 곡식을 저장하는 독립된 창고(사일로)처럼, 데이터가 특정 부서나 시스템에 고립되어 다른 부서와 공유되지 않는 현상을 의미한다. 이는 데이터의 중복과 불일치를 야기하며, 전사적인 관점의 통합 분석을 불가능하게 만드는 주요 원인이다.

62 유동성 배열법은 자산을 현금화하기 쉬운 순서대로 배열하는 방식이다. 이는 기업에 단기적으로 자금을 빌려준 채권자(예: 은행)가 '이 기업이 단기간 내에 빚을 갚을 능력이 있는가?'를 판단하는 데 가장 직접적이고 유용한 정보를 제공한다.

63 사회적 마케팅 개념은 기업의 이익과 소비자의 만족을 넘어, 사회 전체의 장기적인 복지와 지속 가능성까지 고려해야 한다는 가장 진화된 마케팅 철학이다.

64 이 문제는 과거 캠페인 반응 데이터(반응함/안함)라는 '정답'을 가지고, 새로운 고객이 어떤 그룹에 속할지를 '예측'하는 문제이다. 이처럼 명확한 정답(레이블)을 기반으로 데이터를 분류하는 것은 지도 학습의 일종인 '분류 분석'의 전형적인 활용 사례이다.

65 오픈 데이터의 핵심 철학은 '개방성'과 '보편적 접근'이다. 특정 주체에게 독점적으로 제공되는 데이터는 오픈 데이터가 아니다. 누구나 차별 없이 접근하고 활용할 수 있어야 한다.

66 후광 효과는 어떤 대상의 한 가지 두드러진 특성이 그 대상의 다른 특성을 평가하는 데까지 영향을 미치는 인지적 편향을 의미한다.

67 프로젝트 초기에 모든 요구사항을 상세하게 정의하고 엄격한 계획에 따라 순차적으로 개발을 진행하는 방식은 전통적인 '폭포수(Waterfall)' 모델의 특징이다. 애자일 방법론은 변화를 수용하며, 짧은 주기의 개발과 피드백을 통해 점진적으로 요구사항을 구체화해 나간다.

68 조직 문화는 '그 조직의 일하는 방식' 또는 '구성원들이 당연하게 여기는 것'으로, 명시적인 규정보다 구성원들의 행동에 더 큰 영향을 미치는 비공식적인 시스템이다.

69 직접 전환(빅뱅 방식)은 기존 시스템을 중단하고 새로운 시스템으로 즉시 대체하는 방식으로, 전환 비용과 시간이 적게 들지만 시스템 실패 시 위험이 매우 큰 고위험-고수익 전략이다.

70 데이터 웨어하우스의 비휘발성은 한번 저장된 데이터는 읽기 전용(Read-only)으로 유지되며, 일반적인 운영 데이터베이스처럼 수정(Update)이나 삭제(Delete) 작업이 거의 발생하지 않는 특성을 의미한다. 이는 과거 데이터의 이력을 추적하고 시계열 분석을 가능하게 한다.

71 데이터는 가공되지 않은 원시 사실이며, 이 데이터에 특정 목적과 맥락을 부여하여 처리했을 때 비로소 의사결정에 활용될 수 있는 '정보'가 된다. 데이터가 재료라면, 정보는 요리라고 할 수 있다.

72 제시된 설명은 당좌자산을 유동부채로 나눈 '당좌비율'에 대한 정의이다. 당좌비율은 기업의 단기 지급 능력을 나타내는 대표적인 '유동성 비율'에 속한다.

73 BARS는 각 성과 수준별로 구체적인 행동 사례를 모두 기술해야 하므로, 단순히 행동의 빈도만 체크하는 BOS에 비해 척도 개발

과정이 훨씬 더 복잡하고 많은 시간과 비용이 소요된다.

74 시장 테스트는 실제 시장과 유사한 통제된 환경에서 신제품이나 마케팅 전략을 시험하여, 전국적인 출시에 앞서 소비자의 반응과 잠재적 문제점을 파악하는 방법이다.

75 CPP는 Cost Per Period가 아니라, Cost Per Point를 의미하며 주로 TV나 라디오 광고에서 시청률 1%를 얻는 데 드는 비용을 나타내는 지표이다. 특정 기간 동안 고정된 금액으로 광고를 집행하는 방식은 CPT(Cost Per Time) 또는 고정 단가(Flat Rate)라고 한다.

76 순현재가치(NPV: Net Present Value)는 투자안의 경제적 타당성을 평가하는 대표적인 방법으로, 미래 현금흐름의 현재가치 합에서 초기 투자액을 뺀 값이다. NPV가 0보다 크면 투자가치가 있다고 판단한다.

77 성공적인 SCM은 공급망 전체의 정보를 투명하게 공유하고 프로세스를 '통합'하는 것을 목표로 한다. 이는 개별 부서의 독립적인 의사결정이 아닌, 전체 최적화를 위한 긴밀한 협력을 요구하므로 '독립성 및 자율성 강화'와는 방향이 다르다.

78 MBO(목표관리)는 상사와 부하가 함께 측정 가능한 목표를 설정하고, 기간 말에 그 달성도를 바탕으로 성과를 평가하고 보상하는 참여적 성과관리 시스템이다.

79 손익계산서는 일정 기간(예: 1년, 1분기) 동안 기업이 얼마나 벌고(수익), 얼마나 썼으며(비용), 그래서 얼마를 남겼는지(이익)에 대한 경영 성과 정보를 제공한다.

80 고착도는 '(일간 활성 사용자/월간 활성 사용자)×100'으로 계산되며, 사용자들이 얼마나 자주, 그리고 꾸준히 서비스를 이용하는지를 나타내는 충성도 지표이다.

81 PEST 분석은 기업을 둘러싼 거시적 외부 환경을 정치적(Political), 경제적(Economic),

사회적(Social), 기술적(Technological) 요인으로 나누어 분석하는 기법이다. SWOT, 5 Forces, 가치사슬 분석은 각각 내부/외부 요인, 산업 환경, 내부 역량을 분석하는 도구이다.

82 주경로는 프로젝트의 시작부터 끝까지 연결된 활동들 중, 총 소요 시간이 가장 긴 경로를 의미한다. 이 경로상의 활동이 지연되면 전체 프로젝트 일정이 그대로 지연된다.

83 DSS는 주로 비정형적이거나 반정형적인 문제에 대해, 데이터 분석 및 시뮬레이션 모델을 활용하여 중간 관리자나 전문가의 의사 결정을 지원하는 시스템이다. 최고경영자의 전략적 의사결정을 지원하는 시스템은 EIS(중역정보시스템) 또는 ESS(Executive Support System)라고 한다.

84 안전재고는 예상치 못한 수요 급증이나 공급망의 리드타임 지연 등 불확실한 상황이 발생했을 때, 제품이 품절되어 판매 기회를 잃는 것을 방지하기 위해 보유하는 최소한의 추가 재고이다.

85 고객 획득 비용(CAC)은 신규 고객 한 명을 데려오기 위해 지출된 마케팅 및 영업 비용의 총합을 의미한다. 기업의 수익성을 판단하기 위해 LTV와 비교하여 'LTV〉CAC' 관계가 성립하는지 확인하는 것이 매우 중요하다.

86 콜옵션은 '살 수 있는 권리'이므로, 사야 할 가격(행사가격)이 높아지면 옵션의 가치는 하락한다. 반면, 기초자산 가격이 오르거나(①), 가격 변동성이 커지거나(③), 권리를 행사할 수 있는 시간이 길어지면(④) 이익을 볼 가능성이 커지므로 옵션의 가치는 상승한다.

87 갈등은 부정적인 측면도 있지만, 조직 내에 안주하려는 경향을 방지하고, 수면 아래에 있던 문제점을 공론화하며, 다양한 의견의 충돌을 통해 더 나은 대안이나 혁신적인 아이디어를 창출하는 순기능적 역할도 수행한다.

88 파레토 차트는 '80/20 법칙'에 기반하여, 소수의 중요한 원인이 다수의 문제를 발생시킨다는

원리를 시각적으로 보여주는 도구이다. 가장 빈도가 높은 문제부터 해결하여 최소의 노력으로 최대의 개선 효과를 얻기 위해 사용된다.

89 무형자산은 물리적 형태는 없지만 기업이 통제하고 있으며, 미래의 경제적 효익을 창출할 것으로 기대되는 비화폐성 자산을 의미한다. 산업재산권, 저작권, 개발비, 영업권 등이 이에 해당한다.

90 데이터 리터러시는 단순히 기술을 다루는 능력이 아니라, 데이터를 읽고, 이해하고, 분석하며, 그 결과를 바탕으로 비판적으로 사고하고 소통하는 종합적인 능력, 즉 '데이터를 문해하는 능력'을 의미한다.

91 CSR(기업의 사회적 책임)은 주로 기업 활동으로 창출된 이익의 일부를 사회에 환원하는 '비용'의 관점으로 접근하는 경우가 많다. 반면, CSV(공유가치창출)는 기업의 핵심 비즈니스 활동 자체를 통해 경제적 가치와 사회적 가치를 '동시에' 창출하여, 이를 새로운 성장의 기회와 경쟁우위의 원천으로 삼는다는 점에서 더 적극적인 개념이다.

92 STP 전략은 먼저 전체 시장을 유사한 특성을 가진 여러 개의 그룹으로 나누고(시장 세분화), 그중 자사가 공략할 가장 매력적인 시장을 선택한 후(표적 시장 선정), 선택된 시장의 고객 마음속에 자사 제품의 고유한 위치를 각인시키는(포지셔닝) 순서로 진행된다.

93 최근 효과는 평가자가 평가 기간 말에 있었던 사건이나 성과를 더 중요하게 생각하고, 이를 바탕으로 전체 기간을 평가하려는 경향에서 발생하는 오류이다.

94 생산 관리자는 기업 '내부'에서 생산 효율성, 원가 관리 등 일상적인 운영을 책임지는 내부 정보이용자이다. ①, ②, ④는 모두 기업 외부에서 투자, 대출, 과세 등의 의사결정을 위해 재무제표를 활용하는 대표적인 외부 정보이용자이다.

95 변화에 대한 기대감은 변화를 촉진하는 '동력'이지, 변화에 저항하는 이유가 아니다. ①, ②, ③은 모두 개인적, 조직적 차원에서 변화에 저항하게 만드는 대표적인 원인이다.

96 ROAS는 지출한 광고비 대비 발생한 매출액의 비율을 나타내는 지표로, 광고 캠페인의 직접적인 재무적 성과와 수익성을 평가하는 데 사용된다.

97 리드타임은 프로세스의 시작부터 끝까지 걸리는 총 시간을 의미하며, 재고관리에서는 일반적으로 주문 시점부터 고객이 제품을 받기까지의 전체 기간을 의미한다.

98 정보 전략 계획(ISP: Information Strategy Planning)은 기업의 경영 전략과 비전을 효과적으로 지원하기 위해, 정보시스템을 어떻게 구축하고 운영할지에 대한 중장기적인 마스터플랜을 수립하는 활동이다.

99 암묵지는 개인의 경험과 직관에 체화되어 있어 언어나 문서로 표현하기 어려운 주관적인 지식을 의미한다. '손맛'이나 '감각'이 대표적인 예시이다. ①, ③, ④는 모두 문서화되고 체계화된 '형식지'에 해당한다.

100 시장 세분화는 전체 시장을 인구통계학적, 지리적, 행동적 기준 등에 따라 유사한 특성을 가진 동질적인 하위 그룹으로 나누는 과정이다. 문제의 사례는 다양한 기준을 적용하여 특정 고객 그룹을 정의하는 세분화 활동에 해당한다.

데이터 해석 및 활용

경영정보시각화능력 자격증의 두 번째 파트인 '데이터 해석 및 활용'은 Part 01의 전략적 사고를 기술적으로 구현하는 핵심 영역이다. 디지털 전환이 가속화되고 데이터 기반 경영이 필수가 된 현재, 원시 데이터를 가치 있는 정보로 변환하는 전체 프로세스에 대한 이해는 모든 비즈니스 전문가에게 필수 역량이 되었다.

본서의 Part 02는 경쟁사와 차별화된 '실무 데이터 파이프라인 중심의 프로세스 접근법'을 채택했다. 우리는 데이터가 비즈니스 가치로 탄생하는 여정을 따라 Chapter 01. 데이터의 이해와 수집, Chapter 02. 데이터 저장과 관리, Chapter 03. 데이터 처리와 분석, Chapter 04. 데이터 활용과 보안의 4단계로 학습을 진행한다.

이러한 흐름을 통해 수험생들은 흩어져 있는 개별 지식을 암기하는 것이 아니라, 실제 업무에서 데이터를 다룰 때 어떤 단계에서 어떤 도구와 기법을 사용해야 하는지 체계적으로 이해하게 될 것이다. 특히 출제 비중이 가장 높은 데이터베이스의 원리부터 빅데이터 시대의 최신 기술까지, 전체 흐름 속에서 각 기술의 역할과 의미를 파악하는 데 중점을 둔다.

BUSINESS INTELLIGENCE SPECIALIST

Part 02는 데이터의 수집부터 처리, 저장, 분석까지의 전체 프로세스를 다루는 영역으로 전체 60문항 중 20문항(33%)이 출제된다. 이 영역은 현대 디지털 경영 환경에서 필수적인 데이터 리터러시와 정보 시스템 활용 능력을 요구하며, 특히 이론과 실무의 균형 잡힌 이해가 중요하다.

기출문제 분석 결과, '데이터베이스'와 '데이터의 기초 개념' 관련 문제가 가장 높은 비중을 차지하는 것으로 나타났다. 이는 단순히 데이터를 다루는 기술을 넘어, 데이터의 본질적 특성과 데이터를 효율적으로 저장 및 관리하는 구조적 원리에 대한 깊이 있는 이해를 평가하고 있음을 의미한다.

Part 02 출제기준 및 기출 분석 기반 비중(3회분 60문항 기준)

대분류	세부 내용 및 기출 핵심 키워드	출제 비중
Chapter 01. 데이터의 이해와 수집	• 데이터 vs 정보, DIKW, 암묵지/형식지 • 데이터 유형(정형/반정형/비정형, 이산/연속) • 빅데이터 3V/7V, 기초통계량, 확률분포 • 웹 스크래핑, API, 로그 데이터 수집	약 25%
Chapter 02. 데이터 저장과 관리	• 파일 시스템의 한계, DBMS의 등장과 장점 • 데이터베이스 3단계 구조(스키마), 데이터 독립성 • 관계형 DB, 키(기본키/외래키), 무결성, SQL JOIN • NoSQL, 분산DB, 데이터 웨어하우스, 데이터 레이크	약 45%
Chapter 03. 데이터 처리와 분석	• ETL 프로세스, 데이터 파이프라인 • 데이터 정제(결측치/이상값), 변환(정규화/표준화) • 데이터 마이닝 기법(분류/군집/연관분석/회귀) • EDA, 통계적 가설 검정(1종/2종 오류)	약 15%
Chapter 04. 데이터 활용과 보안	• BI 시스템, OLAP 연산, 셀프서비스 BI, 대시보드 • 데이터 기반 의사결정(DDDM), A/B 테스트 • 데이터 보안 3요소(CIA), 접근제어(RBAC) • 데이터 거버넌스, 개인정보보호(가명/익명처리)	약 15%

01 데이터의 이해와 수집

학|습|목|표

1. 데이터, 정보, 지식, 지혜(DIKW)의 계층적 관계를 설명하고, 암묵지와 형식지의 차이를 이해할 수 있다.
2. 정형, 반정형, 비정형 데이터의 특징을 비교하고, 측정 척도(명목, 서열, 구간, 비율)에 따라 데이터를 분류할 수 있다.
3. 빅데이터의 3V/7V 특성을 설명하고, 기초통계량과 기본 확률분포의 개념을 이해할 수 있다.
4. 웹 스크래핑과 API를 활용한 외부 데이터 수집 방법의 차이점을 설명할 수 있다.

01 데이터의 본질과 기초

1 데이터(Data)와 정보(Information)

① 데이터의 정의와 특성

데이터는 현실 세계를 관찰하거나 측정하여 얻어진, 아직 가공되지 않은 객관적인 사실이나 값의 집합을 의미한다. 라틴어 datum의 복수형에서 유래했으며, 그 자체로는 특정 의미를 갖지 않는 원시적인(Raw) 상태이다.

- **특성**: 객관성, 원시성, 맥락 독립성, 가치 중립성
- **예시**: '32', '서울', '2025-09-21', 'A001'

② 정보의 정의와 특성

정보는 수집된 데이터를 특정 목적에 맞게 처리하고 가공하여, 의미와 맥락을 부여한 결과물이다. 정보는 의사결정에 직접적으로 활용될 수 있는 가치를 지닌다.

- **특성**: 주관성, 가공성, 맥락 의존성, 가치 지향성
- **예시**: "서울 지역의 오늘 평균 기온은 32도입니다.", "상품코드 A001은 이번 주 베스트셀러입니다."

2 지식 창조 과정: SECI 모델과 DIKW 피라미드

① 암묵지와 형식지

일본의 경영학자 노나카 이쿠지로는 조직 내 지식을 암묵지와 형식지로 구분했다.

- **암묵지(Tacit Knowledge)**: 개인의 경험, 직관, 노하우처럼 언어나 문서로 표현하기 어려운 주관적 지식이다(예 베테랑 요리사의 손맛, 의사의 진단 직감).

- **형식지(Explicit Knowledge)**: 문서, 매뉴얼, 데이터베이스처럼 체계화되어 전달 가능한 객관적 지식이다(예 레시피 북, ERP 운영 매뉴얼).

조직의 지식 창조는 이 두 지식이 상호작용하는 SECI 모델(공동화 → 표출화 → 연결화 → 내면화)을 통해 이루어진다. 암묵지가 다른 사람에게 전수되고(공동화), 문서화되며(표출화), 다른 문서와 결합되고(연결화), 다시 개인이 체득하는(내면화) 순환 과정을 통해 조직의 지식 자산이 축적된다.

| 표 2-1 | 암묵지와 형식지의 특성 비교

구분	암묵지(Tacit Knowledge)	형식지(Explicit Knowledge)
정의	언어화하기 어려운 주관적 지식	체계화되고 전달 가능한 객관적 지식
특성	개인적, 경험 기반, 맥락 의존적	객관적, 체계적, 맥락 독립적
전달 방식	직접 경험, 관찰, 도제식 교육	문서, 매뉴얼, 데이터베이스
장점	창의성, 직관적 판단, 유연성	표준화, 신속 전파, 지속 활용
한계	전수 어려움, 개인 의존적	맥락 부족, 경직성
비즈니스 예시	베테랑 영업사원의 고객 응대 스킬	ERP 운영 매뉴얼, 작업 표준서
디지털화	어려움(AI, 전문가 시스템으로 일부 가능)	용이함(데이터베이스, 시스템 구축)

② 암묵지와 형식지의 상호작용 모델(SECI 모델)

노나카는 조직 내에서 지식이 창조되고 공유되는 과정을 4단계로 설명했다.

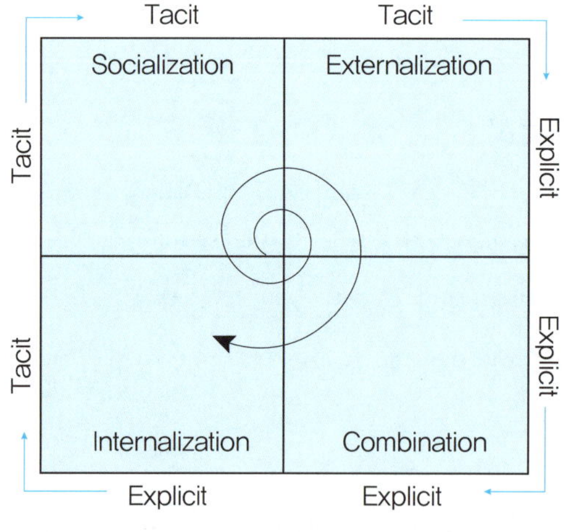

▲ 그림 2-1 SECI 모델

㉠ 공동화(Socialization): 암묵지→암묵지

- **과정:** 개인 간 직접적 경험과 관찰을 통한 암묵지 공유
- **방법:** 도제식 교육, OJT(On-the-Job Training), 멘토링
- **결과:** 공감적 지식(Sympathized Knowledge) 창출

㉡ 표출화(Externalization): 암묵지→형식지

- **과정:** 암묵지를 개념, 모델, 가설 등으로 형식화
- **방법:** 메타포, 유추, 개념화, 모델링
- **결과:** 개념적 지식(Conceptual Knowledge) 창출

㉢ 연결화(Combination): 형식지→형식지

- **과정:** 기존 형식지들을 결합하여 새로운 형식지 창출
- **방법:** 문서 정리, 데이터베이스 구축, 시스템 통합
- **결과:** 체계적 지식(Systemic Knowledge) 창출

㉣ 내면화(Internalization): 형식지→암묵지

- **과정:** 형식지를 개인이 체험을 통해 암묵지로 변환
- **방법:** 학습, 실습, 시뮬레이션, 반복 경험
- **결과:** 운영적 지식(Operational Knowledge) 창출

| 표 2-2 | SECI 모델의 지식 변환 과정

단계	변환 과정	방법	결과물	비즈니스 사례
공동화 (Socialization)	암묵지 → 암묵지	직접 경험, 관찰, 멘토링	공감적 지식	신입사원 OJT, 도제식 기술 전수
표출화 (Externalization)	암묵지 → 형식지	개념화, 모델링, 문서화	개념적 지식	업무 매뉴얼 작성, 베스트 프랙티스 정리
연결화 (Combination)	형식지 → 형식지	분류, 통합, 시스템화	체계적 지식	데이터베이스 구축, 지식관리시스템
내면화 (Internalization)	형식지 → 암묵지	학습, 실습, 반복 경험	운영적 지식	매뉴얼 학습 후 실무 적용

③ DIKW 피라미드

데이터가 가치 있는 통찰로 발전하는 과정을 4단계 계층으로 설명하는 모델이다. 시각화는 이 각 단계에서 데이터를 상위 단계로 변환하는 핵심적인 역할을 수행한다.

| 표 2-3 | DIKW 피라미드 적용 예시(온라인 쇼핑몰)

단계	정의	예시
Data	가공되지 않은 원시 사실	고객 ID 'C001', 상품 '운동화' 클릭, 체류시간 '180초'
Information	데이터에 맥락 부여	고객 'C001'은 '운동화' 페이지에서 3분간 머물렀다.
Knowledge	정보의 패턴화 및 일반화	'운동화' 페이지에서 2분 이상 머문 고객 그룹은 구매 전환율이 30% 더 높다.
Wisdom	지식을 바탕으로 한 원칙과 통찰	체류 시간을 기반으로 한 타깃 마케팅은 ROI를 높일 수 있으므로, 장기 체류 고객에게 할인 쿠폰을 발송하는 전략을 수립해야 한다.

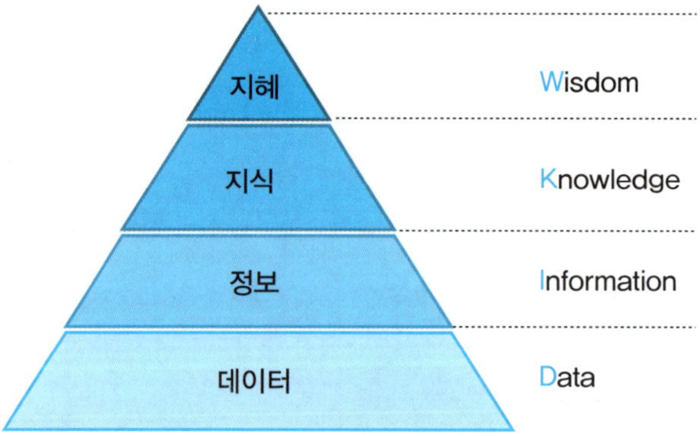

▲ 그림 2-2 DIKW 피라미드

★★★
출제포인트

데이터와 정보의 차이점, 그리고 DIKW 피라미드의 순서(데이터→정보→지식→지혜)는 가장 기본적이면서도 빈번하게 출제되는 개념이다.

1 데이터 형태에 따른 분류

| 표 2-4 | 데이터 형태별 특성 및 예시

구분	정의	특징	주요 예시
정형 데이터	미리 정의된 스키마에 따라 테이블 형태로 저장되는 데이터	구조적, SQL로 처리 용이	ERP/CRM 데이터, POS 거래 기록, 데이터베이스 테이블
반정형 데이터	고정된 스키마는 없지만, 데이터 내부에 구조를 설명하는 메타데이터(태그, 키-값 등)를 포함하는 데이터	유연한 구조, 웹 친화적	JSON, XML, HTML, 웹 로그
비정형 데이터	정해진 구조 없이 다양한 형태로 존재하는 데이터	비구조적, 전체 데이터의 80% 차지	이메일 본문, 소셜 미디어 게시글, 이미지, 동영상, 음성 파일

1) 정형 데이터(Structured Data)

① 정형 데이터의 개념

정형 데이터는 미리 정의된 스키마나 구조를 가지고 있어 행과 열로 구성된 테이블 형태로 저장되는 데이터이다. 정형 데이터는 관계형 데이터베이스에서 쉽게 처리되며 테이블 형태로 쉽게 처리된다.

㉠ 정형 데이터의 특성

- **구조화된 형태:** 행과 열의 명확한 테이블 구조
- **스키마 정의:** 미리 정의된 데이터 타입과 제약 조건
- **SQL 호환성:** 표준 SQL로 조회 및 조작 가능
- **분석 용이성:** 통계 분석과 BI 도구에 최적화

㉡ 정형 데이터의 실무 사례

- **ERP 시스템:** 재무, 인사, 생산 관리 데이터
- **CRM 데이터:** 고객 정보, 구매 이력, 상담 기록
- **POS 데이터:** 매출 거래, 상품 정보, 재고 현황
- **센서 데이터:** IoT 기기의 수치형 측정 데이터

② 정형 데이터 처리의 장점과 한계

    ㉠ 장점

- **빠른 검색**: 인덱스를 통한 고속 데이터 검색
- **데이터 무결성**: 제약 조건을 통한 품질 보장
- **표준화된 처리**: SQL 표준을 통한 일관된 처리
- **성능 최적화**: 관계형 DB의 최적화 기법 활용

    ㉡ 한계

- **구조 변경 어려움**: 스키마 변경 시 전체 시스템 영향
- **확장성 제약**: 대용량 데이터 처리 시 성능 한계
- **유연성 부족**: 비정형 데이터 처리가 어렵다.

2) 반정형 데이터(Semi-Structured Data)

① 반정형 데이터의 개념

반정형 데이터는 완전히 정형화되지는 않았지만 일정한 구조나 패턴을 가지고 있는 데이터이다. 주로 XML, HTML, JSON 등의 파일 형식으로 저장된다.

    ㉠ 반정형 데이터의 특성

- **유연한 스키마**: 구조가 고정되어 있지 않다.
- **메타데이터 포함**: 데이터 자체에 구조 정보 내장
- **중첩 구조**: 계층적이고 중첩된 데이터 구조
- **웹 친화적**: 웹 서비스와 API에서 주로 사용

    ㉡ 주요 반정형 데이터 형식

- JSON(JavaScript Object Notation)
  - 경량화된 데이터 교환 형식
  - REST API의 표준 응답 형식
  - NoSQL 데이터베이스에서 널리 사용
- XML(eXtensible Markup Language)
  - 태그 기반 마크업 언어
  - 웹 서비스와 시스템 간 데이터 교환
  - 스키마 검증을 통한 구조 검증 가능

- HTML(HyperText Markup Language)
  - 웹페이지 구조 정의 언어
  - 웹 스크래핑의 주요 대상
  - DOM 트리 구조로 파싱 가능

② 반정형 데이터의 실무 활용

㉠ API 데이터 교환

- **REST API:** JSON 형태의 요청/응답 데이터
- **GraphQL:** 유연한 쿼리와 응답 구조
- **웹 서비스:** XML 기반 SOAP 프로토콜

㉡ 설정 및 로그 데이터

- **애플리케이션 설정:** JSON, YAML 형태의 구성 파일
- **시스템 로그:** 구조화된 JSON 로그
- **모니터링 데이터:** 시스템 메트릭 및 이벤트 로그

3) 비정형 데이터(Unstructured Data)

① 비정형 데이터의 개념

비정형 데이터는 미리 정의된 데이터 모델이나 스키마가 없는 데이터로, 특정 스키마가 없는 NoSQL 데이터베이스에 주로 저장된다.

㉠ 비정형 데이터의 특성

- **자유로운 형태:** 고정된 구조나 형식이 없다.
- **다양한 포맷:** 텍스트, 이미지, 음성, 영상 등
- **대용량:** 전체 데이터의 약 80% 차지
- **맥락 의존적:** 의미 파악을 위해 맥락 분석 필요

㉡ 비정형 데이터의 주요 유형

- **텍스트 데이터:** 이메일, 문서, 소셜미디어, 고객 리뷰
- **이미지 데이터:** 사진, 그래픽, 의료 영상, 위성 이미지
- **음성 데이터:** 고객 상담 녹음, 음성 메모, 팟캐스트
- **영상 데이터:** 동영상 콘텐츠, CCTV, 화상회의 기록

② 비정형 데이터 처리 기술

㉠ 자연어 처리(NLP)

- **텍스트 전처리**: 토큰화, 정규화, 불용어 제거
- **감정 분석**: 긍정/부정/중립 감정 분류
- **주제 모델링**: LDA, BERT를 통한 주제 추출
- **개체명 인식**: 인명, 지명, 기관명 등 추출

㉡ 컴퓨터 비전

- **이미지 분류**: CNN을 통한 객체 인식
- **OCR**: 이미지 내 텍스트 추출
- **얼굴 인식**: 생체 인증 및 신원 확인
- **영상 분석**: 행동 인식, 장면 분할

| 표 2-5 | 데이터 형태별 특성 및 저장 방식 비교

구분	정형 데이터	반정형 데이터	비정형 데이터
구조	행과 열의 테이블 형태	태그/키-값 구조	자유로운 형태
스키마	고정된 스키마	유연한 스키마	스키마 없음
파일 형식	CSV, TSV, 데이터베이스	JSON, XML, HTML	TXT, DOC, JPG, MP4
저장소	RDBMS	NoSQL, 문서 DB	파일 시스템, 데이터 레이크
처리 도구	SQL, Excel	JSON/XML 파서	NLP, 컴퓨터 비전
분석 난이도	쉬움	보통	어려움
검색 방식	정확한 매칭	구조 기반 검색	의미 기반 검색

★★★
출제포인트

정형/반정형/비정형 데이터의 특징과 예시를 구분하는 문제가 자주 출제된다. 특히, XML, JSON, HTML 은 반정형 데이터의 대표적인 예시임을 반드시 기억해야 한다.

2 측정 척도에 따른 분류

① 범주형 데이터(Categorical Data)

데이터가 몇 개의 범주나 그룹으로 나뉘는 질적 특성을 가진다.

- **명목 척도(Nominal Scale)**: 단순 분류가 목적인 데이터로, 순서의 의미가 없다 (예 성별(남/여), 혈액형(A/B/O), 상품 카테고리).
- **서열 척도(Ordinal Scale)**: 순서나 등급의 의미를 가지지만, 값 사이의 간격이 균등하지는 않다(예 고객 등급(Gold/Silver), 만족도(상/중/하), 학점(A/B/C)).

② 수치형 데이터(Numerical Data)

㉠ 데이터가 숫자로 표현되며 양적 특성을 가진다.

- **이산형 데이터(Discrete Data)**: 셀 수 있는 정수 값을 가진다(예 직원 수, 불량품 개수, 페이지 조회수).
- **연속형 데이터(Continuous Data)**: 특정 범위 내에서 어떤 값이든 가질 수 있다(예 키, 몸무게, 온도, 매출액).

㉡ 수치형 데이터는 다시 측정 기준에 따라 구간 척도와 비율 척도로 나뉜다.

- **구간 척도(Interval Scale)**: 순서와 간격의 의미를 모두 가지지만, 절대적인 0점(Absolute Zero)이 존재하지 않아 비율 계산이 불가능하다(예 온도(섭씨 0도는 온도가 없다는 의미가 아님), IQ 지수).
- **비율 척도(Ratio Scale)**: 절대적인 0점이 존재하여 모든 사칙연산과 비율 계산이 가능하다. 대부분의 비즈니스 데이터가 여기에 속한다(예 매출액, 나이, 무게, 방문 횟수).

| 표 2-6 | 데이터 유형별 특성 및 분석 방법

분류 기준	데이터 유형	특성	분석 방법	비즈니스 예시
측정 척도	명목척도	단순 분류, 순서 의미 없음	빈도 분석, 교차 분석	성별, 부서명, 브랜드
	서열척도	순서 의미, 간격 의미 없음	순위 분석, 중앙값	고객등급, 만족도 등급
	구간척도	간격 의미, 절대 영점 없음	평균, 표준편차	온도, 만족도 점수
	비율척도	절대 영점, 모든 연산 가능	모든 통계 분석	매출액, 직원 수, 시간
연속성	이산형	셀 수 있는 정수값	확률질량함수	고객 수, 주문 건수
	연속형	무한한 값, 중간값 존재	확률밀도함수	체중, 온도, 매출액

❸ 실무 관점의 데이터 분류

1) 시간적 특성에 따른 분류

① 날짜 데이터의 이중적 특성

㉠ 개념

날짜 데이터는 실무에서 분석 목적에 따라 연속형 데이터와 이산형(범주형) 데이터로 다르게 취급되는 특수한 데이터이다. 동일한 데이터라도 어떤 관점으로 바라보느냐에 따라 분석 방법과 얻을 수 있는 인사이트가 완전히 달라진다.

㉡ 연속형 데이터로 취급하는 경우 시간의 흐름이나 기간 자체에 의미를 부여하여 분석할 때 연속형으로 간주한다.

- 주요 활용 분야
  - **시계열 분석:** 시간의 흐름에 따른 트렌드, 계절성, 주기성 등을 파악한다(예 일별 매출 추이, 월별 신규 가입자 수 변화).
  - **기간 계산:** 두 시점 간의 간격을 계산하여 고객 생애주기, 프로젝트 소요 기간, 제품 사용 기간 등을 분석한다.
  - **생존 분석:** 특정 이벤트(예 고객 이탈, 제품 고장)가 발생하기까지 걸리는 시간을 분석한다.
- 실무 예시: 고객 가입일 데이터 활용
  - **연속형 관점:** 가입일로부터 현재까지 경과한 일수를 계산하여 '고객 활동 기간'이라는 연속형 변수를 생성한다.
  - **분석:** 활동 기간이 긴 고객일수록 고객생애가치(CLV)가 높다는 관계를 파악하고, 장기 고객 유지를 위한 전략을 수립한다.
    a. 2025-01-01 가입→24일 경과→초기 고객 그룹
    b. 2024-06-15 가입→224일 경과→충성 고객 그룹

㉢ 이산형(범주형) 데이터로 취급하는 경우 날짜 데이터를 특정 시점이나 구간을 나타내는 범주로 나누어 분석할 때 이산형으로 간주한다.

- 주요 활용 분야
  - **그룹별 집계:** 요일별, 월별, 분기별, 시간대별로 데이터를 그룹화하여 특성을 비교 분석한다.
  - **패턴 분석:** 특정 시점(예 주말, 공휴일, 특정 이벤트 기간)의 행동 패턴을 파악한다.
  - **분류 모델 활용:** 특정 시간대를 범주형 변수로 사용하여 고객의 구매 확률 등을 예측한다.

- 실무 예시: 주문 시간 데이터 활용
  - **이산형 관점**: 주문 시간을 의미 있는 시간대로 범주화한다.
    a. 오전(09:00–12:00): 직장인들의 커피 주문 집중
    b. 점심(12:00–14:00): 점심 식사 배달 주문 급증
    c. 저녁(18:00–21:00): 1인 가구의 저녁 식사 및 야식 주문
  - 분석: 시간대별로 잘 팔리는 메뉴가 다르다는 패턴을 발견하고, 시간대별 맞춤 프로모션을 기획한다.

② 위치 데이터의 실무 활용

㉠ GPS 좌표

- **데이터(연속형/범주형 활용)**: GPS 좌표(위도, 경도)는 그 자체로는 연속형 숫자 데이터이지만, 분석 목적에 따라 다양하게 활용된다.
  - **연속형 활용**: 좌표 간의 유클리드 거리를 계산하여 물리적인 거리를 측정한다(예 배송 최적화를 위한 최단 경로 탐색, 가장 가까운 매장 안내).
  - **범주형 활용**: 좌표를 특정 행정구역(예 강남구, 서초구)이나 상권(예 강남역 상권, 홍대 상권)으로 변환하여 지역별 특성을 분석한다.
  - 실무 사례
    a. **O2O 마케팅**: 특정 상권에 진입한 사용자에게 위치 기반 맞춤형 할인 쿠폰을 발송한다.
    b. **매장 입지 분석**: 특정 지역의 유동인구 밀도와 고객 분포를 분석하여 신규 매장 입지를 선정한다.

㉡ 주소 데이터(계층적 분류)

주소 데이터는 시/도, 시/군/구, 동/면/읍 등 명확한 계층 구조를 가진 범주형 데이터이다.

- 계층적 구조의 예시: "서울특별시 강남구 역삼동 123–45"
  - 1단계 분류: 시/도(서울특별시)
  - 2단계 분류: 시/군/구(강남구)
  - 3단계 분류: 동/면/읍(역삼동)
  - 최종 식별자: 상세주소(123–45)
- 실무 활용
  - **지역별 매출 분석**: 각 계층 수준별로 매출을 집계하여 어떤 지역의 성과가 좋은지 파악한다.
  - **배송 권역 설정**: 물류 효율성을 위해 배송 가능 권역과 배송비를 차등적으로 설정한다.

– **지역 타깃 마케팅**: 특정 지역의 인구통계학적 특성을 고려하여 지역 맞춤형
마케팅 전략을 수립한다.

2) 수집 방식에 따른 분류

① 내부 데이터 vs 외부 데이터

㉠ 내부 데이터(Internal Data)

기업이 자체적인 비즈니스 활동을 통해 직접 생성하고 수집하는 데이터이다.

- 특성
  - **통제 가능성**: 데이터의 생성과 수집 과정을 완전히 통제할 수 있어 구조와 형식을
    표준화하기 용이하다.
  - **높은 신뢰성**: 데이터의 출처가 명확하고 정확성이 비교적 높다.
  - **접근 용이성**: 기업 내부 시스템에 저장되어 있어 접근이 용이하다.
- 실무 사례
  - **거래 데이터**: POS, ERP 시스템의 매출, 구매, 재고 기록
  - **고객 데이터**: CRM 시스템의 고객 정보, 구매 이력, 상담 기록
  - **행동 데이터**: 웹/앱 로그, 클릭 스트림, 페이지 이동 경로
  - **인사 데이터**: 직원 정보, 근태 기록, 성과 평가, 교육 이력

㉡ 외부 데이터(External Data)

기업 외부의 다양한 소스로부터 수집하는 데이터로, 내부 데이터만으로는 파악하기
어려운 시장 환경과 고객에 대한 폭넓은 시야를 제공한다.

- 특성
  - **다양성 및 규모**: 다양한 소스와 형태로 존재하며, 내부 데이터보다 훨씬 방대한
    규모의 데이터에 접근할 수 있다.
  - **시장 동향 파악**: 시장 트렌드, 경쟁사 동향, 고객의 인식 등 외부 환경 변화를
    실시간으로 파악할 수 있다.
  - **객관성**: 기업 내부의 편향에서 벗어난 외부의 객관적인 시각을 제공한다.
- 실무 사례
  - **시장 데이터**: 산업 보고서, 경쟁사 정보, 주가, 환율 등 거시경제 지표
  - **소셜 데이터**: SNS 게시물, 블로그, 온라인 커뮤니티의 고객 리뷰 및 평판
  - **공공 데이터**: 정부 및 공공기관이 제공하는 인구 통계, 날씨, 교통, 지리 정보
  - **파트너 데이터**: 제휴사로부터 제공받는 데이터

1 빅데이터의 특징

① 빅데이터의 3V

빅데이터는 기존 데이터 처리 방식으로는 다루기 어려운 거대한 데이터 집합으로, 일반적으로 3가지 특징(3V)을 가진다.

- **크기(Volume)**: 데이터의 물리적인 양(테라바이트, 페타바이트 단위)
- **속도(Velocity)**: 데이터가 생성되고 처리되는 속도(실시간 스트리밍)
- **다양성(Variety)**: 정형, 반정형, 비정형 등 다양한 형태의 데이터를 포함한다.

② 확장된 특징(5V)

3V에 더해 데이터의 가치와 신뢰성을 설명하기 위해 2가지 특징이 추가되었다.

- **정확성(Veracity)**: 데이터의 품질과 신뢰성. '쓰레기를 넣으면 쓰레기가 나온다'는 원칙과 직결된다.
- **가치(Value)**: 데이터 분석을 통해 창출되는 최종적인 비즈니스 가치. 빅데이터 분석의 궁극적인 목표이다.

| 표 2-7 | 빅데이터의 3V와 5V 특성 비교

특성	내용	기술적 과제	비즈니스 의미	해결 기술
Volume (크기)	테라바이트 ~ 엑사바이트 규모	대용량 저장 및 처리	전체 모집단 분석 가능	Hadoop, 분산 파일 시스템
Velocity (속도)	실시간/준실시간 처리	스트리밍 데이터 처리	즉시 의사결정 지원	Kafka, Storm, Spark Streaming
Variety (다양성)	정형/반정형/비정형 혼재	이기종 데이터 통합	다각도 분석 관점	NoSQL, 데이터 레이크
Veracity (정확성)	데이터 품질과 신뢰성	노이즈 제거, 품질 검증	신뢰할 수 있는 분석	데이터 검증, 정제 알고리즘
Value (가치)	비즈니스 가치 창출	의미 있는 패턴 발견	ROI와 경쟁우위 확보	데이터 마이닝, 머신러닝

② 빅데이터 출현 배경과 기술 트렌드

1) 빅데이터 등장의 기술적 동인

① 하드웨어 기술 발전

○ 저장장치 가격 하락

- **변화:** HDD 1GB당 가격이 1990년 1만 달러→2020년 0.03달러
- **영향:** 대용량 데이터 저장 비용 급격히 감소
- **무어의 법칙:** 반도체 집적도 18개월마다 2배씩 증가

○ 처리 능력 향상

- **CPU 성능:** 멀티코어, 병렬처리 기술 발달
- **GPU 활용:** 그래픽 처리 장치의 대규모 병렬 연산 활용
- **분산 컴퓨팅:** 클러스터 기반 대용량 데이터 처리

② 네트워크 기술 발전

○ 인터넷 보급 확산

- **전 세계 인터넷 사용자:** 1995년 1600만 명→2023년 51억 명
- **브로드밴드 보급:** 고속 인터넷 인프라 구축
- **5G 상용화:** 초고속, 초저지연, 초연결 네트워크

○ 클라우드 컴퓨팅

- **서비스 모델:** IaaS, PaaS, SaaS 형태로 IT 자원 제공
- **확장성:** 필요에 따른 컴퓨팅 자원 탄력적 확장
- **비용 효율성:** 초기 투자 없이 사용한 만큼 비용 지불

③ 모바일 및 IoT 시대

○ 모바일 디바이스 확산

- **스마트폰 보급률:** 전 세계 68% 돌파(2023년 기준)
- **앱 생태계:** 24시간 연결된 사용자 행동 데이터 생성
- **위치 기반 서비스:** GPS 데이터를 통한 이동 패턴 분석

○ 사물인터넷(IoT) 확산

- **연결 기기 수:** 2023년 153억 개→2030년 290억 개 예상
- **센서 데이터:** 온도, 습도, 압력, 진동 등 실시간 수집
- **산업 IoT:** 제조업, 물류, 에너지 분야의 스마트 팩토리

2) 빅데이터와 인공지능의 융합

① AI 기술 발전의 데이터 의존성

㉠ 머신러닝과 빅데이터

- **학습 데이터:** 대량의 학습 데이터가 모델 성능 결정
- **딥러닝:** 신경망 깊이 증가로 더 많은 데이터 필요
- **전이 학습:** 사전 훈련된 모델을 새로운 도메인에 적용

㉡ 자연어 처리(NLP)

- **대화형 AI:** ChatGPT, Bard 등 대화형 인공지능
- **텍스트 마이닝:** 소셜미디어, 리뷰, 뉴스 등 텍스트 데이터 분석
- **번역 서비스:** 다국어 대화 데이터를 활용한 자동 번역

② 비즈니스 응용 분야

㉠ 추천 시스템

- **협업 필터링:** 유사 고객의 구매 패턴 기반 추천
- **콘텐츠 기반:** 상품/콘텐츠 속성 기반 추천
- **하이브리드:** 여러 기법을 결합한 정교한 추천

㉡ 예측 분석

- **수요 예측:** 과거 판매 데이터 기반 미래 수요 예측
- **이탈 예측:** 고객 행동 패턴 분석을 통한 이탈 가능성 예측
- **장비 고장 예측:** 센서 데이터를 활용한 예지 보전

3 빅데이터 활용과 작동원리

1) 산업별 빅데이터 활용 현황

① 제조업 분야

㉠ 스마트 팩토리

- **생산 최적화:** 실시간 생산 데이터 분석을 통한 효율성 개선
- **품질 관리:** 센서 데이터를 활용한 불량품 사전 감지
- **예지 보전:** 장비 상태 모니터링을 통한 고장 예방

ⓛ 공급망 관리

- **재고 최적화**: 수요 예측 기반 적정 재고 수준 유지
- **물류 효율화**: 배송 경로 최적화, 창고 운영 효율성 개선
- **리스크 관리**: 공급업체 리스크 모니터링 및 대응

② 소매유통 분야

ⓘ 고객 분석

- **구매 패턴 분석**: RFM 분석을 통한 고객 세분화
- **장바구니 분석**: 연관 상품 분석을 통한 교차 판매
- **개인화 마케팅**: 개별 고객 맞춤형 상품 추천 및 프로모션

ⓛ 운영 최적화

- **가격 최적화**: 수요 탄력성 분석을 통한 동적 가격 결정
- **진열 최적화**: 고객 동선 분석을 통한 매장 레이아웃 개선
- **재고 관리**: 계절성, 트렌드를 고려한 발주량 최적화

③ 금융 분야

ⓘ 위험 관리

- **신용 평가**: 대안 데이터를 활용한 정교한 신용 스코어링
- **사기 탐지**: 실시간 거래 패턴 분석을 통한 이상 거래 감지
- **시장 리스크**: 빅데이터를 활용한 포트폴리오 리스크 측정

ⓛ 고객 서비스

- **로보 어드바이저**: 개별 투자자 성향 분석을 통한 자산 배분
- **보험 상품 개발**: 행동 데이터 기반 개인화된 보험 상품
- **챗봇 서비스**: 자연어 처리를 통한 24시간 고객 상담

④ 서비스 분야

ⓘ 헬스케어

- **개인 맞춤 의료**: 유전자, 생체 데이터 기반 정밀 의료
- **신약 개발**: 생물정보학 데이터를 활용한 신약 후보 물질 발견
- **웨어러블 헬스케어**: 실시간 건강 모니터링 및 건강 관리

ⓒ 교통/물류

- **교통 최적화:** 실시간 교통 데이터 기반 경로 안내
- **자율주행:** 센서 데이터, 지도 데이터를 활용한 자율주행 기술
- **물류 네트워크:** 배송 데이터 분석을 통한 물류 네트워크 최적화

2) 빅데이터 작동원리와 처리 과정

① 데이터 처리 파이프라인

ㄱ 1단계: 수집(Collection)

- **데이터 소스:** 내부 시스템, 외부 API, 웹 크롤링, IoT 센서
- **수집 방식:** 배치 처리, 실시간 스트리밍, 하이브리드
- **수집 도구:** Kafka, Flume, Logstash, AWS Kinesis

ㄴ 2단계: 저장 및 관리(Storage & Management)

- **저장 방식:** 분산 파일 시스템(HDFS), NoSQL, 데이터 레이크
- **데이터 거버넌스:** 메타데이터 관리, 데이터 품질, 보안
- **저장 도구:** Hadoop, MongoDB, Cassandra, Amazon S3

ㄷ 3단계: 분석(Analysis)

- **분석 유형:** 기술적/진단적/예측적/처방적 분석
- **분석 기법:** 통계 분석, 머신러닝, 딥러닝, 자연어 처리
- **분석 도구:** Spark, TensorFlow, PyTorch, R, Python

ㄹ 4단계: 의사결정(Decision Making)

- **시각화:** 대시보드, 차트, 인포그래픽을 통한 인사이트 전달
- **자동화:** 규칙 기반 또는 AI 기반 자동 의사결정
- **피드백:** 의사결정 결과를 다시 데이터로 수집하여 학습

② 최신 기술 트렌드

ㄱ 엣지 컴퓨팅

- **개념:** 데이터 생성 지점 근처에서 실시간 처리
- **장점:** 지연시간 감소, 네트워크 부하 감소, 개인정보 보호
- **활용:** 자율주행차, 스마트 시티, 산업 IoT

ⓛ 연합 학습(Federated Learning)

- **개념**: 데이터를 중앙으로 모으지 않고 분산된 상태에서 학습
- **장점**: 개인정보 보호, 통신 비용 절약, 로컬 데이터 활용
- **활용**: 모바일 키보드 예측, 의료 데이터 분석

ⓒ AutoML(Automated Machine Learning)

- **개념**: 머신러닝 모델 개발 과정의 자동화
- **기능**: 특성 선택, 모델 선택, 하이퍼파라미터 튜닝 자동화
- **의의**: 비전문가도 머신러닝 모델 구축 가능

3) 빅데이터의 가치 산정과 과제

① 가치 산정의 어려움

ⓐ 무형 자산의 특성

- **측정 어려움**: 전통적 회계 기준으로는 가치 측정 곤란
- **맥락 의존성**: 사용 목적과 상황에 따라 가치 변동
- **시간적 변화**: 데이터의 신선도에 따른 가치 감소

ⓑ ROI 측정의 복잡성

- **간접 효과**: 매출 증대, 비용 절감 등의 간접적 기여
- **장기적 효과**: 투자 대비 효과가 장기간에 걸쳐 나타난다.
- **정성적 가치**: 브랜드 이미지, 고객 만족도 등을 정량화하기 힘들다.

② 주요 과제와 해결 방안

ⓐ 개인정보보호

- **과제**: GDPR, 개인정보보호법 등 규제 강화
- **해결**: 익명화, 가명처리, 차등 프라이버시 기술 적용
- **균형**: 데이터 활용과 개인정보보호의 균형점 모색

ⓑ 데이터 품질 관리

- **과제**: 노이즈, 결측치, 편향된 데이터로 인한 분석 오류
- **해결**: 데이터 검증, 정제, 표준화 프로세스 구축
- **거버넌스**: 전사적 데이터 품질 관리 체계 수립

4 기초통계와 탐색적 데이터 분석

1) 통계의 기본 개념

① 통계학의 정의와 분류

㉠ 통계학의 정의

통계학은 데이터를 수집, 정리, 분석하여 데이터에 내재된 특성과 패턴을 파악하고, 불확실한 현상에 대하여 과학적인 결론을 이끌어내는 학문이다. 크게 기술통계와 추론통계로 나뉜다.

㉡ 통계학의 분류

- 기술통계(Descriptive Statistics)
  - **목적**: 수집된 데이터의 특성을 있는 그대로 요약하고 기술하여 데이터의 전체적인 모습을 쉽게 파악하는 데 중점을 둔다.
  - **방법**: 평균, 분산, 분포, 그래프 등
  - **범위**: 분석 대상인 데이터 집합(표본)에만 국한되며, 이를 넘어서는 일반화된 해석을 하지 않는다.
  - **예시**: "이번 달 우리 매장을 방문한 고객의 평균 구매액은 15만 원이다."
- 추론통계(Inferential Statistics)
  - **목적**: 표본(Sample) 데이터를 분석하여 그 결과를 바탕으로 더 큰 모집단(Population)의 특성을 과학적으로 추론하고 예측하는 데 중점을 둔다.
  - **방법**: 가설검정, 신뢰구간 추정, 회귀분석 등
  - **범위**: 관찰된 표본을 넘어 관찰되지 않은 모집단 전체에 대한 결론을 이끌어낸다.
  - **예시**: "표본 조사 결과, 우리나라 20대 전체의 90%가 해당 브랜드를 인지하고 있을 것으로 추정된다."

② 기초통계량의 이해

㉠ 중심경향성 측도: 데이터의 중심은 어디인가?

- **평균(Mean)**: 모든 관측치를 더해 개수로 나눈 값이다. 가장 일반적으로 사용되지만, 극단적인 값(이상값)에 큰 영향을 받는 단점이 있다.
  - NULL 값 처리: 계산 시 NULL 값은 제외된다. 예를 들어 데이터가 10, 20, NULL, 30, NULL일 경우, 유효한 데이터는 3개이므로 평균은(10+20+30)/3 =20이 된다. 이는 값이 0인 것과는 명백히 다르다.
- **중앙값(Median)**: 데이터를 크기순으로 정렬했을 때 정확히 가운데에 위치하는 값이다. 데이터 개수가 짝수일 경우 가운데 두 값의 평균을 사용한다. 이상값의

영향을 받지 않아, 소득 분포나 부동산 가격처럼 분포가 한쪽으로 치우친 데이터의 대푯값으로 더 적합하다.

- **최빈값(Mode)**: 데이터에서 가장 빈번하게 나타나는 값이다. 범주형 데이터의 대푯값으로 주로 사용되며, 여러 개 존재할 수도 있다. 정규분포에서는 평균, 중앙값, 최빈값이 모두 일치한다.

ⓛ 산포도 측도: 데이터는 얼마나 흩어져 있는가?

- **범위(Range)**: 최댓값에서 최솟값을 뺀 값이다.
- **분산(Variance)**: 각 데이터가 평균으로부터 떨어진 거리(편차)의 제곱의 평균이다.
- **표준편차(Standard Deviation)**: 분산에 제곱근을 취한 값으로, 원래 데이터와 단위가 같아 해석이 용이하다.
- **실무 활용 예시**: 두 팀의 평균 급여가 400만 원으로 동일하더라도, A팀의 표준편차가 79만 원이고 B팀의 표준편차가 245만 원이라면, B팀의 급여 격차가 훨씬 크고 분배가 불균등하다고 해석할 수 있다.

| 표 2-8 | 기초통계량 활용 가이드

통계량	용도	강점	약점	실무 활용 예시
평균	전체 수준 파악, 대푯값	직관적 이해, 모든 데이터 반영	극단적인 값 (이상값)에 민감	고객 평균 구매액, 평균 체류 시간
중앙값	왜곡된 분포의 대푯값	이상값에 강건(Robust)	분포의 양 끝 정보 손실	가구 소득, 주택 가격 중앙값
최빈값	가장 일반적 값, 인기 항목 파악	범주형 데이터에 적용 가능	값이 여러 개일 수 있음	가장 많이 팔린 상품, 인기 검색어
표준편차	데이터의 변동성, 안정성 측정	평균과 단위가 같아 해석 용이	이상값에 영향을 받음	금융 상품의 위험(변동성) 측정, 제품 품질 관리

2) EDA 개념과 절차

① EDA 개념과 절차

ㄱ EDA(Exploratory Data Analysis)

탐색적 데이터 분석은 본격적인 모델링에 앞서, 다양한 시각화와 기초통계 기법을 통해 데이터를 여러 각도에서 관찰하고 이해하는 과정이다. 데이터 속에 숨겨진 구조, 패턴, 이상 현상 등을 발견하고 분석의 방향성을 설정하는 데 목적이 있다.

ⓛ EDA 절차

- **데이터 개요 파악**: 데이터의 크기, 변수 유형, 결측치 비율 등을 확인하고 각 변수의 기본 통계량을 계산한다.
- **단변량 분석**: 히스토그램, 상자 그림 등을 통해 개별 변수의 분포와 이상값을 탐지한다.
- **다변량 분석**: 산점도, 상관행렬 등을 통해 변수 간의 관계를 파악한다.
- **인사이트 도출 및 가설 생성**: 발견된 패턴을 비즈니스 관점에서 해석하고, 추후 검증할 가설을 설정한다.

② 결측치와 이상치

ⓐ 결측치(Missing Value)

- 결측치란 데이터셋에서 값이 누락된 것을 의미한다. 결측은 발생 원인에 따라 완전히 무작위로 발생하는 MCAR, 다른 변수와 연관되어 발생하는 MAR, 결측된 값 자체와 관련 있는 MNAR 등으로 나뉜다.
- 처리 방법
  - **제거(Listwise Deletion)**: 결측치가 포함된 행을 삭제한다. 간단하지만 데이터 손실이 크다.
  - **평균/중앙값 대체(Mean/Median Imputation)**: 결측치를 해당 열의 평균이나 중앙값으로 대체한다. 데이터 손실은 없지만, 분산을 과소추정하는 단점이 있다.
  - **회귀 대체(Regression Imputation)**: 다른 변수와의 관계를 이용해 회귀 모델로 결측치를 예측한다.
  - **다중 대체(Multiple Imputation)**: 여러 번의 대체를 통해 불확실성을 반영하는 통계적으로 가장 정교한 방법이다.

ⓑ 이상치(Outlier)

- 탐지 방법
  - **통계적 방법**: Z-점수나 IQR(사분위수 범위) 규칙을 이용하여 통계적으로 벗어난 값을 찾는다.
  - **시각적 방법**: 상자 그림(Box Plot)에서 수염 바깥쪽에 표시되는 점들을 통해 직관적으로 확인한다.
- 처리 방법
  - 명백한 오류인 경우 제거하거나, 변환(로그 변환 등)을 통해 영향을 완화하거나, 이상값 자체를 중요한 분석 대상으로 삼기도 한다.

3) 확률과 가설검정

① 가설검정(Hypothesis Testing)의 이해

㉠ 가설의 설정

추론통계의 핵심은 가설검정이다. 이는 표본 데이터를 근거로 모집단에 대한 어떤 가설이 맞는지 통계적으로 판단하는 과정이다.

- 귀무가설(Null Hypothesis, H_0)
  - 연구자가 부정하고자 하는 기존의 사실이나 통념에 해당하는 가설이다. "차이가 없다", "효과가 없다"와 같이 보수적인 입장을 취한다.
  - **예시:** "새로운 광고 캠페인은 매출에 아무런 영향을 미치지 않는다."
- 대립가설(Alternative Hypothesis, H_1 또는 H_a)
  - 연구자가 새롭게 주장하고 입증하고자 하는 가설이다. "차이가 있다", "효과가 있다"와 같이 귀무가설과 반대되는 내용을 담는다.
  - **예시:** "새로운 광고 캠페인은 매출을 증가시키는 효과가 있다."

㉡ 판단의 기준: 유의수준과 p-value

- 유의수준(Significance Level, α)
  - 귀무가설을 기각하는 판단의 기준이 되는 확률 값이다. 연구자가 직접 설정하며, 보통 0.05(5%) 또는 0.01(1%)을 사용한다. 유의수준 0.05는, 100번 중 5번 정도는 우연히 일어날 수 있는 희귀한 경우를 의미하며, 이보다 더 희귀한 결과가 관찰되면 귀무가설이 틀렸다고 판단하겠다는 기준선이다.
- p-value(유의확률, Probability Value)
  - 귀무가설이 사실이라고 가정했을 때, 우리가 관찰한 표본 데이터와 같거나 더 극단적인 결과가 나타날 확률이다. 즉, p-value는 현재의 데이터가 얼마나 희귀하게 나타난 것인지를 보여주는 값이다.
  - 판단
    a. **p-value $\leq \alpha$:** 관찰된 결과가 우연히 발생했다고 보기에는 너무 희귀하므로, 귀무가설을 기각하고 대립가설을 채택한다("통계적으로 유의미한 차이가 있다.").
    b. **p-value $> \alpha$:** 관찰된 결과가 우연히 발생할 수 있는 충분한 가능성이 있으므로, 귀무가설을 기각할 근거가 부족하다("통계적으로 유의미한 차이가 있다고 말할 수 없다.").

㉢ 가설검정의 오류

통계적 판단은 확률에 기반하므로 항상 오류의 가능성을 내포한다.

- 제1종 오류(Type I Error, α 오류)
  - **정의**: 귀무가설이 실제로 참인데도 불구하고, 그것을 기각하는 오류이다.
  - **의미**: "효과가 없는데, 효과가 있다고 잘못 판단하는 것"
  - **예시**: 실제로는 효과 없는 신약을 효과가 있다고 판단하여 출시하는 경우. 생산자 위험(Producer's Risk)이라고도 한다. 제1종 오류를 범할 최대 허용 확률이 바로 유의수준(α)이다.
- 제2종 오류(Type II Error, β 오류)
  - **정의**: 귀무가설이 실제로 거짓인데도 불구하고, 그것을 기각하지 못하는 오류이다.
  - **의미**: "효과가 있는데, 효과가 없다고 잘못 판단하는 것"
  - **예시**: 실제로는 효과 있는 신약을 효과가 없다고 판단하여 개발을 중단하는 경우 소비자 위험(Consumer's Risk)이라고도 한다.

★★★
출제포인트

귀무가설과 대립가설의 개념을 이해하고, p-value와 유의수준(α)을 비교하여 귀무가설을 기각하는 판단 과정을 아는 것이 핵심이다. 또한, 제1종 오류와 제2종 오류의 정의와 차이점을 명확히 구분할 수 있어야 한다.

② 확률분포의 이해

㉠ 확률분포란 무엇인가?

확률분포는 어떤 확률 변수가 가질 수 있는 모든 값과, 그 값이 나타날 확률을 나타낸 지도 또는 함수이다. 즉, 앞으로 일어날 수 있는 다양한 시나리오에 대한 청사진이라고 할 수 있다. 비즈니스에서는 미래의 불확실한 수요, 고객 행동, 사건 발생 가능성 등을 예측하고 대비하기 위해 다양한 확률분포 모델을 활용한다.

㉡ 이산확률분포

셀 수 있는 사건들의 이야기 확률 변수가 동전의 앞면 개수, 고객 방문 수처럼 딱딱 끊어지는 정수 값을 가지는 경우의 분포이다.

- 베르누이 분포(Bernoulli Distribution)
  - **핵심 개념**: 단 한 번의 시도에서 결과가 '성공' 또는 '실패' 두 가지 중 하나로만 나오는 경우의 분포로, 모든 확률분포의 가장 기본적인 출발점이다.
  - **비유**: 동전 던지기(앞면 또는 뒷면)

- 비즈니스 사례

  a. 한 명의 고객에게 보낸 이메일을 '열어본다(성공)' 또는 '열어보지 않는다(실패)'.

  b. 웹사이트 방문자가 특정 버튼을 '클릭한다(성공)' 또는 '클릭하지 않는다(실패)'.

  c. A/B 테스트에서 각 버전의 성공 여부를 판단하는 기초가 된다.

- 이항 분포(Binomial Distribution)
  - **핵심 개념:** 베르누이 시행(성공/실패)을 정해진 횟수(n)만큼 반복했을 때, '성공'이 총 몇 번(k)이나 나올지에 대한 분포
  - **비유:** 동전을 10번 던졌을 때, 앞면이 3번 나올 확률은?
  - 비즈니스 사례

    a. 100명의 고객에게 할인 쿠폰을 발송했을 때, 쿠폰을 사용할 고객이 20명일 확률은? (품질 관리에서 불량품 개수 예측)

    b. 마케팅 캠페인의 성공률을 예측하고, 목표 달성을 위해 필요한 최소한의 시도 횟수를 계산하는 데 활용된다.

- 포아송 분포(Poisson Distribution)
  - **핵심 개념:** 정해진 시간이나 공간 단위 안에서, 특정 사건이 평균적으로 몇 번 발생하는지를 알고 있을 때, 실제로는 몇 번 발생할지에 대한 확률 분포. 사건이 서로 독립적이고, 발생 확률이 매우 낮을 때(드문 사건) 잘 맞는다.
  - **비유:** 1시간 동안 평균 5개의 별똥별이 떨어진다고 할 때, 앞으로 1시간 동안 별똥별을 하나도 못 볼 확률은?
  - 비즈니스 사례

    a. **재고 관리:** 하루 평균 3개가 팔리는 고가 상품이 품절되지 않으려면 최소 몇 개의 재고를 유지해야 하는가?

    b. **인력 관리:** 특정 시간대에 평균 10통의 고객 문의 전화가 온다고 할 때, 고객이 기다리지 않게 하려면 최소 몇 명의 상담원을 배치해야 하는가?

    c. **리스크 관리:** 한 달 평균 2건의 서버 장애가 발생한다고 할 때, 다음 달에 5건 이상의 심각한 장애가 발생할 확률은?

ⓒ 연속확률분포

셀 수 없는 값들의 이야기 확률 변수가 키, 몸무게, 시간처럼 특정 범위 내에서 어떤 값이든 가질 수 있는 경우의 분포이다.

- 정규 분포(Normal Distribution)
  - **핵심 개념:** 자연계와 사회 현상에서 가장 흔하게 관찰되는 분포로, 평균값을 중심으로 좌우가 대칭적인 종 모양을 가진다. '평균의 법칙'이라고도 불린다.

- **비유:** 대한민국 성인 남성의 평균 키를 중심으로 키가 큰 사람과 작은 사람이 대칭적으로 분포하는 모습
- 비즈니스 사례

  a. **품질 관리(QC):** 생산된 제품의 무게나 길이가 평균을 중심으로 얼마나 고르게 분포하는지를 측정하여 품질의 일관성을 관리한다.

  b. **성과 평가:** 직원들의 성과 점수가 평균을 중심으로 어떻게 분포하는지를 파악하여 상대평가 제도의 기준으로 삼는다.

  c. **재무 분석:** 주식 수익률의 분포가 정규분포를 따른다고 가정하고 금융 상품의 위험을 측정한다.

- 균등 분포(Uniform Distribution)
  - **핵심 개념:** 특정 범위 내의 모든 값들이 나타날 확률이 동일한 분포
  - **비유:** 주사위를 던졌을 때 1부터 6까지의 각 숫자가 나올 확률이 모두 1/6로 동일한 것
  - 비즈니스 사례

    a. **시뮬레이션:** 특정 값에 대한 정보가 전혀 없을 때, 모든 가능성이 동일하다고 가정하고 시뮬레이션을 실행할 때 사용된다(**예** 신제품 가격에 대한 고객 반응을 0~100% 사이에서 균등하게 발생한다고 가정).

    b. **무작위 샘플링:** 데이터에서 편향 없이 무작위로 샘플을 추출할 때 내부적으로 사용된다.

- 지수 분포(Exponential Distribution)
  - **핵심 개념:** 포아송 분포와 짝을 이루는 분포로, 어떤 사건이 처음 발생하기까지 걸리는 '대기 시간'에 대한 확률을 나타낸다. 시간이 지날수록 사건이 발생할 확률은 급격히 줄어든다.
  - **비유:** 버스를 기다릴 때, 5분 안에 버스가 올 확률은 높지만, 30분 넘게 기다려야 할 확률은 낮은 것
  - 비즈니스 사례

    a. **신뢰성 공학:** 특정 부품이나 제품의 수명을 예측하고 보증 기간을 설정하는 데 사용된다(**예** 이 LED 전구의 수명이 10,000시간 이상일 확률은?).

    b. **고객 서비스:** 고객이 콜센터에 전화해서 상담원과 연결되기까지 기다리는 시간을 분석하여 서비스 수준을 평가하고 개선한다.

    c. **대기열 이론:** 은행 창구나 계산대에서 고객이 서비스를 받기 위해 기다리는 시간을 모델링하여 최적의 창구 수를 결정한다.

평균, 중앙값, 최빈값의 개념과 특징을 비교하는 문제가 출제된다. 또한, 각 확률분포의 핵심 개념과 대표적인 비즈니스 활용 사례를 연결하여 이해해야 한다.

04 데이터 수집 기술

1 외부 데이터 수집

1) 웹 스크래핑(Web Scraping)과 API 활용

① 웹에서 데이터 가져오기

㉠ 웹 스크래핑(Web Scraping)의 개념

웹 스크래핑은 특정 소프트웨어를 이용해 웹사이트의 HTML 문서로부터 원하는 정보를 자동으로 추출하여 구조화된 데이터로 변환하는 기술이다. 웹 크롤링(Web Crawling)이 여러 웹페이지를 돌아다니며 링크를 수집하는 과정이라면, 웹 스크래핑은 특정 페이지에서 데이터를 '긁어오는' 행위에 더 초점을 맞춘다.

- 웹 스크래핑 프로세스
  - **HTTP 요청:** 목표 웹페이지에 접속하여 HTML 소스 코드를 요청한다.
  - **HTML 파싱:** 응답받은 HTML 문서를 프로그램이 이해할 수 있는 트리 구조(DOM Tree)로 분석한다.
  - **데이터 추출:** CSS 선택자(Selector)나 XPath와 같은 규칙을 사용하여 원하는 정보가 담긴 특정 요소를 정확히 찾아낸다.
  - **데이터 저장:** 추출한 데이터를 CSV, JSON, 데이터베이스 등 분석하기 용이한 형태로 저장한다.
- 실무 활용 사례
  - **경쟁사 모니터링:** 경쟁사 웹사이트의 상품 가격, 신제품 정보, 프로모션 활동을 주기적으로 수집하여 시장 동향을 파악한다.
  - **여론 및 트렌드 분석:** 뉴스 기사, 온라인 커뮤니티 게시글을 수집하여 특정 이슈에 대한 여론이나 최신 트렌드를 분석한다.

ⓒ API(Application Programming Interface) 활용

API는 특정 프로그램의 기능이나 데이터를 다른 프로그램이 정해진 규칙에 따라 쉽게 접근하고 사용할 수 있도록 미리 만들어 놓은 통신 규약이다. 많은 기업과 기관들이 자사의 데이터를 API 형태로 외부에 제공하며, 웹 스크래핑보다 훨씬 안정적이고 합법적으로 데이터를 수집할 수 있는 방법이다.

- API 활용의 장점
  - **안정성:** 제공자가 보장하는 규칙에 따라 데이터를 요청하므로, 웹사이트 구조 변경에 영향을 받지 않고 안정적으로 데이터를 수집할 수 있다.
  - **효율성:** 필요한 데이터만 정제된 형태(주로 JSON)로 받을 수 있어 추가적인 파싱 작업이 줄어든다.
  - **합법성:** 데이터 제공자가 허용한 범위 내에서 데이터를 활용하므로 법적 문제가 발생할 소지가 적다.

② 데이터 수집 시 고려사항

㉠ 법적 및 윤리적 제약사항

- **robots.txt 확인:** 웹사이트의 루트 디렉토리에 위치한 robots.txt 파일은 해당 사이트가 허용하는 웹 크롤러의 접근 범위와 규칙을 명시한다. 데이터를 수집하기 전 반드시 이를 확인하고 준수해야 한다.
- **이용약관 및 저작권:** 각 웹사이트의 이용약관에서 데이터의 상업적 이용이나 재배포를 금지하는 경우가 많으므로, 수집한 데이터의 저작권과 이용 권한을 명확히 확인해야 한다.
- **개인정보보호:** 웹사이트에서 개인을 식별할 수 있는 정보를 수집할 때는 개인정보보호법 등 관련 법규를 반드시 준수해야 한다.

㉡ 기술적 고려사항

- **서버 부하 최소화:** 과도하고 짧은 간격의 요청은 대상 서버에 심각한 부하를 주어 서비스 장애를 유발할 수 있다. 적절한 요청 간격(Time Sleep)을 설정해야 한다.
- **동적 콘텐츠 처리:** 최근 웹사이트는 사용자의 행동에 따라 JavaScript가 페이지 내용을 동적으로 생성하는 경우가 많다. 이런 경우 Selenium과 같은 브라우저 자동화 도구를 사용하여 실제 사용자가 보는 화면을 렌더링한 후 데이터를 수집해야 한다.
- **안티 스크래핑(Anti-Scraping) 대응:** 많은 웹사이트들이 비정상적인 트래픽을 막기 위해 CAPTCHA, IP 차단, 로그인 요구 등의 방어 시스템을 갖추고 있다. 이를 우회하기 위한 기술적 대응이 필요할 수 있다.

2) 소셜미디어 버즈 데이터 분석

① 고객의 목소리 듣기

㉠ 버즈(Buzz)

데이터의 가치 버즈 데이터는 소셜미디어, 블로그, 온라인 커뮤니티 등에서 소비자들이 특정 브랜드, 제품, 서비스에 대해 자발적으로 생성하는 모든 데이터를 의미한다. 필터링되지 않은 고객의 생생한 목소리(VOC: Voice of Customer)를 실시간으로 파악할 수 있어 매우 중요한 외부 데이터 소스로 활용된다.

- 버즈 데이터의 특성
  - **실시간성**: 특정 이슈나 이벤트에 대한 고객 반응과 시장 트렌드를 거의 실시간으로 파악할 수 있다.
  - **자발성**: 설문조사와 달리, 고객의 꾸밈없는 진솔한 의견, 감정, 경험이 담겨 있다.
  - **확산성**: 정보의 확산 속도와 경로를 추적하여 입소문(WOM: Word-of-Mouth)과 바이럴 효과를 측정할 수 있다.

㉡ 주요 분석 기법

- **감정 분석(Sentiment Analysis)**: 텍스트에 나타난 의견의 긍정, 부정, 중립적인 감성 톤을 분석한다. 이를 통해 브랜드에 대한 전반적인 평판을 파악하고, 부정적인 이슈 발생 시 조기 대응이 가능하다.
- **토픽 모델링(Topic Modeling)**: 대량의 텍스트 데이터에서 숨겨진 핵심 주제들을 자동으로 찾아내는 기법이다. 고객들이 주로 무엇에 대해 이야기하는지(예 '가격', '디자인', '배송', 'A/S')를 파악하여 제품 및 서비스 개선 포인트를 도출할 수 있다.

3) 검색 트렌드 데이터 분석

① 고객의 관심사 예측하기

㉠ 검색 데이터의 활용

가치 검색 트렌드 데이터는 사용자들이 검색 엔진에서 입력하는 특정 키워드의 검색량 변화를 분석한 데이터로, 시장의 수요와 대중의 관심사를 가장 명확하게 보여주는 선행 지표이다.

- 주요 검색 트렌드 분석 도구
  - **Google Trends**: 전 세계 사용자를 대상으로 특정 키워드의 검색량 변화 추이를 시계열 그래프로 보여준다.
  - **네이버 데이터랩**: 국내 시장에 특화되어 있으며, 특정 분야별, 지역별, 성별/연령별 상세한 검색 트렌드 분석이 가능하다.

ⓒ 실무 활용 전략

- 마케팅 전략 수립
  - **콘텐츠 기획**: 특정 시기에 검색량이 급증하는 키워드를 파악하여 관련 블로그 포스트, 유튜브 영상 등 시의성 있는 콘텐츠를 기획한다.
  - **광고 캠페인 최적화**: 제품 관련 키워드의 검색량이 증가하는 시점에 맞춰 광고 예산을 집중적으로 집행하여 효율을 극대화한다.
- 수요 예측
  - **신제품 수요 예측**: 출시 전 신제품과 관련된 키워드의 검색량 변화를 통해 시장의 초기 반응과 잠재 수요를 예측한다.
  - **위기 관리**: 브랜드나 제품에 대한 부정적인 키워드의 검색량이 급증할 경우, 위기 상황을 조기에 감지하고 신속하게 대응 전략을 수립한다.

2 내부 데이터 수집

① 로그 데이터(Log Data)

로그 데이터는 시스템이나 애플리케이션에서 발생하는 모든 이벤트와 활동을 시간 순서대로 기록한 데이터이다. 사용자의 디지털 발자국으로, 행동 패턴을 이해하는 데 가장 중요한 내부 데이터이다.

- **웹/앱 로그 데이터**: 사용자가 어떤 페이지를 언제, 어떤 경로로 방문했는지, 무엇을 클릭했는지 등에 대한 모든 기록을 포함한다.
- **주요 분석 솔루션**: 구글 애널리틱스 4(GA4)는 대표적인 웹/앱 로그 분석 도구로, 사용자 유입 경로, 페이지별 체류 시간, 이탈률, 이벤트 기반의 사용자 행동 등을 추적하여 마케팅 성과를 측정하고 서비스 개선점을 찾는 데 활용된다.

② 퍼널 분석

- **퍼널 분석(Funnel Analysis)**: 사용자가 회원가입이나 구매와 같은 특정 목표에 도달하기까지 거치는 단계를 정의하고, 단계별 전환율과 이탈률을 분석한다. 어느 단계에서 사용자가 가장 많이 이탈하는지를 파악하여 서비스 개선점을 찾을 수 있다.
- **사용자 경로 분석(User Path Analysis)**: 사용자들이 서비스 내에서 어떤 순서로 페이지를 이동하는지 경로를 추적하여, 사용자의 주요 탐색 패턴이나 비정상적인 이동 경로를 발견한다.

02 데이터 저장과 관리

학|습|목|표

1. 자료의 계층 구조를 이해하고, 파일 시스템의 유형별 특성과 한계를 설명할 수 있다.
2. 데이터베이스 관리 시스템(DBMS)의 등장 배경과 장점을 이해하고, 3단계 스키마 구조를 구분할 수 있다.
3. 관계형 데이터베이스의 핵심 구성요소와 키(Key) 시스템, 부모–자식 관계를 이해하고 SQL을 활용할 수 있다.
4. 클라우드 환경을 이해하고, 데이터 웨어하우스, 스타 스키마, NoSQL 데이터베이스의 특징과 필요성을 설명할 수 있다.

01 파일 시스템에서 데이터베이스로

1 자료의 계층구조

① 데이터의 구성 단위

컴퓨터 시스템에서 데이터는 물리적인 신호인 비트(Bit)에서부터 시작하여, 사용자가 의미를 부여하고 활용하는 데이터베이스(Database)에 이르기까지 체계적인 계층 구조를 형성한다. 이 구조는 데이터가 어떻게 조직되고 정보로 변환되는지에 대한 근본적인 이해를 제공한다.

| 표 2–10 | 자료의 계층 구조

단위	설명	비유
비트(Bit)	데이터 표현의 최소 단위(0 또는 1)	전구의 '꺼짐'과 '켜짐' 상태
바이트(Byte)	8개의 비트가 모여 구성된 단위 하나의 문자를 표현	여러 전구가 모여 글자 'A'를 표현
필드(Field)	특정 의미를 나타내는 데이터 항목. DB의 열(Column)	엑셀 표의 한 칸(예 '이름' 칸)
레코드(Record)	관련된 필드들의 논리적인 집합. DB의 행(Row)	엑셀 표의 한 줄(한 사람의 정보)

단위	설명	비유
파일(File)	동일한 구조를 가진 레코드들의 집합	엑셀 시트 하나('고객 명단' 시트)
데이터베이스 (DB)	연관된 파일(테이블)들의 체계적인 통합 집합	여러 시트가 연결된 엑셀 파일 전체

2 파일 시스템의 유형과 한계

① 파일 시스템(File System)의 개념과 종류

파일 시스템은 운영체제가 저장장치에서 파일을 관리하는 규칙과 구조를 의미한다. 데이터베이스 등장 이전에는 모든 데이터가 파일 시스템을 통해 관리되었으며, 다양한 종류(예 FAT, NTFS)가 있다.

- FAT(File Allocation Table): 초창기 MS-DOS와 Windows에서 사용되던 단순한 구조의 파일 시스템으로, 호환성이 좋지만 대용량 파일이나 보안에 취약하다.
- NTFS(New Technology File System): 현대 Windows 운영체제의 표준 파일 시스템으로, 대용량 파일 지원, 보안, 압축, 암호화 등 고급 기능을 제공한다.

② 파일 시스템의 근본적인 문제점

파일 시스템은 각 응용 프로그램이 자신만의 파일을 독립적으로 소유하고 관리하는 구조적 한계로 인해, 데이터 관리의 비효율성과 위험성을 내포하고 있다. 이는 DBMS가 등장하게 된 결정적인 배경이 된다.

- 데이터 종속성(Data Dependency): 응용 프로그램이 데이터의 물리적 저장 구조에 완전히 의존하는 문제이다. 파일 구조가 바뀌면 응용 프로그램을 모두 수정해야 한다.
- 데이터 중복성(Data Redundancy): 동일한 데이터가 여러 파일에 중복되어 저장되어 저장 공간을 낭비하고, 데이터 불일치 문제를 야기한다.
  - 예시: 인사팀의 직원.xlsx 파일과 재무팀의 급여.xlsx 파일에 '김민지' 직원의 주소와 부서 정보가 각각 저장되어 있는 경우
- 데이터 불일치(Data Inconsistency): 중복된 데이터 간의 값이 서로 일치하지 않는 상태가 발생하여 데이터의 신뢰성을 심각하게 저하시킨다.

– 예시: '김민지' 직원이 마케팅팀으로 부서를 옮겼을 때, 인사팀 파일은 수정했지만 재무팀 파일은 수정하지 않아 두 파일의 부서 정보가 달라지는 경우

02 데이터베이스 관리 시스템(DBMS)

1 DBMS의 등장과 장점

① DBMS(Database Management System)의 정의

DBMS는 파일 시스템의 고질적인 문제점(데이터 종속성, 중복성, 불일치)을 해결하고, 조직의 모든 데이터를 통합하여 관리하는 강력한 소프트웨어 시스템이다. 사용자와 데이터베이스 사이에서 중재자 역할을 하며, 데이터의 생성, 조회, 변경, 삭제 등 모든 접근을 제어하고 관리한다. Oracle, MySQL, SQL Server 등이 대표적인 DBMS 제품이다.

② DBMS 도입의 핵심 장점

- **데이터 독립성 확보**: 데이터의 구조가 변경되어도 응용 프로그램은 영향을 받지 않는다.
- **데이터 중복의 최소화 및 일관성/무결성 유지**: 데이터를 한곳에 통합 관리하여 중복을 방지하고, 트랜잭션 관리를 통해 데이터의 정확성을 보장한다.
- **데이터 공유 및 보안 강화**: 여러 사용자가 동시에 데이터를 공유하며, 사용자별로 세밀한 접근 권한 제어가 가능하다.

2 데이터베이스 3단계 구조와 데이터 독립성

① 데이터베이스 3단계 스키마 구조

스키마(Schema)는 데이터베이스의 구조와 제약 조건에 대한 명세를 기술한 것이다. DBMS는 사용자의 관점, 조직의 관점, 물리적 저장 장치의 관점에 따라 3단계의 스키마 구조를 가진다.

- **외부 스키마(External Schema)**: 개별 사용자나 응용 프로그램이 바라보는 데이터의 모습
- **개념 스키마(Conceptual Schema)**: 조직 전체의 관점에서 통합하여 정의한 데이터베이스의 전체적인 논리적 구조

- **내부 스키마(Internal Schema)**: 데이터가 물리적 저장 장치(디스크)에 실제로 어떻게 저장되는지를 기술하는 구조

② 데이터 독립성

- **논리적 데이터 독립성**: 개념 스키마가 변경되어도 외부 스키마(응용 프로그램)에 영향을 주지 않는 능력
- **물리적 데이터 독립성**: 내부 스키마가 변경되어도 개념 스키마와 응용 프로그램에 영향을 주지 않는 능력

③ DBMS의 내부 구성

① DBMS의 주요 모듈

DBMS는 사용자의 요청을 처리하고 데이터를 관리하기 위해 여러 모듈이 유기적으로 작동한다.

- **질의처리기(Query Processor)**: 사용자의 SQL 쿼리를 해석하고, 최적의 실행 계획을 수립하여 데이터에 접근한다.
- **저장 데이터 관리자(Stored Data Manager)**: 디스크에 저장된 데이터베이스와 데이터 딕셔너리에 접근하고 관리하는 역할을 한다. OS의 파일 관리자와 협력하여 데이터를 디스크에 저장하고 검색한다.
- **트랜잭션 관리자(Transaction Manager)**: 트랜잭션의 ACID 속성을 보장하고, 동시성 제어를 통해 여러 사용자가 동시에 접근할 때 데이터의 일관성을 유지한다.

② 데이터 딕셔너리(Data Dictionary)

데이터베이스에 저장된 모든 데이터 객체에 대한 정보를 담고 있는 '데이터에 대한 데이터', 즉 메타데이터(Metadata)를 저장하고 관리하는 시스템 데이터베이스이다. 시스템 카탈로그(System Catalog)라고도 불린다.

③ 트랜잭션(Transaction)

데이터베이스의 상태를 변화시키기 위해 수행되는 하나의 논리적 작업 단위를 의미한다(예 계좌 이체). 트랜잭션은 원자성(Atomicity), 일관성(Consistency), 고립성(Isolation), 지속성(Durability)이라는 ACID 특성을 보장하여 데이터의 무결성을 유지한다. DBMS의 동시성 제어(Concurrency Control) 기능은 여러 트랜잭션이 동시에 실행될 때에도 데이터베이스의 일관성이 깨지지 않도록 관리한다.

1 관계형 모델의 핵심 구성요소

① 관계형 데이터베이스(RDBMS)의 기본 구조

관계형 데이터베이스는 모든 데이터를 2차원의 테이블(Table) 형태로 표현하는 가장 널리 사용되는 데이터 모델이다.

- **릴레이션(Relation)**: 행과 열로 구성된 2차원 테이블
- **속성(Attribute)**: 릴레이션의 열(Column)
- **튜플(Tuple)**: 릴레이션의 행(Row)
- **도메인(Domain)**: 하나의 속성이 가질 수 있는 모든 허용 가능한 값들의 집합

2 데이터베이스 키[Key] 시스템과의 관계

① 키(Key)의 역할과 종류

키(Key)는 릴레이션에서 특정 튜플을 고유하게 식별하거나 다른 릴레이션과의 관계를 설정하는 데 사용되는 하나 이상의 속성 집합이다.

- **슈퍼키(Super Key)**: 튜플을 고유하게 식별할 수 있는 모든 속성 집합
- **후보키(Candidate Key)**: 튜플을 고유하게 식별할 수 있는 속성의 최소 집합
- **기본키(PK: Primary Key)**: 후보키 중에서 선택된 단 하나의 대표 키. NULL 값을 가질 수 없고, 중복될 수 없다.
- **외래키(FK: Foreign Key)**: 한 릴레이션의 속성이 다른 릴레이션의 기본키를 참조하는 키

② 부모-자식 관계와 참조 무결성

기본키와 외래키는 두 테이블 간에 부모-자식 관계를 형성한다.

- **부모 테이블**: 기본키를 제공하는 테이블(예 고객 테이블)
- **자식 테이블**: 외래키를 통해 부모 테이블을 참조하는 테이블(예 주문 테이블)

고객 테이블의 '고객ID'는 기본키(PK)이고, 주문 테이블의 '고객ID'는 이를 참조하는 외래키(FK)이다. 이때, 자식 테이블(주문)의 외래키 값은 반드시 부모 테이블(고객)에 존재하는 기본키 값이거나 NULL이어야 한다. 이를 참조 무결성 제약조건이라 한다. 즉, 존재하지 않는 고객(부모)의 주문(자식)이 생성될 수 없도록 보장하는 것이다.

③ 참조 무결성 옵션

참조 무결성의 핵심은 부모 테이블의 데이터가 변경(UPDATE)되거나 삭제(DELETE)될 때, 이를 참조하고 있는 자식 테이블의 데이터를 어떻게 처리할지를 결정하는 것이다. DBMS는 이를 위해 다음과 같은 옵션을 제공한다.

| 표 2-11 | 참조 무결성 옵션과 동작 방식

옵션	설명	예시: 고객 'C001'이 탈퇴하여 고객 테이블에서 삭제될 때
RESTRICT (제한)	자식 테이블에서 참조하고 있는 데이터가 있으면, 부모 테이블의 데이터 변경/삭제 작업을 거부한다(기본 동작).	주문 테이블에 'C001' 고객의 주문 기록(O01, O03)이 남아 있으므로, 'C001' 고객 정보 삭제가 실패한다.
CASCADE (연쇄)	부모 테이블의 데이터가 변경/삭제되면, 이를 참조하는 자식 테이블의 데이터도 함께 변경/삭제된다.	'C001' 고객 정보가 삭제되면서, 주문 테이블에 있던 'C001' 고객의 모든 주문 기록(O01, O03)도 함께 자동으로 삭제된다.
SET NULL (널 설정)	부모 테이블의 데이터가 변경/삭제되면, 이를 참조하는 자식 테이블의 외래키 값을 NULL로 설정한다(단, 해당 외래키 컬럼이 NULL을 허용해야 함).	'C001' 고객 정보가 삭제되면서, 주문 테이블에 있던 'C001' 고객의 주문 기록(O01, O03)의 '고객ID' 값이 NULL로 변경된다(비회원 주문처럼 처리).
SET DEFAULT (기본값 설정)	부모 테이블의 데이터가 변경/삭제되면, 이를 참조하는 자식 테이블의 외래키 값을 미리 지정된 기본값(Default)으로 설정한다.	'C001' 고객 정보가 삭제되면서, 주문 테이블에 있던 'C001' 고객의 주문 기록(O01, O03)의 '고객ID' 값이 미리 설정된 'D999'(탈퇴 고객) 등으로 변경된다.

• 예시 테이블: 고객 테이블(부모)

고객ID(PK)	고객명
C001	김민지
C002	김철수

• 주문 테이블(자식)

고객ID(FK)	주문번호	상품명
C001	O01	노트북
C002	O02	모니터
C001	O03	마우스

③ SQL의 세 가지 언어: DDL, DML, DCL

① SQL(Structured Query Language)의 개요

SQL은 관계형 데이터베이스와 소통하기 위한 표준 언어로, 그 기능에 따라 크게 세 가지로 나뉜다.

| 표 2-12 | SQL의 종류와 주요 명령어

구분	명칭	역할	주요 명령어
DDL	데이터 정의 언어	데이터베이스의 구조를 생성, 수정, 삭제	CREATE, ALTER, DROP
DML	데이터 조작 언어	테이블의 데이터를 삽입, 조회, 수정, 삭제	SELECT, INSERT, UPDATE, DELETE, TRUNCATE
DCL	데이터 제어 언어	데이터에 대한 접근 권한을 부여하거나 회수	GRANT, REVOKE

② SQL 명령어 예시

- CREATE TABLE 고객(...); : '고객' 테이블을 생성한다.
- INSERT INTO 고객(...) VALUES(...); : '고객' 테이블에 새로운 데이터를 삽입한다.
- UPDATE 고객 SET ... WHERE ...; : 특정 조건에 맞는 데이터의 값을 수정한다.
- DELETE FROM 고객 WHERE ...; : 특정 조건에 맞는 행을 삭제한다.
- TRUNCATE TABLE 고객; : 테이블의 모든 행을 매우 빠르게 삭제하는 명령어로, 롤백(복구)이 불가능하다.

④ SQL을 이용한 데이터 병합[JOIN]

① 조인(JOIN)을 통한 데이터 결합

조인은 여러 테이블에 분산된 데이터를 공통된 속성을 기준으로 결합하여 통합된 정보를 추출하는 핵심 기능이다.

| 표 2-13 | JOIN 예시를 위한 테이블

고객 테이블(왼쪽)		주문 테이블(오른쪽)		
고객ID	고객명	주문번호	고객ID	상품명
C001	김민지	O01	C001	노트북
C002	김철수	O02	C002	모니터
C003	이영희	O03	C001	마우스
		O04	C004	비회원주문

| 표 2-14 | SQL JOIN 유형별 실행 결과 비교

JOIN 유형	설명	실행 결과	
내부 조인(INNER JOIN)	두 테이블에서 조인 조건(고객ID일치)을 만족하는 행만 결합한다(교집합).	**고객명**	**상품명**
		김민지	노트북
		김민지	마우스
		김철수	모니터
왼쪽 외부 조인(LEFT JOIN)	왼쪽 테이블(고객)의 모든 행을 포함한다. 일치하는 오른쪽 테이블 행이 없으면 NULL로 표시된다.	**고객명**	**상품명**
		김민지	노트북
		김민지	마우스
		김철수	모니터
		이영희	NULL
오른쪽 외부 조인(RIGHT JOIN)	오른쪽 테이블(주문)의 모든 행을 포함한다. 일치하는 왼쪽 테이블 행이 없으면 NULL로 표시된다.	**고객명**	**상품명**
		김민지	노트북
		김철수	모니터
		김민지	마우스
		NULL	비회원주문
완전 외부 조인(FULL JOIN)	양쪽 테이블의 모든 행을 포함한다. 조인 조건이 일치하지 않는 행은 상대편 열을 NULL로 표시한다(합집합).	**고객명**	**상품명**
		김민지	노트북
		김민지	마우스
		김철수	모니터
		이영희	NULL
		NULL	비회원주문

INNER JOIN과 OUTER JOIN(특히 LEFT JOIN)의 차이점을 명확히 이해하는 것이 핵심이다. 조인 조건이 일치하는 데이터만 보여주는지(INNER), 아니면 한쪽의 데이터를 모두 보여주면서 일치하지 않는 부분은 NULL로 처리하는지(OUTER)를 예시 테이블을 통해 구분할 수 있어야 한다.

5 데이터베이스 설계와 성능

① 데이터베이스 설계

데이터베이스 설계는 요구사항 분석→개념적 설계(ERD)→논리적 설계(테이블 명세)→물리적 설계(저장 구조)의 단계를 거친다.

② 인덱스(Index)

인덱스는 데이터베이스 테이블에 대한 검색(SELECT) 속도를 향상시키기 위한 자료구조이다. 책의 맨 뒤에 있는 '찾아보기'와 같은 역할을 한다. 데이터 변경(INSERT, UPDATE, DELETE) 시 인덱스도 함께 수정되어야 하므로 쓰기 성능이 저하될 수 있다.

04 차세대 데이터베이스와 분석 시스템

1 클라우드 컴퓨팅과 데이터 환경의 변화

① 클라우드 컴퓨팅의 개념

클라우드 컴퓨팅은 인터넷을 통해 서버, 스토리지, 데이터베이스, 네트워크, 소프트웨어 등 IT 리소스를 필요할 때마다 빌려 쓰고 사용한 만큼 비용을 지불하는 서비스이다. 기업이 자체적으로 데이터 센터나 서버를 구축하고 운영하는 온프레미스(On-premise) 방식과 대비된다.

② 클라우드 환경의 장점

- **탄력성 및 확장성**: 비즈니스 요구에 따라 컴퓨팅 자원을 몇 분 만에 늘리거나 줄일 수 있다.
- **비용 효율성**: 막대한 초기 하드웨어 투자 비용 없이, 사용한 만큼만 지불(Pay-as-you-go)하여 비용을 최적화할 수 있다.
- **관리 용이성**: 클라우드 제공업체(AWS, Azure, GCP 등)가 인프라 유지보수를 책임지므로, 기업은 핵심 비즈니스에 더 집중할 수 있다.

클라우드의 등장은 빅데이터를 저장하고 처리하는 방식에 혁신을 가져왔으며, NoSQL 데이터베이스와 데이터 레이크의 확산을 가속화했다.

② 분산 데이터베이스와 NoSQL

① 분산 데이터베이스

논리적으로는 하나지만, 물리적으로는 네트워크를 통해 연결된 여러 컴퓨터에 분산되어 있는 데이터베이스이다. 중앙집중식 데이터베이스에 비해 높은 신뢰성과 확장성을 가진다.

② NoSQL(Not Only SQL)의 등장

빅데이터 시대가 도래하면서, 엄격한 스키마와 수직적 확장(Scale-up)에 의존하는 관계형 데이터베이스(RDBMS)는 비정형 데이터 처리와 대규모 확장에 한계를 보였다. NoSQL은 이러한 한계를 극복하기 위해 등장한 비관계형 데이터베이스 시스템을 총칭한다.

| 표 2-15 | RDBMS와 NoSQL의 핵심 차이점

구분	RDBMS	NoSQL
데이터 모델	엄격한 테이블 스키마(정형 데이터)	유연한 데이터 모델(비정형/반정형 데이터)
확장성	수직적 확장(Scale-up)	수평적 확장(Scale-out)
일관성	강력한 일관성 보장(ACID)	최종적 일관성 추구(BASE)

③ NoSQL 데이터베이스의 유형

- **Key-Value Store**: 가장 단순한 형태로, '키'와 '값'의 쌍으로만 데이터를 저장한다(예 Redis).
- **Document Store**: 데이터를 JSON이나 BSON과 같은 문서 형태로 저장한다. 가장 범용적으로 사용된다(예 MongoDB).
- **Column-Family Store**: 행 단위가 아닌 열 단위로 데이터를 저장하여 대용량 데이터 처리에 강점을 보인다(예 Cassandra).
- **Graph Store**: 데이터를 노드와 엣지로 구성된 그래프 형태로 저장하여 관계 분석에 최적화되어 있다(예 Neo4j).

③ 분석 목적에 따른 데이터 저장소

① 데이터 웨어하우스(DW: Data Warehouse)

의사결정 지원을 목적으로, 다양한 운영 시스템에서 추출된 데이터를 주제 중심적으로 통합하여 저장하는 대규모 분석용 저장소이다. 대량의 데이터를 읽고 집계하는 OLAP 쿼리 성능에 최적화되어 있다.

② 데이터 마트(Data Mart)

데이터 웨어하우스의 작은 버전으로, 특정 부서나 특정 주제에 초점을 맞춘 소규모 분석용 저장소이다.

③ 데이터 레이크(Data Lake)

정형, 반정형, 비정형 등 모든 형태의 데이터를 원시(Raw) 상태 그대로 저장하는 거대한 중앙 저장소이다. 데이터 저장 시점에 스키마를 정의하지 않고(Schema-on-Read), 분석 시점에 필요한 형태로 데이터를 가공한다.

★★★
출제포인트

데이터베이스(운영), 데이터 웨어하우스(전사 분석), 데이터 마트(부서 분석), 데이터 레이크(탐색 분석)의 각기 다른 목적과 특징을 명확히 구분하는 것이 중요하다. 특히 데이터 웨어하우스와 데이터베이스의 차이점은 빈번하게 출제된다.

03 데이터 처리와 분석

학 | 습 | 목 | 표

1. ETL 프로세스의 3단계를 이해하고, 데이터 파이프라인의 역할을 설명할 수 있다.
2. 데이터 정제 과정의 중요성을 이해하고, 결측값과 이상값을 처리하는 다양한 방법을 설명할 수 있다.
3. 데이터 변환 기법(정규화, 표준화, 스케일링)의 차이점을 이해하고, 샘플링의 종류를 구분할 수 있다.
4. 데이터 마이닝의 주요 기법(분류, 군집, 연관분석, 회귀)을 구분하고, 각 기법의 비즈니스 활용 사례를 제시할 수 있다.
5. 탐색적 데이터 분석(EDA)의 목적을 이해하고, 통계적 가설 검정의 기본 개념을 설명할 수 있다.

01 데이터 전처리와 품질 관리

1 데이터 전처리의 중요성

① 데이터 전처리(Data Preprocessing)

데이터 전처리는 수집된 원시 데이터(Raw Data)를 분석 목적에 적합한 형태로 가공하고 정제하는 모든 과정을 의미한다. 실제 데이터 분석 프로젝트에서 전체 시간의 60~80%를 차지할 만큼 가장 많은 노력이 투입되는 단계이지만, 분석 결과의 품질을 결정하는 가장 중요한 과정이기도 하다. "Garbage In, Garbage Out(GIGO)"이라는 말처럼, 품질이 낮은 데이터를 분석에 사용하면 아무리 뛰어난 분석 기법을 적용하더라도 신뢰할 수 없는 결과를 얻을 수밖에 없다. 따라서 데이터 전처리는 성공적인 데이터 분석의 초석이라 할 수 있다.

② 데이터 전처리의 주요 목표

- **데이터 품질 향상:** 데이터의 정확성, 완전성, 일관성을 높여 분석 결과의 신뢰도를 확보한다.
- **분석 모델 성능 최적화:** 분석 알고리즘이 데이터에서 패턴을 더 잘 학습하고 예측할 수 있도록 데이터의 형태를 변환한다.
- **분석 효율성 증대:** 불필요한 데이터를 제거하고 구조를 최적화하여 분석에 소요되는 시간과 자원을 절약한다.

② 데이터 정제(Data Cleaning)

① 개념

데이터 정제는 데이터 집합에 포함된 불완전하거나(결측값), 부정확하거나(이상값), 관련 없는(데이터 오류) 부분을 식별하고 수정하거나 제거하는 과정이다. 데이터 품질을 확보하기 위한 가장 기본적인 활동이다.

② 결측값(Missing Value/NULL)

처리 결측값은 데이터 수집 과정에서 누락되거나 기록되지 않은 값을 의미하며, 분석 결과에 심각한 왜곡을 초래할 수 있다.

| 표 2–16 | 결측값 처리 방법 비교

처리 방법	설명	장점	단점
제거 (Deletion)	결측값이 포함된 행(튜플)이나 열(속성) 전체를 삭제하는 방법	적용이 매우 간편하다.	귀중한 정보가 함께 손실될 수 있으며, 데이터의 양이 크게 줄어들어 분석의 대표성을 해칠 수 있다.
단순 대치법 (Imputation)	결측값을 통계적으로 계산된 특정 값(평균, 중앙값, 최빈값 등)으로 대체하는 방법	데이터 손실 없이 모든 데이터를 활용할 수 있다.	데이터의 실제 분산을 과소평가하여 변수 간의 상관관계를 왜곡시킬 수 있다.
고급 대치법 (Imputation)	통계적 모델(회귀, KNN 등)을 이용하여 결측값을 예측하고 대체하는 방법	단순 대치법보다 더 정교하고 정확한 값을 추정할 수 있다.	계산이 복잡하고, 다른 변수와의 관계가 명확하지 않으면 성능이 떨어진다.

- 예시: 고객의 '나이' 데이터에 결측값이 있을 경우,
  - **제거**: 해당 고객의 모든 정보를 분석에서 제외한다.
  - **평균 대치**: 전체 고객의 평균 나이인 '35세'로 결측값을 채운다.
  - **회귀 대치**: '가입 기간', '총 구매액' 등 다른 변수와의 관계를 모델링하여 해당 고객의 나이를 '32세'로 예측하여 채운다.

③ 이상값(Outlier) 처리

이상값은 다른 데이터와 비교해 비정상적으로 극단적인 값을 의미한다. 측정 오류일 수도 있지만, 비즈니스적으로 매우 중요한 신호(예 사기 거래, VIP 고객의 초고액 구매)일 수도 있어 원인을 파악하고 신중하게 접근해야 한다.

- 탐지 방법
  - **통계적 기법:** 사분위수 범위(IQR)를 이용하거나, 표준편차를 기준으로 정상 범위를 설정하고 벗어나는 값을 탐지한다(예 평균 $\pm$ 3σ를 벗어나는 값).
  - **시각적 기법:** 상자 그림(Box Plot)이나 산점도(Scatter Plot)를 통해 시각적으로 다른 데이터와 동떨어진 값을 확인한다.
- 처리 방법
  - **제거:** 명백한 입력 오류나 측정 오류로 판단될 경우 제거한다.
  - **대체:** 해당 값을 결측치로 간주하고 대치법을 적용하거나, 정상 범위의 최댓값/최솟값으로 조정(Capping 또는 Winsorizing)한다.
  - **변환:** 로그 변환(Log Transformation) 등을 통해 데이터의 분포를 조정하여 이상값의 영향을 줄인다.
  - **별도 분석:** 이상값 자체를 중요한 이벤트로 간주하고, 해당 데이터만 따로 모아 분석한다(예 금융 사기 탐지, 시스템 장애 예측).

★★★

출제포인트

결측치와 이상값을 처리하는 다양한 방법의 종류와 특징을 이해하는 것이 중요하다. 특히 단순 대치법(평균/최빈값)과 제거 방법의 장단점을 구분할 수 있어야 한다.

③ 데이터 변환(Data Transformation)

① 데이터 스케일링(Scaling)

서로 다른 단위나 크기를 가진 변수들의 값을 일정한 범위로 조정하는 과정이다. 예를 들어 나이(1~100)와 연봉(1,000만~10억)처럼 값의 범위 차이가 큰 변수들을 함께 분석할 때, 연봉 변수가 모델에 과도한 영향을 미치는 것을 방지한다.

- **정규화(Normalization):** 데이터의 최솟값을 0, 최댓값을 1로 설정하고 모든 값을 이 범위 내로 변환한다(최소-최대 스케일링). $X_{new} = \dfrac{X - X_{min}}{X_{max} - X_{min}}$
- **표준화(Standardization):** 데이터의 분포를 평균이 0, 표준편차가 1인 표준정규분포로 변환한다. 데이터에 이상값이 존재할 경우, 정규화는 최댓값/최솟값의 영향을 크게 받지만 표준화는 평균과 표준편차를 사용하므로 상대적으로 더 안정적인 변환이 가능하다(Z-점수 표준화). $Z = \dfrac{X - \mu}{\sigma}$

4 데이터 샘플링(Sampling)

① 개념

대용량 데이터의 경우, 전체 데이터를 분석하는 데 너무 많은 시간과 비용이 소요될 수 있다. 샘플링은 전체 데이터(모집단)의 특성을 잘 나타내는 일부 데이터(표본)를 추출하여 분석에 사용하는 기법이다.

② 주요 샘플링 기법

- **단순 무작위 추출(Simple Random Sampling)**: 모집단의 모든 데이터가 동일한 확률로 선택되도록 무작위로 추출한다.
- **층화 추출(Stratified Sampling)**: 모집단을 중요한 특성(예 성별, 연령대)에 따라 여러 개의 하위 그룹(계층)으로 나눈 후, 각 계층의 비율에 맞게 무작위로 샘플을 추출한다. 모집단의 구조를 표본에 잘 반영할 수 있어 단순 무작위 추출보다 더 정확한 결과를 얻는 경우가 많다.
- **계통 추출(Systematic Sampling)**: 모집단에 순서를 부여한 후, 일정한 간격(k)을 두고 샘플을 추출하는 방법이다.
- **집락 추출(Cluster Sampling)**: 모집단을 여러 개의 그룹(집락)으로 나눈 후, 몇 개의 집락을 무작위로 선택하여 해당 집락의 모든 데이터를 샘플로 사용한다.

02 데이터 분석과 해석

1 탐색적 데이터 분석(EDA)

① 개념

탐색적 데이터 분석(Exploratory Data Analysis)은 본격적인 모델링에 앞서, 다양한 시각화와 기초통계 기법을 통해 데이터를 여러 각도에서 관찰하고 이해하는 과정이다. 데이터 속에 숨겨진 구조, 패턴, 이상 현상 등을 발견하고 분석의 방향성을 설정하는 데 목적이 있다.

② 주요 분석 방법론

① 회귀 분석(Regression Analysis)

하나 이상의 독립 변수가 종속 변수에 어떤 영향을 미치는지 분석하여, 변수 간의 관계를 수식으로 모델링하고 미래의 값을 예측하는 통계 기법이다(지도 학습).

② 데이터 마이닝(Data Mining)

대용량 데이터 속에서 통계적 규칙이나 패턴을 분석하여, 이전에는 알려지지 않았지만 비즈니스에 유용한 가치 있는 정보와 지식을 발견하는 과정이다.

| 표 2-17 | 주요 데이터 마이닝 기법

기법	학습 유형	분석 목표	주요 활용 분야
분류	지도 학습	예측	스팸 필터, 이탈 예측
군집 분석	비지도 학습	그룹 발견	고객 세분화, 이상 탐지
연관 규칙	비지도 학습	항목 간 관계 발견	장바구니 분석, 상품 추천

③ 데이터 해석 시 주의할 오류

① 통계적 오류와 편향

- **확증 편향(Confirmation Bias)**: 자신의 기존 신념이나 가설을 지지하는 정보만 선택적으로 받아들이고, 반대되는 정보는 무시하는 인지 편향
- **생존자 편향(Survivorship Bias)**: 성공적으로 살아남은 사례만을 대상으로 분석하여 잘못된 결론을 도출하는 오류
- **상관관계와 인과관계의 혼동**: "상관관계는 인과관계를 의미하지 않는다"는 데이터 분석의 제1원칙이다.

④ 모델 평가와 검증

① 과적합(Overfitting)과 과소적합(Underfitting)

- **과적합**: 모델이 학습 데이터에만 지나치게 최적화되어, 새로운 데이터에 대한 예측 성능은 오히려 떨어지는 현상이다.
- **과소적합**: 모델이 너무 단순하여 데이터의 복잡한 패턴을 제대로 학습하지 못하는 현상이다.

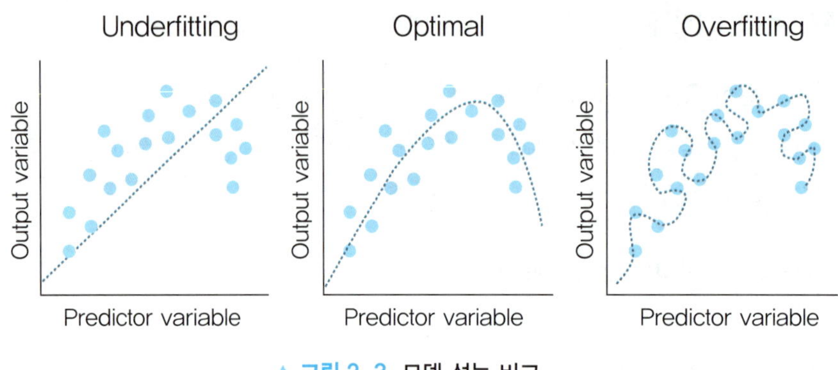

▲ 그림 2-3 모델 성능 비교

② 교차 검증(Cross-validation)

모델의 일반화 성능을 신뢰성 있게 평가하기 위해 모델의 과적합 여부를 판단하고, 새로운 데이터에 대한 성능(일반화 성능)을 신뢰성 있게 측정하기 위해 교차 검증 기법을 사용한다. 이는 전체 데이터를 훈련 세트(Training Set)와 테스트 세트(Test Set)로 한 번만 나누는 것의 한계를 극복하기 위한 방법이다.

㉠ 홀드아웃 검증(Hold-out Validation)

- 방법: 가장 간단한 검증 방법으로, 전체 데이터를 훈련 세트와 테스트 세트, 단 두 개로만 분리한다. 모델은 훈련 세트로 학습하고, 테스트 세트로 최종 성능을 딱 한 번 평가한다.

- 단점: 데이터를 어떻게 나누느냐에 따라 모델의 성능 평가 결과가 크게 달라질 수 있다. 우연히 쉬운 데이터만 테스트 세트로 구성되면 모델의 성능이 과대평가되고, 어려운 데이터만 포함되면 과소평가될 수 있다.

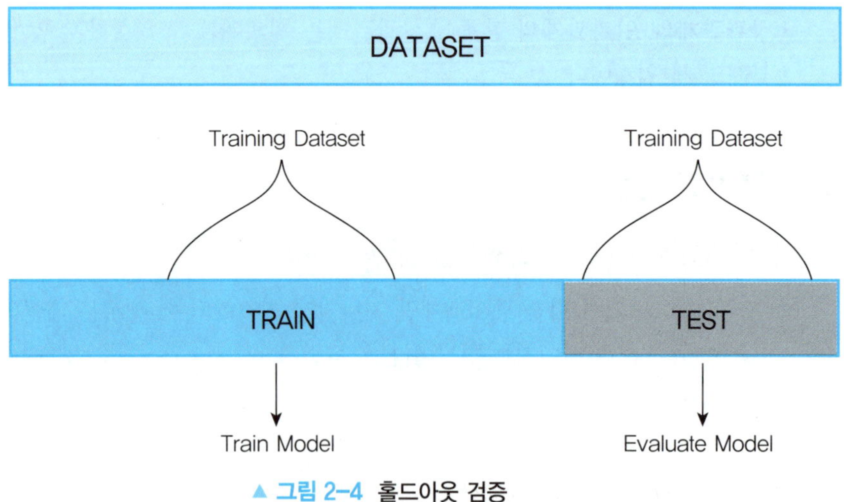

▲ 그림 2-4 홀드아웃 검증

ⓛ K-겹 교차 검증(k-fold Cross-Validation)

- 방법: 홀드아웃 방법의 단점을 보완하기 위해 가장 널리 사용되는 교차 검증 기법이다.
    1. 전체 데이터를 비슷한 크기의 K개 부분 집합(폴드, Fold)으로 나눈다.
    2. 첫 번째 폴드를 검증 세트로 사용하고, 나머지 K-1개 폴드를 훈련 세트로 사용하여 모델을 학습하고 성능을 평가한다.
    3. 이번에는 두 번째 폴드를 검증 세트로, 나머지를 훈련 세트로 사용하여 다시 모델을 평가한다.
    4. 이 과정을 K번 반복하여, 모든 폴드가 한 번씩 검증 세트로 사용되도록 한다.
    5. 최종적으로 K번의 평가 점수를 평균 내어 모델의 최종 성능으로 삼는다.
- 장점: 모든 데이터가 훈련과 검증에 한 번씩 사용되므로, 데이터 분할에 따른 성능 평가의 변동성을 줄이고 더 안정적이고 신뢰도 높은 성능 추정치를 얻을 수 있다.
- 일반적인 K 값: 보통 K는 5 또는 10을 많이 사용한다.

4-fold validation (k=4)

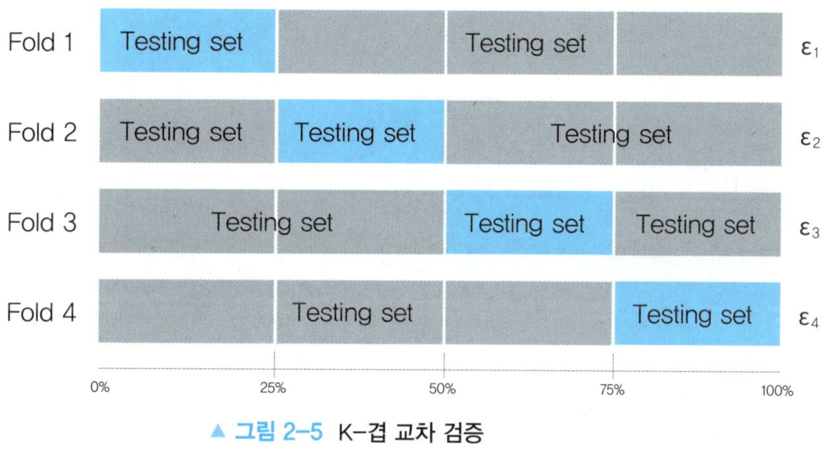

▲ 그림 2-5 K-겹 교차 검증

ⓒ LOOCV(Leave-One-Out Cross-Validation)

- 방법: K-겹 교차 검증에서 K 값을 전체 데이터의 개수(n)와 동일하게 설정한, 극단적인 형태의 교차 검증이다.
    1. 전체 n개의 데이터 중에서 단 하나의 데이터만 검증 세트로 사용하고, 나머지 n-1개 데이터로 모델을 학습하여 평가한다.
    2. 이 과정을 모든 데이터에 대해 한 번씩, 즉 총 n번 반복한다.
- 장점: 모든 데이터를 훈련에 최대한 활용하므로 모델 성능 추정치의 편향이 매우 적다.

• 단점: 데이터의 개수만큼 모델을 반복해서 훈련해야 하므로, 데이터가 클 경우 연산 비용이 매우 많이 들고 시간이 오래 걸린다.

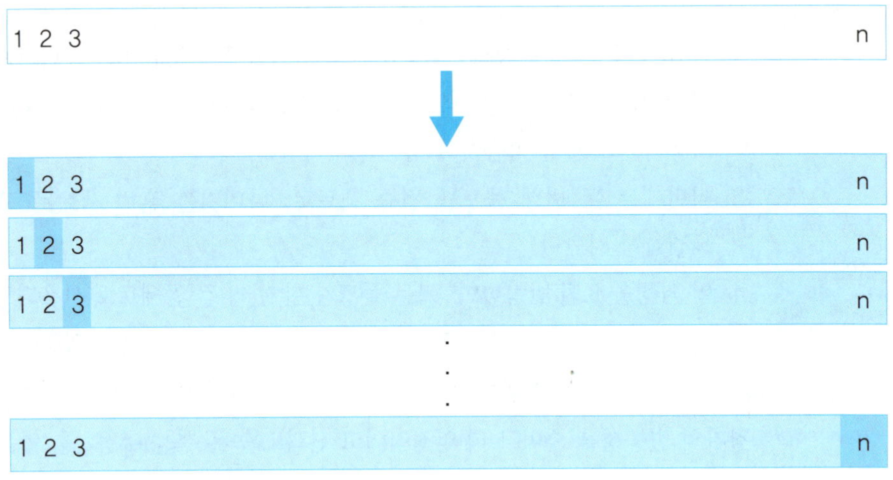

▲ 그림 2-6 LOOCV

| 표 2-18 | 교차 검증 기법 비교

기법	장점	단점	주로 사용되는 경우
홀드아웃 검증	가장 간단하고 빠르다.	데이터 분할에 따라 성능 평가가 불안정하다.	데이터가 매우 커서 교차 검증이 비효율적일 때
K-겹 교차 검증	안정적이고 신뢰도 높은 성능 추정 가능	홀드아웃보다 연산 비용이 K배 증가한다.	대부분의 머신러닝 모델 성능 평가 시 표준적으로 사용
LOOCV	성능 추정치의 편향이 가장 적다.	연산 비용이 매우 많이 든다.	데이터의 크기가 매우 작을 때 제한적으로 사용

★★★
출제포인트

과적합과 과소적합의 개념을 이해하고, 이를 방지하고 모델의 일반화 성능을 평가하기 위해 교차 검증을 사용한다는 점을 알아야 한다. 특히 K-겹 교차 검증의 동작 방식과, LOOCV가 연산 비용이 매우 크다는 단점을 명확히 구분하는 것이 중요하다.

1 ETL 프로세스의 이해[분석을 위한 데이터 준비 과정]

① ETL의 정의와 목적

ETL은 추출(Extract), 변환(Transform), 적재(Load)의 세 단계를 의미하는 용어로, 다양한 소스 시스템(ERP, CRM, 웹사이트 등)에 흩어져 있는 데이터를 분석을 위한 최종 목적지인 데이터 웨어하우스(Data Warehouse)로 통합하는 핵심적인 데이터 통합 프로세스이다. ETL의 주된 목적은 단순히 데이터를 옮기는 것이 아니라, 분석에 적합한 형태로 데이터를 정제하고 구조화하여 데이터의 품질과 일관성을 보장하는 것이다.

② ETL의 3단계 프로세스

ETL은 일반적으로 '스테이징 영역(Staging Area)'이라는 임시 공간에서 변환 작업을 수행한다.

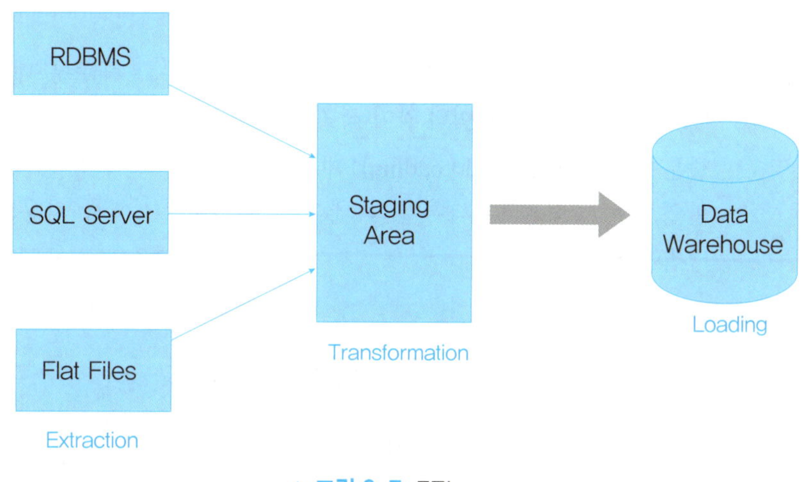

▲ 그림 2-7 ETL

- **1단계: 추출(Extract)**
  - 설명: ERP, CRM, 웹 로그 등 다양한 운영 시스템(Source Systems)으로부터 필요한 데이터를 가져오는 단계이다.
  - 고려사항: 운영 시스템의 부하를 최소화하기 위해, 시스템 사용량이 적은 야간이나 새벽 시간에 배치(Batch) 작업으로 수행되는 경우가 많다. 데이터의 변경 여부를 추적하여 변경된 데이터만 가져오는 증분 추출(Incremental Extraction) 방식이 효율적이다.

- **2단계: 변환(Transform)**
  - 설명: 추출된 데이터를 분석 목적에 맞게 정제하고 가공하는 단계로, ETL 과정에서 가장 복잡하고 중요한 부분이다. 이 작업은 보통 별도의 ETL 서버나 스테이징 영역에서 이루어진다.
  - 주요 작업
    a. **데이터 정제:** 결측값, 이상값 처리, 데이터 오류 수정
    b. **데이터 통합:** 여러 소스에서 온 데이터의 형식을 표준화하고(예 'M', '남성'→'남성'), 키 값을 통합
    c. **데이터 변환:** 분석에 용이한 형태로 구조를 변경(예 주소에서 도시 정보만 추출)
    d. **데이터 요약:** 일별 데이터를 주별, 월별 데이터로 집계(Aggregation)하거나, 필요한 파생 변수를 생성
- **3단계: 적재(Load)**
  - 설명: 변환된 데이터를 최종 목적지인 데이터 웨어하우스(Data Warehouse)나 데이터 마트(Data Mart)에 저장하는 단계이다.
  - 적재 방식
    a. **전체 적재(Full Load):** 기존 데이터를 모두 지우고 새로운 데이터로 완전히 대체하는 방식으로, 데이터 양이 적을 때 사용된다.
    b. **증분 적재(Incremental Loading):** 마지막 적재 이후 변경되거나 추가된 데이터만 반영하는 방식으로, 대부분의 데이터 웨어하우스에서 사용되는 효율적인 방법이다.

2 ELT 아키텍처: 클라우드 시대의 새로운 패러다임

① ELT(Extract, Load, Transform)의 개념

ELT는 추출(Extract)과 적재(Load)를 먼저 수행한 후, 강력한 성능을 가진 클라우드 데이터 웨어하우스 내부에서 변환(Transform) 작업을 수행하는 방식이다. 원시 데이터를 일단 데이터 웨어하우스(또는 데이터 레이크)에 모두 싣고, 그 안에서 필요에 따라 데이터를 가공한다.

| 표 2-19 | ETL과 ELT의 아키텍처 비교

구분	ETL(Extract, Transform, Load)	ELT(Extract, Load, Transform)
변환 위치	별도의 ETL 서버(Staging Area)	데이터 웨어하우스 내부
데이터 적재	정제되고 구조화된 데이터만 적재	모든 원시 데이터(Raw Data)를 먼저 적재

구분	ETL(Extract, Transform, Load)	ELT(Extract, Load, Transform)
장점	데이터 웨어하우스 부하 감소 높은 데이터 품질	빠른 데이터 적재 원시 데이터 보존으로 유연한 분석 가능
단점	변환 과정으로 인한 시간 소요 유연성 부족	고성능 데이터 웨어하우스 필요 데이터 품질 관리 복잡
적합 환경	온프레미스(On-premise) 환경 정형 데이터 중심	클라우드 환경 빅데이터 및 비정형 데이터 분석

③ 데이터 파이프라인: 데이터 흐름의 자동화

① 데이터 파이프라인(Data Pipeline)의 개념

데이터 파이프라인은 데이터가 생성되는 지점부터 최종적으로 분석되거나 활용되는 지점까지, 데이터의 이동과 처리 과정을 자동화한 전체 시스템을 의미한다. ETL은 데이터 파이프라인의 한 종류(주로 배치 처리)로 볼 수 있으며, 데이터 파이프라인은 실시간 스트리밍 데이터 처리까지 포함하는 더 넓은 개념이다.

② 리버스 ETL(Reverse ETL): 분석 결과를 다시 현업으로

- 개념: 리버스 ETL은 전통적인 ETL의 데이터 흐름을 역으로 뒤집은 개념이다. 데이터 웨어하우스에 있는 분석 결과나 고객 세분화 정보(예 VIP 고객 그룹, 이탈 예측 고객 그룹)를 다시 CRM, 마케팅 자동화 도구, 광고 플랫폼과 같은 운영 시스템으로 전송하는 프로세스이다.
- 가치: 분석을 위한 분석에서 그치는 것이 아니라, 분석 결과를 실제 비즈니스 활동에 직접적으로 연결하여 데이터의 가치를 극대화한다.
- 예시: 데이터 웨어하우스에서 분석한 '이탈 가능성이 높은 고객' 리스트를 마케팅 자동화 도구로 전송하여, 해당 고객들에게만 타깃팅된 재방문 유도 쿠폰을 자동으로 발송할 수 있다. 이는 데이터 기반 의사결정을 실시간 운영에 반영하는 운영 분석의 핵심 기술이다.

④ 최신 데이터 아키텍처 트렌드: 데이터 메시[Data Mesh]

① 중앙집중식 아키텍처의 한계

전통적인 데이터 웨어하우스나 데이터 레이크는 모든 데이터를 중앙으로 모아 관리하는 중앙집중식(Monolithic) 아키텍처이다. 기업의 규모가 커지고 데이터의 종류가 다양해지면서, 중앙 데이터 팀이 모든 부서의 요구사항을 처리하는 데 병목 현상이 발생하고, 데이터의 소유권과 책임이 불분명해지는 문제가 나타났다.

② 데이터 메시의 개념

데이터 메시는 이러한 한계를 극복하기 위해 등장한 분산형 데이터 아키텍처 개념이다. 중앙에서 모든 데이터를 통제하는 대신, 각 비즈니스 도메인(예 마케팅, 재무, 물류)이 자신들의 데이터를 하나의 '데이터 제품(Data as a Product)'으로 책임지고 관리하며 제공하는 방식이다.

③ 데이터 메시의 4가지 핵심 원칙

- **도메인 중심 소유권**: 데이터의 소유권과 관리 책임을 중앙 데이터 팀이 아닌, 해당 데이터를 가장 잘 이해하는 현업 도메인 팀에게 위임한다.
- **제품으로서의 데이터**: 각 도메인 팀은 다른 팀(소비자)이 쉽게 발견하고, 이해하고, 신뢰하며 사용할 수 있는 고품질의 '데이터 제품'을 제공해야 할 책임이 있다.
- **셀프 서비스 데이터 플랫폼**: 도메인 팀이 데이터 제품을 쉽게 만들고 관리할 수 있도록, 중앙 플랫폼 팀은 공통된 인프라와 도구를 제공한다.
- **연합형 계산 거버넌스**: 전사적인 데이터 품질, 보안, 상호운용성 표준을 정의하고 자동화하기 위해 각 도메인 대표와 중앙 팀이 협력하는 거버넌스 모델을 운영한다.

04 데이터 활용과 보안

학|습|목|표

1. BI 시스템의 구성요소를 이해하고, 셀프서비스 BI의 특징을 설명할 수 있다.
2. OLAP의 개념과 주요 연산을 이해하고, 데이터 기반 의사결정의 중요성을 설명할 수 있다.
3. 데이터 보안의 3요소(CIA)를 이해하고, 역할 기반 접근 제어(RBAC)의 개념을 설명할 수 있다.
4. 데이터 거버넌스의 필요성을 이해하고, K-익명성 등 주요 개인정보 비식별화 기술을 설명할 수 있다.
5. A/B 테스트의 프로세스와 실험 설계 시 주의사항을 이해하고 설명할 수 있다.

01 비즈니스 인텔리전스(BI) 시스템

1 비즈니스 인텔리전스의 개념과 진화

① BI(Business Intelligence)의 정의

비즈니스 인텔리전스(BI)는 기업이 보유한 방대한 데이터를 수집, 저장, 분석하여 조직의 구성원들이 더 나은 비즈니스 의사결정을 내릴 수 있도록 지원하는 기술, 애플리케이션, 프로세스의 총칭이다. BI는 단순히 과거의 데이터를 요약하여 보여주는 것을 넘어, 무슨 일이 일어났는가?(기술 분석), 왜 일어났는가?(진단 분석)에 대한 답을 제공한다. BI의 최종 목표는 데이터를 실행 가능한 통찰력(Actionable Insight)으로 전환하여 기업의 성과를 개선하는 것이다.

② BI의 구성요소

BI 시스템은 일반적으로 다음과 같은 구성요소들이 유기적으로 결합하여 작동하는 하나의 생태계이다.

- **데이터 소스(Data Sources):** ERP, CRM 등 분석의 원천이 되는 모든 데이터
- **데이터 웨어하우스(Data Warehouse):** ETL 프로세스를 통해 정제된 데이터가 저장되는 중앙 저장소
- **OLAP(온라인 분석 처리):** 사용자가 다차원적인 관점에서 데이터를 빠르고 쉽게 분석할 수 있도록 지원하는 기술

- **사용자 인터페이스(UI)**: 대시보드, 리포트 등 분석 결과를 사용자가 쉽게 이해하고 활용할 수 있도록 전달하는 수단

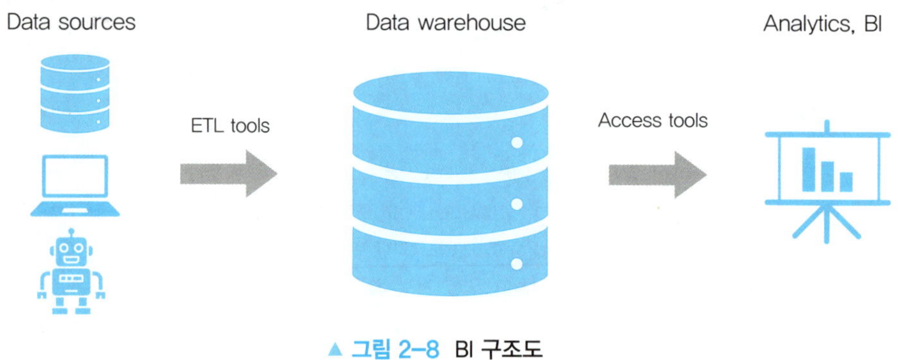

▲ 그림 2-8 BI 구조도

2 OLAP과 OLTP: 분석과 운영의 두뇌

① 분석 처리와 거래 처리의 근본적인 차이

- **OLTP(Online Transaction Processing)–운영의 심장**: 실시간으로 발생하는 거래(Transaction) 데이터를 처리하는 데 최적화된 시스템이다. 데이터의 빠른 입력, 수정, 삭제가 중요하며, 데이터의 일관성과 무결성을 유지하는 것이 최우선 목표이다. 우리가 일반적으로 사용하는 데이터베이스(예 쇼핑몰 주문 시스템)가 OLTP 환경에 해당한다.
- **OLAP(Online Analytical Processing)–분석의 두뇌**: 데이터 웨어하우스에 저장된 대규모 데이터를 다차원적인 관점에서 빠르고 쉽게 분석하고 탐색할 수 있도록 지원하는 기술이다. 복잡하고 집계된 데이터를 조회하는 데 최적화되어 있다.

② OLAP 큐브와 주요 연산

- 사용자는 OLAP 큐브(Cube)라는 다차원 데이터 구조를 통해 데이터를 다양한 각도에서 분석할 수 있다. 예를 들어, '시간', '지역', '제품'이라는 3개의 차원으로 구성된 큐브를 통해 특정 지역의 특정 제품에 대한 시간대별 매출 추이를 즉시 확인할 수 있다.

| 표 2-20 | OLAP의 주요 연산

연산	설명	예시
슬라이스(Slice)	다차원 큐브의 특정 차원을 하나의 값으로 고정하여 부분 데이터를 잘라냄	2024년 '1분기'의 데이터만 보기

연산	설명	예시
다이스(Dice)	여러 차원의 특정 범위 값을 지정하여 더 작은 큐브 형태의 부분 데이터를 추출	서울 지역에서 가전 제품군의 1분기 데이터만 보기
드릴다운 (Drill-down)	요약된 데이터에서 더 상세한 하위 수준의 데이터로 단계적으로 접근	연도별 매출→분기별 매출→월별 매출
롤업(Roll-up)	상세 데이터에서 더 요약된 상위 수준의 데이터로 집계	도시별 매출→국가별 매출
피벗(Pivot)	데이터 큐브의 축을 회전시켜 분석 관점을 변경	제품별 지역 매출을 지역별 제품 매출로 변경하여 보기

★★★
출제포인트

OLTP(운영)와 OLAP(분석)의 목적, 데이터 소스, 주요 작업의 차이점을 명확히 구분하는 것이 중요하다. OLAP의 주요 연산, 특히 드릴다운과 롤업의 개념을 이해해야 한다.

③ 셀프서비스 BI의 부상

① 분석의 민주화

BI는 IT 전문가의 개입 없이 현업 사용자(마케팅, 영업, 재무 담당자 등)가 직접 데이터에 접근하여 필요한 분석을 수행하고, 대시보드와 리포트를 생성할 수 있도록 지원하는 최신 BI 트렌드이다. 태블로(Tableau), 파워 BI(Power BI) 등이 대표적인 셀프서비스 BI 도구이다. 이는 데이터 분석 능력이 특정 부서가 아닌 조직 전체로 확산되는 데이터 민주화를 가능하게 한다.

② BI 환경의 종류

- **온프레미스(On-premise)**: 기업이 자체 데이터 센터에 서버와 소프트웨어를 직접 구축하고 운영하는 전통적인 방식이다.
- **클라우드(Cloud)**: AWS, Azure, GCP와 같은 외부 서비스 제공업체의 인프라를 빌려 사용하는 방식이다.
- **하이브리드 클라우드(Hybrid Cloud)**: 온프레미스와 클라우드를 조합하여 사용하는 방식이다.
- **모바일 BI(Mobile BI)**: 스마트폰이나 태블릿과 같은 모바일 기기에서 대시보드를 확인하고 분석할 수 있는 환경이다.

1 데이터 기반 의사결정[DDDM] 문화

① DDDM 개념

데이터 기반 의사결정(DDDM: Data-Driven Decision Making)은 개인의 경험이나 직관, 감에 의존하는 대신, 데이터를 수집하고 분석하여 객관적인 근거를 바탕으로 비즈니스 결정을 내리는 접근 방식이다. 이는 의사결정의 성공 확률을 높이고, 잠재적인 리스크를 줄이며, 조직 전체가 공통된 사실을 기반으로 소통하고 협력하게 만드는 현대 기업의 핵심적인 경쟁력이다.

2 경영진을 위한 대시보드

① 대시보드의 역할

대시보드는 기업의 핵심 성과 지표(KPI)와 주요 데이터를 한눈에 파악할 수 있도록 다양한 차트와 그래프를 이용해 시각적으로 요약하여 보여주는 화면이다. 경영진과 관리자가 기업의 현황을 신속하고 정확하게 모니터링하고, 이상 신호를 조기에 발견하여 신속한 의사결정을 내릴 수 있도록 돕는다.

3 데이터 기반 가설 검증과 최적화: A/B 테스트

① A/B 테스트의 개념과 중요성

A/B 테스트는 두 가지 이상의 대안(A안: 기존안, B안: 변경안)을 무작위로 그룹을 나누어 노출시킨 후, 어떤 안이 더 나은 성과를 보이는지를 데이터를 통해 통계적으로 검증하는 온라인 실험 방법이다. 이는 '감'이 아닌 '데이터'로 의사결정을 내리는 가장 과학적이고 대표적인 방법론이다. 웹사이트의 버튼 색상, 광고 문구, 이메일 제목, 추천 알고리즘 등 다양한 비즈니스 가설을 객관적으로 검증하고 최적의 안을 선택하는 데 널리 사용된다.

② A/B 테스트 프로세스와 실험 설계

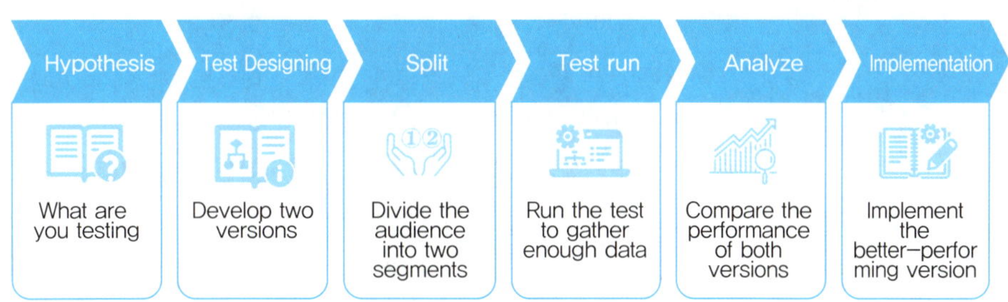

▲ 그림 2-9 A/B 테스트 프로세스 순서도

- 가설 설정: "구매 버튼 색상을 빨간색(A안)에서 녹색(B안)으로 바꾸면 전환율이 10% 이상 높아질 것이다"와 같이 구체적이고 측정 가능한 가설을 세운다.

- 실험 설계(가장 중요한 단계)
  - **핵심 지표 선정**: 가설을 검증할 핵심 지표(Primary Metric, 예 전환율)와, 부작용을 확인할 보조 지표(Secondary Metric, 예 페이지 로딩 속도, 이탈률)를 정의한다.
  - **샘플 크기 결정**: 통계적 유의성을 확보하기 위해 필요한 최소한의 사용자 수(샘플 크기)를 사전에 계산한다.
  - **무작위 샘플링(Randomization)**: 사용자를 A그룹과 B그룹에 무작위로 할당한다. 이는 두 그룹의 사용자들이 인구통계학적 특성이나 행동 패턴 면에서 동질적이라고 가정할 수 있게 만드는 핵심 원칙이다. 무작위성이 보장되지 않으면 결과의 신뢰성을 담보할 수 없다.

- 성과 측정: 정해진 기간 동안 각 그룹의 성과 지표를 측정한다.

- 통계적 검증: 측정된 데이터의 차이가 단순히 우연에 의한 것인지, 아니면 실제로 효과가 있는 것인지를 통계적으로 검증(t-검정, 카이제곱 검정 등)하고 p-value를 확인한다. p-value가 미리 설정한 유의수준(보통 0.05)보다 낮으면, 그 차이는 통계적으로 유의미하다고 판단한다.

③ A/B 테스트 실행 시 주의사항

A/B 테스트는 강력한 도구이지만, 잘못 설계하거나 해석할 경우 잘못된 의사결정으로 이어질 수 있다.

| 표 2-21 | A/B 테스트의 주요 함정과 주의사항

함정 유형	설명	대응 방안
동시에 여러 변수 테스트	버튼 색상과 문구를 동시에 변경하면, 성과가 개선되었을 때 무엇이 원인인지 알 수 없다.	한 번에 하나의 변수만 변경하여 테스트하여, 변화의 원인을 명확히 추적한다.
부적절한 샘플 크기	너무 적은 샘플로 테스트하면, 결과가 우연에 의해 좌우될 수 있어 통계적 신뢰도를 확보할 수 없다.	테스트 전, 예상 효과 크기와 통계적 유의성을 고려하여 필요한 최소 샘플 크기를 미리 계산한다.
외부 요인 미통제	테스트 기간 동안 특정 공휴일, 대규모 언론 보도, 경쟁사의 프로모션 등 결과에 영향을 미칠 수 있는 외부 요인을 무시하는 경우	가능한 한 외부 변수의 영향을 받지 않는 기간에 실험을 진행하고, 결과를 해석할 때 외부 요인을 함께 고려한다.
단기 지표에만 집중	단기적인 지표(예 클릭률)는 상승했지만, 장기적인 지표(예 고객 만족도, 재방문율)에 부정적인 영향을 줄 수도 있다.	단기 성과와 장기적인 비즈니스 목표를 함께 고려하여, 보조 지표의 변화도 면밀히 관찰하고 최종 결정을 내린다.
엿보기 오류	테스트가 끝나기 전에 데이터를 계속 확인하며, 우연히 통계적으로 유의미해 보이는 시점에 테스트를 중단하는 오류	테스트 기간과 샘플 크기를 사전에 정하고, 해당 조건이 충족될 때까지 결과를 섣불리 판단하지 않는다.

★★★
출제포인트

A/B 테스트가 데이터 기반으로 가설을 검증하는 대표적인 방법론임을 알아야 한다. 특히, 결과의 신뢰도를 확보하기 위한 '무작위 샘플링'의 중요성과, 한 번에 '하나의 변수만 테스트'해야 한다는 원칙을 이해하는 것이 중요하다.

1 데이터 보안의 3요소

① 정보 보안의 핵심 목표

- **기밀성(Confidentiality)**: 인가된 사용자만이 정보에 접근할 수 있도록 보장
- **무결성(Integrity)**: 데이터가 인가 없이 변경, 삭제, 생성되지 않고 정확성과 완전성을 유지
- **가용성(Availability)**: 인가된 사용자가 필요한 시점에 정보에 접근하여 사용할 수 있도록 보장

2 데이터 접근 제어

① 역할 기반 접근 제어(RBAC: Role-Based Access Control)

사용자의 직무나 역할(Role)을 기반으로 접근 권한을 부여하고 통제하는 방식이다. 사용자 개개인에게 직접 권한을 부여하는 대신, '영업팀장', '재무담당자'와 같은 역할을 정의하고 역할에 권한을 할당한다. 관리의 편의성과 효율성이 높아 현대 기업 환경에서 가장 널리 사용되는 모델이다.

3 개인정보보호와 비식별화 기술

① 개인정보보호의 중요성

데이터 활용에 있어 개인정보보호는 법적, 윤리적으로 반드시 지켜야 할 원칙이다. GDPR(유럽 일반 개인정보보호법), 국내의 데이터 3법 등 강화되는 규제 환경 속에서, 데이터를 안전하게 활용하기 위한 비식별화 기술의 중요성은 더욱 커지고 있다.

② 주요 비식별화 기술과 예시

비식별화는 개인을 식별할 수 있는 요소를 제거하거나 변환하여, 특정 개인을 알아볼 수 없도록 데이터를 가공하는 모든 기술적 조치를 의미한다.

기법	설명	원본 데이터(예시)	비식별 처리 후 데이터(예시)
총계처리 (Aggregation)	데이터의 총합 값이나 평균값 등 집계된 정보만 보여주고 개별 데이터는 삭제	{"나이": [25, 28, 32]}	{"평균나이": 28.3}
데이터 마스킹 (Masking)	식별 정보의 일부 또는 전체를 별표(*)나 다른 문자로 대체	홍길동, 901212-1234567	홍**, 901212-1******
범주화 (Categorization)	수치형 데이터를 구간으로 나누거나, 하위 범주를 상위 범주로 그룹화	나이: 28	나이: 20대 후반
K-익명성 (k-Anonymity)	동일한 속성 값을 가진 레코드가 항상 최소 k개 이상 존재하도록 하여, 특정 개인의 식별 가능성을 1/k 이하로 낮추는 기법	(아래 상세 예시 참조)	(아래 상세 예시 참조)
임의화 (Randomization)	원본 데이터에 임의의 잡음(Noise)을 추가하여 값을 왜곡	월소득: 3,500,000	월소득: 3,621,500

㉠ K-익명성(k-Anonymity) 상세 예시

- **원본 테이블(k=1인 상태):** 아래 표에서 '28세, 남성, 강남구' 조합은 '홍길동' 한 명뿐이므로, 이 정보만으로도 홍길동을 특정할 수 있다.

이름	나이	성별	주소	질병
홍길동	28	남성	강남구	고혈압
김민지	31	여성	서초구	당뇨
김철수	34	남성	강남구	없음

- **k=2 익명성 처리 후 테이블:** '나이'와 '주소'를 범주화하여, '20대 후반, 남성, 서울'이라는 동일한 조합을 가진 레코드가 최소 2개 이상이 되도록 만들었다. 이제 '20대 후반, 남성, 서울'이라는 정보만으로는 홍길동과 김철수를 구분할 수 없게 된다.

이름	나이	성별	주소	질병
*	20대 후반	남성	서울	고혈압
*	30대 초반	여성	서울	당뇨
*	20대 후반	남성	서울	없음

04 데이터 거버넌스와 관리

1 데이터 거버넌스[Data Governance]

① 데이터 자산 관리 체계

데이터 거버넌스는 조직의 데이터 자산을 효과적으로 관리하고 활용하기 위한 전사적인 정책, 표준, 프로세스, 책임 및 역할의 체계이다. 데이터 품질을 지속적으로 유지하고 데이터의 가치를 극대화하기 위한 관리 체계이다. 데이터 보안, 위험 관리, 데이터 품질 관리 등이 모두 데이터 거버넌스의 중요한 구성 요소이다.

② 데이터 수명 주기(Data Lifecycle)

데이터 거버넌스는 데이터가 생성되어 저장, 활용, 보관되고 최종적으로 폐기되기까지의 전 과정, 즉 데이터 수명 주기를 관리한다.

2 데이터 저장, 백업, 복구

① 데이터 백업의 종류

데이터 손실에 대비하여 데이터를 복사해두는 백업은 데이터 관리의 필수 요소이다.

- **전체 백업(Full Backup):** 모든 데이터를 백업. 복구가 간단하지만 시간과 저장 공간이 많이 필요하다.
- **증분 백업(Incremental Backup):** 마지막 백업(전체 또는 증분) 이후 변경된 데이터만 백업. 백업 속도가 빠르고 공간 효율적이지만 복구 과정이 복잡하다.
- **차등 백업(Differential Backup):** 마지막 전체 백업 이후 변경된 모든 데이터를 백업. 증분 백업보다 백업 시간은 길지만 복구는 더 간단하다.

기본 문제

01 다음 중 '데이터(Data)'에 대한 설명으로 가장 적절한 것은?

① 특정 목적을 위해 가공되고 처리된 결과물이다.

② 관찰이나 측정을 통해 얻어진, 가공되지 않은 객관적인 사실이다.

③ 경험과 학습을 통해 체계화된 패턴이나 원리를 의미한다.

④ 데이터 분석을 통해 얻게 되는 최종적인 통찰과 지혜를 의미한다.

02 다음 중 데이터의 종류와 그 예시의 연결이 가장 옳지 않은 것은?

① 정형 데이터 – 기업의 ERP 시스템에 저장된 고객 테이블

② 반정형 데이터 – 웹사이트의 HTML 문서

③ 비정형 데이터 – 고객 상담 내용이 담긴 음성 녹음 파일

④ 정형 데이터 – 소셜 미디어에 게시된 사용자들의 댓글

03 다음 중 수치형 데이터이면서, 그 값이 셀 수 있는 정수 형태로 나타나는 '이산형 데이터'의 예시로 가장 옳은 것은?

① 한 달간 매장의 평균 방문객 수

② 제품의 무게

③ 하루 동안 웹사이트의 페이지뷰 수

④ 고객의 키

04 데이터 분석 프로젝트의 초기 단계에서, 데이터의 분포, 결측치, 이상치 등을 시각화와 기초통계량을 통해 파악하며 데이터에 대한 이해를 높이는 과정을 무엇이라고 하는가?

① 데이터 마이닝(Data Mining)

② 탐색적 데이터 분석(EDA: Exploratory Data Analysis)

③ 가설 검정(Hypothesis Testing)

④ 데이터 모델링(Data Modeling)

05 다음 중 관계형 데이터베이스(RDBMS)와 비교했을 때, NoSQL 데이터베이스의 핵심적인 특징으로 가장 옳은 것은?

① 엄격한 스키마를 통해 데이터의 무결성을 보장한다.

② 주로 수직적 확장(Scale-up)을 통해 성능을 향상시킨다.

③ 데이터 간의 복잡한 관계를 표현하기 위해 조인(JOIN) 연산을 주로 사용한다.

④ 유연한 데이터 모델을 가지며 수평적 확장(Scale-out)에 용이하다.

06 데이터베이스 3단계 스키마 구조에서, 조직 전체의 관점에서 통합하여 정의한 데이터베이스의 전체적인 논리적 구조를 무엇이라고 하는가?

① 외부 스키마

② 개념 스키마

③ 내부 스키마

④ 물리적 스키마

07 다음 중 데이터베이스에서 '기본 키(Primary Key)'가 만족해야 하는 무결성 제약조건으로 가장 옳은 것은?

① 참조 무결성

② 도메인 무결성

③ 개체 무결성

④ 사용자 정의 무결성

08 온라인 쇼핑몰의 '주문' 테이블에 있는 '고객 ID' 컬럼이 '고객' 테이블의 '고객ID'를 참조하고 있다. 이때 '주문' 테이블의 '고객ID'는 어떤 종류의 키에 해당하는가?

① 기본키 　　　　② 후보키

③ 슈퍼키 　　　　④ 외래키

09 다음 중 SQL 명령어의 종류가 다른 하나는?

① CREATE 　　　② ALTER

③ DROP 　　　　④ SELECT

10 데이터를 분석에 적합한 형태로 만들기 위해, 서로 다른 단위나 범위를 가진 변수들의 척도를 일관성 있게 맞춰주는 과정을 총칭하여 무엇이라고 하는가?

① 데이터 정제(Data Cleaning)

② 데이터 통합(Data Integration)

③ 데이터 스케일링(Data Scaling)

④ 데이터 축소(Data Reduction)

11 다음 중 데이터 품질의 주요 차원에 해당하지 않는 것은?

① 정확성(Accuracy)

② 완전성(Completeness)

③ 일관성(Consistency)

④ 다양성(Variety)

12 아래 글상자에서 설명하는 데이터 처리 아키텍처로 가장 옳은 것은?

> 다양한 소스에서 데이터를 추출(Extract)하여, 먼저 데이터 레이크나 데이터 웨어하우스에 원시 형태로 적재(Load)한 후, 분석 시점에 필요에 따라 데이터를 변환(Transform)하는 방식이다.

① ETL(Extract, Transform, Load)

② ELT(Extract, Load, Transform)

③ 리버스 ETL(Reverse ETL)

④ 데이터 파이프라인(Data Pipeline)

13 다음 중 데이터 마이닝의 '분류(Classification)' 기법에 대한 설명으로 가장 옳은 것은?

① 데이터 내에 숨겨진 자연스러운 그룹을 찾아내는 기법이다.

② "기저귀를 산 사람은 맥주도 산다"와 같은 규칙을 발견하는 기법이다.

③ 과거 데이터를 학습하여 새로운 데이터가 어떤 사전 정의된 범주에 속할지 예측하는 기법이다.

④ 주택의 면적, 위치 등을 이용하여 미래의 주택 가격을 예측하는 기법이다.

14 한 은행이 고객의 나이, 직업, 소득, 대출 잔액 등의 데이터를 이용하여, 각 고객을 '우량 고객', '일반 고객', '잠재 이탈 고객' 그룹으로 나누고자 한다. 이때 가장 적합한 데이터 마이닝 기법은?

① 회귀 분석

② 연관 분석

③ 군집 분석

④ 시계열 분석

15 다음 중 데이터베이스의 동시성 제어를 위해, 여러 개의 데이터 조작 작업을 하나의 논리적인 작업 단위로 묶어 처리하는 것을 무엇이라고 하는가?

① 스키마(Schema)

② 트랜잭션(Transaction)

③ 인덱스(Index)

④ 뷰(View)

16 데이터 분석 모델을 학습시킬 때, 훈련 데이터에 너무 과도하게 맞춰져 학습되어 새로운 데이터에 대한 예측 성능이 오히려 떨어지는 현상을 무엇이라고 하는가?

① 과소적합(Underfitting)

② 과적합(Overfitting)

③ 확증 편향(Confirmation Bias)

④ 생존자 편향(Survivorship Bias)

17 다음 중 데이터 보안의 3요소(CIA)에 해당하지 않는 것은?

① 기밀성(Confidentiality)

② 무결성(Integrity)

③ 가용성(Availability)

④ 책임성(Accountability)

18 다음 중 사용자의 역할(Role)에 따라 데이터 접근 권한을 부여하고 통제하는, 현대 기업 환경에서 가장 널리 사용되는 접근 제어 모델은?

① 임의적 접근 제어(DAC)

② 강제적 접근 제어(MAC)

③ 역할 기반 접근 제어(RBAC)

④ 속성 기반 접근 제어(ABAC)

19 데이터 3법 개정으로, 정보 주체의 동의 없이도 통계 작성, 과학적 연구 등의 목적으로 활용할 수 있게 된 정보의 유형은?

① 개인정보　　② 익명정보

③ 가명정보　　④ 민감정보

20 다음 중 데이터베이스의 '트랜잭션'이 가져야 할 ACID 속성에 해당하지 않는 것은?

① 원자성(Atomicity)

② 일관성(Consistency)

③ 유연성(Flexibility)

④ 지속성(Durability)

21 데이터 분석을 위해 수집한 고객 데이터에서 '나이' 컬럼의 일부 값이 비어 있는 것을 발견했다. 이 비어 있는 값을 처리하는 방법으로 가장 적절하지 않은 것은?

① 결측치가 포함된 행을 모두 삭제한다.

② '나이' 컬럼의 전체 평균값으로 대체한다.

③ '나이' 컬럼의 중앙값으로 대체한다.

④ '성별', '직업' 등 다른 변수를 이용한 회귀 모델로 예측하여 대체한다.

22 다음 중 분석 시스템인 OLAP와 운영 시스템인 OLTP의 차이점에 대한 설명으로 가장 옳지 않은 것은?

① OLTP는 빠른 '쓰기' 성능이, OLAP는 빠른 '읽기' 성능이 중요하다.

② OLTP는 정규화된 데이터 모델을, OLAP는 비정규화된 데이터 모델을 주로 사용한다.

③ OLTP는 소수의 사용자가, OLAP는 다수의 일반 사용자가 주로 이용한다.

④ OLTP는 상세하고 현재적인 데이터를, OLAP는 요약되고 과거의 데이터를 주로 다룬다.

23 다음 중 데이터 웨어하우스(DW)에 대한 설명으로 가장 옳지 않은 것은?

① 의사결정 지원을 목적으로 데이터를 통합 저장하는 분석용 저장소이다.

② 데이터는 주제 지향적, 통합적, 시계열적, 비휘발성의 특징을 가진다.

③ 데이터의 빠른 입력, 수정, 삭제 등 실시간 거래 처리에 최적화되어 있다.

④ 대규모 데이터를 다차원적으로 분석하는 OLAP 연산의 기반이 된다.

24 다음 중 데이터 모델의 한 종류로, 데이터를 '노드(Node)'와 그들 간의 관계를 나타내는 '엣지(Edge)'로 구성된 그래프 형태로 저장하는 NoSQL 데이터베이스는?

① 문서 지향 데이터베이스

② 열 기반 저장소

③ 키-값 저장소

④ 그래프 데이터베이스

25 다음 중 데이터의 분포를 평균이 0, 표준편차가 1이 되도록 변환하는 데이터 스케일링 기법은?

① 정규화(Normalization)

② 표준화(Standardization)

③ 범주화(Discretization)

④ 원-핫 인코딩(One-Hot Encoding)

26 다음 중 데이터베이스의 '뷰(View)'에 대한 설명으로 가장 옳은 것은?

① 데이터를 물리적으로 저장하는 기본 단위이다.

② 하나 이상의 기본 테이블로부터 유도된 가상의 테이블이다.

③ 데이터 검색 속도를 향상시키기 위해 생성되는 추가적인 구조이다.

④ 데이터의 무결성을 보장하기 위한 제약 조건이다.

27 다음 중 데이터베이스에서 데이터의 중복으로 인해 발생할 수 있는 문제점으로 가장 거리가 먼 것은?

① 저장 공간의 낭비

② 데이터 불일치 문제

③ 데이터 접근 속도 향상

④ 데이터 수정 시 이상 현상 발생

28 다음 중 데이터베이스 관리 시스템(DBMS)의 주요 기능이 아닌 것은?

① 정의 기능(Definition)

② 조작 기능(Manipulation)

③ 제어 기능(Control)

④ 운영체제 기능(Operating System)

29 다음 중 '데이터 레이크(Data Lake)'에 대한 설명으로 가장 적절한 것은?

① 특정 부서의 분석 요구에 맞춰 정제된 데이터를 저장하는 작은 데이터 웨어하우스이다.

② 정형, 비정형 등 모든 형태의 데이터를 원시(Raw) 상태 그대로 저장하는 거대한 중앙 저장소이다.

③ 실시간 거래 처리를 위해 정규화된 구조로 데이터를 저장하는 시스템이다.

④ 데이터 분석 결과를 요약하여 경영진에게 보고하기 위한 시각화 대시보드이다.

30 성공 확률이 p인 베르누이 시행을 n번 반복했을 때, 성공이 k번 나타날 확률을 계산하는 데 사용되는 이산확률분포는?

① 포아송분포   ② 기하분포

③ 이항분포   ④ 정규분포

31 다음 중 데이터의 척도에 대한 설명으로 가장 옳지 않은 것은?

① 명목척도는 분류를 위한 것으로, 산술 연산이 불가능하다.

② 서열척도는 순위 정보를 포함하지만, 각 순위 간의 간격이 동일하지는 않다.

③ 구간척도는 절대 영점이 존재하므로, 비율 계산이 가능하다.

④ 비율척도는 사칙연산이 모두 가능한 가장 많은 정보를 담고 있는 척도이다.

32 데이터베이스에서 여러 사용자가 동시에 동일한 데이터에 접근하여 수정할 때 발생할 수 있는 데이터 불일치 문제를 방지하기 위한 DBMS의 기능을 무엇이라고 하는가?

① 백업 및 복구

② 동시성 제어(Concurrency Control)

③ 보안 및 권한 관리

④ 데이터 사전 관리

33 다음 중 OLAP 큐브에서 요약된 데이터로부터 더 상세한 하위 수준의 데이터로 단계적으로 접근하는 분석 연산은?

① 롤업(Roll-up)

② 드릴다운(Drill-down)

③ 슬라이싱(Slicing)

④ 피벗(Pivoting)

34 다음 중 데이터 분석에서 '다중공선성(Multicollinearity)' 문제에 대한 설명으로 가장 옳은 것은?

① 종속 변수가 두 개 이상 존재하여 분석이 어려운 문제

② 독립 변수들 간에 강한 상관관계가 존재하여 회귀 모델의 안정성을 해치는 문제

③ 데이터에 결측치가 너무 많아 분석 결과의 신뢰도가 떨어지는 문제

④ 모델이 훈련 데이터에만 과적합되어 새로운 데이터에 대한 예측력이 낮은 문제

35 다음 중 '데이터 마트(Data Mart)'에 대한 설명으로 가장 옳은 것은?

① 기업의 모든 원시 데이터를 저장하는 중앙 저장소이다.

② 데이터 웨어하우스에서 특정 부서나 주제에 맞는 데이터만 추출하여 구성한 소규모 분석용 DB이다.

③ 실시간 거래 데이터를 처리하는 운영 시스템 데이터베이스이다.

④ 데이터 분석 결과를 시각화하여 보여주는 대시보드이다.

36 다음 중 웹 스크레이핑을 수행할 때, 대상 웹 사이트의 서버에 과도한 부하를 주지 않기 위해 지켜야 할 가장 기본적인 에티켓은?

① robots.txt 파일을 무시하고 모든 데이터를 수집한다.

② 가능한 한 짧은 간격으로 매우 빠르게 요청을 보낸다.

③ 요청 사이에 적절한 시간 간격(Time Sleep)을 두어 서버의 부담을 줄인다.

④ 자신의 IP 주소를 숨기기 위해 항상 프록시 서버를 사용한다.

37 데이터베이스에서 원하는 데이터를 효율적으로 찾기 위해, 특정 컬럼의 값과 해당 값이 저장된 위치를 미리 정렬하여 저장해두는 자료구조는?

① 뷰(View)
② 스키마(Schema)
③ 인덱스(Index)
④ 프로시저(Procedure)

38 다음 중 개인정보 비식별화 기술에 해당하지 않는 것은?

① 가명처리
② 총계처리
③ 데이터 마스킹
④ 데이터 암호화

39 다음 중 '데이터 품질'이 낮을 때 발생할 수 있는 문제점으로 가장 거리가 먼 것은?

① 머신러닝 모델의 예측 정확도 저하
② 데이터 기반 의사결정의 신뢰도 하락
③ 데이터 저장에 필요한 스토리지 비용 증가
④ 비즈니스 프로세스의 비효율성 증대

40 다음 중 두 범주형 변수 간의 관련성(독립성)을 통계적으로 검정하는 데 사용되는 방법은?

① t-검정(t-test)
② 분산분석(ANOVA)
③ 상관 분석(Correlation Analysis)
④ 카이제곱 검정(Chi-squared test)

41 데이터베이스에서 하나의 트랜잭션이 완료될 때까지 다른 트랜잭션이 해당 데이터에 접근할 수 없도록 하여, 동시성을 제어하는 가장 일반적인 기법은?

① 뷰(View)
② 로킹(Locking)
③ 커밋(Commit)
④ 롤백(Rollback)

42 다음 중 데이터 전처리 과정에서 범주형 데이터를 수치형 데이터로 변환하는 기법이 아닌 것은?

① 레이블 인코딩(Label Encoding)
② 원-핫 인코딩(One-Hot Encoding)
③ Z-점수 표준화(Z-score Standardization)
④ 더미 변수화(Dummy Variables)

43 다음 중 데이터베이스의 성능 저하를 유발하는 가장 주된 원인으로 보기 어려운 것은?

① 비효율적인 SQL 쿼리 작성
② 인덱스(Index)의 부재 또는 잘못된 사용
③ 적절한 데이터 타입의 사용
④ 과도한 조인(JOIN) 연산

44 "전체 문제의 80%는 20%의 핵심 원인에서 비롯된다"는 원리를 이용하여, 분석 자원을 어디에 집중해야 할지 결정하는 데 도움을 주는 분석 기법은?

① 회귀 분석
② 파레토 분석
③ 군집 분석
④ 시계열 분석

45 다음 중 데이터베이스 사용자가 응용 프로그램을 통해 데이터에 접근할 때, DBMS가 가장 먼저 참조하여 테이블의 존재 여부나 사용자의 접근 권한을 확인하는 곳은?

① 트랜잭션 로그

② 데이터 파일

③ 인덱스 파일

④ 데이터 딕셔너리(시스템 카탈로그)

46 아래 글상자에서 설명하는 통계적 오류는?

> 제2차 세계대전 당시, 전투에서 살아 돌아온 비행기의 총알 자국을 분석하여 가장 많이 맞은 부위를 보강해야 한다고 주장했다. 하지만 통계학자 아브라함 왈드는 총알을 맞고도 돌아왔다는 것은 그 부위가 치명적이지 않다는 증거이며, 오히려 총알 자국이 '없는' 부위(엔진, 조종석)가 격추된 비행기의 약점이므로 그곳을 보강해야 한다고 반박했다.

① 심슨의 역설

② 생존자 편향

③ 도박사의 오류

④ 확증 편향

47 다음 중 데이터베이스의 정규화(Normalization) 과정의 주된 목적으로 가장 옳은 것은?

① 데이터 조회 속도를 향상시키기 위함

② 데이터 저장에 필요한 물리적 공간을 늘리기 위함

③ 데이터의 중복을 최소화하고 무결성을 확보하기 위함

④ 데이터 분석을 위해 의도적으로 중복을 허용하기 위함

48 다음 중 두 변수 간의 관계를 분석할 때, "아이스크림 판매량이 증가하면 익사 사고율도 증가한다"는 현상을 가장 잘 설명하는 개념은?

① 역인과관계

② 제3의 변수에 의한 허위 관계(Spurious Correlation)

③ 심슨의 역설

④ 생존자 편향

49 다음 중 데이터에 대한 접근 권한을 부여하는 SQL 명령어는?

① SELECT　　　　② UPDATE

③ GRANT　　　　④ REVOKE

50 한 기업의 데이터 분석팀이 CRM 데이터를 분석하여 '지난 6개월간 구매가 없었으며, 최근 1개월간 앱 접속 기록도 없는' 고객 그룹을 식별했다. 이 그룹에 대한 가장 적절한 명칭은?

① VIP 고객　　　② 충성 고객

③ 신규 고객　　　④ 이탈 예상 고객

51 다음 중 데이터에 대한 접근 권한을 부여하는 SQL 명령어와 회수하는 SQL 명령어가 올바르게 짝지어진 것은?

① GRANT, REVOKE

② INSERT, DELETE

③ CREATE, DROP

④ UPDATE, ALTER

52 다음 중 데이터 웨어하우스(DW)와 데이터 레이크(Data Lake)에 대한 설명으로 가장 옳지 않은 것은?

① DW는 주로 정제되고 구조화된 데이터를 저장하고, 데이터 레이크는 모든 형태의 원시 데이터를 저장한다.

② DW는 분석 시점에 스키마를 정의하는 'Schema-on-Read' 방식을 사용한다.

③ DW는 주로 비즈니스 분석가나 일반 사용자가, 데이터 레이크는 주로 데이터 과학자가 사용한다.

④ DW는 과거 데이터에 대한 리포팅 및 대시보드에, 데이터 레이크는 머신러닝 모델 개발 및 탐색적 분석에 더 적합하다.

53 아래 글상자에서 설명하는 데이터베이스의 '키(Key)'로 가장 옳은 것은?

> '수강' 테이블에는 '학번'과 '과목코드'라는 두 개의 컬럼이 있다. '학번'은 '학생' 테이블의 기본키를 참조하고, '과목코드'는 '과목' 테이블의 기본키를 참조한다. 이 '수강' 테이블에서 각 수강 신청 내역을 고유하게 식별하기 위해 {학번, '과목코드'} 조합을 기본키로 사용했다.

① 슈퍼키(Super Key)

② 대체키(Alternate Key)

③ 복합키(Composite Key)

④ 외래키(Foreign Key)

54 다음 중 데이터베이스의 '정규화(Normal-ization)' 과정에 대한 설명으로 가장 거리가 먼 것은?

① 데이터의 중복성을 줄여 데이터 무결성을 향상시킨다.

② 데이터 수정 시 발생할 수 있는 이상 현상(Anomaly)을 방지한다.

③ 데이터베이스의 성능 향상을 위해 의도적으로 중복을 허용하는 반정규화와는 반대되는 개념이다.

④ 여러 테이블에 흩어져 있는 데이터를 결합하여 분석 쿼리의 속도를 향상시킨다.

55 다음 중 분석 시스템(OLAP)과 운영 시스템(OLTP)에 대한 설명으로 가장 옳은 것은?

① OLTP는 주로 데이터 웨어하우스를 기반으로 작동한다.

② OLAP는 데이터의 빠른 입력, 수정, 삭제에 최적화되어 있다.

③ OLTP는 다수의 사용자가 동시에 접근하는 환경을 고려하여 설계된다.

④ OLAP는 데이터의 일관성을 유지하기 위해 정규화된 스키마를 사용한다.

56 다음 중 개인정보 비식별화 기술 중, 데이터 집합에서 특정 개인을 식별할 때 항상 최소 k명 이상의 후보가 존재하도록 하여 재식별을 어렵게 만드는 원칙 또는 상태를 무엇이라고 하는가?

① 가명처리(Pseudonymization)

② k-익명성(k-Anonymity)

③ 총계처리(Aggregation)

④ 차등 정보보호(Differential Privacy)

57 한 온라인 쇼핑몰이 A/B 테스트를 통해 구매 버튼의 색상을 '빨간색'에서 '녹색'으로 변경한 결과, 버튼 클릭률(CTR)은 5% 상승했지만 최종 구매전환율(CVR)은 변화가 없었다. 이 결과에 대한 가장 합리적인 해석은?

① A/B 테스트의 실험 설계가 잘못되었다.

② 버튼 색상 변경은 구매 결정에 아무런 영향을 미치지 않는다.

③ 사용자들이 녹색 버튼을 더 많이 클릭했지만, 구매 결정은 버튼 클릭 이후의 다른 요인(예: 결제 프로세스, 가격)에 의해 좌우된다.

④ 데이터 표본이 부족하여 통계적으로 유의미한 결론을 내릴 수 없다.

58 한 데이터 분석가가 고객의 '연령' 데이터를 분석 모델에 사용하기 위해 '10대', '20대', '30대' 등과 같은 범주로 변환했다. 이러한 데이터 전처리 기법을 무엇이라고 하는가?

① 정규화(Normalization)

② 표준화(Standardization)

③ 범주화 또는 구간화(Discretization or Binning)

④ 원-핫 인코딩(One-Hot Encoding)

59 다음 중 데이터베이스 '뷰(View)'를 사용하는 주된 목적으로 가장 거리가 먼 것은?

① 복잡한 SQL 쿼리를 단순화하여 자주 재사용할 수 있다.

② 데이터베이스의 물리적 저장 공간을 절약할 수 있다.

③ 사용자에게 특정 열이나 행만 노출시켜 데이터 보안을 강화할 수 있다.

④ 여러 테이블을 조인한 결과를 마치 하나의 테이블처럼 보이게 할 수 있다.

60 다음 중 대규모 데이터를 여러 서버에 분산하여 저장하고 처리하는 '하둡(Hadoop)'의 핵심 구성요소가 아닌 것은?

① HDFS(분산 파일 시스템)

② MapReduce(분산 처리 프로그래밍 모델)

③ YARN(자원 관리자)

④ Spark(인메모리 분산 처리 엔진)

61 다음 중 데이터 품질의 차원과 그에 대한 설명의 연결이 가장 옳지 않은 것은?

① 완전성(Completeness) – 필수적인 데이터 항목에 값이 누락되지 않고 채워져 있는 정도

② 유효성(Validity) – 데이터가 미리 정의된 형식이나 범위(예: 성별은 '남' 또는 '여')에 맞는 정도

③ 일관성(Consistency) – 서로 다른 시스템에 있는 동일한 데이터가 서로 일치하는 정도

④ 정확성(Accuracy) – 데이터의 양이 분석을 수행하기에 충분한 정도

62 데이터베이스에서 특정 조건에 맞는 데이터를 빠르게 찾기 위해 책의 '찾아보기'와 같은 역할을 하는 자료구조는?

① 뷰(View) ② 인덱스(Index)
③ 스키마(Schema) ④ 트리거(Trigger)

63 다음 중 분산 데이터베이스 시스템이 반드시 갖추어야 할 '투명성(Transparency)'에 해당하지 않는 것은?

① 위치 투명성 ② 분할 투명성
③ 장애 투명성 ④ 비용 투명성

64 다음 중 데이터 분석 모델의 성능을 평가하는 방법으로, 훈련 데이터를 여러 개의 작은 집합(Fold)으로 나누어 순차적으로 검증 데이터로 사용하고, 나머지 데이터를 훈련에 사용하여 모델의 일반화 성능을 안정적으로 측정하는 기법은?

① 홀드아웃 검증(Hold-out Validation)

② 부트스트래핑(Bootstrapping)

③ k-겹 교차검증(k-fold Cross-Validation)

④ 몬테카를로 시뮬레이션(Monte Carlo Simulation)

65 다음 중 SQL의 GROUP BY 절과 함께 사용되어, 그룹화된 결과에 대한 조건을 지정하여 필터링하는 역할을 하는 명령어는?

① WHERE   ② HAVING

③ ORDER BY   ④ LIMIT

66 다음 중 데이터베이스에서 '데이터에 대한 데이터', 즉 데이터의 구조, 속성, 제약조건 등을 설명하는 데이터를 무엇이라고 하는가?

① 트랜잭션(Transaction)

② 메타데이터(Metadata)

③ 로그 데이터(Log Data)

④ 마스터 데이터(Master Data)

67 다음 중 '데이터를 설명하는 데이터'인 메타데이터를 저장하고 관리하는 시스템 데이터베이스를 무엇이라고 하는가?

① 운영 데이터베이스(Operational Database)

② 데이터 웨어하우스(Data Warehouse)

③ 데이터 딕셔너리(Data Dictionary)

④ 분산 데이터베이스(Distributed Database)

68 다음 중 데이터베이스의 제1 정규형(1NF)을 만족하기 위한 조건으로 가장 옳은 것은?

① 모든 속성은 부분 함수 종속을 제거해야 한다.

② 모든 속성은 이행적 함수 종속을 제거해야 한다.

③ 모든 속성은 원자적인(atomic) 값을 가져야 한다.

④ 모든 결정자가 후보키여야 한다.

69 다음 중 소셜 미디어 게시물, 이메일 본문, 동영상 파일 등과 같이 정해진 구조가 없는 데이터를 저장하고 관리하는 데 가장 적합한 데이터베이스 유형은?

① 관계형 데이터베이스(RDBMS)

② NoSQL 데이터베이스

③ 인메모리 데이터베이스

④ 객체지향 데이터베이스

70 다음 중 통계적 가설 검정에서, 귀무가설이 실제로 참인데도 불구하고 이를 기각하는 오류를 무엇이라고 하는가?

① 제1종 오류(Type I Error)

② 제2종 오류(Type II Error)

③ 표준 오류(Standard Error)

④ 표본 추출 오류(Sampling Error)

71 다음 중 데이터베이스에서 특정 이벤트(예: INSERT, UPDATE, DELETE)가 발생했을 때, 자동으로 실행되도록 정의된 프로시저를 무엇이라고 하는가?

① 뷰(View)

② 인덱스(Index)

③ 스토어드 프로시저(Stored Procedure)

④ 트리거(Trigger)

72 다음 중 데이터베이스에서 트랜잭션이 성공적으로 완료되었음을 확정하고 변경된 내용을 영구적으로 저장하는 SQL 명령어는?

① BEGIN
② COMMIT
③ ROLLBACK
④ SAVEPOINT

73 다음 중 두 연속형 변수 간의 선형적인 관계의 강도와 방향을 나타내는 통계량을 무엇이라고 하는가?

① 공분산(Covariance)
② 상관계수(Correlation Coefficient)
③ 결정계수(R−squared)
④ p−value(유의확률)

74 다음 중 데이터베이스의 성능 향상을 위해 사용자가 자주 사용하는 복잡한 쿼리나 여러 개의 SQL 문을 미리 컴파일하여 저장해 둔 절차를 무엇이라고 하는가?

① 뷰(View)
② 인덱스(Index)
③ 스토어드 프로시저(Stored Procedure)
④ 트리거(Trigger)

75 다음 중 데이터 웨어하우스를 구축할 때, 분석의 기준이 되는 차원(Dimension)들을 중심으로 데이터 모델을 설계하는 방식을 무엇이라고 하는가?

① 정규화(Normalization)
② 다차원 모델링(Multidimensional Modeling)
③ 객체지향 모델링(Object−Oriented Modeling)
④ 계층적 모델링(Hierarchical Modeling)

76 다음 중 데이터의 분포가 한쪽으로 길게 꼬리를 가지는 비대칭적인 형태일 때, 데이터의 중심 경향을 나타내는 대푯값으로 평균(Mean)보다 더 적합한 것은?

① 최빈값(Mode)
② 중앙값(Median)
③ 표준편차(Standard Deviation)
④ 범위(Range)

77 다음 중 대용량 데이터 처리 기술인 하둡(Hadoop)에 대한 설명으로 가장 옳지 않은 것은?

① 여러 대의 저렴한 서버를 연결하여 병렬로 데이터를 처리하는 분산 컴퓨팅 기술이다.
② HDFS라는 분산 파일 시스템을 통해 대용량 파일을 여러 서버에 나누어 저장한다.
③ MapReduce라는 프로그래밍 모델을 사용하여 분산된 데이터를 처리한다.
④ 주로 실시간 스트리밍 데이터의 빠른 처리를 위해 사용된다.

78 다음 중 "만약 고객이 기저귀를 구매하면, 맥주도 함께 구매할 가능성이 높다"와 같은 규칙을 데이터에서 발견하는 데이터 마이닝 기법은?

① 분류 분석
② 군집 분석
③ 회귀 분석
④ 연관 규칙 분석

79 다음 중 데이터베이스에서 '데이터의 중복'으로 인해 데이터 수정 시 발생하는 이상 현상(Anomaly)에 해당하지 않는 것은?

① 삽입 이상
② 삭제 이상
③ 갱신 이상
④ 조회 이상

80 다음 중 데이터 분석 모델의 성능 평가 지표에 대한 설명으로 가장 옳지 않은 것은?

① 정확도(Accuracy)는 전체 데이터 중 모델이 올바르게 예측한 데이터의 비율이다.

② 정밀도(Precision)는 모델이 'Positive'로 예측한 것 중에서 실제로 'Positive'인 것의 비율이다.

③ 재현율(Recall)은 실제 'Positive'인 것 중에서 모델이 'Positive'로 예측한 것의 비율이다.

④ F1 점수(F1 Score)는 정밀도와 재현율의 산술평균으로, 두 지표가 균형을 이룰 때 높은 값을 가진다.

81 다음 중 NoSQL 데이터베이스의 한 유형으로, 데이터를 '노드'와 '엣지'로 구성된 그래프 구조로 저장하여 데이터 간의 복잡한 관계를 탐색하는 데 최적화된 것은?

① 문서 지향 데이터베이스(예: MongoDB)

② 열 기반 저장소(예: Cassandra)

③ 그래프 데이터베이스(예: Neo4j)

④ 키–값 저장소(예: Redis)

82 다음 중 제3 정규형(3NF)이 해결하고자 하는 문제점은?

① 다치 종속성(Multi-valued Dependency)

② 부분 함수 종속성(Partial Functional Dependency)

③ 이행적 함수 종속성(Transitive Functional Dependency)

④ 결정자가 후보키가 아닌 함수 종속성

83 다음 중 데이터 처리 아키텍처에서, 데이터가 생성되는 즉시 실시간으로 처리하여 분석하는 방식을 무엇이라고 하는가?

① 배치 처리(Batch Processing)

② 스트림 처리(Stream Processing)

③ 대화형 처리(Interactive Processing)

④ 분산 처리(Distributed Processing)

84 다음 중 데이터베이스의 보안을 위해, 사용자가 특정 테이블의 모든 데이터를 볼 수 없고 자신이 필요한 특정 열이나 행만 볼 수 있도록 제한하고 싶을 때 가장 유용한 기능은?

① 인덱스(Index)

② 뷰(View)

③ 프로시저(Procedure)

④ 시퀀스(Sequence)

85 다음 중 데이터베이스에서 트랜잭션이 가져야 할 4가지 특성(ACID) 중, 하나의 트랜잭션이 실행되는 동안에는 다른 트랜잭션이 끼어들 수 없음을 보장하는 성질은?

① 원자성(Atomicity)

② 일관성(Consistency)

③ 고립성(Isolation)

④ 지속성(Durability)

86 다음 중 '데이터를 설명하는 데이터'인 메타데이터를 관리하는 시스템을 무엇이라고 하는가?

① 트랜잭션 관리 시스템

② 데이터베이스 관리 시스템

③ 데이터 딕셔너리/메타데이터 저장소

④ 파일 관리 시스템

87 다음 중 데이터 분석 과정에서 데이터의 분포가 심하게 왜곡되어 있거나, 변수 간의 관계가 비선형적일 때, 이를 완화하기 위해 흔히 사용되는 데이터 변환 방법은?

① 표준화(Standardization)

② 로그 변환(Log Transformation)

③ 원-핫 인코딩(One-Hot Encoding)

④ 파생변수 생성(Feature Engineering)

88 다음 중 데이터베이스에서 특정 조건이 만족되면 자동으로 실행되는 SQL 코드 블록으로, 데이터 무결성 유지나 업무 규칙 자동화에 사용되는 것은?

① 함수(Function)

② 뷰(View)

③ 트리거(Trigger)

④ 인덱스(Index)

89 다음 중 데이터 전처리 과정에서 범주형 변수를 0과 1의 값을 가지는 여러 개의 새로운 이진 변수로 변환하는 기법은?

① 레이블 인코딩

② 원-핫 인코딩

③ 표준화

④ 정규화

90 다음 중 두 집단의 평균이 통계적으로 유의미하게 다른 지를 검정하는 데 사용되는 가설 검정 방법은?

① 카이제곱 검정

② 상관 분석

③ t-검정(t-test)

④ 회귀 분석

91 다음 중 데이터베이스에서 'NULL' 값에 대한 설명으로 가장 옳지 않은 것은?

① 아직 알려지지 않았거나 존재하지 않는 값을 의미한다.

② 숫자 0이나 공백 문자("")와 동일한 의미를 가진다.

③ 기본키(Primary Key)로 지정된 컬럼은 NULL 값을 가질 수 없다.

④ 집계 함수(예: COUNT, SUM, AVG) 계산 시 일반적으로 제외된다.

92 다음 중 분석을 위해 여러 소스로부터 데이터를 통합하는 ETL 과정에서, 'Transform(변환)' 단계에 해당하지 않는 활동은?

① 운영 데이터베이스에서 필요한 데이터를 추출(Extract)하는 작업

② 데이터의 오류나 결측치를 수정하고 정제하는 작업

③ 서로 다른 시스템의 코드 값을 표준화하는 작업

④ 분석에 필요한 파생변수를 생성하는 작업

93 다음 중 BI(비즈니스 인텔리전스) 시스템의 최종 결과물을 사용자가 쉽게 이해하고 활용할 수 있도록, 차트, 그래프, 표 등을 이용해 시각적으로 표현하는 것을 무엇이라고 하는가?

① 데이터 웨어하우징

② 데이터 마이닝

③ 데이터 시각화(Data Visualization)

④ 데이터 거버넌스

94 다음 중 데이터베이스에서 '정규화'의 장점으로 보기 어려운 것은?

① 데이터 중복성 감소
② 데이터 무결성 향상
③ 데이터 수정 이상 현상 방지
④ 데이터 조회 성능 향상

95 다음 중 '데이터를 제품처럼(Data as a Product)' 관리한다는 개념과 가장 관련이 깊은 최신 데이터 아키텍처 패러다임은?

① 데이터 웨어하우스
② 데이터 레이크
③ 데이터 메시
④ 데이터 파이프라인

96 다음 중 '지도 학습(Supervised Learning)'에 해당하는 데이터 마이닝 기법으로만 짝지어진 것은?

① 분류, 회귀
② 군집, 연관 규칙
③ 분류, 군집
④ 회귀, 연관 규칙

97 다음 중 데이터베이스에서 특정 쿼리의 실행 속도를 높이기 위해 가장 먼저 고려해야 할 조치는?

① 테이블의 모든 데이터를 삭제 후 재입력한다.
② 데이터베이스 서버의 CPU를 업그레이드한다.
③ 쿼리의 WHERE 절이나 JOIN 조건에 사용되는 컬럼에 인덱스를 생성한다.
④ 테이블의 모든 컬럼을 VARCHAR 타입으로 변경한다.

98 다음 중 비즈니스 인텔리전스(BI) 도구인 태블로(Tableau)나 파워 BI(Power BI)가 지향하는 가장 핵심적인 가치는?

① 데이터의 안전한 장기 보관
② 대규모 데이터의 실시간 분산 처리
③ 비전문가도 쉽게 데이터를 탐색하고 시각화할 수 있는 '셀프서비스 분석'
④ 복잡한 통계 모델의 정교한 튜닝

99 다음 중 데이터베이스에서 트랜잭션의 4가지 특성(ACID) 중, 트랜잭션이 성공적으로 완료되면 그 결과는 시스템에 영구적으로 저장되어야 한다는 성질은?

① 원자성(Atomicity)
② 일관성(Consistency)
③ 고립성(Isolation)
④ 지속성(Durability)

100 한 기업이 데이터 웨어하우스에 저장된 고객 데이터를 분석하여 'VIP 고객 그룹'을 식별했다. 이 'VIP 고객 그룹' 리스트를 다시 CRM 시스템으로 전송하여 해당 고객들에게만 특별 할인 쿠폰을 발송하는 자동화 프로세스를 무엇이라고 하는가?

① ETL(Extract, Transform, Load)
② ELT(Extract, Load, Transform)
③ 데이터 마이닝(Data Mining)
④ 리버스 ETL(Reverse ETL)

기본 문제 정답 및 해설

01 ②	02 ④	03 ③	04 ②	05 ④
06 ②	07 ③	08 ④	09 ④	10 ③
11 ④	12 ②	13 ③	14 ③	15 ②
16 ②	17 ④	18 ③	19 ③	20 ③
21 ①	22 ③	23 ③	24 ④	25 ②
26 ②	27 ③	28 ④	29 ②	30 ③
31 ③	32 ②	33 ②	34 ②	35 ②
36 ③	37 ③	38 ④	39 ③	40 ④
41 ②	42 ③	43 ③	44 ②	45 ④
46 ②	47 ③	48 ②	49 ③	50 ④

01 데이터는 DIKW 계층의 가장 기본 단계로, 어떠한 해석이나 맥락도 부여되지 않은 원시적인 사실 그 자체를 의미한다. ①은 정보, ③은 지식, ④는 지혜에 대한 설명이다.

02 소셜 미디어의 댓글과 같은 자연어 텍스트는 정해진 구조가 없는 대표적인 '비정형 데이터'이다. 정형 데이터는 행과 열의 구조를 가진다.

03 페이지뷰 수는 0, 1, 2, 3... 과 같이 셀 수 있는 정수 값으로 측정되므로 이산형 데이터이다.

① 평균 방문객 수는 소수점이 나올 수 있는 연속형 데이터이며, ②,④는 측정 정밀도에 따라 무한한 값을 가질 수 있는 대표적인 연속형 데이터이다.

04 탐색적 데이터 분석(EDA)은 본격적인 분석에 앞서 데이터를 다양한 관점에서 관찰하고 탐색하며, 데이터의 특징과 구조를 이해하고 분석 방향에 대한 가설을 수립하는 과정이다.

05 NoSQL 데이터베이스는 고정된 스키마 없이 자유로운 데이터 저장이 가능하며(유연성), 고가의 서버 한 대로 성능을 높이는 대신 여러 대의 저렴한 서버를 연결하여 시스템을 확장(수평적 확장)하는 데 최적화되어 있다. ①, ②, ③은 모두 RDBMS의 특징이다.

06 개념 스키마는 데이터베이스에 저장되는 모든 데이터 객체, 관계, 제약 조건 등을 포함하는 전체적인 논리적 설계도이다. 데이터베이스에는 단 하나의 개념 스키마만 존재한다.

07 개체 무결성은 기본키에 대한 제약조건으로, 기본키는 NULL 값을 가질 수 없으며 중복된 값을 가져서도 안 된다는 규칙이다. 이를 통해 테이블의 모든 행이 고유하게 식별될 수 있다.

08 외래키(Foreign Key)는 한 테이블의 속성이 다른 테이블의 기본키를 참조하여, 두 테이블 간의 관계를 연결하는 역할을 한다.

09 CREATE, ALTER, DROP은 테이블이나 데이터베이스의 구조를 정의하고 변경, 삭제하는 데이터 정의어(DDL)이다. SELECT는 데이터를 조회하는 데이터 조작어(DML)이다.

10 데이터 스케일링은 변수들의 값의 범위를 조정하는 데이터 변환 기법이다. 대표적인 방법으로 정규화(Normalization)와 표준화(Standardization)가 있다.

11 다양성(Variety)은 빅데이터의 특징(3V) 중 하나이다. 데이터 품질을 평가하는 주요 차원에는 정확성, 완전성, 일관성, 유일성, 유효성, 적시성 등이 있다.

12 ELT는 데이터를 먼저 적재하고 나중에 변환하는 방식으로, 클라우드 데이터 웨어하우스의 강력한 컴퓨팅 성능을 활용하여 원시 데이터를 보존하면서 유연한 분석을 가능하게 한다.

13 분류는 '정답'이 있는 데이터를 학습하여 새로운 데이터의 범주를 예측하는 대표적인 지도 학습 기법이다. ①은 군집 분석, ②는 연관 규칙 분석, ④는 회귀 분석에 대한 설명이다.

14 군집 분석은 정답 없이 데이터의 유사성을 기반으로 자연스러운 그룹을 찾아내는 비지도 학습 기법이다. 고객의 특성에 따라 유사한 그룹으로 묶는 '고객 세분화'에 가장 적합하다.

15 트랜잭션은 '모두 실행되거나, 모두 실행되지 않아야 하는' 논리적인 작업 단위이다. DBMS는 트랜잭션 관리를 통해 여러 사용자가 동시에 데이터에 접근하더라도 데이터의 일관성과 무결성을 보장한다.

16 과적합은 모델이 데이터의 일반적인 패턴을 넘어 노이즈까지 학습한 상태를 의미한다. 이를 방지하기 위해 데이터 양을 늘리거나, 모델의 복잡도를 낮추거나, 교차 검증을 사용하는 등의 방법이 필요하다.

17 정보 보안의 3대 목표는 CIA, 즉 기밀성, 무결성, 가용성이다. 책임성(또는 추적성)은 보안의 중요한 원칙 중 하나이지만, 전통적인 3대 요소에는 포함되지 않는다.

18 역할 기반 접근 제어(RBAC)는 사용자 개인이 아닌 '역할'에 권한을 부여함으로써, 관리의 편의성과 효율성을 높이고 최소 권한 원칙을 구현하기 용이하여 가장 널리 사용된다.

19 가명정보는 개인정보의 일부를 대체하여 추가 정보 없이는 특정 개인을 알아볼 수 없도록 처리한 정보이다. 데이터 3법 개정으로 인해, 안전조치를 전제로 정보 주체의 동의 없이도 제한된 목적 하에 활용이 가능해졌다.

20 ACID는 트랜잭션이 안전하게 수행되기 위해 반드시 보장해야 할 4가지 특성으로, 원자성(Atomicity), 일관성(Consistency), 고립성(Isolation), 지속성(Durability)을 의미한다. 유연성은 ACID 속성에 해당하지 않는다.

21 결측치가 포함된 행을 무조건 삭제하는 것은 간단하지만, 귀중한 데이터 손실을 유발하고 분석 결과의 왜곡을 가져올 수 있어 가장 마지막에 고려해야 할 방법이다. 특히 결측치의 비율이 높을 경우 심각한 문제가 될 수 있다.

22 OLTP 시스템(예: 은행 ATM, 쇼핑몰)은 불특정 다수의 일반 사용자가 동시에 접속하여 거래를 처리한다. 반면, OLAP 시스템은 주로 기업 내부의 소수 경영진이나 분석가들이 의사결정을 위해 사용한다.

23 데이터 웨어하우스는 대량의 데이터를 조회하고 분석하는 데 최적화되어 있으며, 한 번 적재된 데이터는 거의 변경되지 않는 '비휘발성' 특징을 가진다. 실시간 거래 처리에 최적화된 시스템은 OLTP 데이터베이스이다.

24 그래프 데이터베이스는 데이터 간의 복잡하고 다층적인 관계를 표현하고 탐색하는 데 최적화되어 있다. 소셜 네트워크 분석, 추천 엔진 등에 주로 활용된다.

25 표준화(Z-score Standardization)는 데이터의 각 값에서 평균을 빼고 표준편차로 나누어, 데이터의 분포를 평균이 0이고, 표준편차가 1인 형태로 변환하는 방법이다.

26 뷰는 실제 데이터를 저장하고 있지는 않지만, 사용자에게는 마치 실제 테이블처럼 보이는 가상의 테이블이다. 복잡한 쿼리를 단순화하거나, 사용자에게 특정 데이터만 노출시켜 보안을 강화하는 목적으로 사용된다.

27 데이터 중복은 동일한 데이터가 여러 곳에 저장되어 저장 공간을 낭비하고, 데이터 수정 시 일부만 변경되어 발생하는 불일치 문제나 이상 현상의 원인이 된다. 데이터 접근 속도를 향상시키는 것과는 관련이 없다.

28 DBMS의 주요 기능은 데이터베이스의 구조를 정의(DDL), 데이터를 조작(DML), 접근을 제어(DCL)하는 것이다. 운영체제 기능은 DBMS가 아닌, 컴퓨터 시스템의 하드웨어를 관리하는 별개의 시스템 소프트웨어이다.

29 데이터 레이크는 모든 종류의 데이터를 원래 형태 그대로 저장하고, 데이터 분석 시점에 필요에 따라 구조를 정의하여 사용하는(Schema-on-Read) 유연한 저장소이다.

30 이항분포는 정해진 횟수(n)의 독립적인 시행에서 각각의 시행이 성공할 확률(p)이 일정할 때, 성공 횟수(k)의 확률 분포를 나타낸다.

31 구간척도(예: 섭씨 온도)는 순서와 간격의 의미는 있지만, 절대적인 기준점인 '0'이 존재하지 않는다. 따라서 덧셈과 뺄셈은 가능하지만, 비율 계산(곱셈, 나눗셈)은 불가능하다(예: 20℃가 10℃보다 2배 덥다고 말할 수 없다.).

32 동시성 제어는 여러 트랜잭션이 동시에 실행될 때, 서로 간섭하지 않고 독립적으로 실행되는 것처럼 보이게 하여 데이터베이스의 일관성을 유지하는 기능이다. 로킹(Locking) 기법 등이 대표적이다.

33 드릴다운은 사용자가 전체적인 현황을 보다가 궁금한 부분이 생겼을 때, 더 깊이 파고들어 상세 데이터를 확인하는 분석 행위이다(예: '연도별' 매출→'분기별' 매출→'월별' 매출).

34 다중공선성은 회귀분석에서 독립 변수들 사이에 강한 선형 관계가 존재할 때 발생한다. 이 경우, 각 독립 변수가 종속 변수에 미치는 개별적인 영향을 정확하게 추정하기 어려워져 모델의 해석이 불안정해진다.

35 데이터 마트는 데이터 웨어하우스의 부분 집합으로, 특정 사용자 그룹(예: 마케팅팀)의 분석 요구에 맞춰 필요한 데이터만으로 구성하여 더 빠르고 쉽게 데이터에 접근할 수 있도록 만든다.

36 데이터 암호화는 데이터를 인가된 사용자만 알아볼 수 있도록 변환하는 '보안' 기술이다. 비식별화는 개인을 알아볼 수 없도록 데이터를 변형하여 '활용'하는 데 목적이 있다. 암호화된 데이터는 복호화 키가 있으면 원본으로 되돌릴 수 있지만, 비식별화된 데이터는 원본으로 복원하기 어렵거나 불가능하다.

36 자동화된 프로그램으로 너무 짧은 시간 내에 많은 요청을 보내면 대상 서버에 서비스 거부(DoS) 공격과 유사한 부담을 줄 수 있다. 따라서 요청 사이에 time.sleep()과 같은 함수를 사용하여 적절한 시간 간격을 두는 것은 '착한 크롤러'의 기본 에티켓이다.

37 인덱스는 책의 '찾아보기'와 같은 역할을 한다. 인덱스를 사용하면 전체 테이블을 다 검색하지 않고도 원하는 데이터가 저장된 위치로 빠르게 접근할 수 있어, 데이터 검색(SELECT) 속도를 획기적으로 향상시킨다.

39 데이터 품질이 낮은 것(예: 결측치, 오류 데이터)과 데이터의 양이 많아 스토리지 비용이 증가하는 것은 직접적인 관련이 없다. 오히려 중복된 데이터가 많은 경우 스토리지 비용이 증가할 수 있으나, 이는 품질의 여러 차원 중 하나일 뿐이다. ①, ②, ④는 모두 낮은 데이터 품질로 인해 발생하는 직접적인 문제점이다.

40 카이제곱 검정은 관찰된 빈도가 기대 빈도와 통계적으로 유의미하게 다른 지를 검정하는 방법으로, 두 범주형 변수 간의 연관성 유무를 판단하는 데 널리 사용된다.

41 로킹은 특정 데이터에 대해 하나의 트랜잭션이 독점적인 사용 권한(Lock)을 획득하고, 다른 트랜잭션의 접근을 막아 데이터의 일관성을 유지하는 동시성 제어 기법이다.

42 Z-점수 표준화는 '수치형 데이터'의 스케일을 조정하는 기법이다. ①, ②, ④는 모두 '범주형 데이터'(예: '서울', '부산', '대구')를 머신러닝 모델이 이해할 수 있는 숫자(0, 1, 2 등)나 벡터([1,0,0], [0,1,0])로 변환하는 기법이다.

43 데이터의 특성에 맞는 적절한 데이터 타입(예: 작은 정수에는 INT 대신 SMALLINT 사용)을 사용하는 것은, 오히려 저장 공간을 효율적으로 사용하고 성능을 향상시키는 데 도움이 된다. ①, ②, ④는 모두 대표적인 데이터베이스 성능 저하의 원인이다.

44 파레토 분석은 여러 문제나 원인 중 가장 큰 비중을 차지하는 소수의 '핵심 다수(Vital Few)'를 식별하여, 개선 활동의 우선순위를 정하는 데 사용되는 기법이다.

45 데이터 딕셔너리는 데이터베이스의 모든 구조 정보(메타데이터)를 담고 있는 시스템 데이터베이스이다. DBMS는 모든 데이터 처리 요청을 실행하기 전에, 데이터 딕셔너리를 통해 해당 요청의 유효성을 먼저 검사한다.

46 생존자 편향은 분석 과정에서 실패하거나 탈락한 사례(격추된 비행기)는 고려하지 않고, 성공적으로 살아남은 사례(돌아온 비행기)만을 대상으로 분석하여 잘못된 결론을 도출하는 대표적인 논리적 오류이다.

47 정규화는 데이터의 중복을 제거하고, 데이터 종속성을 논리적으로 정리하여 데이터의 일관성과 무결성을 높이는 과정이다. 이를 통해 데이터 수정 시 발생할 수 있는 이상 현상(Anomaly)을 방지한다.

48 아이스크림 판매량과 익사 사고율은 직접적인 인과관계가 없다. 두 변수는 모두 '여름 기온 상승'이라는 제3의 변수(교란 변수)에 의해 함께 증가하는 것처럼 보이는 허위 관계에 있다.

49 GRANT는 데이터베이스 사용자에게 특정 테이블이나 객체에 대한 접근 및 조작 권한(예: SELECT, INSERT, UPDATE)을 부여하는 데이터 제어어(DCL)이다. 권한을 회수하는 명령어는 REVOKE이다.

50 제시된 조건(장기간 구매 부재, 최근 활동 부재)은 고객이 서비스를 더 이상 이용하지 않고 이탈할 가능성이 매우 높다는 강력한 신호이다. 기업은 이 그룹을 대상으로 이탈 방지를 위한 별도의 마케팅 활동을 수행해야 한다.

51 ①	52 ②	53 ③	54 ④	55 ③
56 ②	57 ③	58 ③	59 ②	60 ④
61 ④	62 ②	63 ④	64 ③	65 ②
66 ②	67 ③	68 ③	69 ②	70 ①
71 ④	72 ②	73 ②	74 ③	75 ②
76 ②	77 ④	78 ④	79 ④	80 ④
81 ③	82 ③	83 ②	84 ②	85 ③
86 ③	87 ②	88 ③	89 ②	90 ③
91 ②	92 ①	93 ③	94 ④	95 ③
96 ①	97 ③	98 ③	99 ④	100 ④

51 GRANT는 사용자에게 특정 권한(예: SELECT, INSERT)을 부여하는 데이터 제어어(DCL)이며, REVOKE는 부여된 권한을 회수하는 명령어이다.

52 'Schema—on—Read'(읽기 시점에 스키마 정의) 방식은 원시 데이터를 그대로 저장했다가 분석할 때 구조를 정의하는 '데이터 레이크'의 특징이다. 데이터 웨어하우스는 데이터를 저장하기 전에 미리 스키마를 엄격하게 정의하는 'Schema—on—Write' 방식을 사용한다.

53 복합키는 두 개 이상의 속성(컬럼)을 조합하여 기본키로 사용하는 것을 의미한다. 이 경우, '학번' 하나만으로는, 또는 '과목코드' 하나만으로는 각 행을 고유하게 식별할 수 없으므로 두 속성을 조합하여 기본키로 사용한 것이다.

54 정규화는 데이터를 여러 테이블로 분리하여 중복을 제거하는 과정이다. 이로 인해 데이터를 조회할 때 여러 테이블을 조인(JOIN)해야 하는 경우가 많아져, 오히려 '조회' 성능은 저하될 수 있다. 쿼리 속도를 향상시키는 것은 주로 반정규화(De—normalization)의 목적이다.

55 OLTP 시스템(예: 온라인 쇼핑몰, 은행 시스템)은 불특정 다수의 사용자가 동시에 접속하여 거래를 처리하는 환경이므로, 동시성 제어와 빠른 응답 시간이 매우 중요하다. ①, ②, ④는 OLAP와 OLTP의 특징을 반대로 설명하고 있다.

56 k-익명성은 비식별화 조치가 달성해야 하는 프라이버시 보호 수준을 정의하는 원칙이다. 예를 들어, 3-익명성은 특정 정보와 일치하는 사람이 데이터 집합 내에 항상 3명 이상 존재하도록 보장하는 것을 의미한다.

57 이 사례는 퍼널(Funnel)의 특정 단계 개선이 반드시 최종 목표 전환으로 이어지지는 않음을 보여준다. 버튼 클릭(상위 퍼널)은 성공적으로 개선했지만, 클릭 이후의 결제 페이지 등 하위 퍼널에 또 다른 이탈 요인이 존재할 수 있음을 시사한다. 따라서 다음 분석은 '결제 단계 이탈률'에 집중해야 한다.

58 범주화는 연속형 데이터를 일정한 구간이나 기준에 따라 범주형 데이터로 변환하는 과정이다. 이를 통해 데이터의 특성을 단순화하고, 특정 분석 모델의 성능을 향상시킬 수 있다.

59 뷰는 실제 데이터를 저장하지 않고, 기본 테이블에 대한 쿼리 정의만을 저장하는 '가상의 테이블'이다. 따라서 뷰 자체는 물리적 저장 공간을 거의 차지하지 않지만, 저장 공간을 '절약'하는 것이 주된 사용 목적은 아니다. ①, ③, ④는 모두 뷰를 사용하는 핵심적인 이유이다.

60 Spark는 하둡의 MapReduce가 가진 디스크 기반 처리의 한계를 극복하기 위해 개발된, 별개의 고속 인메모리 분산 처리 엔진이다. 하둡 생태계와 매우 긴밀하게 연동되지만, 하둡의 3대 핵심 구성요소는 HDFS, MapReduce, YARN이다.

61 정확성은 데이터가 실제 세상의 값과 얼마나 일치하는지를 나타내는 척도이다. 데이터의 양이 충분한지는 '충분성' 또는 분석 목적에 따라 판단할 문제이며, 데이터 품질의 핵심 차원인 정확성과는 다른 개념이다.

62 인덱스는 특정 컬럼의 값과 해당 값이 저장된 위치를 미리 정렬하여 저장해두는 자료구조이다. 인덱스를 사용하면 전체 테이블을 다 검색하지 않고도 원하는 데이터로 빠르게 접근할 수 있어 검색 속도를 크게 향상시킨다.

63 분산 데이터베이스의 투명성은 사용자가 분산된 환경을 인지하지 못하고 마치 하나의 시스템처럼 느끼게 하는 특성을 의미한다. 위치, 분할, 복제, 병행, 장애 투명성 등이 있다. '비용 투명성'은 분산 데이터베이스의 공식적인 투명성 유형에 포함되지 않는다.

64 k-겹 교차검증은 데이터를 k개의 부분집합으로 나누고, 그중 하나를 검증 세트로, 나머지를 훈련 세트로 사용하는 과정을 k번 반복하여 모델 성능의 평균과 분산을 구하는 방법이다. 이를 통해 모델이 특정 데이터 분할에 과적합되는 것을 방지하고 일반화 성능을 더 신뢰성 있게 측정할 수 있다.

65 WHERE 절이 그룹화 전의 개별 행에 대한 조건을 지정하는 반면, HAVING 절은 GROUP BY를 통해 생성된 그룹에 대한 조건을 지정한다. 예를 들어, "평균 급여가 5000 이상인 부서만 조회"와 같은 쿼리에 사용된다.

66 메타데이터는 데이터베이스의 스키마, 테이블 정의, 컬럼 타입, 제약조건 등 데이터의 구조와 속성을 설명하는 데이터이다. 이는 데이터 딕셔너리 또는 시스템 카탈로그에 저장된다.

67 데이터 딕셔너리(또는 시스템 카탈로그)는 DBMS가 스스로를 관리하기 위해 사용하는 특별한 데이터베이스로, 모든 테이블, 뷰, 인덱스, 사용자, 권한 등의 메타데이터를 저장한다.

68 제1 정규형은 테이블의 모든 속성 값이 더 이상 분해될 수 없는 단일 값, 즉 원자 값을 갖도록 하는 것이다. 예를 들어, '취미'라는 컬럼에

'독서, 영화감상'과 같이 여러 값이 들어가는 것을 방지한다.

69 NoSQL 데이터베이스는 유연한 스키마 또는 스키마가 없는 구조를 가지고 있어, 형태가 일정하지 않은 비정형 데이터를 저장하고 처리하는 데 매우 적합하다.

70 제1종 오류는 '효과가 없는데, 효과가 있다고 잘못 판단하는 오류'이다. 이 오류를 범할 최대 허용 확률을 유의수준(α)이라고 한다.

71 트리거는 특정 테이블에 데이터 변경 작업이 발생하면, 이와 연관된 다른 작업을 자동으로 수행하도록 하는 데이터베이스 객체이다. 데이터의 무결성을 유지하거나 복잡한 비즈니스 규칙을 구현하는 데 사용된다.

72 COMMIT은 트랜잭션 내에서 수행된 모든 작업을 성공적으로 완료하고, 그 결과를 데이터베이스에 영구적으로 반영하는 명령어이다.

73 상관계수는 −1에서 +1 사이의 값을 가지며, 두 변수가 함께 움직이는 관계의 정도를 나타낸다. +1에 가까울수록 강한 양의 상관관계, −1에 가까울수록 강한 음의 상관관계, 0에 가까울수록 관계가 없음을 의미한다.

74 스토어드 프로시저는 데이터베이스 서버에 저장되어 실행되는 일련의 SQL 문들의 집합이다. 네트워크 트래픽을 줄이고, 재사용성을 높이며, 일관된 방식으로 데이터를 처리할 수 있어 성능과 보안을 향상시킨다.

75 다차원 모델링은 데이터를 측정할 값(Fact)과 분석의 기준이 되는 여러 차원(Dimension)으로 구분하여, 사용자가 데이터를 다차원적인 관점에서 쉽게 분석할 수 있도록 하는 데이터 모델링 방식이다. 스타 스키마, 눈꽃 스키마가 대표적이다.

76 중앙값은 데이터를 크기순으로 정렬했을 때 정확히 가운데에 위치하는 값으로, 극단적인 값(이상값)의 영향을 받지 않는다. 따라서 소득 분포처럼 분포가 한쪽으로 치우친 데이터의 중심 경향을 더 안정적으로 나타낸다.

77 하둡의 MapReduce는 디스크 기반의 배치(Batch) 처리에 최적화되어 있어, 대용량 데이터를 안정적으로 처리하는 데는 강점이 있지만 실시간 처리에는 적합하지 않다. 실시간 스트리밍 처리는 주로 Spark, Flink, Storm과 같은 기술을 사용한다.

78 연관 규칙 분석은 대규모 데이터 집합에서 항목들 간에 자주 함께 발생하는 관계나 패턴을 'If-Then' 형태의 규칙으로 찾아내는 기법으로, 장바구니 분석이 대표적인 예시이다.

79 정규화되지 않은 테이블에서 데이터 중복으로 인해 발생하는 주요 이상 현상은 삽입, 삭제, 갱신 이상이다. '조회 이상'은 일반적으로 사용되는 이상 현상의 유형이 아니다.

80 F1 점수는 정밀도와 재현율의 '조화평균'이다. 조화평균은 두 지표 중 어느 한쪽으로 치우치지 않고 둘 다 높은 값을 가질 때 높은 점수가 나오도록 하는 특성이 있어, 데이터가 불균형할 때 모델 성능을 평가하는 데 유용하다.

81 그래프 데이터베이스는 소셜 네트워크 분석, 추천 엔진, 사기 탐지 시스템 등 데이터 간의 관계를 깊고 빠르게 탐색해야 하는 분야에 특화된 NoSQL 데이터베이스이다.

82 제3 정규형은 제2 정규형을 만족하고, 기본키가 아닌 모든 속성들이 서로에게 종속되는, 즉 'A→B이고 B→C일 때 A→C가 성립'하는 이행적 함수 종속을 제거한 형태이다.

83 스트림 처리는 끊임없이 흘러 들어오는(Streaming) 데이터를 실시간으로 처리하고 분석하는 기술이다. 주가 변동 분석, 실시간 사기 탐지, IoT 센서 데이터 분석 등에 사용된다.

84 뷰(View)는 하나 이상의 기본 테이블로부터 유도된 가상의 테이블로, 사용자에게는 실제 테이블처럼 보인다. 뷰를 생성할 때 특정 열만 선택하거나 특정 조건을 만족하는 행만 보여주도록 정의함으로써, 데이터 보안을 강화하고 복잡한 쿼리를 단순화할 수 있다.

85 고립성(또는 격리성)은 여러 트랜잭션이 동시에 실행될 때, 각 트랜잭션이 마치 혼자 실행되는 것처럼 다른 트랜잭션의 영향을 받지 않도록 보장하는 특성이다.

86 데이터 딕셔너리 또는 메타데이터 저장소는 데이터베이스의 스키마, 테이블, 컬럼, 제약 조건 등 모든 메타데이터를 체계적으로 저장하고 관리하는 시스템 카탈로그이다.

87 로그 변환은 큰 값은 상대적으로 작게, 작은 값은 상대적으로 크게 만들어 데이터의 분포를 정규분포에 가깝게 만들고, 변수 간의 비선형적인 관계를 선형적인 관계로 변환하는 효과가 있어 분석 모델의 성능을 향상시키는 데 자주 사용된다.

88 트리거는 특정 테이블에 INSERT, UPDATE, DELETE와 같은 이벤트가 발생했을 때, 이와 연관된 다른 작업을 자동으로 수행하도록 정의된 프로시저이다.

89 원-핫 인코딩은 '서울', '부산', '대구'와 같은 범주형 변수를 '서울여부' [1,0,0], '부산여부' [0,1,0], '대구여부' [0,0,1]와 같이, 각 범주에 해당하는 컬럼만 1이고 나머지는 0인 벡터로 변환하는 기법이다.

90 t-검정은 두 집단의 평균 간에 차이가 있는지, 또는 특정 집단의 평균이 특정 값과 차이가 있는지를 통계적으로 검정하는 데 사용되는 대표적인 방법이다.

91 NULL은 '값이 없음'을 나타내는 특별한 상태이며, 숫자 0이나 공백 문자(길이가 0인 문자열)와는 명백히 다른 개념이다.

92 ①은 ETL 과정의 첫 번째 단계인 '추출 (Extract)'에 해당한다. ②, ③, ④는 모두 추출된 데이터를 분석에 적합하게 가공하는 '변환(Transform)' 단계의 주요 활동이다.

93 데이터 시각화는 복잡한 데이터 분석 결과를 인간이 직관적으로 이해하고 통찰을 얻을 수 있도록 시각적인 형태로 변환하는 모든 과정과 기술을 의미한다.

94 정규화는 데이터를 여러 테이블로 분리하므로, 원하는 정보를 얻기 위해 여러 테이블을 조인(JOIN)해야 하는 경우가 많아져 오히려 조회 성능은 저하될 수 있다. 조회 성능 향상은 주로 반정규화의 목적이다.

95 데이터 메시는 각 도메인 팀이 자신의 데이터를 단순한 자산이 아닌, 다른 팀이 쉽게 발견하고 신뢰하며 사용할 수 있는 고품질의 '제품'으로 취급하고 관리해야 한다는 원칙을 핵심으로 한다.

96 지도 학습은 '정답'이 있는 데이터를 학습하는 방식이다. 분류는 데이터의 범주를 예측하고, 회귀는 연속적인 값을 예측하는 대표적인 지도 학습 기법이다. 군집과 연관 규칙은 정답 없이 데이터의 구조를 파악하는 비지도 학습이다.

97 인덱스는 데이터 검색 시 전체 테이블을 스캔하지 않고 원하는 데이터로 빠르게 접근할 수 있도록 돕는 가장 기본적인 성능 튜닝 방법이다. 특히 WHERE 절이나 JOIN 조건에 자주 사용되는 컬럼에 인덱스를 생성하면 조회 성능을 획기적으로 개선할 수 있다.

98 태블로나 파워 BI와 같은 현대적인 BI 도구의 핵심은, IT 전문가의 도움 없이 현업 사용자가 직접 데이터를 연결하고, 드래그 앤 드롭 방식으로 시각화하며, 인터랙티브한 대시보드를 통해 스스로 인사이트를 발견하는 '셀프서비스 BI' 환경을 제공하는 것이다.

99 지속성은 성공적으로 완료된 트랜잭션의 결과는 시스템 장애가 발생하더라도 사라지지 않고 영구적으로 데이터베이스에 기록되어야 함을 보장하는 특성이다.

100 리버스 ETL은 데이터 웨어하우스와 같은 분석 시스템에서 생성된 인사이트(분석 결과)를 다시 CRM, 마케팅 자동화 툴 등 실제 업무가 이루어지는 운영 시스템으로 되돌려 보내는 과정이다. 이는 분석 결과를 실제 비즈니스 활동에 직접적으로 연결하여 데이터의 가치를 극대화하는 중요한 역할을 한다.

경영정보시각화 디자인

경영정보시각화능력 자격증의 마지막 파트인 '경영정보 시각화 디자인'은 데이터 분석의 최종 산출물을 완성하는 화룡점정의 영역이다. Part 01에서 경영 정보를 이해하고, Part 02에서 데이터를 수집하고 분석했다면, Part 03에서는 그 분석 결과를 어떻게 하면 가장 효과적으로 전달하여 의사결정을 이끌어낼 수 있는지를 학습한다.

'백문이 불여일견'이라는 말처럼, 잘 만들어진 시각화 하나는 수백 페이지의 보고서보다 더 강력한 힘을 가진다. 이 영역에서는 시각 디자인의 기본 원리부터 시작하여, 기출문제에서 가장 높은 비중을 차지하는 다양한 차트의 종류와 특징, 그리고 BI 도구를 활용하여 상호작용이 가능한 대시보드를 구현하는 실무적 기술까지 다룬다. 본 파트의 학습을 통해 단순한 데이터 분석가를 넘어, 데이터로 설득하고 소통하는 '데이터 스토리텔러'로서의 역량을 완성하게 될 것이다.

Part 03은 <u>분석한 데이터를 효과적으로 전달하는 시각적 표현 방법을 다루는 영역</u>으로, 전체 60문항 중 20문항(33%)이 출제된다. 이 영역은 데이터 분석의 <u>최종 결과를 사용자에게 명확하고 설득력 있게 전달하는 커뮤니케이션 능력을 평가</u>하며, 디자인 원리의 이론적 이해와 다양한 차트의 실무적 활용 능력을 동시에 요구한다.

Part 03 출제기준 및 기출문제 분석(3회분 60문항 기준)

대분류	세부 내용 및 기출 핵심 키워드	예상 출제 비중
Chapter 01. 시각화 원리	• 에드워드 터프티: 데이터–잉크 비율, 차트정크 • 게슈탈트 법칙: 근접성, 유사성, 폐쇄성 등 • 시각적 인코딩: 자크 베르탱/클라우스 윌케의 시각 변수 • 기타 원리: 색상, 대비, 여백, 시각적 계층	약 18%
Chapter 02. 차트 유형	• 막대 차트: 세로/가로/그룹형 특징 비교 • 선 그래프: Y축 조작, 데이터 포인트 수 • 파이/도넛 차트: 비율 표현의 한계 • 산점도: 상관관계 해석, 데이터 밀도 • 비교: 폭포수, 불릿, 경사, 롤리팝 차트 • 분포: 상자그림, 히스토그램, 밀도, 바이올린 플롯 • 관계: 버블, 상관도표 • 시간: 간트, 캘린더, 범프, 영역, 스트립 차트 • 계층: 트리맵, 선버스트, 덴드로그램 • 흐름: 생키, 깔때기 차트 • 지도: 단계 구분도, 카토그램	약 62%
Chapter 03. 인포그래픽	• 인포그래픽: 정의, 요소(아이콘), 유형(타임라인) • 데이터 스토리텔링: 3요소, 목적, 과정	약 5%
Chapter 04. BI와 대시보드	• BI 도구 특징: OA와 비교, 재현 가능성 문제 • 대시보드 기능: KPI, 인터랙션(필터, 드릴다운) • 실무 기능: 조건부 서식, BI 기본 함수 • 도구별 지식: 태블로 알약, 파워BI DAX	약 15%

01 시각화 원리

학|습|목|표

1. 데이터-잉크 비율, 오컴의 면도날 등 시각화의 핵심 디자인 원칙을 설명할 수 있다.
2. 게슈탈트의 주요 법칙(근접성, 폐쇄성 등)을 이해하고 실제 디자인 사례에 적용하여 설명할 수 있다.
3. 자크 베르탱의 7가지 시각 변수를 구분하고, 데이터 유형에 맞는 시각적 인코딩 방식을 선택할 수 있다.
4. 차트를 구성하는 주요 요소(제목, 범례, 축 등)의 역할과 올바른 사용법을 설명할 수 있다.

01 디자인 원칙

1 효과적인 시각화를 위한 디자인 원칙의 이해

① 개념과 목적

디자인 원칙은 단순히 차트를 예쁘게 꾸미기 위한 규칙이 아니다. 이는 인간의 시각적 인지 과정을 바탕으로, 정보의 왜곡을 최소화하고 메시지를 가장 명확하고 효과적으로 전달하기 위해 수립된 보편적인 가이드라인이다. 좋은 시각화는 이러한 원칙들을 체계적으로 적용하여 사용자가 불필요한 노력 없이도 데이터의 핵심을 파악할 수 있도록 설계된다. 본 섹션에서는 단순성, 질서, 강조 등 시각화 디자인의 근간을 이루는 핵심 원칙들을 학습한다.

2 단순성의 미학: 데이터-잉크와 오컴의 면도날

① 에드워드 터프티와 데이터-잉크 비율

㉠ 개념

정보 시각화의 권위자인 에드워드 터프티(Edward Tufte)는 좋은 시각화의 기준으로 '데이터-잉크 비율(Data-Ink Ratio)'이라는 개념을 제시했다. 이는 차트를 구성하는 전체 잉크 중에서, 데이터 정보를 표현하는 데 필수적인 잉크가 차지하는 비율을 의미한다.

- **데이터 잉크(Data-Ink):** 데이터의 값을 표현하는 데 직접적으로 기여하는 잉크이다. 막대그래프의 막대, 선 그래프의 선, 산점도의 점 등이 이에 해당한다.
- **비데이터 잉크(Non-Data-Ink):** 데이터 이해에 필수적이지 않은 잉크이다. 불필요한 차트 테두리, 배경색, 그림자 효과, 3D 효과, 장식용 이미지 등이 여기에 속한다.

터프티는 데이터-잉크 비율을 최대화해야 한다고 주장했다. 즉, 정보 전달과 무관한 시각적 장식 요소인 '차트정크(Chartjunk)'를 과감히 제거하여, 사용자의 시선이 오직 데이터 자체에만 집중되도록 설계해야 한다는 것이다.

| 표 3-1 | 데이터-잉크 비율을 높이기 위한 실천 방안

제거/최소화 대상	개선 방향
3D 효과, 그림자	2D 형태로 단순화하여 시각적 왜곡을 방지한다.
진한 격자선	격자선은 값을 읽는 데 도움을 주지만, 데이터보다 눈에 띄어서는 안 된다. 아주 옅은 회색으로 처리하거나 꼭 필요한 경우를 제외하고는 생략한다.
차트 테두리 및 배경색	불필요한 테두리와 배경색을 제거하여 시각적 소음을 줄인다.
장식용 클립아트/ 아이콘	데이터와 직접 관련 없는 이미지는 정보 해석에 방해가 되므로 사용하지 않는다.

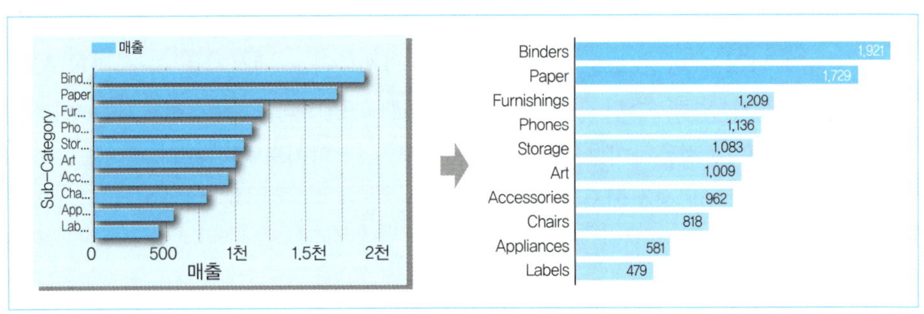

▲ 그림 3-1 데이터-잉크 비율이 낮은 왼쪽 차트(Bad)와 높은 오른쪽 차트(Good)

② 오컴의 면도날과 인지 부하

㉠ 개념

필요 이상의 많은 것을 가정해서는 안 된다는 철학 원칙인 "오컴의 면도날(Ockham's Razor)"은 시각화 디자인에서 단순성의 원칙으로 적용된다. 여러 디자인 대안이 있다면, 가장 단순한 것이 최선이라는 의미이다.

불필요한 시각 요소는 사용자의 인지 부하를 높여 정보 해석을 방해한다. 디자인이 복잡할수록 사용자는 무엇이 중요한 정보인지 파악하기 어려워지므로, 핵심 메시지 전달에 기여하지 않는 모든 요소는 제거하는 것이 바람직하다.

③ 시각적 질서와 구조를 만드는 원리

시각적 질서는 정렬을 통해 요소들을 가지런히 배열하고, 반복과 리듬으로 일관된 흐름을 만들어 내는 등 사용자의 인지력 부담을 줄이고, 정보의 구조를 직관적으로 파악하게 함으로써 효과적인 커뮤니케이션을 가능하게 하는 핵심 장치이다.

① 정렬(Alignment)

정렬은 디자인 요소들을 보이지 않는 선에 맞춰 배치하여 질서와 연결성을 부여하는 원리이다. 요소들이 임의로 흩어져 있는 것이 아니라, 명확한 기준선에 맞춰 정렬되어 있으면 사용자는 정보를 더 빠르고 쉽게 구조적으로 파악할 수 있다. 모든 요소가 서로 독립적으로 배치되는 것이 아니라, 통일된 구조를 이루도록 하는 것이 정렬의 목표이다.

② 근접(Proximity)

서로 관련 있는 항목들은 물리적으로 가까이 배치하고, 관련 없는 항목들은 충분한 공간(여백)을 두어 분리하는 원리이다. 이는 게슈탈트의 근접성 법칙과도 연결되며, 사용자가 정보를 의미 있는 그룹으로 묶어서 인식하도록 돕는다. 예를 들어, 차트의 제목은 차트 바로 위에, 축 레이블은 해당 축에 가깝게 배치하여 정보의 연관성을 시각적으로 보여주는 것이 이 원리를 적용한 것이다.

③ 반복과 리듬(Repetition & Rhythm)

반복은 디자인 요소(색상, 서체, 도형 스타일 등)를 전체 시각화물에 걸쳐 일관되게 사용하는 것이다. 이는 통일성을 부여하고 사용자가 디자인 시스템을 예측 가능하게 만든다. 이러한 반복이 일정한 패턴을 형성할 때, 시각적 리듬이 생겨나 동적인 느낌과 흐름을 만들어낸다.

④ 대비(Contrast)

대비는 요소들 간의 시각적 차이를 명확하게 하여 정보를 쉽게 구분하고, 특정 요소에 시선이 집중되도록 유도하는 원리이다. 크기, 색상, 굵기, 형태 등의 차이를 통해 시각적 계층을 만들고 가장 중요한 정보를 강조하는 데 효과적으로 사용된다.

⑤ 균형(Balance)

균형은 화면 내 시각적 요소들이 어느 한쪽으로 치우치지 않고 안정적으로 분배된 상태를 의미한다. 요소의 크기, 색상의 진하기, 복잡성 등이 갖는 시각적 무게감을 고려하여 전체적인 안정감을 주어야 한다.

⑥ 비례(Proportion)

비례는 요소들 간의 상대적인 크기 관계를 의미한다. 시각화에서 비례는 정보의 중요도나 데이터의 양적 크기를 전달하는 중요한 역할을 한다. 예를 들어, 보고서의 제목은 본문보다 훨씬 큰 글씨로 표현하여 중요도를 나타내며, 막대그래프의 길이는 반드시 표현하는 값에 정비례해야 한다.

⑦ 시각적 계층(Visual Hierarchy)

대비, 크기, 색상 등의 원리를 종합적으로 활용하여 정보의 중요도에 따라 우선순위를 부여하는 것을 '시각적 계층'이라고 한다. 사용자가 어떤 요소를 가장 먼저 보고, 어떤 순서로 정보를 인지해야 하는지를 자연스럽게 유도하는 설계의 핵심이다. 예를 들어, 가장 중요한 제목이나 KPI는 가장 크고 굵게, 보조적인 설명은 작고 옅은 색으로 처리하여 시각적 강약을 조절하는 것이 이 원리를 적용한 것이다.

디자인 원리의 '정의'를 정확히 구분하는 문제가 출제된다. 특히 '균형'은 시각적 무게의 안정적인 분배를, '비례'는 요소 간 상대적 크기 관계를 의미한다는 차이점을 명확히 알아두어야 한다.

4 색상의 역할

① 색의 3속성

색상은 색상(Hue), 명도(Value), 채도(Saturation)라는 세 가지 속성으로 구성되며, 각 속성은 시각화에서 서로 다른 역할을 수행한다.

속성	설명	시각화 활용
색상(Hue)	빨강, 노랑, 파랑과 같이 우리가 흔히 부르는 색의 종류 또는 이름이다.	범주형 데이터를 구분하는 데 가장 효과적이다(예 각기 다른 제품 라인을 다른 색으로 표시).
명도 (Value)	색의 밝고 어두운 정도를 나타낸다. 명도가 높으면 밝고, 낮으면 어두워진다.	연속형 또는 순서형 데이터를 표현하는 데 적합하다(예 인구 밀도가 높을수록 진한 파란색으로 표시).
채도 (Saturation)	색의 맑고 탁한 정도, 즉 색의 순수도를 의미한다. 채도가 100%에 가까울수록 순색이 되고, 0%에 가까울수록 무채색(회색)이 된다.	특정 데이터를 강조하거나 주목도를 높일 때 사용된다(예 여러 회색 막대 중 가장 중요한 막대만 채도 높은 색으로 표시).

★★★
출제포인트

색의 3속성에 대한 정의는 기본적으로 숙지해야 한다. 특히 채도는 0%일 때 무채색(회색), 100%일 때 순색이 된다는 점을 반대로 설명하는 함정 보기에 유의해야 한다.

5 정보를 보완하는 질감

① 질감(Texture)의 역할

질감은 점선, 빗금, 점무늬 등 반복되는 시각 패턴을 통해 표면의 느낌을 표현하는 것이다. 시각화에서 질감은 다음과 같은 보조적인 역할을 수행한다.

- **정보의 보완**: 색상만으로 정보를 구분하기 어려울 때, 질감을 추가하여 구별을 돕는다.
- **접근성 확보**: 흑백으로 인쇄되거나 색약자가 보는 환경에서도 데이터를 구분할 수 있는 중요한 수단이 된다.
- **감성적 특성 부여**: 거친 질감은 긴장감을, 부드러운 질감은 안정감을 전달하는 등 감성적인 메시지를 보완할 수 있다.

② 질감 사용 시 주의사항

질감은 과도하게 사용하면 시각적 피로를 유발하고 정보를 산만하게 만드는 '시각적 소음'이 될 수 있다. 따라서 의미 없는 여러 종류의 질감을 남용해서는 안 되며, 반드시 목적에 맞게 절제하여 일관성 있게 사용해야 한다.

1 게슈탈트 법칙의 이해

① 개념

게슈탈트(Gestalt) 심리학은 인간의 뇌가 복잡한 시각 자극을 개별 요소의 단순한 합으로 인식하는 것이 아니라, 여러 요소를 그룹화하고 패턴을 찾아 의미 있는 '하나의 전체(Gestalt)' 또는 '형태'로 인식하려는 경향이 있다는 이론이다. '전체는 부분의 합보다 크다'는 말로 요약될 수 있다. 이 법칙을 이해하고 시각화에 적용하면, 사용자가 정보 간의 관계를 더 쉽게 파악하고, 의도한 대로 정보를 구조화하여 인지하도록 유도할 수 있다.

| 표 3-3 | 게슈탈트의 주요 원칙과 시각화 디자인 적용

원칙	설명	시각화 디자인 적용 예시
근접성의 원칙 (Proximity)	물리적으로 서로 가까이 있는 요소들은 하나의 그룹으로 인식된다.	막대그래프에서 같은 범주에 속하는 막대들을 가까이 배치하고, 다른 범주의 막대 그룹과는 충분한 간격을 두어 그룹을 구분한다.
유사성의 원칙 (Similarity)	색상, 모양, 크기, 방향 등이 비슷한 요소들은 연관성이 있는 그룹으로 인식된다.	여러 개의 선 그래프에서 동일한 항목(예 A 회사)의 데이터는 모든 연도에서 같은 색상이나 점선 스타일로 표현하여 하나의 흐름으로 인식하게 한다.
폐쇄성의 원칙 (Closure)	인간의 뇌는 불완전하거나 일부가 열려 있는 도형을 스스로 부족한 부분을 채워 완전한 형태로 인식하려는 경향이 있다.	점선으로 그려진 사각형 영역이나, 일부가 가려진 원형 아이콘도 사용자는 하나의 닫힌 영역이나 완전한 원으로 인식하고 그룹으로 받아들인다.
연속성의 원칙 (Continuation)	시선은 갑자기 끊기거나 바뀌기보다, 부드럽고 자연스러운 흐름을 따라 이동하려는 경향이 있다.	선 그래프의 부드러운 곡선이나 프로세스 다이어그램의 화살표는 정보의 순서와 흐름을 자연스럽게 유도하여 사용자의 시선을 이끈다.
전경과 배경의 원칙 (Figure/Ground)	우리는 시각 정보를 볼 때 특정 대상을 중요한 '전경(Figure)'으로, 나머지를 덜 중요한 '배경(Ground)'으로 구분하여 인식한다.	어두운 배경 위에 밝은 색상의 텍스트를 사용하거나, 중요한 데이터 요소 주위에 충분한 여백을 두어 해당 요소를 전경으로 부각시켜 강조한다.

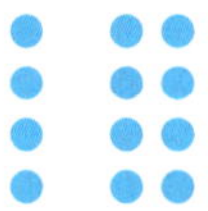

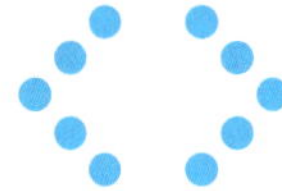

▲ **그림 3-2** 게슈탈트의 각 원칙(근접성, 유사성, 폐쇄성, 연속성, 전경/배경)

★ ★ ★
출제포인트

게슈탈트 원칙은 실제 사례와 결합하여 출제되는 경향이 있다. 예를 들어, 2000년 미국 대선 당시 논란이 된 '버터플라이 투표용지'는 후보자 이름과 투표 구멍이 멀리 떨어져 있어 유권자가 엉뚱한 후보에게 투표하게 만든 사례로, 근접성 원칙을 위반한 대표적인 예시이다. 또한, 끊어진 선으로 그려진 도형을 보여주고 관련된 법칙을 묻는 문제는 폐쇄성 원칙을 평가하는 단골 유형이다.

03 시각적 인코딩

1 시각적 인코딩의 개념

① 정의

시각적 인코딩(Visual Encoding)은 데이터의 값이나 속성을 위치, 길이, 색상, 모양 등과 같은 시각적 속성(Visual Attributes)으로 변환하는 과정을 말한다. 어떤 데이터를 어떤 시각적 속성으로 변환하느냐에 따라 시각화의 효과성과 정확성이 결정된다. 이는 데이터를 인간이 인지할 수 있는 시각 언어로 '번역'하는 과정과 같다.

- 예시: 'A제품의 매출액은 100억 원이다'라는 데이터를 시각적으로 인코딩하는 방법
  - **길이로 인코딩**: 길이가 100에 비례하는 막대를 그린다(막대그래프).
  - **위치로 인코딩**: y축 값이 100인 지점에 점을 찍는다(선 그래프).
  - **크기로 인코딩**: 면적이 100에 비례하는 원을 그린다(버블 차트).

2 자크 베르탱의 7가지 시각 변수

① 개념

프랑스의 지도학자이자 정보 디자이너인 자크 베르탱(Jacques Bertin)은 데이터를 시각적으로 표현할 수 있는 기본 수단을 7가지 시각 변수(Visual Variables)로 체계화했다. 데이터의 유형(수치형/범주형)에 따라 적합한 변수를 선택하는 것이 정보 왜곡을 막는 핵심이다.

| 표 3-4 | 자크 베르탱의 7가지 시각 변수

변수	설명	적합한 데이터 유형	활용 예시
위치(Position)	2차원 공간(x, y축)에서의 좌표상 배치	수치형, 범주형, 순서형(모든 데이터에 효과적)	x-y 좌표를 사용하는 모든 그래프(산점도, 막대, 선)
크기(Size)	도형의 넓이, 부피, 또는 선의 길이를 통해 값의 크기를 표현	수치형 (양적 비교)	버블 차트에서 원의 크기로 매출액 표현, 막대 차트의 막대 길이
명도(Value)	색의 밝고 어두운 정도로 연속적인 값의 단계를 표현	수치형 (순서형/연속형)	단계 구분도에서 인구 밀도에 따라 색의 농도를 다르게 표현
색상(Color/Hue)	색상의 종류(빨강, 파랑 등)로 범주를 구분	범주형 (질적 구분)	파이 차트에서 각 항목을 다른 색상으로 구분
방향(Orientation)	선이나 도형의 기울기 또는 방향의 차이로 구분	범주형	풍향계 도표에서 바람의 방향을 화살표로 표시
형태(Shape)	점, 선, 사각형, 아이콘 등 도형의 종류로 범주를 구분	범주형 (질적 구분)	산점도에서 남성은 원(●), 여성은 삼각형(▲)으로 구분
질감(Texture)	점선, 빗금, 점무늬 등 반복된 시각 요소로 범주를 구분	범주형 (색상 대체 용도)	흑백 인쇄용 차트에서 각 막대를 다른 패턴으로 구분

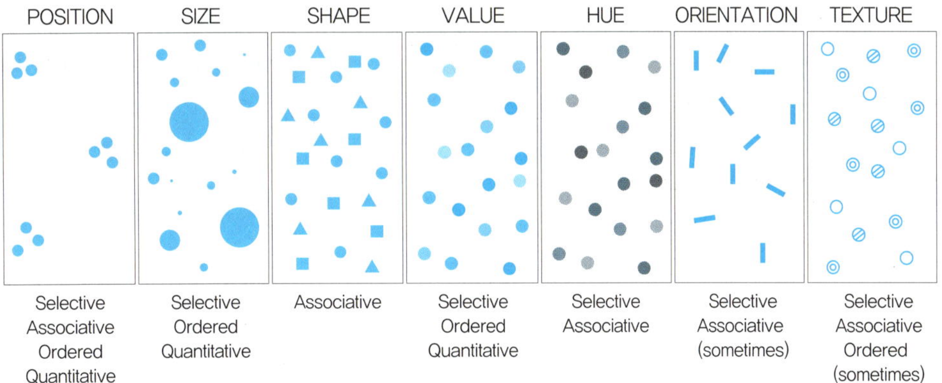

▲ 그림 3-3 자크 베르탱의 7가지 시각 변수(위치, 크기, 명도, 색상, 방향, 형태, 질감)

③ 시각 변수의 선택과 우선순위

① 데이터 속성에 맞는 변수 선택

시각화에서 가장 흔히 발생하는 실수 중 하나는 데이터 속성과 인코딩 방식이 맞지 않는 경우이다. 예를 들어, 범주형 데이터(예 제품 A, B, C)를 색의 명암 단계(순서형 데이터에 적합)로 표현하면, 사용자는 존재하지 않는 순서나 등급이 있는 것처럼 오해할 수 있다.

② 시각 변수의 정확도 우선순위

인간의 시각 시스템은 모든 변수를 동일한 정확도로 인지하지 않는다. 클리블랜드(Cleveland)와 맥길(McGill)의 연구에 따르면, 양적 정보를 인코딩할 때 가장 정확하게 인지되는 변수는 '위치'이다. 따라서 가장 중요한 수치 데이터는 위치로 표현하는 것이 가장 효과적이다.

- **정확도 높음:** 위치(Position) 〉 길이(Length) 〉 각도(Angle)/기울기(Slope)
- **정확도 중간:** 면적(Area)
- **정확도 낮음:** 부피(Volume) 〉 명도(Value)/채도(Saturation) 〉 색상(Hue)

이러한 이유로, 정확한 값의 비교가 중요한 경우 면적을 사용하는 파이 차트나 부피를 사용하는 3D 차트보다 길이나 위치를 사용하는 막대 차트나 선 차트가 더 권장된다.

04 시각화 목적

1 시각화의 세 가지 핵심 목적

① 개념

데이터 시각화는 사용자와 목적에 따라 크게 세 가지로 구분할 수 있다. 어떤 목적을 가지고 시각화를 만드느냐에 따라 디자인의 초점과 형태가 달라진다.

| 표 3-5 | 데이터 시각화의 목적별 비교

구분	탐색(Exploration)	설명(Explanation)	모니터링(Monitoring)
주요 사용자	데이터 분석가, 과학자	경영진, 동료, 고객, 일반 대중	운영 담당자, 관리자
핵심 목표	데이터 속에 숨겨진 패턴, 인사이트, 이상치 발견	분석을 통해 발견한 메시지나 스토리를 명확하고 설득력 있게 전달	비즈니스 현황을 지속적으로 추적하고 이상 징후를 조기에 감지
주요 산출물	다양한 형태의 임시 차트, 스케치, 분석용 대시보드	보고서, 프레젠테이션, 기사, 인포그래픽	실시간 KPI 대시보드, 현황판
디자인 초점	유연성, 속도, 상호작용	명확성, 단순성, 스토리텔링, 시각적 계층	정보 밀도, 즉시성, 알림 기능

2 정보 시각화와 인포그래픽

① 개념의 관계

데이터 시각화, 정보 시각화, 인포그래픽은 종종 혼용되지만, 다루는 대상과 목적에 따라 차이가 있다.

- **데이터 시각화(Data Visualization)**: 주로 정량적인 데이터를 차트나 그래프로 표현하여 패턴이나 관계를 보여주는 데 중점을 둔다.
- **정보 시각화(Information Visualization)**: 데이터뿐만 아니라 아이디어나 프로세스, 관계 등 추상적인 정보를 시각적으로 표현하여 구조를 이해시키는 데 중점을 둔다(예 조직도, 마인드맵).
- **인포그래픽(Infographics)**: 정보, 데이터, 지식을 시각적으로 표현하여 특정 메시지나 스토리를 빠르고 쉽게 전달하는 것을 목적으로 한다. 데이터 시각화에 일러스트, 텍스트 등 다양한 그래픽 요소를 결합하여 스토리텔링을 강화하는 데 특화되어 있다.

★★★
출제포인트

인포그래픽은 데이터를 가공하여 시각적으로 표현한 '결과물'이지, 가공 전의 원자재인 '기초자료'가 아니다. 또한, 정보 시각화는 원시 데이터를 인간이 이해하기 쉬운 시각적 형태로 '변환'하여 정보 처리 능력을 확장시키는 활동이다.

05 차트 구성요소

1 정보의 맥락을 제공하는 요소들

① 개념

효과적인 차트는 데이터 그래픽(막대, 선 등)뿐만 아니라, 그 의미를 명확히 전달하고 해석을 돕는 보조적인 구성 요소들이 조화롭게 배치되어야 한다. 이러한 요소들은 차트에 맥락을 부여하고, 사용자가 데이터를 정확하게 읽도록 안내하는 역할을 한다.

구성 요소	역할 및 디자인 원칙
제목(Title)/ 부제(Subtitle)	• 차트가 무엇을 보여주는지, 핵심 메시지가 무엇인지 간결하고 명확하게 전달해야 한다. • '월별 판매량'과 같은 단순한 제목보다 '3분기 프로모션으로 인한 판매량 급증'처럼 결론을 담은 제목이 더 효과적이다.
축(Axis)	• 가로축(X축)과 세로축(Y축)은 데이터의 범주와 값을 나타내는 기준선이다. • 축 레이블과 눈금은 데이터를 정확하게 읽는 데 필수적이다. • 특히 이중 축(Dual Axis)은 두 변수 간의 관계를 왜곡할 위험이 높아 사용을 최소화해야 한다.
범례 (Legend)	• 차트에서 사용된 색상, 패턴, 기호 등이 각각 어떤 데이터 계열을 의미하는지 설명하는 안내 요소이다. • 데이터 계열이 2~3개 이하이고, 그래프 내에 직접 레이블을 표시할 수 있다면 범례는 생략하는 것이 더 깔끔하다. • 범례가 필요할 경우, 사용자의 시선이 분산되지 않도록 그래프와 최대한 가깝게 배치한다.
데이터 레이블 (Data Label)	• 각 데이터 포인트(막대, 점 등)의 정확한 수치를 표시한다. • 모든 데이터에 레이블을 표시하면 차트가 복잡해지므로, 가장 중요한 값이나 사용자가 꼭 알아야 하는 값에만 선별적으로 사용하는 것이 좋다.
주석 (Annotation)	• 예외적인 값, 추세의 변곡점, 해석에 추가적인 맥락이 필요한 특정 지점에 텍스트나 화살표 등을 추가하여 정보의 이해를 돕는다. • 차트 전체가 아닌, 특정 포인트에 대한 부가 설명이 필요할 때 사용한다.
격자선 (Gridlines)	• 데이터 값을 정확하게 읽을 수 있도록 돕는 보조선이다. • 너무 진하거나 많으면 데이터보다 더 눈에 띄는 '차트정크'가 되므로, 생략하거나 아주 옅은 회색으로 처리하여 데이터가 돋보이도록 해야 한다.

★★★
출제포인트

차트에서 사용된 색상, 패턴, 기호가 무엇을 의미하는지 설명하는 텍스트 요소를 '범례(Legend)'라고 한다. 범례의 정의와 역할을 묻는 문제는 기본적인 내용으로 자주 출제된다.

02 차트 유형

학|습|목|표

1. 비교, 분포, 관계, 시간 등 분석 목적에 따라 차트 유형을 분류하고 설명할 수 있다.
2. 막대, 선, 산점도 등 기본 차트의 특징과 올바른 디자인 원칙을 설명할 수 있다.
3. 폭포수, 불릿, 트리맵, 생키 차트 등 특정 목적에 특화된 고급 차트의 활용 사례를 설명할 수 있다.
4. 각 차트 유형이 가진 장점과 한계점을 이해하고, 정보 왜곡을 피하기 위한 주의사항을 설명할 수 있다.

데이터 시각화의 성패는 전달하려는 메시지와 데이터의 특성에 가장 적합한 차트 유형을 선택하는 것에서 시작된다. 기출문제의 절반 이상이 각종 차트의 특징, 용도, 한계를 묻는 만큼, 본 챕터는 '경영정보 시각화 디자인' 과목에서 가장 중요하고 배점이 높은 부분이다.

본 챕터에서는 데이터를 비교하고, 분포를 확인하며, 관계를 탐색하는 등 다양한 분석 목적에 따라 사용되는 핵심 차트들을 학습한다. 각 차트의 정의와 사용법을 익히는 것을 넘어, 어떤 상황에서 특정 차트가 효과적이며, 어떤 잠재적 왜곡을 피해야 하는지 실무적 관점에서 이해하는 것을 목표로 한다. 본 챕터의 학습을 통해 '차트 적합성 판단형' 문제에 완벽하게 대비하고, 데이터에 가장 적합한 시각적 언어를 구사하는 능력을 갖추게 될 것이다.

01 비교 시각화

1 비교 시각화의 이해

① 개념과 목적

비교 시각화는 둘 이상의 데이터 항목이나 그룹 간의 크기, 순위, 성과 차이를 명확하게 보여주는 것을 목적으로 한다. '어느 제품이 가장 많이 팔렸는가?', '경쟁사와 비교했을 때 우리 회사의 위치는 어디인가?', '어떤 부서가 목표를 초과 달성했는가?'와 같은 비즈니스의 근본적인 질문에 답하는 데 가장 직접적으로 사용된다. 인간의 시각 시스템이 길이, 위치, 각도 등의 차이를 인지하는 능력을 활용하여 데이터 간의 상대적인 우위를 직관적으로 전달한다.

② 항목 간 크기 비교: 막대 차트[Bar Chart]

① 개념

막대 차트는 범주형 데이터의 값을 막대의 길이로 표현하여 항목 간의 크기를 직관적으로 비교하는 가장 기본적이고 효과적인 시각화 방식이다. 인간의 시각 시스템이 '길이'의 차이를 매우 정확하게 인지하기 때문에, 값의 많고 적음을 명확하게 전달하는 데 탁월하다.

② 막대 차트의 종류와 활용

㉠ 세로 막대 차트(Column Chart)

- 활용: x축에 시간의 흐름(연도, 분기, 월 등)을 배치하여 시계열 데이터의 변화를 보여주는 데 자주 사용된다. 범주의 수가 10개 미만일 때 가독성이 좋다.
- 예시: 최근 5년간 연도별 매출액 변화 추이, 월별 신규 가입자 수 변화

㉡ 가로 막대 차트(Bar Chart)

- 활용: 범주의 수가 많거나(10개 이상), 범주 레이블의 이름(예 국가명, 제품명)이 길어서 세로 막대로 표현하기 어려울 때 효과적이다. 설문조사 응답 결과나 항목별 순위를 보여주는 데 매우 유용하다.
- 예시: 경쟁사별 시장 점유율 순위, 각 부서별 예산 집행률 비교

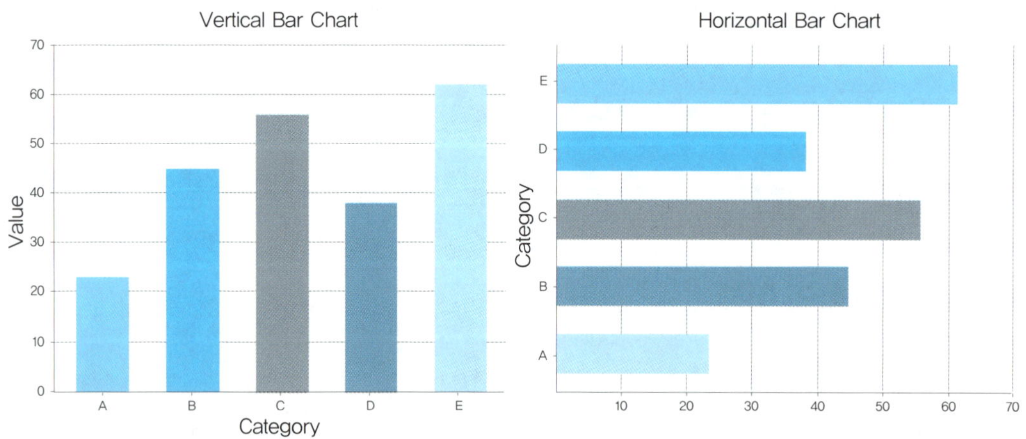

▲ 그림 3-4 세로 막대 차트(월별 매출액)와 가로 막대 차트(국가별 수출액) 비교

ⓒ 그룹 막대 차트(Grouped Bar Chart)

- 활용: 하나의 주 범주 내에서 여러 하위 그룹을 동시에 비교할 때 사용된다(예 각 연령대별 남/여 선호도 비교).
- 장점: 전체 그룹 간의 총합 비교와 동시에, 각 그룹 내 항목 간의 직접적인 비교가 가능하다.
- 주의점: 하위 그룹이 너무 많아지면(4개 이상) 시각적으로 복잡해져 가독성이 떨어진다.

ⓔ 누적 막대 차트(Stacked Bar Chart)

- 활용: 각 막대 안에서 하위 항목들의 값을 쌓아 올려, 전체 합계와 함께 각 부분이 차지하는 비중을 보여준다. [283쪽 12. 부분-전체 비교]에서 더 자세히 다룬다.

③ 실무 디자인 원칙과 흔한 실수

| 표 3-7 | 막대 차트 디자인 핵심 원칙과 오류

원칙	설명	흔한 실수(Bad Practice)
Y축은 0에서 시작	값의 크기를 길이로 비교하므로, Y축은 반드시 0에서 시작하여 데이터의 차이가 왜곡되지 않도록 해야 한다.	Y축을 0이 아닌 다른 값에서 시작하여 값의 차이를 시각적으로 과장하는 행위(축 조작)
데이터 정렬	특별한 순서(예 시간순, 알파벳순)가 없다면, 막대를 값의 크기순(내림차순 또는 오름차순)으로 정렬하여 순위를 쉽게 파악하도록 돕는다.	아무런 기준 없이 임의의 순서로 막대를 나열하여 사용자가 패턴을 파악하기 어렵게 만드는 경우
의미 있는 색상 사용	모든 막대는 같은 색으로 통일하고, 강조하고 싶은 특정 막대만 다른 색으로 표시하여 시선을 유도한다.	각 막대를 무지개처럼 서로 다른 색으로 칠하여 의미 없는 시각적 소음을 만드는 행위
적절한 간격	막대의 너비는 일반적으로 막대 사이 간격의 1.5배~2배 정도로 설정하여 시각적 안정감을 준다.	막대를 너무 얇게 그리거나 간격을 너무 넓혀 데이터의 중요도가 낮아 보이게 하는 경우

★★★
출제포인트

막대 차트는 출제 빈도가 매우 높은 핵심 유형이다. 특히 그룹 막대 차트의 핵심 목적은 '그룹 내 항목 간 직접 비교'이며, 가로 막대 차트는 '긴 항목 레이블' 표시에 효과적이라는 점이 자주 출제된다. 또한, 올바른 디자인 원칙, 특히 'Y축을 0에서 시작해야 한다'는 점은 정보 왜곡과 관련하여 중요한 평가 요소이다.

③ 누적 변화 표현: 폭포수 차트[Waterfall Chart]

① 개념

폭포수 차트는 시작 값에서 출발하여 중간 과정의 긍정적(증가) 또는 부정적(감소) 요인들이 어떻게 누적되어 최종 값에 이르는지를 시각적으로 보여주는 차트이다. 마치 공중에 떠 있는 막대들이 폭포수처럼 흘러가는 모습을 보여주어 이러한 이름이 붙었다. 전체적인 변화 과정과 각 항목이 전체에 미친 영향을 순차적으로 파악하는 데 목적이 있다.

② 핵심 활용 분야

㉠ 재무 분석

- **손익계산서(P&L) 분석:** 매출액(시작)에서 시작하여, 매출원가(감소), 판관비(감소) 등을 거쳐 순이익(최종)에 이르는 과정을 시각화하는 데 매우 효과적이다. 각 비용 항목이 이익에 얼마나 부정적인 영향을 미쳤는지 직관적으로 보여준다.
- **예산 변동 분석:** 연초 예산 대비 추가 수입(증가), 예상치 못한 지출(감소) 등의 요인을 거쳐 최종 집행액을 보여주는 데 사용된다.

㉡ 재고 및 인력 변동 분석

- **재고 흐름:** 기초 재고량에서 시작하여 기간 내 입고(증가), 출고(감소), 폐기(감소)를 거쳐 기말 재고량을 보여준다.
- **인력 변동:** 연초 인원에서 시작하여 신규 입사자(증가), 퇴사자(감소)를 거쳐 연말 인원을 보여준다.

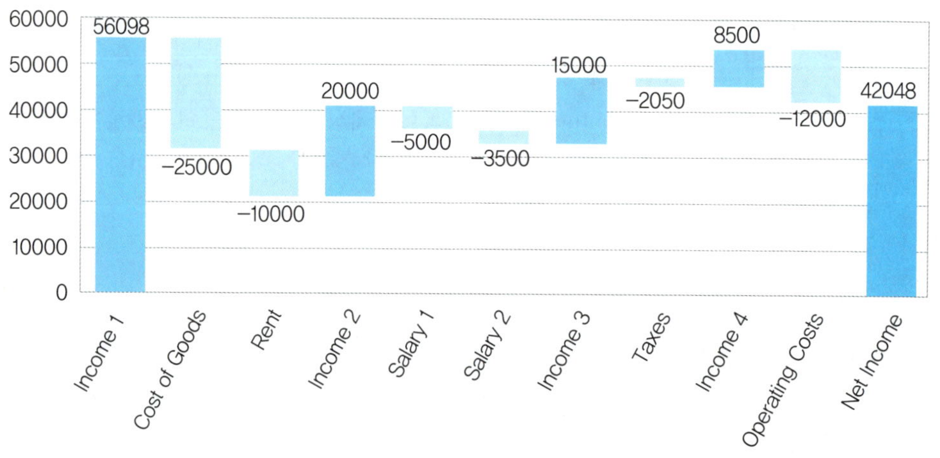

▲ 그림 3-5 손익계산서 항목을 분석하는 폭포수 차트

③ 디자인 및 해석 시 주의사항

- **색상 구분:** 증가 요인과 감소 요인은 명확히 다른 색상(**예** 증가는 파랑, 감소는 빨강)으로 구분하여 사용자가 변화의 방향을 즉시 인지할 수 있도록 해야 한다.
- **소계(Subtotal):** 중간 단계의 합계를 보여주고 싶을 때는 시작/최종 값처럼 바닥에서부터 시작하는 전체 막대를 추가하여 '소계'를 표현할 수 있다.
- **범주 순서:** 폭포수 차트는 과정과 흐름을 보여주므로, 항목의 순서가 논리적이고 시간적 흐름에 맞게 배열되어야 한다.

★★★
출제포인트

폭포수 차트는 '재무 항목의 누적 변화 분석'에 특화된 차트라는 점이 반복적으로 출제되었다. 시작 값에서 최종 값까지의 '누적 효과'를 시각화하는 것이 핵심 목적이며, 중간 과정의 증가와 감소를 순차적으로 보여준다는 특징을 정확히 이해해야 한다.

4 목표 대비 성과 표현: 불릿 차트[Bullet Chart]

① 개념

불릿 차트는 KPI(핵심 성과 지표)를 시각화하기 위해 스티븐 퓨(Stephen Few)가 고안한 차트로, 대시보드 등 좁은 공간에서 목표 대비 실적을 효과적이고 명확하게 보여주기 위해 만들어졌다. 속도계와 같은 원형 게이지(Gauge) 차트가 차지하는 불필요한 공간과 장식 요소를 제거하고 정보 밀도를 극대화한 것이 특징이다.

② 구성 요소와 의미

불릿 차트는 총알(Bullet)이 과녁을 향해 나아가는 모습에 비유할 수 있다.

| 표 3-8 | 불릿 차트의 주요 구성 요소

구성 요소	설명	시각적 표현
피처 측정 (Feature Measure)	현재의 실제 성과 값을 나타낸다.	중심에 위치한 굵고 진한 막대(총알)
비교 측정 (Comparative Measure)	달성해야 할 목표 값을 나타낸다.	짧은 수직선 또는 수평선 (과녁)
질적 범위 (Qualitative Ranges)	성과 수준(**예** 나쁨, 보통, 좋음)을 나타내는 배경의 음영이다.	서로 다른 명도의 배경색 띠 (배경)

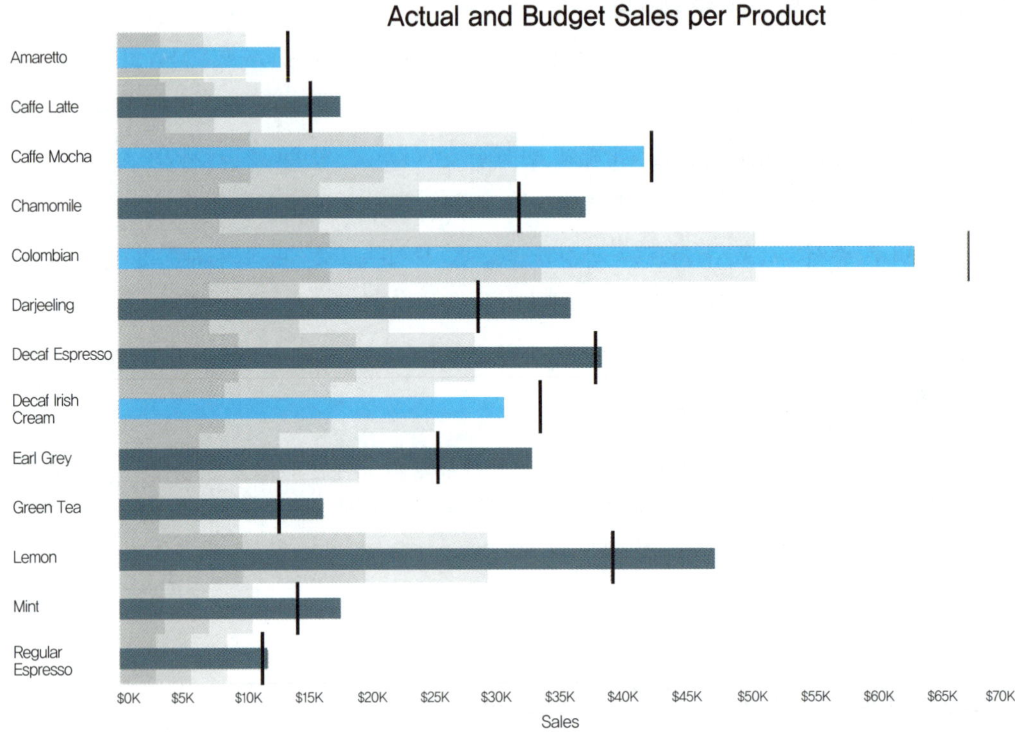

▲ 그림 3-6 불릿 차트

③ 게이지 차트와의 비교

- **공간 효율성:** 불릿 차트는 선형적인 형태로, 원형 게이지 차트보다 훨씬 적은 공간을 차지하여 여러 KPI를 나란히 비교하기에 용이하다.

- **정보 밀도:** 불릿 차트는 실제 값과 목표 값뿐만 아니라, 성과 수준에 대한 질적 범위까지 한 번에 제공하여 더 풍부한 맥락을 전달한다.

★★★
출제포인트

불릿 차트는 '목표 대비 성과'를 시각화하는 데 가장 적합한 차트로 꾸준히 출제되고 있다. 막대그래프 형태를 기반으로 하며, 게이지 차트보다 공간 효율성이 높다는 장점을 가진다는 점을 기억해야 한다. 차트의 구성 요소 명칭보다는 각 요소가 무엇을 의미하는지(실적, 목표, 성과 수준)를 이해하는 것이 중요하다.

5 순위 변화 표현: 경사 차트(Slope Chart)

① 개념

경사 차트는 두 개의 시점 또는 두 개의 그룹 간에 여러 항목의 값과 순위가 어떻게 변화했는지를 선의 기울기로 명확하게 보여주는 차트이다. '전'과 '후'의 변화를 극적으로 대비시켜 보여주는 데 매우 효과적이다.

② 핵심 특징

- **전후(Before–After) 비교:** 특정 이벤트(예 신제품 출시, 정책 변경) 전후의 변화를 보여주는 데 매우 효과적이다.
- **순위 변동 강조:** 값의 절대적인 크기보다는 항목 간의 순위가 어떻게 뒤바뀌었는지를 직관적으로 보여준다. 선의 교차는 순위의 역전을 의미한다.
- **단순성:** 복잡한 추세보다는 두 시점 간의 변화에 집중하므로, 많은 시점을 비교하는 데는 적합하지 않다. 비교 항목이 너무 많아도 선들이 얽혀 해석이 어려워진다.

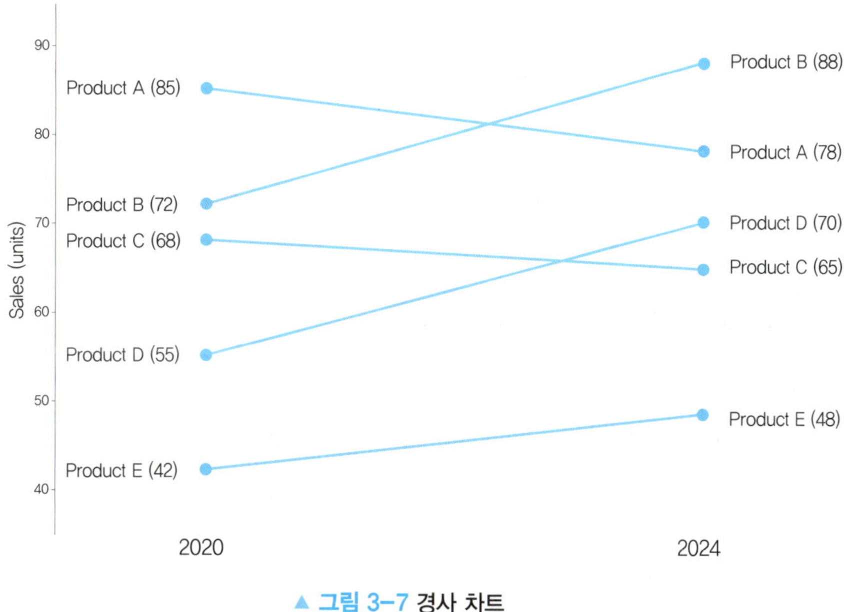

▲ 그림 3-7 경사 차트

★★★
출제포인트

경사 차트는 '정량 데이터의 시간 전후 관계'를 표현하는 데 가장 적합한 차트로 자주 언급된다. 값의 절대적인 크기나 비율보다는 두 시점 간의 '변화 방향과 순위 변동'을 강조하는 데 더 적합하다는 점을 이해해야 한다.

⑥ 단순화된 막대 차트: 롤리팝 차트(Lollipop Chart)

① 개념

롤리팝 차트는 막대 차트의 막대를 얇은 선과 끝부분의 점(원)으로 대체한 형태이다. 막대가 주는 시각적 무게감을 줄여 차트를 더 깔끔하게 만들고, 여러 항목을 비교할 때 시각적 혼잡(데이터 잉크)을 줄여준다.

② 장점

- **데이터 잉크 감소**: 막대 내부를 채우는 잉크를 제거하여 더 미니멀하고 깔끔한 인상을 준다.
- **비교 용이성**: 특히 0에서 시작하지 않는 값을 비교하거나, 여러 데이터 포인트를 겹쳐서 비교해야 할 때 막대 차트보다 유용할 수 있다.

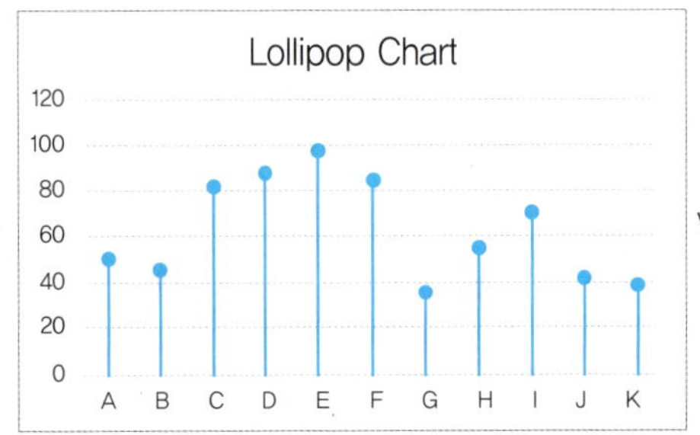

VS.

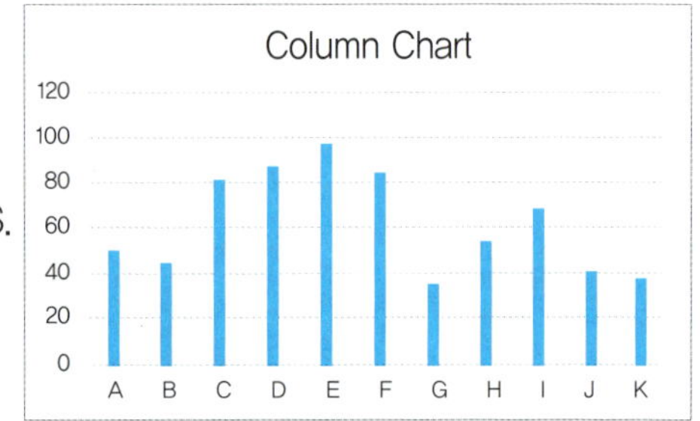

▲ 그림 3-8 막대 차트와 동일한 데이터를 표현한 롤리팝 차트 비교

⑦ 다차원 비교: 레이더 차트(Radar Chart)

① 개념

레이더 차트(스파이더 차트 또는 방사형 차트)는 여러 개의 정량적 변수(항목)에 대한 값을 중앙에서 뻗어 나가는 축 위에 표시하고, 각 축의 점들을 선으로 연결하여 다각형 형태로 보여주는 차트이다.

② 핵심 특징

- **프로필 비교**: 여러 개체(예 제품 A, 제품 B)가 여러 평가 항목(가격, 디자인, 성능 등)에서 어떤 프로필을 보이는지 한눈에 비교하는 데 유용하다.
- **균형 및 편중 파악**: 다각형의 모양을 통해 어떤 항목이 강하고 어떤 항목이 약한지, 전체적인 균형을 직관적으로 파악할 수 있다.
- **한계**: 변수가 너무 많아지거나(일반적으로 6~8개 이상), 값의 척도가 서로 다르면

해석이 어려워지고 왜곡이 발생할 수 있다. 또한, 다각형의 '면적'이 실제 값의 총합을
정확히 반영하지 않아 오해를 불러일으킬 수 있다.

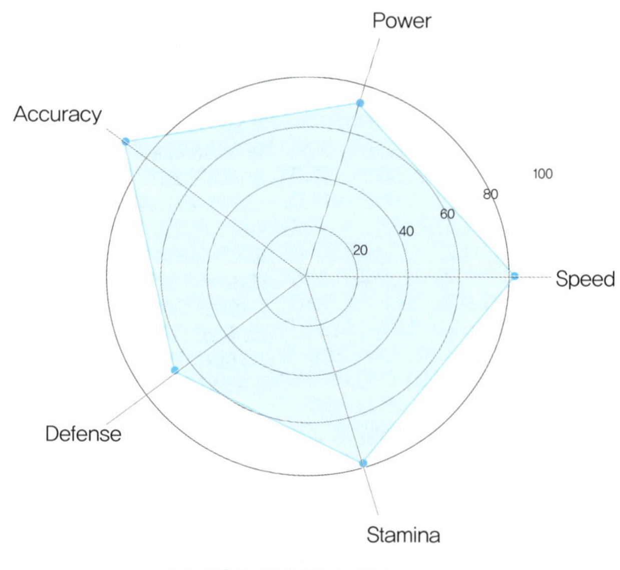

▲ 그림 3-9 레이어 차트

★★★
출제포인트

레이더 차트는 여러 평가 항목에 대한 '프로필'을 비교하는 데 사용되며, 계층 구조 표현에는 적합하지
않다. 다각형의 면적이 시각적 왜곡을 일으킬 수 있다는 한계점을 이해하는 것이 중요하다.

🔢 두 그룹 비교: 버터플라이 차트(Butterfly Chart)

① 개념

버터플라이 차트는 두 개의 그룹(예 남성/여성, 2023년/2024년)에 대한 동일한 항목들을
비교할 때 사용하는 차트이다. 중앙의 y축을 기준으로 양쪽에 두 개의 가로 막대 차트가
마주 보고 있는 형태가 나비의 날개와 같다고 하여 붙여진 이름이다.

② 핵심 활용 분야

- **인구 통계 분석**: 특정 지역의 연령대별 남/여 인구 분포를 보여주는 '인구 피라미드'가
  가장 대표적인 활용 사례이다.
- **설문조사 결과 비교**: 특정 질문에 대한 두 그룹(예 만족/불만족 그룹)의 응답 차이를
  항목별로 비교하는 데 유용하다.

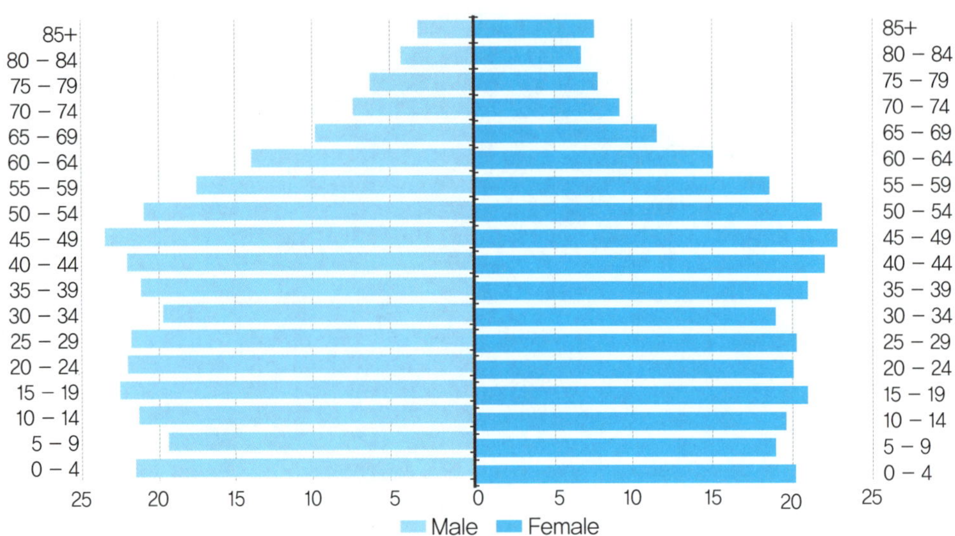

▲ 그림 3-10 연령대별 남녀 인구 분포를 나타내는 버터플라이 차트(인구 피라미드)

02 분포 시각화

1 분포 시각화의 이해

① 개념과 목적

분포 시각화는 데이터 집합이 어떻게 퍼져 있는지를 보여주는 것을 목적으로 한다. 데이터의 중심 경향(평균, 중앙값), 산포도(분산, 범위), 분포의 형태(대칭성, 왜도), 그리고 정상 범위를 벗어나는 이상치(Outlier) 등을 파악하여 데이터의 전반적인 특성을 깊이 있게 이해하는 데 도움을 준다. '데이터가 주로 어디에 몰려 있는가?', '데이터 값들은 얼마나 서로 다른가?', '유독 튀는 값은 없는가?'와 같은 질문에 답을 제공한다.

2 데이터 요약 및 이상치 탐지: 상자 그림(Box Plot)

① 개념

상자 그림(박스플롯)은 수치 데이터의 분포를 5가지 요약 수치(Five-number summary)로 시각화하는 강력한 통계적 도구이다. 데이터의 중앙값, 사분위수 범위, 이상치 등을 한눈에 보여주어 여러 그룹 간의 분포를 효과적으로 비교할 수 있다.

② 구성 요소와 해석

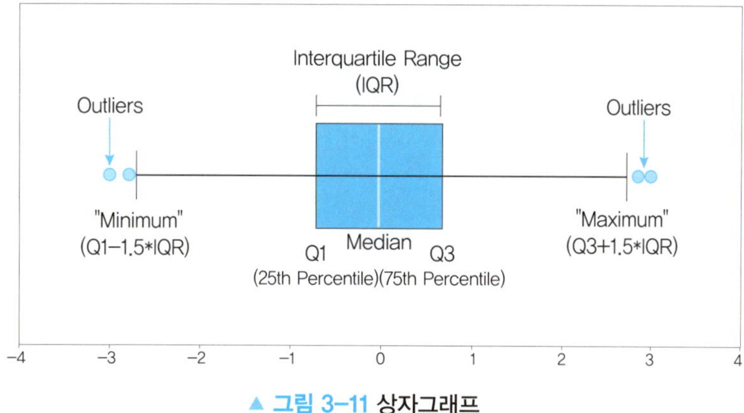

▲ **그림 3−11** 상자그래프

- **중앙값(Median, Q2):** 데이터를 크기순으로 정렬했을 때 중앙에 위치하는 값이다. 상자 안의 선으로 표시되며, 데이터의 중심 경향을 나타낸다.
- **1사분위수(Q1):** 데이터의 하위 25% 지점에 해당하는 값이다.
- **3사분위수(Q3):** 데이터의 하위 75% 지점에 해당하는 값이다.
- **사분위수 범위(IQR):** $Q3-Q1$로 계산되며, 데이터의 중간 50%가 포함된 범위이다. 상자의 길이에 해당하며, 데이터의 퍼진 정도를 나타낸다.
- **수염(Whisker):** 상자에서 뻗어 나가는 선으로, 이상치를 제외한 데이터의 전체 범위를 나타낸다. 일반적으로 수염의 끝은 각각 $Q1-1.5\times IQR$과 $Q3+1.5\times IQR$ 범위 내에 있는 최솟값과 최댓값을 의미한다.
- **이상치(Outlier):** 수염의 범위를 벗어나는 값으로, 개별 점으로 명확하게 표시된다. 데이터 처리 시 특별한 주의가 필요한 값들을 식별하는 데 매우 유용하다.

★★★
출제포인트

상자 그림은 '이상치(Outlier) 발견이 용이하다'는 점과, 데이터를 5가지 요약 수치로 표현한다는 점이 핵심 출제 포인트이다. 표준적인 상자 그림은 '평균(Mean)'이나 '신뢰구간(Confidence Interval)'을 기본으로 표시하지 않는다는 점도 함정 보기로 자주 등장하니 반드시 기억해야 한다.

③ 상자 그림의 변형: 바이올린 도표(Violin Plot)

바이올린 도표는 상자 그림에 데이터의 실제 분포 밀도를 나타내는 '밀도 도표(Density Plot)'를 결합하여 대칭적인 바이올린 모양으로 보여주는 차트이다. 상자 그림이 제공하는 요약 통계량과 함께, 데이터가 어떤 값에 많이 몰려있는지(분포의 봉우리), 봉우리가 하나인지 여러 개인지(다봉성) 등의 더 상세한 분포 형태를 파악할 수 있다.

상자 그림보다 더 풍부한 정보를 제공하는 시각화 방식이다.

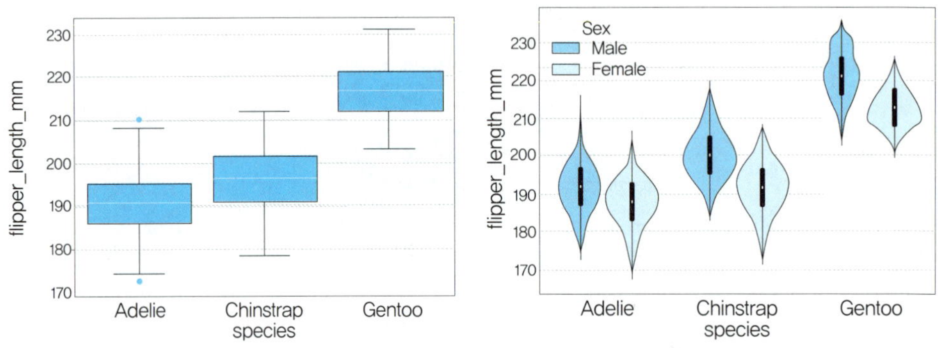

▲ 그림 3-12 동일 데이터를 표현한 상자 그림과 바이올린 플롯 비교

바이올린 플롯은 상자 그림과 밀도 플롯을 결합한 형태로, 데이터의 분포와 밀도를 함께 보여준다는 점이 핵심이다.

④ 1차원 데이터 분포: 스트립 플롯(Strip Plot)

스트립 플롯은 각 데이터 포인트를 하나의 작은 수직선 또는 점으로 표현하여, 1차원 축 위에 데이터의 실제 분포와 밀집도를 가감 없이 보여주는 차트이다. 데이터의 양이 많지 않을 때, 실제 데이터가 어디에 위치하는지 정확히 보여주고 싶을 때 유용하다. 데이터가 겹치는 것을 방지하기 위해 점들을 약간 흩뿌리는(Jitter) 기법과 함께 사용되기도 한다.

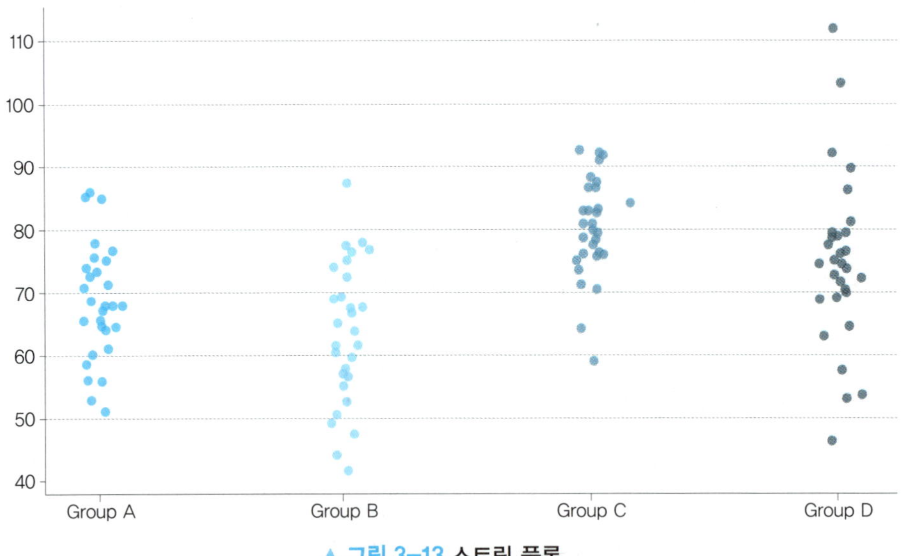

▲ 그림 3-13 스트립 플롯

3 빈도 분포 확인: 히스토그램(Histogram)

① 개념

히스토그램은 연속형 데이터를 특정 구간(계급, Bin)으로 나누고, 각 구간에 속하는 데이터의 빈도(개수)를 막대 높이로 표현하여 데이터의 전반적인 분포 형태(예 정규분포, 이중 봉우리 분포)를 보여주는 그래프이다.

② 막대 차트와의 핵심 차이점

히스토그램과 막대 차트는 외형이 비슷하여 혼동하기 쉽지만, x축의 의미에 근본적인 차이가 있다.

| 표 3-9 | 히스토그램과 막대 차트 비교

구분	히스토그램	막대 차트
X축 데이터	연속형 데이터의 '구간'	범주형 데이터의 '항목'
X축 의미	수량적 척도(예 나이, 키, 점수)	질적 구분(예 혈액형, 도시, 제품)
막대 간격	막대들이 서로 붙어 있음(구간이 연속됨을 의미)	막대들이 서로 떨어져 있음(항목이 독립적임을 의미)

③ 구간(Bin) 너비의 중요성

히스토그램의 형태는 구간(Bin)의 너비를 어떻게 설정하느냐에 따라 크게 달라진다. 구간이 너무 넓으면 데이터의 세부적인 특징이 사라지고, 너무 좁으면 분포의 전반적인 형태를 파악하기 어렵다. 따라서 데이터의 특성을 잘 나타낼 수 있는 적절한 구간 너비를 설정하는 것이 중요하다.

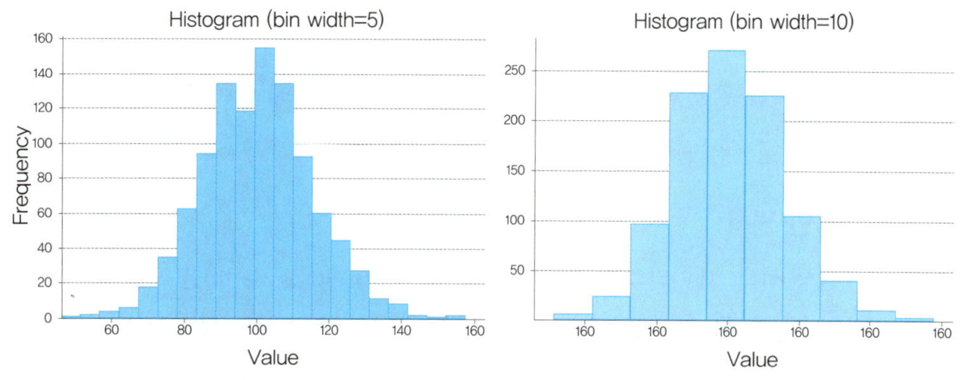

▲ 그림 3-14 동일한 데이터에 대해 구간 너비를 다르게 설정한 히스토그램 비교

④ 테이블 형태의 분포: 히트맵(Heatmap)

① 개념

히트맵은 테이블 형태의 2차원 격자 위에 숫자 데이터를 색상의 농도나 음영으로 표현하는 시각화 방식이다. 큰 테이블에서 값이 높거나 낮은 부분을 직관적으로 빠르게 찾아내는 데 유용하다.

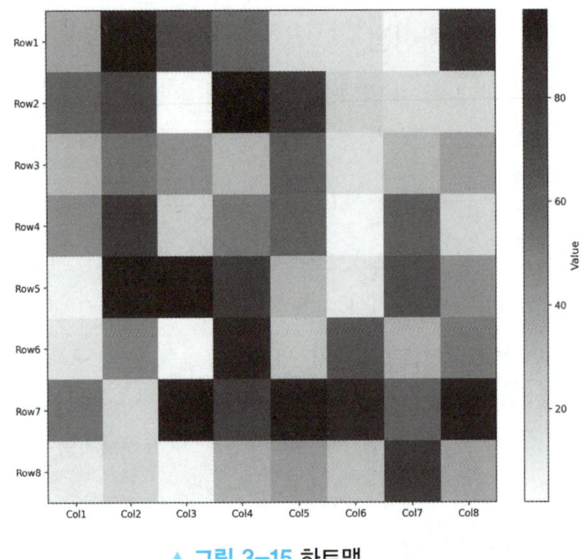

▲ 그림 3-15 하트맵

② 주요 활용 사례

- **웹사이트 분석**: 사용자가 웹페이지의 어느 부분을 많이 클릭하거나 오래 머무르는지 시각적으로 표현한다.
- **상관 행렬 시각화**: 여러 변수 간의 상관계수 행렬을 히트맵으로 표현하여 변수 간 관계를 쉽게 파악한다. [259쪽 03. 관계형 차트]에서 더 자세히 다룬다.
- **시간대별 활동 분석**: 요일과 시간대별 서비스 이용량을 테이블로 만들고 히트맵으로 표현하여 피크 타임을 분석한다.

③ 디자인 원칙

- **색상 선택**: 데이터의 특성에 맞는 색상 조합(Color Palette)을 사용해야 한다. 양수와 음수를 함께 표현할 때는 0을 기준으로 색이 나뉘는 '분기형(Diverging)' 색상 조합이 효과적이다.
- **가독성**: 셀에 숫자 값을 함께 표시할 경우, 배경색과 텍스트 색상의 대비를 '최대화'하여 가독성을 높여야 한다. 대비를 최소화하면 시각적 혼란을 줄인다는 보기는 명백히 틀린 설명이다.

5 불확실성 표현: 오차 막대(Error Bar)

① 개념

오차 막대는 특정 측정값(예 평균)이 가질 수 있는 불확실성의 범위(예 신뢰구간, 표준편차, 표준오차)를 시각적으로 표현하는 데 사용된다. 주로 막대그래프나 산점도 위에 추가적인 형태로 표시된다. 이는 측정값이 얼마나 신뢰할 수 있는지를 보여주는 중요한 지표이다.

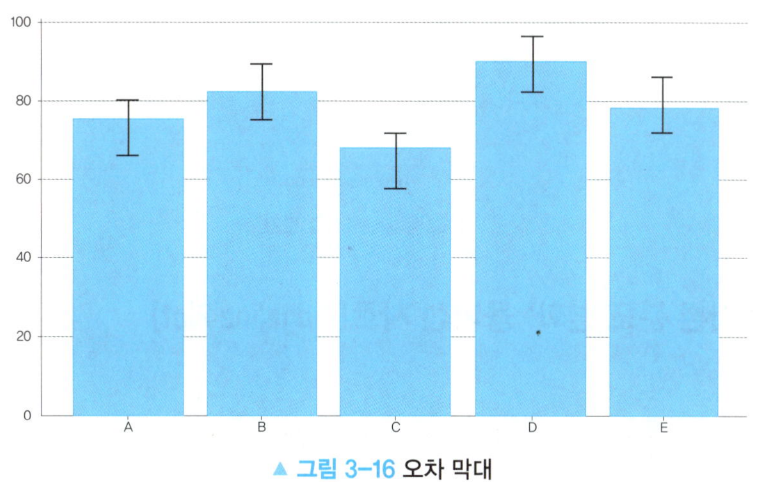

▲ 그림 3-16 오차 막대

★★★
출제포인트

데이터의 '불확실성'을 표현하는 데 가장 적합한 차트 유형을 묻는 문제에서 오차 막대는 정답으로 자주 제시된다.

6 분포 비교: QQ 도표(Quantile-Quantile Plot)

① 개념

QQ 도표는 분석하려는 데이터의 분위수와 특정 이론적 확률 분포(주로 정규분포)의 분위수를 x-y 평면에 점으로 찍어, 해당 데이터가 이론적 분포를 따르는지 시각적으로 검토하는 데 사용되는 통계적 차트이다.

- 해석: 점들이 대각선 기준선(y=x)에 가깝게 일직선으로 분포하면, 데이터는 해당 이론적 분포를 따른다고 볼 수 있다. 점들이 기준선에서 벗어나는 패턴을 통해 데이터가 어떻게 분포와 다른지(예 꼬리가 두껍다)를 파악할 수 있다.

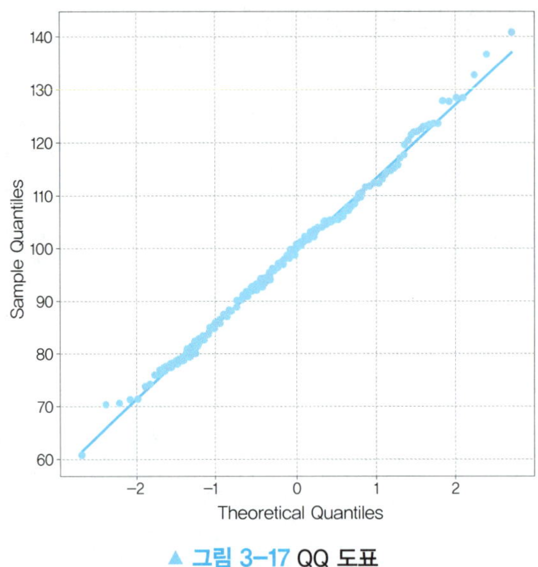

▲ 그림 3-17 QQ 도표

7 시간에 따른 분포 변화: 융기선 차트(Ridgeline Plot)

① 개념

융기선 차트(조이 플롯)는 여러 그룹에 대한 데이터 분포(주로 밀도 도표)를 y축을 따라 조금씩 겹쳐서 입체적으로 보여주는 차트이다. 시간에 따른 분포의 변화나 여러 그룹 간의 분포 비교에 효과적이다.

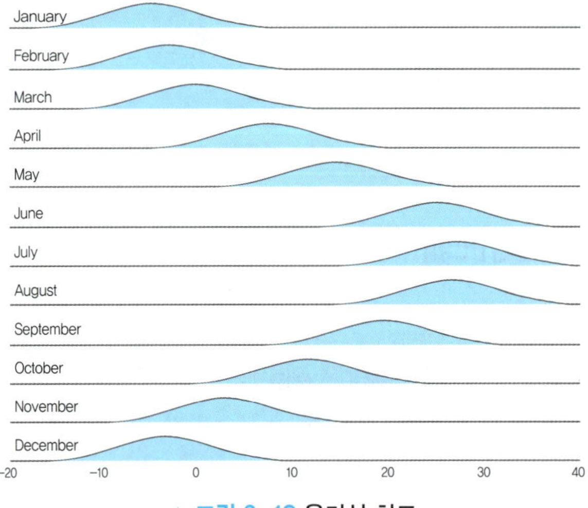

▲ 그림 3-18 융기선 차트

★★★

출제포인트

융기선 차트는 다소 생소할 수 있는 고급 차트 유형으로, 여러 그룹의 '분포'를 '겹쳐서' 보여주는 차트라는 핵심 개념을 알아두는 것이 중요하다. 히스토그램으로도 구현 가능하지만, 밀도 도표를 사용하는 것이 시각적으로 더 깔끔하다.

1 관계형 시각화의 이해

① 개념과 목적

관계형 차트는 두 개 이상의 변수 간에 어떤 연관성, 상관관계, 또는 패턴이 있는지를 탐색하는 데 사용된다. '한 변수가 변할 때 다른 변수는 어떻게 변하는가?', '데이터들이 특정 그룹으로 묶이는 경향이 있는가?'와 같은 질문에 답하는 데 도움을 준다. 데이터 간의 숨겨진 관계를 발견하여 예측 모델링이나 원인 분석의 기초 자료로 활용된다.

2 두 변수 간 관계 탐색: 산점도(Scatter Plot)

① 개념

산점도(분산형 차트)는 두 개의 연속형 수치 변수를 각각 x축과 y축에 놓고, 각 데이터 포인트를 점으로 표시하여 두 변수 간의 관계를 보여주는 차트이다. 변수 간의 상관관계, 데이터의 군집(Cluster), 그리고 이상치를 파악하는 데 매우 효과적이다.

② 관계의 형태와 강도 해석

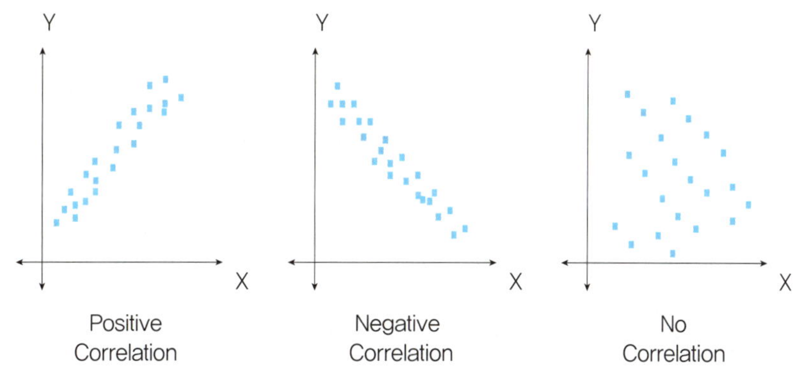

▲ 그림 3-19 양의 상관관계, 음의 상관관계, 무상관을 보여주는 산점도

- **관계의 방향:** 점들이 전반적으로 우상향하면 양의 상관관계(하나가 증가할 때 다른 하나도 증가), 우하향하면 음의 상관관계(하나가 증가할 때 다른 하나는 감소)라고 한다.
- **관계의 강도:** 점들이 하나의 선에 가깝게 촘촘히 모여 있을수록 강한 관계, 넓게 흩어져 있을수록 약한 관계로 해석된다.
- **관계의 형태:** 점들이 직선이 아닌 곡선 형태를 보일 경우 비선형 관계가 존재함을 의미한다.

- **군집 및 이상치**: 대부분의 점들과 떨어져 특정 그룹을 형성하는 점들은 '군집'을, 홀로 동떨어져 있는 점은 '이상치'일 가능성을 시사한다.

③ 산점도 활용 시 주의사항

- **데이터의 양**: 산점도는 데이터 포인트의 밀도가 높을수록(데이터가 많을수록) 변수 간의 패턴이나 추세를 더 명확하고 신뢰성 있게 발견할 수 있다. 데이터가 너무 적으면 우연에 의한 패턴으로 오해할 수 있다.
- **중첩 문제(Overplotting)**: 데이터가 매우 많을 경우 점들이 서로 겹쳐서 데이터의 실제 밀도를 파악하기 어려운 문제가 발생할 수 있다. 이 경우 점의 투명도를 조절하거나, 밀도를 색으로 표현하는 히트맵 형태의 산점도를 활용할 수 있다.
- **상관관계와 인과관계의 혼동**: 산점도가 강한 상관관계를 보여주더라도, 이것이 반드시 두 변수 간에 인과관계가 있음을 의미하지는 않는다. 제3의 변수가 두 변수 모두에 영향을 미치는 '허위 상관관계'일 수 있으므로 해석에 주의해야 한다.

★★★

출제포인트

산점도는 '두 정량형 변수 간의 관계'를 파악하는 데 사용되며, 점들이 촘촘할수록 강한 관계를 의미한다. 데이터 포인트가 '적을 때'가 아니라 '많을 때' 명확한 패턴을 해석하기 용이하다는 점이 핵심적인 출제 포인트이다.

③ 세 변수 간 관계 탐색: 버블 차트[Bubble Chart]

① 개념

버블 차트는 산점도를 확장한 형태로, x축과 y축의 두 변수 외에 세 번째 수치 변수를 '원의 크기(면적)'로 추가하여 표현한 차트이다. 경우에 따라 네 번째 범주형 변수를 '원의 색상'으로 인코딩하여 더 많은 정보를 담기도 한다.

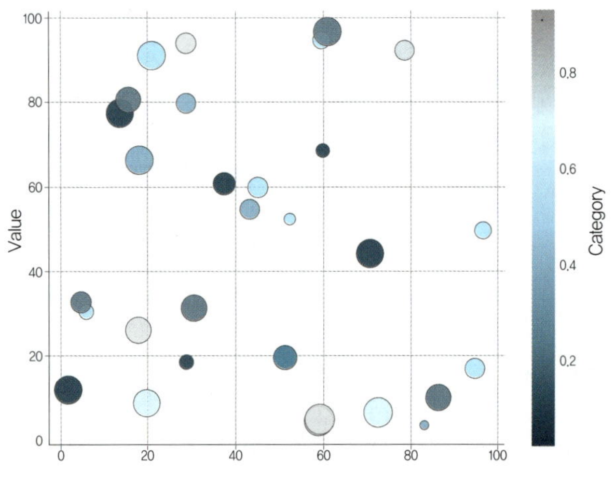

▲ 그림 3-20 버블 차트

② **주요 활용 사례**

- **시장 분석**: x축에 시장 점유율, y축에 시장 성장률, 버블 크기에 매출액을 표현하여 각 제품의 포트폴리오를 분석한다(BCG 매트릭스와 유사).
- **국가별 지표 비교**: x축에 1인당 GDP, y축에 기대 수명, 버블 크기에 인구수를 표현하여 국가 간 보건 및 경제 상황을 비교한다(한스 로슬링의 유명한 TED 강연에서 활용).

③ **해석 시 주의사항**

- **면적 인지 왜곡**: 사람의 눈은 원의 면적 차이보다 지름의 차이를 더 크게 인식하는 경향이 있다. 이로 인해 실제 값의 차이보다 시각적으로 느끼는 차이가 과소평가될 수 있으므로, 버블 크기를 설정할 때 주의가 필요하다.
- **데이터 과밀**: 버블의 크기가 크고 데이터가 많으면 서로 겹쳐서 개별 데이터를 식별하기 어렵고 차트가 지저분해진다. 따라서 버블 차트는 너무 많은 데이터 포인트를 표현하는 데는 적합하지 않다. 절대적인 기준은 없지만, 일반적으로 10~20개 내외의 데이터를 표현할 때 효과적이다.

★★★
출제포인트

버블 차트는 산점도에 '크기'라는 시각 변수를 추가하여 3차원 데이터를 표현하는 방법임을 이해해야 한다. 데이터가 너무 많으면 가독성이 떨어진다는 한계점과, 원의 면적이 아닌 지름으로 판단하는 인간의 인지적 경향도 알아두어야 할 중요한 포인트이다.

4 다변수 간 관계 요약: 상관도표[Correlation Matrix]

① **개념**

상관도표(상관 행렬)는 여러 변수 간의 상관계수(−1에서 +1 사이의 값)를 행렬 형태로 정리하고, 각 셀을 히트맵처럼 색상으로 표현하여 모든 변수 쌍 간의 관계를 한눈에 파악할 수 있도록 한 시각화이다.

② 구성 및 해석

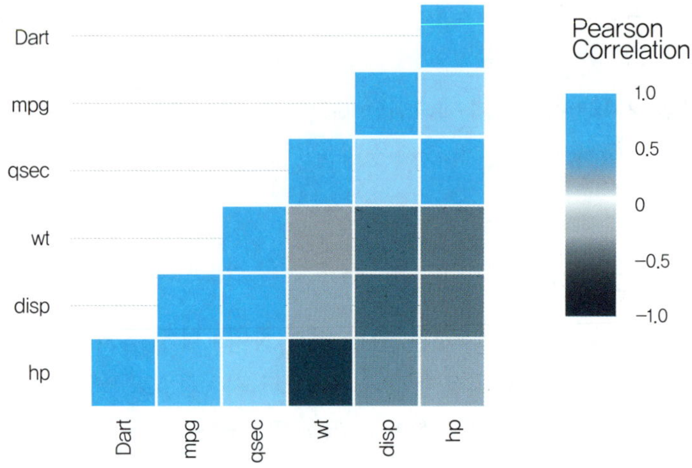

▲ **그림 3-21** 변수 상관계수를 색상으로 표현한 상관도표

- 행과 열: 행과 열은 모두 분석 대상 변수들로 동일하게 구성된다.
- 대각선: 자기 자신과의 상관관계이므로 항상 1이다.
- 색상과 상관관계
  - **정적 상관관계(양의 상관관계):** 상관계수가 양수이며, 1에 가까울수록 강한 양의 관계를 의미한다(예 진한 파란색).
  - **부적 상관관계(음의 상관관계):** 상관계수가 음수이며, −1에 가까울수록 강한 음의 관계를 의미한다(예 진한 빨간색).
  - **무상관:** 상관계수가 0에 가까우면 관계가 없음을 의미한다(예 흰색 또는 옅은 색).

③ 장점 및 활용

- **효율성:** 수많은 변수 간의 관계를 하나의 표로 요약하여 보여주므로, 데이터 탐색 초기 단계에서 어떤 변수들 간에 유의미한 관계가 있는지 빠르게 스크리닝하는 데 매우 유용하다.
- **다중공선성 확인:** 회귀 분석 등 모델링을 수행하기 전, 독립 변수들 간에 너무 강한 상관관계(다중공선성)가 있는지를 확인하는 데 필수적으로 사용된다.

★★★
출제포인트

상관도표는 '다중 변수 간의 상관관계'를 시각적으로 표현하며, '대각선은 항상 1'이라는 특징을 가진다. 상관계수의 부호(양/음)와 관계의 방향(정적/부적)을 올바르게 연결하여 이해하는 것이 중요하다. 정적 상관관계가 양의 상관계수, 부적 상관관계가 음의 상관계수임을 반대로 설명하는 보기에 주의해야 한다.

⑤ 다변수 관계 탐색: 산점도 행렬(Scatter Plot Matrix)

① 개념

산점도 행렬은 3개 이상의 다변량 데이터에서, 모든 변수 쌍 간의 관계를 시각적으로 탐색하기 위해 산점도를 행렬 형태로 배열한 차트이다. 데이터 탐색 초기 단계에서 모든 변수 간의 관계를 한눈에 스크리닝하는 데 매우 유용하다.

② 구성 및 해석

- 행렬의 각 셀(대각선 제외)은 해당 행과 열의 변수로 이루어진 하나의 산점도를 의미한다.
- 행렬의 대각선에는 각 변수 자체의 분포를 보여주는 히스토그램이나 밀도 플롯을 배치하기도 한다.

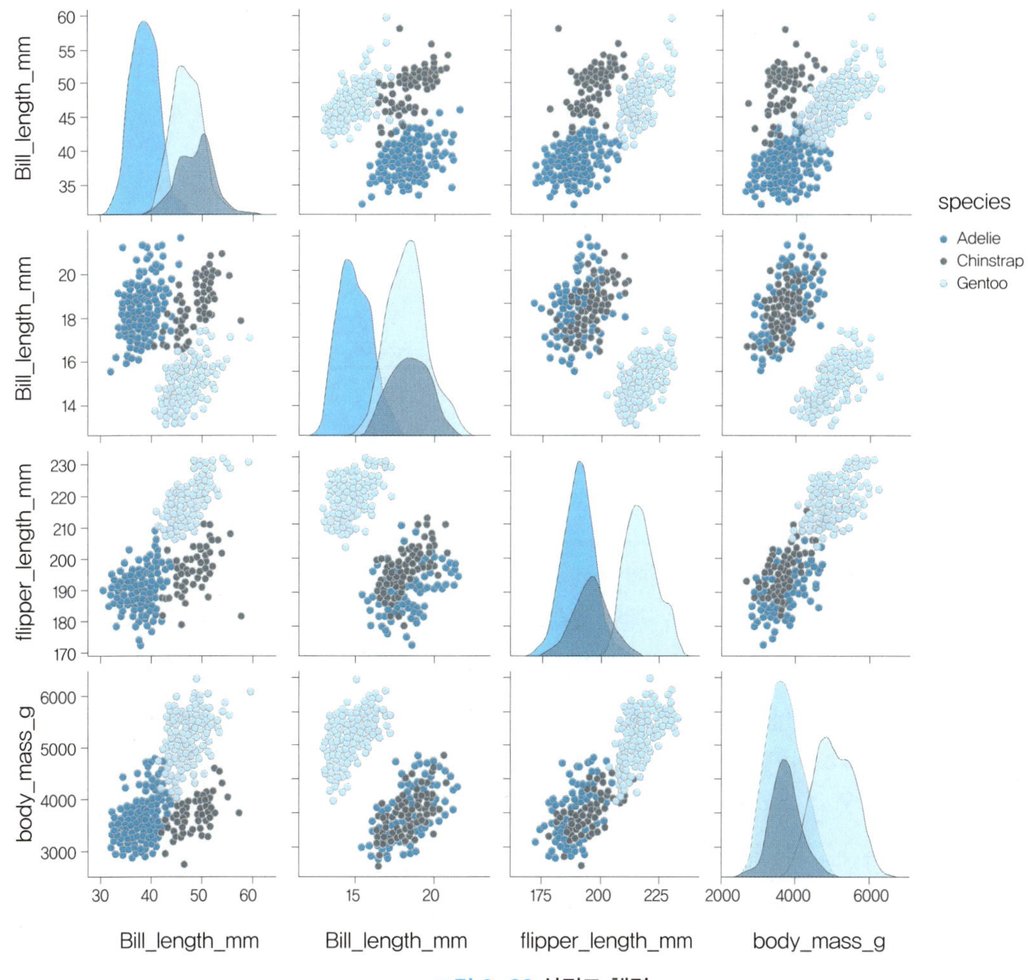

▲ 그림 3-22 산점도 행렬

04 시간 시각화

1 시간 시각화의 이해

① 개념과 목적

시간 시각화는 시간의 흐름에 따른 데이터의 변화, 추세, 주기, 패턴 등을 보여주는 것을
목적으로 한다. '시간이 지남에 따라 어떻게 변했는가?', '특정 주기가 반복되는가?',
'프로젝트는 일정대로 진행되고 있는가?'와 같은 질문에 답한다. 비즈니스 성과를
추적하고 미래를 예측하는 데 가장 기본이 되는 시각화 유형이다.

2 시간에 따른 추세 변화: 선 그래프(Line Chart)

① 개념

선 그래프는 x축에 시간(연, 월, 일 등)을 놓고, y축에 측정값을 놓은 후, 각 시점의
데이터 포인트를 선으로 연결하여 시간의 흐름에 따른 데이터의 연속적인 변화와 추세를
보여주는 데 가장 효과적인 차트이다.

② 디자인 원칙과 흔한 실수

- **Y축 조정:** 막대 차트와 달리, 선 그래프의 Y축은 반드시 0에서 시작할 필요는 없다.
  데이터의 변화 폭이 작을 경우, Y축의 범위를 조정(Zoom-in)하여 변화를 더 명확하게
  보여줄 수 있다. 다만, 이 경우 변화가 과장되어 보일 수 있음을 인지해야 한다.

- **선의 개수:** 너무 많은 선(일반적으로 4~5개 이상)은 서로 얽혀 '스파게티 플롯'처럼
  되어 해석이 불가능해지므로, 선의 개수를 제한해야 한다. 여러 선을 비교해야 할
  경우, 가장 중요한 선만 강조하거나 여러 개의 작은 차트(Small Multiples)로 나누어
  보여주는 것이 좋다.

- **가로세로 비율(Aspect Ratio):** 차트의 가로세로 비율에 따라 선의 기울기가 달라져
  추세에 대한 인식이 크게 변할 수 있다. 일반적으로 사용자가 변화를 객관적으로
  인지할 수 있도록, 선의 평균적인 기울기가 45도에 가깝게 되도록 비율을 조정하는
  것이 권장된다.

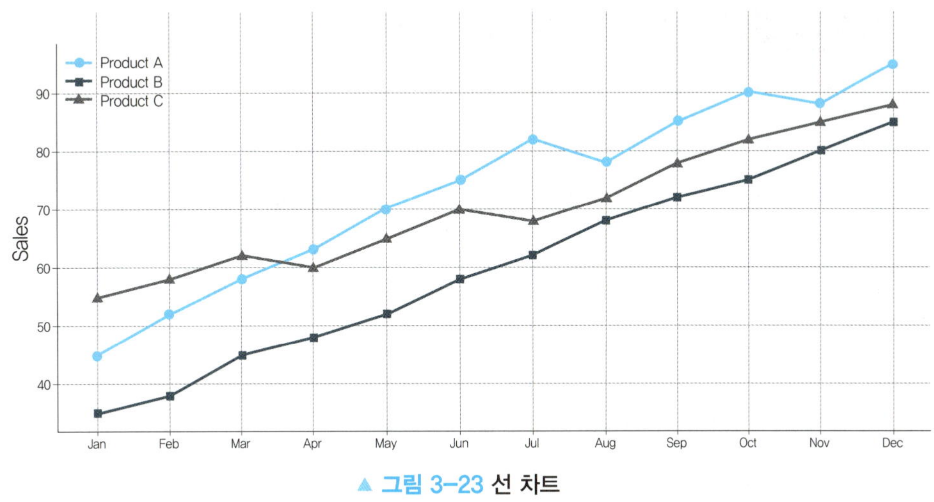

▲ 그림 3-23 선 차트

③ 영역 차트(Area Chart)

영역 차트는 선 그래프의 선 아래 영역을 색으로 채운 형태이다. 추세와 함께 전체적인 양(Volume)의 크기를 강조하는 효과가 있다. 여러 항목을 비교하는 누적 영역 차트도 있지만, 누적 막대 차트와 마찬가지로 중간 항목의 정확한 크기를 비교하기 어렵다는 한계가 있다.

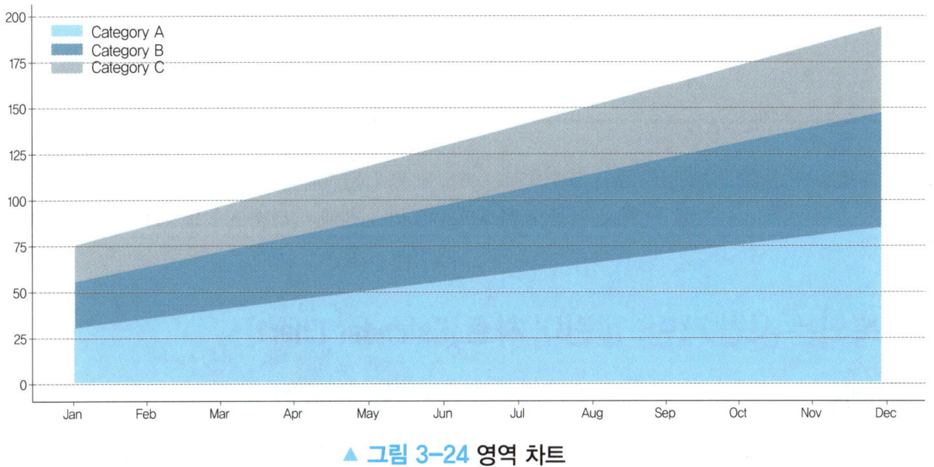

▲ 그림 3-24 영역 차트

★★★
출제포인트

선 그래프는 '시간에 따른 연속적인 변화'를 보여주는 데 가장 적합하다. 막대 차트와 달리 'Y축을 반드시 0에서 시작할 필요는 없다'는 점이 중요한 차이점이자 출제 포인트이다. 데이터 포인트가 매우 적을 경우(예 3~4개), 추세를 왜곡할 수 있어 막대그래프나 표가 더 적합할 수 있다.

③ 프로젝트 일정 관리: 간트 차트[Gantt Chart]

① 개념

간트 차트는 프로젝트의 각 작업(Task)을 시간 축 위에 가로 막대 형태로 나열하여, 전체 프로젝트의 일정, 작업 순서, 기간, 현재 진행 상황 등을 한눈에 보여주는 차트이다. 프로젝트 관리의 핵심적인 시각화 도구이다.

② 구성 요소

- **작업 목록:** 프로젝트를 구성하는 개별 작업들이 세로축에 나열된다.
- **시간 축:** 날짜 또는 시간이 가로축에 표시된다.
- **작업 막대:** 각 작업의 시작 시점과 종료 시점을 나타내는 가로 막대이다. 막대의 길이는 작업의 소요 기간을 의미한다.
- **마일스톤:** 프로젝트의 중요한 중간 목표 지점을 다이아몬드 등의 기호로 표시한다.

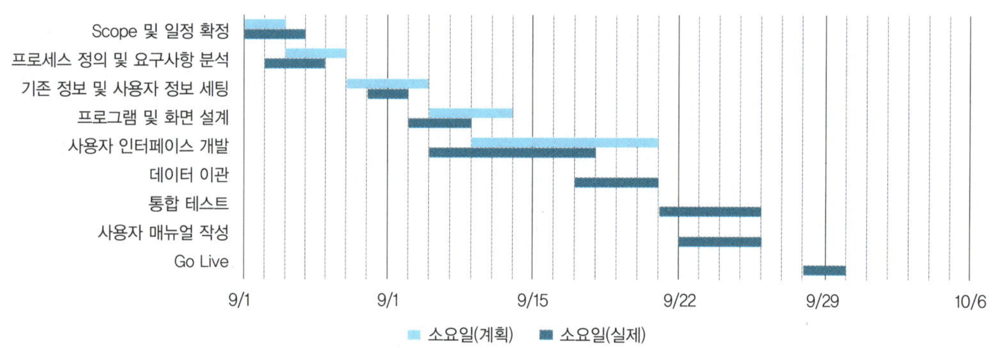

▲ 그림 3-26 신제품 개발 프로젝트의 일정을 나타내는 간트 차트

④ 반복되는 시간 패턴: 캘린더 차트[Calendar Chart]

① 개념

캘린더 차트는 달력 형태의 그리드 위에 날짜별 데이터 값을 색상의 농도나 음영으로 표현하는 시각화 방식이다. 히트맵의 일종으로 볼 수 있어 '캘린더 히트맵'이라고도 불린다.

② 핵심 활용 분야

- **패턴 발견:** 주식 시장의 요일별 등락 패턴, 특정 요일에 집중되는 고객 문의, 월말에 급증하는 판매량 등 시간 속에서 반복되는 패턴을 발견하는 데 유용하다.
- **활동 기록:** 개인의 운동 기록, 학습 시간, 기분 변화 등을 일자별로 기록하고 시각화하는 데 사용된다.

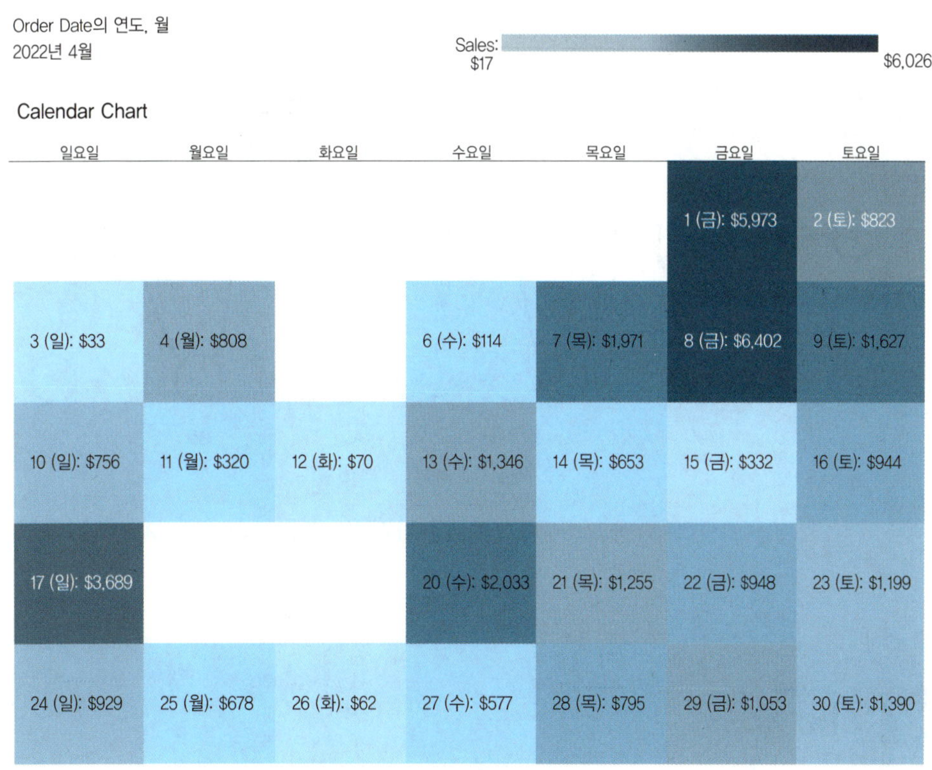

▲ 그림 3-27 캘린더 차트

★ ★ ★
출제포인트

캘린더 차트는 '날짜 데이터'를 활용하며, 요일이나 주차 등 시간의 주기적 패턴을 파악하는 데 효과적이라는 점이 핵심이다. 3차원 입체 차트가 아닌 2차원 그리드 형태라는 점을 기억해야 한다.

5 순위 변화 추적: 범프 차트(Bump Chart)

① 개념

범프 차트는 시간에 따른 여러 항목의 '순위' 변화를 추적하는 데 특화된 차트이다. y축에 순위(1위, 2위, …)를 표시하고, 각 항목의 순위 변동을 선으로 연결하여 보여준다.

② 경사 차트와의 비교

경사 차트가 단 두 시점 간의 변화에 집중하는 반면, 범프 차트는 여러 시점에 걸친 순위 변화의 전체 과정을 추적할 수 있다. 순위의 상승과 하락, 역전 과정을 동적으로 보여주는 데 탁월하다.

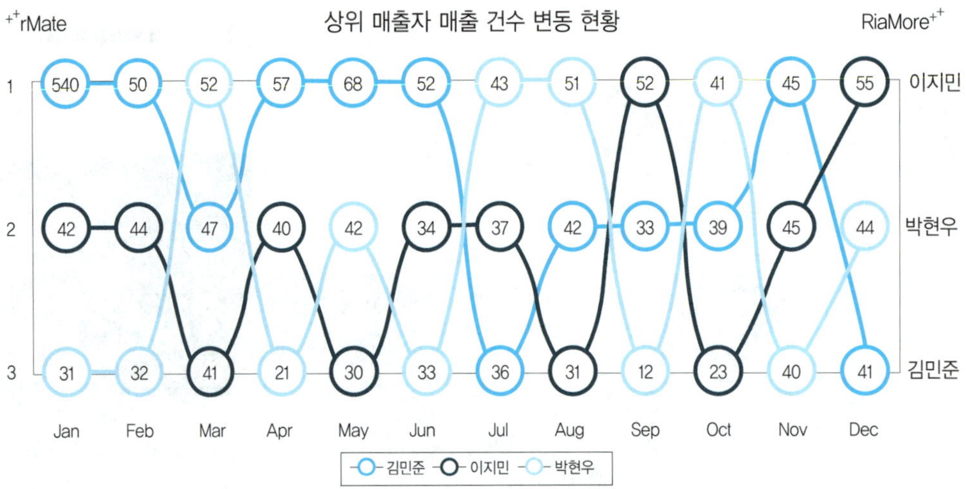

▲ 그림 3-28 상위 매출자 매출 건수 변동 현황을 나타내는 범프 차트

05 지도 차트

1 지도 시각화의 이해

① 개념과 목적

지도 차트(공간 시각화)는 지리적 위치 정보를 기반으로 데이터의 공간적 분포, 패턴, 관계를 시각화하는 방법이다. '어느 지역에서 매출이 가장 높은가?', '서비스 미제공 지역은 어디인가?', '전염병이 어떻게 확산되고 있는가?'와 같은 공간적 맥락이 중요한 질문에 답하는 데 필수적이다.

2 지역별 데이터 표현: 단계 구분도[Choropleth Map]

① 개념

단계 구분도는 가장 일반적인 지도 시각화 방식으로, 행정 구역(국가, 시/도, 시/군/구 등)과 같은 지리적 영역을 특정 데이터 값의 구간(계급)에 따라 다른 색상, 명도, 또는 채도로 채워 표현하는 지도이다.

② 핵심 특징

- **패턴 전달**: 지리적 위치의 정확성보다는 데이터의 전반적인 '패턴'(예 수도권에 집중된 인구)을 효과적으로 전달하는 것이 주된 목표이다.

- **면적 왜곡 문제:** 면적이 넓은 지역이 시각적으로 더 강조되어 보이는 왜곡이 발생할
  수 있다. 예를 들어, 인구는 적지만 면적이 넓은 강원도가, 인구는 많지만 면적이 좁은
  서울보다 더 중요하게 보일 수 있다. 이 때문에 인구수와 같은 절대적인 값보다는 인구
  밀도와 같은 비율 데이터를 사용하는 것이 더 적합하다.

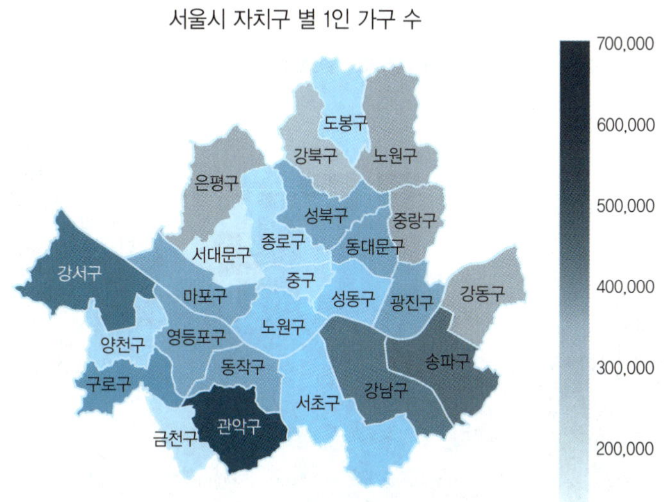

▲ **그림 3-29** 대한민국 시/도별 인구 밀도를 나타내는 단계 구분도

출제포인트

단계 구분도는 지역별로 데이터 값의 구간에 따라 색을 칠하는 지도라는 정의가 핵심이다. 지리적 위치
의 '정확성'보다는 데이터 '패턴' 전달이 주 목표라는 점, 그리고 면적이 넓은 지역이 시각적으로 더 강조
되는 한계가 있다는 점을 이해해야 한다.

❸ 데이터 값에 따른 면적 왜곡: 카토그램(Cartogram)

① 개념

카토그램(왜상통계지도)은 단계 구분도의 면적 왜곡 문제를 해결하기 위한 대안으로,
각 지역의 면적을 실제 지리적 크기가 아닌, 해당 지역의 데이터 값(예 인구수, GDP,
선거인단 수)에 비례하여 의도적으로 왜곡하여 표현하는 지도이다.

② 종류 및 단점

- **인접 카토그램:** 지역 간의 인접성을 유지하면서 면적을 왜곡한다. 형태가 심하게
  변형된다.

- **비인접 카토그램**: 각 지역의 원래 모양은 유지하되, 크기만 데이터에 비례하여 조절하고 인접성은 무시한다.
- **단점**: 데이터 값에 따라 지도가 심하게 변형되므로, 사용자가 원래의 지리적 형태나 위치를 파악하기 어렵다. 사용자가 해당 지역의 모양에 익숙하다는 전제가 필요하다.

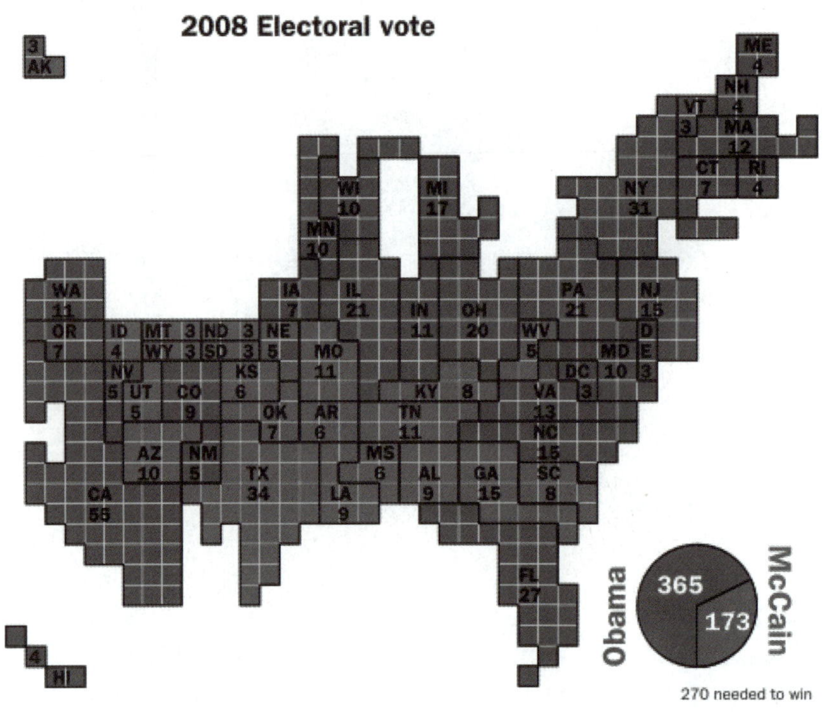

▲ 그림 3-30 미국 각 주의 선거인단 수에 비례하여 크기를 조정한 카토그램

06 계층 시각화

1 계층 시각화의 이해

① 개념과 목적

계층 시각화는 전체와 부분, 상위 그룹과 하위 그룹 간의 포함 관계나 트리(Tree) 구조를 가진 데이터를 효과적으로 표현하는 데 사용된다. '회사의 조직 구성은 어떻게 되어 있는가?', '전체 예산이 각 부서와 팀에 어떻게 배분되었는가?', '생물 분류 체계는 어떻게 구성되는가?'와 같은 계층적 구조를 가진 질문에 답하는 데 유용하다.

② 사각형으로 표현하는 계층: 트리맵(Treemap)

① 개념

트리맵은 전체 공간을 하나의 큰 사각형으로 나타내고, 계층 구조의 각 항목을 그 안에 포함된 작은 사각형으로 재귀적으로 표현하는 시각화 방식이다. 각 사각형의 '면적'은 해당 항목의 양적 값을 나타내며, 사각형의 '색상'은 범주나 또 다른 수치 값을 구분하는 데 사용된다.

② 핵심 특징

- **공간 효율성**: 한정된 공간 안에 수천 개의 계층적 데이터를 효율적으로 시각화할 수 있다.
- **전체–부분 관계 파악**: 전체에서 각 부분이 차지하는 비중을 면적을 통해 직관적으로 파악할 수 있으며, 어떤 항목이 가장 큰 비중을 차지하는지 쉽게 발견할 수 있다.
- **한계점 1(정밀 비교의 어려움)**: 사각형의 모양이 다양하고 서로 인접해 있지 않은 경우가 많아, 면적이 비슷한 항목들 간의 정밀한 크기 비교는 어렵다.
- **한계점 2(음수 값 표현 불가)**: 표준적인 트리맵은 각 항목의 양적 값을 사각형의 '면적'으로 표현하므로, 면적이 음수 값을 가질 수 없어 음수 값을 표현하는 데는 적합하지 않다.

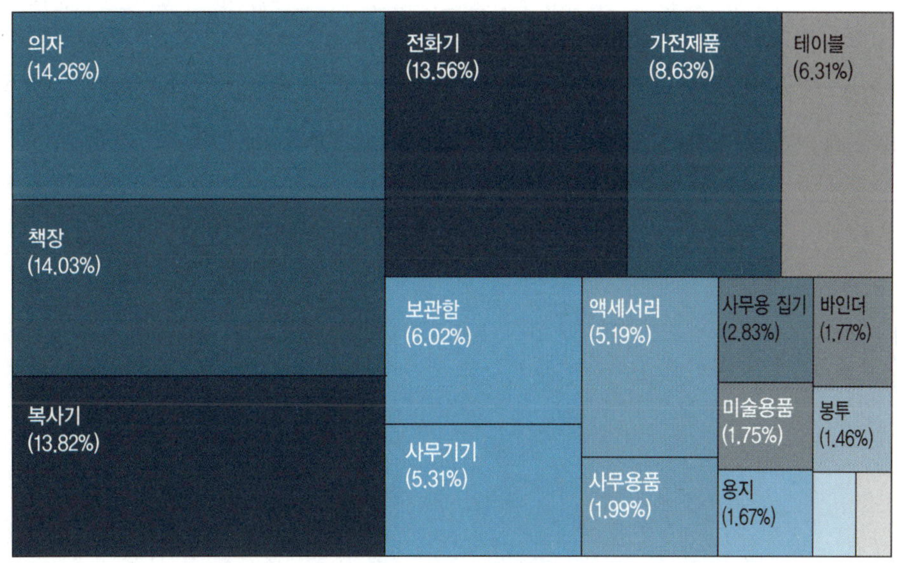

▲ 그림 3-31 트리맵

③ 군집 관계 표현: 덴드로그램[Dendrogram]

① 개념

덴드로그램은 계층적 군집 분석(Hierarchical Clustering)의 결과를 시각화하는 트리 구조의 다이어그램이다. 각 데이터가 어떤 순서와 기준으로 그룹으로 묶이는지를 보여준다. '어떤 고객들이 서로 유사한 구매 패턴을 보이는가?', '어떤 유전자들이 함께 발현되는 경향이 있는가?'와 같은 질문에 답하는 데 사용된다.

② 해석 방법

- **병합 과정**: 트리 구조의 아래쪽(잎 노드)부터 시작하여, 서로 가까운(유사한) 개체나 그룹이 먼저 묶인다. 위로 올라갈수록 더 큰 그룹으로 통합되는 과정을 볼 수 있다.
- **가지의 높이**: 두 그룹이 묶이는 지점의 높이(또는 가지의 길이)는 해당 그룹 간의 거리를 나타낸다. 높이가 낮을수록 두 그룹이 더 유사함을 의미한다.
- **군집의 수 결정**: 덴드로그램을 특정 높이에서 수평으로 자르면, 그 선과 만나는 가지의 수가 해당 높이에서의 군집(클러스터)의 수가 된다. 이를 통해 분석가는 몇 개의 군집으로 나누는 것이 적절할지 판단할 수 있다.

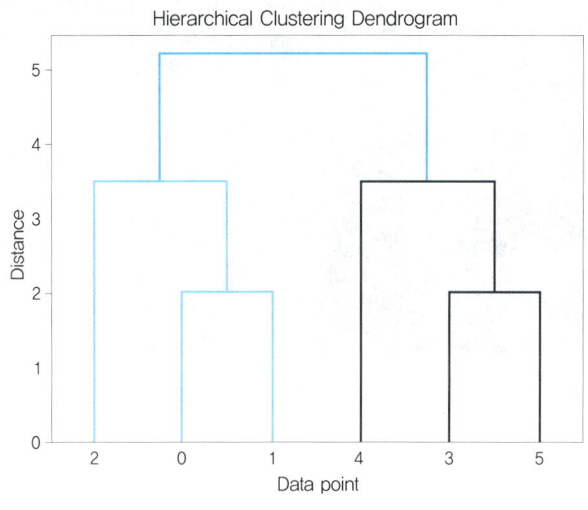

▲ 그림 3–32 덴드로그램

07　흐름 시각화

1 흐름 시각화의 이해

① 개념과 목적

흐름 시각화는 시스템이나 프로세스 내에서 양(量)이 여러 단계나 범주 사이에서 어떻게 이동하고 전환되는지를 보여주는 데 사용된다. 단순히 시작과 끝을 보여주는 것을 넘어, 그 과정의 규모와 경로를 함께 시각화하는 것이 핵심이다. '사용자의 웹사이트 이탈 경로는 어떻게 되는가?', '에너지는 어떻게 생산되어 어디에서 소비되는가?', '제조 공정에서 불량품은 어느 단계에서 가장 많이 발생하는가?'와 같이 양적인 흐름과 경로 추적이 중요한 질문에 답하는 데 매우 효과적이다.

② 흐름 시각화의 중요성

흐름 시각화는 복잡한 시스템의 동적인 측면을 한눈에 파악하게 해준다. 이를 통해 사용자는 병목 현상이 발생하는 지점, 자원이 비효율적으로 사용되는 경로, 또는 예상치 못한 경로로의 누수 등을 직관적으로 발견하고 개선의 기회를 찾을 수 있다.

2 흐름의 양과 경로 시각화: 생키 차트[Sankey Chart]

① 개념

생키 차트(생키 다이어그램)는 여러 노드(Node, 카테고리) 사이의 흐름(Flow)과 그 양(Volume)을 연결선의 '두께'로 비례하여 표현하는 시각화 방식이다. 흐름이 시작되는 노드에서 끝나는 노드까지 양의 이동을 추적하고, 여러 경로로 나뉘거나 합쳐지는 과정을 직관적으로 보여준다. 에너지 효율, 자금 흐름, 웹 트래픽 분석 등 다양한 분야에서 활용된다.

② 구성 요소

- **노드(Nodes)**: 흐름이 시작되거나, 거치거나, 끝나는 각 단계를 나타내는 사각형 또는 막대이다(예 국가, 웹페이지, 부서).
- **링크(Links)**: 두 노드 사이의 흐름을 나타내는 연결선이다. 링크의 두께는 해당 경로로 이동하는 양에 정비례한다.
- **단계(Stages/Steps)**: 흐름이 진행되는 각 단계를 나타내는 열(column)이다. 여러 단계를 거치는 복잡한 프로세스를 표현할 수 있다.

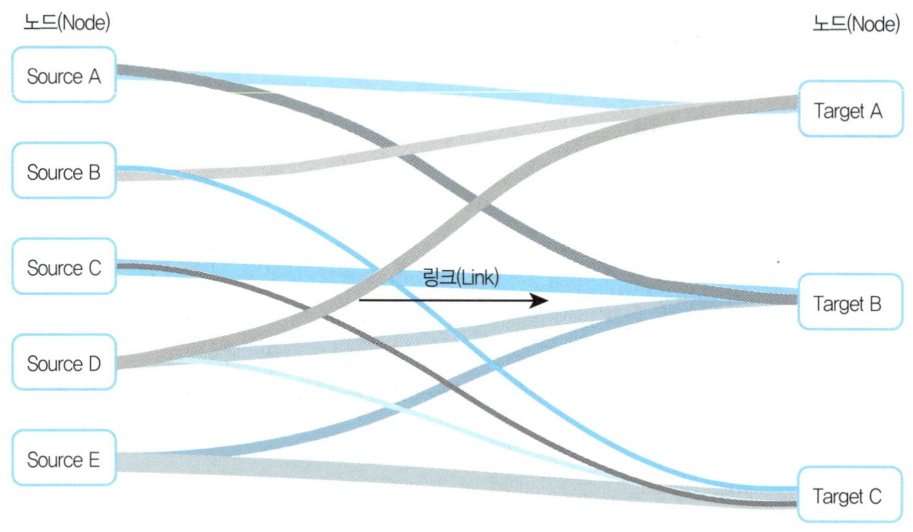

▲ 그림 3-33 생키차트

③ 대표 사례와 활용

- **샤를 미나르의 '나폴레옹의 모스크바 원정':** 생키 차트의 효용성을 보여주는 가장 유명한 역사적 사례로, 원정 경로에 따른 병력의 규모 변화를 선의 두께로 표현하여 전쟁의 참상을 극적으로 시각화했다. 병력이 점차 줄어드는 모습을 통해 복잡한 수치 데이터를 강력한 스토리로 전달했다. 이 차트는 데이터 시각화 역사상 가장 위대한 작품 중 하나로 평가받는다.

- **에너지 흐름 분석:** 국가의 에너지 생산(원유, 석탄, 신재생)부터 전환(발전소), 최종 소비(산업, 가정)까지의 전체 흐름과 각 단계에서의 손실량을 분석하는 데 널리 사용된다.

- **마케팅 퍼널 분석:** 잠재 고객이 광고를 통해 유입되어 최종 구매에 이르기까지 각 단계에서 얼마나 이탈하는지를 시각화하여 마케팅 전략의 문제점을 파악한다.

④ 디자인 및 해석 시 주의사항

- **가독성:** 노드나 단계가 너무 많아지면 차트가 매우 복잡해져 해석이 어려워질 수 있다. 중요한 흐름에 집중하고, 너무 작은 흐름은 '기타' 항목으로 묶는 등의 단순화 전략이 필요하다.

- **색상 활용:** 링크의 색상을 사용하여 흐름의 종류를 구분하거나, 특정 경로를 강조할 수 있다. 색상은 일관된 규칙에 따라 의미를 부여하여 사용해야 한다.

- **양방향 흐름 표현의 어려움:** 표준적인 생키 차트는 한 방향으로의 흐름을 표현하는 데 최적화되어 있어, 두 노드 간에 양방향으로 흐름이 발생하는 경우 표현하기 까다로울 수 있다.

생키 차트는 '비율 데이터의 흐름과 전환'을 시각적으로 표현하는 데 사용되며, 흐름의 양은 '선의 두께'로 인코딩된다는 점이 핵심 출제 포인트이다. 나폴레옹 원정 사례와 함께 흐름(Flow)을 시각화하는 대표적인 차트로 기억해야 한다.

③ 단계별 전환 분석: 깔때기 차트(Funnel Chart)

① 개념

깔때기 차트(퍼널 차트)는 사용자가 특정 목표(예 구매, 회원가입)에 도달하기까지의 각 단계를 시각화하고, 단계가 진행될수록 사용자가 얼마나 감소(이탈)하는지를 보여주는 차트이다. 각 단계의 사용자 수가 줄어드는 모습이 마치 깔때기 모양과 같다고 하여 붙여진 이름이다.

- **핵심 활용 분야:** 주로 마케팅 및 영업 분야에서 고객의 구매 여정(Customer Journey)을 분석하고, 어느 단계에서 가장 많은 이탈이 발생하는지(병목 현상)를 파악하여 프로세스를 개선하는 데 사용된다.

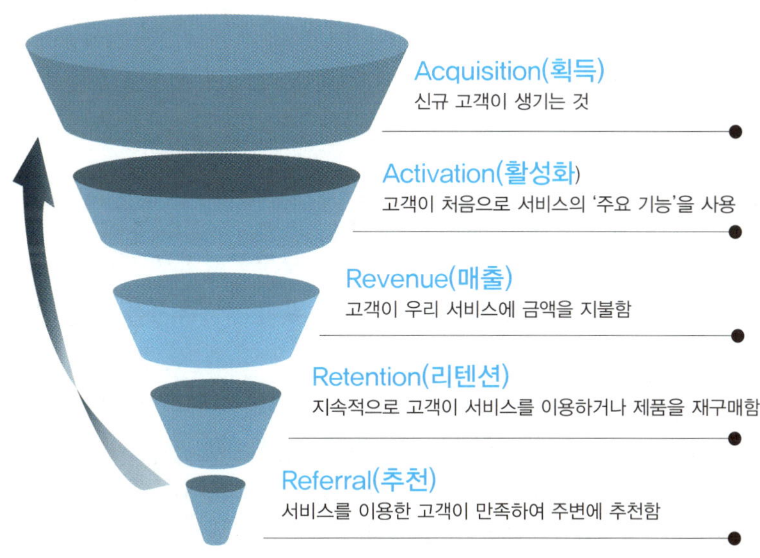

▲ 그림 3-34 잠재고객 유입부터 구매 전환까지의 단계를 보여주는 깔때기 차트

깔때기 차트는 단계별 이탈률을 분석하는 데 특화된 차트라는 목적을 명확히 이해하는 것이 중요하다.

1 다변량 시각화의 이해

① 개념과 목적

다변량 시각화는 3개 이상의 여러 변수(차원)를 동시에 한 차트에 표현하여, 변수 간의 복잡한 관계나 데이터의 다차원적 특성을 탐색하는 데 사용된다. 인간은 2차원 또는 3차원 이상의 공간을 직관적으로 인지하기 어렵기 때문에, 다차원의 데이터를 저차원의 평면에 효과적으로 표현하기 위한 특별한 기법들이 필요하다. '여러 성능 지표를 종합적으로 고려했을 때 가장 우수한 제품은 무엇인가?', '다양한 고객 속성 중 어떤 조합이 VIP 고객의 특징인가?'와 같은 복합적인 질문에 답하는 데 도움을 준다.

2 다차원 패턴 탐색: 평행 좌표계(Parallel Coordinates Plot)

① 개념

평행 좌표계는 여러 개의 수치형 변수를 나타내는 평행한 여러 개의 수직축을 설정하고, 각 데이터 항목(개체)을 그 축들을 가로지르는 하나의 꺾은선으로 연결하여 표현하는 시각화 방식이다. 각 꺾은선은 하나의 데이터 개체를, 각 수직축은 하나의 변수를 의미한다. 전통적인 직교 좌표계(x-y)가 축을 90도로 배치하는 것과 달리, 모든 축을 평행하게 배치하는 것이 가장 큰 특징이다.

② 핵심 활용 분야

- **다변량 데이터 패턴 분석:** 수많은 데이터 항목들이 여러 변수에서 어떤 패턴을 보이는지, 특정 그룹(군집)이 존재하는지를 탐색하는 데 유용하다. 비슷한 패턴을 가진 선들은 함께 묶여 보이는 경향이 있다.
- **머신러닝 하이퍼파라미터 분석:** 다양한 하이퍼파라미터 조합에 대한 모델의 성능(정확도, 정밀도, 재현율 등)을 비교하고, 지표 간의 절충점(Trade-off)을 파악하는 데 효과적으로 사용된다. 예를 들어, 정확도를 높이면 재현율이 낮아지는 관계를 시각적으로 확인할 수 있다.
- **이상치 탐지:** 대부분의 선들과 전혀 다른 패턴을 보이는 선은 이상치일 가능성이 높으므로, 이를 식별하는 데 사용될 수 있다.

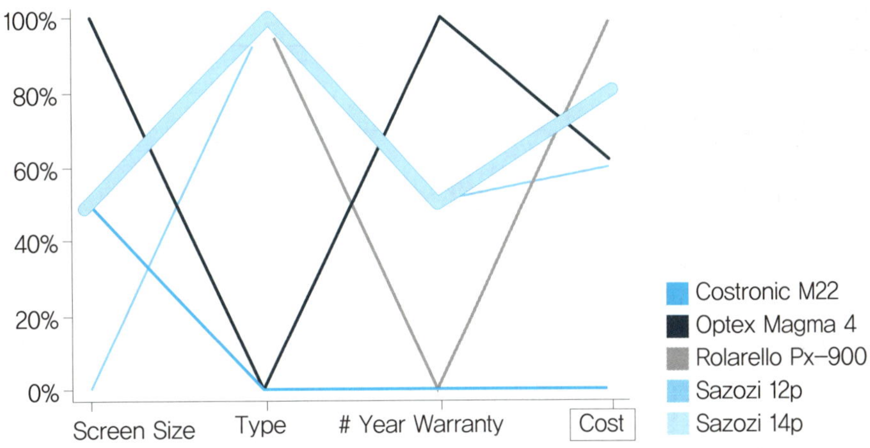

▲ 그림 3-35 자동차 모델별 연비, 출력, 무게 등 여러 성능 지표를 비교하는 평행 좌표계

③ 해석 방법 및 한계

- **개별 항목 프로필:** 하나의 선을 따라가면 해당 항목이 각 변수에서 어떤 값을 갖는지 프로필을 파악할 수 있다.

- **변수 간 관계:** 두 인접한 축 사이에서 선들이 많이 교차하면 두 변수는 음의 상관관계를, 평행하게 유지되면 양의 상관관계를 가질 가능성이 높다.

- **필터링 및 브러싱:** 인터랙티브 기능과 결합하여 특정 범위의 값을 갖는 선들만 선택(브러싱)하여 그 특징을 심층적으로 분석하는 데 매우 강력하다.

- **한계점:** 데이터의 양이 너무 많아지면 선들이 겹쳐 화면이 검게 변하는 '과밀(Overplotting)' 문제가 발생할 수 있다. 또한, 축의 순서를 어떻게 배치하느냐에 따라 패턴의 해석이 달라질 수 있어 주의가 필요하다.

★★★
출제포인트

평행 좌표계는 '다양한 하이퍼파라미터 구성에 대한 머신러닝 모델의 성능을 분석'하는 등, 여러 평가 지표를 동시에 비교하고 절충점을 파악하는 데 가장 효과적인 시각화 방법으로 출제되었다. 다소 생소한 고급 차트이므로, 다차원 데이터를 탐색하는 목적과 형태를 잘 기억해 두어야 한다.

1 테이블 시각화의 이해

① 개념과 목적

테이블은 데이터를 행(Row)과 열(Column)의 2차원 구조로 정리하여 보여주는 가장 기본적이면서도 중요한 시각화 도구이다. 그래프가 데이터의 패턴이나 추세를 직관적으로 보여주는 데 강점이 있다면, 테이블은 개별 데이터의 정확한 수치를 확인하거나 조회하고, 여러 항목을 정밀하게 비교하는 데 목적이 있다. 시각화의 목표가 전반적인 추세 파악이 아닌, 특정 값을 찾아보는 것이라면 그래프보다 테이블이 더 효과적인 선택이다.

2 범주형 데이터 요약: 교차표[Cross-Table]

① 개념

교차표(분할표)는 두 개 이상의 '범주형' 변수에 대한 빈도를 행과 열로 정리하여, 변수 간의 관계를 파악하는 데 사용하는 표이다. 엑셀(Excel)에서는 이 기능을 '피벗 테이블(Pivot Table)'이라고 부르며, BI 도구에서도 사용자가 직접 데이터를 탐색하고 요약하는 가장 핵심적인 기능 중 하나이다.

② 특징 및 활용

- 교차표는 각 셀의 빈도수를 통해 두 변수가 서로 독립적인지, 혹은 연관성이 있는지를 분석하는 기초 자료로 활용된다(예 카이제곱 검정).
- '연속형' 자료의 상관 분석에는 부적합하며, 이는 산점도 등을 통해 분석해야 한다.
- 단순 빈도뿐만 아니라 합계, 평균, 최댓값, 최솟값 등 다른 집계 함수를 사용하여 데이터를 다양한 관점에서 요약할 수 있다.

| 표 3-10 | Cross Tabulation Table

	Product A	Product B	Product C	Total
Male	45	50	35	130
Female	60	55	45	160
Total	105	105	80	290

③ 효과적인 테이블 디자인 원칙

① 가독성 향상을 위한 디자인

잘못 디자인된 테이블은 정보의 바다에서 길을 잃게 만들지만, 잘 디자인된 테이블은 그 자체로 훌륭한 시각화 도구가 된다.

- **정렬:** 텍스트는 왼쪽 정렬, 숫자는 오른쪽 정렬(또는 소수점 기준 정렬)을 기본으로 하여 가독성을 높인다. 이는 숫자 데이터의 크기를 시각적으로 비교하기 쉽게 만든다.
- **구분선:** 너무 많은 굵은 구분선은 오히려 시각적 소음이 되어 정보를 방해한다. 구분선은 최소화하고, 행 간 구분을 위해 옅은 배경색을 번갈아 사용하는 얼룩말 무늬(Zebra Stripes) 방식이 더 효과적일 수 있다.
- **숫자 서식:** 천 단위 구분 기호(,)를 사용하고, 비교의 목적에 맞게 소수점 자릿수를 통일하여 사용자가 숫자를 빠르고 정확하게 읽을 수 있도록 돕는다.
- **여백 활용:** 셀 내부에 충분한 여백(Padding)을 주어 텍스트와 숫자가 답답해 보이지 않도록 한다.

② 테이블에 시각적 요소 추가하기

테이블은 조건부 서식과 같은 기능을 활용하여 단순한 숫자 나열을 넘어 시각적 분석 도구로 발전할 수 있다.

- **데이터 막대(Data Bars):** 각 셀의 숫자 값에 비례하는 작은 막대를 셀 배경에 추가하여, 행 내에서 값의 상대적인 크기를 직관적으로 보여준다.
- **색조(Color Scales):** 셀의 숫자 값에 따라 배경색을 그라데이션 형태로 다르게 적용하여, 히트맵과 유사한 효과를 낸다.
- **아이콘 세트(Icon Sets):** 값의 상태(예: 상승/유지/하락, 목표 달성/미달)를 화살표나 신호등과 같은 아이콘으로 표현하여 상태를 빠르게 인지시킨다.

10 비율 비교 차트

① 비율 비교 시각화의 이해

① 개념과 목적

비율 비교 차트는 전체에서 각 부분이 차지하는 비율(구성)이나, 여러 범주 간의 비율 관계를 보여주는 데 중점을 둔다. '전체 시장에서 각 경쟁사의 점유율은 어떻게 되는가?',

'우리 회사 매출에서 각 제품군이 차지하는 비중은 얼마인가?', '설문조사 응답자의 인구통계학적 구성은 어떻게 되는가?'와 같은 질문에 답하는 데 사용된다. 전체를 100%로 보았을 때의 상대적인 크기를 비교하는 것이 핵심이다.

② 다차원 범주 비율 비교: 모자이크 차트(Mosaic Plot)

① 개념

모자이크 차트는 두 개 이상의 범주형 변수에 대한 데이터를 사각형의 '면적'으로 표현하여, 각 범주 조합의 상대적 비율을 보여주는 차트이다. 트리맵과 유사하게 면적을 사용하지만, 계층 구조가 아닌 교차표(Cross-Table)의 데이터를 시각화하는 데 사용된다.

② 특징

- x축과 y축이 각각 변수의 범주를 나타내며, 각 축의 너비와 높이가 해당 범주의 비율을 나타낸다. 결과적으로 각 사각형의 면적은 전체에서 해당 조합이 차지하는 비율이 된다.
- 모든 사각형이 서로 붙어 있는(인접한) 구조를 통해 전체적인 비율 관계를 파악하는 방식이다.
- 타이타닉호 생존 여부와 객실 등급, 성별 간의 관계를 분석하는 등, 다차원 범주형 데이터의 연관성을 탐색하는 데 매우 유용하다.

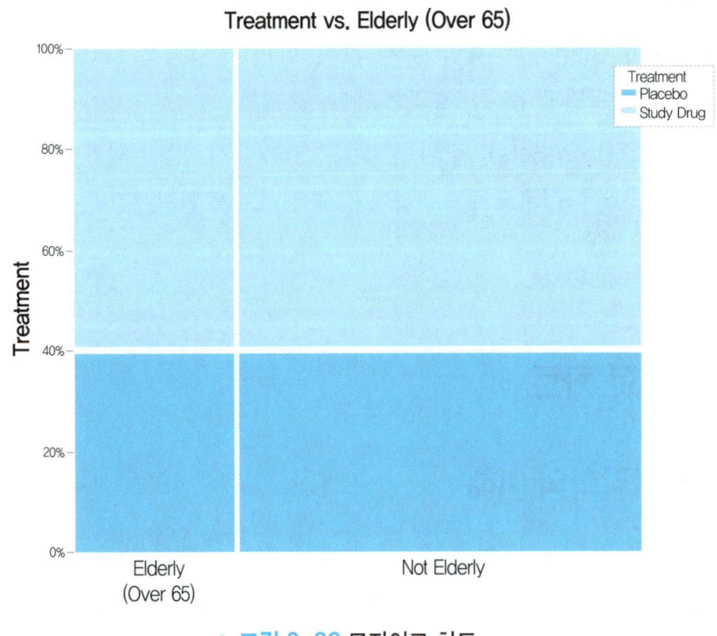

▲ 그림 3-36 모자이크 차트

③ 가장 기본적인 비율 차트: 파이 차트와 도넛 차트

① 개념

- 파이 차트(Pie Chart): 전체 원을 100%로 보고, 각 항목이 차지하는 비율을 부채꼴의 '각도' 또는 '면적'으로 표현하는 가장 고전적인 비율 차트이다.
- 도넛 차트(Donut Chart): 파이 차트의 중앙을 비워 도넛 모양으로 만든 차트이다. 중앙의 빈 공간에 전체 합계 값이나 핵심 메시지를 추가할 수 있는 장점이 있다. 각 항목의 값은 부채꼴의 면적이 아닌 '호(arc)의 길이'로 비교된다고 볼 수 있다.

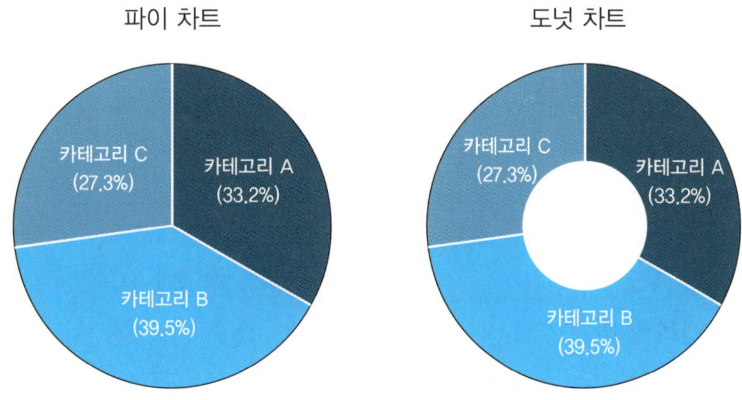

▲ 그림 3-37 파이 차트와 동일한 데이터를 표현한 도넛 차트 비교

② 한계 및 비판

왜 파이 차트를 피해야 하는가? 파이 차트와 도넛 차트는 널리 사용되지만, 시각화 전문가들에게는 종종 비판의 대상이 된다. 그 이유는 다음과 같다.

- **정밀 비교의 어려움**: 인간의 눈은 길이의 차이보다 각도나 면적의 차이를 정확하게 비교하기 어렵다. 특히 비율이 비슷한 항목들은 어느 것이 더 큰지 구별하기 매우 어렵다.
- **항목 수의 제한**: 비교 항목이 5~6개를 넘어가면 각 조각이 너무 작아져 가독성이 급격히 떨어진다.
- **잘못된 3D 효과**: 3D 파이 차트는 원근감으로 인해 앞쪽의 조각이 실제 비율보다 더 커 보이는 심각한 시각적 왜곡을 유발한다.
- **더 나은 대안**: 대부분의 경우, 파이 차트보다 정렬된 막대 차트가 항목 간의 비율을 더 명확하고 정확하게 비교할 수 있는 훨씬 효과적인 대안이다.

4 계층적 비율 표현: 선버스트 차트(Sunburst Chart)

① 개념

선버스트 차트는 계층 구조를 가진 데이터의 비율을 방사형으로 시각화하는 차트이다. 중앙에서부터 바깥으로 퍼져나가는 동심원 형태로, 각 계층은 하나의 고리(Ring)로, 각 항목은 해당 고리의 부채꼴 조각으로 표현된다. 도넛 차트를 여러 겹으로 쌓은 모습과 유사하다.

② 트리맵과의 비교

- **공통점**: 두 차트 모두 계층 구조 데이터의 비율을 표현한다.
- **차이점**: 트리맵이 면적을 통해 부분 간 크기 비교에 더 유리하다면, 선버스트 차트는 각 계층이 어떻게 구성되고 분기되는지 전체적인 구조를 파악하는 데 더 유리하다. 다만, 트리맵보다 공간 효율성은 떨어진다.

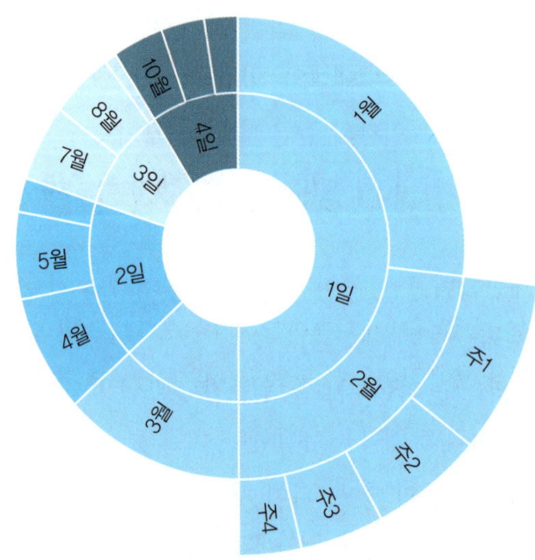

▲ 그림 3-38 선버스트 차트

11 부분-전체 비교

1 부분-전체 시각화의 이해

① 개념과 목적

부분-전체 시각화는 전체 합계의 크기와 그 안을 구성하는 각 부분의 크기를 동시에 보여주는 것을 목적으로 한다. '각 부서의 지출액과 회사 전체의 총지출액을 함께 보고 싶다', '시간이 지남에 따라 전체 매출에서 각 제품의 비중이 어떻게 변했는가?'와 같은 질문에 답하는 데 사용된다. 전체적인 맥락 속에서 각 부분의 기여도를 파악하는 데 중점을 둔다.

2 누적 막대 차트(Stacked Bar Chart)

① 개념

누적 막대 차트는 하나의 막대 안에 여러 하위 범주의 값을 쌓아 올려, 전체 합계와 각 부분의 크기를 동시에 비교할 수 있도록 해준다. 이는 비교 시각화와 비율 시각화의 특징을 결합한 형태라고 볼 수 있다.

② 종류

- **표준 누적 막대 차트:** 각 부분의 실제 값 크기만큼 쌓아 올려 전체 막대의 길이가 그룹마다 달라진다. 그룹 간 전체 합계를 비교하면서 동시에 내부 구성을 볼 수 있다.
- **100% 기준 누적 막대 차트:** 각 그룹의 전체 합계를 100%로 통일하고, 각 부분이 차지하는 '비율'을 보여준다. 모든 막대의 길이가 같아지므로, 그룹 간 전체 크기 비교는 어렵지만 시간에 따른 구성 비율의 변화를 비교하는 데는 매우 용이하다.

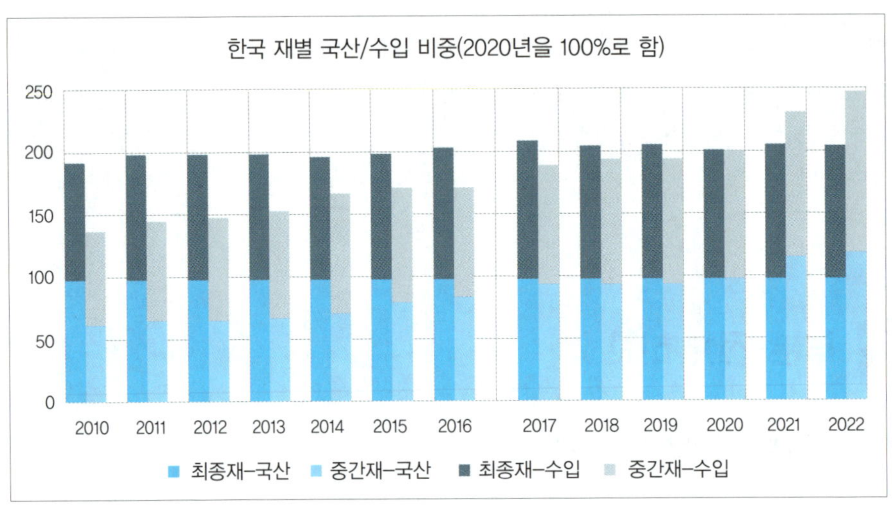

▲ 그림 3-39 누적 막대 차트

③ 해석 시 한계점과 대안

- **비교의 어려움**: 누적 막대 차트의 가장 큰 한계는 기준선(Baseline)에 있지 않은 중간이나 위쪽에 위치한 항목들의 크기를 그룹 간에 정확하게 비교하기 매우 어렵다는 점이다. 시작 위치가 계속 변하기 때문이다.

- **대안**: 각 부분의 개별적인 추세를 정확하게 비교하고 싶다면, 누적 막대 차트보다는 여러 개의 개별 선 그래프나 작은 막대 차트(Small Multiples)를 나란히 배열하여 보여주는 것이 더 효과적일 수 있다.

★★★
출제포인트

누적 막대 차트는 여러 변수를 동시에 표현하여 전체와 부분을 함께 볼 수 있다는 장점이 있지만, 기준선에 있지 않은 항목들 간의 정확한 값 비교는 어렵다는 명확한 한계를 가진다는 점이 중요한 평가 요소이다.

12 다이어그램

1 다이어그램의 이해

① 개념과 목적

다이어그램은 아이디어나 프로세스, 관계 등 추상적인 정보를 도형, 선, 기호 등을 사용하여 시각적으로 표현하여 그 구조를 이해시키는 데 중점을 둔다. 데이터의 양적 크기를 표현하는 차트와는 달리, 요소 간의 논리적 연결이나 순서, 포함 관계를 명확히 하는 것이 주된 목적이다. 복잡한 시스템이나 개념을 단순화하여 이해를 돕는 역할을 한다.

② 프로세스 시각화: 흐름도[Flow Chart]

① 개념

흐름도(플로우차트)는 특정 작업이나 프로세스의 단계를 다양한 종류의 표준화된 상자(기호)로 표시하고, 화살표로 순서와 흐름을 연결하여 표현하는 다이어그램이다. 알고리즘을 기술하거나, 업무 프로세스를 문서화하고 개선점을 찾는 데 널리 사용된다.

② 특징

- 흐름도는 프로세스의 단계(사각형), 의사결정 지점(마름모), 시작과 끝(둥근 사각형) 등 '이산적인(Discrete)' 구성 요소들의 순서와 관계를 명확히 보여주는 데 적합하다.
- '연속적' 데이터의 변화를 표현하는 데는 부적합하며, 이는 선 그래프 등을 사용해야 한다.

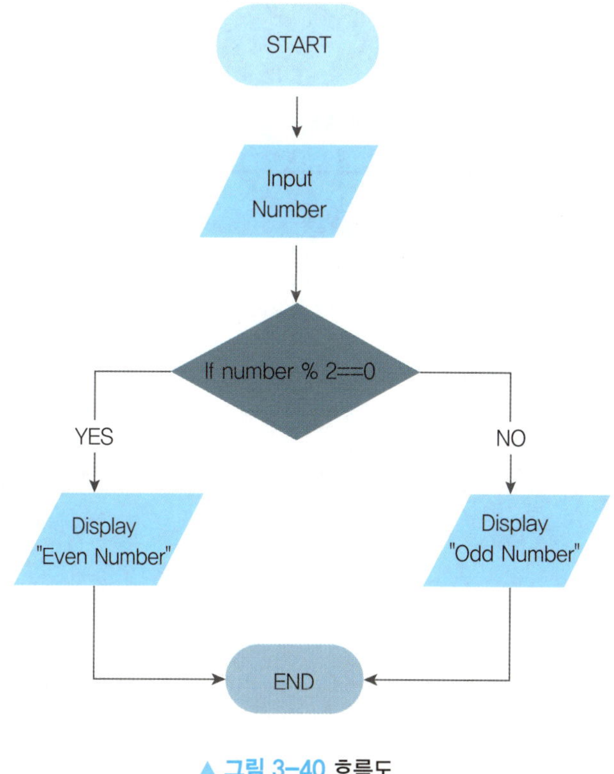

▲ 그림 3-40 흐름도

③ 집합 관계 시각화: 벤 다이어그램(Venn Diagram)

① 개념

벤 다이어그램은 여러 집합 간의 모든 가능한 논리적 관계(합집합, 교집합, 차집합)를 원이나 도형을 사용하여 시각적으로 표현하는 다이어그램이다.

② 활용 및 한계

- 여러 그룹 간의 공통점과 차이점을 명확하게 보여주는 데 사용된다(예 마케팅, 영업, 개발팀의 공통 업무와 고유 업무).
- 다만, 집합의 개수가 4개를 넘어가면 모든 관계를 평면에 정확하게 표현하기 어려워지는 한계가 있다. 또한, 각 영역의 크기가 실제 데이터의 양을 정확히 비례하여 나타내지는 못하는 경우가 많다. 이 경우, 면적이 데이터 값에 비례하는 변형된 벤 다이어그램(Euler Diagram)을 사용하기도 한다.

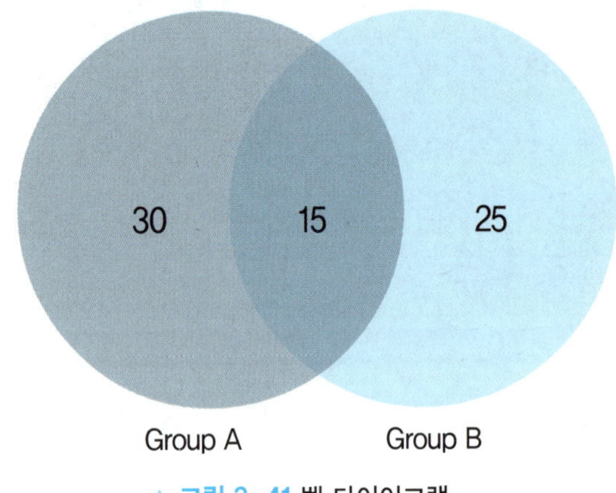

▲ 그림 3-41 벤 다이어그램

03 인포그래픽

학|습|목|표

1. 인포그래픽의 개념을 정의하고, 데이터 시각화와의 차이점을 설명할 수 있다.
2. 효과적인 인포그래픽을 구성하는 핵심 요소(헤드라인, 아이콘, 차트 등)의 역할을 이해할 수 있다.
3. 통계형, 정보형, 비교형, 타임라인형 등 목적에 따른 인포그래픽의 유형을 구분하고 각 활용 사례를 설명할 수 있다.
4. 인포그래픽 디자인 시 정보 왜곡을 방지하기 위한 주의사항을 설명할 수 있다.

데이터 시각화가 주로 데이터의 분석과 탐색에 중점을 둔다면, 인포그래픽은 한 걸음 더 나아가 특정 메시지나 스토리를 대중에게 쉽고 매력적으로 전달하는 데 목적을 둔다. 인포그래픽(Infographics)은 '정보(Information)'와 '그래픽(Graphic)'의 합성어로, 복잡하거나 방대한 정보를 텍스트, 차트, 아이콘, 일러스트 등 다양한 시각적 요소를 유기적으로 결합하여 한눈에 이해할 수 있도록 디자인한 시각 자료이다.

본 챕터에서는 인포그래픽의 정의와 데이터 시각화와의 차이점을 명확히 하고, 효과적인 인포그래픽을 구성하는 핵심 요소들을 학습한다. 또한, 전달하려는 목적과 형태에 따라 통계형, 정보형, 비교형 등 다양한 인포그래픽 유형을 살펴보고, 각 유형의 특징과 활용 사례를 이해하는 것을 목표로 한다. 이를 통해 데이터를 단순히 나열하는 것을 넘어, 설득력 있는 스토리로 재구성하는 능력을 기르게 될 것이다.

01 인포그래픽 정의

1 인포그래픽의 이해

① 개념

인포그래픽(Infographic)은 복잡하거나 방대한 정보를 텍스트, 차트, 아이콘, 일러스트 등 다양한 시각적 요소를 구조화하여 한눈에 쉽게 이해할 수 있도록 만든 시각 자료를 의미한다. 단순히 이미지를 덧붙인 차트나 도표가 아니라, 정보를 전달하고 해석할 수 있는 전체 구조와 흐름(스토리)을 디자인하는 것에 가깝다. 좋은 인포그래픽은 사용자의 인지 부하를 줄이고, 정보의 이해 속도를 높이며, 기억에 오래 남도록 돕는 효과적인 정보 디자인 수단이다.

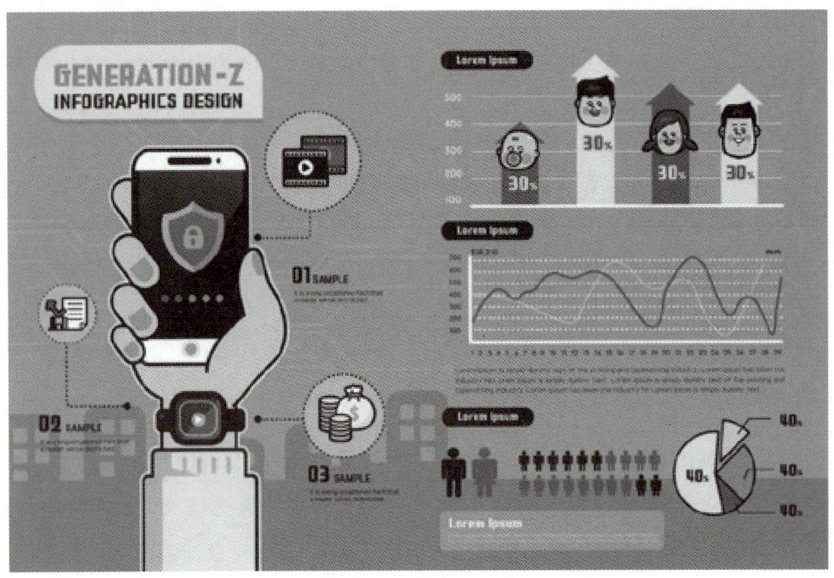

▲ 그림 3-42 인포그래픽

② 인포그래픽의 역할과 가치

- **정보의 빠른 전달**: 긴 글이나 복잡한 보고서의 핵심 내용을 압축하여 짧은 시간 안에 전달할 수 있다.
- **이해도 및 기억력 향상**: 텍스트만 있을 때보다 시각적 요소가 결합될 때 인간의 뇌는 정보를 더 잘 이해하고 오래 기억한다.
- **흥미 유발 및 공유 확산**: 시각적으로 매력적인 디자인은 사용자의 흥미를 끌고, 소셜 미디어 등에서 공유될 가능성을 높여 정보의 확산에 기여한다.

2 인포그래픽과 데이터 시각화의 차이

① 목적과 초점의 차이

인포그래픽과 데이터 시각화는 종종 혼용되지만, 실제로는 초점과 목적에 명확한 차이가 있다. 이 둘의 관계는 상호 배타적이라기보다, 인포그래픽이 데이터 시각화를 하나의 구성 요소로 포함하는 더 넓은 개념으로 볼 수 있다.

| 표 3-11 | 데이터 시각화와 인포그래픽의 비교

항목	데이터 시각화(Data Visualization)	인포그래픽(Infographics)
주요 목적	데이터 분석 결과의 정확한 전달 및 패턴 탐색	메시지와 정보의 직관적 전달 및 스토리텔링
핵심 구성	차트, 그래프 중심(데이터 중심)	텍스트, 아이콘, 일러스트, 차트, 흐름 등(메시지 중심)
초점	수치 정확성, 객관성, 상호작용을 통한 탐색	구조적 이해, 설득, 흥미 유발, 간결함
데이터 의존도	데이터에 매우 강하게 의존하며, 데이터가 없으면 성립 불가	데이터를 포함할 수도 있지만, 아이디어나 프로세스 등 비(非) 데이터 정보만으로도 구성 가능
주요 활용처	분석 리포트, 학술 논문, BI 대시보드	브로슈어, SNS 콘텐츠, 뉴스 기사, 마케팅 자료, 교육 자료

★★★
출제포인트

인포그래픽은 데이터를 가공하여 시각적으로 표현한 '결과물'이지, 가공 전의 원자재인 '기초자료'가 아니다. 또한, 데이터 시각화에 비해 삽화나 장식 등 주관적, 편집적 요소가 더 많이 포함될 수 있다는 차이점을 이해하는 것이 중요하다.

③ 인포그래픽의 한계와 비판

① 정보 왜곡의 위험

인포그래픽은 강력한 설득 도구이지만, 잘못 사용되면 오히려 정보 왜곡이나 신뢰도 하락을 유발할 수 있다.

- **과도한 단순화**: 독자의 이해를 돕기 위해 정보를 단순화하는 과정에서, 복잡한 문제의 본질이나 중요한 맥락이 누락될 수 있다.
- **디자인 편향(Decorative Bias)**: 시각적 효과를 과도하게 강조하다 보면 데이터의 정확성이 훼손될 수 있다. 예를 들어, 아이콘의 크기로 수치를 표현할 때 실제 비율을 왜곡하거나, 감성적인 일러스트로 객관적인 판단을 흐리게 할 수 있다.
- **신뢰성 문제**: 사용된 데이터의 출처(Source)를 명확히 기재하지 않으면, 제시된 정보 전체의 신뢰도가 떨어진다. 모든 인포그래픽은 반드시 데이터 출처를 하단에 명시해야 한다.

1 효과적인 인포그래픽을 위한 구성 요소

① 개념

효과적인 인포그래픽은 다양한 시각 요소가 각자의 역할을 수행하며 유기적으로 조화를 이룰 때 완성된다. 각 요소는 정보의 위계를 만들고, 독자의 시선을 유도하며, 메시지를 명확히 하는 데 기여한다.

| 표 3-12 | 인포그래픽의 핵심 구성 요소

요소	역할 및 기능
헤드라인 (Headline)	• 인포그래픽 전체가 전달하고자 하는 가장 핵심적인 메시지를 직관적으로 제시하는 중심 문장이다. • 독자의 시선을 가장 먼저 사로잡고, 이어질 내용에 대한 흥미를 유발해야 한다.
서브헤드(Subhead) /도입부	• 헤드라인의 핵심 메시지를 보완하는 설명 문구나 짧은 문단이다. • 인포그래픽이 다루는 문제의 배경이나 중요성을 설명하여 독자가 본문에 진입하도록 돕는다.
차트/그래프 (Charts/Graphs)	• 정량적 데이터의 크기 비교, 추세 변화, 비율 등을 시각적으로 표현하여 메시지에 대한 객관적인 근거를 제시한다. • 막대, 원형, 선형 그래프 등이 대표적으로 사용된다.
아이콘 (Icons)	• 복잡한 개념이나 반복되는 객체를 시각적으로 상징화한 작은 이미지이다. • 텍스트를 최소화하고 정보를 간결하게 전달하는 데 매우 효과적이다.
일러스트/이미지 (Illustrations/ Images)	• 주제와 관련된 그림이나 사진을 활용하여 독자의 감성적인 연결을 유도하고, 인포그래픽의 전반적인 분위기를 형성한다. • 과도하게 사용하면 데이터의 중요성을 해칠 수 있어 주의해야 한다.
텍스트 블록 (Text Blocks)	• 차트나 아이콘만으로 설명이 부족한 부분에 부연 설명을 제공하는 짧은 문장 또는 문단이다. • 가독성을 고려하여 분량을 최소화하고 핵심만 간결하게 작성해야 한다.
데이터 출처 (Source)	• 인포그래픽에 사용된 모든 데이터의 원천을 명확히 밝히는 부분이다. • 정보의 신뢰도를 확보하는 데 필수적인 요소이며, 보통 가장 하단에 작은 글씨로 표기한다.

② 아이콘의 역할과 디자인 원칙

① 개념

아이콘은 특정 개념이나 정보를 누구나 빠르고 직관적으로 이해할 수 있도록 단순화하고 상징화한 그래픽 기호이다. 언어의 장벽을 넘어 보편적인 소통을 가능하게 하는 강력한 시각 언어이다.

▲ **그림 3-43** 다양한 스타일의 아이콘 세트

② 좋은 아이콘의 조건

- **명확성(Clarity):** 누구나 쉽게 그 아이콘이 무엇을 의미하는지 알아볼 수 있어야 한다. 너무 추상적이거나 복잡해서는 안 된다.
- **일관성(Consistency):** 하나의 인포그래픽 전체에서 사용되는 아이콘들은 선의 굵기, 스타일(선형, 면형), 색상 톤, 디테일의 정도가 통일되어야 한다. 일관된 스타일은 전문성과 안정감을 준다.
- **단순성(Simplicity):** 불필요한 장식을 배제하고, 전달하려는 개념의 핵심적인 특징만 간결하게 표현해야 한다. 디테일이 많을수록 인지하는 데 시간이 더 오래 걸린다.

★★★
출제포인트

아이콘은 복잡한 정보를 '간단하고 상징적인 형태'로 시각화하여 직관적인 이해를 돕는 그래픽 요소이다. 세부적인 디테일과 정교한 표현을 주로 사용한다는 설명은 아이콘의 본질과 반대되는 틀린 설명이다.

03 인포그래픽 종류

① 목적과 형태에 따른 분류

① 개념

- 인포그래픽은 무엇을, 어떻게 전달할 것인가라는 목적에 따라 그 구조와 형태가 달라진다.
- 실무에서 자주 사용되는 대표적인 유형을 이해하고, 전달하려는 메시지에 가장 적합한 유형을 선택하는 것이 매우 중요하다.

② 통계형 인포그래픽(Statistical Infographic)

- **핵심 기능:** 숫자, 비율, 수치 데이터 등 정량적 정보를 시각적으로 강조하여 메시지에 설득력을 더한다.
- **특징:** 큰 숫자를 활용한 타이포그래피, 데이터 값을 시각적으로 표현한 차트와 그래프가 디자인의 중심이 된다. 복잡한 통계 자료를 요약하고 핵심적인 발견을 부각시키는 데 효과적이다.
- **활용 예시:** 설문조사 결과 요약, 연도별 시장 성장률 보고, 국가별 인구통계 요약

③ 정보형 인포그래픽(Informational Infographic)

- **핵심 기능:** 특정 주제나 새로운 개념, 복잡한 절차를 텍스트와 시각 요소를 활용하여 단계별로 명확하게 설명한다. '안내'나 '교육'의 목적이 강하다.
- **특징:** 번호나 아이콘을 사용하여 정보의 순서를 안내하고, 글과 도식, 일러스트를 균형 있게 사용하여 독자의 이해를 돕는다.
- **활용 예시:** 신제품 사용 가이드, 정부의 새로운 정책 요약, '블록체인이란 무엇인가?'와 같은 복잡한 개념 정리.

④ 비교형 인포그래픽(Comparison Infographic)

- **핵심 기능:** 두 가지 이상의 대상, 옵션, 아이디어를 나란히 놓고 장단점이나 차이점을 명확하게 대비시켜 보여준다.
- **특징:** 화면을 수직 또는 수평으로 분할하는 대칭적인 레이아웃을 주로 사용한다. 각 대상을 다른 색상이나 아이콘으로 구분하여 대비를 강조한다.
- **활용 예시:** Before vs. After 비교, 제품 A와 제품 B의 기능 비교, 기존 제도와 변경된 제도의 차이점 설명

⑤ 타임라인형 인포그래픽(Timeline Infographic)

- **핵심 기능:** 시간의 흐름을 따라 정보를 배열하여 특정 기간 동안의 일정, 역사, 프로젝트 진행 상황 등을 시각적으로 표현한다.
- **특징:** 시간 순서에 따라 정보를 논리적으로 정리하고, 선형 구조(좌→우, 상→하)의 시각적 경로를 따라 시선이 자연스럽게 이동하도록 설계한다.
- **디자인 원칙:** 모든 이벤트가 동일한 중요도를 갖는 것은 아니다. 효과적인 타임라인은 시각적 계층(Hierarchy)을 활용하여 더 중요하거나 전환점이 되는 '핵심 이벤트'를 다른 요소보다 크거나 다른 색상으로 강조하여 사용자가 정보의 중요도를 쉽게 파악하도록 돕는다.

- **활용 예시:** 기업 연혁 소개, 프로젝트 주요 일정 요약, 특정 역사적 사건의 전개 과정 정리

⑥ 지도형 인포그래픽(Geographic Infographic)

- **핵심 기능:** 지리적 데이터, 지역별 비교, 공간 정보를 지도 위에 시각화하여 표현한다.
- **특징:** 단계 구분도, 카토그램, 타일맵 등 다양한 지도 차트를 활용하며, 아이콘이나 숫자 등을 지도 위에 함께 배치하여 풍부한 정보를 제공한다.
- **활용 예시:** 전 세계 커피 소비량 국가별 비교, 국내 지역별 프랜차이즈 매장 분포 현황, 특정 지역의 여행 추천 코스 안내

★★★
출제포인트

타임라인 인포그래픽에서 '모든 데이터는 동일한 중요도로 간주된다'는 보기는 틀린 설명이다. 효과적인 디자인은 오히려 '핵심 이벤트를 시각적으로 강조'하여 정보의 위계를 만들어준다. 각 인포그래픽 유형의 핵심 기능과 대표적인 활용 분야를 연결하여 이해하는 것이 중요하다.

04 BI와 대시보드

학 | 습 | 목 | 표

1. 비즈니스 인텔리전스(BI)의 개념을 이해하고, BI 도구의 주요 특징을 설명할 수 있다.
2. 엑셀(OA)과 BI 도구의 시각화 기능의 차이점을 비교하고, 각 도구의 장단점을 설명할 수 있다.
3. 대시보드의 정의와 목적을 이해하고, KPI와 같은 핵심 구성 요소를 설명할 수 있다.
4. 실시간 데이터 갱신, 필터링, 드릴다운 등 대시보드의 인터랙티브한 기능을 이해하고 그 중요성을 설명할 수 있다.
5. Power BI(DAX)나 태블로에서 사용되는 기본적인 날짜, 숫자, 텍스트 함수를 이해하고 활용할 수 있다.

데이터 시각화는 더 이상 소수의 데이터 과학자나 디자이너의 전유물이 아니다. 비즈니스 인텔리전스(BI) 도구의 발전으로, 이제는 기획자, 마케터, 경영진 등 데이터 비전문가도 직접 데이터를 연결하고, 분석하며, 시각화하여 비즈니스 의사결정에 활용하는 '셀프 서비스 BI(Self-Service BI)' 시대가 열렸다.

본 챕터에서는 BI 도구의 핵심 개념과 특징을 이해하고, 엑셀과 같은 전통적인 사무자동화 프로그램과의 차이점을 명확히 한다. 또한, BI의 최종 결과물이라 할 수 있는 '대시보드'의 정의와 구성 요소, 그리고 효과적인 대시보드를 디자인하기 위한 원칙을 학습한다. 이를 통해 데이터를 실시간으로 모니터링하고, 상호작용을 통해 인사이트를 탐색하는 현대 비즈니스 환경의 필수 역량을 갖추게 될 것이다.

01 BI 도구 특징

1 비즈니스 인텔리전스[BI]의 이해

① 개념

비즈니스 인텔리전스(Business Intelligence, BI)는 기업이 보유한 방대한 데이터를 수집, 통합, 분석하여 비즈니스 의사결정에 활용 가능한 유의미한 정보와 지식으로 변환하는 일련의 기술, 프로세스, 애플리케이션을 총칭한다. BI의 최종 목표는 데이터에 기반한(Data-driven) 의사결정을 통해 조직의 경쟁 우위를 확보하고 성과를 개선하는 것이다.

② BI 도구의 역할

BI 도구는 이러한 BI 프로세스를 지원하는 소프트웨어로, 다음과 같은 핵심 기능을 제공한다.

- **데이터 연결 및 통합**: 다양한 데이터 소스(DB, 파일, 클라우드 서비스 등)에 연결하고 데이터를 통합한다.
- **데이터 정제 및 모델링**: 분석에 적합한 형태로 데이터를 가공하고, 데이터 간의 관계를 정의한다.
- **데이터 분석 및 시각화**: 사용자가 코딩 없이 드래그 앤 드롭 방식으로 데이터를 분석하고, 다양한 차트와 그래프로 시각화할 수 있도록 지원한다.
- **공유 및 협업**: 완성된 보고서나 대시보드를 다른 사용자와 안전하게 공유하고 협업할 수 있는 환경을 제공한다.

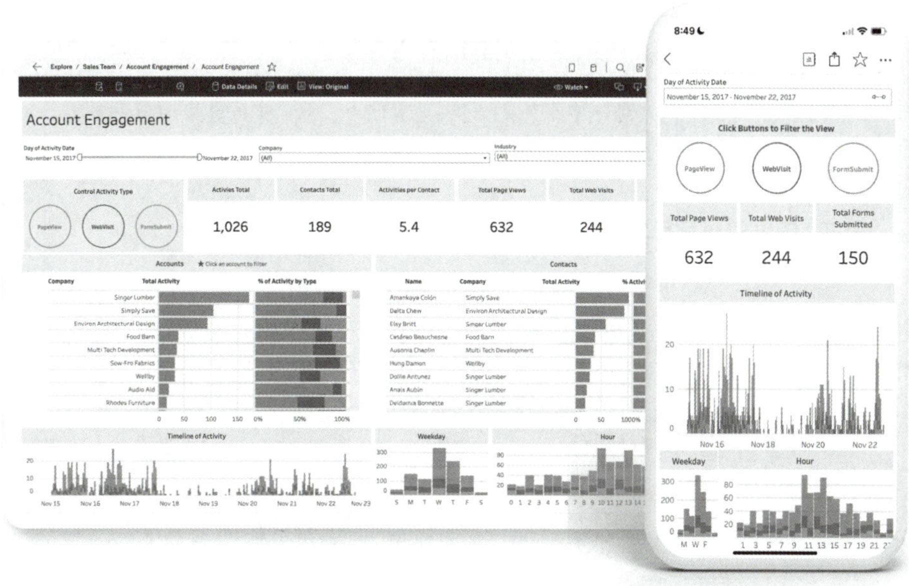

▲ **그림 3-44** 태블로(Tableau) 또는 파워 BI(Power BI)의 대시보드 제작 화면 예시

2 사무자동화(OA) 프로그램 vs. BI 도구

① 기능적 차이

엑셀(Excel), 파워포인트(PowerPoint)와 같은 사무자동화(OA) 프로그램도 기본적인 차트 기능을 제공하지만, 전문 BI 도구와는 목적과 기능 면에서 명확한 차이가 있다.

기능	OA 프로그램(예 Excel)	전문 BI 도구(예 Tableau, Power BI)
데이터 처리 규모	상대적으로 작은 규모의 데이터 처리에 적합(수십만 행 이상 시 성능 저하)	대용량 데이터(수백만~수억 행)를 효율적으로 처리할 수 있도록 최적화
데이터 소스 연결	주로 파일 기반(csv, xlsx) 데이터 활용에 중점	데이터베이스, 클라우드 서비스, 웹 API 등 수십 가지의 다양한 데이터 소스에 직접 연결 가능
데이터 갱신	수동으로 데이터를 복사/붙여넣기 하거나 새로고침해야 한다.	데이터 소스와의 실시간 또는 예약된 자동 갱신 기능을 통해 항상 최신 데이터 유지
상호작용 (Interaction)	정적인 차트 제공이 주목적, 슬라이서 등 제한적인 상호작용만 가능	필터링, 드릴다운, 하이라이팅 등 사용자가 데이터를 직접 탐색할 수 있는 풍부하고 동적인 상호작용 기능을 핵심으로 한다.
공유 및 보안	파일 단위로 공유하여 버전 관리가 어렵고, 세밀한 접근 제어가 힘들다.	서버 또는 클라우드 기반으로 보고서를 게시하고, 사용자/그룹별로 세밀한 조회 및 편집 권한 설정 가능

② BI 도구의 시각적 인터페이스 특징

대표적인 BI 도구인 태블로(Tableau)는 사용자가 데이터의 속성을 직관적으로 파악하도록 돕기 위해 데이터 필드를 '알약(Pill)' 형태로 표현하며, 데이터 유형에 따라 색상을 다르게 표시한다.

- **파란색 알약:** 차원(Dimension), 즉 데이터를 구분하고 그룹화하는 기준이 되는 이산형(Discrete) 데이터를 의미한다(예 제품 카테고리, 지역명).
- **녹색 알약:** 측정값(Measure), 즉 집계 및 계산이 가능한 연속형(Continuous) 데이터를 의미한다(예 매출액, 수량).

★★★
출제포인트

OA 프로그램은 비전문가도 쉽게 기본적인 시각화를 할 수 있다는 장점이 있지만, 실시간 데이터 연동이나 대규모 데이터 처리, 고급 분석 기능은 전문 BI 도구의 영역이라는 점을 구분하는 것이 중요하다. BI 도구의 핵심 특징으로 '인터랙티브 기능'과 '실시간 데이터 갱신'이 자주 출제된다. 또한, 태블로에서 연속형 데이터는 녹색, 이산형 데이터는 파란색으로 표현된다는 세부 지식도 알아두자.

③ BI 도구의 한계: 재현 가능성 문제

① 개념

태블로나 파워 BI와 같은 GUI(Graphical User Interface) 기반의 BI 도구는 사용이 편리하다는 큰 장점이 있지만, '재현 가능성(Reproducibility)' 측면에서 한계를 가질 수 있다. 재현 가능성이란, 다른 사람이 동일한 데이터와 분석 절차를 가지고 완전히 동일한 분석 결과를 만들어낼 수 있는 정도를 의미한다.

② 문제점

GUI 기반 도구에서는 분석 과정이 일련의 클릭, 드래그, 메뉴 선택으로 이루어진다. 만약 어떤 필터를 적용하고, 어떤 계산식을 만들었으며, 어떤 순서로 차트를 구성했는지 모든 과정을 상세히 문서로 기록해두지 않으면, 나중에 다른 사람(또는 미래의 자신)이 똑같은 대시보드를 처음부터 다시 만드는 것이 매우 어렵다.

R이나 파이썬(Python)과 같은 코드 기반 분석은 분석의 모든 과정이 코드로 기록되기 때문에, 해당 코드 파일만 있으면 누구나 동일한 결과를 완벽하게 재현할 수 있다. 이 점에서 코드 기반 분석은 재현 가능성이 매우 높다고 할 수 있다.

★★★
출제포인트

BI 도구는 동일한 시각적 결과물을 구현하기 위해 모든 작업 과정을 상세히 설명해야 하는 '재현 가능성 구현 문제'를 가질 수 있다는 점이 단점으로 출제된다. 이는 분석 과정의 투명성과 신뢰성 측면에서 중요한 고려사항이다.

02 BI 도구 활용

① 테이블을 시각화로: 조건부 서식

① 개념

조건부 서식은 사용자가 정의한 특정 조건이나 규칙을 만족하는 셀에 대해 지정된 서식(글꼴 색, 배경색, 아이콘 등)을 자동으로 적용하는 기능이다. 단순한 숫자 테이블을 시각적 분석이 가능한 정보로 바꾸어주는 강력한 기능이다.

② 주요 기능

- **데이터 막대(Data Bars)**: 각 셀의 숫자 값에 비례하는 작은 막대를 셀 배경에 추가하여, 행 내에서 값의 상대적인 크기를 직관적으로 보여준다.

- **색조(Color Scales)**: 셀의 숫자 값에 따라 배경색을 그라데이션 형태로 다르게 적용하여, 히트맵과 유사한 효과를 낸다.
- **아이콘 세트(Icon Sets)**: 값의 상태(예 상승/유지/하락, 목표 달성/미달)를 화살표나 신호등과 같은 아이콘으로 표현하여 상태를 빠르게 인지시킨다.
- **수식 기반 서식**: 복잡한 논리를 적용해야 할 경우, 직접 수식을 작성하여 조건을 만들 수 있다. 이때 셀 주소를 고정하는 절대 참조($A1), 열이나 행만 고정하는 혼합 참조(1), 열이나 행만 고정하는 혼합 참조(A1, A$1), 고정하지 않는 상대 참조(A1)를 모두 활용할 수 있다.

★★★

출제포인트

조건부 서식의 한 종류로, 숫자 값의 상대적 크기를 셀 내 막대로 시각화하는 기능을 '데이터 막대'라고 한다. 조건부 서식은 사용자가 직접 작성한 수식을 지원하며, 복잡한 조건 설정이 가능하다는 점을 이해해야 한다.

② 데이터 추출 및 변환: ETL과 BI 도구

① 개념

현대의 BI 도구는 단순히 데이터를 시각화하는 것을 넘어, 분석에 필요한 데이터를 준비하는 과정까지 지원한다. 이 과정은 ETL(Extract, Transform, Load)이라고 불린다.

- **추출(Extract)**: 다양한 데이터 소스에서 필요한 데이터를 가져온다.
- **변환(Transform)**: 가져온 데이터를 분석에 적합한 형태로 정제하고 가공한다(예 데이터 형식 변경, 열 분할/병합, 불필요한 데이터 제거).
- **적재(Load)**: 변환된 데이터를 분석 모델이나 데이터 웨어하우스에 적재한다.

파워 BI의 '파워 쿼리(Power Query)'나 태블로의 '데이터 준비(Tableau Prep)' 기능이 이러한 ETL 역할을 수행하며, 코딩 없이 GUI 환경에서 복잡한 데이터 변환 작업을 가능하게 한다.

★★★

출제포인트

Power BI와 같은 전문 BI 도구는 데이터 시각화뿐만 아니라, 데이터 추출 및 변환(ETL) 기능을 기본적으로 제공한다는 점이 중요하다.

③ BI 도구의 기본 함수와 언어

① 개념

BI 도구에서는 새로운 계산된 열(Calculated Column)을 만들거나, 차트에서 사용할 측정값(Measure)을 정의하기 위해 다양한 내장 함수를 사용한다. 각 도구는 고유의 계산 언어를 가지고 있다. 예를 들어, 마이크로소프트의 파워 BI(Power BI)는 DAX(Data Analysis Expressions)라는 자체적인 함수 및 수식 언어를 사용한다. DAX는 엑셀 함수와 유사한 문법을 가지지만, 더 강력한 데이터 모델링 및 분석 기능을 제공한다.

② 기본 함수 예시

DAX나 태블로의 계산식에서 공통적으로 사용되는 기본적인 함수 유형은 다음과 같다.

| 표 3-14 | BI 도구의 기본 함수 예시

함수 유형	함수명	기능	예시
날짜 함수	DATEDIFF	두 날짜 사이의 간격(일, 월, 년 등)을 계산하여 반환한다.	DATEDIFF('2025-01-01', '2025-01-31', DAY)→30
	DAY	주어진 날짜에서 '일(day)'에 해당하는 부분을 정수로 반환한다.	DAY('2025-09-21')→21
숫자 함수	ROUND	숫자를 지정된 자릿수로 반올림한다.	ROUND(3.14159, 2)→3.14
	ABS	숫자의 절댓값을 반환한다.	ABS(-100)→100

★★★
출제포인트

BI 도구에서 사용되는 기본적인 함수의 이름과 기능을 묻는 문제가 출제될 수 있다. 특히 날짜 간격을 계산하는 DATEDIFF나 날짜의 특정 부분을 추출하는 DAY, MONTH, YEAR 함수는 실무에서도 빈번하게 사용된다. 또한, 파워 BI에서 사용되는 데이터 분석 언어가 DAX임을 알아두자.

1 대시보드의 이해

① 개념

대시보드는 다양한 데이터 소스로부터 얻어진 핵심적인 정보와 지표들을 하나의 화면에 통합하여 시각적으로 요약하고, 사용자가 비즈니스 현황을 한눈에 모니터링하고 신속하게 의사결정을 내릴 수 있도록 지원하는 도구이다. 자동차의 계기판(Dashboard)이 운전자에게 속도, 연료, 엔진 상태 등 핵심 정보를 실시간으로 보여주는 것과 같은 역할을 한다.

2 핵심 성과 지표: KPI(Key Performance Indicator)

① 개념

KPI는 조직이나 프로젝트의 전략적 목표 달성도를 측정하고 평가하기 위한 핵심적인 성과 지표이다. '우리가 얼마나 잘하고 있는가?'를 측정하는 가장 중요한 숫자이다. 대시보드에서 KPI는 사용자가 비즈니스의 주요 성과를 가장 빠르고 명확하게 확인할 수 있도록 보통 가장 눈에 띄는 위치(좌측 상단 등)에 큰 숫자로 간결하게 표시된다.

② 좋은 KPI의 조건(SMART 원칙)

- Specific(구체적인): 목표가 명확하고 구체적이어야 한다.
- Measurable(측정 가능한): 성과를 정량적으로 측정할 수 있어야 한다.
- Achievable(달성 가능한): 현실적으로 달성 가능한 목표여야 한다.
- Relevant(관련 있는): 조직의 상위 목표와 연관성이 있어야 한다.
- Time-bound(시간제한이 있는): 목표 달성을 위한 기한이 정해져 있어야 한다.

★★★
출제포인트

대시보드에서 비즈니스의 주요 성과를 간결하게 표시하여 목표 대비 실적을 한눈에 보여주는 핵심 지표를 KPI(Key Performance Indicator)라고 한다.

1 인터랙티브 대시보드

① 개념

현대의 BI 대시보드는 단순히 정적인 차트를 나열하는 것을 넘어, 사용자가 직접 데이터를 탐색하고 질문을 던질 수 있는 '상호작용(Interaction)' 기능을 핵심 특징으로 한다. 사용자는 미리 정의된 경로가 아닌, 자신의 궁금증에 따라 데이터를 다양한 각도에서 탐색하며 숨겨진 인사이트를 발견할 수 있다.

② 주요 인터랙티브 기능

- **필터링(Filtering)**: 사용자가 원하는 특정 조건(기간, 지역, 제품군 등)을 선택하여 해당되는 데이터만 볼 수 있도록 범위를 좁히는 기능이다.
- **드릴다운(Drill-down)/드릴업(Drill-up)**: 데이터의 계층 구조를 따라 더 상세한 수준으로 파고들거나(드릴다운), 다시 상위 수준으로 올라오는(드릴업 또는 롤업) 기능이다(**예** 연도별 매출→분기별 매출→일별 매출).
- **하이라이팅(Highlighting)**: 하나의 차트에서 특정 항목을 선택하면, 다른 모든 차트에서도 해당 항목과 관련된 데이터가 함께 강조 표시되는 기능이다.
- **툴팁(Tooltip)**: 차트의 특정 데이터 포인트 위에 마우스 커서를 올렸을 때, 관련된 상세 정보가 담긴 작은 창이 나타나는 기능이다.
- **패싯 내비게이션(Faceted Navigation)**: 전자상거래 사이트에서 흔히 볼 수 있는 기능으로, 브랜드, 가격대, 색상 등 데이터의 여러 속성(패싯)을 필터로 제공하여 사용자가 원하는 데이터를 단계적으로 좁혀나갈 수 있도록 돕는 고급 필터링 인터페이스이다.

2 탐색형 대시보드와 설명형 대시보드

① 개념

대시보드는 주된 사용 목적과 사용자에 따라 탐색형, 설명형, 운영형 등으로 나눌 수 있다.

- **탐색형 대시보드(Exploratory Dashboard)**: 데이터 분석가가 데이터 속에 숨겨진 패턴이나 인사이트를 자유롭게 찾기 위해 사용하는 대시보드이다. 다양한 필터와 상호작용 기능을 제공하여 유연한 분석이 가능하도록 설계된다.

- **설명형 대시보드(Explanatory Dashboard)**: 분석을 통해 발견한 특정 메시지나 스토리를 경영진이나 일반 사용자에게 명확하게 전달하기 위해 만들어진 대시보드이다. 정보의 흐름이 설계되어 있고, 불필요한 기능은 최소화하여 메시지 전달에 집중한다.
- **운영 대시보드(Operational Dashboard)**: 실무자가 실시간으로 발생하는 업무 현황을 모니터링하고 즉각적인 조치를 취하기 위해 사용한다(예 공장 생산 라인 현황판, 콜센터 상황판).

05 대시보드 기능

1 실시간 데이터 모니터링

① 개념

많은 비즈니스 대시보드의 핵심 기능 중 하나는 데이터 소스와의 연결을 통해 데이터를 '실시간(Real-time)' 또는 '거의 실시간(Near Real-time)'으로 자동 갱신하여 항상 최신 현황을 보여주는 것이다. 이는 정적인 보고서와 대시보드를 구분하는 중요한 특징이다.

② 활용 사례

- 제조 공장: 생산 라인의 장비 센서 데이터를 실시간으로 모니터링하여 이상 징후를 조기에 감지하고 장애를 예방한다.
- 전자상거래: 실시간 주문 현황, 웹사이트 트래픽, 재고 수준을 모니터링하여 즉각적인 대응을 한다.
- 콜센터: 실시간 상담 대기 콜 수, 평균 응대 시간 등을 모니터링하여 인력 배치를 최적화한다.

실력 점검 문제

01 다음 중 데이터 시각화의 주된 목적으로 가장 거리가 먼 것은?

① 데이터에 숨겨진 패턴과 관계를 발견한다.

② 복잡한 분석 결과를 이해하기 쉽게 전달한다.

③ 데이터 기반의 신속하고 정확한 의사결정을 지원한다.

④ 원시 데이터(Raw Data)를 있는 그대로 정확하게 보여준다.

02 다음 중 시각적 요소를 그룹화하여 의미 있는 형태로 인식하게 만드는 게슈탈트 법칙에 해당하지 않는 것은?

① 근접성의 법칙　　② 유사성의 법칙

③ 대비의 법칙　　④ 폐쇄성의 법칙

03 아래와 같은 차트에서 시간의 흐름에 따른 여러 항목의 '순위' 변화를 가장 효과적으로 보여주는 것은?

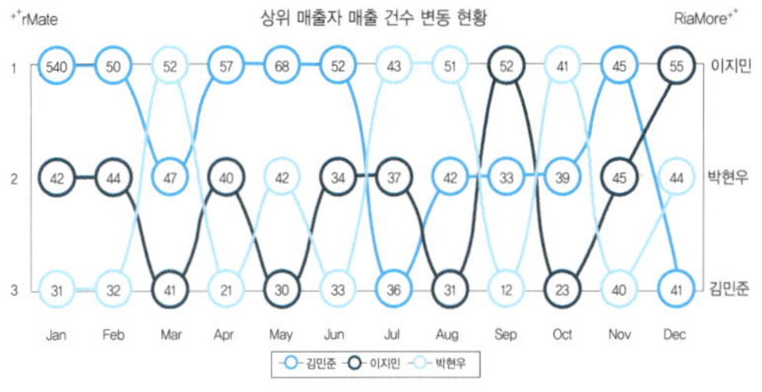

① 범프 차트(Bump Chart)

② 영역 차트(Area Chart)

③ 산점도(Scatter Plot)

④ 폭포수 차트(Waterfall Chart)

04 다음 중 데이터-잉크 비율(Data-Ink Ratio)을 높이기 위한 방법으로 가장 적절한 것은?

① 차트에 화려한 3D 효과와 배경 이미지를 추가한다.

② 불필요한 눈금선, 테두리, 음영 등 장식적인 요소를 제거한다.

③ 모든 데이터 포인트에 다른 색상과 모양을 사용한다.

④ 차트의 제목과 축 레이블을 모두 생략한다.

05 아래 설명에 해당하는 차트 유형으로 가장 옳은 것은?

> 시작 값에서부터 중간 과정의 긍정적, 부정적 요인들이 순차적으로 더해지거나 빼지면서 최종 값에 이르는 과정을 시각적으로 보여준다. 주로 재무제표의 변동 내역이나 프로젝트 예산의 증감 과정을 설명하는 데 사용된다.

① 폭포수 차트(Waterfall Chart)

② 깔때기 차트(Funnel Chart)

③ 생키 다이어그램(Sankey Diagram)

④ 평행 좌표계(Parallel Coordinates)

06 다음 중 자크 베르탱이 제시한 '시각적 변수 (Visual Variables)' 중, 양적 데이터(Quantitative Data)를 표현하는 데 가장 효과적인 것은?

① 모양(Shape)

② 색조(Hue)

③ 위치(Position)

④ 방향(Orientation)

07 다음 중 여러 평가 항목에 대한 개별 대상의 프로필을 비교하고, 각 항목 간의 균형을 한눈에 파악하는 데 가장 적합한 차트는?

① 레이더 차트(Radar Chart)

② 트리맵(Treemap)

③ 도넛 차트(Donut Chart)

④ 간트 차트(Gantt Chart)

08 다음 중 좋은 대시보드를 설계하기 위한 원칙으로 가장 거리가 먼 것은?

① 사용자의 목적과 핵심 질문에 집중하여 구성한다.

② 한 화면에 가능한 한 많은 정보를 상세하게 담아낸다.

③ 가장 중요한 정보는 화면의 왼쪽 상단에 배치한다.

④ 데이터의 맥락을 이해할 수 있도록 적절한 비교 기준을 함께 제시한다.

09 다음 중 두 범주형 변수 간의 관계를 파악하기 위해, 각 범주의 빈도를 행과 열로 구성된 표 형태로 나타내는 시각화 방법은?

① 히스토그램　　② 산점도

③ 교차표(Crosstab)　④ 상자 그림

10 인포그래픽 디자인에서 복잡한 정보를 단순화하고 사용자의 빠른 이해를 돕기 위해 사용하는 상징적인 그림 요소를 무엇이라고 하는가?

① 아이콘(Icon)

② 그리드(Grid)

③ 여백(White Space)

④ 타이포그래피(Typography)

11 다음 중 시각화 디자인의 기본 원리인 '대비 (Contrast)'를 활용한 예시로 가장 적절하지 않은 것은?

① 중요한 수치를 다른 수치보다 훨씬 큰 글꼴로 표현한다.

② 배경색과 텍스트 색상을 유사한 톤으로 사용하여 안정감을 준다.

③ 특정 데이터 계열만 다른 계열과 확연히 다른 색상으로 강조한다.

④ 긍정적인 값은 파란색, 부정적인 값은 빨간색으로 구분하여 표현한다.

12 아래 설명에 해당하는 차트 유형으로 가장 옳은 것은?

> 여러 개의 수치형 변수를 각각의 평행한 수직축으로 설정하고, 각 데이터 항목을 축들을 가로지르는 선으로 연결하여 표현한다. 다차원 데이터의 패턴, 그룹, 변수 간 관계를 파악하는 데 유용하다.

① 평행 좌표계(Parallel Coordinates Plot)

② 레이더 차트(Radar Chart)

③ 산점도 행렬(Scatter Plot Matrix)

④ 히트맵(Heatmap)

13 다음 중 전체에 대한 각 부분의 비율을 나타내는 데 가장 부적절한 차트는?

① 파이 차트

② 도넛 차트

③ 누적 막대 차트

④ 선 그래프

14 다음 중 데이터의 분포를 시각화하는 데 가장 적합한 차트는?

① 히스토그램

② 파이 차트

③ 간트 차트

④ 선 그래프

15 다음 중 '차트 정크(Chartjunk)'에 해당하는 요소로 가장 옳은 것은?

① 데이터의 출처를 명확히 밝히는 각주

② Y축의 단위를 설명하는 축 레이블

③ 데이터의 패턴을 이해하는 데 도움이 되지 않는 불필요한 3D 효과

④ 특정 데이터 포인트를 설명하는 유용한 주석

16 지리 정보 시각화에서, 특정 데이터 값(예: 인구수)에 비례하여 행정구역의 면적을 의도적으로 왜곡하여 표현하는 지도를 무엇이라고 하는가?

① 단계 구분도(Choropleth Map)

② 버블 맵(Bubble Map)

③ 카토그램(Cartogram)

④ 등치선도(Contour Map)

17 다음 중 여러 범주에 걸친 데이터 값을 비교할 때, 파이 차트보다 막대 차트가 더 효과적인 가장 주된 이유는?

① 막대 차트가 더 화려하고 아름답기 때문이다.

② 인간의 시각 시스템이 각도나 면적의 차이보다 길이의 차이를 더 정확하게 인지하기 때문이다.

③ 파이 차트는 3개 이상의 항목을 표현할 수 없기 때문이다.

④ 막대 차트는 모든 종류의 데이터를 표현할 수 있기 때문이다.

18 다음 중 목표 대비 실적의 달성도를 시각적으로 표현하기 위해, 막대 그래프와 기준선을 결합하여 좁은 공간에 효율적으로 정보를 표시하는 차트는?

① 게이지 차트(Gauge Chart)

② 불릿 그래프(Bullet Graph)

③ 폭포수 차트(Waterfall Chart)

④ 누적 막대 차트(Stacked Bar Chart)

19 다음 중 인포그래픽 디자인의 프로세스로 가장 적절한 순서는?

① 디자인→데이터 수집→주제 선정→스토리텔링

② 주제 선정→데이터 수집→스토리텔링→디자인

③ 데이터 수집→디자인→주제 선정→스토리텔링

④ 스토리텔링→주제 선정→데이터 수집→디자인

 아래 설명에 해당하는 차트 유형으로 가장 옳은 것은?

전체에 대한 부분의 비율을 보여주면서 동시에 계층적인 구조를 표현하는 데 사용된다. 중앙에서 바깥으로 퍼져나가는 형태로, 각 계층은 동심원으로, 각 항목은 부채꼴 조각으로 표현된다.

① 트리맵(Treemap)
② 선버스트 차트(Sunburst Chart)
③ 파이 차트(Pie Chart)
④ 레이더 차트(Radar Chart)

21 다음 중 두 개 이상의 범주형 변수 간의 관계를 파악하기 위해, 각 범주 조합의 빈도수를 사각형의 '면적'으로 표현하는 차트는?

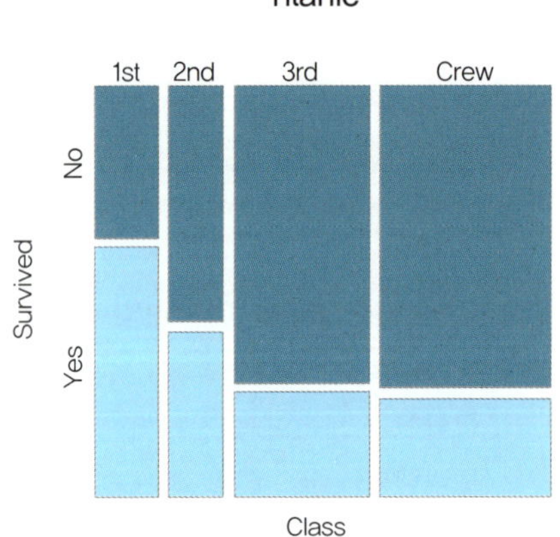

① 모자이크 플롯(Mosaic Plot)
② 트리맵(Treemap)
③ 히트맵(Heatmap)
④ 누적 막대 차트(Stacked Bar Chart)

22 다음 중 데이터 시각화에서 색상을 사용할 때의 원칙으로 가장 옳지 않은 것은?

① 긍정적인 의미는 파란색/녹색, 부정적인 의미는 빨간색으로 표현하는 등 문화적 관습을 고려한다.
② 색맹/색약인 사용자도 정보를 인지할 수 있도록 명도나 패턴을 함께 사용하는 것을 고려한다.
③ 가능한 한 많은 색상을 사용하여 차트를 화려하고 다채롭게 만든다.
④ 특정 항목을 강조하고 싶을 때, 다른 항목들은 무채색으로 처리하고 해당 항목에만 유채색을 사용한다.

23 다음 중 BI 대시보드에서 사용자가 '지역' 필터를 '서울'로 선택했을 때, 연결된 모든 차트가 서울 지역의 데이터만 보여주도록 동적으로 변경되는 기능을 무엇이라고 하는가?

① 드릴다운(Drill-down)
② 상호작용(Interaction)
③ 롤업(Roll-up)
④ 데이터 모델링(Data Modeling)

24 다음 중 데이터의 분포와 밀도를 부드러운 곡선으로 시각화하는 차트는?

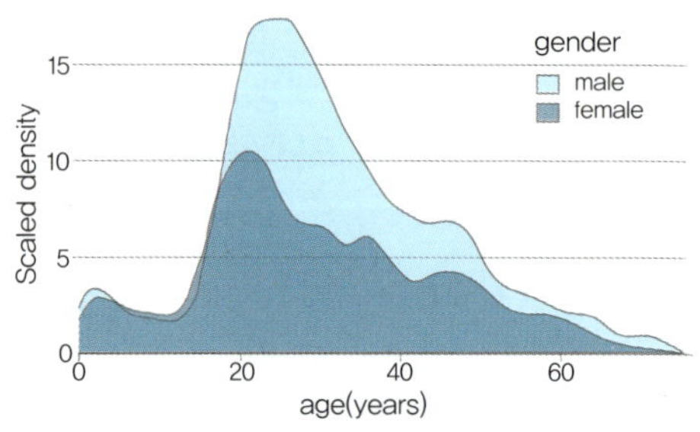

① 밀도 플롯(Density Plot)
② 히스토그램(Histogram)
③ 산점도(Scatter Plot)
④ 선 그래프(Line Chart)

25 다음 중 프로젝트의 활동별 시작일과 종료일을 시간 축 위에 막대 형태로 표시하여, 프로젝트의 전체 일정을 계획하고 진척 상황을 추적하는 데 사용되는 차트는?

① 간트 차트(Gantt Chart)
② 타임라인(Timeline)
③ PERT 차트
④ 흐름도(Flow Chart)

26 다음 중 '데이터 스토리텔링'의 3대 핵심 구성요소로 가장 옳은 것은?

① 데이터, 시각화, 내러티브
② 데이터, 알고리즘, 대시보드
③ 차트, 그래프, 인포그래픽
④ 문제 정의, 데이터 분석, 결과 보고

27 다음 중 데이터의 분포를 시각화할 때, 중앙값, 사분위수 범위, 이상치 등을 한 번에 보여주어 여러 그룹 간의 분포를 비교하는 데 매우 효과적인 차트는?

① 히스토그램
② 바이올린 플롯
③ 상자 그림(Box Plot)
④ 밀도 플롯

28 다음 중 웹사이트에서 사용자가 회원가입이나 구매 같은 최종 목표에 도달하기까지의 각 단계를 시각화하고, 단계별 이탈률을 분석하는 데 사용되는 차트는?

① 깔때기 차트(Funnel Chart)
② 폭포수 차트(Waterfall Chart)
③ 생키 다이어그램(Sankey Diagram)
④ 파이 차트(Pie Chart)

29 다음 중 시각화 디자인에서 '여백(White Space)'을 사용하는 가장 중요한 이유는?

① 페이지의 빈 공간을 최소화하여 정보 밀도를 높이기 위함
② 시각적 요소를 그룹화하고, 사용자의 시선을 유도하며, 가독성을 높이기 위함
③ 차트를 더 화려하고 장식적으로 만들기 위함
④ 모든 디자인 요소가 동일한 중요도를 갖도록 하기 위함

30 다음 중 엑셀(Excel)의 조건부 서식 기능에 해당하지 않는 것은?

① 데이터 막대
② 색조
③ 아이콘 세트
④ 피벗 테이블

31 다음 중 두 변수 간의 관계를 점으로 표현하는 산점도에서 제3의 변수 값을 점의 '크기'로 표현하여 3차원적인 정보를 함께 나타내는 차트는?

① 히트맵
② 버블 차트(Bubble Chart)
③ 트리맵
④ 그룹 막대 차트

32 시각화 디자인에서 특정 요소를 다른 요소보다 더 중요하게 보이도록 만들어 사용자의 시선을 유도하는 원리를 무엇이라고 하는가?

① 반복(Repetition)
② 정렬(Alignment)
③ 근접성(Proximity)
④ 시각적 계층(Visual Hierarchy)

33 다음 중 동일한 데이터를 나타낼 때, 가장 많은 '차트 정크'를 포함하고 있을 가능성이 높은 차트는?

① 단순한 2D 막대 그래프
② 그리드 선이 없는 선 그래프
③ 화려한 배경 이미지가 있는 3D 원형 그래프
④ 데이터 값만 표시된 테이블

34 다음 중 전체에 대한 부분의 비율을 나타내면서 동시에 계층 구조를 표현하는 데 가장 적합한 차트는?

① 파이 차트
② 누적 막대 차트
③ 트리맵(Treemap)
④ 산점도

35 다음 중 특정 지역의 인구 밀도나 선거 투표율과 같이, 행정구역 경계에 따라 데이터 값을 다른 색상이나 음영으로 채워 표현하는 지도 시각화 유형은?

① 단계 구분도(Choropleth Map)
② 카토그램(Cartogram)
③ 버블 맵(Bubble Map)
④ 연결 맵(Connection Map)

36 다음 중 BI 대시보드에서 사용자가 '2024년 전체 매출'을 보다가, 특정 분기나 월의 상세 매출을 확인하기 위해 더 깊이 파고들어가는 분석 행위를 무엇이라고 하는가?

① 필터링(Filtering)
② 슬라이싱(Slicing)
③ 드릴다운(Drill-down)
④ 롤업(Roll-up)

37 다음 중 여러 개의 변수를 가진 개체들을 비교할 때, 각 변수를 하나의 축으로 설정하고 그 값을 선으로 연결하여 다각형 모양으로 시각화하는 차트는?

① 방사형 차트(레이더 차트)
② 평행 좌표계
③ 히트맵
④ 생키 다이어그램

38 다음 중 인포그래픽에 대한 설명으로 가장 옳은 것은?

① 주로 학술 논문에서 사용되는 복잡한 통계 차트를 의미한다.
② 데이터, 정보, 아이콘, 그림, 차트 등을 활용하여 시각적으로 쉽게 전달하는 그래픽 결과물이다.
③ 모든 데이터를 빠짐없이 상세하게 보여주는 것을 목표로 한다.
④ 텍스트 사용을 완전히 배제하고 오직 그림으로만 정보를 전달해야 한다.

39 다음 중 데이터 시각화에서 '전경과 배경의 원리(Figure-Ground)'에 대한 설명으로 가장 옳은 것은?

① 중요한 요소는 배경과 유사한 색상으로 처리하여 안정감을 준다.
② 모든 시각적 요소는 동일한 평면 위에 있는 것처럼 디자인한다.
③ 사용자가 중요하게 인식해야 할 정보(전경)를 주변의 맥락(배경)과 명확히 분리하여 인지시킨다.
④ 차트의 모든 요소에 그림자 효과를 주어 입체감을 살린다.

40 다음 중 시간의 흐름에 따른 데이터의 변화 추세를 보여주는 데 가장 부적합한 차트는?

① 선 그래프
② 영역 차트
③ 막대 그래프
④ 파이 차트

41 다음 중 '데이터 스토리텔링'을 성공적으로 수행하기 위한 요소로 가장 거리가 먼 것은?

① 청중의 수준과 관심사를 고려한 메시지 구성
② 분석 결과를 뒷받침하는 명확하고 신뢰할 수 있는 데이터
③ 데이터를 가장 효과적으로 표현하는 직관적인 시각화
④ 분석에 사용된 모든 통계 공식과 알고리즘에 대한 상세한 설명

42 다음 중 엑셀에서 특정 셀의 값에 따라 셀의 배경색, 글꼴색, 아이콘 등을 자동으로 변경하여 데이터의 패턴을 시각적으로 강조하는 기능을 무엇이라고 하는가?

① 피벗 테이블
② 차트 만들기
③ 조건부 서식
④ 데이터 유효성 검사

43 아래와 같은 차트에서, 각 데이터 포인트의 분포와 밀도를 동시에 보여주기 위해 상자 그림과 밀도 플롯을 결합한 형태의 차트는?

① 스트립 플롯(Strip Plot)
② 바이올린 플롯(Violin Plot)
③ 융기선 도표(Ridgeline Plot)
④ 오차 막대 차트(Error Bar Chart)

44 다음 중 인포그래픽 디자인에서 '일관성(Consistency)'의 원칙을 적용한 사례로 가장 적절한 것은?

① 페이지마다 완전히 다른 색상 팔레트와 글꼴을 사용한다.
② 긍정적인 의미를 나타내는 아이콘을 어떤 곳에서는 파란색, 다른 곳에서는 녹색으로 사용한다.
③ 모든 차트의 제목은 항상 왼쪽 상단에 동일한 크기와 스타일의 글꼴로 배치한다.
④ 중요한 정보를 강조하기 위해 매번 다른 종류의 시각 효과를 사용한다.

45 다음 중 두 개 이상의 변수 간의 상관관계를 한눈에 파악하기 위해, 모든 변수 쌍에 대한 산점도를 행렬 형태로 배열한 차트는?

① 산점도 행렬(Scatter Plot Matrix)
② 평행 좌표계(Parallel Coordinates Plot)
③ 히트맵(Heatmap)
④ 버블 차트(Bubble Chart)

46 다음 중 데이터 시각화의 안티 패턴(Anti-Pattern), 즉 피해야 할 잘못된 시각화 사례로 가장 적절한 것은?

① Y축의 시작점을 0으로 설정한 막대 그래프
② 범주가 5개인 데이터를 비교하는 파이 차트
③ 시간에 따른 주가 변화를 나타내는 선 그래프
④ 12개의 월별 데이터를 비교하는 3D 원형 그래프

47 다음 중 여러 노드(Node) 간의 연결 관계와 흐름(Flow)을 시각화하는 데 가장 적합한 차트는?

① 생키 다이어그램(Sankey Diagram)

② 파이 차트(Pie Chart)

③ 히스토그램(Histogram)

④ 상자 그림(Box Plot)

48 다음 중 시각화 도구인 태블로(Tableau)에서, 데이터를 시각화할 때 사용되는 '마크(Mark)'의 유형에 해당하지 않는 것은?

① 막대(Bar)

② 선(Line)

③ 모양(Shape)

④ 필터(Filter)

49 다음 중 정보 디자인의 대가인 에드워드 터프티(Edward Tufte)가 강조한 개념과 가장 거리가 먼 것은?

① 데이터-잉크 비율(Data-Ink Ratio)

② 차트 정크(Chartjunk)

③ 스파크라인(Sparkline)

④ 게슈탈트 법칙(Gestalt Principles)

50 다음 중 사용자가 특정 값이나 범위를 선택하여 대시보드의 데이터를 동적으로 필터링할 수 있게 해주는 인터랙티브 컨트롤 요소는?

① 툴팁(Tooltip)

② 슬라이더(Slider)

③ 범례(Legend)

④ 주석(Annotation)

51 다음 중 '데이터-잉크 비율(Data-Ink Ratio)'을 극대화하기 위한 디자인 수정 방향으로 가장 적절한 것은?

① 차트의 배경에 은은한 격자무늬 패턴을 추가한다.

② 막대 그래프의 모든 막대에 다른 색상의 그라데이션을 적용한다.

③ 불필요한 3D 효과를 제거하고, 중복되는 축 레이블을 간소화한다.

④ 데이터의 출처와 범례를 모두 삭제한다.

52 여러 제품의 '가격', '디자인 만족도', '성능', 'A/S 만족도', '브랜드 인지도'를 한눈에 비교하여, 특정 제품이 어떤 부분에 강하고 약한지 프로필의 '균형'을 파악하고자 한다. 이 때 가장 효과적인 차트는?

① 레이더 차트(Radar Chart)

② 상자 그림(Box Plot)

③ 평행 좌표계(Parallel Coordinates Plot)

④ 히트맵(Heatmap)

53 다음 중 게슈탈트의 '유사성(Similarity)의 법칙'을 시각화에 적용한 사례로 가장 적절한 것은?

① 차트에서 서로 가까이 있는 점들을 하나의 그룹으로 인식한다.

② 여러 개의 막대 그래프를 보이지 않는 하나의 선에 맞춰 정렬한다.

③ 끊어진 원의 형태를 완전한 원으로 인식하여 파이 차트로 해석한다.

④ 경쟁사의 데이터는 회색 막대로, 자사의 데이터는 파란색 막대로 표현하여 시각적으로 구분한다.

54 BI 대시보드를 설계할 때, 사용자가 '연도별 매출'을 보다가 특정 연도의 막대를 클릭하면 '월별 매출'로 데이터가 상세화되고, 다시 특정 월을 클릭하면 '일별 매출'이 나타나는 인터랙티브 기능을 무엇이라고 하는가?

① 필터링(Filtering)

② 슬라이싱(Slicing)

③ 롤업(Roll-up)

④ 드릴다운(Drill-down)

55 다음 중 '인포그래픽'과 '데이터 시각화'에 대한 설명으로 가장 옳지 않은 것은?

① 데이터 시각화는 주로 데이터 탐색과 분석을 목적으로 하며, 인포그래픽은 정보 전달과 설득을 목적으로 한다.

② 데이터 시각화는 데이터의 객관성을 강조하지만, 인포그래픽은 디자이너의 주관적인 해석과 스토리텔링이 개입된다.

③ 데이터 시각화는 주로 차트와 그래프를 사용하지만, 인포그래픽은 아이콘, 그림, 텍스트 등 다양한 요소를 복합적으로 사용한다.

④ 데이터 시각화는 데이터의 양이 적을 때, 인포그래픽은 데이터의 양이 매우 많을 때 더 효과적이다.

56 다음 중 데이터의 분포를 나타내는 히스토그램을 그릴 때, '계급(Bin)의 개수'를 어떻게 설정하는가에 대한 설명으로 가장 옳은 것은?

① 계급의 개수는 항상 10개로 고정하는 것이 표준적인 방법이다.

② 계급의 개수가 너무 적으면 데이터의 세부적인 패턴을 놓칠 수 있고, 너무 많으면 전체적인 분포 형태를 파악하기 어렵다.

③ 데이터의 최댓값과 최솟값의 차이(범위)를 계급의 개수로 나누어 계급의 폭을 결정한다.

④ 계급의 개수가 많을수록 항상 더 정확하고 유용한 분석 결과를 얻을 수 있다.

57 아래와 같은 차트를 무엇이라고 하는가?

각 항목의 값을 나타내는 막대의 끝을 선으로 연결하고, 그 선과 기준선 사이의 영역을 색으로 채워 시간의 흐름에 따른 누적 값의 변화를 강조하는 차트이다.

① 영역 차트(Area Chart)

② 누적 막대 차트(Stacked Bar Chart)

③ 폭포수 차트(Waterfall Chart)

④ 선 그래프(Line Chart)

58 다음 중 BI 도구인 태블로(Tableau)에서 연속형 데이터 필드를 뷰에 추가했을 때 나타나는 알약의 기본 색상은?

① 파란색　　　② 녹색

③ 주황색　　　④ 보라색

59 다음 중 '좋은 데이터 시각화'의 조건으로 가장 거리가 먼 것은?

① 정보성(Informative): 데이터의 핵심 메시지와 인사이트를 명확하게 전달해야 한다.

② 효율성(Efficient): 사용자가 정보를 인지하는 데 드는 시간을 최소화해야 한다.

③ 심미성(Aesthetic): 시각적으로 매력적이고 보기 좋게 디자인되어야 한다.

④ 복잡성(Complex): 가능한 한 많은 변수와 데이터를 한 차트에 담아 풍부한 정보를 제공해야 한다.

60 다음 중 두 그룹의 데이터를 중앙의 축을 기준으로 양쪽으로 펼쳐진 막대 그래프 형태로 표현하여, 두 그룹의 항목별 크기를 직관적으로 비교하는 데 사용되는 차트는?

① 그룹 막대 차트(Grouped Bar Chart)

② 누적 막대 차트(Stacked Bar Chart)

③ 버터플라이 차트(Butterfly Chart)

④ 롤리팝 차트(Lollipop Chart)

61 다음 중 '데이터 스토리텔링'을 구성하는 과정에 대한 설명으로 가장 적절하지 않은 것은?

① 청중이 누구인지, 그들이 무엇을 궁금해 하는지 먼저 파악해야 한다.

② 전달할 핵심 메시지를 명확히 하고, 그 메시지를 뒷받침하는 데이터를 선별한다.

③ 분석 과정에서 발견된 모든 흥미로운 사실들을 빠짐없이 나열한다.

④ 이야기의 흐름에 맞는 시각화를 선택하고, 맥락을 설명하는 주석을 추가한다.

62 다음 중 엑셀의 '조건부 서식' 기능을 활용한 시각화로 가장 거리가 먼 것은?

① 각 셀의 값에 비례하여 셀 안에 데이터 막대를 표시한다.

② 매출 실적에 따라 상위 10%에 해당하는 셀을 녹색으로 강조한다.

③ 재고 수준이 안전재고 이하로 떨어진 항목에 빨간색 경고 아이콘을 표시한다.

④ 월별 매출 데이터를 기반으로 꺾은선 그래프 차트를 생성한다.

63 다음 중 엑셀에서 셀 범위에 대해 특정 조건(예: 상위 10%)을 만족하는 셀에만 특정 서식을 적용하는 기능을 무엇이라고 하는가?

① 차트 서식

② 피벗 테이블

③ 조건부 서식

④ 데이터 유효성 검사

64 다음 중 데이터 시각화에서 '주석(Annotation)'의 역할로 가장 옳은 것은?

① 차트에서 사용된 색상이나 기호의 의미를 설명한다.

② 차트의 전체적인 내용을 포괄하는 제목을 제공한다.

③ 데이터의 출처나 기준 시점을 명시하여 신뢰도를 높인다.

④ 특정 데이터 포인트나 추세에 대해 독자의 주의를 끌고 추가적인 맥락을 설명한다.

65 다음 중 시각화 디자인에서 사용되는 '색상'에 대한 설명으로 가장 옳지 않은 것은?

① 연속형 데이터를 표현할 때는 단일 색상의 명도나 채도를 점진적으로 변화시키는 것이 효과적이다.

② 범주형 데이터를 구분할 때는 시각적으로 구별이 명확한 여러 색조(Hue)를 사용하는 것이 효과적이다.

③ 긍정/부정 등 상반된 개념을 표현할 때는 보색 대비를 활용한 분기형 색상 팔레트가 효과적이다.

④ 중요한 정보를 강조하기 위해 항상 채도가 가장 높은 밝은 색상을 사용해야 한다.

66 다음 중 '인터랙티브 대시보드'에서만 가능한 기능으로 가장 적절한 것은?

① 월별 매출 데이터를 막대 차트로 표현하기

② 가장 중요한 KPI 수치를 화면 상단에 크게 표시하기

③ 특정 제품 카테고리를 클릭하면, 해당 카테고리의 하위 제품 목록이 나타나기

④ 차트의 제목과 축 레이블을 명확하게 표시하기

67 다음 중 계층적 데이터를 표현하는 트리맵(Treemap)과 선버스트(Sunburst) 차트에 대한 설명으로 가장 옳은 것은?

① 두 차트 모두 계층 구조의 깊이를 표현하는 데는 한계가 있다.

② 트리맵은 부분 간의 크기 비교에, 선버스트는 전체 구조를 파악하는 데 더 유리하다.

③ 선버스트는 트리맵보다 공간 효율성이 더 뛰어나다.

④ 두 차트 모두 음수 값을 표현하는 데 매우 효과적이다.

68 아래 설명에 해당하는 시각화 유형은?

> 각 데이터 포인트를 하나의 작은 수직선(또는 점)으로 표현하여, 1차원 축 위에 데이터의 실제 분포와 밀집도를 보여주는 차트이다. 상자 그림이나 바이올린 플롯과 함께 사용되어 분포에 대한 더 상세한 정보를 제공하기도 한다.

① 스트립 플롯(Strip Plot)

② 슬로프 차트(Slope Chart)

③ 스파크라인(Sparkline)

④ 산점도(Scatter Plot)

69 다음 중 시각화의 '안티 패턴'을 피하기 위한 방법으로 가장 적절한 것은?

① 전체에 대한 비율을 비교할 때, 항목이 8개 이상이면 파이 차트를 사용한다.

② Y축의 시작점을 데이터의 최솟값에 맞춰 변화를 극대화한다.

③ 두 변수 간의 관계를 보여주기 위해 선 그래프로 연결한다.

④ 범주형 데이터를 비교할 때는 막대의 길이를 활용하는 막대 차트를 사용한다.

70 아래와 같은 차트는 여러 변수를 가진 개체들의 값을 비교하는 데 유용하다. 이 차트의 단점으로 가장 적절한 것은?

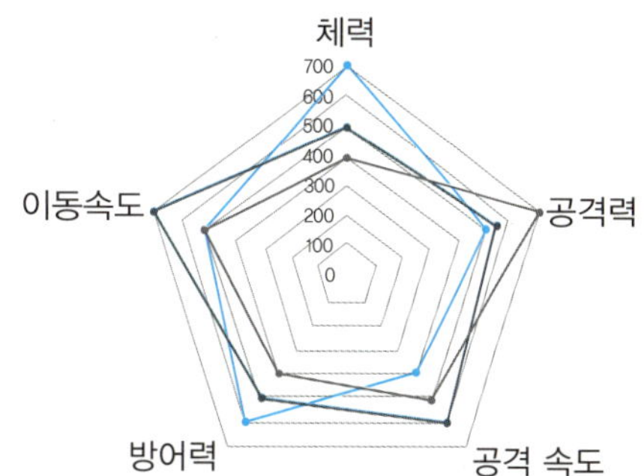

① 변수의 수가 너무 많아지면 다각형이 복잡해져 해석이 어렵다.

② 전체에 대한 각 부분의 비율을 파악하기 어렵다.

③ 시간의 흐름에 따른 데이터의 추세를 보여주기 어렵다.

④ 두 변수 간의 상관관계를 직접적으로 파악하기 어렵다.

71 "불필요한 데이터 잉크를 지우고, 데이터 잉크를 극대화하라"는 원칙을 주장한 정보 시각화의 대가는?

① 자크 베르탱(Jacques Bertin)

② 에드워드 터프티(Edward Tufte)

③ 윌리엄 클리블랜드(William Cleveland)

④ 나단 셰드로프(Nathan Shedroff)

72 다음 중 데이터의 분포를 나타내는 바이올린 플롯(Violin Plot)에 대한 설명으로 가장 옳은 것은?

① 데이터의 사분위수와 중앙값만을 보여준다.

② 데이터의 밀도 분포를 대칭적인 바이올린 모양으로 시각화한다.

③ 시간에 따른 데이터의 변화 추세를 보여주는 데 적합하다.

④ 두 변수 간의 상관관계를 파악하는 데 사용된다.

73 다음 중 BI 도구인 파워 BI(Power BI)에서 사용되는 데이터 분석 및 모델링 언어는?

① Python

② R

③ SQL

④ DAX(Data Analysis Expressions)

74 다음 중 서로 다른 단위를 가진 두 개의 변수(예: 매출액과 이익률)를 하나의 차트에서 함께 보여주고 싶을 때 가장 효과적인 방법은?

① 3D 효과를 적용한 막대 차트 사용

② 이중 축 차트(Dual-Axis Chart) 사용

③ 두 개의 파이 차트를 나란히 배치

④ 모든 데이터를 평균값으로 변환하여 표시

75 대시보드에서 특정 차트의 데이터 포인트 위에 마우스를 올렸을 때, 해당 데이터의 상세 정보(정확한 값, 항목명 등)가 작은 상자 형태로 나타나는 기능을 무엇이라고 하는가?

① 필터(Filter)

② 범례(Legend)

③ 주석(Annotation)

④ 툴팁(Tooltip)

76 다음 중 막대그래프를 사용할 때 반드시 지켜야 할 시각화 원칙은?

① 모든 막대의 색상을 다르게 하여 시각적 다양성을 높여야 한다.

② 값의 크기를 비교하는 막대 그래프의 축은 항상 0에서 시작해야 한다.

③ 막대의 순서는 항상 가나다순으로 정렬해야 한다.

④ 데이터의 추세를 보여주기 위해 막대의 끝을 선으로 연결해야 한다.

77 다음 중 지도 위에 데이터 값을 표현할 때, 면적이 넓은 지역이 시각적으로 과도하게 강조되는 '단계 구분도'의 왜곡 문제를 보완하기 위한 방법으로 가장 적절하지 않은 것은?

① 각 지역을 동일한 크기의 도형(예: 정사각형, 육각형)으로 표현하는 타일맵(그리드맵)을 사용한다.

② 데이터 값을 해당 지역의 면적으로 나눈 '밀도' 데이터로 변환하여 시각화한다.

③ 각 지역의 중심점에 데이터 값의 크기에 비례하는 원을 그리는 버블 맵을 사용한다.

④ 지도를 3D 형태로 만들어 입체감을 부여한다.

78 다음 중 인포그래픽에서 사용되는 '타이포그래피(Typography)'의 역할로 가장 적절하지 않은 것은?

① 정보의 위계를 설정하고 가독성을 높인다.

② 인포그래픽의 전체적인 분위기와 톤앤매너를 결정한다.

③ 복잡한 데이터의 분포와 상관관계를 정확하게 표현한다.

④ 독자의 시선을 유도하고 특정 메시지를 강조한다.

79 다음 중 시각적 인코딩의 정확도 계층 이론에 따라, 인간이 가장 부정확하게 인식하는 시각적 변수는?

① 공통 축 상의 위치

② 길이

③ 각도

④ 색상의 농도(채도)

80 아래와 같은 차트는 어떤 데이터를 시각화하는 데 가장 적합한가?

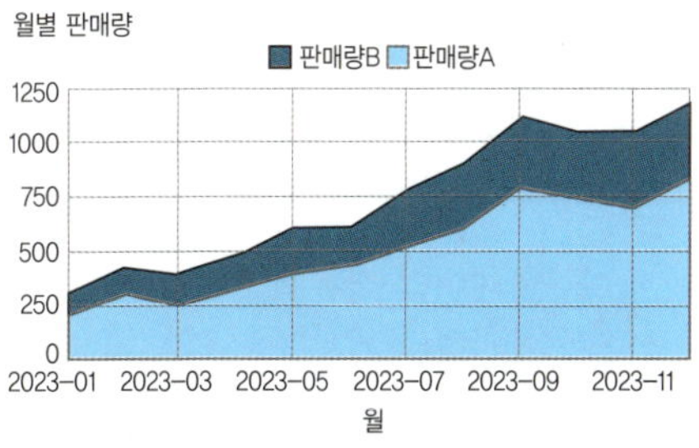

① 시간에 따른 각 부분의 변화와 함께 전체 합계의 변화 추이를 함께 보고 싶을 때

② 여러 개별 항목의 순위 변화를 추적하고 싶을 때

③ 두 변수 간의 상관관계와 데이터의 밀집도를 파악하고 싶을 때

④ 전체에 대한 각 부분의 비율을 특정 시점에서 비교하고 싶을 때

81 다음 중 '스토리텔링'을 인포그래픽에 적용할 때의 효과로 가장 거리가 먼 것은?

① 독자의 감성적인 몰입을 유도하여 메시지를 더 오래 기억하게 한다.

② 복잡한 데이터에 맥락과 흐름을 부여하여 이해도를 높인다.

③ 분석에 사용된 모든 원시 데이터를 누락 없이 투명하게 공개할 수 있다.

④ 독자가 행동하도록 설득하거나 특정 관점을 지지하게 만드는 데 효과적이다.

82 다음 중 디자인의 기본 원리인 '근접성(Proximity)'을 위반한 디자인 사례는?

① 차트의 제목을 해당 차트 바로 위에 배치한다.

② 관련 없는 두 개의 차트를 페이지의 양쪽 끝에 멀리 떨어뜨려 놓는다.

③ 막대 그래프의 각 막대 바로 아래에 해당 항목의 레이블을 배치한다.

④ 이미지에 대한 설명 텍스트를 그 이미지와 전혀 다른 페이지에 배치한다.

83 다음 중 BI 대시보드의 주요 유형과 그 목적의 연결이 가장 적절하지 않은 것은?

① 전략 대시보드 – 최고경영진이 전사적인 KPI를 모니터링하고 장기적인 목표 달성 현황을 파악

② 운영 대시보드 – 실무자가 실시간으로 발생하는 업무 현황을 모니터링하고 즉각적인 조치를 취함

③ 분석 대시보드 – 데이터 분석가가 대규모 데이터를 탐색하고 복잡한 패턴과 인사이트를 발견

④ 정적 대시보드 – 사용자가 필터나 드릴다운을 통해 데이터를 자유롭게 탐색하고 상호작용함

84 다음 중 데이터 시각화에서 '색맹/색약자'를 고려한 유니버설 디자인 원칙으로 가장 적절한 것은?

① 빨간색과 녹색을 함께 사용하여 긍정/부정을 명확히 구분한다.

② 정보를 전달하기 위해 오직 색상(Hue)의 차이에만 의존한다.

③ 색상과 함께 명도, 채도, 패턴, 레이블 등 다른 시각적 단서를 함께 사용하여 정보를 전달한다.

④ 모든 색상을 회색조로 통일하여 혼동의 여지를 없앤다.

85 아래 설명에 해당하는 차트 유형으로 가장 옳은 것은?

두 개의 시점을 기준으로, 여러 항목의 값이 어떻게 변화했는지를 보여주는 데 특화되어 있다. 각 항목의 시작점과 끝점을 선으로 연결하여, 값의 증가/감소 여부(기울기)와 순위 변동을 직관적으로 보여준다.

① 슬로프 차트(Slope Chart)

② 범프 차트(Bump Chart)

③ 평행 좌표계(Parallel Coordinates Plot)

④ 선 그래프(Line Chart)

86 다음 중 인포그래픽에서 독자의 시선을 이야기의 흐름에 따라 자연스럽게 유도하기 위해 사용되는 시각적 장치로 가장 적절하지 않은 것은?

① 화살표나 선을 사용하여 요소 간의 순서와 관계를 보여준다.

② 번호를 매겨 정보의 순서를 명확히 안내한다.

③ 관련된 요소들을 근접하게 배치하여 시각적 그룹을 형성한다.

④ 모든 요소를 동일한 크기와 색상으로 배치하여 공정성을 확보한다.

87 다음 중 대규모의 계층적 데이터를 시각화할 때, 공간 효율성이 가장 뛰어난 차트는?

① 선버스트 차트(Sunburst Chart)

② 트리맵(Treemap)

③ 노드-링크 다이어그램(Node-Link Diagram)

④ 덴드로그램(Dendrogram)

88 다음 중 시각화에서 '데이터 잉크'에 해당하는 요소는?

① 차트의 배경색

② 차트 테두리 선

③ 데이터 값을 나타내는 막대 그래프의 막대

④ 3D 효과를 내기 위한 그림자

89 다음 중 BI 도구에서 제공하는 '드릴업(Drill-up)' 기능에 대한 설명으로 가장 옳은 것은?

① 특정 데이터 항목을 선택하여 상세 정보를 확인하는 기능

② 상세 데이터에서 요약된 상위 수준의 데이터로 집계하는 기능

③ 특정 조건을 만족하는 데이터만 화면에 표시하는 기능

④ 데이터의 시각화 유형을 막대 차트에서 선 차트로 변경하는 기능

90 다음 중 두 그룹 간의 데이터 분포를 비교할 때, 중앙값, 사분위수 등 통계적 요약 정보와 함께 실제 데이터의 밀집도와 형태까지 시각적으로 보여주는 가장 정보량이 풍부한 차트는?

① 그룹 막대 차트 ② 누적 영역 차트
③ 바이올린 플롯 ④ 이중 축 차트

91 다음 중 인포그래픽의 제목(Headline)을 작성할 때 가장 중요한 원칙은?

① 가능한 한 길고 상세하게 작성하여 모든 정보를 담는다.
② 독자의 호기심을 자극하고 핵심 메시지를 함축적으로 전달한다.
③ 분석에 사용된 데이터의 출처를 명확히 밝힌다.
④ 전문 용어를 사용하여 신뢰도를 높인다.

92 다음 중 디자인 원리 중 '반복(Repetition)'을 통해 얻을 수 있는 효과로 가장 적절한 것은?

① 역동성과 긴장감을 부여한다.
② 통일성과 안정감을 형성한다.
③ 특정 요소를 시각적으로 강조한다.
④ 정보의 계층 구조를 명확히 한다.

93 다음 중 사용자가 특정 조건을 만족하는 데이터를 찾기 위해, 여러 필터 옵션을 조합하여 데이터를 점진적으로 좁혀 나가는 인터랙티브 기능을 무엇이라고 하는가?

① 패싯 내비게이션(Faceted Navigation)
② 브레드크럼(Breadcrumb)
③ 페이지네이션(Pagination)
④ 아코디언 메뉴(Accordion Menu)

94 다음 중 데이터 시각화에서 '스토리(Story)'를 구성하는 가장 주된 이유는?

① 분석에 사용된 모든 데이터를 제시하기 위해
② 데이터를 객관적인 사실 그대로 전달하기 위해
③ 청중의 이해와 공감을 높여 메시지를 효과적으로 설득하기 위해
④ 가능한 한 많은 종류의 화려한 차트를 보여주기 위해

95 다음 중 시각화에서 '정렬(Alignment)'의 원칙이 가장 잘 적용된 사례는?

① 차트의 제목, 부제목, 본문을 모두 가운데 정렬로 맞춘다.
② 페이지 내의 모든 이미지와 텍스트 박스를 보이지 않는 하나의 수직선에 맞춰 왼쪽 끝을 정렬한다.
③ 각기 다른 크기의 아이콘들을 무작위로 흩뿌려 놓는다.
④ 중요한 KPI 숫자는 크게, 덜 중요한 숫자는 작게 표현한다.

96 다음 중 데이터의 분포를 보여주는 히스토그램과 가장 유사한 목적을 가지는 차트는?

① 파이 차트 ② 밀도 플롯
③ 산점도 ④ 간트 차트

97 다음 중 대시보드에서 KPI를 표현할 때, 목표 달성률을 시각적으로 보여주기 위해 원형 게이지나 속도계 모양으로 시각화하는 차트는?

① 불릿 그래프
② 게이지 차트(Gauge Chart)
③ 스파크라인
④ 워터폴 차트

98 다음 중 '인포그래픽'과 '보고서'의 차이점에 대한 설명으로 가장 적절한 것은?

① 보고서는 주관적이지만, 인포그래픽은 항상 객관적이다.

② 보고서는 시각적 요소를 사용하지 않지만, 인포그래픽은 사용한다.

③ 보고서는 상세하고 깊이 있는 정보를 제공하는 데, 인포그래픽은 핵심 정보를 빠르고 쉽게 전달하는 데 중점을 둔다.

④ 보고서는 일반 대중을, 인포그래픽은 전문 분석가를 대상으로 한다.

99 다음 중 시각화에서 색상을 선택할 때, 인접한 색상 간의 조화를 중시하는 색상 조합 방식을 무엇이라고 하는가?

① 보색 조화(Complementary)

② 유사색 조화(Analogous)

③ 삼색 조화(Triadic)

④ 단색 조화(Monochromatic)

100 BI 대시보드에서 사용자가 시간 범위를 나타내는 슬라이더를 조작하여 '최근 1년', '최근 3개월', '최근 1주' 등 원하는 기간의 데이터만 동적으로 필터링하여 보고자 한다. 이러한 기능은 대시보드의 어떤 특성을 가장 잘 보여주는가?

① 실시간성(Real-time)

② 상호작용성(Interactivity)

③ 통합성(Integration)

④ 공유성(Shareability)

기본 문제 정답 및 해설

01 ④	02 ③	03 ①	04 ②	05 ①
06 ③	07 ①	08 ②	09 ③	10 ①
11 ②	12 ①	13 ④	14 ①	15 ③
16 ③	17 ②	18 ②	19 ②	20 ②
21 ①	22 ②	23 ②	24 ①	25 ①
26 ①	27 ③	28 ①	29 ②	30 ④
31 ②	32 ④	33 ③	34 ③	35 ①
36 ③	37 ①	38 ②	39 ④	40 ④
41 ④	42 ③	43 ②	44 ③	45 ①
46 ④	47 ①	48 ④	49 ④	50 ②

01 데이터 시각화의 본질은 원시 데이터를 그대로 보여주는 것이 아니라, 사용자가 쉽게 이해하고 통찰을 얻을 수 있도록 데이터를 '요약'하고 '변환'하여 시각적으로 표현하는 것이다.

02 대비(Contrast)는 요소 간의 차이를 강조하여 특정 부분을 돋보이게 만드는 디자인의 기본 원리 중 하나이지만, 여러 요소를 하나의 그룹으로 인식하게 하는 게슈탈트의 그룹핑 법칙에는 포함되지 않는다.

03 범프 차트는 시간에 따른 각 항목의 순위 변화를 선의 움직임으로 표현하는 데 특화된 차트이다. 절댓값보다 순위의 변동 추이를 추적하는 데 매우 효과적이다.

04 데이터-잉크 비율은 에드워드 터프티가 주장한 개념으로, 전체 잉크 중에서 데이터를 표현하는 데 사용된 잉크의 비율을 의미한다. 이 비율을 높인다는 것은 불필요한 시각적 요소(차트 정크)를 최대한 제거하고, 데이터 자체에 집중하는 것을 의미한다.

05 폭포수 차트는 전체 값의 누적 변화 과정을 각 구성 요소의 기여도와 함께 단계별로 보여주는 데 특화된 차트이다.

06 위치는 공통된 축을 기준으로 값의 크기를 매우 정확하게 인지할 수 있게 해주므로, 양적 데이터를 표현하는 데 가장 효과적인 시각적 변수이다. 모양, 색조, 방향 등은 주로 범주형 데이터를 구별하는 데 사용된다.

07 레이더 차트(스파이더 차트)는 여러 개의 변수를 각각의 축으로 설정하고, 각 항목의 값을 선으로 연결하여 다각형 모양으로 보여준다. 이를 통해 여러 대상의 전체적인 프로필 형태와 강점, 약점을 직관적으로 비교할 수 있다.

08 좋은 대시보드는 사용자가 핵심 정보를 5초 안에 파악할 수 있도록, 가장 중요한 지표를 중심으로 간결하게 구성해야 한다. 너무 많은 정보를 한 화면에 담는 것은 정보 과부하를 유발하여 의사결정을 방해한다.

09 교차표(또는 분할표, 피벗 테이블)는 두 개 이상의 범주형 변수에 대한 빈도를 표 형태로 정리하여 변수 간의 연관성을 파악하는 데 사용된다.

10 아이콘은 특정 개념이나 정보를 누구나 직관적으로 이해할 수 있도록 단순화하고 상징화한 그래픽 기호로, 인포그래픽에서 텍스트를 보완하고 정보 전달의 효율성을 높이는 역할을 한다.

11 대비는 요소 간의 '차이'를 명확하게 하여 시각적 계층을 만들고 사용자의 주의를 끄는 원리이다. 배경과 텍스트 색상을 유사하게 사용하는 것은 대비를 '낮추는' 행위로, 가독성을 떨어뜨릴 수 있다.

12 평행 좌표계는 다차원(다변량) 데이터를 2차원 평면에 시각화하는 기법으로, 여러 변수 간의 관계와 데이터의 군집 형태를 탐색하는 데 효과적이다.

13 선 그래프는 주로 시간에 따른 연속적인 데이터의 변화나 추세를 보여주는 데 사용된다. 전체에 대한 부분의 비율을 나타내는 데는 파이 차트, 도넛 차트, 트리맵, 누적 막대 차트 등이 적합하다.

14 히스토그램은 연속형 데이터를 특정 구간으로 나누고, 각 구간에 속하는 데이터의 빈도 (개수)를 막대로 표현하여 데이터의 전체적인 분포, 중심 경향, 퍼진 정도 등을 파악하는 데 사용된다.

15 차트 정크는 데이터의 이해를 돕지 않고 오히려 방해하는 불필요한 시각적 장식 요소를 의미한다. 과도한 3D 효과, 화려한 배경 이미지, 불필요한 음영 등이 대표적인 예이다.

16 카토그램은 데이터 값의 크기를 지리적 영역의 면적으로 표현하여, 시각적인 크기 차이를 통해 데이터의 차이를 직관적으로 전달하는 지도 시각화 기법이다.

17 시각적 인코딩의 정확도 계층에 따르면, 인간은 위치와 길이를 가장 정확하게 인지하고, 그 다음이 각도, 면적 순이다. 따라서 여러 항목의 값을 정밀하게 비교해야 할 때는 길이를 사용하는 막대 차트가 각도/면적을 사용하는 파이 차트보다 훨씬 효과적이다.

18 불릿 그래프는 스티븐 퓨(Stephen Few)가 고안한 차트로, 대시보드에서 많은 공간을 차지하는 게이지 차트를 대체하기 위해 만들어졌다. 실제 값(막대), 목표 값(선), 성과 구간(배경 음영)을 결합하여 목표 달성률을 명확하게 보여준다.

19 효과적인 인포그래픽은 명확한 주제를 먼저 정하고(주제 선정), 그 주제를 뒷받침할 신뢰할 수 있는 데이터를 수집하며(데이터 수집), 수집된 데이터를 바탕으로 전달할 메시지의 흐름을 구성한 후(스토리텔링), 마지막으로 이를 가장 효과적으로 표현할 시각적 디자인을 입히는 순서로 제작된다.

20 선버스트 차트는 계층 구조를 가진 데이터를 방사형으로 시각화하는 데 사용된다. 전체적인 구조와 각 계층의 비율을 동시에 파악할 수 있는 장점이 있다.

21 모자이크 플롯은 분할표(교차표)의 데이터를 시각화하는 방법으로, 전체 사각형을 각 변수의 범주 비율에 따라 반복적으로 분할하여 각 셀의 상대적인 빈도를 면적으로 표현한다.

22 시각화에서 색상은 전략적으로 사용되어야 한다. 너무 많은 색상을 남용하면 시각적 소음(Noise)을 만들어 사용자의 인지 부하를 높이고, 정보의 핵심을 파악하기 어렵게 만든다. 일반적으로 6~8개 이하의 색상을 사용하는 것이 권장된다.

23 상호작용(인터랙션)은 사용자가 차트나 필터와 같은 요소를 클릭하거나 선택했을 때, 대시보드의 다른 요소들이 그에 맞춰 동적으로 반응하고 데이터를 필터링하여 보여주는 모든 기능을 총칭한다.

24 밀도 플롯은 히스토그램을 부드러운 곡선으로 표현한 것과 같다. 데이터가 특정 값 근처에 얼마나 밀집되어 있는지를 시각적으로 보여주어 분포의 형태를 파악하는 데 용이하다.

25 간트 차트는 프로젝트 관리에서 가장 널리 사용되는 일정 시각화 도구로, 각 작업의 기간과 선후 관계를 명확하게 보여준다.

26 효과적인 데이터 스토리텔링은 신뢰할 수 있는 '데이터', 데이터를 직관적으로 보여주는 '시각화', 그리고 이 둘을 엮어 의미와 맥락을 부여하는 '내러티브(이야기)'의 세 가지 요소가 조화롭게 결합될 때 완성된다.

27 상자 그림(박스 플롯)은 5가지 요약 수치(최솟값, 1사분위수, 중앙값, 3사분위수, 최댓값)를 사용하여 데이터의 분포와 이상치를 간결하게 시각화한다.

28 깔때기 차트(퍼널 차트)는 각 단계가 진행될수록 사용자가 줄어드는 모습이 깔때기 모양과 같다고 하여 붙여진 이름이다. 어느 단계에서 가장 많은 사용자가 이탈하는지를 파악하여 UX 개선 포인트를 찾는 데 활용된다.

29 여백(공백)은 단순히 비어 있는 공간이 아니라, 콘텐츠를 구조화하고, 중요한 요소에 대한 집중도를 높이며, 전체적인 디자인에 안정감과 가독성을 부여하는 매우 중요한 디자인 요소이다.

30 피벗 테이블은 대량의 데이터를 요약하고 분석하는 강력한 '기능'이지만, 특정 조건에 따라 셀의 '서식'을 변경하는 조건부 서식 기능과는 다르다. ①, ②, ③은 모두 대표적인 조건부 서식의 종류이다.

31 버블 차트는 일반적인 산점도(X, Y축)에 버블의 크기(Z축)라는 시각적 변수를 추가하여, 세 개의 변수 간의 관계를 동시에 탐색할 수 있도록 확장한 차트이다.

32 시각적 계층은 크기, 색상, 대비, 위치 등의 시각적 변수를 활용하여 정보의 중요도에 따라 우선순위를 부여하는 것이다. 이를 통해 사용자는 가장 중요한 정보부터 순서대로 자연스럽게 인지하게 된다.

33 3D 효과, 배경 이미지, 불필요한 그림자 등은 데이터의 정확한 해석을 방해하고 시각적 혼란만 가중시키는 대표적인 차트 정크(Chartjunk)이다.

34 트리맵은 전체 영역을 계층 구조에 따라 사각형으로 분할하고, 각 사각형의 면적을 해당 항목의 값에 비례하도록 표현한다. 이를 통해 전체 구조와 각 부분의 비율을 동시에 효과적으로 보여줄 수 있다.

35 단계 구분도는 가장 일반적인 지도 시각화 방법 중 하나로, 각 지역의 데이터 값을 색상의 농도나 채도 차이로 표현하여 지리적 분포 패턴을 쉽게 파악할 수 있게 한다.

36 드릴다운은 요약된 상위 수준의 데이터에서 더 상세한 하위 수준의 데이터로 단계적으로 탐색해 들어가는 OLAP의 주요 연산이자, 인터랙티브 대시보드의 핵심 기능이다.

37 레이더 차트는 여러 항목의 균형과 전체적인 프로필을 비교하는 데 유용하다. 각 항목의 값이 축 위에서 어느 정도에 위치하는지를 통해 강점과 약점을 직관적으로 파악할 수 있다.

38 인포그래픽은 복잡한 정보를 독자가 빠르고 명확하게 이해할 수 있도록, 스토리텔링과 시각적 요소를 결합하여 디자인한 정보 그래픽이다.

39 전경과 배경의 원리는 게슈탈트 법칙 중 하나로, 인간의 시각 시스템이 특정 대상을 전경(Figure)으로, 그 외의 것을 배경(Ground)으로 인식하려는 경향을 의미한다. 효과적인 시각화는 중요한 데이터를 전경으로 돋보이게 만들어야 한다.

40 파이 차트는 특정 시점에서의 '전체에 대한 부분의 비율'을 나타내는 데 사용된다. 시간의 흐름에 따른 변화나 추세를 표현하는 기능은 없으며, 여러 시점의 데이터를 비교하는 데도 적합하지 않다.

41 데이터 스토리텔링의 핵심은 청중이 쉽게 이해하고 공감하여 행동하도록 만드는 것이다. 분석 과정의 모든 기술적인 세부 사항을 나열하는 것은 청중의 이해를 방해하고 핵심 메시지를 흐리게 할 뿐이다.

42 조건부 서식은 사용자가 정의한 규칙에 따라 셀의 서식을 동적으로 변경하는 기능이다. 이를 통해 특정 기준을 초과하는 값, 상위/하위 값 등을 시각적으로 쉽게 식별할 수 있다.

43 바이올린 플롯은 데이터의 분포를 밀도 곡선(바이올린 모양)으로 보여주면서, 내부에는 상자 그림이나 점 등을 추가하여 중앙값, 사분위수 등 통계 정보를 함께 제공하는 풍부한 정보의 시각화 방식이다.

44 일관성은 사용자가 디자인 요소를 예측 가능하고 쉽게 학습할 수 있도록, 동일한 요소는 항상 동일한 방식으로 표현하는 원리이다. 제목, 범례, 색상 사용 규칙 등을 일관되게 유지하면 사용자의 인지 부하를 줄이고 정보 전달력을 높일 수 있다.

45 산점도 행렬은 다변량 데이터에서 모든 변수 쌍 간의 관계를 시각적으로 탐색하는 데 매우 유용한 도구이다. 행렬의 대각선에는 각 변수의 분포를 보여주는 히스토그램이나 밀도 플롯을 배치하기도 한다.

46 파이 차트는 항목이 많아지면 조각을 구분하기 어렵고, 3D 효과는 원근 왜곡을 일으켜 각 조각의 비율을 정확하게 인지하는 것을 매우 어렵게 만든다. 이는 데이터 왜곡을 유발하는 대표적인 안티 패턴이다.

47 생키 다이어그램은 에너지, 자금, 사용자 이동 등 어떤 양적인 값이 한 단계에서 다음 단계로 어떻게 흐르고 전환되는지를 유선의 두께로 표현하여 전체 시스템의 흐름과 구조를 이해하는 데 사용된다.

48 태블로에서 마크는 데이터를 시각적으로 표현하는 기본 형태(막대, 선, 원, 모양, 텍스트 등)를 의미한다. 필터는 이러한 시각화에 표시될 데이터를 제어하는 '기능'이지, 데이터를 표현하는 마크의 유형은 아니다.

49 데이터-잉크 비율, 차트 정크, 스파크라인은 모두 터프티가 그의 저서에서 주장하고 대중화한 핵심적인 개념이다. 게슈탈트 법칙은 터프티가 자신의 이론에 활용하기는 했지만, 그가 창안하거나 핵심적으로 주장한 개념이 아닌 심리학 이론이다.

50 슬라이더는 사용자가 막대를 좌우로 움직여 연속적이거나 순서가 있는 값의 범위를 손쉽게 선택하고, 그에 따라 연결된 차트의 데이터를 실시간으로 필터링할 수 있게 해주는 직관적인 인터페이스 요소이다.

51 ③	**52** ①	**53** ④	**54** ④	**55** ④
56 ②	**57** ①	**58** ②	**59** ④	**60** ③
61 ③	**62** ④	**63** ③	**64** ④	**65** ④
66 ③	**67** ②	**68** ①	**69** ④	**70** ①
71 ②	**72** ②	**73** ④	**74** ②	**75** ④
76 ②	**77** ④	**78** ②	**79** ④	**80** ①
81 ③	**82** ②	**83** ④	**84** ②	**85** ①
86 ④	**87** ②	**88** ③	**89** ②	**90** ③
91 ②	**92** ②	**93** ①	**94** ③	**95** ②
96 ②	**97** ②	**98** ③	**99** ②	**100** ②

51 데이터-잉크 비율은 전체 잉크 중에서 데이터를 표현하는 데 필수적인 잉크의 비율을 의미한다. 이 비율을 높이려면, 데이터 이해에 도움이 되지 않는 장식적인 요소(비데이터 잉크, 즉 Chartjunk)를 최대한 제거해야 한다. 3D 효과, 불필요한 레이블 등이 대표적인 예이다.

52 레이더 차트는 여러 개의 평가 항목(축)에 대한 각 대상의 값(점)을 연결하여 다각형 모양으로 보여준다. 이 다각형의 모양을 통해 각 대상의 전체적인 균형과 강점, 약점을 직관적으로 비교하는 데 매우 효과적이다.

53 유사성의 법칙은 모양, 크기, 색상 등이 비슷한 요소들을 하나의 그룹으로 묶어서 인식하는 경향을 말한다. 차트에서 특정 그룹이나 범주를 동일한 색상이나 모양으로 표현하는 것이 이 원리를 적용한 대표적인 예시이다. ①은 근접성, ③은 폐쇄성의 법칙이다.

54 드릴다운은 요약된 상위 수준의 데이터에서 더 상세한 하위 수준의 데이터로 단계적으로 탐색해 들어가는 분석 행위이다. 이는 인터랙티브 대시보드의 핵심 기능 중 하나이다.

55 일반적으로 데이터 시각화는 대용량의 복잡한 데이터를 탐색하고 분석하는 데 더 적합하다. 반면, 인포그래픽은 이미 분석된 핵심 정보를 요약하여 독자가 쉽게 이해할 수 있도록 전달하는 데 중점을 두므로, 너무 많은 데이터를 한 번에 보여주는 것은 지양한다.

56 히스토그램에서 계급의 개수 설정은 매우 중요하다. 계급의 개수가 너무 적으면 분포의 특징이 뭉개져 보이고, 너무 많으면 들쭉날쭉한 노이즈만 부각되어 전체적인 패턴을 파악하기 어렵다. 따라서 데이터의 특성에 맞게 적절한 계급의 개수를 찾는 것이 중요하다.

57 영역 차트는 선 그래프의 하단 영역을 색으로 채운 형태로, 시간에 따른 개별 항목의 값 변화와 함께 전체 합계의 변화 추이를 동시에 보여주는 데 유용하다.

58 태블로에서는 데이터 필드를 '알약(Pill)' 형태로 표현한다. 연속형 데이터(측정값)는 녹색 알약으로, 이산형 데이터(차원)는 파란색 알약으로 기본 표시되어 데이터 유형을 직관적으로 구분할 수 있다.

59 좋은 시각화는 복잡한 정보를 '단순화'하여 사용자가 쉽게 이해할 수 있도록 돕는 것이다. 불필요한 복잡성은 오히려 정보 전달을 방해하는 '차트 정크'가 될 수 있다.

60 버터플라이 차트는 두 그룹(예: 남성/여성, 2023년/2024년)의 데이터를 중앙 축을 기준으로 마주 보게 배치하여, 항목별 차이를 직관적으로 비교하는 데 매우 효과적이다.

61 효과적인 데이터 스토리텔링은 핵심 메시지에 집중하기 위해 의도적으로 정보를 '선별'하고 '단순화'하는 과정이다. 발견된 모든 사실을 나열하는 것은 청중을 압도하고 이야기의 초점을 흐리게 할 뿐이다.

62 꺾은선 그래프 생성은 엑셀의 '차트' 기능이며, 조건부 서식은 셀 자체의 서식(배경색, 글꼴색, 아이콘 등)을 특정 조건에 따라 동적으로 변경하는 기능이다.

63 조건부 서식은 사용자가 지정한 규칙이나 조건에 따라 셀의 서식(배경색, 글꼴, 아이콘 등)을 자동으로 변경하여, 데이터의 특정 패턴이나 이상치를 시각적으로 강조하는 기능이다.

64 주석은 시각화만으로는 전달하기 어려운 구체적인 정보나 인사이트를 텍스트로 직접 추가하여, 독자가 데이터를 더 깊이 있고 정확하게 해석하도록 돕는 중요한 스토리텔링 도구이다.

65 채도가 높은 색상은 시선을 강하게 끌지만, 과도하게 사용하면 눈을 피로하게 하고 다른 정보에 대한 집중을 방해할 수 있다. 강조는 전체적인 맥락과 조화를 고려하여 절제해서 사용해야 한다.

66 ③은 사용자의 클릭 행동에 반응하여 데이터의 수준을 상세하게 보여주는 '드릴다운' 기능으로, 정적인 리포트에서는 불가능하고 사용자와 상호작용하는 인터랙티브 대시보드의 핵심적인 기능이다.

67 트리맵은 각 항목을 사각형의 '면적'으로 표현하므로 부분 간의 크기를 직관적으로 비교하기 쉽다. 반면, 선버스트는 전체 원에서 각 계층이 어떻게 분기되는지를 보여주므로 전체적인 계층 구조를 이해하는 데 더 유리하다.

68 스트립 플롯은 1차원 데이터를 점이나 작은 선으로 표시하여, 데이터가 어디에 많이 몰려있는지, 이상치는 없는지 등 실제 데이터의 분포를 가감 없이 보여주는 시각화 기법이다.

69 막대 차트는 인간이 가장 정확하게 인지하는 '길이'를 사용하여 값을 표현하므로, 범주 간 비교에 매우 효과적이고 왜곡의 위험이 적다. ①, ②, ③은 모두 데이터 왜곡을 유발할 수 있는 대표적인 안티 패턴이다.

70 레이더 차트는 변수의 수가 6~8개를 넘어가면 축이 너무 많아져 다각형의 형태가 복잡해지고, 그룹 간 비교가 어려워지는 단점이 있다.

71 에드워드 터프티는 그의 저서에서 '데이터-잉크 비율'이라는 개념을 통해, 시각화에 사용되는 잉크 중 데이터를 표현하는 데 사용되지 않는 모든 잉크(차트 정크)를 제거해야 한다고 주장했다.

72 바이올린 플롯은 데이터의 분포를 밀도 곡선으로 시각화한 것으로, 데이터가 어떤 값에 집중되어 있는지, 봉우리가 하나인지 여러 개인지(다봉성) 등을 파악하는 데 유용하다. 종종 내부에 상자 그림을 함께 표시하여 통계적 요약 정보를 보완한다.

73 DAX는 파워 BI, 파워 피벗 등 마이크로소프트의 분석 도구에서 사용되는 함수 및 수식 언어이다. 엑셀 함수와 유사한 문법을 가지지만, 더 강력한 데이터 모델링 및 분석 기능을 제공한다.

74 이중 축 차트는 왼쪽 Y축과 오른쪽 Y축에 각각 다른 단위를 가진 척도를 설정하여, 값의 범위가 크게 다른 두 데이터 계열을 하나의 차트에서 효과적으로 비교할 수 있게 해준다.

75 사용자의 마우스 상호작용에 반응하여 추가적인 정보를 제공하는 인터랙티브 기능이다. 차트를 깔끔하게 유지하면서도, 사용자가 원할 때 상세 정보를 확인할 수 있게 해준다.

76 막대그래프는 막대의 '길이'를 통해 값의 크기를 비교한다. 만약 축이 0에서 시작하지 않으면, 막대의 길이 비율이 실제 값의 비율과 달라져 시각적 왜곡이 발생한다. 따라서 값의 비교를 목적으로 하는 막대그래프의 축은 반드시 0에서 시작해야 한다.

77 3D 효과는 원근 왜곡을 추가하여 오히려 데이터의 정확한 비교를 더 어렵게 만들 수 있다. ①, ②, ③은 모두 단계 구분도의 면적 왜곡 문제를 해결하거나 보완하기 위해 사용되는 효과적인 시각화 기법이다.

78 타이포그래피는 텍스트의 글꼴, 크기, 자간 등을 활용하여 정보를 효과적으로 전달하는 디자인 기술이다. 복잡한 데이터의 분포나 상관관계를 '정확하게' 표현하는 것은 타이포그래피가 아닌 차트나 그래프의 역할이다.

79 클리블랜드와 맥길의 연구에 따르면, 인간은 위치, 길이, 각도, 면적, 부피, 색상 농도 순으로 정보의 정확도가 낮아진다. 따라서 색상의 농도(채도)는 양적 데이터를 정밀하게 비교하는 데 가장 부적합한 시각적 변수이다.

80 누적 영역 차트는 시간에 따른 각 구성 요소의 양적 변화와 함께, 전체적인 총량의 변화 추세를 동시에 보여주는 데 매우 효과적이다.

81 스토리텔링은 핵심 메시지를 효과적으로 전달하기 위해 의도적으로 정보를 선별하고 강조하는 과정이다. 모든 원시 데이터를 나열하는 것은 이야기의 흐름을 방해하고 독자를 지루하게 만들 수 있다.

82 근접성의 원리는 서로 관련된 요소들을 시각적으로 가까이 배치하여 하나의 그룹으로 인식하게 하는 것이다. 이미지와 그에 대한 설명은 의미적으로 매우 밀접한 관계이므로, 서로 멀리 떨어뜨려 놓는 것은 이 원칙을 명백히 위반하는 것이다.

83 정적 대시보드(또는 정적 리포트)는 상호작용 기능 없이 미리 정해진 형태의 정보만을 보여준다. 사용자가 데이터를 자유롭게 탐색하고 상호작용하는 것은 '인터랙티브 대시보드'의 특징이다.

84 가장 흔한 적록 색약자는 빨간색과 녹색을 구분하기 어렵다. 따라서 색상에만 의존하지 않고, 명도(밝기), 채도(선명도), 패턴, 모양, 텍스트 레이블 등 다양한 시각적 요소를 함께 사용하여 모든 사람이 정보를 동등하게 인식할 수 있도록 설계해야 한다.

85 슬로프 차트는 '전(Before)'과 '후(After)'의 비교에 매우 효과적인 차트이다. 선의 기울기를 통해 어떤 항목이 가장 많이 성장했거나 하락했는지를 즉시 파악할 수 있다.

86 모든 요소를 동일하게 배치하면 시각적 계층이 사라져 어디에 먼저 집중해야 할지 알 수 없게 된다. 효과적인 시선 유도를 위해서는 크기, 색상, 대비 등을 활용하여 정보의 중요도에 따라 강약을 조절해야 한다.

87 트리맵은 주어진 사각형 공간을 계층 구조와 값에 따라 빈틈없이 채우는 방식으로 데이터를 표현하므로, 매우 높은 공간 효율성을 가진다. 수천, 수만 개의 데이터를 한 화면에 표현하는 데에도 사용될 수 있다.

88 데이터 잉크는 데이터를 표현하는 데 사용되는, 지워지면 정보가 손실되는 필수적인 잉크를 의미한다. 막대 그래프의 막대는 데이터 값을 직접적으로 나타내므로 핵심적인 데이터 잉크이다. ①, ②, ④는 제거해도 데이터 이해에 문제가 없는 비-데이터 잉크(차트 정크)이다.

89 드릴업은 드릴다운의 반대 개념으로, '롤업(Roll-up)'과 동일한 의미를 가진다. 예를 들어, '일별' 매출 데이터에서 '월별' 매출 데이터로, 다시 '연도별' 매출 데이터로 집계하며 상위 수준으로 올라가는 분석 행위이다.

90 바이올린 플롯은 데이터의 분포 형태(밀도)를 보여주는 동시에, 내부에 상자 그림이나 점 등을 추가하여 주요 통계 정보를 함께 제공하므로, 두 그룹의 분포를 매우 상세하고 다각적으로 비교할 수 있다.

91 인포그래픽의 제목은 독자가 해당 콘텐츠를 계속 읽을지 말지를 결정하는 가장 중요한 첫인상이다. 따라서 독자의 관심을 끌고, 전체 내용이 무엇에 관한 것인지를 명확하고 매력적으로 전달해야 한다.

92 색상, 서체, 레이아웃 등 특정 디자인 요소를 일관되게 반복하여 사용하면, 전체 디자인에 통일성을 부여하고 사용자가 시각적 규칙을 쉽게 학습하여 안정감을 느끼게 한다.

93 패싯 내비게이션(또는 패싯 검색)은 전자상거래 사이트에서 흔히 볼 수 있는 기능으로, 브랜드, 가격대, 색상 등 여러 속성(패싯)을 필터로 제공하여 사용자가 원하는 상품을 쉽게 찾을 수 있도록 돕는 고급 필터링 인터페이스이다.

94 데이터 스토리텔링은 단순히 데이터를 나열하는 것이 아니라, 청중의 관점에서 데이터를 재구성하고 맥락과 의미를 부여하여, 메시지를 더 쉽게 이해하고 오래 기억하며, 궁극적으로는 설득을 통해 행동을 이끌어내기 위함이다.

95 정렬은 페이지 내의 요소들을 보이지 않는 선에 맞춰 배치하여 질서와 안정감, 그리고 요소 간의 연결성을 부여하는 원리이다. 모든 요소를 하나의 기준선에 맞추는 것은 정렬의 가장 기본적인 적용 사례이다.

96 밀도 플롯은 히스토그램의 막대를 부드러운 곡선으로 표현한 것으로, 두 차트 모두 데이터의 분포 형태(중심 경향, 퍼진 정도, 봉우리 등)를 파악하는 데 사용된다.

97 게이지 차트는 자동차 계기판처럼 목표 대비 현재 값의 위치를 시각적으로 보여주어 목표 달성률을 직관적으로 인지하게 하는 데 사용된다. 다만, 많은 공간을 차지하여 비효율적이라는 비판을 받기도 한다.

98 보고서는 분석의 전 과정을 상세히 기술하여 정보의 깊이와 신뢰성을 확보하는 데 목적이 있다. 반면, 인포그래픽은 그 결과물에서 핵심 메시지만을 추출하여 시각적 요소를 통해 대중이 쉽고 빠르게 이해하도록 하는 데 목적이 있다.

99 유사색 조화는 색상환에서 서로 인접해 있는 2~3가지 색상을 사용하여 디자인에 통일감과 안정감을 주는 색상 조합 방식이다.

100 상호작용성은 사용자가 단순히 정보를 수동적으로 보는 것을 넘어, 필터, 슬라이더, 드릴다운 등의 컨트롤을 통해 데이터를 직접 탐색하고 분석 관점을 변경할 수 있는 대시보드의 핵심적인 특징이다.

기출복원문제

최신 기출복원문제를 수록하여 출제경향을 파악하고 시험에 대비할 수 있다.
특히 자세한 해설 및 오답해설을 통해 다시 한번 핵심 내용을 점검할 수 있다.

1과목 경영정보 일반

01 기업 경영에 직간접적으로 영향을 미치는 주체로서 종업원, 고객, 지역사회 등을 포괄하는 용어로 가장 적절한 것은?

① 주주(shareholder)

② 대리인(agent)

③ 의사결정자(decision maker)

④ 이해관계자(stakeholder)

02 모든 수익과 비용은 그것이 발생한 기간에 정당하게 배분되도록 처리해야 한다는 회계원칙으로 가장 적절한 것은?

① 수익비용대응 원칙

② 발생주의 원칙

③ 신뢰성 원칙

④ 중요성 원칙

03 기업의 부채를 상환하는 능력을 측정하는 재무비율로 가장 적절한 것은?

① 부채비율　　　　② 유동비율

③ 이자보상비율　　④ 자기자본이익률

04 주가가 장부가의 몇 배로 평가되고 있는지 측정하는 데 사용되는 재무비율로 가장 적절한 것은?

① 주당매출액비율

② 주가현금흐름비율

③ 주가순자산비율

④ 주당순이익

05 가장 최근에 입고된 상품이 판매원가로 인식되는 재고가치 평가 방법으로 가장 적절한 것은?

① 선입선출법　　　② 후입선출법

③ 평균법　　　　　④ 개별법

06 풋옵션에 대한 설명으로 가장 적절한 것은?

① 특정 기간 내에 특정 가격으로 자산을 매도할 권리를, 그러나 의무는 없는 계약

② 특정 기간 내에 특정 가격으로 자산을 매수할 권리를, 그러나 의무는 없는 계약

③ 특정 기간 내에 특정 가격으로 자산을 매도할 의무를 부과하는 계약

④ 특정 기간 내에 특정 가격으로 자산을 매수할 의무를 부과하는 계약

07 조직의 성과관리에 사용되는 용어에 대한 설명으로 가장 적절하지 않은 것은?

① MBO: 조직과 개인의 목표를 연계하여 사전에 설정된 목표를 기반으로 객관적이고 결과지향적으로 성과를 관리

② OKR: 진전된 성과관리 접근으로 재무적 성과 요소와 더불어 ESG 등 기업의 사회적 책임 관련 요소까지 관리

③ BSC: 현재의 성과 관리와 미래의 역량 축적을 위해 재무, 고객, 업무 프로세스, 학습과 성장 등의 성과 요소를 균형 있게 관리

④ KPI: 목표 실현을 위한 주요 활동과 이에 대한 달성 기준을 구체적으로 설정하여 과학적으로 성과를 측정하고 관리

08 산업의 수익성을 결정하는 5가지의 경쟁요인(5 Forces)에 해당하는 정보로 가장 적절하지 않은 것은?

① 기존 고객의 이탈 가능성 관련 정보

② 잠재적 경쟁자의 시장 진입 위협 관련 정보

③ 공급자의 가격 결정력 관련 정보

④ 현실적 및 잠재적 대체재 관련 정보

09 임금 및 복리후생 제도에 대한 설명으로 가장 적절하지 않은 것은?

① 임금 수준 설정 시 조직의 지불 능력과 경쟁사의 현황, 법적 요구사항 등을 고려해야 한다.

② 임금 인상은 연공에 따른 승격, 역할 확대에 따른 성과급, 전체적인 기준을 상향하는 승급 등을 통해 이루어진다.

③ 복리후생은 크게 4대 보험, 퇴직금 등 법정 복리후생과 자기개발, 생활문화 증진제도 등 법정 외 복리후생으로 이루어진다.

④ 구성원들이 정해진 금액 내에서 원하는 복리후생 프로그램을 선택할 수 있는 카페테리아 제도를 운영할 수 있다.

10 전사적 인력 운영 계획 수립 시 분석 및 고려사항으로 가장 적절하지 않은 것은?

① 부서별 인력 수요와 노동시장의 공급 예측

② 조직의 손익과 인건비 현황 정보

③ 조직 구성원의 인사평가 관련 정보

④ 단·중·장기 자동화 및 아웃소싱 계획

11 다음 중 CPM을 계산하는 수식으로 가장 적절한 것은?

① 총비용÷노출 수

② 총비용÷노출 수×100

③ 총매출÷노출 수

④ 총비용÷노출 수×1,000

12 다음 설명에 해당하는 고객 관련 마케팅 용어로 가장 적절한 것은?

> (   )은 한 명의 고객이 장기적으로 회사에 제공하는 예상가치를 나타내는 지표로서, 고객이 회사의 제품 또는 서비스를 구매하고 유지하는 동안 생산되는 순이익의 총합으로 계산된다.

① 고객유지율(CRR)

② 순수고객추천지수(NPS)

③ 고객생애가치(LTV)

④ 월간 활성 사용자(MAU)

13 다음 중 각 용어의 개념에 대한 설명으로 가장 적절하지 않은 것은?

① 순이익은 기업이 수익에서 비용을 차감한 후 남는 이익을 의미한다.

② 매출은 기업이 제품 또는 서비스 판매로 얻은 총금액을 의미한다.

③ 투자수익률(ROI)은 특정 마케팅 활동에 대한 비용 대비 수익의 비율을 의미한다.

④ 전환율(CVR)은 특정 웹사이트 접속 시 광고에 노출된 횟수를 의미한다.

14 다음 중 사용자가 특정 제품 및 서비스 또는 플랫폼을 얼마나 지속적으로 사용하는지를 확인할 수 있는 지표로 가장 적절한 것은?

① 인스톨당 비용(CPI)

② 액션당 비용(CPA)

③ 고착도(Stickiness)

④ 클릭당 비용(CPC)

15 다음 중 ROAS에 대한 설명으로 가장 적절한 것은?

① ROAS는 얼마나 많은 고객이 재방문하는지를 나타내는 지표이다.

② ROAS는 광고나 링크를 클릭한 사용자의 비율을 나타내는 지표이다.

③ ROAS는 광고 투자 대비 수익률을 나타내는 지표이다.

④ ROAS는 사용자가 웹페이지를 떠나는 비율을 나타내는 지표이다.

16 구매관리 담당자의 역할로 가장 적절하지 않은 것은?

① 공급자 식별 및 계약 협상

② 공급자 데이터베이스 유지관리

③ 비용 효율적인 방식으로 운영 요구사항 이하의 제품 획득

④ 공급업체 관리

17 다음 중 샘플 데이터를 추출하여 수행하는 검사로 가장 적절하지 않은 것은?

① 생산 전 검사

② 생산 중 검사

③ 생산 후 검사

④ 고객 인도 전 적합성 검사

18 다음의 수요 변화 형태 중 수요 데이터가 일정한 평균을 중심으로 상승과 하강을 반복하는 형태로 가장 적절한 것은?

① 수평적 수요 　　② 추세적 수요

③ 계절적 수요 　　④ 순환적 수요

19 공급사슬의 일반적인 세 가지 대표 유형의 이동으로 가장 적절하지 않은 것은?

① 물리적 이동

② 현금 흐름

③ 정보의 교환

④ 직원 인사 이동

20 국가통계포털에서 제공하는 정보 중 지역자치단체의 생활환경 및 경영상황과 가장 관련성이 높은 것은?

① E-지방지표

② 국민계정지표

③ 문화/여가지표

④ 소득/소비/자산지표

2과목　데이터 해석 및 활용

21 데이터(data)와 정보(information)에 대한 설명으로 가장 적절한 것은?

① 데이터는 적절한 의사결정의 수단이 될 수 있다.

② 정보란 현실 세계에 존재하는 가공되지 않은 그대로의 값을 의미한다.

③ 정보란 데이터를 처리해서 얻을 수 있는 결과이다.

④ 데이터와 정보는 같은 개념이다.

22 데이터의 종류에 대한 설명으로 가장 적절하지 않은 것은?

① 비정형 데이터는 정형 데이터에 비해 분석하기 어렵다.

② 정형 데이터는 주로 XML, HTML, JSON 등의 파일 형태로 저장된다.

③ 정형 데이터는 테이블의 모든 행에 동일한 열 집합이 적용된다.

④ 비정형 데이터는 특정 스키마가 없는 NoSQL 데이터베이스가 사용된다.

23 다음 중 수치형의 이산형 데이터의 예시로 가장 적절한 것은?

① 상품의 종류

② 회원의 회원등급

③ 회원의 거주 지역

④ 교통사고 발생 횟수

24 다음 제시된 자료에 대한 기초통계 중 옳은 것은?

> [5, 10, 15, 20, NULL]

① 평균: 20

② 중앙값: NULL

③ 최빈값: NULL

④ 데이터의 수: 5

25 다음 중 연속확률분포에 해당하는 것으로 연결되지 않은 것은?

① 균등분포, 정규분포

② 정규분포, 지수분포

③ 지수분포, 균등분포

④ 정규분포, 이항분포

26 데이터들의 유사도를 측정하여 유사도가 높은 데이터를 그룹화하여 분석하고자 할 때 가장 적절한 데이터 마이닝 기법은?

① 분류분석　　　　② 군집분석

③ 연관분석　　　　④ 회귀분석

27 중앙집중식 데이터베이스와 비교했을 때 분산 데이터베이스의 장점으로 가장 적절하지 않은 것은?

① 데이터베이스 설계가 쉽다.

② 시스템의 성능이 향상된다.

③ 분산제어가 가능하다.

④ 시스템의 확장성이 증가한다.

28 다음 중 파일시스템에 대한 설명으로 가장 적절하지 않은 것은?

① 블록은 파일시스템의 가장 낮은 계층이다.

② 자료의 계층구조는 블록, 파일, 데이터 3가지 주요 계층으로 구성된다.

③ 파일시스템은 자료의 계층구조를 가진다.

④ 파일은 파일명이나 파일 경로 등의 고유한 식별자를 가진다.

29 데이터베이스 관리 시스템이 등장하게 된 배경으로 가장 적절하지 않은 것은?

① 데이터의 일관성과 무결성을 유지하기 위해 스키마를 정의하고 제약 조건을 설정한다.

② 동시 접근 제어를 위해 트랜잭션 개념을 도입한다.

③ 제한된 데이터 검색 기능을 개선하고자 DBMS 자료의 계층구조를 구성한다.

④ 파일시스템에서는 중복성이 발생할 수 있고, DBMS는 테이블이나 컬렉션과 같은 구조를 사용하여 중복 데이터를 최소화한다.

30 다음 설명에 해당하는 데이터베이스의 구성 요소로 가장 적절한 것은?

> (   )은/는 데이터에 대한 데이터로 데이 터의 특성, 구조, 의미 등을 설명하는 정 보를 의미한다. 데이터베이스 시스템에서 데이터를 관리하고 사용하기 위해 필요한 정보를 제공하고, 데이터베이스의 보안을 관리하는 데에도 사용된다.

① 메타데이터
② 저장 데이터 관리자
③ 질의처리기
④ 트랜잭션 관리자

31 다음이 설명하는 데이터베이스의 구성요소 는?

> (   )은/는 테이블의 열을 나타내며, 특 정 데이터 유형에 대한 정보를 기술한다. 이는 고유한 이름을 가지며, 데이터의 유 형을 정의한다. 예를 들어 이름, 나이, 성 별 등은 '학생'이라는 테이블에서 해당 구 성요소로 사용될 수 있다.

① 레코드(Record)
② 속성(Attribute)
③ 엔터티(Entity)
④ 릴레이션(Relation)

32 데이터베이스를 3단계 구조로 구분할 때 해 당되지 않는 개념은?

① 개념 스키마   ② 내부 스키마
③ 내용 스키마   ④ 외부 스키마

33 다음 설명에 해당하는 키(Key)로 가장 적절 한 것은?

> (   )는 테이블에서 각 레코드를 고유 하게 식별하기 위해 선택된 키이다. 후보 키 중에서 선택되고 테이블 내에서 중복 된 값이 없어야 하며 NULL 값을 가질 수 없다. 테이블의 주 식별자로 사용되며 테 이블의 레코드를 식별하고 레코드 간의 관계를 구축하는데 사용된다.

① 기본키(Primary Key)
② 대체키(Alternate Key)
③ 슈퍼키(Super Key)
④ 식별키(Identifier Key)

34 데이터 관리에서 데이터 무결성 검증과 관 련된 설명으로 가장 적절한 것은?

① 데이터의 정확성, 완전성, 일관성을 보장하기 위해 실시한다.
② 데이터 압축을 통해 스토리지 요구사항 을 감소시킨다.
③ 민감한 정보를 보호하기 위해 데이터를 암호화한다.
④ 분석을 위해 표준화된 형식으로 데이터 를 변환한다.

35 데이터 보안 방식 중 데이터 접근을 제어하 는 방식에 해당하는 것은?

① 전송 중 데이터 암호화
② 데이터 저장 프로세스 추적
③ 역할에 따라 데이터 사용 권한 할당
④ 정기적인 백업 및 복구 절차

36 웹 스크래핑에 관한 설명으로 가장 적절한 것은?

① 웹사이트에서 데이터를 추출하는 과정이다.

② 웹사이트의 보안을 강화하는 과정이다.

③ 웹사이트의 트래픽을 생성하는 과정이다.

④ 웹사이트의 디자인 미학을 개선하는 과정이다.

37 NoSQL 데이터베이스의 특징에 대한 설명으로 가장 적절한 것은?

① 데이터 저장을 위해 미리 정의된 스키마를 제공한다.

② 데이터 쿼리를 위해 주로 SQL을 사용한다.

③ 구조적 및 관계형 데이터를 처리하는 데 적합하다.

④ 유연한 스키마 설계를 제공하고 비정형 또는 반정형 데이터를 처리한다.

38 다음 중 데이터를 병합하는 명령어에 해당하는 것은?

① INNER JOIN   ② SELECT

③ GROUP BY   ④ ORDER BY

39 조직에서 비즈니스 인텔리전스를 활용하는 목적으로 가장 적절하지 않은 것은?

① 데이터 보안 및 개인정보 보호 조치 강화

② 일상적인 비즈니스 프로세스의 자동화

③ 데이터 기반 의사결정의 지원과 실행 가능한 통찰 제공

④ 마케팅 전략 개발 및 실행

40 비즈니스 인텔리전스 구현의 이점으로 가장 적절한 것은?

① 데이터 복잡성 및 혼란 증가

② 데이터 분석 및 보고의 필요성 감소

③ 의사결정 능력 및 전략적 통찰 향상

④ 데이터에 대한 제한된 접근 및 정보 흐름

3과목   **경영정보시각화 디자인**

41 다음 중 디자인의 기본 원리에 대한 설명으로 가장 적절하지 않은 것은?

① 균형: 디자인 요소들 간의 크기와 비율을 나타내고 요소들이 차지하는 실제 크기를 의미한다.

② 명도: 색상이 얼마나 밝거나 어두운지를 결정한다.

③ 비례: 디자인 요소들 간의 상대적인 크기와 배치의 조합을 의미한다.

④ 채도: 채도가 0%이면 가장 탁한 색이고, 100%이면 순수한 색이다.

42 다음 중 인포그래픽 유형에 대한 설명으로 가장 적절하지 않은 것은?

① 비교 및 대조 인포그래픽: 아이콘, 그림, 이미지를 활용하여 정보를 시각적으로 전달한다.

② 지도 및 지리적 인포그래픽: 지리적 정보를 시각화하여 지역, 국가, 대륙 등의 지리적 특성을 나타낸다.

③ 프로세스 및 플로우차트: 과정이나 절차를 단계별로 시각화하여 보여준다.

④ 타임라인 및 역사적 인포그래픽: 연표, 시간축 등을 사용하여 시간에 따른 변화나 역사적 이벤트를 시각화한다.

43 다음 설명에 해당하는 인포그래픽 디자인 원칙으로 가장 적절한 것은?

> (   ) 원칙은 인포그래픽을 더 간결하고 이해하기 쉽게 만들며, 논리적 추론이나 이론 구축에도 적용되는 원칙이다. 이 원칙은 복잡한 정보를 시각적으로 전달하기 위해서 핵심 메시지 강조, 단순한 시각화, 명확한 구조화, 최소한의 텍스트 등의 방법을 적용한다.

① 브랜드 아이덴티티
② 오컴의 면도날
③ 정보의 일관성
④ 타깃 오디언스

44 두 개 이상의 요소가 반복되어 일정 패턴이 형성되는 것을 강조하는 디자인 기본 원리로 가장 적절한 것은?

① 대비　　　　② 대칭
③ 리듬　　　　④ 변화

45 다음 설명에 해당하는 인포그래픽 디자인 구성요소로 가장 적절한 것은?

> (   )은/는 그래프나 차트에서 사용된 색상, 패턴, 기호 등과 그에 대응하는 항목을 설명하는 텍스트 요소이다. 데이터 요소의 의미를 명확하게 전달하고 그래프의 해석을 돕는 역할을 한다. 그래프나 차트의 가독성을 향상시켜 사용자가 데이터를 이해하고 비교할 수 있도록 돕는 시각적인 가이드 역할을 한다.

① 격자선　　　　② 범례
③ 서체　　　　④ 주석

46 다음 그림에 활용된 엑셀의 시각화 기능으로 가장 적절한 것은?

회사명	2019	2020	2021	2022	2023	추세
장미전자	36%	41%	116%	65%	94%	
백합자동차	130%	110%	67%	102%	9%	
데이지통신	44%	15%	−19%	94%	70%	
튤립중공업	80%	−10%	7%	87%	98%	
캐모마일엔터	119%	138%	41%	96%	25%	
수국백화점	103%	70%	50%	132%	86%	
진달래화학	100%	13%	131%	60%	17%	
아카시아포털	55%	−9%	5%	143%	10%	

① 데이터 막대　　　　② 스파크라인
③ 아이콘 세트　　　　④ 차트

47 시각화 도구(BI 소프트웨어)의 특징으로 가장 적절하지 않은 것은?

① 시각화 도구는 데이터를 시각화하는 과정에서 왜곡이 발생할 수 있으므로, 사용자가 시각화의 원리를 이해하지 못하면 데이터를 잘못 해석할 수 있다.
② 시각화 도구는 동일한 데이터에 대해 다양한 시각화 방법을 빠르게 적용할 수 있게 한다.
③ 시각화 도구를 사용한다면 재현 가능성을 구현하기 어려울 수 있다.
④ Power BI는 데이터 시각화를 위한 전용 도구로 데이터 추출 및 변환 기능은 제공하지 않는다.

48 대시보드에 대한 설명으로 가장 적절하지 않은 것은?

① 대시보드는 데이터를 시각화할 수 있지만 상호작용 또는 필터링 기능을 제공하지 않는다.
② 대시보드의 예시로는 실시간으로 통계를 시각적으로 표시하는 대형 벽걸이 현황판이 있다.

③ 대시보드는 화면에 여러 시각화 차트를 배치하여 데이터를 쉽게 탐색할 수 있게 한다.

④ 인기를 잃고 있는 대시보드가 있다면 처음에 제시된 비즈니스 요구사항이 충족된 것일 수 있다.

49 다음 중 정량 데이터의 시간 전후 관계를 표현하기 가장 적합한 차트 유형은?

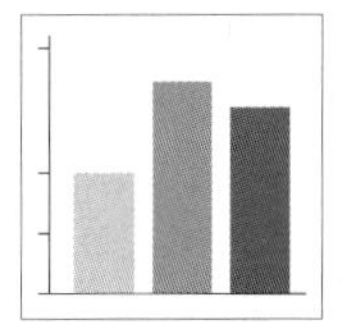 ① 수직막대 차트 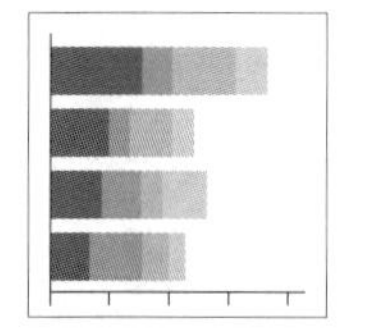 ② 누적수평막대 차트

 ③ 히트맵 차트 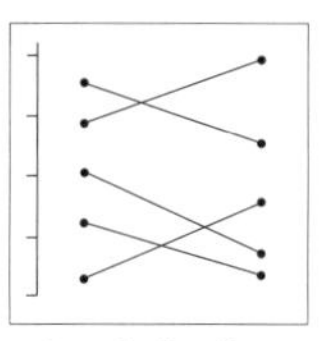 ④ 경사 차트

50 다음과 같은 차트 유형의 명칭은?

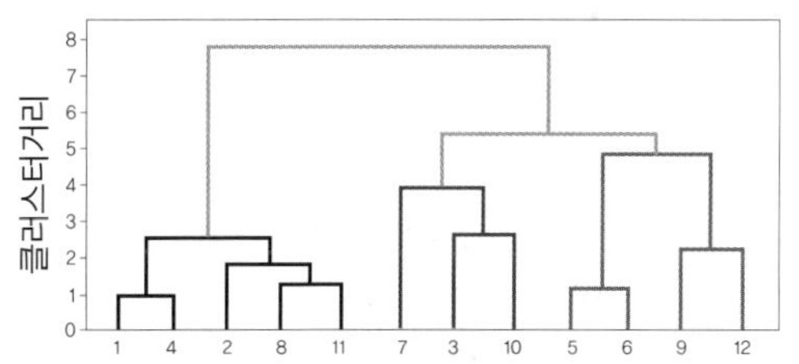

① 라인 차트

② 트리맵

③ 스파이더 차트

④ 덴드로그램

51 다음 중 데이터의 불확실성을 표현하기 가장 적합한 차트 유형은?

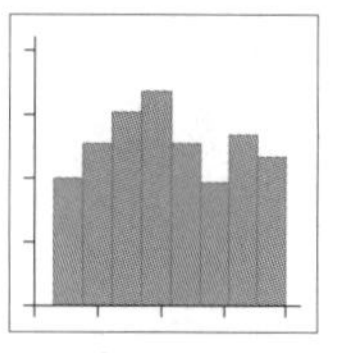 ① 히스토그램 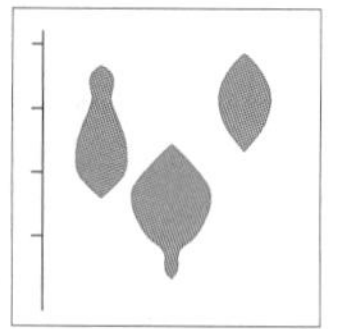 ② 바이올린 차트

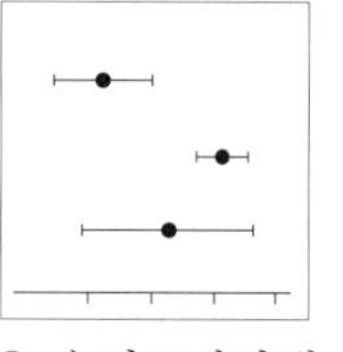 ③ 수평오차막대 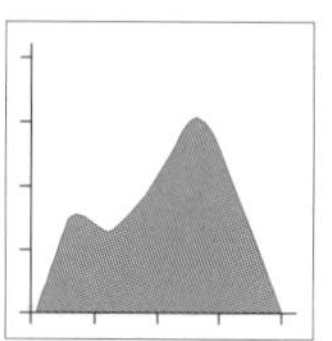 ④ 밀도분포

52 다음과 같은 차트 유형의 명칭은?

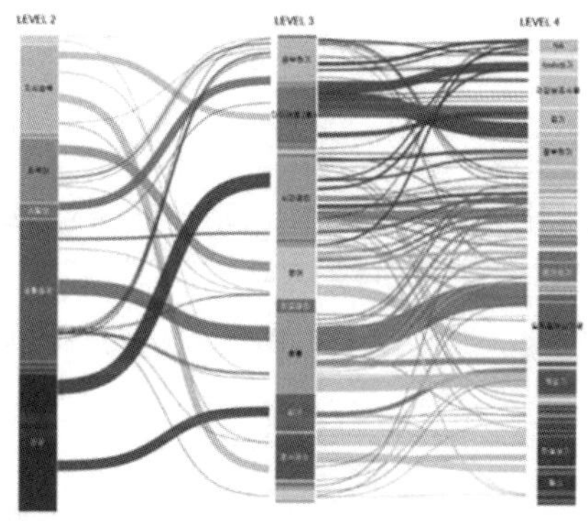

① 수평막대 차트

② 히스토그램

③ 생키차트

④ 버터플라이 차트

53 다음 중 버블(거품형) 차트의 특징으로 가장 적절하지 않은 것은?

① 지름이 아닌 면적으로 수량을 비교한다는 점이 중요하다.

② 범주형 데이터 간 차이를 각 범주의 쌍으로 비교하기에 적합하다.

③ 사각형이나 삼각형의 형태로도 활용할 수 있다.

④ 비교하기 쉽고 대량의 데이터를 좁은 공간에 표시하기 용이하다.

54 다음과 같은 차트 유형에 대한 설명으로 가장 적절하지 않은 것은?

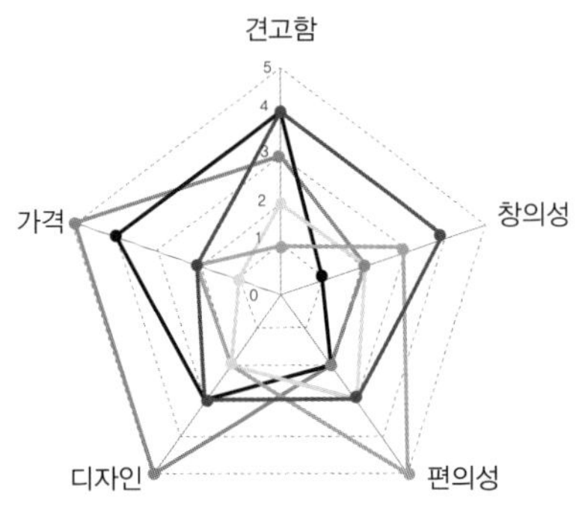

① 계층 구조가 있는 데이터 표현에 적합하며 계층 내 비율을 편리하게 표현할 수 있다.

② 대상의 배치는 BI 도구가 제공하는 알고리즘과 관련되어 있어 통상적으로 제어가 어렵다.

③ 인접하지 않은 범주형 데이터의 계층 간 비교에 용이하다.

④ 음수 값을 표현하기 어렵다.

55 다음의 시각 속성 중 범주형 데이터에 주로 사용되며 분류, 구분 혹은 강조의 목적으로 적합하지 않은 것은?

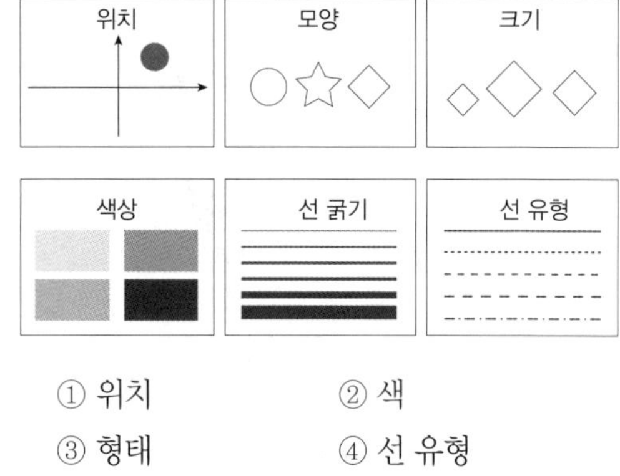

① 위치　　　　② 색

③ 형태　　　　④ 선 유형

56 다음과 같은 차트 유형에 대한 설명으로 가장 적절하지 않은 것은?

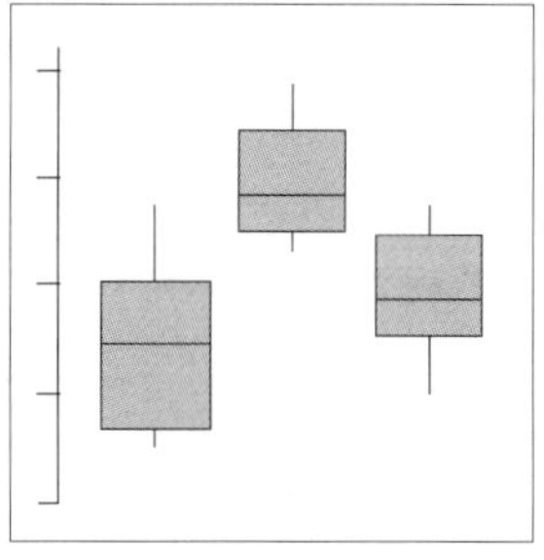

① 데이터의 분포를 잘 보여주며 다른 데이터군과 쉽게 비교할 수 있다.

② 이상치 탐지가 가능하여 데이터 전처리에 활용할 수 있다.

③ 최소, 1사분위수, 중위수, 3사분위수, 최대 등을 표시할 수 있다.

④ 신뢰구간을 표시하여 불확실성을 나타낼 수 있다.

57 다음과 같은 차트 유형에 대한 설명으로 가장 적절하지 않은 것은?

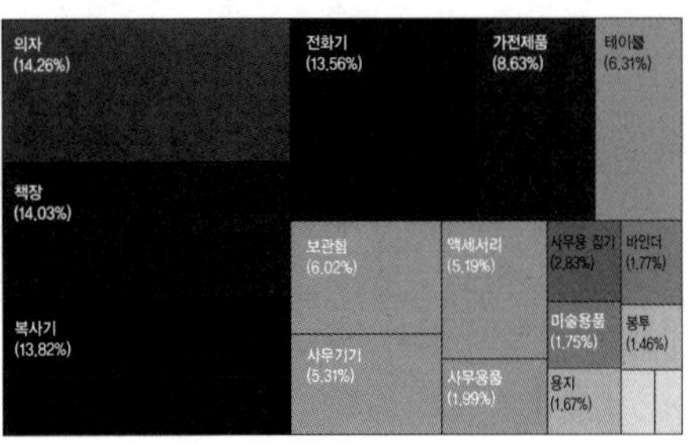

① 비교 항목이 네 개 이상일 경우에 사용하는 차트이다.

② 항목 간 비교뿐만 아니라 대상 간 비교도 가능하다.

③ 레이더 차트라고 불리기도 한다.

④ 항목 간 비율뿐만 아니라 균형과 경향을 직관적으로 파악할 수 있다.

58 다음과 같은 차트 유형의 명칭은?

① 단계 구분도

② 카토그램 히트맵

③ 카토그램

④ 밀도맵

59 다음과 같은 차트 유형의 명칭은?

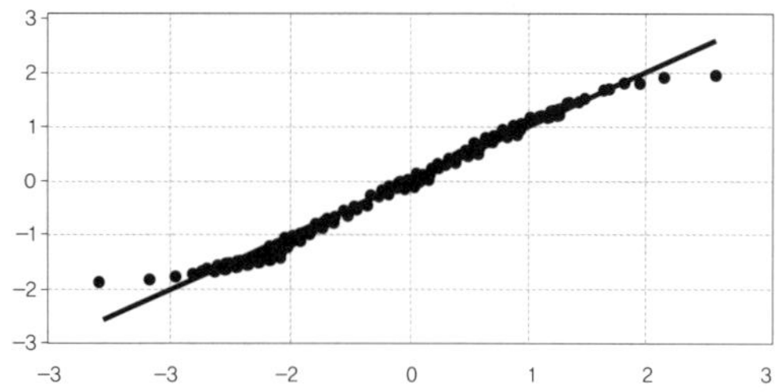

① 라인 차트

② 분위수–분위수 차트(QQ도표)

③ 산포도

④ 결합 차트

60 다음 Joseph Priestley의 역사차트와 가장 관련이 있는 차트 유형은?

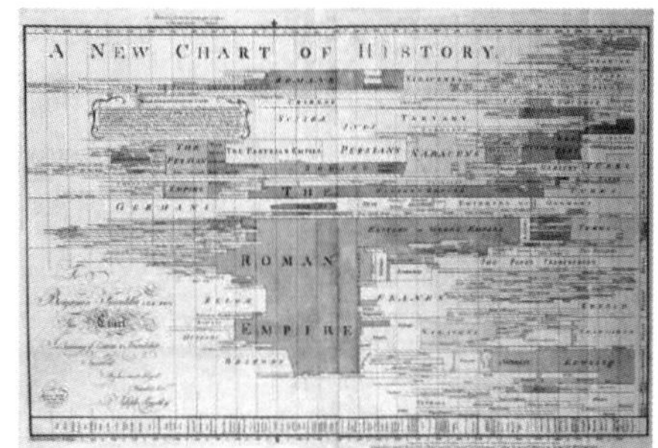

① 수평막대 차트

② 간트 차트

③ 계열 차트

④ 스트립 차트

1과목　경영정보 일반

01 다음 중 보상 제도에 대한 설명으로 가장 옳지 않은 것은?

① 업무 관련 고충 처리와 스트레스 관리를 위한 종업원 지원프로그램(EAP) 등을 법정 외 복리후생으로 운영할 수 있다.

② 4대 보험, 유급휴가 및 퇴직금 제도는 종업원에게 반드시 제공되어야 하는 법정 복리후생이다.

③ 임금 수준 결정에 있어 회사의 지불 능력과 종업원의 최저생계비 보장은 핵심 고려사항이다.

④ 근속연수에 연동하여 임금을 인상하는 베이스업(base-up)은 고성과자의 동기를 저하시키는 부작용을 초래할 수 있다.

02 아래 글상자에서 공통으로 설명하는 감가상각 방법으로 가장 옳은 것은?

> • 자산의 내용연수에 따라 매년 같은 감가상각 비용을 부과하는 방법이다.
> • 간단하고 직관적이라는 장점이 있다.
> • 자산의 경제적 가치 변동을 고려하지 않아 실제 사용에 따른 감가상각 비용을 정확하게 나타내지 못할 수 있다는 단점이 존재한다.

① 정액법　　　　② 정률법
③ 생산량비례법　④ 연수합계법

03 다음 중 피평가자 집단의 다양한 활동들을 복수의 평가자가 관찰과 평가를 하기 위해 행동 시뮬레이션과 과제를 활용하는 방법으로, 피평가자에 대한 집중적이고 전문적인 평가가 가능한 방법으로 가장 옳은 것은?

① 평가센터법
② 행태관찰척도법
③ 서열법
④ 행태기준평정법

04 다음 중 디지털 마케팅의 CVR에 대한 설명으로 가장 옳지 않은 것은?

① 마케팅에 참여한 전체 사용자 대비 전환을 수행한 사용자의 비율을 의미한다.

② 마케팅 활동을 통해 원하는 전환을 수행한 사용자의 비율을 의미한다.

③ 마케팅에서의 전환은 구매를 의미하므로 가입 및 다운로드는 포함되지 않는다.

④ 첫 페이지에서 결제 페이지까지의 과정을 최적화하는 데 필요한 지표이다.

05 다음 중 공급과 수요를 통합적으로 관리하는 것을 목적으로 하며 단일 조직이 아니라 독립적인 다수의 조직을 관리하는 방법으로 가장 옳은 것은?

① 공급사슬관리
② 구매관리
③ 통합 품질 관리
④ 통합 마케팅 커뮤니케이션

06 다음 중 고객행동 데이터로 가장 옳지 않은 것은?

① 구매이력

② 웹사이트 방문기록

③ 제품 리뷰 및 별점

④ 고객 인지도

07 다음 중 일정 기간 기업의 현금 유입과 유출내역을 나타내어 기업의 현금 관리와 재무 건전성을 평가하는 보고서로 가장 옳은 것은?

① 자본변동표　　② 현금흐름표

③ 재무상태표　　④ 매출원가표

08 다음 중 기업이 단기부채를 단기자산으로 상환할 수 있는 능력을 측정하는 데 사용되는 재무비율로 가장 옳은 것은?

① 총자산이익률　　② 투자수익률

③ 유동비율　　④ 부채비율

09 다음 중 공급사슬의 일반적인 세 가지 대표 유형의 이동으로 가장 옳지 않은 것은?

① 정보의 교환　　② 물리적 이동

③ 현금 흐름　　④ 직원 인사 이동

10 다음 중 정량적 데이터를 분석하는 방법으로 가장 옳은 것은?

① 텍스트마이닝

② 질적연구방법론

③ 회귀분석

④ 워드클라우드

11 다음 중 샘플 데이터를 추출하여 수행하는 검사로 가장 옳지 않은 것은?

① 생산 전 검사: 투입되는 자원의 적합성 검사

② 생산 중 검사: 원자재 구매 전 적합성 검사

③ 고객 인도 전 적합성 검사

④ 생산 후 검사: 제품의 적합성 검사

12 다음 중 옵션계약의 가격으로, 옵션매수자가 권리를 갖는 대가로 매도자에게 옵션계약을 매수할 때 지불하는 금액을 나타내는 용어로 가장 옳은 것은?

① 프리미엄　　② 행사가격

③ 기초자산　　④ 옵션매도가

13 다음 중 국가통계포털에서 제공하는 정보 중 지역자치단체의 생활환경 및 경영상황과 관련성이 높은 지표로 가장 옳은 것은?

① E−지방지표

② 문화/여가지표

③ 소득/소비/자산지표

④ 국민계정지표

14 아래 글상자에서 공통적으로 설명하는 지표로 가장 옳은 것은?

> • 전체 시장에서 차지하는 비율을 나타낸다.
> • '특정 기업의 연간 매출÷전체 시장 규모'로 계산한다.
> • 이것이 높은 기업은 더 큰 영향력을 가지며, 경제적인 이점을 얻을 수 있다.

① 시장점유율　　② 성장률

③ 투자수익률　　④ 시장포화도

15 다음 중 ROAS에 대한 설명으로 가장 옳은 것은?

① ROAS는 광고나 링크를 클릭한 사용자의 비율을 나타내는 지표이다.

② ROAS는 사용자가 웹페이지를 떠나는 비율을 나타내는 지표이다.

③ ROAS는 광고 투자 대비 수익률을 나타내는 지표이다.

④ ROAS는 얼마나 많은 고객이 재방문하는지를 나타내는 지표이다.

16 다음 중 역할과 책임의 확장에 따라 임금을 인상하는 임금조정 방법으로 가장 옳은 것은?

① 승급　　　　② 승진

③ 승격　　　　④ 베이스업

17 다음 중 문제의 원인을 중요하지 않은 다수의 원인과 중요한 소수의 원인으로 분류하는 품질검사 기법으로 가장 옳은 것은?

① 체크리스트 기법

② 파레토 분석 기법

③ 히스토그램 기법

④ 산점도 기법

18 다음 중 조직의 주요 경력개발프로그램으로 가장 옳지 않은 것은?

① 리스킬링

② 핵심인재육성

③ 이중경력제도

④ 종업원지주 프로그램

19 다음 중 채권투자에 따른 투자위험으로 가장 옳지 않은 것은?

① 구매력위험　　　② 재무분석위험

③ 시장위험　　　　④ 자본예산위험

20 다음 중 신규고객판매에 대한 설명으로 가장 옳지 않은 것은?

① 기업이 이전에 상호작용한 적이 없는 고객을 대상으로 제품이나 서비스를 판매하는 것이다.

② 고객을 유치하고 유지하기 위해 다양한 마케팅 전략과 광고 캠페인을 구사해야 한다.

③ 할인, 프로모션, 새로운 제품 출시 등을 통해 신규고객 판매를 늘리려고 노력한다.

④ 추가적인 가치 제공을 위해 개인화된 서비스, 멤버십 혜택, 리워드 프로그램 등을 제공한다.

2과목　데이터 해석 및 활용

21 다음 중 수치형 데이터 분석에 대한 설명으로 가장 옳지 않은 것은?

① 데이터 간의 종속성 또는 독립성을 확인하기 위해 카이제곱 검정을 사용할 수 있다.

② 변수 간의 상관관계와 영향을 분석할 수 있다.

③ 회귀 모델을 사용하여 수치형 데이터를 예측할 수 있고 시계열 분석을 이용하여 미래를 예측할 수 있다.

④ 머신러닝을 사용하여 데이터를 분류하거나 유사한 데이터끼리 군집화하는 것이 가능하다.

22 다음 글상자에서 설명하는 백업 방법으로 가장 옳은 것은?

> • 마지막 백업 이후 변경된 데이터만을 백업하므로 훨씬 빠르고 백업이 가능하다.
> • 백업 사이의 시간 간격이 짧을수록 백업할 데이터가 적다.
> • 마지막 전체 백업과 이후 백업을 재구성해야 하기 때문에 복원 시 시간이 오래 걸린다는 단점이 있다.

① 로컬 백업 ② 자동 백업
③ 증분 백업 ④ 순차적 백업

23 데이터들의 유사도를 측정하여 유사도가 높은 데이터를 그룹화하여 분석하고자 할 때 가장 옳은 데이터 마이닝 기법은?

① 분류분석 ② 군집분석
③ 연관분석 ④ 회귀분석

24 아래 글상자에서 설명하는 비즈니스 인텔리전스 기술 중 가장 옳은 것은?

> 조직의 다양한 출처로부터 수집된 데이터를 통합, 저장, 관리하는 기술이다.

① 데이터 웨어하우징
② 데이터 마이닝
③ 데이터 시각화
④ OLAP(Online Analytical Processing)

25 다음 제시된 자료에 대한 최빈값은?

> 2, 4, NULL, 4, 6, NULL, NULL

① 2 ② 4
③ NULL ④ 6

26 아래 글상자에서 설명하는 데이터 분리 방법으로 가장 옳은 것은?

> 데이터를 여러 폴드로 나누고 각 폴드를 번갈아가며 훈련 및 검증에 사용하는 방법이다.

① 교차 검증 ② 계층적 분리
③ 홀드아웃 ④ 시계열 분리

27 다음 글상자에서 설명하는 데이터베이스 관리 시스템의 특성으로 가장 옳은 것은?

> 기존 응용 프로그램에 영향을 주지 않고 데이터베이스의 논리적 구조를 변경시키거나 데이터의 물리적 구조를 변경할 수 있는 것을 말한다.

① 데이터 일관성 ② 데이터 무결성
③ 데이터 독립성 ④ 데이터 모델링

28 다음 중 정보의 예시로 가장 옳지 않은 것은?

① 가입 고객의 연령별 분포도
② 대리점별 평균 매출액
③ 고객이 서비스를 사용하기 위해 로그인한 시간
④ 지난달 판매된 베스트 상품

29 아래 글상자에서 설명하는 스키마로 가장 옳은 것은?

> 데이터베이스 사용자가 인식하는 논리적 구조로 테이블, 뷰, 인덱스, 관계, 제약 조건 등을 포함한다.

① 개념 스키마 ② 내부 스키마
③ 내용 스키마 ④ 외부 스키마

30 다음 중 비식별화 기술 중 데이터 임의화에 대한 설명으로 가장 옳은 것은?

① 실제 데이터의 일부를 가려서 익명화한다.
② 개인을 식별할 수 있는 모든 정보를 제거한다.
③ 식별 가능한 데이터를 대체 식별자로 대체한다.
④ 데이터에 임의의 변동을 추가한다.

31 다음 중 셀프서비스 비즈니스 인텔리전스의 주요 특징으로 가장 옳은 것은?

① IT전문가만 데이터에 대한 분석 및 보고를 할 수 있다.
② 데이터에 대하여 제한적인 접근 및 공유를 수행할 수 있다.
③ 비즈니스 사용자가 독립적으로 직접 데이터를 탐색하고 분석할 수 있다.
④ 의사결정 시 기술팀에서 제공하는 자동화된 알고리즘을 사용한다.

32 다음 중 데이터 표준화에 대한 설명으로 가장 옳은 것은?

① 데이터 세트에서 결측값을 제거하는 것이다.
② 비교를 위해 데이터를 일관된 단위로 변환하는 것이다.
③ 효율적인 저장을 위해 데이터를 압축하는 것이다.
④ 데이터의 분포를 최대한 보전하면서 고차원 데이터를 저차원 데이터로 변환하는 것이다.

33 아래 글상자에서 설명하는 데이터 해석 오류 중 가장 옳은 것은?

> 데이터 분석 모델이 너무 단순하거나 충분한 학습이 이루어지지 않았을 때 발생하는 해석 오류이다.

① 확증 편향
② 과대 적합
③ 과소 적합
④ 표본 편향

34 다음 중 키(Key)에 대한 설명으로 가장 옳지 않은 것은?

① 기본키는 후보키에 속한다.
② 대체키는 후보키에 속한다.
③ 외래키를 통해 테이블 간의 관계를 맺을 수 있다.
④ 슈퍼키는 유일성과 최소성을 만족해야 한다.

35 아래 글상자에서 설명하는 데이터베이스의 구성요소로 가장 옳은 것은?

> (　　)은/는 테이블의 열을 나타내며, 특정 데이터 유형에 대한 정보를 기술한다. 이는 고유한 이름을 가지며, 데이터의 유형을 정의한다.
> 예를 들어 이름, 나이, 성별 등은 "항목"이라는 테이블에서 해당 구성요소로 사용할 수 있다.

① 레코드(Record)
② 속성(Attribute)
③ 엔터티(Entity)
④ 릴레이션(Relation)

36 다음 중 파일 시스템에 대한 설명으로 가장 옳지 않은 것은?

① 파일 시스템은 데이터를 계층적으로 구성한다.

② 파일 시스템은 데이터 중복의 가능성이 높다.

③ 파일 시스템은 동시성 제어가 불편하다.

④ 파일 시스템은 데이터 보안과 무결성 보장이 우수하다.

37 다음 중 통계용어에 대한 설명으로 가장 옳지 않은 것은?

① 주어진 사건이 일어났다는 가정하에 다른 한 사건이 일어날 확률을 조건부 확률이라 한다.

② 두 변수 간의 상관관계는 상관계수가 1에 가까울수록 강하고 −1에 가까울수록 약하다고 해석할 수 있다.

③ 공분산은 두 변수가 각각의 평균으로부터 얼마나 떨어져 있는지를 나타내는 값이다.

④ 확률변수의 기댓값은 확률변수의 중심적 성향을 나타내는 수치이다.

38 다음 중 NoSQL 데이터베이스의 특징에 대한 설명으로 가장 옳은 것은?

① 데이터 저장을 위해 미리 정해진 스키마를 제공한다.

② 데이터 일괄 및 조회를 위해 모두 SQL을 사용한다.

③ 구조적 관계성 데이터만 처리하는 데 적합하다.

④ 유연한 스키마 설계를 제공하고 비정형 또는 반정형 데이터를 처리한다.

39 아래 글상자에서 설명하는 데이터베이스 언어로 가장 옳은 것은?

> 해당 언어는 데이터베이스의 논리적 구조를 설계하고, 데이터베이스 객체의 생성, 수정, 삭제를 담당한다. 명령어로 CREATE, ALTER, DROP 등이 있다.

① 데이터 관리어(Data Management Language)

② 데이터 조작어(Data Manipulation Language)

③ 데이터 제어어(Data Control Language)

④ 데이터 정의어(Data Definition Language)

40 다음 중 데이터의 종류에 대한 설명으로 가장 옳지 않은 것은?

① 정형 데이터는 테이블의 모든 행에 동일한 열 집합이 존재한다.

② 비정형 데이터는 정형 데이터에 비해 분석하기 어렵다.

③ 반정형 데이터는 주로 XML, HTML, JSON 등의 파일 형태로 저장한다.

④ 반정형 데이터는 구조에 따라 각종형 데이터이지만, 데이터의 형식이 명확히 달리 데이터 내용 안에 설명이 함께 존재한다.

41 보기는 시각 이해 위계의 피라미드의 각 단계에 들어갈 내용이다. 아래로부터 위까지의 순서로 가장 옳은 것은?

① 지식-정보-데이터-지혜
② 정보-데이터-지식-지혜
③ 데이터-정보-지식-지혜
④ 데이터-지식-정보-지혜

42 다음은 어떤 그래프 유형에 대한 설명이다. 가장 옳은 것은?

> • 누적 효과를 보기 위해 많이 사용하는 플롯이다.
> • 최종 이익에 기여하는 세그먼트와 그 기여의 정도를 쉽게 판단할 수 있다.
> • 측정값의 총합계를 같이 표현하면 더 효과적이다.
> • 음의 측정값이 존재해도 누적 효과를 확인할 수 있다.

① 간트 차트   ② 덴드로그램
③ 폭포수 차트   ④ 스트립 차트

43 다음과 같은 차트 유형의 명칭으로 가장 옳은 것은?

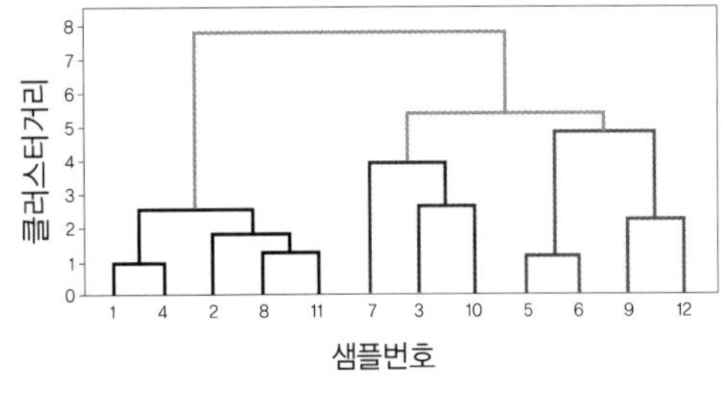

① 라인 차트   ② 스파이더 차트
③ 범프 차트   ④ 덴드로그램

44 다음 중 시각화 도구(BI 소프트웨어)의 특징으로 가장 옳지 않은 것은?

① 시각화 도구를 사용한다면 재현 가능성을 구현하기 어려울 수 있다.
② 무작위적 요소가 포함된다면 반복 가능성을 구현하기 어려울 수 있다.
③ 시각화 도구는 동일한 데이터에 대해 다양한 시각화 방법을 빠르게 적용할 수 있게 한다.
④ BI 소프트웨어는 데이터 시각화를 위해 전용 도구로 데이터를 추출 및 변환 기능을 제공하지 않는다.

45 다음 그래프와 관련된 설명 중 가장 옳지 않은 것은?

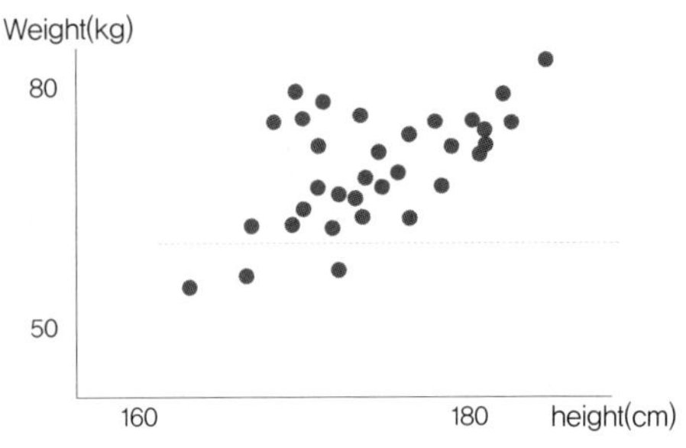

① 두 데이터 항목의 공통 변이를 나타내는 2차원 도표다.
② 두 정량형 변수 간의 관계는 점들이 촘촘한 패턴으로 떨어지면 강한 관계로, 점들이 흩어지면 약한 관계로 해석된다.
③ 데이터 포인트가 적을 때 명확한 패턴을 해석하기 용이하다.
④ 데이터가 얼마나 분포됐는지 또는 데이터 포인트들이 얼마나 밀집해 관련이 있는지 이해하는 데 도움을 주며, 데이터의 분포에 존재하는 패턴을 신속하게 식별할 수 있게 해준다.

46 다음과 같은 차트 유형에 대한 설명으로 가장 옳지 않은 것은?

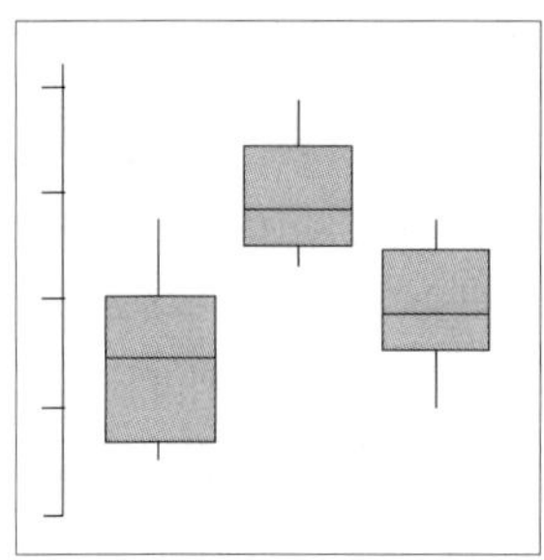

① 아웃라이어(데이터 분포 중 다른 측정값에서 크게 벗어난 값) 발견이 쉽다.

② 데이터를 사분위로 표시하여 최소, 1사분위수, 중위수, 3사분위수, 최대 등을 제시할 수 있다.

③ 평균은 표시하지 않는다.

④ 신뢰구간을 표시하여 불확실성을 나타낼 수 있다.

47 다음 제시된 이미지는 게슈탈트의 7가지 법칙 중 하나의 예시이다. 관련이 있는 법칙으로 가장 옳은 것은?

① 연속성의 법칙

② 폐쇄성의 법칙

③ 근접·유사성 법칙

④ 전경과 배경의 법칙

48 다음 중 공간 시각화에 해당하는 것은?

① 카토그램 히트맵　　② 시계열 그래프

③ QQ플롯　　　　　　④ 버블 차트

49 다음 캘린더차트와 관련된 설명 중 가장 옳지 않은 것은?

① X,Y,Z 3개의 축을 가진 입체 형태의 차트이다.

② 날짜데이터를 활용하여 구성할 수 있다.

③ '요일'을 행, '주차'를 열, '일'을 칸에 포함하는 특수한 형태의 테이블이다.

④ 칸의 색상, 레이블을 통해 데이터에 대한 정보를 시각적으로 제공할 수 있다.

50 다음 중 기초 디자인 원리 중 색의 3속성에 대한 내용으로 가장 옳지 않은 것은?

① 색상은 색의 이름이나 종류를 말한다.

② 채도는 색상에 다른 색이 혼합된 정도를 나타낸다.

③ 높은 명도값은 색이 밝고, 낮은 명도값은 색이 어두운 것을 의미한다.

④ 100% 채도일 때 회색, 0%의 채도일 때 순수한 색이 된다.

51 다음 인포그래픽에 해당하는 설명 중 가장 옳지 않은 것은?

① 인터넷 사이트에 게시하기 위해 좁고 긴 디자인이 일반적인 형태가 되었다.

② 에디토리얼 인포그래픽은 전통적인 정보 시각화 결과물보다 삽화와 장식을 많이 포함한다.

③ 연구나 조사, 발견, 수집의 결과인 일종의 기초자료로써 정보를 만들기 위한 일종의 원자재와 같은 것이다.

④ 사람이 사용할 수 있는 효과적인 정보와 복잡하고 구조적이지 않은 기술 데이터를 시각적으로 표현하는 방법이다.

52 다음 설명과 가장 관련이 있는 도표는?

> (　　　) 유형의 차트는 계급으로 데이터
> 를 집단화하고, 지도에 각 계급을 탑재적
> 으로 표현함으로써 지역을 집단으로 하여
> 단순한 개수(count)가 아닌 숫자 데이터를
> 보여준다.

① 지도맵

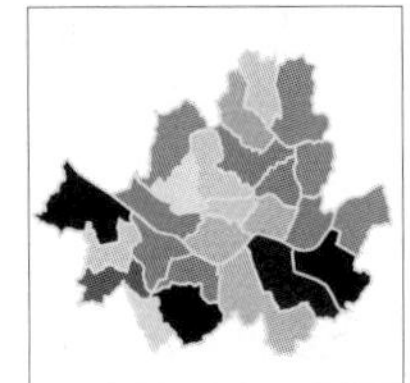

② 단계구분도

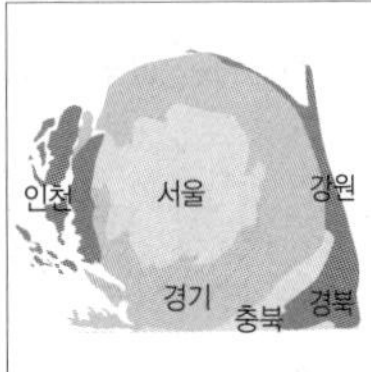

③ 카토그램

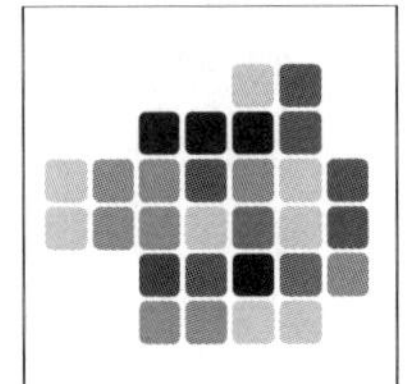

④ 카토그램 히트맵

53 다음과 같은 차트 유형의 명칭으로 가장 옳은 것은?

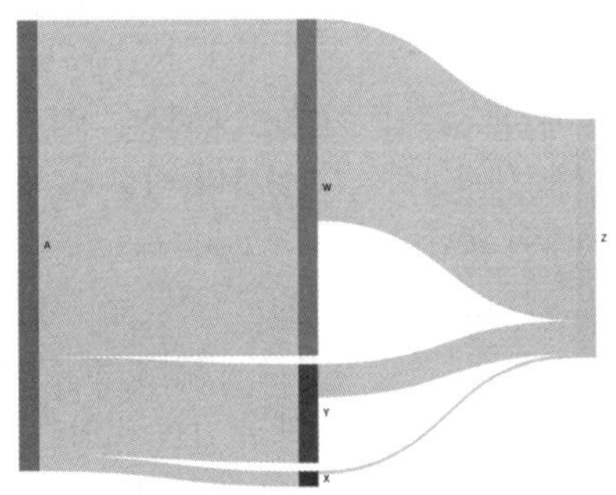

① 히스토그램　　② 시나플롯

③ 생키 차트　　④ 곡선그래프

54 다음은 대표적인 분포 시각화 차트에 대한 설명이다. 설명에 해당하는 차트 유형으로 가장 옳은 것은?

> • 가로축에 범주형 데이터 혹은 구간, 세
> 로축에 측정값의 정도를 표현하는 그래
> 프이다.
> • 통계적 분포를 표시할 수 있다.
> • 가로축(X축)에 구간의 폭을 적절히 설
> 정하면 시각적으로 효과적인 정보를 전
> 달할 수 있다.

① 히트맵 차트　　② 상자도

③ 히스토그램　　④ 도넛 차트

55 다음 중 데이터의 불확실성을 표현하기에 가장 적합한 차트 유형은?

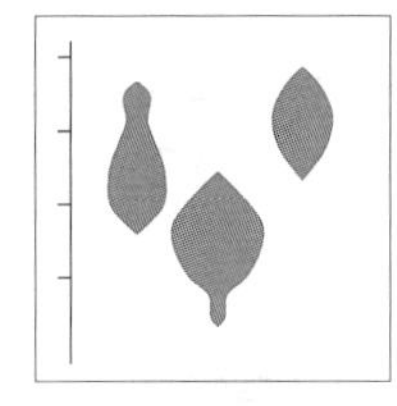

① 바이올린 차트

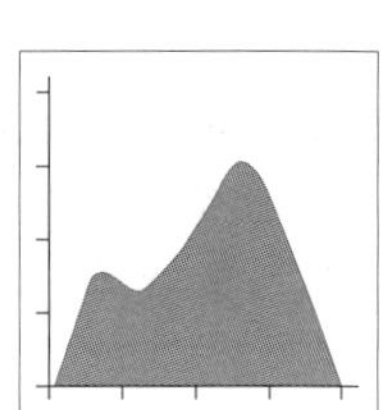

② 밀도분포

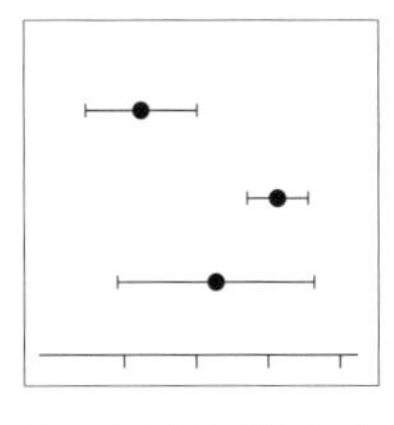

③ 수평오차막대

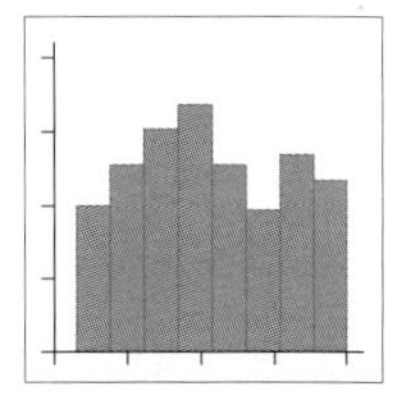

④ 히스토그램

56 다음 설명에 해당하는 인포그래픽 디자인 구성요소로 가장 옳은 것은?

( )은/는 그래프나 차트에서 사용된 색상, 패턴, 기호 등과 그에 대응하는 항목을 설명하는 텍스트 요소이다. 데이터 요소의 의미를 명확하게 전달하고 그래프의 해석을 돕는 역할을 한다. 그래프나 차트의 가족성을 향상시켜 사용자가 데이터를 이해하고 비교할 수 있도록 돕는 시각적인 가이드 역할을 한다.

① 제목
② 범례
③ 서체
④ 클립아트

57 다음 그림의 차트와 관련된 설명으로 가장 옳지 않은 것은?

원형(파이)차트

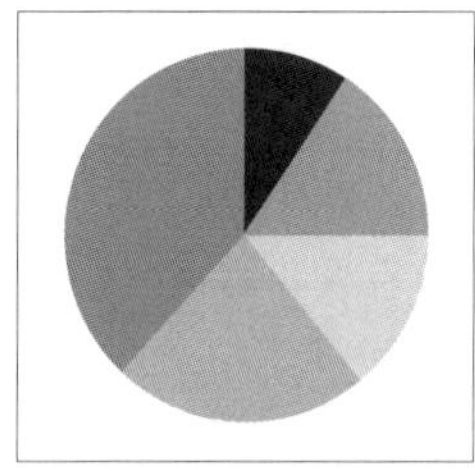

① 원의 전체 크기는 데이터 전체의 총합에 해당하는 수량을 뜻한다.
② 파이 조각의 크기는 데이터 중 특정 차원의 데이터 값(부분)이 차지하는 비율을 말한다.
③ 상대적으로 특정 범주 간의 비율을 상호 비교하기 쉽다.
④ 범주(차원)가 많아지면 비율을 시각적으로 이해하기 어렵다.

58 다음 설명에 해당하는 시각화 기능으로 가장 옳은 것은?

• 조건부 서식의 한 종류로서, 숫자나 퍼센트 값의 상대적인 크기를 시각화하는 기능
• 데이터값의 크기에 따라 막대의 크기나 색상이 변화하여 시각적으로 비교분석이 가능

① 스파크라인
② 데이터 막대
③ 피벗 테이블
④ 아이콘 세트

59 다음은 대시보드의 효율적인 시각화와 관련된 설명이다. 빈칸에 들어갈 내용으로 가장 옳은 것은?

• ( )는 대시보드 상에 간결하게 표시하여 사용자가 비즈니스의 주요 성과를 빠르게 확인할 수 있도록 한다. 이는 중요한 지표를 즉각적으로 평가하고 의사결정에 활용할 수 있도록 돕는다.
• 파워 BI 대시보드 보고서에서 ( ) 수치를 추가하려면, 대시보드 편집 모드로 전환한 후 ( ) 구성 요소를 추가한다. ( )에 표시할 필드를 선택하고 목표로 하는 값과 범위를 설정한 후, 원하는 형식으로 ( )를 대시보드에 실시간으로 추가 표시한다.
• 설정한 ( )는 데이터의 성과를 간결하게 파악할 수 있게 도와준다.

① Query
② CSV
③ KPI
④ Filter

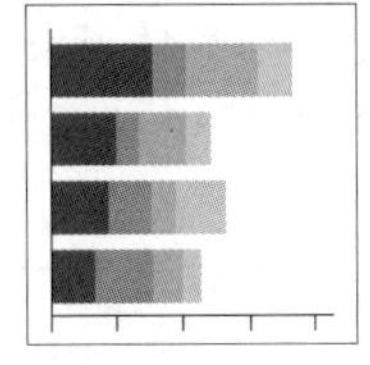

① 누적수평막대 차트

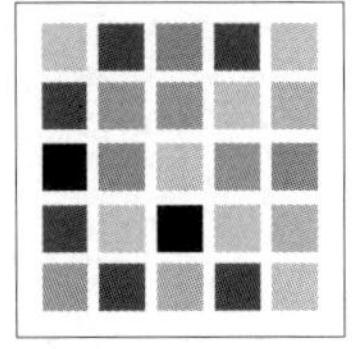

② 히트맵 차트

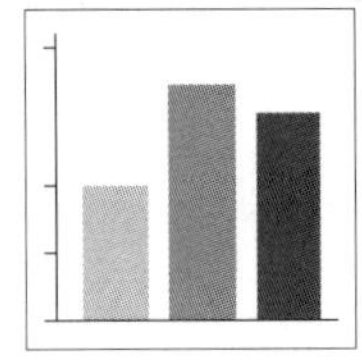

③ 수직막대 차트

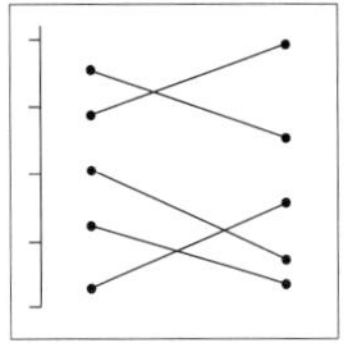

④ 경사 차트

01 아래 글상자의 설명이 나타내는 SERVQUAL의 구성요인으로 가장 옳은 것은?

> 이것은 직원의 전문성, 지식 및 예의가 고객에게 신뢰와 안심을 줄 수 있는 능력을 이야기한다.

① 응답성(Responsiveness)
② 신뢰성(Reliability)
③ 확신성(Assurance)
④ 공감성(Empathy)

02 다음 중 크로스셀링(Cross Selling)에 대한 설명으로 가장 옳은 것은?

① 고객이 특정 모델의 스마트폰을 구매하려 할 때, 더 높은 스펙이나 기능을 가진 모델을 제안하는 것이다.
② 고객이 이미 구매한 상품과 관련이 있는 다른 부가적인 상품이나 서비스를 제안하는 것이다.
③ 고객이 이미 구매한 제품보다 더 나은 성능을 가진 제품으로 업그레이드를 제안하는 것이다.
④ 고객이 좀 더 비용을 지불하고 더 나은 제품을 선택하도록 유도한다.

03 아래 글상자의 빈칸에 순서대로 들어갈 용어로 가장 옳은 것은?

> (A)(은)는 기업에서 관심 대상에 대한 특성을 측정한 값이고, 이것을 가공하고 해석하여 (B)(을)를 얻을 수 있으며, (B)(을)를 기반으로 대상을 이해하고 결론을 도출하여 (C)(을)를 얻을 수 있다.

① (A)데이터-(B)정보-(C)지식
② (A)지식-(B)데이터-(C)정보
③ (A)데이터-(B)통찰-(C)정보
④ (A)지식-(B)통찰-(C)데이터

04 다음 직무 데이터 평가 방법 중 외부의 유사 직무 수행자들의 평균임금을 기준으로 내부 직무 보상 수준을 결정하는 방법으로 가장 옳은 것은?

① 서열법
② 분류법
③ 점수법
④ 시장임금조사법

05 다음 중 채권의 종류와 그에 대한 설명으로 가장 옳지 않은 것은?

① 특수채는 특별법에 따라 설립된 법인이 발행하는 채권으로 공채와 사채의 성격을 모두 가진다.
② 중기채는 1년에서 5년 사이의 만기를 가지는 채권이다.
③ 이표채는 액면가에 이자를 선공제하여 발행되는 채권이다.
④ 단리채는 원금에 대한 이자를 일정한 간격으로 지급하는 채권이다.

06 다음 중 재무비율의 종류와 그 측정 목적이 가장 잘못 짝지어진 것은?

① 총자산이익률–안정성 측정

② 재고자산회전율–효율성 측정

③ 주당순이익–수익성 측정

④ 당좌비율–유동성 측정

07 다음 중 효과적인 공급사슬관리를 위한 품질관리 데이터의 활용 방안으로 가장 옳지 않은 것은?

① 품질개선 활동

② 불량률 감소 활동

③ 소비자만족도 향상 활동

④ 주문처리과정 최적화 활동

08 다음 중 핵심성과지표(KPI)의 특성으로 가장 옳지 않은 것은?

① KPI는 정량화할 수 있어야 하며, 이를 통해 성과를 객관적으로 평가해야 한다.

② KPI는 명확하고 구체적인 성과 목표를 설정해서 조직 내의 구성원들이 동일한 방향으로 나아가게 한다.

③ KPI는 설정 이후 조직 환경 변화에 따라 자주 수정해 주는 것이 바람직하다.

④ KPI는 현실적으로 달성 가능한 수준이어야 하며, 조직의 자원과 역량을 고려하여 합리적인 목표로 설정되어야 한다.

09 다음 중 총수익률을 연 단위로 기하평균하여 계산한 이론적 수익률을 의미하는 것으로 가장 옳은 것은?

① 만기수익률　　② 실효수익률

③ 표면이율　　　④ 연평균수익률

10 다음 중 고객평생가치(LTV)에 대한 설명으로 가장 옳은 것은?

① 특정 고객이 기업과의 관계 동안 얼마나 추천할 것인지를 나타내는 지표이다.

② 특정 기간 기업이 고객을 얼마나 잘 유지하고 있는지를 나타내는 지표이다.

③ 특정 기간 동안 기업이 고객으로부터 얻을 수 있는 평균 수익을 나타내는 지표이다.

④ 특정 고객이 기업과의 관계 동안 기업의 제품이나 서비스에 지출할 것으로 예상되는 총금액을 의미한다.

11 다음 중 손익계산서에 대한 설명으로 가장 옳지 않은 것은?

① 일정 기간 동안의 수익과 비용을 파악하여 기업의 순이익 또는 순손실을 계산한다.

② 손익계산서를 통해 경영성과를 측정할 수 있다.

③ 손익계산서의 매출액을 기록하는 시점은 현금이 들어온 시점이다.

④ 매출총이익, 영업이익, 당기순이익 등이 포함되어 세부 이익 정보를 확인할 수 있다.

12 다음 성과평가 방법 중 하나인 행동기반평가척도(BARS)와 관련된 설명으로 가장 옳지 않은 것은?

① 평가자의 주관이 개입될 여지가 많아 관대화, 중심화, 가혹화 경향과 같은 평가 편향이 존재한다.

② 척도를 개발하는 데 많은 시간과 비용이 들어간다.

③ 중요한 직무 행동을 식별하고 행동기준에 따라 종업원을 평가한다.

④ 개발된 척도를 유지관리하기 위해 많은 노력이 요구된다.

13 다음 중 직무분석에 대한 설명으로 가장 옳지 않은 것은?

① 직무의 절대적 중요도를 파악하여 급여체계를 확립할 수 있게 해준다.

② 조직 내에서 각 직무의 내용, 업무 프로세스, 역량 요구 사항 등을 체계적으로 평가하는 과정이다.

③ 직무에 기반한 인사관리의 기본이 되는 작업이며, 이를 통해 직무기술서와 직무분류체계 등을 만든다.

④ 직무분석의 방법으로는 설문, 면접, 관찰, 기록, 일지 검토, 데이터 수집, 환경분석 등이 있다.

14 다음 중 국가통계 마이크로데이터 통합서비스(MDIS) 시스템에 대한 설명으로 가장 옳지 않은 것은?

① 공공용 자료를 서비스하는 시스템으로서 통계분석 서비스는 제공하지 않는다.

② 통계청이 자체적으로 작성한 마이크로데이터를 서비스받을 수 있다.

③ 정부부처, 지자체, 연구기관 등 다른 통계 작성 기관의 마이크로데이터를 서비스받을 수 있다.

④ 국가승인 통계 공표용 설문조사의 마이크로데이터를 제공한다.

15 다음 중 월간 활성 사용자(MAU)를 기준으로 고객 세그먼트를 구분할 때 중요한 고려사항으로서 가장 옳은 것은?

① 신규 고객을 확보하고 유지하기 위한 비용

② 유료 고객이 될 수 있는 가능성

③ 고객에게 제공되는 제품의 가격대

④ 고객의 활동 빈도와 사용 패턴

16 다음 중 황소채찍효과(Bullwhip Effect)에 대한 설명으로 가장 옳지 않은 것은?

① 최종 고객과 가까이에 위치하는 기업일수록 재고 변동폭이 점점 증가하는 현상을 의미한다.

② 황소채찍효과로 인해 재고비용의 증가가 야기된다.

③ 황소채찍효과는 공급사슬 내 데이터의 실시간 공유를 통해 완화될 수 있다.

④ 공급사슬의 재고 변동폭을 줄이기 위해 실시간 재고 및 수요 알람 등의 정보기술이 도입되고 있다.

17 다음 중 자본변동표의 구성요소에 대한 설명으로 가장 옳은 것은?

① 납입자본의 변동에 주식배당은 고려되지 않는다.

② 이익잉여금의 변동에는 자기주식이 포함된다.

③ 자본 잉여금은 기업의 누적된 순이익에서 배당을 제외한 나머지 부분이다.

④ 기타자본구성요소의 변동에는 재평가잉여금도 포함된다.

18 다음 수요 예측 방법 중 수요에 영향을 주는 설명요인들을 파악하여 변수 간 관계에 대한 모델을 생성하고 분석하는 방법으로 가장 옳은 것은?

① 시계열분석

② 회귀분석

③ 몬테카를로 시뮬레이션

④ 신경망 모델

19 다음 중 고객만족도를 분석하기 위한 방법으로 가장 옳지 않은 것은?

① 표적집단면접
② 설문조사
③ 심층면접
④ 전환비용조사

20 다음 중 CTR(Click-Through Rate)을 계산하는 수식으로 가장 옳은 것은?

① (클릭 수÷노출 수)×100(%)
② (클릭 수×노출 수)×100(%)
③ (노출 수÷클릭 수)×100(%)
④ (노출 수+클릭 수)×100(%)

2과목 데이터 해석 및 활용

21 다음 데이터를 정규화하는 방법 중에서 Z-Score 표준화에 대한 설명으로 가장 옳은 것은?

① 데이터 값의 스케일을 로그로 변환한다.
② 데이터 값을 평균이 0, 표준편차가 1이 되도록 변환한다.
③ 데이터 값을 0과 1 사이의 값으로 변환한다.
④ 데이터 값을 소수점 이동하여 변환한다.

22 다음 중 OLAP(Online Analytical Processing)의 특징으로 가장 옳지 않은 것은?

① 테이블 형태의 구조로 데이터를 저장한다.
② 최종 사용자가 직접 데이터에 접근한다.
③ 대화식 질의를 통해 정보를 분석한다.
④ 의사결정을 효과적으로 지원한다.

23 다음 중 데이터베이스 설계 단계 중 물리적 설계의 고려사항으로 가장 옳지 않은 것은?

① 트랜잭션의 복잡성과 처리량
② 시스템의 성장 가능성과 미래의 확장성
③ 데이터 보호 및 접근 제어를 위한 메커니즘
④ 데이터가 얼마나 자주, 어떤 형태로 접근되는지 분석

24 다음 중 스키마 변경이 데이터베이스 성능에 미치는 잠재적 영향으로 가장 옳은 것은?

① 스키마 변경은 데이터베이스의 성능에 전혀 영향을 미치지 않는다.
② 스키마 변경은 데이터베이스의 보안을 자동으로 강화한다.
③ 스키마 변경은 데이터베이스 인덱스와 쿼리 성능에 영향을 미칠 수 있다.
④ 스키마 변경은 데이터베이스의 저장 공간을 항상 감소시킨다.

25 다음 중 범주형 데이터와 수치형 데이터의 분석에 대한 설명으로 가장 옳은 것은?

① 도수분포표를 이용하여 범주형 데이터와 수치형 데이터를 시각화할 수 있다.
② 로지스틱 회귀 분석을 사용하여 수치형 데이터의 목표 변수를 예측할 수 있다.
③ 기술통계 중 분산과 표준편차를 이용하여 데이터의 중심 경향을 분석할 수 있다.
④ 수치형 데이터에 대해서만 가설 검정을 수행할 수 있다.

26 다음 중 확률에 관련된 용어에 대한 설명으로 가장 옳지 않은 것은?

① 표본공간은 어떤 실험 또는 시행에 의하여 일어날 수 있는 모든 가능한 결과의 집합이다.

② 확률변수는 표본공간의 각 원소에 하나의 실수값을 대응하는 함수를 말한다.

③ 사건은 표본공간의 결과들로 구성되는 부분집합을 말한다.

④ 확률밀도함수는 확률변수의 값이 어떤 구간에 속할 확률을 계산하는 데 사용한다.

27 다음 중 아래 글상자에서 설명하는 비즈니스 인텔리전스 기술로 가장 옳은 것은?

> (　　　)는 언제 어디서나 데이터에 접근하고 분석할 수 있는 도구이다.

① 셀프 서비스 비즈니스 인텔리전스
② 클라우드 기반 비즈니스 인텔리전스
③ 모바일 비즈니스 인텔리전스
④ 비즈니스 성과 관리

28 다음 중 데이터베이스 관리 시스템에 대한 설명으로 가장 옳지 않은 것은?

① 데이터가 중복으로 저장되어 데이터 불일치 문제가 발생할 수 있다.

② 동시성 제어를 통해 데이터 충돌을 방지하고 일관성을 유지한다.

③ 데이터를 검색하고 추출하는 효율적인 기능을 제공한다.

④ 사용자 인증 및 권한 관리를 통해 데이터에 대한 무단 접근을 방지한다.

29 다음 중 아래 글상자에서 설명하는 데이터 적재 방법으로 가장 옳은 것은?

> 이전에 적재한 데이터와 새로운 데이터를 비교하여 변경된 부분만 적재하는 방법으로, 적재 작업의 속도를 향상하고 중복 데이터를 방지할 수 있다.

① 실시간 적재
② 병렬 적재
③ 증분 적재
④ 일괄 적재

30 다음 중 빅데이터의 특징에 대한 설명으로 가장 옳지 않은 것은?

① 가치(Value)는 기업이나 기관에서 수집한 데이터가 신뢰할 수 있는지, 분석할 만한 가치가 있는지를 말하는 것이다.

② 규모(Volume)는 데이터의 양적 증가를 의미하며, 경우에 따라 다르지만 대략 수십 테라바이트에서 수 페타바이트에 이른다.

③ 속도(Velocity)는 데이터의 고도화된 실시간 처리를 뜻하며, 데이터가 생성 및 저장되고 시각화되는 과정이 얼마나 빠르게 이뤄져야 하는지에 대한 중요성을 나타낸다.

④ 다양성(Variety)은 다양한 형태의 데이터를 모두 포함하는 것을 뜻하며, 비정형 데이터를 머신러닝, 딥러닝 기법을 통해서 가공이 가능하다.

31 다음 중 데이터베이스의 무결성을 보장하고 데이터의 일관성을 유지하는 데 필수적인 요소로만 구성된 것은?

① 기본 키, 외래 키, 무결성 제약조건

② 외래 키, 데이터베이스 사용자, 트랜잭션

③ 기본 키, 데이터 암호화, 무결성 제약조건

④ 메타데이터, 트랜잭션, 기본 키

32 다음 중 고객의 구매금액에 대해 데이터 탐색(EDA: Exploratory Data Analysis) 방법으로 가장 옳지 않은 것은?

① 구매금액의 평균과 표준편차를 계산한다.

② 구매금액의 히스토그램을 그려 분포를 확인한다.

③ 구매금액의 이상치와 결측치를 식별한다.

④ 구매금액을 이용하여 회귀 모델을 만든다.

33 다음 중 계층적 분리에 대한 설명으로 가장 옳지 않은 것은?

① 원본 데이터의 클래스 비율을 유지함으로써 모델이 전체 데이터를 더 잘 대표할 수 있다.

② 올바른 클래스를 정의하는 것이 어려울 수 있지만, 샘플링 과정을 단순화할 수 있다.

③ 동일한 샘플 크기에서 단순 무작위 샘플링보다 정확한 추정이 가능하여 통계적 효율성이 좋다.

④ 소수 클래스의 데이터도 적절히 샘플링하여 데이터 불균형 문제를 줄일 수 있다.

34 다음 중 동적으로 변하는 데이터 스키마를 요구하는 애플리케이션 구현 시 가장 적절한 데이터베이스 관리 시스템은?

① 관계형 데이터베이스 관리 시스템

② 분산 데이터베이스 관리 시스템

③ NoSQL 데이터베이스 관리 시스템

④ 객체지향 데이터베이스 관리 시스템

35 다음 중 데이터 웨어하우스(Data Warehouse)에 대한 설명으로 가장 옳지 않은 것은?

① 경영자의 의사 결정을 지원하는 데이터의 집합체로 주제 지향적, 통합적, 시계열적, 비휘발적인 네 가지 특성을 지닌다.

② 읽기 전용 데이터베이스로서 운영 시스템에서와 같은 의미의 데이터 갱신은 발생하지 않는다.

③ 일반적으로 소스 시스템 데이터, 센서 데이터, 소셜 데이터 등의 원시 복사본과 보고, 시각화, 고급 분석 및 기계 학습과 같은 작업에 사용되는 변환된 데이터를 포함하는 단일 데이터 저장소이다.

④ 데이터를 구조화하고 분석하기 위해 최적화된 형식으로 저장한다.

36 다음 중 데이터 마이닝에서 연관 분석의 예로 가장 옳은 것은?

① 제품 추천 알고리즘 구축

② 구매행동에 따라 고객 분류

③ 다양한 제품의 판매량 예측

④ 데이터의 이상치 식별

37 다음 중 공개된 의료데이터를 그림과 같이 비식별된 의료데이터로 처리할 경우 적용된 비식별화 기술로 가장 옳은 것은?

〈공개된 의료데이터〉

구분	지역코드	연령	성별	질병
1	13053	28	남	전립선염
2	13068	21	남	전립선염
3	13068	29	여	고혈압
4	13053	23	남	고혈압
5	14853	50	여	위암
6	14853	47	남	전립선염
7	14850	50	여	고혈압
8	14850	49	남	고혈압
9	13053	31	남	위암
10	13053	37	여	위암
11	13068	36	남	위암
12	13068	35	여	위암

〈비식별된 의료데이터〉

구분	지역코드	연령	성별	질병	비고
1	130**	〈30	*	전립선염	다양한 질병이 존재하여 안전
2	130**	〈30	*	전립선염	
3	130**	〈30	*	고혈압	
4	130**	〈30	*	고혈압	
5	148**	〉40	*	위암	다양한 질병이 존재하여 안전
6	148**	〉40	*	전립선염	
7	148**	〉40	*	고혈압	
8	148**	〉40	*	고혈압	
9	130**	3*	*	위암	모두가 동일 질병 (위암) 으로 취약
10	130**	3*	*	위암	
11	130**	3*	*	위암	
12	130**	3*	*	위암	

① 임의화　　　　② k-익명성

③ 익명화　　　　④ 가명화

38 다음 중 SQL에 대한 설명으로 가장 옳지 않은 것은?

① GRANT는 사용자에게 특정 권한을 부여하는 명령어이다.

② UPDATE 명령어를 사용하여 이미 존재하는 테이블 필드의 데이터 유형을 변경할 수 있다.

③ DROP은 테이블, 뷰, 인덱스 등을 삭제하는 명령어이다.

④ CREATE 명령어로 새로운 데이터 베이스를 생성할 수 있다.

39 다음 중 데이터 수명 주기를 가장 올바르게 나열한 것은?

① 수집-보관-저장-처리-분석-폐기

② 수집-처리-저장-보관-분석-폐기

③ 수집-분석-처리-저장-보관-폐기

④ 수집-저장-처리-분석-보관-폐기

40 A 회사는 원격 근무 제도를 도입한 이후 이직률이 감소한 것을 발견하였다. 이 발견에 대한 결론으로 가장 옳은 것은?

① 원격 근무 도입이 직원의 직무 만족도를 높여 이직률이 감소한 것이다.

② 원격 근무 도입이 직원의 이직률 감소에 영향을 미칠 수 있다.

③ 원격 근무 도입과 이직률 감소 간의 인과관계를 명확하게 입증할 수 있다.

④ 이직률 감소는 원격 근무 도입과 무관하게 발생한 결과이다.

41 다음 중 오컴의 면도날 개념(Occam's Razor)을 인포그래픽 디자인에 적용하는 설명으로 가장 옳지 않은 것은?

① 과도한 세부정보나 복잡한 그래프를 배제하고 필요한 만큼의 시각화 요소만 사용한다.

② 최소한의 텍스트를 사용하는 것을 목표로 간결하고 명료한 문구를 사용한다.

③ 주요 메시지 전달에 자세한 세부정보를 가능한 많이 제공하여 이해를 돕도록 한다.

④ 명확한 구조화를 위해 정보를 단순화한다.

42 다음 중 지리적 데이터를 시각화할 때, 카토그램(왜상통계지도)의 주요 단점으로 가장 옳은 것은?

① 데이터 간의 시간적 변화를 표현하기 어렵다.

② 지도상의 지리적 정확성이 왜곡되어 공간적인 해석이 어렵다.

③ 데이터를 단순하게 표현하여 세부정보를 잃을 수 있다.

④ 데이터를 정량적으로 비교하기 어렵다.

43 다음 중 트리맵 시각화에 대한 설명으로 가장 옳지 않은 것은?

① 트리맵은 위계 구조가 있는 데이터나 트리 구조 데이터를 효과적으로 시각화할 수 있으며 각 사각형의 크기는 데이터의 양적 값을 반영한다.

② 트리맵에서 각 사각형의 색상은 데이터의 범주를 구분하는 데 사용되며 색상의 명확성은 시각적 효과를 높이는 데 중요한 역할을 한다.

③ 트리맵에서 내부 사각형의 배치는 데이터의 계층 구조를 명확히 반영해야 하며 일반적으로 사각형의 배치는 구조적 의미를 가진다.

④ 트리맵에서 음수값은 일반적으로 무채색의 색상 또는 특별한 방식으로 시각화 된다.

44 다음 그림 차트 유형에 대한 설명으로 가장 옳지 않은 것은?

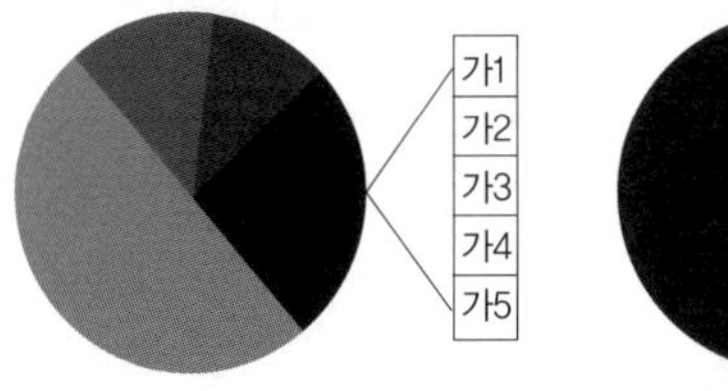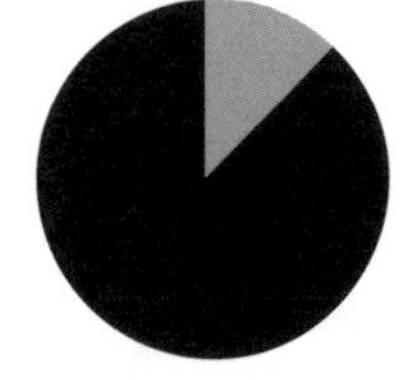

① 이 차트는 한 부분을 나누어 다중 정보를 제공할 때 '가. 그래프'와 같이 수직이나 수평 막대를 활용할 수 있다.

② 이 차트를 시각화할 때는 절대 수량을 사용해 독자들의 혼란을 최소화한다.

③ '나. 그래프'와 같이 조각을 명도나 색의 차이로 강조할 수 있지만, 떼어내서 정보를 강조하는 방법도 있다.

④ 전체 원 크기의 40% 이상인 조각은 따로 떼어 사용 시 시각적 혼란을 만들 수 있다.

45 다음 그림들의 공통적인 특성으로 가장 옳지 않은 것은?

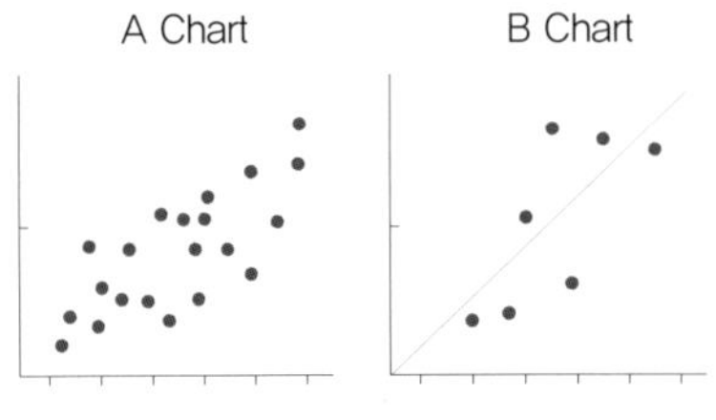

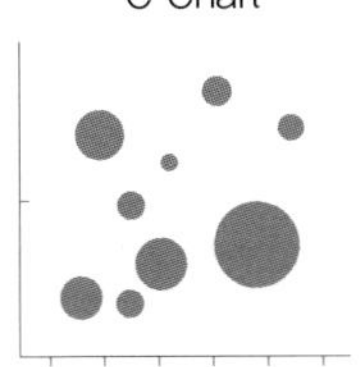

① A Chart는 흐름을 표현할 때 활용되기도 하지만, 관계를 설명할 때 활용되기도 한다.
② A, B, C Chart 모두 정확한 수치를 파악하기에 적합하다.
③ C Chart는 면적은 종속변수를 나타내며 종속변수는 정량형이다.
④ A Chart는 산점도(분산형 차트)에 포함된다.

46 다양한 하이퍼파라미터 구성에 대한 머신러닝 모델의 성능을 분석하려고 한다. 각 구성에는 여러 평가 지표(정확도, 정밀도, 리콜, F1 점수 및 런타임)가 있다. 이러한 구성을 비교하고 메트릭 간의 절충점을 파악하는 데 가장 효과적인 시각화 그래프는?

① 방사선 차트
② 평행좌표계
③ 그룹막대그래프
④ 트리맵

47 다음 그림은 조세프 미나르가 '나폴레옹의 모스크바 원정 과정'을 생키 다이어그램으로 시각화한 것이다. 생키 다이어그램의 주요 용도에 대한 설명으로 가장 옳은 것은?

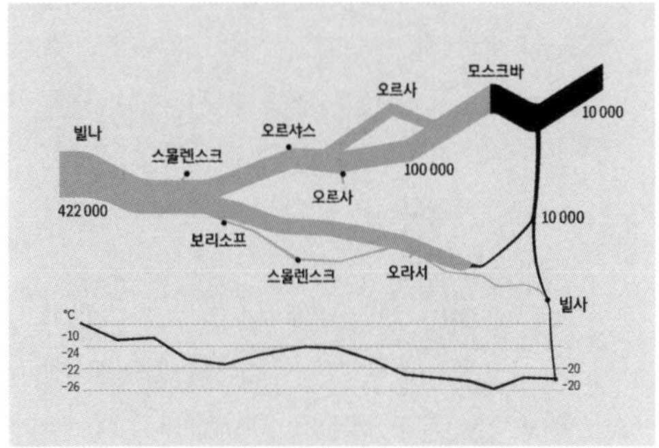

① 시간에 따른 데이터 변화를 시각화하기 위해 사용한다.
② 두 변수의 상관관계를 시각적으로 표현하기 위해 사용한다.
③ 비율 데이터의 흐름과 전환을 시각적으로 표현하기 위해 사용한다.
④ 특이성이 있는 독립적 데이터를 표현하기 위해 사용한다.

48 다음 중 캘린더 차트에 대한 설명으로 가장 옳은 것은?

① 캘린더 차트는 시간에 따른 데이터의 패턴과 추세를 시각적으로 분석하는 데 유용하며, 날짜별 데이터 값을 색상으로 표현한다.
② 캘린더 차트는 카테고리 데이터만을 시각적으로 표현하는 데 사용된다.
③ 캘린더 차트는 두 개 이상의 변수 간의 상관관계를 분석하기 위한 도구로 사용된다.
④ 캘린더 차트는 데이터의 세부 사항을 표시하기보다는 주로 단일 숫자 집합을 시각적으로 표현하는 데 사용된다.

49 다음은 나단 셰드로프의 DIKW 정보 디자인에 대한 설명이다. 빈칸에 순서대로 들어갈 용어로 가장 옳은 것은?

> 정보 디자인 다이어그램은 데이터, 정보, 지식, 지혜가 생성되고 전환되는 과정 중에서 정보 디자인이 어떻게 전달되는지를 보여준다. 데이터가 정보로 (A)활용되고 지식으로 (B)되어 지혜로써 문제 해결과 (C)에 사용되는 과정을 그리고 있다.
> 맥락에 따라 시각화의 방법도 각 단계마다 다르게 나타난다. 지식으로 갈수록 경험에 기반한 (D)(이)가 중요해짐을 알 수 있다.

① (A)이해−(B)체계화−(C)미래 예측−(D)스토리텔링

② (A)스토리텔링−(B)체계화−(C)미래 예측−(D)이해

③ (A)스토리텔링−(B)체계화−(C)이해−(D)미래 예측

④ (A)체계화−(B)이해−(C)미래 예측−(D)스토리텔링

50 다음 중 비즈니스 인텔리전스(BI)와 관련된 설명으로 가장 옳지 않은 것은?

① BI 도구는 데이터의 정제, 분석, 시각화, 그리고 인사이트 도출을 통해 데이터의 패턴과 추세를 식별할 수 있게 도와준다.

② BI 도구는 사용자가 데이터를 시각적으로 변환할 수 있도록 지원하며, 이를 통해 복잡한 비즈니스 정보를 명확하게 설명할 수 있다.

③ 데이터 기반의 의사결정을 지원하고 경쟁 우위를 확보하는 데 중요한 역할을 한다.

④ BI 도구는 시각화를 통한 그래프는 제공하나, 인터랙티브한 기능은 제공하지 않아 상호작용은 불가능하다.

51 다음 그래프는 코로나 누적 감염자 수를 나타내고 있다. 이와 같은 그래프 유형에 대한 설명으로 가장 옳지 않은 것은?

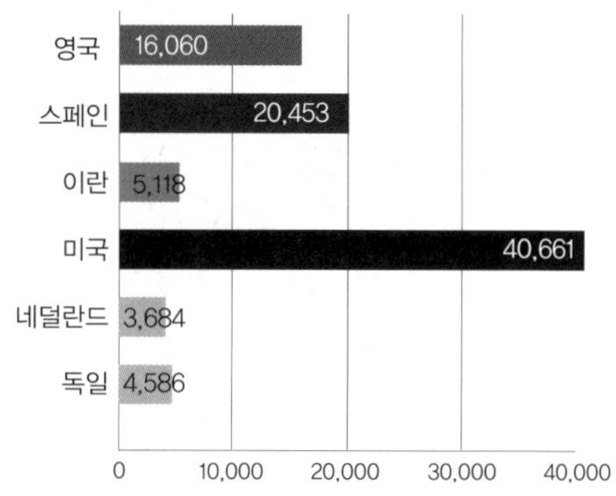

① 막대 그래프는 세로형과 가로형으로 시각화 되는데, 가로형은 세로형에 비해 배경 그리드를 통해 값을 파악하는 것이 쉽지 않다.

② 양수와 음수의 데이터 값이 있을 경우, 음수는 좌측에 위치하며 양수는 우측에 위치해야 하지만, 양수가 없는 경우 기준선의 우측에 위치할 수 있다.

③ 데이터의 값은 막대 끝 안쪽 혹은 바깥쪽 인근에 기입한다.

④ 막대 순서는 오름차순 혹은 내림차순으로 정렬하나, 의도에 따라 특정한 순서를 부여하여 나열할 수 있다.

52 다음 중 시각화 유형이 다른 그래프로 가장 옳은 것은?

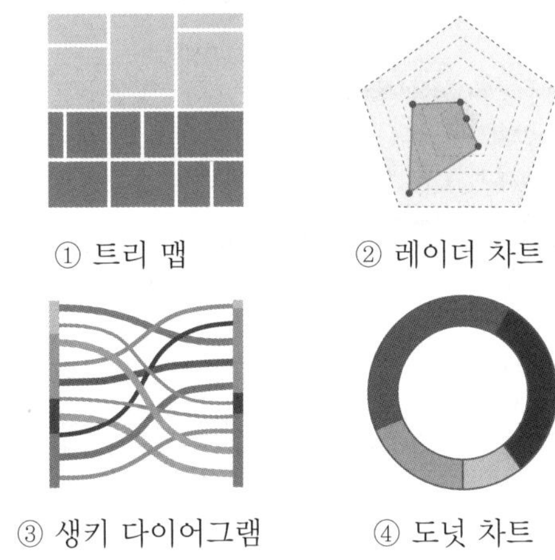

① 트리 맵

② 레이더 차트

③ 생키 다이어그램

④ 도넛 차트

53 다음 중 조건부 서식의 기능과 관련하여 가장 옳은 것은?

① 조건부 서식은 특정 데이터 셀의 값을 기준으로 서식을 동적으로 적용할 수 있으며 복잡한 조건식도 지원한다.

② 조건부 서식은 데이터의 집합에만 적용할 수 있으며 개별 셀에는 적용할 수 없다.

③ 조건부 서식은 서식이 변경된 후 원본 데이터가 수정되면 서식이 자동으로 업데이트 되지 않는다.

④ 조건부 서식은 사용자가 직접 작성한 수식이 아니라 프로그램에서 제공하는 기본 서식 규칙만을 적용할 수 있다.

54 다음 그림은 누적 막대그래프이다. 이 그래프의 특성에 대한 설명으로 가장 옳은 것은?

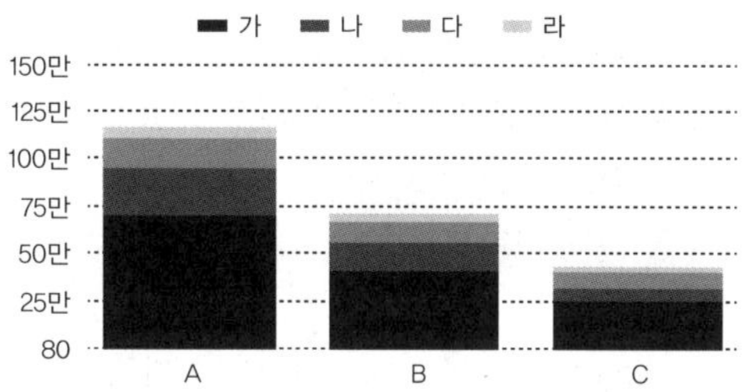

① 각 막대의 높이는 전체와 관련된 상대적 비율을 나타낸다.

② 여러 개의 범주 또는 변수를 동시에 표현하는 데 사용한다.

③ 누적 막대그래프는 상대적 비율을 표현하기에 적합하지만, 각 막대의 정확한 값 파악은 한 눈에 파악하기 어렵다.

④ 백분율을 비교하는 그래프가 아니기 때문에 세로축 단위 표시는 생략이 가능하다.

55 다음 중 자크 베르탱의 7가지 시각적 변수 선택에 대한 설명으로 가장 옳지 않은 것은?

① 효과적 커뮤니케이션을 위해서 정보 유형에 따라 서로 다른 시각적 인코딩을 제안한다.

② 위치 변수는 주변 요소와의 관계 비교를 유도하여 정보의 상하 구조를 효과적으로 전달할 수 있다.

③ 명도 변수는 수치적 변화를 시각화할 때 색상의 차이보다 더 효과적이다.

④ 색상 변수는 채도의 차이에 따라 정보의 우선 순위를 매기며, 이러한 방법은 효과적인 정보 전달에 활용된다.

56 다음 그림은 정보 디자인 범주를 도식적으로 표현하고 있다. 그림에 대한 설명 중 가장 옳은 것은?

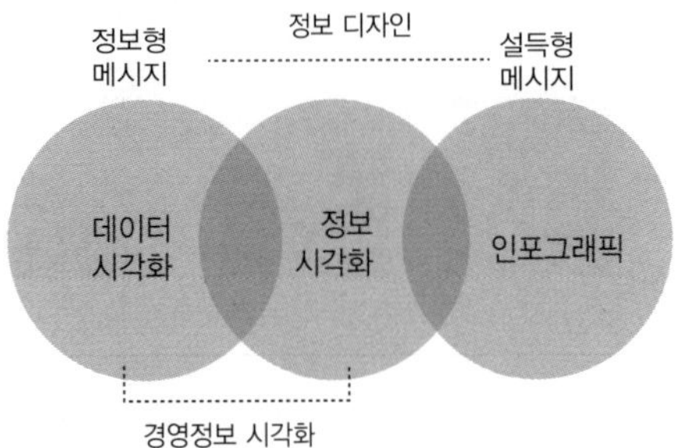

① 경영정보 시각화를 목표로 할 때는 정보형 메시지를 담고 있어 나단 셰드로프가 주장하는 인포그래픽보다는 에드워드 터프티의 시각화 방법이 더 적합하다.

② 경영정보 시각화는 설득적 메시지를 전달하는 목적이 강하므로 스토리텔링이 강한 에디토리얼 인포그래픽으로 시각화해야 한다.

③ 나단 셰드로프가 주장하는 인포그래픽 디자인은 경영정보 시각화보다 주관적 맥락이 덜 포함되어 있으며 객관적 의사 판단을 할 수 있도록 한다.

④ 인포그래픽은 전통적인 정보 시각화와는 달리 삽화, 장식이 많이 포함되어 있지 않으며 메시지 전달보다는 관심을 끄는 것이 중요하다.

57 다음 그림은 캠페인 예산 분기별 벤치마크를 시각화한 블릿 그래프이다. 이에 대한 설명으로 가장 옳지 않은 것은?

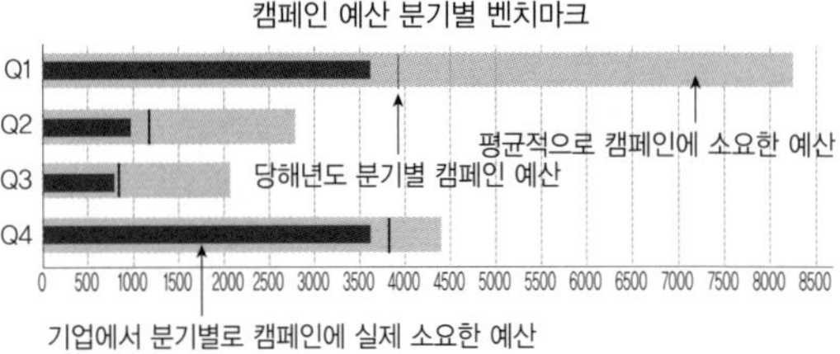

① 분기별 캠페인 예산의 표시가 세로선으로, 캠페인에 실제 소요한 예산이 진한 가로 막대로 표시되어 있어 분기별 성과 비교가 가능하다.

② 목표와 성과를 시각적으로 효과적으로 비교하여 결정을 내리고 전달하는 데 도움을 준다.

③ 주요 데이터값은 차트 중앙의 막대를 사용하여 길이별로 인코딩되며, 중앙의 막대를 기호 마커라고 한다.

④ 이 기업은 3분기에 확보된 예산에 근접하는 집행 성과를 이루었음을 알 수 있다.

58 다음 중 디자인의 기본 원리에 대한 설명으로 가장 옳지 않은 것은?

① 균형은 디자인 요소가 시각적으로 균형을 이루도록 배치하며 안정감을 제공한다.

② 대비는 디자인에서 두 가지 상반된 요소를 사용하여 시각적 유도를 이끌며 중요한 요소를 강조하는 데 활용된다.

③ 정렬은 디자인 요소를 특정한 패턴이나 위치에 배치하여 일관성과 조직감을 제공하며 모든 요소가 서로 독립적으로 배치될 수 있다.

④ 근접은 디자인 요소를 서로 가까이 배치하여 그룹화하고 정보의 연관성을 명확히 하는 원리이다.

59 다음 중 지도의 사용 목적과 관련하여 가장 옳은 것은?

① 지도는 지리적 위치의 정확한 좌표와 함께 해당 위치에서의 데이터를 나타내기 위해 주로 사용된다.

② 지도는 데이터의 시계열 변화를 나타내는 데 효과적이지 않으며, 주로 과거의 데이터 분석에 사용된다.

③ 지도는 범주형 데이터를 시각적으로 표현할 수 없다.

④ 지도는 데이터의 평균값이나 중앙값을 직접적으로 표시하는 기능을 가지고 있다.

60 다음 중 비즈니스 인텔리전스(BI) 소프트웨어의 특징으로 가장 옳지 않은 것은?

① 대시보드는 실시간으로 데이터를 갱신할 수 있는 기능을 제공한다.

② 시각화 도구를 이용하여 사용자가 데이터를 최대한 활용할 수 있는 환경을 제공한다.

③ 데이터의 자동 통합 및 정제가 가능하여 재현 가능성과 반복 가능성의 구현이 가능하다.

④ 사용자는 원하는 데이터를 시각적으로 표현하기 위한 그래프를 활용할 수 있다.

1과목 경영정보 일반

01 다음 중 궁극적인 고객평생가치(LTV)를 높이기 위해 기업이 쓸 수 있는 가장 효과적인 전략은?

① 신규 고객 확보를 위해 광고 캠페인에 투자한다.

② 기존 고객의 재구매율을 높이기 위해 로열티 프로그램을 도입한다.

③ 제품 가격 인상을 통해 단기 수익성을 개선한다.

④ 경쟁사와의 가격 경쟁을 하기 위해 가격 할인을 제공한다.

02 다음 중 회계처리 측면에서 감가상각의 개념으로 가장 옳은 것은?

① 유형자산이 물리적으로 손상된 경우 해당 자산의 공정가치 감소분을 회계 장부에 반영하는 과정이다.

② 미래에 유형자산을 재구입하기 위한 자금을 적립하는 회계절차이다.

③ 회계기간 말 유형자산의 공정가치를 재평가하여 장부에 반영하는 과정이다.

④ 유형자산의 취득원가를 해당 자산의 사용 기간 동안 비용으로 배분하는 과정이다.

03 다음 중 재고관리에 대한 설명으로 가장 옳지 않은 것은?

① 재고관리는 재고 비용이 많이 발생하더라도 고객서비스를 최대한 높이는 것이 가장 중요한 목표이다.

② 재고관리의 성공을 위해서는 기업이 보유한 재고를 추적하는 시스템이 필요하다.

③ 재고관리의 효율성을 높이기 위해서는 수요예측의 정확성이 중요하다.

④ 재고관리 시스템에는 주기조사시스템과 연속조사시스템이 있다.

04 다음 중 재무제표상 인식되는 항목별 연결이 옳지 않은 것을 모두 고른 것은?

> 가. 연구비-비용
> 나. 경상개발비-무형자산
> 다. 건설 중인 자산-유형자산
> 라. 개발비-비용

① 가, 나 ② 가, 다
③ 나, 다 ④ 나, 라

05 다음 중 360도 다면평가의 특징으로 가장 옳지 않은 것은?

① 다양한 원천에서 정보를 수집하기 때문에 정보의 질이 좋다.

② 단일 정보원에서 평가 정보를 수집할 때 나오는 편견의 가능성을 줄일 수 있다.

③ 익명성이 보장되면 무책임한 평가가 이루어질 수 있기 때문에 기명으로 진행되는 것이 효과적이다.

④ 통계적 절차를 사용하여 계량화하는 작업이 필요하다.

06 다음 중 ROAS를 증가시키기 위한 직접적이고 즉각적인 전략으로 가장 옳은 것은?

① 브랜드 인지도를 높이기 위해 TV 광고 캠페인을 시작한다.

② 광고 타깃팅을 최적화하고, 전환율이 높은 광고 채널에 집중 투자한다.

③ 광고 노출을 최대화하기 위해 단가가 낮은 광고지면을 우선적으로 선택한다.

④ 광고 메시지를 감성적인 내용으로 변경하여 브랜드 인지도를 높인다.

07 다음 중 국가교통데이터베이스에 대한 설명으로 가장 옳지 않은 것은?

① 한국교통안전공단이 운영하며, 공공, 민간 기업이 참여하고 있다.

② 전문가포럼, 설명회, 공모전 등 다양한 활동을 지원하고 있다.

③ 유관기관의 내·외부 및 유·무료 데이터를 제공하고 있다.

④ 전 처리, 가공 서비스, 시각화 서비스도 함께 제공하고 있다.

08 아래 글상자의 (A)와 (B)에 들어갈 말로 가장 올바르게 짝지어진 것은?

생산운영관리의 가장 큰 목표는 (A)와/과 (B)의 일치이며, (A)은/는 상대적으로 조절할 수 있지만, (B)은/는 상대적으로 조절하기 어렵다고 인식된다.

① (A) 수요, (B) 공급

② (A) 공급, (B) 수요

③ (A) 재고, (B) 판매

④ (A) 판매, (B) 재고

09 다음 마케팅 용어 중 설명과 연결이 가장 옳지 못한 것은?

① CPC(Cost Per Click): 광고를 클릭할 때마다 비용이 청구된다.

② CPM(Cost Per Mille): 광고가 100회 노출될 때마다 비용이 청구된다.

③ CPI(Cost Per Install): 앱 설치를 기준으로 광고비가 청구된다.

④ CPR(Cost Per Reach): 광고가 도달한 고유 사용자 수를 기준으로 비용이 청구된다.

10 다음 중 채권투자의 위험에 관한 설명으로 가장 옳지 않은 것은?

① 시장금리가 상승하면 기존에 발행된 고정금리 채권의 가격은 하락한다.

② 단기채권은 장기채권보다 금리 변동의 영향을 더 크게 받는다.

③ 인플레이션 상승 시 중앙은행이 금리를 인상하면, 기존 채권의 가격이 하락할 가능성이 크다.

④ 국채와 같은 고신용 등급 채권은 일반적으로 유동성이 높기 때문에 거래에 더 용이하다.

11 다음 중 직무교육의 한 종류인 OJT(On-the-Job Training)의 주요 특징으로 가장 옳지 않은 것은?

① 업무 환경과 교육 환경이 분리되어 있어서 학습의 집중력을 높일 수 있다.

② 직원이 실무를 수행하는 능력을 향상시킬 수 있다.

③ 실제 업무 환경에서 교육이 이루어진다.

④ 교육 과정에서 직속 상사나 선배가 코치로서 중요한 역할을 한다.

12 아래 글상자의 특정 기업에 대한 SWOT 분석에서 내부 요인에 해당하는 항목을 모두 고른 것은?

> 가. 생산 효율성을 높여주는 독점 기술 보유
> 나. 경쟁사의 시장 점유율 상승
> 다. 고객 서비스 부족으로 인한 불만 증가
> 라. 정부의 새로운 규제로 인한 비용 부담

① 가, 나　　② 가, 다
③ 나, 라　　④ 다, 라

13 아래 글상자에서 재무상태표에 관한 설명으로 옳은 것을 모두 고른 것은?

> 가. 재무상태표는 일정 기간 동안의 기업의 재무 상태를 나타내는 보고서이다.
> 나. 재무상태표 등식은 "자산＝부채＋자본"이다.
> 다. 재무상태표의 차변합계와 대변합계는 항상 일치한다.

① 가, 나, 다　　② 가, 다
③ 나, 다　　④ 다

14 다음 중 내부 인재 모집에 대한 설명으로 가장 옳지 않은 것은?

① 주로 캠퍼스 리쿠르팅이나 기업 웹사이트를 통한 공개 채용을 통해 모집이 이루어진다.
② 직무에 대한 비현실적인 기대가 상대적으로 적기 때문에 직무에 대한 적응도가 높아진다.
③ 종업원 능력을 평가하기 훨씬 용이하다.
④ 육성 비용이 거의 들지 않기 때문에 비용을 절감할 수 있다.

15 다음 중 고객관계관리(CRM)의 정의로 가장 옳은 것은?

① 기업이 고객의 주문 데이터를 바탕으로 물류와 재고를 효율적으로 관리하는 시스템이다.
② 기업이 고객과의 금전 거래 내역을 통합 관리하여 매출과 비용을 분석하는 관리 시스템이다.
③ 기업이 고객의 구매 요청을 기반으로 생산 일정을 최적화하는 방법론이다.
④ 기업이 고객의 구매 이력과 선호도를 분석하여 고객 충성도를 높이기 위해 사용하는 전략 및 기술이다.

16 다음 중 성과평가 방법에서 서술법의 장점으로 가장 옳은 것은?

① 시간 소요가 적어 효율적이다.
② 간단하고 정량적인 피드백의 제공이 가능하다.
③ 직원 간 성과 비교가 가능하여 객관성을 높일 수 있다.
④ 직원의 성과와 개선 영역에 대한 구체적인 피드백이 가능하다.

17 다음 중 PERT/CPM 모델의 장점에 대한 설명으로 가장 옳지 않은 것은?

① 전체 프로젝트의 총 소요시간을 추정하는 것이 가능하다.
② 주경로(Critical Path)를 식별할 수 있다.
③ 그림으로 시각화되어 나타나 작업자 간 정보 전달이나 의사소통이 쉽다.
④ 전체 프로젝트의 총 소요시간에 영향을 주지 않는 범위 내에서 각 활동들을 얼마나 늦게 완료할 수 있는지에 대한 지연 시간 정보를 제공한다.

18 다음 중 기업자원관리(ERP)에 대한 설명으로 가장 옳지 않은 것은?

① 부서 간 데이터를 공유하여 정보의 일관성을 높일 수 있다.

② 실시간 데이터를 활용하여 경영 의사 결정을 지원할 수 있다.

③ 개별 부서의 독립적인 데이터 관리 역량을 강화시킬 수 있다.

④ 데이터의 중복을 최소화하여 운영 비용을 절감시킬 수 있다.

19 순현가(NPV)법은 주주 부의 극대화라는 기업의 목표에 적합하고 가장 합리적인 투자안 평가방법이다. 다음 중 순현가(NPV)의 특성으로 가장 옳지 않은 것은?

① 순현가는 투자안의 모든 현금흐름을 고려한다.

② 순현가는 현금흐름을 적절한 할인율로 할인한다.

③ 순현가는 가치의 가산원칙이 성립한다.

④ 순현가는 모든 개별 투자안들 사이의 상호작용이나 자본 제약을 고려한다.

20 다음 중 정기발주모형(P-model)과 정량발주모형(Q-model)에 대한 설명으로 가장 옳지 않은 것은?

① Q-model: 재주문점 시스템이라고도 할 수 있다.

② Q-model: 보유한 재고의 양이 특정 양에 도달하면 주문을 하는 시스템이다.

③ P-model: 안전재고의 보관 기간에 따라 주문이 이루어진다.

④ P-model: 재고의 양과 관계없이 주문이 이루어지는 시스템이다.

21 다음 중 관계형 데이터베이스 관리 시스템(RDBMS)의 특징으로 가장 옳지 않은 것은?

① 데이터를 테이블 형식으로 관리한다.

② SQL을 기본으로 데이터 조작 언어(DML)를 지원한다.

③ 데이터가 계층 구조로 저장되고 탐색된다.

④ 데이터 무결성과 일관성을 보장하기 위한 ACID 속성을 제공한다.

22 다음 중 반정형 데이터와 비정형 데이터에 대한 설명으로 가장 옳지 않은 것은?

① 반정형 데이터는 일정한 규칙이나 태그로 조직화된 데이터를 의미하며, 데이터를 구조화하거나 분석하기가 비정형 데이터에 비해 상대적으로 쉬운 편이다.

② 비정형 데이터는 텍스트, 이미지, 오디오, 비디오, 이메일, 소셜 미디어 게시글, 웹페이지 등의 다양한 형식으로 존재하므로 스키마가 유동적이다.

③ 반정형 데이터는 XML, JSON, YAML과 같은 형식으로 저장하며, 파싱 및 쿼리가 가능하고 특정 형식으로 데이터를 추출하고 분석할 수 있다.

④ 비정형 데이터는 검색, 추출, 분석을 위한 고급 알고리즘이나 도구가 필요하다.

23 다음 중 아래 글상자에서 비즈니스 인텔리전스(BI)와 데이터 기반 의사결정(DDDM)에 대한 설명으로 옳지 않은 것을 모두 고른 것은?

> 가. 데이터를 바탕으로 주관적 판단의 오류를 최소화할 수 있다.
> 나. BI와 DDDM은 과거 데이터만을 활용하므로 미래를 예측할 수 없다.
> 다. 데이터만 있으면 항상 정확한 의사결정이 가능하다.
> 라. 데이터 수집과 분석에 많은 비용이 들지 않아 모든 기업이 쉽게 도입할 수 있다.

① 가, 나, 다   ② 나, 다
③ 가, 다, 라   ④ 나, 다, 라

24 다음 중 기업의 데이터 웨어하우스에 데이터를 적재하는 ETL 과정에 대한 설명으로 가장 옳은 것은?

① 기업은 매일 자정에만 운영 DB의 로우 데이터를 모두 추출한다.
② 적재 후 ETL 도구가 자동으로 모든 오류를 식별 및 수정한다.
③ 변환 완료된 데이터를 데이터 웨어하우스의 해당 테이블에 적재한다.
④ 적재 후에는 재추출 및 재변환 과정이 필요 없다.

25 다음 중 데이터베이스의 개념 스키마가 변경될 경우 영향을 받는 요소로 가장 옳은 것은?

① 물리적 데이터 독립성
② 외부 스키마와 사용자 뷰
③ 데이터베이스의 파일 구조
④ 데이터베이스 하드웨어 요구사항

26 다음 중 DIKW 피라미드에서 정보와 지식에 대한 설명으로 가장 옳은 것은?

① 정보는 지식의 집합체이며, 지식은 데이터를 분석한 결과이다.
② 정보는 데이터에서 의미와 관계를 도출하여 정리한 것이며, 지식은 경험을 통해 습득한 이해이다.
③ 정보는 주어진 데이터를 사실 그대로 기록한 것이며, 지식은 이를 가공하여 분석한 것이다.
④ 정보는 데이터에 의미를 부여하여 경험과 맥락을 통해 이해한 것이며, 지식은 이를 바탕으로 미래를 예측한다.

27 다음 중 병원 응급실에 하루 평균 10명이 도착한다고 할 때, 첫 번째 환자가 도착하는 시간과 하루 동안의 환자 수를 각각 모델링하기 위해 사용하는 확률분포로 가장 옳은 것은?

① 첫 번째 환자가 도착하는 시간은 지수분포, 하루 동안의 환자 수는 기하분포를 따른다.
② 첫 번째 환자가 도착하는 시간은 포아송분포, 하루 동안의 환자 수는 지수분포를 따른다.
③ 첫 번째 환자가 도착하는 시간은 지수분포, 하루 동안의 환자 수는 포아송분포를 따른다.
④ 첫 번째 환자가 도착하는 시간과 하루 동안의 환자 수 모두 포아송분포를 따른다.

28 다음 중 아래 글상자에서 설명하는 확률적 표본 추출 방법으로 가장 옳은 것은?

> - 모집단을 서로 다른 동질적인 특성을 가진 여러 개의 소그룹으로 나눈 후, 각 소그룹에서 원하는 크기의 표본을 단순 임의로 추출하는 방법이다.
> - 표본으로 선택된 단위만을 조사하므로 비용 절감 및 자료분석이 용이하다.
> - 소그룹을 대표하는 동질적인 특성은 성별, 연령대, 종교, 소득수준과 같이 관심 있는 변수를 기준으로 한다.

① 단순무작위추출 ② 층화추출
③ 군집추출 ④ 계통추출

29 다음 중 NoSQL 데이터베이스에 해당하지 않는 것은?

① 문서 지향 데이터베이스
② 테이블 기반 데이터베이스
③ 열 기반 저장소
④ 그래프 데이터베이스

30 다음 중 빅데이터 기술에 대한 설명으로 가장 옳지 않은 것은?

① 데이터 웨어하우스는 일반적으로 실시간 데이터 처리에 최적화되어 있어 빠른 의사결정을 돕는다.
② HDFS는 대규모 데이터를 분산 저장할 수 있게 설계된 파일 시스템이다.
③ TensorFlow는 머신러닝 및 딥러닝을 위한 오픈소스 프레임워크이다.
④ NoSQL 데이터베이스로 분류되는 대표적인 저장 기술로 MongoDB가 있다.

31 다음 중 백업 유형과 그 특징이 가장 올바르게 연결된 것은?

① 전체 백업: 변경된 파일만 백업하여 백업 시간을 단축한다.
② 증분 백업: 마지막 백업 작업 이후 변경된 데이터만 백업한다.
③ 차등 백업: 정기적이고 자동화된 데이터 백업을 수행한다.
④ 논리적 백업: 데이터, 로그 파일, 제어 파일 등으로 구성되어 있다.

32 다음 중 데이터 오류의 유형과 예시에 대한 설명으로 가장 옳은 것은?

① 형식 오류: 날짜 데이터를 문자열로 저장하려고 할 때 발생한다.
② 완전성 오류: 동일한 데이터가 다른 값으로 저장될 때 발생한다.
③ 정확성 오류: 데이터의 값이 예상된 범위 내에 있는 경우 발생한다.
④ 무결성 오류: 동일한 데이터가 한 번만 저장된 경우 발생한다.

33 다음 중 데이터베이스에서 UPDATE 명령어를 사용할 때, 모든 행에 대해 동일한 값을 설정하지 않도록 하기 위한 방법으로 가장 옳은 것은?

① FROM 절을 이용하여 해당 테이블을 지정한다.
② PRIMARY KEY 값을 변경한다.
③ WHERE 절을 사용하여 특정 조건을 지정한다.
④ 테이블을 DROP 하고 다시 생성한다.

34 다음 중 비즈니스 인텔리전스 프로세스에 대한 설명으로 가장 옳은 것은?

① 데이터 시각화는 분석 단계에서 활용되며, 데이터 수집 단계에서는 활용되지 않는다.

② 데이터는 효율적인 분석을 위해 구조화된 형태로 안전한 저장소에 보관된다.

③ 성과 모니터링 단계에서 분석 결과를 활용하여 의사 결정을 수행한다.

④ 데이터 품질과 유효성을 유지하기 위해 데이터 분석 프로세스를 조정한다.

35 다음 중 데이터 저장 방안을 설계할 때 고려해야 할 사항으로 가장 옳지 않은 것은?

① 저장 용량을 산정하고 예상 데이터 증가량을 반영해 확장 가능성을 확보한다.

② 저장 시점 기준으로 암호화 또는 접근 권한 관리를 검토한다.

③ 데이터 저장 및 검색의 성능과 액세스 속도를 고려해야 한다.

④ 백업 및 복구 등의 기술적 절차는 운영 단계에서 수립할 수 있다.

36 다음 중 데이터베이스의 저장 데이터 관리자가 수행하는 역할로 가장 옳은 것은?

① 트랜잭션의 관리와 제어를 담당한다.

② 데이터를 디스크에 배치하고 관리한다.

③ 데이터의 특성에 대한 정보를 제공한다.

④ 데이터베이스의 쿼리 최적화를 수행한다.

37 다음 중 두 데이터셋을 결합할 때, 내부 병합(Internal Merge)의 결과로 가장 옳은 것은?

① 두 데이터셋의 모든 데이터를 포함한다.

② 첫 번째 데이터셋의 모든 데이터를 포함하고, 두 번째 데이터셋에서 첫 번째 데이터셋과 동일한 키가 있는 경우에만 오른쪽 데이터가 추가된다.

③ 두 데이터셋 모두에서 존재하는 키를 기준으로 데이터를 결합한 것이다.

④ 두 데이터셋에서 이름이 동일한 모든 열을 기준으로 결합되며, 중복된 열은 한 번만 포함된다.

38 다음 중 데이터 변동성을 측정하는 통계량에 대한 설명으로 가장 옳지 않은 것은?

① 변동계수(Coefficient of Variation, CV)는 표준편차를 평균으로 나눈 백분율로, 측정단위가 서로 다르거나 평균의 차이가 매우 큰 데이터를 비교할 때 사용한다.

② 범위(Range)는 최댓값과 최솟값의 차이로 계산하기 쉽지만 극단값에 민감하다.

③ 사분위수 범위(IQR: Interquartile Range)는 데이터의 1사분위수와 3사분위수의 차이를 의미하며, 데이터의 50%가 분포하는 범위를 나타낸다.

④ 평균절대편차(MAD: Mean Absolute Deviation)는 데이터들이 평균으로부터 떨어진 정도를 알아볼 때 이용한다.

39 다음 중 데이터베이스의 데이터 딕셔너리에 대한 설명으로 가장 옳은 것은?

① 데이터의 실제 값을 저장하는 저장소이다.

② 데이터베이스의 사용자 인터페이스를 제공하는 역할을 한다.

③ 데이터베이스의 스키마 정보와 메타데이터를 저장한다.

④ 트랜잭션의 상태를 관리하는 모듈이다.

40 다음 중 다중회귀에 대한 설명으로 가장 옳은 것은?

① 단순회귀모형에 2개 이상의 독립 변수를 추가하여 확장한 것이다.

② 독립 변수와 종속 변수 간의 관계가 비선형일 때 사용되는 기법으로, 데이터가 곡선 형태의 관계를 가질 때 유용하다.

③ 종속 변수가 이진값을 가지며, 독립 변수와의 관계를 통해 특정 사건이 발생할 확률을 예측한다.

④ 독립 변수들이 모두 이진값을 가질 때 사용한다.

 경영정보시각화 디자인

41 다음 중 산점도를 시각화할 때 주의해야 할 점으로 가장 옳지 않은 것은?

① 데이터 포인트가 적으면 막대그래프나 표와 같은 대안을 고려한다.

② 관계와 함께 시간에 따른 변화를 시각화할 수 있다.

③ 산점도의 해석에 영향을 줄 수 있는 예외 값을 강조 표시한다.

④ 데이터 포인트의 밀도가 낮을수록 산점도가 더 적합하다.

42 다음 중 아래와 같은 차트를 사용할 때 주의해야 할 사항으로 가장 옳지 않은 것은?

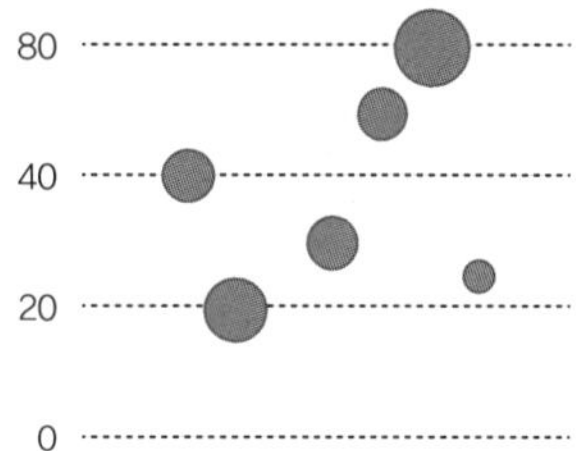

① 사람들이 원의 면적보다 지름을 기준으로 판단하는 경향이 있으므로 이를 고려해야 한다.

② 두 개 이상 변수의 상관 관계를 표현한다.

③ 데이터가 많을수록 이 차트의 활용은 적합하지 않으며, 최대 10개의 데이터만 사용한다.

④ 색상을 전략적으로 사용하여 데이터 그룹과 카테고리를 명확히 구분할 수 있어야 한다.

43 다음 중 타임라인 인포그래픽의 특성에 대한 설명으로 가장 옳지 않은 것은?

① 역사적 사건, 기업 연혁 데이터를 활용하여 시각화하기에 적절하다.

② 데이터의 정확한 수치보다는 시간적 순서를 강조하며, 시간의 순서대로 사용자의 시선이 따라가도록 설계한다.

③ 타임라인에 표시되는 모든 데이터는 동일한 중요도로 간주되며, 특정 이벤트를 강조하는 것은 일반적으로 제한된다.

④ 연표, 시간축, 주요 사건을 중심으로 정보를 정리하여 시간 경과에 따른 변화를 쉽게 파악할 수 있도록 돕는다.

44 다음 중 아래와 같은 차트를 사용하는 사례 및 특성에 대한 설명으로 가장 옳은 것은?

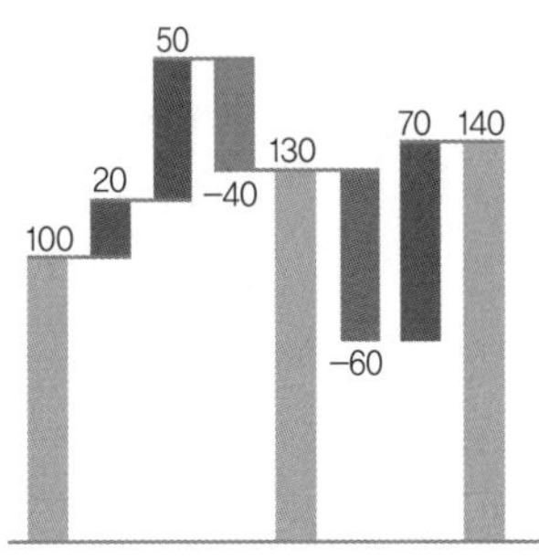

① 연도별 매출 순위 변화를 분석할 때 사용한다.
② 제품별 비용, 매출, 순이익 등 재무 항목의 누적 변화를 분석할 때 사용한다.
③ 각 범주의 분포와 최댓값, 최솟값을 비교할 때 사용한다.
④ 두 변수 간의 상관관계를 분석할 때 사용한다.

45 다음 중 블릿 차트의 주요 특징으로 가장 옳은 것은?

① 막대그래프와 유사한 형태이며, 실적 데이터를 목표 대비 성과로 시각화하는 데 적합하다.
② 게이지 차트보다 화면 공간을 더 많이 사용한다.
③ 데이터의 시간적 변화를 선으로 연결하여 나타낸다.
④ 그래프의 막대 방향에 수평인 선 마커는 비교 측정값이라 부른다.

46 다음 중 클라우스 윌케가 정의한 시각적 속성에 해당하지 않는 것은?

① 위치　　　　② 색
③ 부피　　　　④ 선 유형

47 다음 중 도넛 차트와 파이 차트에 대한 설명으로 가장 옳은 것은?

① 도넛 차트의 수치는 면적으로 표시한다.
② 도넛 차트는 각 세그먼트를 쉽게 구별할 수 있도록 색상 구분을 명확히 한다.
③ 파이 차트는 수치를 통해 값을 보여주고, 면적으로 각도를 표시한다.
④ 도넛 차트와 파이 차트는 모든 조각의 합이 항상 100%일 필요는 없다.

48 다음 중 사무자동화 프로그램(예: 엑셀, 파워포인트)의 시각화 기능에 대한 설명으로 옳은 것을 모두 고른 것은?

> 가. 비전문가도 사용이 가능하며, 기본적인 데이터 정리와 간단한 시각화를 쉽게 수행할 수 있다.
> 나. 드래그 앤 드롭 방식으로 시각화 요소를 생성할 수 있다.
> 다. 실시간 데이터 연동 및 대규모 데이터 처리가 가능하다.
> 라. 다차원 분석과 고급 통계 기능을 활용하여 복잡한 데이터 분석이 가능하다.

① 가　　　　　② 가, 나
③ 나, 다　　　　④ 가, 나, 라

49 다음 중 아래 설명을 통해 알 수 있는 비즈니스 인텔리전스(BI) 소프트웨어에 대한 단점으로 가장 옳은 것은?

> 동일한 시각적 결과물을 구현하기 위해 데이터 전처리, 분석 방법, 사용기능 등을 상세히 설명해야 하며, 대시보드나 보고서 등 최종 성과물만을 저장할 수 있다.

① 재현 가능성 구현 문제

② 잘못된 해석의 리스크

③ 반복 가능성 구현 문제

④ 보안과 권한 설정

50 다음 중 선 그래프를 효과적으로 시각화하기 위해 주의해야 할 사항으로 가장 옳지 않은 것은?

① 선의 두께는 그리드 선의 두께보다 두껍게 설정한다.

② Y축 기준선을 0으로 항상 고정해야 하는 것은 아니며, 데이터의 변화를 더 명확히 보기 위해 축의 범위를 조정하기도 한다.

③ 데이터 포인트의 수가 10개 미만으로 적을 때 표보다 그래프를 사용하는 것이 더 적합하다.

④ 변수가 많은 경우 식별이 어려울 수 있으므로 다른 시각화 방식을 선택한다.

51 다음 중 아래와 같은 그래프를 시각화할 때 주의해야 할 사항으로 가장 옳지 않은 것은?

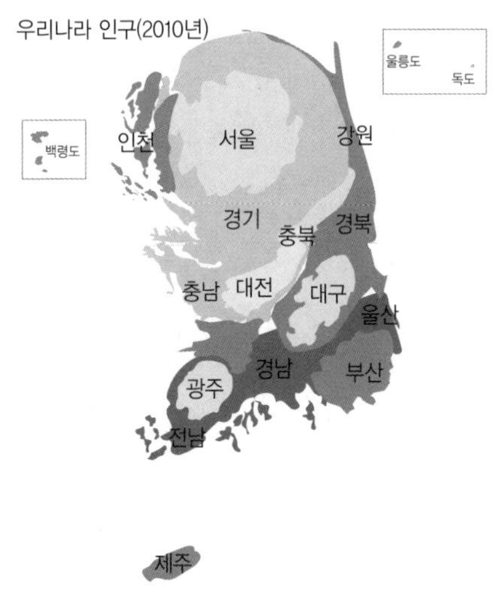

① 사용자가 나라의 위치나 형상 및 크기를 어느 정도 익숙하게 알고 있다는 전제하에 제공한다.

② 시각화할 때 인터랙션이 포함되면 탐색적 분석 효과가 극대화된다.

③ 데이터 값에 따라 지역의 크기와 모양이 왜곡되기 때문에, 이러한 왜곡이 데이터 해석에 적합한지 확인한다.

④ 지리적 데이터의 정확성을 유지하여 실제 지리적 위치를 정확히 시각화하여 표현하는 것을 목표로 한다.

52 다음 중 대시보드의 기본 기능에 대한 설명으로 가장 옳지 않은 것은?

① 대시보드상의 대화형 요소를 사용하여 사용자의 데이터 분석을 돕는다.

② 대시보드에 시각화된 KPI와 그래프는 실시간으로 데이터 갱신이 불가능하다.

③ 그래프와 차트를 통한 데이터 시각화 기능을 제공한다.

④ 데이터를 필터링하여 원하는 범위의 데이터만 표시할 수 있다.

53 다음 중 롤리팝 차트에 대한 설명으로 가장 옳은 것은?

① 이 차트는 데이터의 순서나 시간에 따른 변화를 시각적으로 나타내며, 단계별 변화 과정을 강조하는 데 주로 사용된다.

② 이 차트는 막대차트에서 파생된 형태로, 데이터를 선과 점으로 시각화하여 직관적인 비교를 가능하게 하는 것이 특징이다.

③ 이 차트는 여러 범주의 데이터를 계층적으로 그룹화하여, 각 그룹 간의 관계를 한눈에 파악할 수 있도록 설계되었다.

④ 이 차트는 분포를 시각화하는 데 적합하다.

54 다음 중 히트맵을 효과적으로 시각화하기 위해 주의할 사항으로 가장 옳지 않은 것은?

① 데이터 값의 범위를 반영하는 적절한 색상 눈금을 설정한다.

② 행과 열의 구성이 명확한 매트릭스 형식으로 이루어져야 한다.

③ 배경과 텍스트의 대비를 최소화하여 시각적 혼란을 줄인다.

④ 색상 눈금 범례를 포함하여 각 색상과 숫자 값의 매핑을 명확히 한다.

55 다음 중 아래 그림들의 특징으로 가장 옳지 않은 것은?

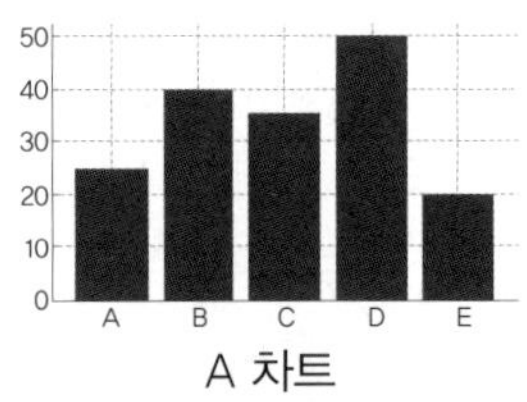

A 차트

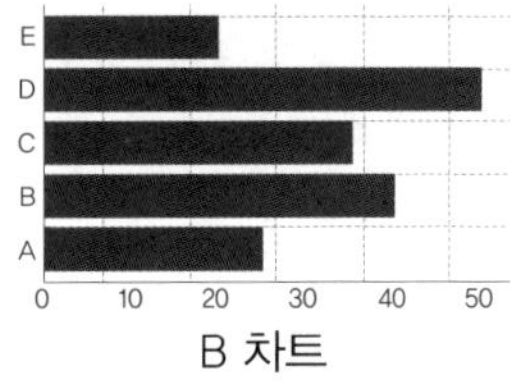

B 차트

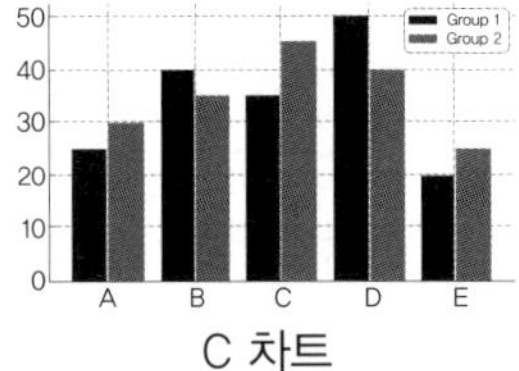

C 차트

① A 차트는 범주별 수량 비교가 가능하며, 특정한 순서가 없을 때는 막대 순서를 오름차순 혹은 내림차순으로 정렬할 수 있다.

② B 차트는 범주의 수가 많을 때도 가독성을 유지하며, 긴 항목 레이블을 효과적으로 표시할 수 있다.

③ C 차트는 그룹 간의 비교와 그룹 내 항목 간의 비교를 동시에 수행하지만, 각 그룹 내 항목의 직접적 비교는 어렵다.

④ 세 차트 모두 범주형 데이터를 기반으로 수량을 시각화하는 데 적합하며, 많고 적음을 표현하는 대표적 방법이다.

56 다음 중 시각화 디자인 기본 원리에 해당하는 게슈탈트 법칙의 주요 목적으로 가장 옳은 것은?

① 복잡한 시각 정보를 더 복잡한 형태로 나타낸다.

② 단순한 형태를 여러 개의 개별 요소로 나눈다.

③ 시각적 요소를 하나의 통합된 형태로 인식하도록 한다.

④ 정보의 전경과 배경을 완전히 분리한다.

57 다음 중 인포그래픽을 시각화할 때 '질감'의 역할과 효과로 가장 옳지 않은 것은?

① 표면의 시각적 특성을 활용하여 데이터 요소에 감각적 특성을 부여하고 시각적으로 정보를 보완한다.

② 부드러운 질감은 안정감을 나타내는 데 유용하고, 거친 질감은 긴장감을 전달하는 데 효과적이다.

③ 차트에서 질감 요소를 사용하여 특정 데이터 요소를 강조하거나 데이터의 의미를 명확히 전달할 수 있다.

④ 시각적 다양성을 극대화하기 위해 가능한 여러 종류의 질감을 사용하여 요소 간의 구분을 강조해야 한다.

58 다음 중 인포그래픽 아이콘에 대한 설명으로 가장 옳은 것은?

① 아이콘은 복잡한 정보를 간단하고 상징적인 형태로 시각화하여 직관적으로 이해할 수 있도록 디자인된 그래픽 요소이다.

② 아이콘은 일반적으로 텍스트와 문자를 활용하여 시각적으로 요소를 디자인하는 데 중점을 둔다.

③ 아이콘은 구체적인 데이터를 정확하게 표현하기 위해 세부적인 디테일과 정교한 표현 방식을 주로 사용한다.

④ 아이콘은 특정 문화권의 해석에 의존하지 않으며, 모든 사용자가 동일하게 이해할 수 있도록 설계된다.

59 다음 중 시간 시각화에 가장 적합하지 않은 것은?

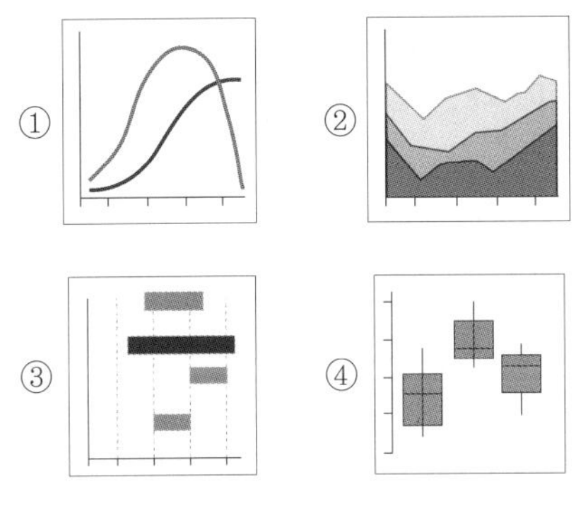

60 다음은 2024년 데이터를 두 가지 샘플 데이터로 시각화한 그림이다. 아래 설명 중 가장 옳지 않은 것은?

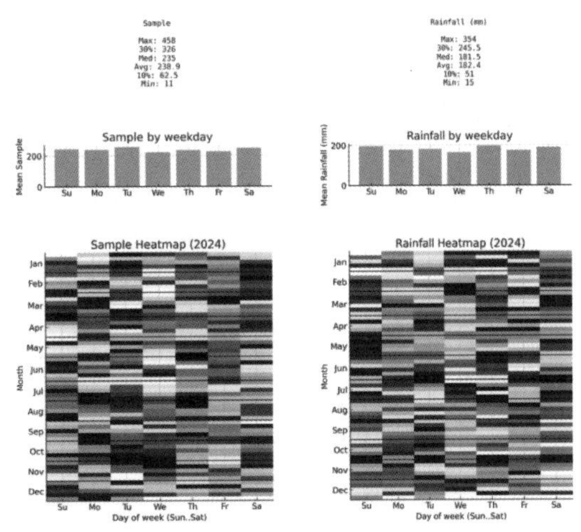

① 이 차트는 날짜별 데이터를 명도 차이로 시각화하여 값의 크기를 직관적으로 확인할 수 있다.

② 두 가지 샘플 차트 중 'Rainfall(mm)' 차트는 값이 클수록 어둡게 표현되며, 명도의 강도로 데이터를 비교할 수 있다.

③ 이 차트는 평균, 최댓값, 최솟값 등의 통계 정보를 통해 데이터의 전반적인 분포를 요약하여 제공한다.

④ 이 차트는 동일한 명도 스케일을 사용하므로 데이터 간의 시각적 비교가 직접적으로 가능하다.

01 아래 글상자의 예시 중 업셀링(Up-selling)과 교차판매(Cross-Selling)가 모두 포함된 것은?

> 가. 고객이 스마트폰을 구매하려 할 때, 더 큰 저장 용량을 가진 모델을 추천하고 무선이어폰 세트 구매를 제안한다.
> 나. 고객이 레스토랑에서 스테이크를 주문할 때, 같은 가격으로 사이즈가 늘어나는 고급 와인을 곁들인 세트를 권한다.
> 다. 고객이 프린터를 구매하려고 할 때, 리퍼 제품을 할인된 가격으로 제안하며 정품 잉크 패키지를 함께 추천한다.
> 라. 고객이 항공권을 예약할 때, 비즈니스석 업그레이드 옵션과 함께 라운지 이용권을 추가로 추천한다.

① 가, 다　　　　② 가, 라
③ 가, 다, 라　　④ 가, 나, 다, 라

02 재고청산이 발생하지 않는다고 가정했을 때 다음 중 물가가 상승하고 있는 상황에서 매출총이익이 가장 적게 계산되는 원가흐름가정으로 가장 옳은 것은? (단, 세금 효과는 무시한다)

① 선입선출법　　② 후입선출법
③ 이동평균법　　④ 총평균법

03 다음 중 기업에서 실시하는 유연근무제에 대한 설명으로 가장 옳은 것은?

① 종업원이 시간에 제약 없이 자신이 원하는 시간으로 근무시간을 조정할 수 있는 효율적인 제도이다.
② 재택근무는 전통적인 근무방식과 비교하여 기업에게 보다 많은 비용을 발생시키지만 관리가 용이하다.
③ 유연근무제는 대부분 종업원을 나태하게 만들어 직무에 대한 동기부여를 낮춘다.
④ 기업이 제공하는 비법정 복리후생제도 중 하나이다.

04 다음 중 아래 글상자의 다양한 품질관리기법에 대한 설명으로 옳은 것을 모두 고른 것은?

> 가. 산점도 기법은 두 변수 간의 관계를 알아보고자 할 때 유용하다.
> 나. 체크리스트 기법을 통해 결함이 발생하는 위치를 확인할 수도 있다.
> 다. 파레토 기법을 통해 중요한 문제에 집중할 수 있다.
> 라. 특성요인도의 주요원인인 4M은 작업자, 작업방법, 원재료, 비용이다.

① 나, 라
② 가, 나, 다
③ 나, 다, 라
④ 가, 나, 다, 라

05 다음 중 직무분석을 활용하는 방안으로 가장 옳지 않은 것은?

① 직무분석을 통해 평가와 보상의 기준을 설정한다.

② 직무명세서를 통해 모집 및 선발 기준을 마련한다.

③ 직무기술서를 통해 종업원에게 업무를 지시한다.

④ 직무를 수행하는 개인이 갖춰야 하는 자격요건인 직무기술서를 작성한다.

06 다음 중 성과평가 방법에서 강제할당법의 주요 특징으로 가장 옳지 않은 것은?

① 낮은 범주에 속한 직원의 사기를 떨어뜨릴 수 있다.

② 특정 기준에 따라 직원들의 상대적 위치가 할당된다.

③ 직원 간 성과를 스펙트럼 범주에 따라 분류한다.

④ 평가자가 직원의 성과를 비교하여 순위를 매긴다.

07 다음 중 옵션에 대한 설명으로 가장 옳지 않은 것은?

① 옵션은 채권투자위험을 해지하거나 채권가격의 변동에 대응하여 포트폴리오 수익을 향상시키는 데 사용될 수 있다.

② 옵션 매수자는 기초자산을 매수하거나 매도할 수 있는 권리에 대하여 옵션 매도자에게 프리미엄을 지급한다.

③ 옵션 매수자의 입장에서 옵션과 관련된 위험은 지불한 프리미엄으로 제한되는 반면, 잠재적 보상은 풋옵션의 경우 이론적으로 무제한이라고 볼 수 있다.

④ 행사가격과 기초자산의 현재 시장가격 간의 관계가 옵션 가치에 영향을 준다고 볼 수 있다.

08 기업은 인적자원평가 결과를 종업원 관점, 관리적 관점, 조직적 관점에서 활용할 수 있다. 아래 글상자의 내용 중 관리적 관점에서 평가 결과를 활용하는 방법을 모두 고른 것은?

> 가. 성과평가의 문서화를 유지하면서 고용법 및 규정을 준수한다.
> 나. 내부 승계를 위한 핵심 인력을 식별하는 데 사용한다.
> 다. 객관적인 성과데이터에 기반하여 종업원의 급여를 조정하는 의사결정을 진행한다.
> 라. 직원 성과 개선을 위한 피드백과 코칭 자료로 사용한다.

① 가, 나

② 가, 나, 라

③ 나, 다, 라

④ 가, 나, 다, 라

09 다음 중 아래 글상자의 괄호 안에 순서대로 들어갈 각각의 용어로 가장 옳은 것은?

> 콜옵션의 경우에 (가)은/는 기초자산의 가격이 행사가격보다 낮은 상태를 의미한다. 풋옵션의 경우에 (나)은/는 기초자산의 가격이 행사가격보다 높은 상태를 의미한다.

① (가) 외가격, (나) 외가격

② (가) 내가격, (나) 외가격

③ (가) 외가격, (나) 내가격

④ (가) 내가격, (나) 내가격

10 다음 중 공공데이터포털과 관련된 설명으로 가장 옳지 않은 것은?

① 공공기관이 생성하거나 획득하여 관리 중인 공공데이터를 제공한다.

② 공공데이터포털은 파일데이터, 오픈 API, 시각화 등 다양한 방식으로 공공데이터를 제공하고 있다.

③ 누구나 간편하게 검색을 통해 원하는 공공데이터를 신속하고 정확하게 찾을 수 있도록 도와준다.

④ 정부민원포털 정부24(www.gov.kr)에서 신청되지 않는 각종 증명서 등에 대해서 신청 및 자료를 다운로드할 수 있다.

11 다음 중 경제적 주문량(EOQ) 모형에 대한 설명으로 가장 옳지 않은 것은?

① 연간 총비용은 주문비용과 재고유지비용의 합으로 산정된다.

② 리드타임이 일정하다면 안전재고는 필요하지 않을 수 있다.

③ EOQ는 수요 변동성과 주문 단가 변화를 반영하여 탄력적으로 조정된다.

④ EOQ에서는 재고가 모두 소진되는 시점에 정확히 다음 주문이 도착한다고 본다.

12 아래 글상자의 5 Forces 분석 내용 중에서 잠재적 진입자의 위협을 높이는 상황을 모두 고른 것은?

① 가　　　　② 나
③ 가, 라　　　④ 나, 다, 라

13 다음 중 손익계산서에 보고되는 영업이익의 계산식으로 가장 옳은 것은?

① 매출액−매출원가

② 매출액−매출원가+영업외수익−영업외비용

③ 매출총이익+영업외수익−영업외비용

④ 매출총이익−판매비와관리비

14 다음 중 순수고객추천지수(NPS)에 대한 설명으로 가장 옳지 않은 것은?

① NPS는 고객이 브랜드 또는 제품을 추천할 가능성을 0~10점 척도로 평가하는 방식이다.

② NPS 점수(지표)는 전체 권유자의 비율에서 비판자의 비율을 차감한 수치로 계산할 수 있다.

③ '4점'에서 '6점' 사이의 점수를 부여한 응답자는 중립으로 분류된다.

④ '9점' 또는 '10점'을 부여한 응답자만 '권유'로 분류된다.

15 다음 중 고착도(Stickiness)에 대한 설명으로 가장 옳지 않은 것은?

① 고착도는 DAU와 MAU의 비율로 계산된다.

② 고착도가 높을수록 사용자가 서비스에 자주 참여함을 의미한다.

③ 고착도는 고객의 충성도를 평가하는 주요 지표에 해당한다.

④ 고착도와 서비스의 절대적인 사용자 수는 비례한다.

16 프로젝트 일정에서 각 활동은 여유 시간 (Slack)을 갖는다. 이 프로젝트의 주경로 (Critical Path)를 찾는 방법으로 가장 옳은 것은?

① ES와 EF의 차이가 가장 많이 나는 활동들을 찾아 연결한다.

② LS와 LF의 차이에서 여유시간(Slack)의 값을 뺀 값이 가장 적은 활동을 찾아 연결한다.

③ ES와 LS의 합과 EF와 LF의 합이 최대가 되는 활동을 찾아 연결한다.

④ 여유시간(Slack)이 0이 되는 활동들을 찾아 연결한다.

17 다음 중 현대적 구매관리와 관련된 설명으로 가장 옳지 않은 것은?

① 구매부서는 조달 품목의 중요도에 따라 공급업체와의 관계를 차별화하며, 경우에 따라 공동 기술개발을 진행한다.

② 지속가능성과 윤리적 조달은 장기적인 공급망 신뢰성을 확보하기 위한 핵심요소 중 하나이다.

③ 원가효율성은 구매 의사결정의 최우선 기준이며, 공급업체와의 협력관계는 가격 협상에 유리하게 작용한다.

④ 단기 조달원가 뿐만 아니라 품질, 납기, 유연성 등 전체적 가치를 종합적으로 고려한다.

18 전자상거래에서 SNS 플랫폼을 활용한 퍼포 먼스 마케팅 캠페인의 효과를 측정하기 위해 다양한 지표들이 활용된다. 다음 중 SNS 플랫폼별 ROI(Return On Investment) 산정에 가장 직접적인 영향을 미치지 않은 지표는?

① 클릭률(Click-Through Rate)

② 페이지 체류 시간(Average Time on Page)

③ CPA(Cost Per Action)

④ ROAS(Return On Ad Spend)

19 다음 중 아래 글상자에서 영업활동으로 인한 현금흐름과 관련이 없는 것을 모두 고른 것은?

> 가. 로열티에 따른 현금 유입
> 나. 단기차입금에 의한 현금 유입
> 다. 재화 판매에 따른 현금 유입
> 라. 종업원 관련 현금 유출

① 나 ② 다
③ 가, 나, 라 ④ 나, 다, 라

20 다음 중 광고 캠페인의 클릭률(CTR)과 전환율(CVR) 간의 관계에 대한 설명으로 가장 옳지 않은 것은?

① CTR이 높더라도 CVR이 낮을 경우 구매 경로에서 이탈 가능성이 높다.

② 광고 메시지와 콘텐츠 간 일관성이 높을 경우, CTR과 CVR이 동시에 높아진다.

③ 포괄적인 타깃을 사용하는 경우, CTR이 낮고 CVR이 높아진다.

④ CTR과 CVR은 노출 수를 분모로 하여 사용자 반응을 기반으로 계산된다.

21 다음 중 데이터의 EDA(탐색적 데이터 분석)에 대한 설명으로 옳은 것을 모두 고른 것은?

> 가. EDA 과정에서 변수 간 상관관계를 확인함으로써 다중공선성 문제를 사전에 인지할 수 있다.
> 나. 어떤 불확실한 사건의 발생 가능성을 수치화하여, 시각적으로 표현한 것이다.
> 다. 주로 데이터의 '무엇(what)'을 보여주는 데 중점을 둔다.
> 라. 정규 분포를 따르는 수치형 데이터에 최적화되어 있으며, 범주형 데이터에는 적용이 제한적이다.
> 마. 정규성, 선형성, 등분산성과 같은 통계적 가정 검토도 EDA의 분석 대상에 포함될 수 있다.

① 가, 나
② 가, 나, 라
③ 나, 라
④ 가, 마

22 다음 중 고객의 구매 이력, 웹사이트 방문 기록, 소셜 미디어상의 게시물(이미지, 동영상 포함)이나 댓글 등을 분석하여 고객에게 맞춤형 광고를 제공하고자 할 때 중요한 빅데이터의 특징으로 가장 옳은 것은?

① Volume
② Velocity
③ Variety
④ Veracity

23 다음 중 기업이 셀프서비스 BI 환경으로 성공적으로 전환하기 위해 우선적으로 관리해야 할 주요 위험 요소로 옳은 것을 모두 고른 것은?

> 가. IT 부서의 역할이 데이터 관리 및 거버넌스 중심으로 변화하면서, 기존 리포트 개발 인력들의 역할 재정의에 대한 내부 저항이 발생하는 문제
> 나. 현업 사용자들이 생성한 분석 결과물에 대한 신뢰도 검증 프로세스가 부재하여, 잘못된 데이터에 기반한 의사결정이 내려질 가능성이 증대되는 문제
> 다. 셀프서비스 BI 툴을 도입하면서 발생하는 라이선스 비용과 사용자 교육 비용이 초기 예상보다 증가하여 프로젝트의 투자수익률이 악화되는 문제
> 라. 현업 사용자들이 데이터 모델링이나 데이터 정합성에 대한 이해 없이 각자 다른 기준으로 데이터를 처리하여, 동일한 지표임에도 부서마다 다른 결과가 나오는 문제

① 가, 나　　　② 나, 다
③ 나, 라　　　④ 가, 나, 라

24 다음 중 데이터베이스를 분산시키는 방법으로 가장 옳지 않은 것은?

① 테이블 구조 변화 없이 테이블의 위치를 분산시키며, 이때 테이블은 다른 데이터베이스에 중복 생성된다.
② 테이블의 특정 열 값을 기준으로 행을 분리하여 분산시킨다.
③ 테이블의 특정 열을 기준으로 열을 분리하여 분산시킨다.
④ 다른 지역이나 서버에 동일한 테이블을 동시에 생성한다.

25 다음 중 API를 이용한 데이터 수집 방법에 대한 설명으로 가장 옳지 않은 것은?

① HTTP(S)의 요청 방식을 사용한다.

② JSON, XML 등의 형식으로 데이터를 응답받는다.

③ 클라이언트와 서버 간의 상호 작용을 위한 인터페이스 규약으로 정보를 얻는다.

④ 웹페이지에서 데이터를 자동 추출하는 방법으로 데이터 수집의 법적 문제 검토가 필요하다.

26 다음 중 확률밀도함수가 주어진 구간에서 일정한 값을 가지며 그 구간 밖에서는 0인 연속확률분포로 가장 옳은 것은?

① 감마분포

② 균일분포

③ 베타분포

④ 정규분포

27 다음 중 파일 시스템의 종류에 대한 설명으로 가장 옳지 않은 것은?

① APFS: 개발사 외 일부 OS와 호환이 가능하며, 데이터의 읽기, 쓰기 등의 기본적인 처리 속도가 빠르다.

② NTFS: 견고한 보안을 지원하며, 파일 및 폴더에 대한 접근 권한을 제한한다.

③ FAT: 구조가 단순하며 대부분의 OS에서 호환이 가능하지만, 디스크 성능을 위해 주기적인 조각 모음이 필요하다.

④ HFS: 메타데이터의 개념을 도입하여 다양한 파일 정보를 저장할 수 있다.

28 다음 중 온프레미스(on-premises) 방식 BI에 대한 설명으로 가장 옳지 않은 것은?

① 기업이 직접 소프트웨어와 하드웨어를 관리하기 때문에 필요에 맞게 시스템을 커스터마이징할 수 있다.

② 중요한 데이터와 시스템을 기업 내부에서 직접 관리하므로 보안성이 높다.

③ 서버, 스토리지, 네트워크 장비 등의 초기 투자 비용이 높다.

④ 보안이 중요한 데이터나 특정 비즈니스 요구 사항을 충족하기 위해, 클라우드 컴퓨팅과 결합하는 기업도 늘어나고 있다.

29 다음 중 분산 데이터베이스의 투명성 (Transparency)에 대한 설명으로 가장 옳은 것은?

① 위치 투명성: 사용자가 데이터의 중복 복제본을 알지 못하더라도, 시스템이 자동으로 중복 데이터의 위치 및 정보를 관리하고 사용할 수 있다.

② 병행 투명성: 다수의 사용자들이 동시에 데이터베이스를 사용하더라도, 일관성을 유지하고 사용자 간의 간섭이 없다.

③ 분산 투명성: 데이터베이스가 여러 조각으로 나뉘어 있더라도, 사용자는 이를 하나의 일관된 데이터베이스로 인식할 수 있다.

④ 분할 투명성: 지역 물리 간 분할 매핑이 가능하기 때문에 각 지역 시스템의 이름과 관련 없이 물리적 DB를 사용할 수 있다.

30 다음 중 교차검증에 대한 설명으로 가장 옳지 않은 것은?

① 모델의 성능을 평가하기 위해 데이터를 여러 폴드(Fold)로 나누고, 각 폴더를 번갈아가며 훈련 및 검증에 사용하는 방법이다.

② k-겹 교차검증은 데이터를 k개의 동일한 크기로 나누어 한 부분을 검증 세트로, k-1개의 부분을 훈련 세트로 사용한다.

③ 계층적 k-겹 교차검증은 각 클래스의 비율을 전체 데이터 세트의 클래스 비율에서 너무 벗어나지 않도록 분할한 것이다.

④ LOO 교차검증은 데이터의 각 샘플을 한 번에 하나씩 검증 세트로 사용하므로 적은 연산 비용으로 계산이 가능하다.

31 다음 중 아래 글상자에서 설명하는 데이터 해석 오류의 유형으로 가장 옳은 것은?

자신의 신념이나 가설을 뒷받침하는 데이터만을 선택적으로 해석하는 경우로, 객관적이지 않은 데이터 해석으로 인해 데이터 분석, 의사결정, 연구 결과 도출 시 문제를 일으킬 수 있다.

① 데이터 클러스터 착각(Data Clustering Illusion)

② 기준 데이터 편향(Data Anchoring Bias)

③ 데이터 편승 효과(Data Bandwagon Effect)

④ 데이터 확증 편향(Data Confirmation Bias)

32 다음 중 트랜잭션 관리자에 대한 설명으로 가장 옳은 것은?

① 내부스키마를 관리하며 모든 객체에 대한 접근이 가능하다.

② 여러 데이터 조작 작업을 하나의 논리적 단위로 묶어서 데이터의 일관성과 동시성을 제어한다.

③ 블록 할당, 파일 시스템, 인덱스 구조 등을 관리하여, 데이터의 효율적인 검색을 지원한다.

④ 데이터 구조와 메타데이터 정보를 저장하고 관리하며, 스키마, 사용자, 테이블, 속성, 제약조건 등을 정의한다.

33 다음 중 ETL에 대한 설명으로 옳지 않은 것을 모두 고른 것은?

가. 복잡도가 낮은 비즈니스 룰 적용이 필요한 상황에서 일반적으로 사용된다.

나. 데이터가 발생할 때마다 실시간으로 데이터를 처리하고 적재한다.

다. 추출 단계에서 데이터를 목적에 맞게 변경하거나, 구조를 변경하여 획득한다.

라. 변형 단계 처리가 완료된 데이터를 특정 목표 시스템에 적재한다.

마. 데이터 마트나 데이터 웨어하우스와 같은 분석환경으로 데이터를 적재하는 데 사용된다.

① 가, 나
② 가, 다
③ 가, 나, 다
④ 나, 다, 라, 마

34 다음 중 파일 시스템과 데이터베이스 관리 시스템의 차이에 대한 설명으로 가장 옳지 않은 것은?

① 파일 시스템은 데이터 무결성 보장을 위한 제약조건 기능이 제한적이다.

② 데이터베이스 관리 시스템은 트랜잭션 관리 기능을 통해 데이터의 일관성을 보장할 수 있다.

③ 파일 시스템은 보안 및 접근 제어가 체계적으로 자동 관리된다.

④ 데이터베이스 관리 시스템은 SQL 질의를 이용해 데이터를 효율적으로 검색하고 조작할 수 있다.

35 다음 중 아래 글상자의 사례에서 괄호 안에 들어갈 단어에 대한 설명으로 가장 옳지 않은 것은?

> 학생들의 수학 시험 점수를 예측하기 위해 수천 개의 학생 데이터를 사용해 모델을 학습시켰다. 훈련 데이터에서 정확도는 99%이며, 오류율은 0.01%이다. 이 모델을 이용하여 실제 새로운 학생들의 점수를 예측하였는데, 정확도는 75%, 오류율은 32%였다. 이러한 현상을 (   )이라고 한다.

① 모델의 복잡도를 늘리는 방향으로 조절하면 이 현상을 방지할 수 있다.

② 모델이 훈련 데이터의 노이즈나 예외적인 데이터까지 학습하는 경우 발생한다.

③ 모델이 훈련 데이터에 과도하게 맞춰져 테스트 데이터에 대한 예측 성능이 떨어지는 현상이다.

④ 교차 검증을 통해 모델의 일반화 성능을 평가하면 이 현상을 발견할 수 있다.

36 다음 중 데이터를 분석하기 전 데이터 정제에 대한 설명으로 가장 옳지 않은 것은?

① 원-핫 인코딩을 통해 텍스트 범주형 형식의 데이터를 숫자 형식으로 변환한다.

② 연속형 데이터를 범주형 데이터로 변환할 때는 일반적으로 데이터 범위를 동일 크기의 구간으로 나눈다.

③ 부동 소수점을 정수로 변환하여 복잡성을 줄인다.

④ 데이터의 차원을 축소하여 모델의 복잡성을 줄인다.

37 다음 중 데이터베이스의 Dimension 테이블과 Fact 테이블에 대한 설명으로 옳은 것을 모두 고른 것은?

> 가. Dimension 테이블은 주로 분석에 필요한 설명적 속성, 텍스트 정보나 범주형 데이터를 저장한다.
> 나. Dimension 테이블은 매우 많은 수의 행을 가지며, Fact 테이블은 적은 수의 행을 가진다.
> 다. Fact 테이블은 주요 데이터 저장소 역할을 하며, Dimension 테이블은 데이터의 카테고리를 정의한다.
> 라. Dimension 테이블은 다수의 외래키를 가지고 있으며, 이 외래키들은 Fact 테이블을 참조한다.

① 가, 나, 다
② 나, 다
③ 가, 다
④ 가, 나, 다, 마

38 다음 중 데이터 정제를 위한 결측값 처리에 대한 설명으로 가장 옳지 않은 것은?

① 데이터의 평균값이나 중앙값, 최빈값 등으로 결측값을 대체한다.

② 다른 변수를 기반으로 회귀 분석을 수행하여 결측값을 예측한다.

③ 결측값이 있는 데이터 포인트와 가장 유사한 k개의 이웃 데이터 포인트를 찾아 이들의 값을 기반으로 결측값을 추정한다.

④ 결측값을 여러 번 대체하여 여러 개의 완전한 데이터 세트를 생성하고, 이들 결과를 종합하여 최종 결론을 도출한다.

39 다음 중 수치형 데이터와 범주형 데이터에 대한 설명으로 옳은 것을 모두 고른 것은?

> 가. 수치형 데이터는 산술 평균, 표준편차 등을 이용해 중심 경향과 산포를 요약할 수 있다.
> 나. 범주형 데이터는 교차표나 모자이크 플롯을 이용해 범주 간 빈도 관계를 시각화할 수 있다.
> 다. 수치형 데이터의 집단 간 평균 차이 검정에는 카이제곱 검정이 주로 사용된다.
> 라. 범주형 데이터를 한눈에 보여주는 대표적인 그래프는 상자그림이다.
> 마. 수치형 데이터를 사분위수 기준으로 구간화하면 원래 데이터의 정보 해상도가 낮아질 수 있다.

① 가, 나 ② 가, 다, 라

③ 가, 나, 마 ④ 가, 나, 다, 마

40 다음 중 정형 데이터에 대한 설명으로 가장 옳지 않은 것은?

① 사전에 정의된 데이터 모델과 스키마를 엄격히 준수해야 한다.

② 하나의 속성에는 하나의 값을 가져야 하며, 그 값의 내부에 또 다른 속성과 값을 가질 수 있다.

③ 주로 행과 열의 구조에 벡터와 매트릭스 형태를 갖는다.

④ csv 파일 형태로 존재할 수 있으며, 행은 데이터의 개별항목을 나타내며 열은 데이터의 속성을 나타낸다.

41 다음 중 아래와 같은 차트에 대한 설명으로 가장 옳지 않은 것은?

2025년 에너지원별 에너지 사용량

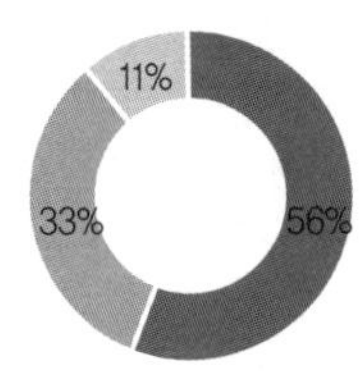
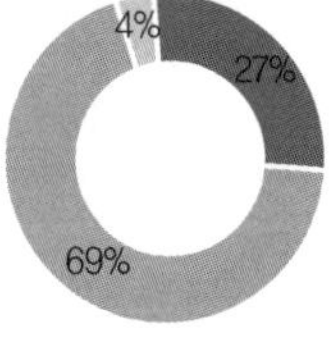

① 독립 변수는 세그먼트로 표현되며 일반적으로 범주형 변수이다.

② 신속하고 정확한 정보 전달 측면에서 파이 차트보다 유용하며 데이터 비교가 직관적이다.

③ 차트 조각의 값은 면적이 아닌 호의 길이로 표현한다.

④ 차트에서 종속 변수는 세그먼트의 크기로 표현되며 정량적 변수로 해석된다.

42 다음 중 자크 베르탱이 '그래픽의 기호학'에서 제시한 7가지 시각적 변수 요소 중 '기울기'의 활용으로 가장 옳지 않은 것은?

① 기울기는 데이터 강조에 활용할 수 있는 시각적 변수이다.

② 기울기는 범주 데이터를 구분하는 데 적합하다.

③ 기울기는 풍향을 나타내기에 적절한 시각 변수이다.

④ 시각 변수 중 기울기보다 위치가 정량적 정보를 명확하게 전달한다.

43 다음 중 흐름도(Flow chart) 또는 다이어그램에 대한 설명으로 가장 옳지 않은 것은?

① 흐름도와 마찬가지로 워터폴 차트(Waterfall chart)도 대상의 흐름을 나타낼 때 사용할 수 있다.

② 흐름도와 다이어그램은 이산적 데이터보다는 연속적 데이터에 더 적합하다.

③ 흐름도는 포괄적인 기호를 통해 알고리즘을 기술한다.

④ 흐름도와 다이어그램은 절차나 상호작용을 명확히 나타낼 수 있다.

44 다음 중 모자이크 차트에 대한 설명으로 가장 옳지 않은 것은?

① 공간적으로 인접하지 않은 다차원 셀 간에도 면적의 상대적 차이를 통해 분포의 비율 관계를 직관적으로 시각화하기에 유용하다.

② 범주 간의 비율을 사각형의 크기로 표현하며 데이터의 상대적 분포를 효과적으로 나타낸다.

③ 두 개 이상의 범주가 계층 구조를 가질 때 적합하며 다중 범주 데이터를 시각적으로 구분하는 데 사용된다.

④ 모자이크 차트는 범주의 배치를 제어하기 어렵다.

45 다음 중 비즈니스 인텔리전스(BI) 대시보드에 대한 설명으로 옳은 것을 모두 고른 것은?

가. 대시보드는 복잡한 원시 데이터를 시각화하여 직관적인 의사결정을 지원한다.

나. 경영지표 확인은 탐색형 대시보드보다 설명형 대시보드로 구현하는 것이 적합하다.

다. 대시보드는 과거 데이터의 요약에 집중하며, 예측 분석에는 적합하지 않다.

라. 탐색형 대시보드는 디자인 요소가 사용자의 생각에 영향을 주지 않도록 중립적이어야 한다.

마. BI 도구는 실시간 데이터 연동이 가능하여 최신 정보를 기반으로 경영판단을 내릴 수 있다.

① 가, 나, 마
② 나, 라, 마
③ 나, 다, 라
④ 가, 라, 마

46 다음 중 정보 시각화 또는 인포그래픽의 역할과 목적에 대한 설명으로 가장 옳지 않은 것은?

① 정보 시각화는 인간의 시각 시스템에 저장된 자료들을 그대로 사용하여 인간의 정보 처리 능력을 확장시킨다.

② 정보 시각화는 많은 데이터를 동시에 차별적으로 보여줄 수 있다.

③ 인포그래픽은 단순히 정보를 시각적으로 표현하는 것뿐만 아니라 사용자가 원 데이터를 해석할 수 있도록 도울 수 있다.

④ 인포그래픽은 어려운 지각적 추론이 필요한 내용에 적용하기에 적합한 방식이다.

47 다음 중 지리 공간 데이터의 시각화에서 아래의 (ㄱ), (ㄴ), (ㄷ)에 해당하는 시각화로 가장 옳은 것은?

> (ㄱ) 미국 각 주의 중위소득을 지도에 명도를 다르게 하여 시각화하였을 때, 면적은 넓고 인구밀도가 아주 낮은 알래스카의 높은 중위소득이 두드러져 미국의 소득 분포 상태를 적절하게 보여주지 않았다. 이 문제를 해결하기 위해 (ㄴ) 각 주의 크기를 인구 밀도에 비례하게 수정하였다. 또 다른 해결 방법으로 (ㄷ) 중위소득에 따라 명도를 달리하되 각 주를 정사각형으로 나타냈다.

① (ㄱ) 카토그램, (ㄴ) 카토그램 히트맵, (ㄷ) 단계 구분도
② (ㄱ) 카토그램, (ㄴ) 단계 구분도, (ㄷ) 카토그램 히트맵
③ (ㄱ) 단계 구분도, (ㄴ) 카토그램, (ㄷ) 카토그램 히트맵
④ (ㄱ) 단계 구분도, (ㄴ) 카토그램 히트맵, (ㄷ) 카토그램

48 다음 중 아래 그래프의 특성에 대한 설명으로 옳은 것을 모두 고른 것은?

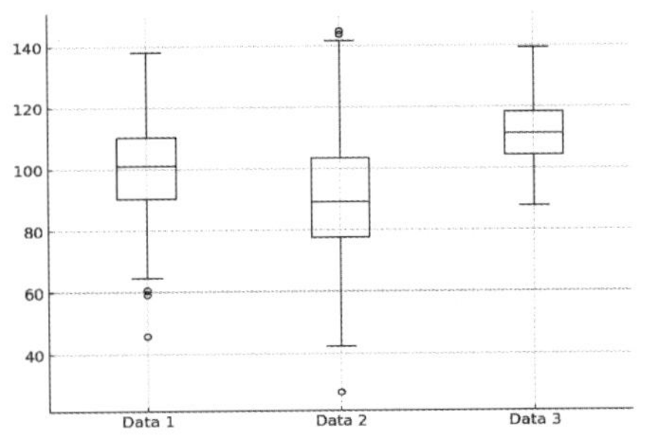

가. 첫 번째와 세 번째 사분위수 밖에 자리하는 데이터 포인트를 이상값이라고 한다.
나. 이 그래프는 데이터의 특이값을 발견하는 데 용이한 특성을 가진다.
다. 평균값을 시각화하여 데이터의 대칭성을 파악할 수 있다.
라. 수염은 데이터의 최솟값, 최댓값 또는 박스 높이의 1.5배 안에 속하는 최솟값이나 최댓값 중 수염이 더 짧게 나오는 값까지 이어진다.

① 가, 다
② 나, 라
③ 가, 나, 라
④ 가, 다, 라

49 다음 중 다양한 시각화 기법에 대한 설명으로 가장 옳지 않은 것은?

① 산점도행렬은 여러 변수 간의 관계를 행렬 형태로 시각화하며 다차원 데이터를 탐색하고 이해하는 데 유용하다.
② 경사(기울기) 차트는 데이터 변화율을 강조하기 위해 사용되며, 표현된 비율은 절대적인 값으로 해석된다.
③ 도식적 카토그램은 데이터의 분포를 왜곡된 지리적 형태로 시각화하며, 위치를 직관적으로 파악하는 데 어려움이 있다.
④ 단계 구분도는 영역별 색상의 명도나 채도를 사용하여 데이터 값을 구분하고 지리적 데이터의 차이를 표현하는 데 효과적이다.

50 다음 중 상관도표에 대한 설명으로 옳은 것을 모두 고른 것은?

> 가. 다중 변수 간의 상관관계를 시각적으로 표현한다.
> 나. 정적 상관관계는 음의 상관계수를, 부적 상관관계는 양의 상관계수를 의미한다.
> 다. 대각선은 일반적으로 1로 표시된다.
> 라. 많은 변수를 이해하기 쉽게 시각화할 때 유용하다.
> 마. 변수 간의 관계, 방향, 계수 파악에 용이하다.

① 가, 나, 라
② 가, 다, 마
③ 나, 다, 마
④ 다, 라, 마

51 다음은 BI 도구 중 파워 BI와 태블로 함수에 관한 설명이다. 빈칸에 적절한 함수를 가장 올바르게 나열한 것은?

> (A)는 두 날짜 사이의 간격을 반환하는 함수이며, (B)는 주어진 날짜의 일자를 정수로 반환한다. (C)는 반올림 값을 계산하고, (D)의 함수는 절댓값을 반환한다.

① (A)DATEDIFF−(B)DATE−(C)UPPER −(D)ABS
② (A)DATEDIFF−(B)DAY−(C)ROUND −(D)ABS
③ (A)DAYDIFF−(B)DAY−(C)UPPER− (D)STD
④ (A)DAYDIFF−(B)DATE−(C)ROUND −(D)ABS

52 아래 이미지는 2000년 미국 대통령 선거에 사용된 플로리다 주의 투표 용지이다. 아래 이미지에서 지키지 않은 게슈탈트의 법칙으로 가장 옳은 것은?

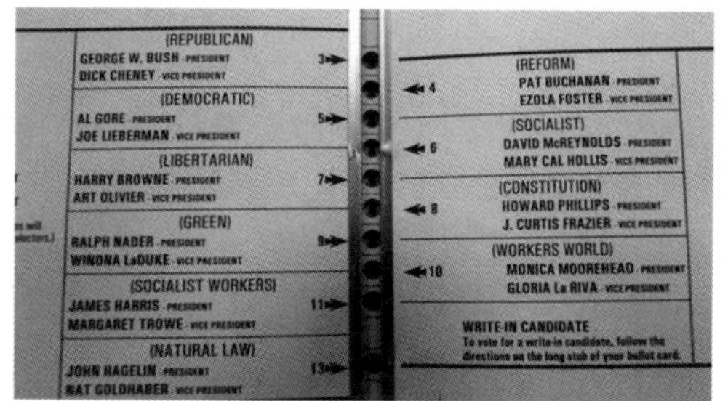

① 근접성의 법칙
② 연속성의 법칙
③ 폐쇄성의 법칙
④ 대칭의 법칙

53 다음 중 아래와 같은 그래프에 대한 설명으로 가장 옳지 않은 것은?

① 변수가 3~5개일 경우 변수 간 차이를 시각적으로 쉽게 파악할 수 있다.
② 독립변수와 종속변수 사이의 한정된 수의 관계들을 비교한다.
③ 각 변수의 축에 점을 찍지 않고 축과 축 사이의 면적을 채워 표현할 수도 있으나, 범주가 하나일 때만 가능하다.
④ 다중 변수의 절대적 크기 및 패턴을 시각적으로 나타내는 데 사용된다.

54 다음 중 시간을 시각화하는 그래프로 가장 옳지 않은 것은?

① 간트 차트 ② 2차원 상자
③ 칼럼 스파크라인 ④ 폴라 그래프

55 다음 중 범프 차트의 주요 특징에 대한 설명으로 옳은 것을 모두 고른 것은?

① 가, 나, 다 ② 가, 마
③ 나, 라 ④ 가, 다, 마

56 아래 이미지는 서울의 일평균 기온을 시각화한 것이다. 다음 중 가장 옳은 것은?

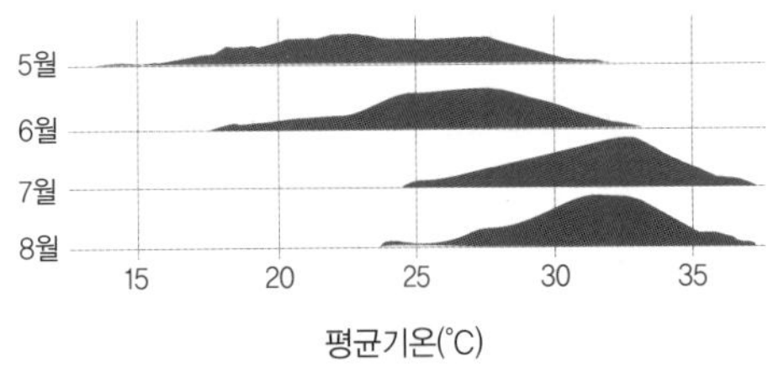

① 와플차트와 같이 분포를 시각화한다.
② 바이올린 도표로 서울 일평균 기온을 시각화하면 위의 그래프보다 데이터를 더 직관적으로 표현할 수 있다.
③ x축은 그룹화 변수, y축은 반응 변수를 나타낸다.

④ 위 그래프의 시각화에 밀도 도표 대신 히스토그램 융기선 도표를 사용해도 되지만 산만해질 수 있다는 단점이 있다.

57 다음 중 조건부 서식에 대한 설명으로 옳은 것을 모두 고른 것은?

① 가, 나 ② 가, 라
③ 나, 다 ④ 다, 라

58 다음 중 아래 시각화 방식을 적용한 예시로 가장 옳은 것은?

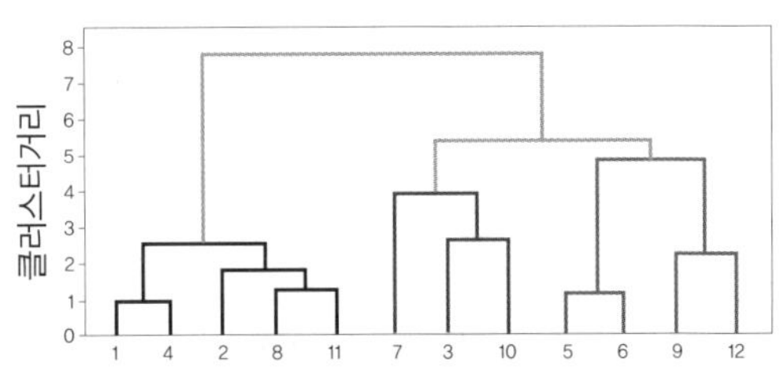

① 식물의 종류에 따른 분류
② 팀별 프로젝트 성과에 따른 순위
③ 계절에 따른 미세먼지 농도의 경향
④ 팀별 목표 성과 달성 정도

59 다음 중 인포그래픽 디자인에서 오컴의 면도날 원칙에 대한 설명으로 옳은 것을 모두 고른 것은?

> 가. 오컴의 면도날 원칙은 중요한 정보를 동일한 색상으로 강조하는 것과 관련 있다.
> 나. 데이터–잉크 비율(Data–ink Ratio)의 개념과 상반된다.
> 다. 정보 디자인의 인지부하에 대한 에드워드 터프티(Edward Tufte)의 입장과 유사하다.
> 라. 철학 및 수학적 문제해결에 적용할 수 있다.

① 가, 나
② 나, 다, 라
③ 가, 다
④ 다, 라

60 다음 중 아래의 교차표(Cross–Table)에 대한 설명으로 가장 옳지 않은 것은?

구분 1번		문항 5 응답				
		2번	3번	4번	계	
문항 1 응답	1번	23	12	14	18	67
	2번	6	24	15	25	70
	3번	10	4	1	19	34
	4번	6	10	5	11	32
	계	45	50	35	73	203

① 연속형 자료로 상관 분석에 적합하다.
② 교차표는 데이터 분석 시 변수 간 관계를 이해하는 데 유용하다.
③ 엑셀에서는 피벗 테이블로 불린다.
④ 교차표는 2차원 빈도를 표현한다.

01 ④	02 ②	03 ③	04 ③	05 ②
06 ①	07 ②	08 ①	09 ②	10 ③
11 ④	12 ③	13 ④	14 ③	15 ③
16 ③	17 ②	18 ①	19 ④	20 ①
21 ③	22 ②	23 ④	24 ①	25 ④
26 ②	27 ①	28 ②	29 ③	30 ①
31 ②	32 ③	33 ①	34 ①	35 ③
36 ①	37 ④	38 ①	39 ①	40 ③
41 ①	42 ①	43 ②	44 ④	45 ②
46 ②	47 ④	48 ①	49 ④	50 ④
51 ③	52 ③	53 ②	54 ①	55 ①
56 ④	57 ③	58 ③	59 ②	60 ④

01 이해관계자(Stakeholder)는 기업의 경영 활동에 직간접적으로 영향을 받거나 영향을 주는 모든 개인 또는 집단을 의미한다. 여기에는 주주뿐만 아니라 종업원, 고객, 공급업체, 지역사회, 정부 등 광범위한 주체가 포함된다.

오답해설

① 주주(Shareholder)는 기업의 지분을 소유한 사람으로, 이해관계자의 한 부분이지만 전체를 포괄하지는 못한다.
② 대리인(Agent)은 주주(주인)를 대신하여 기업을 경영하는 경영자를 지칭하는 용어로, 특정 역할을 의미한다.
③ 의사결정자(Decision maker)는 주로 경영진을 의미하며, 이해관계자의 일부에 해당한다.

02 발생주의 원칙(Accrual Basis)은 현금의 수입과 지출 시점과 관계없이, 수익과 비용이 실제로 '발생한' 시점을 기준으로 회계 처리하는 원칙이다. 이 원칙에 따라 수익이 발생한 기간에 관련된 비용을 함께 인식하게 되며, 이를 통해 특정 기간의 경영 성과를 정확하게 파악할 수 있다.

오답해설

① 수익비용대응 원칙은 발생주의 원칙을 실현하기 위한 구체적인 방법론으로, 특정 수익을 창출하는 데 기여한 비용을 해당 수익과 같은 기간에 인식하는 것을 의미한다. 발생주의가 더 상위의 개념이다.
③ 신뢰성 원칙은 회계 정보가 객관적이고 검증 가능해야 한다는 원칙이다.
④ 중요성 원칙은 회계 정보의 중요도에 따라 처리 절차를 간소화할 수 있다는 원칙이다.

03 이자보상비율(Interest Coverage Ratio)은 기업이 영업이익으로 금융비용(이자)을 얼마나 감당할 수 있는지를 나타내는 지표이다. 이 비율이 높을수록 이자 지급 능력이 양호하며, 이는 곧 부채 상환 능력이 안정적임을 의미한다(계산식: 영업이익/이자비용).

오답해설

① 부채비율은 기업의 재무구조 안정성을 나타내지만, 직접적인 상환 '능력'보다는 부채 의존도를 보여준다.
② 유동비율은 단기적인 지급 능력을 나타내는 지표이다.
④ 자기자본이익률(ROE)은 투입된 자기자본 대비 얼마나 많은 이익을 냈는지를 보여주는 수익성 지표이다.

04 주가순자산비율(PBR, Price to Book-value Ratio)은 주가를 주당순자산가치(BPS)로 나눈 값이다. 이는 현재 주가가 회사의 순자산(장부가)에 비해 몇 배로 거래되고 있는지를 보여주며, 기업의 자산가치 대비 주가 수준을 평가하는 데 사용된다.

오답해설

① 주당매출액비율(PSR)은 주가를 주당매출액으로 나눈 값으로, 성장성을 평가하는 데 사용된다.

② 주가현금흐름비율(PCR)은 주가를
주당현금흐름으로 나눈 값으로, 기업의
현금창출능력을 평가한다.
④ 주당순이익(EPS)은 당기순이익을 총 주식
수로 나눈 값으로, 주가수익비율(PER)
계산의 기반이 된다.

05 후입선출법(LIFO, Last-In, First-Out)은 '가장
나중에 들어온 재고가 가장 먼저 팔린다'고
가정하여 매출원가를 계산하는 방법이다.
따라서 판매된 상품의 원가는 가장 최근에
매입한 상품의 가격으로 기록된다.

> **오답해설**
>
> ① 선입선출법(FIFO)은 먼저 들어온 재고가
> 먼저 팔린다고 가정하는 방법이다.
> ③ 평균법은 기초재고와 당기매입 재고의 평균
> 단가를 계산하여 매출원가와 기말재고를
> 평가하는 방법이다.
> ④ 개별법은 각각의 재고 자산에 실제 취득
> 원가를 부여하는 방법으로, 고가의 상품에
> 주로 사용된다.

06 풋옵션(Put Option)은 기초자산을 미래의 특정
시점(만기일)에 미리 정해진 가격(행사가격)으로
'팔 수 있는 권리'를 의미한다. 옵션 보유자는
시장 상황이 자신에게 불리할 경우 이 권리를
포기할 수 있으며, 팔아야 할 '의무'는 없다.

> **오답해설**
>
> ②는 자산을 '살 수 있는 권리'이므로 콜옵션
> (Call Option)에 대한 설명이다.
> ③, ④는 권리가 아닌 '의무'를 부과하는
> 계약이므로 선물(Futures) 또는 선도(Forward)
> 계약에 가깝다.

07 OKR(Objectives and Key Results)은
도전적이고 구체적인 목표(Objective)와 그
목표의 달성 여부를 측정할 수 있는 핵심
결과(Key Results)를 설정하여 조직의 성과를
관리하는 방법론이다. 재무적 성과뿐만 아니라
ESG(환경, 사회, 지배구조)와 같은 사회적 책임
관련 요소를 OKR에 포함시켜 관리하는 것은
OKR의 유연한 특성과는 거리가 있다. ESG는
BSC 등 다른 프레임워크와 결합하여 관리하는
경우가 더 많다.

> **오답해설**
>
> ① MBO(Management by Objectives)는
> 상사와 부하가 협의하여 목표를 설정하고 그
> 달성도로 성과를 평가하는 방식이다.
> ③ BSC(Balanced Scorecard)는 재무, 고객,
> 내부 프로세스, 학습과 성장이라는 4가지
> 관점에서 성과를 균형 있게 관리하는
> 도구이다.
> ④ KPI(Key Performance Indicator)는 조직의
> 목표 달성을 위한 핵심적인 성과를 측정하는
> 지표이다.

08 마이클 포터의 5 Forces 모델은 산업의 구조와
수익성을 분석하는 도구이다. 5가지 요인은 ②
잠재적 경쟁자의 진입 위협, ③ 공급자의 교섭력,
④ 대체재의 위협, 구매자의 교섭력, 그리고 '기존
경쟁자 간의 경쟁 강도'이다. ① 기존 고객의
이탈 가능성은 구매자의 교섭력에 영향을 주는
세부 요인일 수는 있으나, 5가지 핵심 경쟁요인
자체는 아니다.

> **오답해설**
>
> ②, ③, ④는 모두 5 Forces 모델에 직접적으로
> 포함되는 핵심 경쟁요인이다.

09 임금 인상의 요소를 잘못 연결했다. '승격'은
직위나 직급이 올라가는 것이고, '승급'은 호봉
등이 올라가면서 기본급이 인상되는 것이다.
또한 '성과급'은 역할 확대보다는 개인이나
조직의 성과 달성도에 따라 지급되는 보상이다.

> **오답해설**
>
> ① 임금 수준은 기업의 지불 능력(내부 요인),
> 경쟁사 수준 및 노동시장 상황(외부 요인),
> 최저임금 등 법적 요구사항을 종합적으로
> 고려하여 결정된다.
> ③, ④는 모두 복리후생 제도에 대한 올바른
> 설명이다.

10 전사적 인력 운영 계획은 미래의 인력 수요와 공급을 예측하고, 그 차이를 해소하기 위한 거시적인 전략을 수립하는 과정이다. ①, ②, ④는 모두 미래의 인력 수요(자동화 계획)와 공급(노동시장), 그리고 비용(인건비)을 예측하고 계획하는 데 필요한 거시적 정보이다. 반면, ③ '조직 구성원의 인사평가 관련 정보'는 개인의 성과 관리, 승진, 보상 등을 위한 미시적 정보로, 전사적 인력 '운영 계획' 수립 단계보다는 개인별 경력개발이나 배치 등에 더 직접적으로 활용된다.

> **오답해설**
>
> ①, ②, ④는 모두 거시적인 관점에서 미래 인력 계획을 수립하는 데 필수적인 정보인다.

11 CPM(Cost Per Mille)은 광고가 '1,000회 노출'되었을 때의 비용을 의미한다. 'Mille'은 라틴어로 1,000을 뜻한다. 따라서 CPM은 (총비용÷총 노출 수)×1,000으로 계산한다.

> **오답해설**
>
> ①은 노출 1회당 비용이다.
> ②는 노출 100회당 비용을 의미한다.
> ③은 매출을 기반으로 하므로 비용 효율성 지표가 아니다.

12 제시된 설명은 고객생애가치(LTV, Lifetime Value)의 정확한 정의이다. LTV는 한 고객이 기업과 거래하는 전체 기간 동안 기업에 기여할 것으로 예상되는 총 순이익을 의미하며, 고객 관계 관리(CRM)의 핵심 지표로 사용된다.

> **오답해설**
>
> ① 고객유지율(CRR)은 특정 기간 동안 이탈하지 않고 남아있는 고객의 비율이다.
> ② 순수고객추천지수(NPS)는 고객 충성도를 측정하는 지표이다.
> ④ 월간 활성 사용자(MAU)는 한 달 동안 서비스를 이용한 순수 사용자 수를 의미한다.

13 전환율(CVR, Conversion Rate)은 광고를 클릭하거나 웹사이트를 방문한 사용자 중에서 회원가입, 상품 구매, 앱 설치 등 광고주가 원하는 특정 '행동(전환)'을 완료한 사용자의 비율을 의미한다. '광고에 노출된 횟수'는 노출(Impression)을 의미하며, 전환율과는 다른 개념이다.

> **오답해설**
>
> ①, ②, ③은 모두 각 용어에 대한 올바른 설명이다.

14 고착도(Stickiness)는 사용자가 얼마나 자주, 그리고 지속적으로 서비스를 이용하는지를 나타내는 지표이다. 일반적으로 '일간 활성 사용자(DAU)÷월간 활성 사용자(MAU)'로 계산하며, 이 비율이 높을수록 사용자들이 서비스를 습관처럼 자주 이용한다는 의미이므로 충성도가 높다고 해석할 수 있다.

> **오답해설**
>
> ①, ②, ④는 모두 광고 비용 효율성을 측정하는 지표이다.

15 ROAS(Return On Ad Spend)는 광고비 대비 수익률을 의미하는 지표이다. 광고에 지출한 비용 대비 광고를 통해 발생한 매출이 얼마나 되는지를 측정하여 광고 캠페인의 재무적 효율성을 평가하는 데 사용된다(계산식: 광고매출÷광고비×100).

> **오답해설**
>
> ①은 고객유지율(CRR) 또는 재방문율에 대한 설명이다.
> ②는 클릭률(CTR, Click-Through Rate)에 대한 설명이다.
> ④는 이탈률(Bounce Rate)에 대한 설명이다.

16 구매관리의 목표는 '비용 효율적인 방식'으로 '운영에 필요한 요구사항을 충족하는' 제품이나 서비스를 획득하는 것이다. '운영 요구사항 이하'의 제품을 획득하는 것은 품질 미달이나 생산 차질을 유발할 수 있으므로, 구매관리의 올바른 역할이 아니다.

> **오답해설**
>
> ①, ②, ④는 모두 구매관리 담당자의 핵심적인 역할에 해당한다.

17 샘플링 검사는 주로 생산이 완료된 제품 묶음(로트)이나 투입될 원자재 로트의 합격/불합격 여부를 판정하기 위해 사용된다. 반면, ② 생산 중 검사(공정검사)는 생산 '프로세스'가 안정적으로 관리되고 있는지를 실시간으로 모니터링하는 것이 주된 목적이다. 이는 로트의 합격/불합격을 판정하는 샘플링 검사와는 근본적인 목적과 성격이 다르므로, 샘플링 검사로 가장 적절하지 않은 것은 생산 중 검사이다.

① 생산 전 검사(수입검사): 공급받은 원자재 로트에서 샘플을 추출하여 로트 전체의 합격 여부를 결정하는 대표적인 샘플링 검사이다.
③ 생산 후 검사(완제품검사): 완성된 제품 로트에서 샘플을 추출하여 출하 여부를 판정하는 대표적인 샘플링 검사이다.
④ 고객 인도 전 적합성 검사: 출하 직전 최종 로트에서 샘플을 추출하여 고객 요구사항에 부합하는지 확인하는 검사로, 샘플링 검사가 적용될 수 있다.

18 문제는 장기적인 추세나 주기성 없이 일정한 평균을 중심으로 수요가 변동하는 패턴을 묻고 있다.

① 수평적 수요(Horizontal Demand)의 정확한 정의이다. 수평적 수요는 수요의 평균이 시간에 따라 변하지 않고, 그 평균선을 중심으로 무작위적인 변동만 나타나는 가장 기본적인 수요 형태이다.

② 추세적 수요: 수요의 평균 자체가 시간에 따라 지속적으로 상승하거나 하강하는 패턴이다.
③ 계절적 수요: 1년 이내의 특정 계절, 요일 등 규칙적인 주기에 따라 수요가 변동하는 패턴이다.
④ 순환적 수요: 경기 변동과 같이 1년 이상의 장기적인 주기에 따라 수요가 변동하는 패턴이다.

19 공급사슬(Supply Chain)은 원자재 조달에서부터 최종 소비자에 이르기까지 제품과 서비스가 이동하는 전체 과정을 의미한다. 이 과정에서는 ① 제품, 부품 등의 '물리적 이동', ② 대금 결제, 투자 등 '현금의 흐름', ③ 주문, 재고, 수요 예측 등 '정보의 교환'이 핵심적인 이동(흐름) 요소이다. ④ '직원 인사 이동'은 공급사슬 관리의 직접적인 흐름 요소가 아닌, 기업 내부의 인적자원관리(HRM) 영역에 해당한다.

①, ②, ③은 공급사슬 관리를 구성하는 3대 핵심 흐름이다.

20 E-지방지표는 국가통계포털(KOSIS)에서 제공하는 서비스로, 각 지방자치단체의 인구, 재정, 복지, 안전, 환경 등 다양한 분야의 통계 지표를 지도, 차트 등 시각화된 형태로 제공한다. 이는 지역의 생활환경 및 경영상황을 종합적으로 파악하는 데 가장 직접적이고 관련성이 높은 정보이다.

② 국민계정지표는 국가 전체의 경제 활동을 나타내는 거시 지표이다.
③, ④는 특정 주제(문화, 소득 등)에 대한 전국 단위의 정보로, 특정 지역의 종합적인 상황을 보여주기에는 한계가 있다.

21 정보(Information)는 가공되지 않은 단순한 사실인 데이터(Data)를 특정 목적에 맞게 처리, 가공하여 의미를 부여한 결과물이다. 따라서 '정보란 데이터를 처리해서 얻을 수 있는 결과'라는 설명이 가장 정확하다.

① 데이터 자체는 가공되지 않은 상태이므로, 그 자체만으로는 의사결정의 수단이 되기 어렵다. 정보가 의사결정의 수단이 된다.
② 가공되지 않은 값은 데이터에 대한 설명이다.
④ 데이터와 정보는 DIKW 계층(Data-Information-Knowledge-Wisdom)에서 명확히 구분되는 다른 개념이다.

22 정형 데이터(Structured Data)는 행과 열로 구성된 테이블 구조를 가지며, 주로 관계형 데이터베이스(RDBMS)에 저장된다. 반면, XML, HTML, JSON 등은 데이터 내에 구조를 설명하는 태그가 포함된 '반정형 데이터(Semi-structured Data)'의 대표적인 예시이다.

① 비정형 데이터는 정해진 구조가 없어 분석이 더 복잡하고 어렵다.
③ 정형 데이터는 고정된 스키마(Schema)를 가지므로 모든 행이 동일한 열 구조를 따른다.
④ 비정형 데이터는 스키마가 없으므로 유연한 데이터 모델을 가진 NoSQL 데이터베이스에 저장하기 적합하다.

23 수치형 데이터는 연속형과 이산형으로 나뉜다. 이산형 데이터(Discrete Data)는 정수처럼 셀 수 있는 값을 가진다. '교통사고 발생 횟수'는 0, 1, 2, 3… 과 같이 셀 수 있으므로 이산형 데이터에 해당한다.

①, ②, ③은 모두 수치로 표현되지 않는 '범주형 데이터(Categorical Data)'이다.

24 기초 통계량을 계산할 때 NULL 값(결측값)은 일반적으로 계산에서 제외된다. 따라서 유효한 데이터는 10, 20, 30 세 개이다. 이 데이터들의 평균은 (10+20+30)÷3 =60÷3=20이다. 그러므로 '평균: 20'이라는 설명이 옳다.

② 중앙값: NULL을 제외한 데이터 [10, 20, 30]을 크기순으로 정렬하면 중앙에 위치한 값은 20이다. 따라서 중앙값은 20이다.
③ 최빈값: 유효한 데이터 [10, 20, 30]에서는 모든 값이 한 번씩만 나타나므로 최빈값은 없다.
④ 데이터의 수: 통계 계산의 대상이 되는 유효한 데이터의 수는 NULL을 제외한 3개이다. 전체 항목의 수가 5개이지만

통계적 의미에서의 데이터 수는 3으로 보는 것이 일반적이다.

25 확률분포는 크게 이산확률분포와 연속확률분포로 나뉜다. 연속확률분포는 확률변수가 특정 구간 내의 모든 실수 값을 가질 수 있는 분포이다. 균등분포, 정규분포, 지수분포는 모두 대표적인 연속확률분포이다. 반면, 이항분포는 정해진 횟수의 독립적인 시행에서 성공 횟수를 나타내는 대표적인 '이산확률분포'이다.

①, ②, ③은 모두 연속확률분포에 해당하는 분포들로만 올바르게 연결되어 있다.

26 군집분석(Clustering)은 데이터 객체들 간의 유사성(Similarity)을 측정하여, 유사도가 높은 데이터들을 하나의 그룹(군집)으로 묶는 비지도 학습 기법이다. 데이터의 숨겨진 구조나 패턴을 발견하는 데 사용된다.

① 분류분석은 이미 정해진 범주(클래스)를 기준으로 새로운 데이터가 어떤 범주에 속할지 예측하는 지도 학습 기법이다.
③ 연관분석은 데이터 항목들 간에 함께 발생하는 규칙을 찾는 기법이다(예: 장바구니 분석).
④ 회귀분석은 독립 변수와 종속 변수 간의 관계를 분석하여 연속적인 값을 예측하는 기법이다.

27 분산 데이터베이스는 여러 지역에 데이터를 분산하여 저장하고 관리하므로, 데이터의 일관성 유지, 분산된 데이터 간의 동기화, 네트워크 장애 처리 등 중앙집중식에 비해 설계와 관리가 훨씬 더 복잡하고 어렵다. 따라서 '설계가 쉽다'는 것은 명백한 단점이며, 장점이 아니다.

② 사용자와 가까운 곳의 데이터를 사용하므로 응답 속도가 향상된다.

③ 일부 시스템에 장애가 발생해도 전체 시스템이 중단되지 않도록 분산 제어가 가능하여 가용성이 높다.
④ 새로운 노드를 추가하여 시스템을 수평적으로 쉽게 확장할 수 있다.

28 자료의 계층구조는 일반적으로 데이터베이스(DB)〉파일(File)〉레코드(Record)〉필드(Field)〉바이트(Byte)〉비트(Bit)' 순으로 구성된다. '블록, 파일, 데이터'라는 계층구조는 일반적인 자료 계층구조가 아니다. 블록은 물리적 디스크 입출력의 단위이며, 데이터는 정보의 가장 기본적인 단위로, 계층구조를 설명하는 데 적합하지 않은 조합이다.

① 블록은 물리적 저장 장치와 데이터를 주고받는 기본 단위로, 파일시스템의 하위 계층을 구성한다.
③ 파일시스템은 디렉터리(폴더)와 파일 형태로 자료를 계층적으로 관리한다.
④ 파일은 고유한 이름과 경로를 통해 시스템 내에서 식별된다.

29 데이터베이스 관리 시스템(DBMS)은 파일시스템의 '제한된 데이터 검색 기능'을 개선하기 위해 등장한 것이 맞다. 하지만 이를 위해 '자료의 계층구조'를 구성했다는 설명은 부적절하다. DBMS는 SQL과 같은 강력한 질의 언어와 인덱싱 기법 등을 통해 효율적인 데이터 검색 기능을 제공하며, 관계형 DBMS의 경우 데이터를 테이블(릴레이션) 구조로 관리한다.

①, ②, ④는 모두 기존 파일시스템의 문제점(데이터 종속성, 중복성, 동시성 제어의 어려움 등)을 해결하기 위한 DBMS의 핵심적인 역할과 등장 배경에 대한 올바른 설명이다.

30 메타데이터(Metadata)는 '데이터를 설명하는 데이터'로, 데이터의 구조, 유형, 제약조건, 생성일, 소유자 등 데이터에 대한 모든 정보를 포함한다. 이는 데이터베이스 시스템이 데이터를 효율적으로 관리하고 사용자가 데이터를

올바르게 이해하도록 돕는 역할을 한다.

② 저장 데이터 관리자는 데이터를 디스크에 물리적으로 저장하고 관리하는 역할을 한다.
③ 질의처리기는 사용자의 데이터 요청(쿼리)을 해석하고 실행하는 역할을 한다.
④ 트랜잭션 관리자는 여러 작업이 안전하게 처리되도록 트랜잭션의 일관성과 무결성을 보장하는 역할을 한다.

31 관계형 데이터베이스 모델에서 속성(Attribute)은 테이블의 열(Column)에 해당하며, 각 데이터 항목이 가질 수 있는 특성을 정의한다. 예를 들어 '학생' 테이블에서 '이름', '나이', '성별' 등은 각각의 속성이 된다.

① 레코드(Record)는 테이블의 행(Row)에 해당하며, 하나의 데이터 단위를 의미한다.
③ 엔터티(Entity)는 데이터로 표현하고자 하는 현실 세계의 대상체(예: 학생, 과목)를 의미한다.
④ 릴레이션(Relation)은 관계형 데이터베이스에서 테이블 자체를 의미하는 공식 용어이다.

32 데이터베이스는 ANSI/SPARC 3단계 스키마 구조를 가진다. 이는 ① 개념 스키마(전체적인 논리적 구조), ② 내부 스키마(물리적 저장 구조), ④ 외부 스키마(사용자 관점의 뷰)로 구성된다. '내용 스키마'라는 용어는 데이터베이스 3단계 구조에 포함되지 않는다.

① 개념 스키마는 데이터베이스의 전체적인 논리적 구조와 제약조건을 정의한다.
② 내부 스키마는 데이터가 디스크에 물리적으로 어떻게 저장되는지를 정의한다.
④ 외부 스키마는 개별 사용자나 응용 프로그램이 접근하는 데이터베이스의 부분을 정의한다.

33 제시된 설명은 기본키(Primary Key)의 정확한 정의이다. 기본키는 후보키(Candidate Key, 레코드를 고유하게 식별할 수 있는 속성의 집합) 중에서 대표로 선정된 키로, 테이블 내에서 각 행(레코드)을 유일하게 식별하는 역할을 한다. 중복될 수 없고 NULL 값을 가질 수 없는 것이 특징이다.

> **오답해설**

② 대체키는 후보키 중에서 기본키로 선택되지 않은 나머지 키들을 의미한다.
③ 슈퍼키는 레코드를 고유하게 식별할 수 있는 하나 이상의 속성들의 집합으로, 유일성은 만족하지만 최소성은 만족하지 않을 수 있다.
④ 식별키는 엔터티를 식별하는 데 사용되는 속성으로, 데이터 모델링 단계에서 사용되는 용어이다.

34 데이터 무결성(Data Integrity)은 데이터베이스 내의 데이터가 항상 정확하고 일관되며 유효한 상태를 유지하는 것을 의미한다. 이를 검증하는 것은 데이터의 정확성, 완전성, 일관성 등을 보장하기 위한 필수적인 데이터 관리 활동이다.

> **오답해설**

②는 데이터 압축
③은 데이터 암호화
④는 데이터 변환(ETL)에 대한 설명으로, 데이터 무결성 검증과는 다른 개념이다.

35 데이터 접근 제어(Access Control)는 사용자의 신원이나 역할에 따라 데이터에 접근하고 수행할 수 있는 작업을 제한하는 보안 방식이다. '역할에 따라 데이터 사용 권한을 할당'하는 것은 역할 기반 접근 제어(RBAC)의 대표적인 예시이다.

> **오답해설**

①, ②, ④는 모두 중요한 데이터 보안 방식이지만, '접근 제어' 방식과는 구분된다. ①은 데이터 보호, ②는 감사 및 모니터링, ④는 데이터 가용성 및 재해 복구에 해당한다.

36 웹 스크래핑(Web Scraping) 또는 웹 크롤링(Web Crawling)은 자동화된 프로그램(봇)을 이용하여 웹사이트의 HTML 문서에서 원하는 데이터를 자동으로 추출하고 수집하는 기술을 의미한다.

> **오답해설**

②, ③, ④는 웹 스크래핑의 목적이나 과정과는 관련이 없는 설명이다.

37 NoSQL 데이터베이스는 관계형 데이터베이스(RDBMS)와 달리 고정된 스키마가 필요 없는 '스키마리스(Schemaless)' 또는 '유연한 스키마(Flexible Schema)' 구조를 가진다. 이로 인해 정해진 구조가 없는 비정형 또는 반정형 데이터를 저장하고 처리하는 데 매우 용이하다.

> **오답해설**

①, ②, ③은 모두 전통적인 관계형 데이터베이스(RDBMS)의 특징에 대한 설명이다.

38 SQL에서 두 개 이상의 테이블을 특정 조건에 따라 결합(병합)하여 하나의 결과셋으로 만드는 데 사용되는 명령어는 JOIN이다. INNER JOIN은 그중 가장 기본적인 형태로, 두 테이블에 공통으로 존재하는 값을 기준으로 데이터를 병합한다.

> **오답해설**

② SELECT는 데이터를 조회(추출)하는 명령어이다.
③ GROUP BY는 특정 열을 기준으로 데이터를 그룹화하고 집계 함수를 적용하는 명령어이다.
④ ORDER BY는 결과 데이터를 특정 순서로 정렬하는 명령어이다.

39 비즈니스 인텔리전스(BI)는 데이터를 분석하여 경영 의사결정을 지원하는 것이 주된 목적이다. '데이터 보안 및 개인정보 보호'는 BI 시스템을 구축하고 운영할 때 반드시 준수해야 할 중요한 '전제조건' 또는 '제약사항'이지, BI를 활용하는 '목적' 자체는 아니다.

②, ③, ④는 모두 BI를 활용하는 대표적인 목적이다. BI는 분석 및 보고서 작성 업무를 자동화하고(②), 데이터 기반의 신속하고 정확한 의사결정을 지원하며(③), 고객 분석 등을 통해 효과적인 마케팅 전략 수립에 기여한다(④).

40 비즈니스 인텔리전스(BI)를 구현하면, 기업 내외부의 데이터를 통합 분석하여 과거에는 알 수 없었던 비즈니스에 대한 깊이 있는 통찰(Insight)을 얻을 수 있다. 이를 통해 경영진과 실무자는 더 빠르고 정확한 데이터 기반 의사결정을 내릴 수 있게 되어 기업 경쟁력을 높일 수 있다.

① BI는 데이터를 정리하고 구조화하므로 복잡성과 혼란을 '감소'시킨다.
② BI는 분석 및 보고 작업을 '자동화'하고 '효율화'하지만, 그 필요성 자체가 감소하는 것은 아니다.
④ BI는 데이터에 대한 접근성을 '높여' 정보의 원활한 흐름을 촉진한다.

41 ①은 '비례(Proportion)'에 대한 설명이다. 비례는 디자인 요소들 간의 상대적인 크기와 그 조합을 의미한다. '균형(Balance)'은 디자인 요소들의 시각적 무게(Visual Weight)가 안정적으로 분배되어 있는 상태를 의미하며, 대칭 균형, 비대칭 균형 등이 있다.

②, ③, ④는 모두 각 디자인 원리에 대한 올바른 설명이다.

42 아이콘, 그림, 이미지를 활용하여 정보를 시각적으로 전달하는 것은 '그림 인포그래픽(Pictorial Infographic)' 또는 아이콘 기반 인포그래픽의 특징이다. '비교 및 대조 인포그래픽'은 두 개 이상의 대상을 나란히 놓고 공통점과 차이점을 명확하게 보여주는 데 초점을 맞춘다.

②, ③, ④는 모두 각 인포그래픽 유형의 목적과 특징을 올바르게 설명하고 있다.

43 제시된 설명은 '오컴의 면도날(Ockham's Razor)' 원칙을 인포그래픽 디자인에 적용한 것이다. 이 원칙은 "같은 현상을 설명하는 두 개의 주장이 있다면, 간단한 쪽을 선택하라"는 사고 원칙으로, 디자인에서는 불필요한 요소를 모두 제거하고 핵심 메시지만을 간결하고 명확하게 전달하는 것을 의미한다.

①, ③, ④는 모두 인포그래픽 디자인 시 고려해야 할 중요한 원칙이지만, 제시된 '간결성'과 '단순함'의 원칙과는 직접적인 관련이 적다.

42 리듬(Rhythm)은 시각적 요소(선, 형태, 색상 등)를 일정하게 반복하여 통일감과 동적인 느낌, 즉 패턴을 만들어내는 디자인 원리이다.

① 대비는 요소 간의 차이를 강조하는 원리이다.
② 대칭은 축을 중심으로 요소들이 동일하게 배치된 상태이다.
④ 변화는 단조로움을 피하기 위해 요소에 차이를 주는 원리이다.

45 차트에서 사용된 색상, 기호, 패턴 등이 각각 무엇을 의미하는지 설명해주는 안내 요소를 '범례(Legend)' 또는 'Key'라고 한다. 범례는 사용자가 차트를 정확하게 해석하도록 돕는 필수적인 구성요소이다.

① 격자선은 값의 인지를 돕는 보조선이다.
③ 서체는 텍스트의 글꼴을 의미한다.
④ 주석은 특정 데이터 포인트나 부분에 대한 추가적인 설명을 제공하는 텍스트이다.

46 스파크라인(Sparkline)은 엑셀에서 단일 셀 안에 삽입되는 작은 미니 차트이다. 별도의 차트 영역 없이 셀 안에서 데이터의 추세를 간결하게 보여주는 기능이다.

① 데이터 막대는 셀의 값에 비례하여 막대 길이로 표현하는 기능이다.

③ 아이콘 세트는 값의 크기에 따라 특정 아이콘(화살표, 신호등 등)을 표시하는 기능이다.

④ 차트는 별도의 차트 개체로 생성되는 일반적인 그래프를 의미한다.

47 Power BI는 데이터 시각화뿐만 아니라, 다양한 데이터 소스에서 데이터를 추출(Extract)하고, 이를 분석에 적합하게 변환(Transform) 및 정제(Cleansing)하는 강력한 기능(Power Query 편집기)을 내장하고 있다. 따라서 데이터 추출 및 변환 기능이 없다는 설명은 명백히 틀렸다.

①, ②, ③은 모두 BI 도구의 일반적인 특징 또는 고려사항에 대한 올바른 설명이다.

48 현대적인 대시보드의 핵심적인 특징은 사용자와의 '상호작용(Interaction)'이다. 사용자가 필터링, 드릴다운, 하이라이팅 등의 기능을 통해 데이터를 직접 탐색하고 궁금한 점을 파고들 수 있도록 지원한다. 상호작용 기능이 없다는 것은 대시보드의 본질적인 기능에 대한 잘못된 설명이다.

②, ③, ④는 모두 대시보드의 특징 및 활용에 대한 올바른 설명이다.

49 경사 차트(Slope Chart 또는 Slopegraph)는 여러 항목에 대해 두 개의 다른 시점(예: 이전, 이후)에서의 값을 점으로 표시하고, 그 두 점을 선으로 연결하여 값의 변화(증가, 감소)와 순위 변동을 효과적으로 보여주는 차트이다.

①, ②, ③은 시간 전후 관계를 직접적으로 비교하는 데는 적합하지 않은 차트 유형이다.

50 제시된 차트는 계층적 군집 분석(Hierarchical Clustering)의 결과를 시각화하는 덴드로그램(Dendrogram)이다. 가로축의 개별 데이터

(샘플번호)들이 세로축의 클러스터 거리(유사도)에 따라 어떻게 하나의 그룹(군집)으로 형성되어 가는지를 나무 모양의 가지 형태로 보여준다.

① 라인 차트: 연속적인 데이터 포인트들을 선으로 연결하여 시간의 흐름에 따른 추세나 변화를 보여주는 데 사용된다.

② 트리맵: 전체에 대한 부분의 비율을 계층 구조에 따라 사각형의 면적으로 표현하는 차트이다.

③ 스파이더 차트: 여러 개의 평가 항목에 대한 값을 축으로 설정하고, 각 값을 선으로 연결하여 다각형 모양으로 보여주는 차트로, 항목 간의 균형을 비교하는 데 사용된다.

51 제시된 차트는 막대그래프에 수평오차막대(Error Bar)를 추가한 형태이다. 이 오차 막대는 데이터의 평균값뿐만 아니라, 그 값이 가질 수 있는 불확실성의 범위(예: 표준편차, 표준오차, 신뢰구간)를 시각적으로 표현하는 데 사용된다.

① 히스토그램: 연속형 데이터의 분포를 구간별 빈도로 나타내는 차트이다.

② 바이올린 차트: 데이터의 분포를 밀도와 함께 보여주는 차트로, 박스 플롯과 밀도 분포 차트를 합친 형태이다.

④ 밀도분포: 데이터의 분포를 부드러운 곡선으로 표현하는 차트이다.

52 제시된 차트는 여러 단계(Level)에 걸쳐 데이터의 흐름과 양을 보여주는 생키 차트(Sankey Chart)이다. 각 노드(Node) 사이를 연결하는 유선(Flow)의 너비가 해당 흐름의 양에 비례하여, 전체 시스템 내에서 자원, 에너지, 사용자 이동 등의 경로와 규모를 한눈에 파악하는 데 매우 효과적이다.

① 수평막대 차트: 각 항목의 수량을 수평 막대의 길이로 비교하는 차트이다.

② 히스토그램: 데이터의 빈도 분포를 보여주는 차트이다.

④ 버터플라이 차트: 두 그룹의 데이터를 중앙
축을 기준으로 양쪽으로 펼쳐 비교하는
차트이다.

53 버블 차트는 주로 3~4개 변수 간의 관계를
동시에 보여주는 데 사용된다(X축, Y축, 버블
크기, 버블 색상). '각 범주의 쌍으로 비교'하는
것은 히트맵이나 그룹 막대 차트 등 다른
시각화의 목적에 더 가깝다. 버블 차트는 개별
데이터 포인트의 위치와 크기를 통해 전체적인
분포나 상관관계를 파악하는 데 중점을 둔다.

① 버블의 크기는 면적에 비례해야 하지만,
사람은 지름으로 인식하는 경향이 있어
해석에 주의가 필요하다는 것은 중요한
고려사항이다.
③ 원뿐만 아니라 다른 도형도 사용할 수 있다.
④ 비교는 쉽지만, 버블이 겹치기 시작하면
대량의 데이터를 표현하기 어렵다는 한계가
있다.

54 제시된 차트는 스파이더 차트(Spider Chart)
또는 레이더 차트(Radar Chart)이다. 이 차트는
여러 개의 평가 항목을 축으로 설정하고,
각 항목의 값을 선으로 연결하여 다각형
모양으로 보여준다. 스파이더 차트는 최소 3개
이상의 항목을 비교할 때 사용할 수 있다(3개
항목일 경우 삼각형 모양이 된다.). 따라서
"비교 항목이 네 개 이상일 경우에 사용하는
차트이다"라는 설명은, 3개 항목일 때도
사용할 수 있다는 점에서 차트의 사용 조건을
잘못 한정하고 있으므로 가장 적절하지 않은
설명이다.

② 항목 간 비교뿐만 아니라 대상 간 비교도
가능하다: 이미지에서처럼 여러 대상(파란색,
주황색, 회색 다각형)을 겹쳐 그려서, 특정
항목(예: '디자인')에 대한 대상 간의 점수
차이를 비교할 수도 있고, 단일 대상(예:
파란색 다각형) 내에서 항목 간(예: '디자인'
점수와 '가격' 점수)의 차이를 비교할 수도
있다.

③ 레이더 차트라고 불리기도 한다. 스파이더
차트와 레이더 차트는 동일한 차트를 가리키
는 동의어이다.
④ 각 항목 간 비율뿐만 아니라 균형과 경향을
직관적으로 파악할 수 있다. 스파이더 차트의
가장 큰 장점은 각 대상의 전체적인 프로필,
즉 어떤 항목에 강하고 어떤 항목에 약한지에
대한 '균형'과 '경향'을 다각형의 모양을 통해
직관적으로 파악할 수 있다는 점이다.

55 '위치(Position)'는 X축과 Y축 상의 좌표를
의미하며, 값의 크기를 나타내는 '양적 데이터'
를 표현하는 데 가장 효과적인 시각 속성이다.
반면, '색(Hue)', '형태(Shape)', '선 유형(Line
Type)'은 서로 다른 그룹이나 종류를 구별하는
'범주형 데이터'를 표현하는 데 주로 사용된다.

②, ③, ④는 모두 범주형 데이터를 분류,
구분, 강조하는 데 효과적으로 사용되는 시각
속성이다.

56 상자 그림(Box Plot)은 데이터의 분포를
요약하여 보여주는 차트로, 최소, 1사분위수,
중앙값(중위수), 3사분위수, 최대, 이상치
등을 표시한다. 하지만 '신뢰구간(Confidence
Interval)'을 직접적으로 표시하지는 않는다.
신뢰구간은 보통 오차 막대(Error Bar)를
사용하여 별도로 표현한다.

①, ②, ③은 모두 상자 그림의 핵심적인 기능과
특징에 대한 올바른 설명이다.

57 제시된 차트는 트리맵(Treemap)이다. 트리맵은
전체 영역을 각 항목의 값에 비례하는
사각형으로 분할하여 표현한다. 이 구조적 특징
때문에, 물리적으로 서로 떨어져 있는(인접하지
않은) 사각형들 간의 크기(값)를 시각적으로
직접 비교하는 것은 매우 어렵다. 따라서
"인접하지 않은 범주형 데이터의 계층 간
비교에 용이하다"는 설명은 트리맵의 명백한
단점을 반대로 설명한 것이므로 가장 적절하지
않다.

① 트리맵은 전체(부모 노드)와 부분(자식 노드)의 관계, 즉 계층 구조를 표현하고, 각 부분의 비율을 사각형의 면적으로 나타내는 데 매우 효과적이다.

② 사각형의 위치와 배열은 데이터 값과 공간 효율성을 고려한 알고리즘에 의해 자동으로 결정되므로, 사용자가 임의로 위치를 제어하기 어렵다.

④ 트 리 맵 은 '면 적'을 기 반 으 로 값을 표현하므로, 음수(-) 값을 표현할 수 없는 구조적인 한계가 있다.

58 제시된 이미지는 지도 위의 특정 지역을 나타내며, 각 지역(육각형)의 색상을 통해 데이터 값을 표현하고 있다. 이는 넓은 의미에서 지리적 데이터를 시각화하는 방법 중 하나이다. 보기 중에서 ① 단계 구분도, ③ 카토그램, ④ 밀도맵은 모두 지리 정보 시각화 유형이다. 이 문제의 경우, 시험기관에서는 지리적 영역을 특정 도형(육각형)으로 채워 데이터 값을 표현하는 방식을 넓은 의미의 ③ 카토그램(Cartogram)으로 분류한 것으로 보인다. 카토그램은 일반적으로 지역의 면적을 데이터 값에 비례하여 왜곡시키는 지도를 의미하지만, 이처럼 추상화된 도형으로 지역을 표현하는 방식도 카토그램의 한 형태로 간주한 것이다.

① 단계 구분도: 행정 구역과 같은 실제 지도 경계선을 따라 각 지역을 데이터 값에 따라 다른 색상이나 음영으로 채우는 방식이다.

② 카토그램 히트맵: 일반적으로 사용되지 않는 조합 용어이다.

④ 밀도맵: 특정 지점에 데이터가 얼마나 밀집되어 있는지를 색상의 농도로 표현하는 방식이다.

59 제시된 차트는 데이터가 특정 확률 분포(주로 정규분포)를 따르는지를 시각적으로 검토하는 데 사용되는 분위수-분위수 차트(Quantile- Quantile Plot, QQ도표)이다. 데이터의 분위수(Sample Quantiles)와 이론적 분포의 분위수(Theoretical Quantiles)를 점으로 찍어, 이 점들이 대각선 기준선에 가깝게 분포할수록 해당 분포를 따른다고 판단한다.

① 라인 차트는 시간의 흐름을 보여준다.

③ 산포도는 두 변수 간의 일반적인 관계를 보여준다. QQ도표는 산포도의 특수한 한 종류이다.

④ 결합 차트는 두 종류 이상의 차트를 결합한 것이다.

60 조지프 프리스틀리의 역사 차트는 시간의 흐름(가로축)에 따라 여러 국가(세로축)의 존속 기간을 선 또는 얇은 띠(strip) 형태로 표현한 것이다. 이 차트의 핵심은 개별적인 항목(국가)들이 시간 축 위에서 어떻게 분포하고 존재하는지를 보여주는 것이다. 이러한 특징은 ④ 스트립 차트(Strip Chart)의 기본 개념과 연결된다. 스트립 차트는 1차원 산점도라고도 불리며, 각 데이터 포인트를 하나의 축(이 경우 시간 축) 위에 점이나 짧은 선(strip)으로 표 시 하 여 데 이 터 의 분 포 를 보 여 준 다. 프리스틀리의 차트가 각 국가의 존재를 시간 축 위의 '띠(strip)'로 표현했다는 점에서, 스트립차트와 가장 관련이 깊다고 볼 수 있다.

① 수평막대 차트: 일반적으로 시간 축을 사용하지 않고, 각 항목의 수량을 막대의 길이로 비교한다.

② 간트 차트: 프로젝트 활동의 시작과 끝, 즉 '기간'을 명확하게 표현하는 데 중점을 두며, 프리스틀리 차트보다 더 구조화된 형태이다.

③ 계열 차트: 일반적으로 사용되는 표준 차트 용어는 아니다.

01 ④	02 ①	03 ①	04 ③	05 ①
06 ④	07 ②	08 ③	09 ④	10 ③
11 ②	12 ①	13 ①	14 ①	15 ③
16 ②	17 ②	18 ④	19 ④	20 ④
21 ①	22 ③	23 ②	24 ①	25 ②
26 ①	27 ③	28 ③	29 ④	30 ④
31 ③	32 ②	33 ③	34 ④	35 ②
36 ④	37 ②	38 ④	39 ④	40 ④
41 ③	42 ③	43 ④	44 ④	45 ③
46 ④	47 ②	48 ①	49 ①	50 ②
51 ③	52 ②	53 ③	54 ③	55 ③
56 ②	57 ③	58 ②	59 ③	60 ④

01 베이스업(base-up)은 전체 직원의 기본급을 일괄적으로 인상하는 것을 의미하며, 주로 물가상승률이나 생계비 변동을 반영하기 위해 시행된다. 이는 개인의 성과와는 무관한 보상 조정 방식이다. 따라서 고성과자의 동기를 직접적으로 저하시키는 요인이라고 보기는 어렵다. 오히려 성과에 따른 차등 보상이 없는 '동일한 베이스업'이 고성과자에게 동기 부여가 되지 않을 수는 있으나, 베이스업 제도 자체가 동기를 '저하'시킨다고 단정하는 것은 옳지 않다.

오답해설

① 종업원 지원프로그램(EAP, Employee Assistance Program)은 기업이 구성원의 직무 만족도나 생산성에 부정적 영향을 줄 수 있는 스트레스, 심리, 재무, 법률 문제 등을 해결하도록 돕는 복리후생 제도로, 법정 외 복리후생에 해당한다. 이는 매우 정확한 설명이다.

② 4대 보험(국민연금, 건강보험, 고용보험, 산재보험), 법정 유급휴가, 퇴직금은 근로기준법 등 관련 법률에 의해 기업이 의무적으로 제공해야 하는 법정 복리후생이 맞다.

③ 기업의 임금 수준을 결정할 때, 기업이 감당할 수 있는 '지불 능력'과 직원이 최소한의 인간다운 삶을 영위할 수 있도록 하는 '최저생계비 보장'은 가장 근본적인 두 가지 축이다. 이는 임금 관리의 핵심 원칙에 해당한다.

02 제시된 설명은 '정액법(Straight-line method)'의 특징을 정확하게 기술하고 있다. 정액법은 자산의 취득원가에서 잔존가치를 뺀 금액을 내용연수(사용 가능한 기간)로 나누어 매년 동일한 금액을 감가상각비로 인식하는 방식이다. 계산이 간단하고 직관적이지만, 자산의 실제 사용량이나 효율 저하(경제적 가치 변동)를 반영하지 못하는 단점이 있다.

오답해설

② 정률법: 자산의 기초 장부금액에 일정한 상각률을 곱하여 감가상각비를 계산하므로, 내용연수 초기에 상각비가 많고 후기로 갈수록 줄어드는 체감잔액법의 일종이다. 매년 상각비가 다르다.

③ 생산량비례법: 자산의 실제 생산량이나 사용량에 비례하여 감가상각비를 인식하는 방법이다. 자산의 경제적 가치 변동을 가장 잘 반영하지만, 매년 상각비가 달라지며 총예상생산량을 추정해야 하는 어려움이 있다.

④ 연수합계법: 내용연수의 합계를 분모로, 남은 내용연수를 분자로 하여 계산된 비율을 적용하는 방식으로, 정률법과 마찬가지로 초기에 상각비가 많이 계산되는 체감잔액법이다.

03 '평가센터법(Assessment Center Method)'은 여러 명의 평가자가 다양한 시뮬레이션 상황(예: 집단 토론, 발표, 사례 연구, 역할 연기)에서 나타나는 피평가자들의 행동과 역량을 종합적으로 관찰하고 평가하는 기법이다. 이는 집중적이고 다면적인 평가를 통해 개인의 잠재 역량이나 관리 능력 등을 심도 있게 측정하는 데 매우 효과적이다.

② 행태관찰척도법(BOS): 직무 성공에 결정적인 행동들을 리스트업하고, 각 행동의 '빈도'를 평가자가 관찰하여 체크하는 방식이다.

③ 서열법: 피평가자들을 전반적인 성과에 따라 1등부터 순위를 매기는 상대평가 방법이다.

④ 행태기준평정법(BARS): 직무의 중요한 성공 요인(차원)별로 가장 이상적인 행동부터 가장 바람직하지 않은 행동까지 구체적인 행동 사례를 척도 위에 배열하고, 피평가자의 행동이 어느 수준에 해당하는지를 평가하는 방법이다.

04 CVR(Conversion Rate, 전환율)에서 '전환(Conversion)'은 마케터가 목표로 설정한 특정 행동을 의미한다. 이는 '구매'에만 국한되지 않는다. 비즈니스 모델과 캠페인 목표에 따라 회원가입, 앱 다운로드, 뉴스레터 구독, 장바구니 담기, 문의 양식 제출 등 다양한 행동이 전환으로 정의될 수 있다. 따라서 전환이 오직 구매만을 의미한다고 한정하는 것은 명백히 옳지 않은 설명이다.

①, ② CVR은 특정 마케팅 활동에 노출되거나 참여한 사용자 중, 우리가 목표로 설정한 '전환' 행동을 완료한 사용자의 비율을 나타내는 핵심 성과 지표(KPI)이다. 이 두 보기는 CVR의 정의를 올바르게 설명하고 있다.

④ CVR을 높이기 위해서는 사용자가 유입되는 첫 페이지(랜딩 페이지)부터 최종 전환(예: 결제)에 이르기까지의 전 과정을 분석하고 이탈 지점을 개선하는 '퍼널(Funnel)

최적화'가 필수적이다. 따라서 CVR은 퍼널 최적화에 있어 핵심적으로 관리해야 할 지표가 맞다.

05 '공급사슬관리(SCM, Supply Chain Management)'는 원자재 조달에서부터 생산, 재고관리, 유통, 판매에 이르기까지 제품과 서비스가 소비자에게 전달되는 전 과정을 통합적으로 관리하는 경영 전략이다. 핵심은 '독립적인 다수의 조직(공급업체, 제조업체, 유통업체, 소매업체 등)' 간의 협력을 통해 전체 공급망의 효율성을 최적화하는 데 있다. 이는 보기의 설명과 정확히 일치한다.

② 구매관리: 주로 원자재나 부품을 조달하는 활동에 초점을 맞춘, SCM의 일부 기능이다.

③ 통합품질관리(TQM): 제품 및 서비스의 품질 향상을 위해 조직 전원이 참여하는 품질 경영 활동으로, 공급망 전체보다는 조직 내부에 더 초점을 맞춘다.

④ 통합마케팅커뮤니케이션(IMC): 광고, PR, 판매촉진 등 다양한 마케팅 채널을 통합하여 일관된 메시지를 전달하는 활동으로, 수요 창출에 중점을 둔다.

06 '고객 행동 데이터'는 고객이 실제로 수행한 구체적인 '행동'의 기록을 의미한다. 구매, 클릭, 방문, 리뷰 작성 등은 모두 측정 가능한 고객의 액션이다. 반면, '고객 인지도'는 고객의 머릿속에 있는 인식이나 태도(Attitude)의 영역으로, 행동 그 자체라기보다는 행동의 결과 또는 선행 요인이다. 이는 설문조사나 FGI(Focus Group Interview) 등을 통해 측정하는 정성적, 심리적 지표에 가깝다.

① 구매이력: 어떤 제품을, 언제, 얼마에 구매했는지에 대한 명확한 행동 데이터이다.

② 웹사이트 방문기록: 어떤 페이지를 보고, 얼마나 머물렀으며, 어떤 경로로 이동했는지에 대한 로그 데이터로, 대표적인 온라인 행동 데이터이다.

③ 제품 리뷰 및 별점: 제품 사용 후 평가를

남기는 것 역시 고객의 능동적인 행동이며, 중요한 비정형/정형 행동 데이터이다.

07 '현금흐름표(Cash Flow Statement)'는 일정 기간 동안 기업의 현금이 영업활동, 투자활동, 재무활동을 통해 어떻게 유입되고 유출되었는지를 보여주는 재무제표이다. 이를 통해 기업의 실제 현금 창출 능력, 유동성, 재무 건전성을 평가할 수 있다. 흑자 도산(이익은 나지만 현금이 부족해 파산하는 경우)을 방지하고 현금 관리의 효율성을 파악하는 데 필수적인 보고서이다.

> **오답해설**
>
> ① 자본변동표: 특정 시점 간의 자본(자본금, 이익잉여금 등)의 변동 내역을 보여준다.
> ③ 재무상태표: 특정 시점의 기업 자산, 부채, 자본의 상태(재무 구조)를 보여준다.
> ④ 매출원가표: 손익계산서의 일부 항목인 매출원가를 산출하는 과정을 보여주는 보조 명세서이다.

08 '유동비율(Current Ratio)'은 기업의 단기 지급 능력을 평가하는 대표적인 안정성 지표이다. 계산식은 '유동자산/유동부채'로, 1년 이내에 현금화할 수 있는 자산(유동자산)으로 1년 이내에 갚아야 할 빚(유동부채)을 얼마나 감당할 수 있는지를 보여준다. 이 비율이 높을수록 단기 채무 상환 능력이 양호하다고 평가된다.

> **오답해설**
>
> ① 총자산이익률(ROA): 기업이 보유한 총자산을 얼마나 효율적으로 사용하여 이익을 냈는지를 측정하는 수익성 지표이다.
> ② 투자수익률(ROI): 투자한 자본 대비 얼마나 많은 이익을 얻었는지를 나타내는 수익성 지표이다.
> ④ 부채비율: '총부채/총자본'으로, 기업의 타인자본 의존도를 나타내는 재무 구조 관련 지표이다.

09 공급사슬(Supply Chain)에서는 크게 세 가지의 흐름(Flow)이 관리된다. 첫째는 원자재, 부품, 완제품이 공급자에서 소비자로 이동하는 '물리적 이동(제품 흐름)', 둘째는 수요 예측, 주문, 재고 수준 등과 관련된 '정보의 교환(정보 흐름)', 셋째는 제품/서비스 대금이 소비자에 공급자로 역방향으로 이동하는 '현금 흐름(재무 흐름)'이다. '직원 인사 이동'은 개별 기업의 인적자원관리(HRM) 영역에 속하며, 공급사슬 전체의 핵심 흐름으로 보지 않는다.

> **오답해설**
>
> ① 정보의 교환: 수요, 재고, 주문, 배송 상태 등의 정보 흐름은 공급망 전체의 효율성을 좌우하는 핵심 요소이다.
> ② 물리적 이동: 제품, 부품, 원자재의 실제 이동은 물류의 핵심이며 공급사슬의 근간을 이룬다.
> ③ 현금 흐름: 대금 결제, 신용 거래 등 자금의 흐름은 공급망 참여자들의 생존과 직결되는 중요한 요소이다.

10 회귀분석은 하나 이상의 독립변수들이 종속 변수에 미치는 영향을 파악하고, 이를 통해 특정 변수의 값을 예측하는 대표적인 정량적 데이터 분석 방법이다.

> **오답해설**
>
> ① 텍스트마이닝은 비정형 텍스트 데이터에서 유의미한 정보를 추출하는 방법이다.
> ② 질적연구방법론은 수치화하기 어려운 데이터의 의미를 심층적으로 해석하는 연구 접근법이다.
> ④ 워드클라우드는 텍스트 데이터의 단어 출현 빈도를 시각화하는 기법이다.

11 '생산 중 검사(In-process inspection)'는 제품이 제조되는 공정 중간 단계에서 부품이나 반제품의 품질을 검사하는 활동이다. '원자재 구매 전 적합성 검사'는 생산 활동이 시작되기 이전인 '생산 전 검사(수입 검사)' 단계에 해당하므로 생산 중 검사에 대한 설명으로 옳지 않다.

> **오답해설**
>
> ① 생산 전 검사는 투입될 원자재나 부품의 품질을 확인하는 수입 검사 등을 포함한다.

③ 고객 인도 전 검사는 완성된 제품을 고객에게
보내기 전 최종 확인하는 출하 검사에 해당
한다.

④ 생산 후 검사는 완성된 제품이 규격에
맞는지 확인하는 활동을 포괄적으로
의미한다.

12 옵션 프리미엄은 옵션 매수자가 특정
기초자산을 만기일 또는 그 이전에 미리 정한
행사가격으로 사거나 팔 수 있는 '권리'를
획득하는 대가로 옵션 매도자에게 지불하는
가격이다.

② 행사가격은 옵션 권리를 행사할 때 적용되는
기초자산의 매매 가격이다.

③ 기초자산은 옵션 계약의 대상이 되는 자산
자체를 의미한다.

④ 옵션매도가는 표준 금융 용어가 아니며,
옵션 매도자가 수취하는 가격이 곧
프리미엄이다.

13 국가통계포털(KOSIS)의 'e-지방지표'는
전국의 시/군/구 단위별로 인구, 고용, 산업,
재정, 안전, 환경 등 다양한 분야의 통계를
제공하여 지역 간 비교 및 분석을 용이하게
하는 서비스이다. 따라서 특정 '지역자치단체'의
'생활환경 및 경영상황'을 종합적으로 파악하는
데 가장 직접적이고 관련성이 높은 지표
체계이다.

②, ③ 문화/여가나 소득/소비/자산
지표도 생활환경의 일부를 보여주지만,
e-지방지표처럼 지역 단위의 종합적인
상황을 포괄하지는 않는다.

④ 국민계정지표: GDP, GNI 등 국가 경제
전체의 규모와 흐름을 나타내는 거시
지표로, 특정 지역자치단체의 미시적인
상황을 파악하기에는 너무 범위가 넓다.

14 제시된 설명은 '시장점유율(Market Share)'의
정의와 의미를 정확하게 나타내고 있다.
시장점유율은 특정 시장에서 한 기업의
매출액(또는 판매량)이 전체 시장의
매출액(또는 판매량)에서 차지하는 비중을
의미한다. 높은 시장점유율은 보통 규모의
경제, 브랜드 인지도, 협상력 우위 등의 경쟁
우위로 이어진다.

② 성장률: 전년 대비 매출이나 이익이 얼마나
증가했는지를 나타내는 비율이다.

③ 투자수익률(ROI): 투자 대비 수익의
효율성을 나타내는 지표이다.

④ 시장포화도: 시장의 수요가 거의 충족되어
더 이상 신규 수요 창출이 어려운 상태를
의미한다.

15 ROAS(Return On Ad Spend)는 '광고비 대비
수익률'을 의미하는 디지털 마케팅의 핵심
성과 지표이다. 계산식은 광고를 통해 발생한
매출/광고비×100(%)이다. 즉, 광고에 1원을
썼을 때 얼마의 매출이 돌아왔는지를 측정하여
광고 캠페인의 재무적 효율성을 직접적으로
평가한다.

① 광고 노출 대비 클릭 비율은 CTR(Click-
Through Rate, 클릭률)이다.

② 웹페이지에 들어왔다가 아무런 상호작용
없이 떠나는 비율은 이탈률(Bounce
Rate)이다.

④ 고객 재방문율(Retention Rate)은 고객
충성도를 나타내는 지표이다.

16 '승진(Promotion)'은 현재보다 상위 직급이나
직위로 이동하면서 역할과 책임이 커지고,
이에 따라 일반적으로 임금이 인상되는
것을 의미한다. 문제에서 설명하는 '역할과
책임의 확장에 따른 임금 인상'은 승진의 가장
전형적인 특징이다.

① 승급: 동일 직급 내에서 호봉이 올라가면서
임금이 오르는 것을 의미한다. 역할과
책임의 본질적인 확장은 동반되지 않는
경우가 많다.

③ 승격: 특정 자격 요건을 충족하여 직급 자체가 상향 조정되는 것을 의미하며, 승진과 유사하지만 '자격 획득'의 의미가 더 강하게 내포될 수 있다. 하지만 승진이 역할/책임 확장을 가장 직접적으로 표현한다.

④ 베이스업: 개인의 역할 변화와 무관하게 전 직원의 기본급을 일괄적으로 인상하는 것이다.

17 '파레토 분석(Pareto Analysis)'은 '80/20 법칙'에 기반한 분석 기법으로, '전체 문제의 80%는 20%의 소수 원인에서 발생한다'는 원리를 이용한다. 문제의 원인들을 발생 빈도나 영향도 순으로 정렬하여 막대그래프로 그리고, 누적 비율을 꺾은선그래프로 함께 나타낸 파레토 차트를 사용한다. 이를 통해 가장 큰 영향을 미치는 '중요한 소수의 원인(Vital Few)'을 식별하고, 여기에 자원을 집중하여 문제 해결의 효율성을 높일 수 있다.

① 체크리스트 기법: 점검 항목을 미리 목록으로 만들어 누락 없이 확인하는 데 사용된다.

③ 히스토그램 기법: 데이터가 어떤 분포를 보이는지 구간별 빈도를 막대그래프로 나타내는 기법이다.

④ 산점도 기법: 두 변수 간의 상관관계를 파악하기 위해 데이터를 좌표 평면에 점으로 나타내는 기법이다.

18 '경력개발프로그램(CDP: Career Development Program)'은 직원의 성장과 경력 목표 달성을 지원하는 체계적인 활동을 의미한다. 리스킬링, 핵심인재육성, 이중경력제도는 모두 직원의 역량을 강화하고 경력 경로를 다양화하는 대표적인 CDP의 예시이다. 반면, '종업원지주프로그램(ESOP: Employee Stock Ownership Plan)'은 직원들에게 자사 주식을 보유하게 하여 주인의식을 고취하고 성과를 공유하는 '보상 및 복리후생' 제도의 일종이다. 경력 개발 자체보다는 재무적 동기 부여에 초점을 맞추고 있다.

① 리스킬링: 기술 변화 등으로 기존 직무가 사라질 것에 대비해 새로운 기술과 역량을 교육하는 것이다.

② 핵심인재육성: 장차 조직을 이끌어갈 잠재력 높은 인재를 조기에 발굴하여 체계적으로 관리하고 육성하는 프로그램이다.

③ 이중경력제도(Dual Career Path): 관리자 트랙(Manager Track) 외에 해당 분야의 전문가로 계속 성장할 수 있는 전문가 트랙(Specialist Track)을 만들어, 비관리자도 그에 상응하는 보상과 인정을 받을 수 있게 하는 제도이다.

19 '자본예산(Capital Budgeting)'은 기업이 공장 증설, 신규 설비 도입 등 1년 이상의 장기적인 투자안의 경제적 타당성을 분석하고 투자 여부를 결정하는 의사결정 과정을 의미한다. 이는 투자안을 '평가하는 활동'이지, 채권 투자자가 직면하는 '위험(Risk)'의 한 종류가 아니다.

① 구매력위험: 인플레이션으로 인해 화폐의 실질 가치가 하락하여, 채권 만기 시 받게 될 원금과 이자의 실제 구매력이 투자 시점보다 낮아질 위험이다.

② 재무분석위험: (문맥상 '신용위험' 또는 '채무불이행위험'을 의도한 것으로 보입니다) 채권을 발행한 기업이나 기관의 재무 상태가 악화되어 원리금을 제때 상환하지 못할 위험을 의미한다.

③ 시장위험: 금리 변동으로 인해 시장에서 거래되는 채권의 가격이 변동할 위험이다. 금리가 상승하면 기존 채권의 가격은 하락한다.

20 보기④에서 설명하는 '개인화된 서비스, 멤버십 혜택, 리워드 프로그램' 등은 주로 한 번 구매한 '기존 고객'의 충성도를 높이고 재구매를 유도하기 위한 '고객 유지(Retention)' 전략에 해당한다. 물론 이러한 혜택이 신규 고객에게 매력적으로 보일 수는 있지만, 이 전략의 주된

목적과 대상은 기존 고객 관계를 강화하는 데 있다. 신규 고객 '판매' 자체에 대한 직접적인 설명이라고 보기는 어렵다.

① 신규 고객 판매(New Customer Acquisition)의 가장 기본적인 정의이다.
②, ③ 신규 고객을 유치하기 위해 사용하는 일반적인 마케팅 및 판매 촉진 전략들을 올바르게 설명하고 있다. 인지도를 높이고 첫 구매의 장벽을 낮추는 것이 핵심이다.

21 카이제곱 검정(Chi–squared test)은 두 범주형 변수 간의 독립성이나 연관성을 검정하는 데 주로 사용되는 통계적 방법이다. 수치형 데이터 자체의 종속성을 분석하는 데 직접적으로 사용되지는 않는다.

② 상관 분석이나 회귀 분석 등 수치형 데이터 간의 관계를 분석하는 방법을 올바르게 설명한다.
③ 회귀 분석과 시계열 분석이 수치형 데이터를 예측하는 데 사용되는 대표적인 방법임을 올바르게 설명한다.
④ 분류나 군집화 같은 머신러닝 기법이 수치형 데이터를 입력 변수로 사용하여 분석을 수행할 수 있음을 올바르게 설명한다.

22 제시된 설명은 '증분 백업(Incremental Backup)'의 특징을 정확하게 설명하고 있다. 증분 백업은 마지막 백업(전체 또는 다른 증분 백업) 이후 변경되거나 추가된 데이터만을 선택적으로 백업하는 방식이다. 이로 인해 백업 속도가 매우 빠르고 저장 공간을 효율적으로 사용할 수 있지만, 데이터를 복원할 때는 마지막 '전체 백업' 데이터와 그 이후의 '모든 증분 백업' 데이터를 순서대로 적용해야 하므로 복원 과정이 복잡하고 시간이 오래 걸리는 단점이 있다.

① 로컬 백업: 데이터를 원격지가 아닌 로컬 스토리지(같은 컴퓨터의 다른 디스크 등)에 저장하는 백업 위치에 대한 구분이다.

② 자동 백업: 정해진 스케줄에 따라 사람의 개입 없이 자동으로 백업을 수행하는 운영 방식을 의미한다.
④ 순차적 백업: 데이터를 순서대로 저장하는 파일 접근 방식의 하나로, 백업 전략 유형과는 거리가 있다. 이와 대비되는 개념으로 차등 백업(Differential Backup)이 있는데, 이는 마지막 '전체 백업' 이후 변경된 모든 데이터를 백업하는 방식이다.

23 '군집 분석(Clustering Analysis)'은 데이터의 유사도(Similarity)를 기반으로, 비슷한 특성을 가진 데이터 객체들을 동일한 그룹(군집)으로 묶는 대표적인 비지도 학습(Unsupervised Learning) 기법이다. 사전에 정해진 정답(레이블) 없이 데이터 자체의 내재적 구조를 파악하는 데 사용되고, 고객 세분화(Customer Segmentation)가 대표적인 활용 사례이다.

① 분류분석: 이미 정해진 범주(레이블)가 있는 데이터를 학습하여, 새로운 데이터가 어떤 범주에 속할지 예측하는 지도 학습(Supervised Learning) 기법이다.
③ 연관분석: 데이터 항목들 간에 함께 발생하는 규칙이나 패턴(예: '기저귀를 산 사람은 맥주도 함께 산다')을 찾는 기법이다.
④ 회귀분석: 변수들 간의 인과관계를 분석하여 연속적인 수치 값을 예측하는 지도 학습 기법이다.

24 '데이터 웨어하우스(Data Warehouse, DW)'는 의사결정 지원을 목적으로, 조직 내외부의 다양한 운영 시스템(ERP, CRM 등)에서 발생하는 데이터를 주제 중심적으로 통합하고 축적하여 관리하는 데이터 저장소이다. 설명에서처럼 다양한 출처의 데이터를 '통합, 저장, 관리'하는 기술 및 환경을 지칭하는 핵심 용어이다.

② 데이터 마이닝: 데이터 웨어하우스에 저장된 대규모 데이터 속에서 유용한 패턴과 지식을 발견하는 '분석' 과정이다.

③ 데이터 시각화: 분석된 데이터나 인사이트를 차트, 그래프 등으로 시각적으로 표현하여 이해를 돕는 기술이다.

④ OLAP: 사용자가 다차원적인 관점에서 데이터를 빠르게 분석하고 요약 정보를 추출할 수 있도록 지원하는 분석 기술이다. 주로 DW에 저장된 데이터를 대상으로 수행된다.

25 '최빈값(Mode)'은 데이터 집합에서 가장 빈번하게 나타나는 값을 의미한다. 제시된 데이터에서 'NULL'은 값이 없음을 의미하는 결측치이므로 통계 계산에서 제외한다. 유효한 데이터는 '2, 4, 4, 6'이며, 이 중에서 '4'가 두 번 나타나 가장 빈도가 높으므로 최빈값은 4이다.

> **오답해설**

① 2: 한 번 나타난다.

③ NULL: 값이 아니므로 최빈값의 대상이 될 수 없다.

④ 6: 한 번 나타난다.

26 제시된 설명은 머신러닝 모델의 성능을 안정적으로 평가하기 위한 '교차 검증(Cross-Validation)', 특히 k-폴드 교차 검증(k-fold Cross-Validation)에 대한 설명이다. 전체 데이터를 k개의 하위 집합(폴드)으로 나눈 뒤, k-1개의 폴드를 훈련 데이터로 사용하고 나머지 1개 폴드를 검증 데이터로 사용하는 과정을 k번 반복한다. 이를 통해 모델이 특정 데이터 분할에 과적합되는 것을 방지하고 일반화 성능을 더 신뢰성 있게 측정할 수 있다.

> **오답해설**

② 계층적 분리: 분류 문제에서 데이터 분리 시, 각 폴드의 클래스 비율이 원본 데이터의 클래스 비율과 동일하게 유지되도록 샘플링 하는 방법이다.

③ 홀드아웃: 데이터를 훈련 세트와 테스트 세트로 한 번만 분리하여 사용하는 가장 간단한 검증 방법이다.

④ 시계열 분리: 시간 순서가 중요한 시계열 데이터에서 미래 데이터를 예측하기 위해, 과거 데이터를 훈련 세트로, 미래 데이터를 테스트 세트로 분리하는 방법이다.

27 '데이터 독립성(Data Independence)'은 데이터베이스 관리 시스템(DBMS)의 핵심적인 장점 중 하나이다. 이는 하위 단계의 스키마(구조)를 변경하더라도 상위 단계의 스키마나 응용 프로그램에는 영향을 주지 않는 특성을 의미한다. 구체적으로는 물리적 구조 변경이 논리적 구조에 영향을 주지 않는 '물리적 데이터 독립성'과, 논리적 구조 변경이 응용 프로그램에 영향을 주지 않는 '논리적 데이터 독립성'으로 나뉜다.

> **오답해설**

① 데이터 일관성: 중복된 데이터 간의 내용이 일치하도록 유지하는 특성이다.

② 데이터 무결성: 데이터베이스에 저장된 데이터 값이 정확하고 유효한 상태를 유지하도록 하는 특성이다.

④ 데이터 모델링: 현실 세계의 정보를 컴퓨터 세계의 데이터베이스로 변환하기 위해 개념적, 논리적 구조를 설계하는 과정이다.

28 '데이터(Data)'는 가공되지 않은 객관적인 사실이나 측정값 자체를 의미하는 반면, '정보(Information)'는 이러한 데이터를 특정 목적에 맞게 가공, 처리, 분석하여 의미와 가치를 부여한 결과물이다. '고객이 로그인한 시간'(예: 2025-09-05 10:20:30) 자체는 가공되지 않은 '데이터'이다.

> **오답해설**

반면, ①, ②, ④는 각각 고객 데이터를 연령별로 '분포'를 내고, 매출 데이터를 대리점별로 '평균'을 내고, 판매 데이터를 분석하여 '베스트 상품'을 도출한 것이므로, 가공을 통해 의미를 부여한 '정보'에 해당한다.

29 데이터베이스의 3단계 스키마 구조에서 '외부 스키마(External Schema)'는 개별 사용자나 응용 프로그래머의 관점에서 바라보는 데이터베이스의 논리적 구조를 의미한다.

전체 데이터베이스 중에서 특정 사용자에게 필요한 부분만을 정의한 '서브 스키마(Sub-schema)'라고도 한다. 따라서 사용자가 직접 접하는 테이블, 뷰 등이 여기에 해당한다.

오답해설

① 개념 스키마: 조직 전체의 관점에서 정의하는 데이터베이스의 전체적인 논리적 구조이다. 모든 데이터와 그 관계, 제약조건 등을 통합하여 표현한다.

② 내부 스키마: 물리적인 저장 장치 관점에서 데이터베이스가 실제로 어떻게 저장되는지를 정의하는 물리적 구조이다(예: 파일 구조, 인덱스, 데이터 압축 등).

③ 내용 스키마: 일반적인 데이터베이스 용어가 아니다.

오답해설

① '마스킹(Masking)' 기법에 대한 설명이다(예: 홍동, 900101-1*****).

② '삭제(Deletion)' 또는 '총계처리(Aggregation)'와 관련될 수 있으며, 가장 강력하지만 데이터 유용성이 크게 손상될 수 있다.

③ '가명처리(Pseudonymization)'에 대한 설명이다(예: '홍길동'을 '사용자A'로 대체).

30 '데이터 임의화(Randomization)'는 개인정보 비식별화 기술 중 하나로, 데이터에 임의의 잡음(Noise)을 추가하거나 순서를 섞는 등의 방법으로 원본 데이터의 통계적 특성은 유지하면서 개별 데이터 값을 변형시키는 기법이다. 예를 들어, 개인별 소득 데이터에 평균이 0인 정규분포 난수를 더하는 '잡음 추가(Noise Addition)' 기법이 여기에 속한다.

31 셀프서비스 BI는 현업 사용자가 스스로 데이터를 탐색·분석·시각화하여 인사이트를 도출하도록 지원하는 접근이다. IT 의존도를 낮추고 의사결정 속도를 높이는 것이 핵심이다.

오답해설

①은 셀프서비스 취지와 반대이다.

②는 접근과 공유를 제한하는 설명으로 SSBI의 개방성과 상충한다.

④는 기술팀 알고리즘 사용을 강조하나 SSBI의 본질은 현업의 자율 분석이다.

32 데이터 표준화는 변수의 단위를 맞추거나 평균 0, 표준편차 1과 같이 스케일을 통일하여 비교 가능하게 만드는 절차이다.

오답해설

①은 결측치 처리이다.

③은 데이터 압축이다.

④는 차원 축소이다.

33 모델이 복잡도를 충분히 갖추지 못하거나 학습이 부족해 패턴을 포착하지 못하는 상태가 과소적합이다.

오답해설

①은 인지 편향이다.

②는 훈련 데이터에 과도하게 적합하는 현상이다.

④는 표본 추출의 대표성 문제이다.

34 슈퍼키는 튜플을 유일하게 식별하는 속성 집합으로 최소성을 요구하지 않는다. 최소성까지 만족하면 후보키이다.

오답해설

①, ②는 후보키의 정의에 부합한다.

③은 외래키의 기능을 올바르게 설명한다.

35 설명은 테이블의 열, 즉 필드에 해당하며 데이터베이스 용어로 속성(Attribute)이다.

오답해설

①은 행을 의미한다.

③은 개체를 의미한다.

④는 테이블 자체를 의미한다.

36 전통적 파일 시스템은 접근제어와 무결성 보장이 DBMS에 비해 미흡하다. 동시성 제어, 중복 관리도 어려운 편이다.

오답해설

①, ②, ③은 파일 시스템의 일반적 특성에 부합한다.

37 상관계수는 절댓값이 1에 가까울수록 강한 상관관계를 의미한다. +1은 완벽한 양의 상관관계를, −1은 완벽한 음의 상관관계를 나타내며 둘 다 가장 강한 상관관계이다. 상관계수가 0에 가까울수록 상관관계는 약해진다. 따라서 −1에 가까울수록 약하다고 해석하는 것은 옳지 않다.

①은 조건부 확률의 올바른 정의이다.
③은 공분산의 개념을 올바르게 설명한다.
④는 기댓값이 데이터의 중심 경향성을 나타내는 값임을 올바르게 설명한다.

38 NoSQL은 스키마 유연성, 수평 확장성, 비정형·반정형 데이터 처리에 강점이 있다.

①은 고정 스키마를 전제한다.
②는 SQL 의존을 전제한다.
③은 관계형 데이터베이스 특징이다.

39 스키마와 객체를 정의·변경·삭제하는 언어는 DDL이다.

①은 표준 용어가 아니다.
②는 SELECT, INSERT 등 데이터 조작이다.
③은 권한 부여와 회수이다.

40 반정형 데이터는 스키마가 고정되지 않으나 태그나 키-값과 같은 메타정보로 구조를 일부 포함한다. 보기의 서술은 문법적으로도 부정확하며 정의가 왜곡되어 있다.

①, ②, ③은 정형·비정형·반정형의 일반적 설명이다.

41 시각 이해의 위계, 즉 DIKW(Data, Information, Knowledge, Wisdom) 피라미드는 가장 아래 단계인 데이터(Data)에서 시작하여, 이를 가공한 정보(Information), 정보로부터 패턴을 발견한 지식(Knowledge), 그리고 통찰을 얻는 지혜(Wisdom)의 순서로 구성된다.

①, ②, ④는 DIKW 계층의 순서가 올바르지 않다.

42 제시된 설명은 폭포수 차트(Waterfall Chart)의 특징이다. 폭포수 차트는 시작 값에서 출발하여 중간 과정의 값들이 순차적으로 더해지거나 빼지면서 최종 값에 이르는 과정을 시각적으로 보여준다. 각 항목의 증감 기여도를 파악하는 데 유용하다.

① 간트 차트는 프로젝트의 일정을 막대로 표현하는 데 사용된다.
② 덴드로그램은 계층적 군집 분석의 결과를 트리 구조로 나타낸다.
④ 스트립 차트는 1차원 데이터의 분포를 점으로 표시하는 데 사용된다.

43 군집 분석 결과의 계층적 병합 과정을 트리 구조로 나타낸 것이 덴드로그램이다.

①, ②, ③은 해당 그림과 무관하다.

44 주요 BI 도구는 시각화뿐 아니라 데이터 연결, 변환, 모델링 등 ETL 기능을 기본 제공하거나 연동한다.

①, ②는 랜덤 샘플링이나 추정이 포함될 때 재현성 저하 가능성을 설명한 것으로 맥락상 맞을 수 있다.
③은 BI 도구의 장점이다.

45 점의 수가 지나치게 적으면 우연 패턴으로 오해하거나 관계 추정이 어렵다. 충분한 표본이 있을 때 패턴 해석이 안정적이다.

①, ②, ④는 산점도의 특성이다.

46 표준적인 박스플롯은 사분위 기반 요약과 이상치 표시가 목적이며 신뢰구간을 기본 구성요소로 포함하지 않는다.

①, ②, ③은 박스플롯의 일반적 속성이다.

47 끊긴 윤곽을 보완하여 전체 도형을 완성해 지각하는 현상은 폐쇄성의 법칙이다.

①은 매끄러운 연속을 선호하는 경향이다.
③은 가까움과 유사함으로 묶어 인식하는 경향이다.
④는 전경 · 배경 분리 원리이다.

48 카토그램은 지리적 영역의 크기를 변수 값에 비례해 왜곡하거나 색으로 표시하는 공간 시각화이다.

②, ③, ④는 공간 시각화가 아니다.

49 캘린더 차트는 달력 형태의 2차원 그리드 위에 데이터 값을 색상이나 레이블 등으로 표현하는 시각화 방식이다. 3개의 축(X, Y, Z)을 가진 입체 형태의 차트가 아니다.

②는 캘린더 차트가 날짜 데이터를 기반으로 하므로 옳은 설명이다.
③은 캘린더 차트의 일반적인 구조를 테이블 형태로 설명한 것이다.
④는 셀의 색상이나 레이블로 데이터 값을 표현하는 캘린더 차트의 시각화 방식을 올바르게 설명한다.

50 채도는 색의 순수도 혹은 선명함의 정도이다. 다른 색에 물들인 정도라는 표현은 적절하지 않다.

①, ③, ④는 색상 · 명도 · 채도의 표준적 설명이다.

51 문장은 데이터 자체를 가리키며 인포그래픽의 설명이 아니다. 인포그래픽은 정보를 시각적으로 전달하는 결과물이다.

①, ②, ④는 인포그래픽 특성과 설명에 부합한다.

52 값의 구간별 색 채우기로 지역별 수치 크기를 표현하는 지도는 단계 구분도(Choropleth Map)이다.

①은 포괄적 지도 시각화 용어이다.
③은 영역 크기 자체를 값에 비례하게 변형한다.
④는 용어 혼용이지만 본 설명은 단계 구분도에 해당한다.

53 카테고리나 단계 간 흐름의 양을 링크 두께로 나타내는 차트는 생키 차트이다.

②는 사전적 용어가 불명확하다.
①, ④는 해당 그림과 다르다.

54 연속 값을 구간화해 빈도를 막대로 나타내는 대표적 분포 시각화가 히스토그램이다.

①, ②, ④는 설명에 부합하지 않는다.

55 오차막대(Error Bar)는 특정 측정값의 불확실성(예: 신뢰구간, 표준편차, 표준오차)의 범위를 시각적으로 표현하는 데 사용되는 가장 직접적이고 적합한 차트 유형이다. 그림은 수평 방향의 오차막대를 보여준다.

① 바이올린 차트, ② 밀도분포, ④ 히스토그램은 데이터의 전체적인 분포 형태(밀집도, 대칭성 등)를 보여주는 데 중점을 두며, 특정 값의 불확실성을 직접적으로 표현하는 용도는 아니다.

56 데이터 표식과 의미를 연결해주는 구성요소는 범례이다.

57 파이 차트는 면적과 각도로 비교하므로 미세한 차이 비교에는 부적합하다.

①, ②, ④는 파이 차트의 특성을 올바르게 설명한다.

58 제시된 설명은 엑셀과 같은 스프레드시트 프로그램에서 사용되는 조건부 서식의 '데이터 막대(Data Bars)' 기능에 해당한다. 데이터 막대는 각 셀의 숫자 값에 비례하여 셀 내부에 막대를 그려 데이터의 상대적인 크기를 직관적으로 보여주는 기능이다.

① 스파크라인은 셀 안에 삽입되는 작은 추세선 그래프이다.
③ 피벗 테이블은 데이터를 요약하고 재구성하여 분석하는 도구이다.
④ 아이콘 세트는 값의 구간에 따라 특정 아이콘을 표시하는 조건부 서식 기능이다.

59 핵심성과지표(KPI)는 대시보드에서 목표 대비 실적을 한눈에 보여주는 대표 구성요소이다.

①, ②, ④는 대시보드 구성 핵심 지표를 지칭하지 않는다.

60 경사 차트(Slope Chart)는 두 시점 간 값의 변화를 선의 기울기로 보여주어 전후 비교에 적합하다.

①은 누적 구성 비중을 가로로 표현한다.
②는 밀도나 값의 강도를 색으로 표현한다.
③은 시계열 전체 추세에는 유용하나 두 시점 간 관계를 직관적으로 비교하는 목적에는 경사 차트가 더 적합하다.

01 ③	02 ②	03 ①	04 ④	05 ③
06 ①	07 ③	08 ③	09 ④	10 ④
11 ③	12 ①	13 ①	14 ①	15 ④
16 ①	17 ④	18 ②	19 ④	20 ①
21 ②	22 ①	23 ③	24 ③	25 ①
26 ④	27 ③	28 ①	29 ③	30 ①
31 ①	32 ④	33 ②	34 ③	35 ③
36 ①	37 ②	38 ②	39 ④	40 ②
41 ③	42 ②	43 ④	44 ②	45 ②
46 ②	47 ③	48 ①	49 ①	50 ④
51 ①	52 ②	53 ④	54 ④	55 ④
56 ①	57 ③	58 ③	59 ①	60 ③

01 제시된 설명은 서비스 품질 측정 모델인 SERVQUAL의 5가지 차원 중 확신성(Assurance)에 대한 정의이다. 확신성은 직원의 지식, 능력, 예의, 신뢰성 등이 고객에게 믿음과 자신감을 심어주는 능력을 의미한다.

오답해설

① 응답성은 고객에게 신속한 서비스를 제공하려는 의지를 의미한다.
② 신뢰성은 약속된 서비스를 정확하게 이행하는 능력을 말한다.
④ 공감성은 고객에 대한 개별적인 관심과 이해를 나타낸다.

02 크로스셀링(Cross-selling)은 고객이 구매한 상품이나 서비스와 연관된 다른 상품을 추가로 판매하는 교차 판매 전략이다. 이는 고객 관계를 기반으로 추가적인 수익을 창출하는 것을 목표로 한다.

오답해설

①, ③, ④는 고객이 구매하려던 것보다 더 비싸고 상위 버전의 제품을 제안하는 업셀링(Up-selling)에 해당한다.

03 설명은 데이터(Data), 정보(Information), 지식(Knowledge) 간의 관계를 정의하는 DIKW 계층 모델에 해당한다. (A)는 가공되지 않은 사실인 데이터, (B)는 데이터에 맥락을 부여한 정보, (C)는 정보를 통해 패턴을 이해하고 일반화한 지식이다.

오답해설

②, ③, ④는 데이터, 정보, 지식의 순서가 올바르지 않다.

04 시장임금조사법은 외부 노동 시장의 경쟁사 또는 유사 산업의 직무별 임금 수준을 조사하여 자사의 임금 수준을 결정하는 방법이다. 이는 임금의 외부 경쟁력을 확보하는 데 목적이 있다.

오답해설

① 서열법은 직무의 상대적 중요도에 따라 순위를 매기는 방법이다.
② 분류법은 사전에 설정된 등급 기준표에 따라 직무를 분류하는 방법이다.
③ 점수법은 직무 구성요소별로 점수를 부여하여 총점으로 직무 가치를 평가하는 방법이다.

05 이표채는 정해진 시기마다 이자를 지급하고 만기에 원금을 상환하는 채권이다. 설명에서 제시된 '액면가에 이자를 선공제하여 발행되는 채권'은 할인채(Discount Bond)에 대한 설명이다.

오답해설

① 특수채는 특별법에 의해 설립된 공공기관이 발행하는 채권으로 옳은 설명이다.
② 중기채는 통상 만기 1년 초과 5년 이하의 채권을 의미한다.

④ 단리채는 원금에 대해서만 이자를 계산하는 방식으로, 만기에 원금과 이자를 함께 지급하는 형태가 일반적이다.

06 총자산이익률(ROA)은 기업이 자산을 얼마나 효율적으로 운용하여 이익을 냈는지를 나타내는 대표적인 수익성 지표이다. 안정성을 측정하는 지표가 아니다.

오답해설
② 재고자산회전율은 기업이 보유한 재고가 얼마나 효율적으로 판매되는지를 측정하는 활동성 또는 효율성 지표이다.
③ 주당순이익(EPS)은 1주당 얼마의 이익을 창출하였는가를 나타내는 수익성 지표이다.
④ 당좌비율은 단기적인 채무 지급 능력을 평가하는 유동성 지표이다.

07 품질관리 데이터(불량률, 공정 데이터 등)는 공급사슬 내에서 직접적으로 품질 개선, 불량률 감소, 주문 및 생산 과정 최적화 활동에 활용된다. 소비자 만족도 향상은 이러한 활동들의 궁극적인 목표 또는 결과이며, 품질관리 데이터를 직접 활용하는 방안으로 보기는 어렵다.

오답해설
①, ②, ④는 모두 공급사슬 내 품질 데이터를 직접 분석하고 활용하여 개선할 수 있는 활동 영역에 해당한다.

08 KPI는 일정 기간 동안의 성과를 일관성 있게 측정하고 추적하기 위해 사용되므로, 설정 이후 단기적인 환경 변화에 따라 너무 자주 수정하는 것은 바람직하지 않다. 잦은 변경은 목표의 일관성을 해치고 성과 평가의 신뢰도를 떨어뜨릴 수 있다.

오답해설
①, ②, ④는 모두 효과적인 KPI가 갖추어야 할 중요한 특성인 측정 가능성(Measurable), 구체성(Specific), 달성 가능성(Achievable) 등을 올바르게 설명한다.

09 연평균수익률(CAGR: Compound Annual Growth Rate)은 여러 해 동안의 투자 수익률을 연 단위의 기하평균으로 계산한 값이다. 이는 투자의 복리 효과를 반영하여 기간이 다른 투자 상품들의 성과를 비교하는 데 유용하다.

오답해설
① 만기수익률은 채권을 만기까지 보유할 경우 얻게 되는 총수익률이다.
② 실효수익률은 이자 지급 주기를 고려한 실제 수익률이다.
③ 표면이율은 채권의 액면에 표시된 이자율이다.

10 고객평생가치(LTV: Lifetime Value)는 한 명의 고객이 기업과 거래를 시작해서 끝낼 때까지의 전체 기간에 걸쳐 기업에 기여할 것으로 예상되는 순이익의 현재가치를 의미한다.

오답해설
①은 순추천고객지수(NPS)와 관련된 설명이다.
②는 고객 유지율(Retention Rate)에 대한 설명이다.
③은 고객당 평균 수익(ARPU)에 대한 설명이다.

11 기업회계는 일반적으로 발생주의 원칙에 따라 거래나 사건이 발생한 시점에 수익과 비용을 인식한다. 따라서 손익계산서의 매출액은 제품이나 서비스를 제공하여 수익을 얻을 권리가 확정된 시점에 기록하며, 현금이 실제로 들어온 시점(현금주의)과 일치하지 않을 수 있다.

오답해설
①, ②, ④는 모두 손익계산서의 목적과 구성을 올바르게 설명한다.

12 행동기준평정척도(BARS)는 직무의 성공에 결정적인 행동들을 구체적인 사례로 정의하고 척도화하여 평가의 객관성을 높이는 방법이다. 평가 기준이 명확하여 평가자의 주관적 판단 개입을 최소화하고 관대화, 중심화 등 일반적인 평가 오류를 줄이는 것을 목적으로 한다.

②, ③, ④는 모두 BARS의 특징으로, 개발 과정이 복잡하고 시간과 비용이 많이 들지만 구체적인 행동 기준을 통해 평가한다는 장단점을 올바르게 설명한다.

13 직무분석은 직무의 내용과 요건을 파악하는 과정이며, 직무평가는 직무분석 결과를 바탕으로 직무의 상대적 가치나 중요도를 결정하는 과정이다. 급여체계 확립은 직무분석 그 자체가 아닌 직무평가 결과를 통해 이루어진다.

②, ③, ④는 직무분석의 정의, 목적, 방법 등을 올바르게 설명한다.

14 국가통계 마이크로데이터 통합서비스(MDIS)는 원시 데이터인 마이크로데이터를 제공할 뿐만 아니라, 사용자가 웹에서 직접 데이터를 가공하고 다양한 통계분석(빈도분석, 교차분석, 회귀분석 등)을 수행할 수 있는 온라인 통계분석 시스템을 제공한다.

②, ③, ④는 MDIS가 통계청 및 타 기관의 다양한 국가승인통계 마이크로데이터를 서비스한다는 내용을 올바르게 설명한다.

15 월간 활성 사용자(MAU)를 기준으로 고객을 세분화할 때는 단순히 접속 여부를 넘어, 어떤 기능들을 얼마나 자주 사용하는지와 같은 '활동 빈도와 사용 패턴'을 함께 분석해야 의미 있는 그룹을 도출할 수 있다. 이를 통해 사용자 그룹별 특성에 맞는 마케팅이나 서비스 개선 전략을 수립할 수 있다.

①, ②, ③은 고객 세분화의 중요한 기준이 될 수 있지만, MAU라는 지표와 직접적으로 연관된 고려사항은 '활동성' 그 자체이다.

16 황소채찍효과는 공급사슬에서 최종 고객의 작은 수요 변동이 상류(소매업체 → 도매업체 → 제조업체 → 공급업체)로 갈수록 점점 더 큰 폭으로 증폭되는 현상을 의미한다. 따라서 최종 고객과 가까운 소매업체보다 상류에 있는 기업일수록 재고 변동폭이 더 크다.

②, ③, ④는 모두 황소채찍효과의 문제점과 정보 공유를 통한 해결 방안을 올바르게 설명한다.

17 기타자본구성요소(기타포괄손익누계액)는 당기손익에는 포함되지 않지만 자본에 직접 가감되는 항목들을 의미하며, 유형자산이나 무형자산의 재평가로 인해 발생하는 재평가잉여금이 여기에 해당한다.

① 주식배당은 이익잉여금을 감소시키고 자본금을 증가시키므로 납입자본의 변동 요인이다.
② 자기주식은 자본조정 항목으로 이익잉여금에 포함되지 않는다.
③ 기업의 누적된 순이익에서 배당을 제외한 부분은 이익잉여금이다.

18 회귀분석은 수요(종속변수)와 수요에 영향을 미치는 여러 요인(독립변수)들 간의 인과관계를 통계적 모델로 규명하여 미래 수요를 예측하는 대표적인 인과형 예측 방법이다.

① 시계열분석은 과거 수요 데이터의 패턴(추세, 계절성 등)을 분석하여 미래를 예측하는 방법이다.
③ 몬테카를로 시뮬레이션은 난수를 이용해 불확실한 상황의 결과를 확률적으로 예측하는 방법이다.
④ 신경망 모델은 복잡한 비선형 관계를 학습하여 예측하는 머신러닝 기법이다.

19 전환비용(Switching Cost)은 고객이 경쟁사의 제품이나 서비스로 전환할 때 발생하는 금전적, 시간적, 심리적 비용을 의미한다. 이는 고객 이탈을 막는 장벽의 크기를 측정하는 것으로, 고객의 '만족도' 자체를 직접적으로 분석하는 방법은 아니다.

① 표적집단면접(FGI), ② 설문조사, ③ 심층면접은 모두 고객의 의견, 경험, 만족 수준을 직접적으로 파악하는 데 사용되는 대표적인 정성적, 정량적 조사 방법이다.

20 CTR(클릭률)은 광고나 콘텐츠가 사용자에게 노출된 횟수 대비 클릭된 횟수의 비율을 나타내는 지표이다. 계산식은 (클릭 수/노출 수)×100(%)이다.

②, ③, ④는 CTR의 올바른 계산식이 아니다.

21 Z-Score 표준화(Standardization)는 데이터의 각 값에서 평균을 빼고 표준편차로 나누어, 데이터의 분포를 평균이 0이고 표준편차가 1인 표준정규분포 형태로 변환하는 방법이다.

①은 로그 변환에 대한 설명이다.
③은 최솟값-최댓값 정규화(Min-Max Scaling)에 대한 설명이다.
④는 데이터 스케일링의 일반적인 방법이 아니다.

22 OLAP는 다차원 데이터 분석을 위해 데이터를 큐브(Cube) 형태의 다차원 구조로 저장하고 처리한다. 관계형 데이터베이스의 평면적인 테이블 구조와는 다르다.

②, ③, ④는 모두 최종 사용자가 직접 대화식으로 데이터를 분석하여 의사결정을 지원하는 OLAP의 핵심 특징을 올바르게 설명한다.

23 데이터 보호 및 접근 제어 메커니즘은 데이터베이스 관리의 중요한 요소이지만, 이는 보안 설계나 관리 정책의 영역에 더 가깝다. 물리적 설계는 주로 저장 구조, 인덱싱, 접근 경로 등 데이터베이스의 성능과 효율성에 직접적인 영향을 미치는 물리적 측면을 고려한다.

① 트랜잭션 처리량, ② 확장성, ④ 데이터 접근 패턴 분석은 모두 효율적인 물리적 저장 구조와 인덱스를 설계하기 위해 반드시 고려해야 할 핵심 사항이다.

24 스키마 변경(예: 컬럼 추가, 데이터 타입 변경)은 데이터의 저장 방식과 구조를 바꾸므로, 기존에 생성된 인덱스의 효율성을 떨어뜨리거나 쿼리 실행 계획에 변화를 주어 성능에 긍정적 또는 부정적 영향을 미칠 수 있다.

① 스키마 변경은 성능에 큰 영향을 줄 수 있다.
② 스키마 변경이 보안을 자동으로 강화하지는 않는다.
④ 스키마 변경은 데이터 타입이나 컬럼 추가에 따라 저장 공간을 증가시킬 수도 있다.

25 도수분포표는 데이터 값을 특정 구간이나 범주로 나누어 각 구간에 속하는 데이터의 개수(빈도)를 나타내는 표이다. 이는 범주형 데이터의 빈도를 요약하거나, 수치형 데이터를 구간으로 나누어 분포를 파악하는 데 모두 사용할 수 있다.

② 로지스틱 회귀 분석은 목표 변수가 범주형(예: 예/아니오)일 때 사용된다.
③ 분산과 표준편차는 데이터의 퍼진 정도(산포도)를 나타내며, 중심 경향은 평균, 중앙값 등으로 분석한다.
④ 범주형 데이터에 대해서도 카이제곱 검정과 같은 가설 검정을 수행할 수 있다.

26 확률밀도함수(PDF) 자체는 특정 지점에서의 확률이 아닌 확률의 밀도를 나타내며, 그 값은 0 이상이지만 1보다 클 수도 있다. 특정 구간에 속할 확률은 확률밀도함수를 해당 구간에 대해 적분하여 계산한다. 따라서 확률밀도함수 자체가 확률을 계산하는 데 '사용'되는 것은 맞지만, 함수값이 곧 확률은 아니다.

①, ②, ③은 각각 표본공간, 확률변수, 사건의 정의를 정확하게 설명한다.

27 모바일 비즈니스 인텔리전스(Mobile BI)는 스마트폰, 태블릿 등 모바일 기기를 통해 언제 어디서나 실시간으로 데이터에 접근하여 대시보드를 확인하고 분석할 수 있도록 지원하는 기술이다.

① 셀프서비스 BI는 현업 사용자가 스스로 분석하는 것에 초점을 맞춘다.
② 클라우드 기반 BI는 인프라가 클라우드에 있다는 점에 초점을 맞춘다.
④ 비즈니스 성과 관리는 KPI 등을 통해 성과를 모니터링하고 관리하는 방법론이다.

28 데이터베이스 관리 시스템(DBMS)은 데이터의 중복을 최소화하고 통제하여 데이터 불일치 문제를 해결하는 것을 주요 목표 중 하나로 한다. 데이터 중복과 불일치 문제는 DBMS가 아닌 전통적인 파일 시스템의 주요 단점이다.

② 동시성 제어, ③ 효율적인 검색, ④ 보안 기능은 모두 DBMS의 핵심적인 장점이자 기능이다.

29 증분 적재(Incremental Loading)는 전체 데이터를 다시 적재하는 대신, 마지막 적재 이후 변경되거나 추가된 데이터만을 식별하여 반영하는 방식이다. 이는 데이터 적재에 소요되는 시간과 시스템 부하를 크게 줄일 수 있다.

① 실시간 적재는 데이터 발생 즉시 적재하는 방식이다.
② 병렬 적재는 대용량 데이터를 여러 프로세스를 통해 동시에 적재하는 기술이다.
④ 일괄 적재는 정해진 주기마다 데이터를 모아서 한 번에 적재하는 방식이다.

30 빅데이터의 특징 중 가치(Value)는 대규모 데이터로부터 분석을 통해 유의미한 통찰이나 경제적 가치를 창출하는 것을 의미한다. 데이터의 신뢰성과 관련된 특징은 정확성(Veracity)에 더 가깝다.

②, ③, ④는 각각 빅데이터의 3V인 규모(Volume), 속도(Velocity), 다양성(Variety)의 특징을 올바르게 설명한다.

31 데이터베이스의 무결성과 일관성은 데이터의 정확성과 유효성을 보장하는 규칙을 통해 유지된다. 기본 키는 튜플의 유일성을 보장하고, 외래 키는 테이블 간의 관계의 유효성을 보장하며, 그 외 다양한 무결성 제약조건(개체, 참조, 도메인 무결성 등)이 데이터의 정확성을 강제한다.

② 데이터베이스 사용자, ③ 데이터 암호화는 보안과 관련된 요소이다. ④ 메타데이터는 데이터에 대한 데이터이며, 트랜잭션은 작업의 논리적 단위이다.

32 데이터 탐색(EDA)은 데이터를 다양한 관점에서 관찰하고 이해하며 인사이트를 발견하는 초기 분석 과정이다. 회귀 모델을 만드는 것은 EDA를 통해 데이터의 특성을 파악한 후, 예측이나 인과관계 규명을 위해 수행하는 모델링(Modeling) 단계에 해당한다.

① 기술통계량 계산, ② 분포 시각화, ③ 이상치 및 결측치 확인은 모두 대표적인 EDA 활동이다.

33 계층적 분리(Stratified Sampling)는 모집단을 여러 계층(Stratum)으로 나눈 후 각 계층의 비율에 맞게 샘플을 추출하는 방법이다. 이 방법은 올바른 계층을 정의하고 각 계층의 크기를 파악해야 하므로, 단순 무작위 샘플링보다 과정이 더 복잡하다.

①, ③, ④는 모두 계층적 분리의 장점을 올바르게 설명한다. 원본 데이터의 특성을 잘 반영하여 대표성을 높이고, 추정의 정확성을 높이며, 소수 클래스도 포함시켜 불균형 문제를 완화할 수 있다.

34 NoSQL 데이터베이스는 고정된 스키마가 없는(Schema-less) 유연한 데이터 모델을 지원하므로, 데이터 구조가 자주 변경되거나 예측하기 어려운 애플리케이션에 적합하다.

① 관계형 DBMS는 엄격하고 고정된 스키마를 요구한다.
② 분산 DBMS는 데이터베이스가 물리적으로 분산되어 있다는 특징을 의미한다.
④ 객체지향 DBMS는 객체지향 프로그래밍 모델을 데이터베이스에 적용한 것이다.

35 설명에서 제시된 '원시 복사본'과 변환된 데이터를 모두 포함하는 단일 저장소는 데이터 웨어하우스보다는 데이터 레이크(Data Lake)에 대한 설명에 더 가깝다. 데이터 웨어하우스는 주로 다양한 소스에서 정제되고 변환된 구조화된 데이터를 저장한다.

①, ②, ④는 모두 데이터 웨어하우스의 핵심적인 특징인 주제 지향성, 통합성, 시계열성, 비휘발성, 읽기 전용, 분석 최적화 등을 올바르게 설명한다.

36 연관 분석(Association Rule Mining)은 데이터 항목들 간에 함께 발생하는 규칙이나 패턴을 찾는 기법이다. "A를 구매한 고객은 B도 함께 구매하는 경향이 있다"와 같은 규칙을 발견하여 장바구니 분석이나 제품 추천 알고리즘 구축에 활용된다.

②는 군집 분석(Clustering)의 예시이다.
③은 회귀 분석이나 시계열 분석의 예시이다.
④는 이상치 탐지(Outlier Detection) 기법에 해당한다.

37 이 문제는 보기와 가답안의 해석에 주의가 필요하다. 그림에 나타난 기술 자체는 일부 정보를 '*'로 가리는 마스킹(Masking) 또는 삭제(Suppression)이다. 하지만 보기 중 k-익명성(k-anonymity)은 특정 기술이 아닌, 비식별화 조치를 통해 달성해야 하는 '상태' 또는 '원칙'을 의미한다. k-익명성은 주어진 데이터 집합에서 특정 개인을 식별할 때, 항상 최소 k명 이상의 후보가 존재하도록 하여 재식별을 어렵게 만드는 원칙이다. 마스킹, 일반화, 삭제 등의 기술은 k-익명성을 달성하기 위한 수단으로 사용된다. 이 문제에서는 적용된 기술의 결과가 달성하고자 하는 목표(k-익명성)를 묻는 의도로 해석된다.

① 임의화는 노이즈를 추가하는 방식이다.
③ 익명화는 식별자를 완전히 제거하는 것을 의미한다.
④ 가명화는 식별자를 다른 값으로 대체하는 방식이다.

38 UPDATE 명령어는 테이블에 이미 존재하는 데이터의 '값'을 수정하는 데 사용되는 데이터 조작어(DML)이다. 테이블의 구조, 즉 필드(컬럼)의 데이터 유형을 변경할 때는 ALTER TABLE 명령어를 사용하는 데이터 정의어(DDL)를 사용해야 한다.

① GRANT와 ③ DROP, ④ CREATE는 각각 데이터 제어어(DCL)와 데이터 정의어(DDL)의 명령어를 올바르게 설명한다.

39 데이터 수명 주기(Data Lifecycle)는 데이터가 생성되어 소멸하기까지의 과정을 의미하며, 일반적으로 '수집→저장→처리→분석→보관→폐기'의 순서로 진행된다. 데이터를 수집하여 저장하고, 분석에 적합하게 처리한 후 분석을 통해 가치를 창출하며, 활용 후에는 정책에 따라 보관하다가 최종적으로 폐기한다.

①, ②, ③은 데이터 처리 및 관리의 논리적 순서가 올바르지 않다.

40 두 사건이 함께 발생했다는 사실(상관관계)만으로 인과관계를 단정할 수는 없다. 이직률 감소에는 원격 근무 외에 다른 요인들이 작용했을 수 있다. 따라서 관찰된 현상을 바탕으로 내릴 수 있는 가장 합리적이고 신중한 결론은 인과관계를 단정하는 것이 아니라 '영향을 미쳤을 가능성'을 제시하는 것이다.

①과 ③은 다른 변수를 통제하지 않은 상태에서 인과관계를 성급하게 단정하는 오류를 범하고 있다.
④는 관찰된 현상 간의 관련 가능성을 완전히 배제하는 것으로, 이 또한 성급한 결론이다.

41 오컴의 면도날은 '더 적은 수의 논리로 설명이 가능한 경우, 많은 수의 논리를 세우지 말라'는 원칙으로, 시각화에서는 불필요한 복잡성을 피하고 단순함을 추구하는 것을 의미한다. 가능한 많은 세부 정보를 제공하는 것은 이러한 원칙에 위배된다.

①, ②, ④는 모두 불필요한 요소를 제거하고 정보를 단순화하여 명료하게 전달한다는 오컴의 면도날 원칙의 적용을 올바르게 설명한다.

42 카토그램은 특정 데이터 값의 크기에 비례하여 지리적 영역의 면적을 의도적으로 왜곡하여 표현하는 지도이다. 이 과정에서 실제 지리적 형태와 위치가 변형되므로, 공간적인 정확성과 해석이 어려워진다는 단점이 있다.

①, ③, ④는 카토그램의 주요 단점이라기보다는 다른 시각화 유형에서도 나타날 수 있는 일반적인 한계점이다.

43 트리맵은 각 항목의 양적 값을 사각형의 '면적'으로 표현한다. 면적은 음수 값을 가질 수 없으므로, 표준적인 트리맵은 음수 값을 표현하는 데 적합하지 않다. 음수 값을 표현하려면 별도의 시각적 장치나 다른 차트 유형을 고려해야 한다.

①, ②, ③은 모두 트리맵의 핵심적인 특징인 계층 구조 표현, 면적을 통한 양적 값 표현, 색상을 통한 범주 구분 등을 올바르게 설명한다.

44 파이 차트는 전체에 대한 각 부분의 '비율'을 보여주는 데 가장 적합한 차트이다. 절대 수량을 비교하는 목적이라면 막대 차트를 사용하는 것이 더 효과적이다. 따라서 파이 차트 시각화 시 절대 수량 사용을 강제하는 것은 차트의 본질적인 목적과 맞지 않을 수 있다.

①은 파이 차트의 특정 부분을 상세히 보여주기 위해 막대 차트를 함께 사용하는 경우를 설명한다.
③, ④는 파이 차트에서 특정 조각을 강조하거나 디자인할 때의 일반적인 기법과 유의사항을 설명한다.

45 그림에 제시된 버블 차트나 산점도와 같은 차트들은 변수 간의 관계, 분포, 패턴을 파악하는 데 유용하지만, 각 데이터 포인트의 정확한 수치를 읽어내기에는 적합하지 않다. 정확한 수치를 전달하기 위해서는 표나 막대차트 등이 더 효과적이다.

①, ③, ④는 각 차트의 특성이나 분류를 올바르게 설명하고 있다. 버블 차트는 산점도의 변형으로 볼 수 있으며, 면적을 통해 추가적인 정량 변수를 표현한다.

46 평행좌표계(Parallel Coordinates Plot)는 여러 개의 수치형 변수(평가 지표)를 각각의 평행한 수직축으로 설정하고, 각 데이터 항목

(하이퍼파라미터 구성)을 축들을 가로지르는 선으로 연결하여 표현한다. 이를 통해 다차원 데이터의 패턴, 그룹, 변수 간의 관계 및 절충점(Trade-off)을 시각적으로 파악하는 데 매우 효과적이다.

① 방사형 차트는 여러 지표를 비교하는 데 쓰이지만, 항목 수가 많아지면 복잡해진다.
③ 그룹 막대그래프는 몇 개의 항목과 지표 비교에는 좋지만, 변수가 많아지면 비교가 어렵다.
④ 트리맵은 계층 구조와 비율 표현에 적합하다.

47 생키 다이어그램은 여러 단계 또는 범주 사이의 에너지, 비용, 인원 등의 '흐름(Flow)'과 그 양을 시각적으로 표현하는 데 특화된 차트이다. 각 흐름의 폭은 그 양에 비례하므로, 전체 과정에서 각 부분의 비율과 전환 과정을 효과적으로 보여준다.

①은 꺾은선 그래프, ②는 산점도에 더 적합한 설명이다. ④는 생키 다이어그램의 주요 용도와 거리가 멀다.

48 캘린더 차트(또는 캘린더 히트맵)는 달력 형태의 그리드 위에 날짜별 데이터 값을 색상의 농도나 채도로 표현하여 시간적 패턴(요일별, 주별, 월별 특성)이나 추세를 직관적으로 파악할 수 있게 해주는 시각화 방법이다.

②는 범주형 데이터에 국한되지 않는다.
③은 상관관계 분석용이 아니다.
④는 단일 숫자 집합이 아닌 시계열 데이터의 패턴을 보여준다.

49 나단 셰드로프의 정보 디자인 모델에 따르면, 데이터는 맥락을 통해 정보로 (A)이해되고, 정보는 패턴 인식을 통해 지식으로 (B)체계화된다. 지혜는 지식을 바탕으로 문제 해결과 (C)미래 예측에 활용된다. 이 과정에서 상위 단계로 갈수록 경험에 기반한

(D)스토리텔링이 효과적인 전달 방식이 된다.

②, ③, ④는 각 단계의 전환 과정과 핵심 요소를 잘못 연결하고 있다.

50 현대의 비즈니스 인텔리전스(BI) 도구는 정적인 그래프 제공을 넘어, 사용자가 직접 데이터를 탐색할 수 있도록 필터링, 드릴다운, 하이라이팅 등 다양한 인터랙티브(상호작용) 기능을 제공하는 것을 핵심 특징으로 한다.

①, ②, ③은 모두 BI의 역할과 기능을 올바르게 설명한다.

51 가로형 막대 그래프는 각 막대의 레이블 (범주명)을 가로로 길게 표시할 수 있어 레이블이 길 때 유용하며, 세로형과 마찬가지로 배경 그리드를 사용하면 값을 파악하는 데 문제가 없다. 가로형이 세로형에 비해 값을 파악하기 특별히 더 어렵다고 보기는 어렵다.

②, ③, ④는 모두 막대 그래프를 디자인하고 구성할 때의 일반적인 원칙과 방법을 올바르게 설명한다.

52 트리맵, 생키 다이어그램, 도넛 차트는 모두 전체에 대한 부분의 관계나 계층, 흐름을 표현하는 데 주로 사용된다. 반면, 레이더 차트는 여러 개의 평가 항목에 대한 개별 데이터 항목의 균형이나 프로필을 비교하는 데 사용되어 시각화의 목적과 유형이 다르다.

①, ③, ④는 각각 계층적 비율, 흐름, 전체 대비 비율을 나타내는 데 사용되어 유사한 목적 범주로 묶일 수 있다.

53 조건부 서식은 사용자가 정의한 특정 조건이나 규칙을 만족하는 셀에 대해 글꼴, 색상, 아이콘, 데이터 막대 등 지정된 서식을 자동으로 적용하는 기능이다. 복잡한 수식을 사용하여 조건을 만들 수도 있다.

②는 개별 셀에도 적용할 수 있으므로 틀린 설명이다.

③은 원본 데이터가 수정되면 서식도 자동으로 업데이트되므로 틀린 설명이다.

④는 기본 규칙 외에 사용자가 직접 수식을 작성하여 조건을 만들 수 있으므로 틀린 설명이다.

54 이 문제는 가답안과 일반적인 시각화 원칙 간에 해석 차이가 있을 수 있다. 가답안이 ④번이라는 전제하에 해석하면, '백분율 누적 막대그래프'가 아닌 일반 누적 막대그래프는 각 막대의 절대적인 크기를 비교하는 것이 중요하므로 세로축 단위 표시를 생략해서는 안 된다는 점에서 이 설명이 가장 옳다고 판단한 것으로 보인다(즉, "생략이 가능하다"는 설명이 틀렸기 때문에 문제의 '가장 옳은 것'이라는 질문과 모순되지만, 다른 보기가 더 명확히 틀렸다고 본 의도일 수 있다.).

① 각 막대의 높이는 각 범주의 '절대적인 총합'을 나타낸다. 백분율 누적 막대그래프의 경우에만 상대적 비율(100%)을 나타낸다.

②는 옳은 설명이다.

③은 누적 막대그래프의 일반적인 장단점을 설명하는 것으로 옳은 설명에 가깝다.

55 자크 베르탱의 시각 변수 이론에서 색상(색조, Hue)은 주로 범주형 데이터를 구별하는 '분류적(Associative)' 변수로 사용되며, 우선순위나 순서를 나타내는 데는 적합하지 않다. 우선순위나 순서(순서형 데이터)를 나타내는 데는 명도나 크기 변수가 더 효과적이다.

①, ②, ③은 모두 베르탱의 시각 변수 이론의 핵심 내용을 올바르게 설명한다.

56 경영정보 시각화는 주로 객관적인 데이터 분석 결과를 바탕으로 정확한 정보 전달과 의사결정 지원을 목표로 한다. 이는 에드워드 터프티가 강조하는 데이터의 명확하고 효율적인 표현

원칙과 부합한다. 반면, 나단 셰드로프가 다루는 인포그래픽은 설득이나 흥미 유발 등 주관적 맥락이 더 강하게 포함될 수 있다.

② 경영정보 시각화는 설득보다는 객관적 정보 전달에 더 큰 목적을 둔다.

③ 인포그래픽은 주관적 맥락이 더 강하게 포함되는 경우가 많다.

④ 인포그래픽은 관심을 끄는 것뿐만 아니라 메시지 전달이 매우 중요하며, 삽화나 장식을 적극적으로 활용하는 경우가 많다.

57 블릿 그래프에서 주요 데이터 값(실제 성과)을 나타내는 중앙의 진한 막대는 '피처 측정(Feature Measure)'이라고 하며, 목푯값을 나타내는 세로선은 '비교 측정(Comparative Measure)' 또는 타깃 마커라고 한다. '기호 마커'라는 용어는 일반적인 블릿 그래프의 구성 요소 명칭이 아니다.

①, ②, ④는 모두 블릿 그래프의 구성 요소와 해석 방법을 올바르게 설명한다.

58 정렬(Alignment) 원리는 각 디자인 요소를 보이지 않는 선에 맞춰 배치하여 질서와 연결성을 부여하는 것이다. 이는 요소들이 '서로 독립적으로' 배치되는 것이 아니라, 서로 '관련성'을 가지며 통일된 구조를 이루도록 하는 것을 목표로 한다.

① 균형, ② 대비, ④ 근접은 모두 디자인의 기본 원리를 올바르게 설명한다.

59 지도를 활용한 시각화의 가장 근본적인 목적은 지리적 위치 정보(좌표, 행정구역 등)를 기반으로 해당 위치와 관련된 데이터 값(인구, 매출, 온도 등)을 함께 표현하여 공간적 패턴이나 분포를 분석하는 것이다.

② 애니메이션 지도 등을 통해 시계열 변화를 표현할 수 있다.

③ 각 지역을 다른 색상으로 칠하는 단계 구분도 등을 통해 범주형 데이터를 표현할 수 있다.

④ 지도는 데이터 값을 직접 표시할 수는 있지만, 평균값이나 중앙값을 계산하여 표시하는 것은 지도의 기본 기능이라기보다는 분석 도구의 기능이다.

60 BI 소프트웨어는 데이터 통합 및 정제 기능을 제공하지만, 이 과정은 사용자의 설정이나 규칙 정의에 따라 이루어진다. '자동'으로 모든 것이 완벽하게 처리된다고 보기 어려우며, 데이터 소스나 품질 문제에 따라 수동 개입이 필요한 경우가 많다. 또한 재현 가능성과 반복 가능성은 BI 도구의 특징이라기보다는 분석 프로세스 관리의 영역에 가깝다. 다른 보기들이 BI 소프트웨어의 명확한 핵심 기능을 설명하는 것에 비해, 이 설명은 가장 거리가 멀다.

오답해설

① 실시간 대시보드, ② 다양한 시각화 도구 제공, ④ 사용자의 그래프 활용은 모두 현대 BI 소프트웨어의 핵심적인 특징이다.

01 ②	02 ④	03 ①	04 ④	05 ③
06 ②	07 ①	08 ②	09 ②	10 ②
11 ①	12 ②	13 ③	14 ①	15 ④
16 ④	17 ②	18 ③	19 ④	20 ③
21 ③	22 ②	23 ④	24 ③	25 ②
26 ②	27 ③	28 ②	29 ②	30 ①
31 ②	32 ①	33 ③	34 ④	35 ④
36 ②	37 ③	38 ④	39 ③	40 ①
41 ④	42 ③	43 ③	44 ②	45 ①
46 ③	47 ②	48 ②	49 ①	50 ③
51 ④	52 ②	53 ②	54 ③	55 ③
56 ③	57 ④	58 ①	59 ④	60 ④

01 고객평생가치(LTV: Lifetime Value)는 한 고객이 기업과의 관계를 유지하는 전체 기간 동안 창출하는 총이익의 예측치를 의미한다. 따라서 LTV를 극대화하기 위한 가장 근본적인 전략은 신규 고객을 계속 유치하는 것보다, 이미 관계를 맺고 있는 기존 고객의 만족도와 충성도를 높여 이탈을 막고 반복적인 구매를 유도하는 것이다. 로열티 프로그램은 이러한 목적에 가장 부합하는 대표적인 고객 유지(Retention) 전략이다.

오답해설

① 신규 고객 확보는 기업 성장에 필수적이지만, 일반적으로 기존 고객을 유지하는 것보다 5배 이상 높은 비용(고객 획득 비용, CAC)이 발생한다. LTV는 장기적인 수익성에 초점을 맞추므로, 비용이 많이 드는 신규 고객 확보보다는 비용 효율적인 기존 고객 유지에 집중하는 것이 LTV 향상에 더 효과적이다.

③ 가격 인상은 일시적인 매출과 수익성을 높일 수 있으나, 고객의 가격 저항을 유발하여 만족도를 떨어뜨리고 경쟁사로 이탈하게 만들 수 있다. 이는 고객과의 관계를 단절시켜 장기적인 LTV를 오히려 감소시키는 위험한 전략이다.

④ 지속적인 가격 할인은 수익 마진을 악화시키고 브랜드 가치를 훼손할 수 있다. 또한, 가격에만 민감하게 반응하는 체리피커 (Cherry Picker) 고객을 유치하게 되어 진정한 브랜드 충성도를 구축하기 어렵다. 이는 결국 낮은 LTV로 이어질 가능성이 높다.

02 회계에서 감가상각(Depreciation)이란, 유형자산의 취득원가를 그 자산이 사용될 것으로 예상되는 기간(내용연수)에 걸쳐 체계적이고 합리적인 방법으로 비용으로 배분하는 과정이다. 이는 자산의 사용으로 발생하는 수익에 대응하여 관련 비용을 인식하는 '수익–비용 대응의 원칙'을 따르는 것이다.

오답해설

① 자산의 가치가 급격히 하락하여 회수가능액이 장부금액에 미달할 때 그 차액을 인식하는 것은 '자산손상(Impairment)'에 대한 설명이다.

② 감가상각은 비용 배분 과정일 뿐, 미래의 자산 구입을 위해 현금을 실제로 적립하는 절차가 아니다.

③ 회계기간 말에 자산의 가치를 시장가치(공정가치)로 다시 평가하는 것은 '재평가 모형'에 대한 설명으로, 원가 모형의 감가상각과는 다른 개념이다.

03 재고관리의 목표는 '최소의 비용'으로 '고객이 원하는 수준의 서비스'를 만족시키는 것이다. 즉, 재고 유지 비용, 주문 비용, 품절

비용 등 총재고 비용을 최소화하면서 적정 수준의 고객 서비스를 유지하는 균형점을 찾는 것이 중요하다. 비용을 고려하지 않고 무조건 고객서비스를 높이는 것은 효율적인 재고관리가 아니다.

②, ③, ④는 모두 효율적인 재고관리를 위한 올바른 설명이다. 재고 추적 시스템, 정확한 수요예측, 그리고 주기/연속조사시스템과 같은 관리 모델은 성공적인 재고관리의 필수 요소이다.

04 재무제표 항목의 올바른 분류를 묻는 문제이다. (나) 경상개발비는 자산화 요건을 충족하지 못한 개발 활동 관련 지출로, 발생 즉시 '비용'으로 처리된다. '무형자산'으로 분류되는 것은 자산화 요건을 충족한 '개발비'이다. (라) 자산화 요건을 충족한 '개발비'는 재무상태표에 '무형자산'으로 기록된다. 이를 '비용'으로 연결한 것은 옳지 않다. (가)와 (다)는 올바른 연결이다. 연구비는 비용, 건설 중인 자산은 유형자산의 한 종류이다.

①, ②, ③은 옳게 연결된 항목(가, 다)을 포함하고 있거나, 틀리게 연결된 항목(나, 라) 중 일부만 포함하고 있어 정답이 아니다.

05 360도 다면평가(360-degree feedback)는 상사뿐만 아니라 동료, 부하직원, 고객 등 다양한 관계자로부터 평가를 받는 제도이다. 이 제도의 신뢰성과 솔직한 피드백을 확보하기 위해 '익명성 보장'은 매우 중요한 원칙이다. 기명으로 진행될 경우, 평가자들은 인간관계나 보복 등을 우려하여 솔직한 평가를 하기 어려워지므로 평가의 효과가 크게 떨어진다.

①, ②, ④는 모두 360도 다면평가의 주요 특징 및 장점에 대한 올바른 설명이다. 다양한 관점의 정보를 통해 객관성과 신뢰도를 높이고 편견을 줄일 수 있으며, 수집된 정보는 통계적으로 처리하여 활용한다.

06 ROAS(Return On Ad Spend)는 '광고비 대비 매출액'을 나타내는 지표로, 광고 투자의 효율성을 측정한다. ROAS를 직접적이고 즉각적으로 높이기 위해서는, 적은 비용으로 높은 매출(전환)을 일으켜야 한다. 따라서 전환율이 높은(매출 발생 가능성이 큰) 고객에게 광고를 정밀하게 타깃팅하고, 성과가 좋은 채널에 예산을 집중하는 것이 가장 효과적이다.

① TV 광고는 브랜드 인지도에는 효과적일 수 있으나, 막대한 비용이 들고 직접적인 전환 측정이 어려워 즉각적인 ROAS 개선 전략으로는 부적합하다.
③ 단가가 낮은 지면은 노출은 많지만, 관련 없는 사용자에게 노출되어 전환율이 낮을 가능성이 크므로 ROAS 하락의 원인이 될 수 있다.
④ 감성적인 메시지는 브랜드 선호도를 높일 수 있지만, 직접적인 구매 전환으로 이어지지 않을 수 있어 즉각적인 ROAS 증가를 보장하지 못한다.

07 국가교통데이터베이스(KTDB)는 국토교통부와 한국교통연구원(KOTI)이 주관하여 구축 및 운영하는 시스템이다. 한국교통안전공단은 자동차 검사, 운전 적성 정밀검사 등을 담당하는 기관으로, KTDB의 주 운영기관이 아니다.

②, ③, ④는 모두 국가교통데이터베이스의 특징에 대한 올바른 설명이다. 전문가 포럼 등 다양한 활동을 지원하고, 공공 및 민간의 다양한 데이터를 제공하며, 사용자의 편의를 위한 데이터 가공 및 시각화 서비스도 제공한다.

08 생산운영관리의 핵심 목표는 기업이 생산하여 제공하는 '공급(Supply)'과 시장에서 고객이 원하는 '수요(Demand)'를 일치시키는 것이다. 일반적으로 기업은 생산량, 재고 수준 등 '공급' 측면은 내부 의사결정을 통해 어느 정도 통제하거나 조절할 수 있다. 하지만 고객의

구매 의사, 시장 상황 등 '수요'는 외부 요인의 영향을 많이 받아 예측하고 통제하기가 훨씬 더 어렵다.

①, ③, ④는 공급과 수요의 관계, 그리고 통제 가능성에 대한 인식을 반대로 설명하거나 다른 용어를 사용하여 혼동을 주고 있다.

09 CPM(Cost Per Mille)에서 'Mille'은 라틴어로 1,000을 의미한다. 따라서 CPM은 광고가 '1,000회' 노출될 때마다 비용이 청구되는 과금 방식이다. 100회 노출 기준이 아니므로 해당 설명은 옳지 않다.

① CPC(Cost Per Click)는 클릭당 비용으로, 광고를 클릭할 때마다 과금된다.
③ CPI(Cost Per Install)는 설치당 비용으로, 주로 모바일 앱 광고에서 사용자가 앱을 설치할 때마다 과금된다.
④ CPR(Cost Per Reach)은 도달당 비용으로, 광고가 중복을 제외한 순수 사용자(고유 사용자)에게 도달하는 것을 기준으로 과금된다.

10 채권 가격은 금리 변동에 반대로 움직이며, 이 민감도를 '듀레이션(Duration)'이라고 한다. 일반적으로 다른 조건이 동일할 때, 만기가 긴 장기채권일수록 듀레이션이 길어져 금리 변동에 따른 가격 변동성이 더 크다. 반대로 만기가 짧은 단기채권은 금리 변동에 덜 민감하다. 따라서 "단기채권이 장기채권보다 영향을 더 크게 받는다"는 설명은 옳지 않다.

① 시장금리가 상승하면 새로 발행되는 채권의 금리가 높아지므로, 기존에 발행된 낮은 금리의 채권은 매력이 떨어져 가격이 하락 한다. 이는 채권 가격과 금리의 역의 관계를 설명하는 올바른 내용이다.
③ 인플레이션을 억제하기 위해 중앙은행이 기준금리를 인상하면 시장금리도 상승하게 되므로, ①의 원리에 따라 기존 채권 가격은 하락할 가능성이 크다.

④ 국채는 정부가 발행하여 신용위험이 거의 없고 거래량이 많아 시장에서 쉽게 현금화할 수 있으므로 유동성이 매우 높은 자산이다.

11 OJT(On-the-Job Training)는 이름 그대로 '직무 현장에서' 이루어지는 교육 훈련 방식이다. 따라서 업무 환경과 교육 환경이 분리되지 않고 동일한 실제 업무 환경에서 진행된다. 업무와 교육 환경을 분리하여 진행하는 방식은 Off-JT(Off-the-Job Training)라고 한다.

②, ③, ④는 모두 OJT의 대표적인 특징이다. 실제 업무를 수행하며 배우기 때문에 실무 능력 향상에 직접적인 도움이 되며, 직속 상사나 선배 사원이 지도자 역할을 수행하는 것이 일반적이다.

12 SWOT 분석은 기업의 내부 환경 요인(강점-Strength, 약점-Weakness)과 외부 환경 요인(기회-Opportunity, 위협-Threat)을 분석하는 것이다. (가) 독점 기술은 기업이 통제 가능한 내부의 '강점'이며, (다) 고객 서비스 부족은 내부의 '약점'이다. 따라서 (가)와 (다)가 내부 요인에 해당한다.

(나) 경쟁사의 시장 점유율 상승과 (라) 정부의 새로운 규제는 기업 외부에서 발생하는 통제 불가능한 요인이므로 외부 요인, 그중에서도 '위협'에 해당한다.

13 (나) 재무상태표의 기본 등식은 '자산=부채+자본'으로 올바른 설명이다. (다) 복식부기의 원리에 따라 모든 거래는 차변과 대변에 동시에 기록되므로, 재무상태표의 차변(자산 총계)과 대변(부채와 자본의 합계)은 항상 일치한다.

(가) 재무상태표는 '일정 시점'에서의 기업 재무 상태를 나타내는 정태적 보고서이다. '일정 기간' 동안의 경영 성과를 나타내는 보고서는 손익계산서이다.

14 캠퍼스 리쿠르팅이나 기업 웹사이트를 통한 공개 채용은 기업 외부에서 새로운 인재를 찾는 '외부 모집(External Recruitment)' 방법에 해당한다. 내부 모집은 사내 공모, 부서 추천, 승진 등을 통해 조직 내 기존 직원 중에서 인재를 충원하는 방식이다.

> **오답해설**

②, ③, ④는 모두 내부 모집의 대표적인 장점이다. 기존 직원이므로 역량 평가가 용이하고, 조직 문화와 직무에 대한 이해도가 높아 적응이 빠르며, 채용 및 교육 비용을 절감할 수 있다.

15 CRM(Customer Relationship Management)은 고객 데이터를 기반으로 고객과의 관계를 관리하고 강화하는 모든 활동과 기술을 의미한다. 고객의 구매 이력, 행동 패턴, 선호도 등을 분석하여 개인화된 마케팅을 제공하고, 이를 통해 고객 만족도와 충성도를 높여 장기적인 수익을 창출하는 것이 핵심 목표이다.

> **오답해설**

①은 공급망 관리(SCM)에 대한 설명에 가깝다.
②는 회계 정보 시스템(AIS)의 기능 중 일부이다.
③은 생산 관리 시스템(MES)이나 자재 소요 계획(MRP)에 대한 설명에 가깝다.

16 서술법(Narrative Method)은 평가자가 피평가자의 성과, 강점, 약점, 개선점 등을 서술형 문장으로 자유롭게 기술하는 평가 방법이다. 수치화하기 어려운 행동 특성이나 구체적인 성과 사례를 상세하게 기록할 수 있어, 심층적이고 구체적인 피드백을 제공하는 데 강점이 있다.

> **오답해설**

① 서술법은 평가자의 많은 시간과 노력이 필요하여 비효율적일 수 있다.
②, ③ 정량적인 평가가 어렵고 평가자마다 기준이 다를 수 있어, 직원 간의 객관적인 비교가 어렵다는 단점이 있다.

17 PERT/CPM 모델의 장점을 묻는 문제로 ①, ③, ④는 모두 프로젝트 관리에 기여하는 명백한 장점이다. 하지만 출제 의도상, ② '주경로(Critical Path)를 식별할 수 있다'는 PERT/CPM의 핵심적인 '기능' 또는 '결과물'이며, 이를 바탕으로 ①, ③, ④와 같은 관리적 '장점'이 파생된다고 해석할 수 있다. 즉, 주경로 식별 자체보다는 그것을 통해 얻는 효용(자원 집중, 일정 관리 등)이 진정한 장점이므로, 다른 보기들에 비해 장점에 대한 직접적인 설명으로 보기 어렵다.

> **오답해설**

① 전체 프로젝트 소요 시간을 예측하는 것은 핵심적인 장점이다.
③ 네트워크 다이어그램을 통해 프로젝트 구조를 시각화하여 의사소통을 원활하게 하는 것은 중요한 장점이다.
④ 각 활동의 여유 시간(Slack)을 파악하여 자원 배분의 유연성을 확보할 수 있는 것은 중요한 장점이다.

18 ERP(Enterprise Resource Planning) 시스템의 핵심 목표는 전사적인 자원을 '통합' 관리하는 것이다. 각 부서에 흩어져 있던 정보를 하나의 시스템으로 통합하여 정보의 중복을 막고 실시간으로 공유함으로써, 부서 간의 장벽을 허물고 전체 최적화를 추구한다. 따라서 '개별 부서의 독립적인 데이터 관리 역량 강화'는 ERP의 지향점과 정반대되는 설명이다.

> **오답해설**

①, ②, ④는 모두 ERP 도입의 대표적인 장점이다. 데이터 통합을 통한 일관성 확보, 실시간 정보를 통한 신속한 의사결정 지원, 데이터 중복 제거를 통한 운영 효율성 증대가 가능하다.

19 기본적인 순현가(NPV)법은 단일 투자안의 경제적 가치를 평가하는 방법이다. 투자안들 사이의 상호작용(예: 상호 배타적 관계)이나, 여러 투자안을 동시에 고려할 때 발생하는 자본 제약(예: 한정된 예산)과 같은 문제는 NPV법 자체에 내재된 기능이 아니며, 이를 해결하기

위해서는 수익성 지수(PI)법을 활용하거나 추가적인 분석이 필요하다.

①, ②, ③은 모두 NPV법의 중요한 특성이다. NPV는 투자 기간 전체의 현금흐름을 고려하고(①), 화폐의 시간가치를 반영하여 현재가치로 할인하며(②), 개별 투자안의 NPV를 합산할 수 있는 가치 가산의 원칙이 성립한다(③).

20 정기발주모형(P-model)은 재고 수준과 관계없이 '미리 정해진 주기'(예: 매주 월요일)마다 재고를 실사하여 목표 수준까지 채우도록 주문하는 방식이다. 주문 시점은 고정되어 있고 주문량이 변동된다. 따라서 '안전재고의 보관 기간'에 따라 주문이 이루어진다는 설명은 옳지 않다. 안전재고는 수요 변동에 대비하기 위한 요소일 뿐, 주문 시점을 결정하지 않는다.

①, ② 정량발주모형(Q-model)은 재고가 미리 정해놓은 '재주문점(Reorder Point)' 이하로 떨어지면, 정해진 '고정된 양'만큼 주문하는 방식이다. 따라서 재주문점 시스템이라는 설명과 재고 수준에 따라 주문한다는 설명은 모두 옳다.
④ 정기발주모형(P-model)은 재고량과 무관하게 정해진 시점에 주문이 이루어지는 시스템이라는 설명은 옳다.

21 관계형 데이터베이스(RDBMS)는 데이터를 2차원의 '테이블(Table)' 형태로 관리한다. 데이터가 트리(Tree)와 같은 '계층 구조'로 저장되고 탐색되는 것은 계층형 데이터베이스 모델(HDBMS)의 특징이다.

①, ②, ④는 모두 RDBMS의 핵심 특징이다. 데이터는 행과 열로 구성된 테이블 형식으로 관리되며(①), 데이터를 조작하기 위해 표준 질의어인 SQL을 사용한다(②). 또한 트랜잭션의 원자성, 일관성, 고립성, 지속성을 보장하는

ACID 속성을 통해 데이터의 무결성과 일관성을 유지한다(④).

22 비정형 데이터(Unstructured Data)는 이미지, 동영상, 자연어 텍스트 등과 같이 정해진 구조나 스키마(Schema)가 '없는' 데이터를 의미한다. '스키마가 유동적이다'라는 표현은 JSON, XML과 같이 구조가 정해져 있지는 않지만 태그 등을 통해 유연하게 구조를 변경하거나 확장할 수 있는 '반정형 데이터(Semi-structured Data)'에 더 적합한 설명이다.

①, ③, ④는 모두 반정형 및 비정형 데이터에 대한 올바른 설명이다.

23 (나), (다), (라)는 모두 BI와 DDDM에 대한 잘못된 설명이다. (나) 현대의 BI와 DDDM은 과거 데이터 분석뿐만 아니라, 통계 및 머신러닝 기법을 활용하여 미래를 예측하는 분석도 수행한다. (다) 데이터는 편향되거나 품질이 낮을 수 있으며, 분석가의 해석 오류도 발생할 수 있으므로 데이터가 있다고 해서 항상 정확한 의사결정이 보장되는 것은 아니다. (라) 데이터 인프라 구축, 솔루션 도입, 전문가 채용 등에는 막대한 비용과 시간이 소요되므로 쉽게 도입하기 어렵다.

(가) BI와 DDDM의 핵심적인 장점은 데이터라는 객관적인 근거를 바탕으로 의사결정을 함으로써 개인의 직관이나 경험에 따른 주관적 판단의 오류를 최소화하는 것이다.

24 ETL은 추출(Extract), 변환(Transform), 적재(Load)의 순서로 진행된다. 따라서 다양한 소스에서 데이터를 추출하고, 분석에 적합한 형태로 변환(가공)하는 과정이 완료된 후, 최종적으로 데이터 웨어하우스의 목적 테이블에 데이터를 적재(Load)한다.

① 데이터 추출은 실시간 스트리밍, 시간별, 일별 등 비즈니스 요구사항에 따라 다양하게

이루어지며, 반드시 자정에만 수행되는 것은 아니다.

② ETL 도구는 데이터 품질 규칙에 따라 오류를 '식별'할 수는 있지만, 모든 오류를 자동으로 '수정'하지는 못한다. 데이터 품질 관리는 별도의 복잡한 과정이다.

④ 데이터 오류 발견, 비즈니스 로직 변경 등의 이유로 특정 데이터를 다시 추출하고 변환하는 과정은 빈번하게 발생할 수 있다.

25 개념 스키마(Conceptual Schema)는 데이터베이스의 전체적인 논리적 구조와 제약조건을 정의한다. 이러한 논리적 구조가 변경되면, 그 구조를 기반으로 하는 개별 사용자의 관점인 외부 스키마(External Schema)와 사용자 뷰(User View)도 영향을 받아 수정되어야 한다. 이는 논리적 데이터 독립성이 완벽하지 않음을 의미한다.

①, ③, ④ 개념 스키마는 물리적 저장 구조(파일 구조, 하드웨어 등)로부터 독립적이므로, 개념 스키마의 변경이 물리적 구조에 영향을 주지 않는다. 이를 '물리적 데이터 독립성'이라고 한다.

26 DIKW 피라미드는 데이터(Data)→정보(Inform ation)→지식(Knowledge)→지혜(Wisdom)의 계층 구조를 가진다. '데이터'는 가공되지 않은 사실이며, '정보'는 이 데이터를 특정 목적에 맞게 가공하고 맥락과 의미를 부여한 것이다. '지식'은 이러한 정보를 경험, 학습과 결합하여 체계화하고 일반화한 원리나 이해를 의미한다.

① 정보와 지식의 관계가 반대로 설명되었다.

③ 정보는 단순 사실 기록이 아니라 가공된 결과물이다.

④ 미래를 예측하는 것은 지식을 활용하여 얻게 되는 '지혜'의 영역에 더 가깝다.

27 '지수분포(Exponential Distribution)'는 어떤 사건이 처음 발생하기까지 걸리는 시간을 모델링하는 데 사용된다. '포아송분포(Poisson Distribution)'는 단위 시간 또는 단위 공간 내에서 어떤 사건이 발생하는 '횟수'를 모델링하는 데 사용된다. 따라서 첫 환자 도착 시간은 지수분포, 하루 동안의 환자 수는 포아송분포를 따르는 것이 가장 적합하다.

① 기하분포는 성공 확률이 p인 베르누이 시행에서 첫 성공까지의 시도 횟수를 모델링한다.

②, ④ 분포가 잘못 연결되었다.

28 제시된 설명은 '층화추출법(Stratified Sampling)'에 대한 정의이다. 모집단을 성별, 연령대 등 동질적인 특성을 갖는 여러 개의 '층(Strata)'으로 나눈 뒤, 각 층에서 비율에 맞게 표본을 무작위로 추출하는 방법이다. 각 소그룹(층)의 특성을 모두 반영할 수 있다는 장점이 있다.

① 단순무작위추출은 모집단 전체에서 무작위로 표본을 추출하는 방법이다.

③ 군집추출은 모집단을 여러 개의 '군집(Cluster)'으로 나눈 뒤, 몇 개의 군집을 무작위로 선택하여 해당 군집 전체를 조사하는 방법이다.

④ 계통추출은 모집단에 순서를 매긴 후, 첫 번째 표본만 무작위로 뽑고 이후에는 일정한 간격(k)으로 표본을 추출하는 방법이다.

29 NoSQL은 'Not Only SQL'의 약자로, 관계형 모델을 사용하지 않는 데이터베이스를 총칭한다. ①문서 지향(Document-oriented), ③열 기반(Column-family), ④그래프(Graph) 데이터베이스는 모두 대표적인 NoSQL의 유형이다. 반면, ②'테이블 기반 데이터베이스'는 행과 열로 구성된 테이블을 사용하는 전통적인 관계형 데이터베이스(RDBMS)를 지칭하는 표현이다.

① MongoDB, CouchDB 등이 해당된다.

③ Cassandra, HBase 등이 해당된다.

④ Neo4j, Amazon Neptune 등이 해당된다.

30 데이터 웨어하우스(Data Warehouse)는 분석을 위해 대용량 데이터를 통합 저장하는 시스템으로, 복잡한 쿼리 처리를 위해 설계되었다. 일반적으로 실시간(Real-time) 처리보다는 정해진 주기에 따라 데이터를 모아서 처리하는 배치(Batch) 처리에 최적화되어 있다. 실시간 데이터 처리는 스트림 처리 기술(예: Spark Streaming, Kafka)의 영역이다.

오답해설

② HDFS(Hadoop Distributed File System)는 대용량 파일을 여러 서버에 분산하여 저장하는 하둡의 핵심 구성 요소이다.
③ TensorFlow는 구글이 개발한 머신러닝 및 딥러닝을 위한 대표적인 오픈소스 라이브러리이다.
④ MongoDB는 JSON과 유사한 문서 (Document) 형태로 데이터를 저장하는 대표적인 NoSQL 데이터베이스이다.

31 증분 백업(Incremental Backup)은 마지막 백업(전체 또는 증분) 이후에 '변경되거나 추가된' 데이터만 선택적으로 백업하는 방식이다. 백업 용량과 시간이 가장 적게 걸리지만, 복구 시 여러 개의 백업 파일을 순서대로 적용해야 하므로 복잡하다.

오답해설

① 전체 백업(Full Backup)은 모든 데이터를 백업하는 가장 기본적인 방식이다.
③ 차등 백업(Differential Backup)은 마지막 '전체 백업' 이후 변경된 모든 데이터를 백업하는 방식이다. 자동화된 백업 수행 자체는 스케줄링의 기능이지 차등 백업만의 특징은 아니다.
④ 물리적 백업(Physical Backup)이 데이터 파일, 로그 파일 등으로 구성된다. 논리적 백업(Logical Backup)은 SQL 명령어를 통해 데이터를 추출하여 백업하는 방식이다.

32 형식 오류(Format Error)는 데이터가 사전에 정의된 형식(예: YYYY-MM-DD)을 따르지 않을 때 발생한다. 날짜 형식의 열에 '2025-January-26'과 같은 문자열을 저장하려고 시도하면 형식 오류가 발생한다.

오답해설

② 동일한 데이터가 다른 값으로 저장되는 것은 '일관성(Consistency)' 오류이다.
③ 데이터 값이 예상된 범위(예: 나이 0~150)를 벗어나는 것은 '범위(Range)' 또는 '타당성(Validity)' 오류이다.
④ 동일한 데이터가 여러 번 중복 저장되는 것은 '중복성(Redundancy)' 오류이며, 기본 키(Primary Key)가 중복되는 것 등은 '무결성(Integrity)' 제약 조건 위반에 해당한다. 동일한 데이터가 '한 번만' 저장된 것은 정상적인 상태이다.

33 SQL의 UPDATE 문에서 WHERE 절을 생략하면 테이블의 '모든 행'에 대해 변경 작업이 수행된다. 특정 행 또는 특정 조건을 만족하는 행들만 수정하기 위해서는 반드시 WHERE 절을 사용하여 업데이트할 대상을 명시해야 한다.

오답해설

① FROM 절은 SELECT 문에서 테이블을 지정할 때 사용한다. UPDATE 문에서는 테이블명을 직접 지정한다.
② PRIMARY KEY는 행을 고유하게 식별하는 값이므로, 일반적으로 변경하지 않는 것이 원칙이다.
④ 테이블을 삭제하고 다시 생성하는 것은 데이터 수정이 아니라 데이터 재구축에 해당하며, 매우 비효율적이고 위험한 방법이다.

34 비즈니스 인텔리전스(BI) 프로세스에서, 다양한 소스로부터 수집된 데이터는 분석 및 쿼리 성능을 높이기 위해 정제되고 구조화된 형태로 데이터 웨어하우스(DWH)나 데이터 마트와 같은 안전한 중앙 저장소에 보관된다.

오답해설

① 데이터 시각화는 분석 단계뿐만 아니라, 수집된 데이터의 현황을 파악하거나

품질을 검증하는 탐색적 데이터 분석(EDA) 단계에서도 활용된다.

③ 성과 모니터링 단계는 분석 결과를 '추적하고 관찰'하는 단계이며, 이를 바탕으로 '의사결정을 수행'하는 것은 그 이후의 단계이다.

④ 데이터 분석 프로세스를 조정하는 것이 아니라, 분석 과정에서 발견된 데이터 품질 문제를 해결하기 위해 데이터 수집 및 정제 프로세스를 조정해야 한다.

35 백업 및 복구 정책은 데이터 유실이라는 치명적인 위험을 방지하기 위한 매우 중요한 절차이다. 따라서 시스템을 실제로 운영하기 전인 '설계 단계'에서부터 반드시 고려되고 계획되어야 한다. 운영 단계에서 수립하는 것은 너무 늦다.

오답해설

①, ②, ③은 모두 데이터 저장 방안 설계 시 반드시 고려해야 할 핵심 요소이다. 미래 데이터 증가량을 고려한 확장성, 보안 정책, 그리고 시스템 성능은 필수 검토 사항이다.

36 데이터베이스 관리 시스템(DBMS) 내에서 저장 데이터 관리자(Stored Data Manager) 또는 파일 관리자(File Manager)는 데이터베이스의 데이터를 실제 물리적인 디스크 공간에 어떻게 배치하고, 디스크의 어느 블록에 저장하며, 어떻게 접근할지를 관리하는 역할을 담당한다.

오답해설

① 트랜잭션 관리는 트랜잭션 관리자(Transaction Manager)의 역할이다.

③ 데이더의 스키마, 제약조건 등 메타데이터 관리는 데이터 딕셔너리(카탈로그)의 역할이다.

④ 사용자 쿼리를 가장 효율적인 방식으로 실행하도록 계획하는 것은 질의 최적화기(Query Optimizer)의 역할이다.

37 내부 병합(Internal Merge)은 데이터베이스의 '내부 조인(INNER JOIN)'과 동일한 개념이다. 두 데이터셋을 결합할 때, 양쪽 모두에 공통으로 존재하는 키(Key)를 기준으로 해당 키를 가진 행들만 결합하여 결과로 반환한다.

오답해설

①은 '완전 외부 조인(FULL OUTER JOIN)'에 대한 설명이다.

②는 '왼쪽 외부 조인(LEFT OUTER JOIN)'에 대한 설명이다.

④는 조인 키에 대한 설명이 불분명하며, 일반적인 조인 방식이 아니다.

38 변동성을 측정하는 대표적인 통계량으로는 분산, 표준편차, 범위, 사분위수 범위 등이 있다. 평균절대편차(MAD)도 데이터가 흩어진 정도를 나타내는 변동성 측도 중 하나이다. 따라서 보기의 설명 자체는 틀리지 않았다. 하지만 다른 보기들이 명확한 정의를 제시하는 반면, ④는 '...알아볼 때 이용한다'는 식으로 가장 두루뭉술하게 설명되어 있다. 출제 의도상, 다른 보기들에 비해 가장 '옳지 않거나' 부적절한 설명으로 선택되었을 가능성이 높다. 모든 보기가 변동성 측정 통계량에 대한 올바른 설명이므로, 문제 자체에 오류가 있을 가능성도 배제할 수 없다. (주: 시험 문제에서는 가장 '덜' 적절한 것을 고르는 경우가 있다.)

오답해설

①, ②, ③은 모두 각 통계량에 대한 명확하고 올바른 정의이다.

39 데이터 딕셔너리(Data Dictionary) 또는 메타데이터 저장소(Metadata Repository)는 '데이터에 대한 데이터', 즉 메타데이터를 저장하고 관리하는 시스템 카탈로그이다. 여기에는 테이블 이름, 컬럼 정보, 데이터 타입, 제약 조건, 사용자 권한 등 데이터베이스의 전체적인 구조 정보가 포함된다.

오답해설

① 실제 사용자 데이터 값은 테이블에 저장된다.

② 사용자 인터페이스는 응용 프로그램이나 DBMS 클라이언트 툴이 제공한다.

④ 트랜잭션의 상태는 트랜잭션 관리자가 관리한다.

40 다중회귀분석(Multiple Regression Analysis)은 하나의 종속 변수와 '2개 이상의' 독립 변수들 간의 관계를 분석하는 통계 기법이다. 독립 변수가 하나인 경우는 단순회귀분석(Simple Regression Analysis)이라고 한다.

오답해설

② 비선형 회귀(Non-linear Regression)에 대한 설명이다.

③ 종속 변수가 이진값(0 또는 1)일 때 사용하는 것은 로지스틱 회귀(Logistic Regression)이다.

④ 다중회귀의 특수한 경우일 수는 있으나, 일반적인 정의는 아니다.

41 산점도(Scatter Plot)는 두 변수 간의 관계, 분포, 군집 등을 파악하기 위해 사용된다. 데이터 포인트의 '밀도가 높을수록', 즉 데이터의 양이 많을수록 변수 간의 패턴이나 추세를 더 명확하게 발견할 수 있으므로 더 적합하다. 밀도가 낮다는 것은 데이터가 적다는 의미이며, 이 경우 우연에 의한 패턴으로 오해할 수 있어 신뢰도가 떨어진다.

오답해설

① 데이터 포인트가 너무 적으면 추세를 파악하기 어려우므로, 정확한 수치를 보여주는 막대그래프나 표가 더 효과적일 수 있다.

② 점의 색상, 크기, 모양 등을 달리하여 시간과 같은 제3, 제4의 변수를 추가적으로 표현할 수 있다.

③ 전체적인 추세에서 크게 벗어나는 이상치(Outlier)는 분석에 큰 영향을 미칠 수 있으므로, 이를 강조하여 원인을 파악하도록 유도하는 것이 좋다.

42 버블 차트(Bubble Chart)는 산점도의 한 종류로, X축, Y축, 그리고 버블의 '크기'를 이용해 3개의 변수를 동시에 표현한다. 데이터의 개수에 '최대 10개'와 같은 절대적인 제한은 없다. 물론 데이터가 지나치게 많으면 버블이 겹쳐 가독성이 떨어질 수 있지만, 10개라는 구체적인 수치는 잘못된 제약이다.

오답해설

① 사람의 시각은 길이보다 면적을 정확하게 인지하는 데 어려움이 있다. 따라서 버블의 크기 차이를 과장되게 해석하지 않도록 주의해야 한다.

② X축, Y축, 버블 크기라는 최소 3개 변수 간의 관계를 보여주므로 '두 개 이상'의 관계를 표현한다는 설명은 옳다.

④ 버블의 색상을 이용해 범주형 데이터를 추가로 표현할 수 있다(4번째 변수).

43 효과적인 타임라인 인포그래픽은 모든 사건을 동일한 비중으로 다루지 않는다. 오히려 시각적 계층(Visual Hierarchy)을 활용하여 더 중요하거나 전환점이 되는 '핵심 이벤트'를 크기, 색상, 아이콘 등을 통해 강조함으로써 사용자가 정보의 중요도를 쉽게 파악하도록 돕는다. 모든 데이터를 동일하게 취급하면 정보의 핵심을 파악하기 어렵다.

오답해설

①, ②, ④는 모두 타임라인 인포그래픽의 본질적인 특징과 목적에 대한 올바른 설명이다.

44 제시된 차트는 폭포수 차트(Waterfall Chart)이다. 이 차트는 시작 값에서부터 양수(증가) 또는 음수(감소) 값들이 순차적으로 더해져 최종 값에 이르는 과정을 시각적으로 보여주는 데 특화되어 있다. 특히 매출, 비용, 이익 등 재무 항목의 변화 과정을 분석하는 데 매우 효과적이다.

오답해설

① 연도별 순위 변화는 슬로프 차트(Slope Chart)나 범프 차트(Bump Chart)가 더 적합하다.

③ 각 범주의 분포와 통곗값(최댓값, 최솟값, 중앙값 등)을 비교하는 데는 상자 그림(Box Plot)이 사용된다.

④ 두 변수 간의 상관관계는 산점도(Scatter Plot)로 분석한다.

45 블릿 차트(Bullet Chart)는 하나의 막대(실적)와 하나의 선 마커(목표), 그리고 배경의 음영(성과

구간: 좋음/보통/나쁨)을 결합하여, 목표 대비
실적 현황을 좁은 공간에 매우 효과적으로
보여주는 차트이다. 막대그래프의 형태를
기반으로 목표 달성도를 시각화하는 데
최적화되어 있다.

② 블릿 차트는 대시보드에서 많은 공간을
차지하는 게이지 차트(Gauge Chart)를
대체하기 위해 개발되었으므로, 훨씬 더
공간 효율적이다.
③ 시간적 변화를 선으로 연결하는 것은 선
그래프(Line Chart)이다.
④ 막대 방향에 '수직인' 선 마커가 비교
측정값(목푯값)이다.

46 클라우스 윌케(Claus O. Wilke)는 저서
"Fundamentals of Data Visualization"에서
데이터를 시각적으로 인코딩하는 주요
속성으로 위치(Position), 길이(Length),
각도(Angle), 방향(Direction), 모양(Shape),
면적(Area), 색(Color), 선 유형(Line Type)
등을 제시했다. 이 중에서 '부피(Volume)'는 3D
시각화에서 사용될 수는 있으나, 왜곡이 심해
일반적으로 권장되지 않으며 윌케가 강조한
핵심 시각적 속성에는 포함되지 않는다.

①, ②, ④는 모두 데이터를 표현하는 데
사용되는 핵심적인 시각적 속성(Aesthetic
Attributes)이다.

47 도넛 차트와 파이 차트는 전체에서 각 부분이
차지하는 비율을 보여주는 시각화이다. 여러
조각으로 나뉘기 때문에, 각 조각(세그먼트)을
사용자가 명확하게 구별할 수 있도록 색상,
패턴 등을 명확히 구분해주는 것이 매우
중요하다.

① 도넛 차트와 파이 차트는 '면적'이 아니라
'각도' 또는 '호의 길이'로 수치의 크기를
표현한다.
③ 파이 차트는 '각도'로 수치의 크기를 표현하고,

'면적'은 그 결과로 나타나는 것이다.
④ 파이 차트와 도넛 차트는 '전체에 대한
부분의 비율'을 나타내므로, 모든 조각의
합은 항상 100%가 되어야 한다.

48 엑셀, 파워포인트와 같은 사무자동화(OA)
프로그램은 데이터 분석 비전문가도 쉽게
사용할 수 있도록 설계되었다(가). 또한, 차트
마법사나 추천 차트 기능 등을 통해 복잡한
코드 없이 클릭과 드래그 앤 드롭 방식으로
기본적인 차트를 생성할 수 있다(나).

(다), (라) 실시간 데이터 연동, 대규모 데이터
처리, 복잡한 다차원 분석 및 고급 통계 기능은
Tableau, Power BI와 같은 전문 BI 툴이나
R, Python과 같은 분석 언어의 영역이다.
OA 프로그램은 이러한 기능이 없거나 매우
제한적이다.

49 제시된 설명은 BI 툴의 '재현 가능성(Repro
ducibility)' 문제를 지적하고 있다. BI 툴은
대부분 GUI 기반의 클릭과 드래그 앤 드롭으로
분석이 이루어진다. 따라서 동일한 결과물을
다른 사람이 똑같이 만들어내기 위해서는
모든 작업 과정을 단계별로 상세히 기록하고
설명해야 하는 어려움이 있다. 코드 기반 분석(R,
Python)이 스크립트 파일 하나로 분석 과정을
완벽하게 재현할 수 있는 것과 대조된다.

②, ③, ④는 BI 툴의 일반적인 단점일 수
있으나, 제시된 설명("동일한 결과물을
구현하기 위해 ... 상세히 설명해야 하며")이
직접적으로 가리키는 문제는 재현 가능성의
어려움이다.

50 데이터 포인트가 10개 미만으로 매우 적을
경우, 선 그래프는 추세를 왜곡하거나 과장되게
표현할 위험이 있다. 이처럼 데이터가 적을
때는 추세를 보여주기보다는 각 데이터의
정확한 값을 비교하는 것이 더 중요하므로,
막대그래프나 간단한 표(Table)를 사용하는
것이 더 적합하다.

① 데이터 라인은 그리드 선(보조선)보다 굵고
진하게 표현하여 정보의 계층을 명확히 하는
것이 좋다.
② Y축을 0에서 시작하지 않고 데이터의
변동이 있는 구간만 확대해서 보여주면,
미세한 변화를 강조할 수 있다(단, 오해를
유발할 수 있으므로 주의해야 한다.).
④ 너무 많은 변수(선)를 한 그래프에
그리면 '스파게티 플롯'처럼 되어 식별이
불가능해지므로, 여러 개의 작은 그래프로
나누는 등의 대안을 고려해야 한다.

51 단계 구분도(Choropleth Map)와 같은
주제도(Thematic Map)의 주된 목표는 지리적
분포에 따른 '데이터의 패턴'을 효과적으로
전달하는 것이다. 지리적 위치의 '정확성'을
표현하는 것은 참조 지도(Reference Map)의
목표이다. 단계 구분도는 데이터를 표현하기
위해 때로는 지리적 형태를 단순화하거나
왜곡(예: 카토그램)하기도 하므로, 지리적
정확성 유지가 최우선 목표는 아니다.

① 이 지도는 사용자가 지역의 형태와 위치를
이미 알고 있다는 전제하에 의미를 전달
한다.
② 지도에 필터링, 하이라이팅, 툴팁 등
인터랙션을 추가하면 사용자가 데이터를 더
깊이 있게 탐색할 수 있다.
③ 단계 구분도는 면적이 넓은 지역이
시각적으로 더 강조되는 왜곡이 발생할 수
있다. 이 점을 인지하고 사용해야 한다.

52 현대의 대시보드는 실시간 또는 거의
실시간으로 데이터를 연동하여 최신 정보를
반영하는 기능을 핵심으로 한다. 데이터베이스와
직접 연결하여 정해진 주기(예: 1분, 10분)마다
자동으로 데이터를 갱신함으로써, 경영진과
사용자가 항상 최신 현황을 기반으로
의사결정을 내릴 수 있도록 지원한다. '데이터
갱신이 불가능하다'는 설명은 명백히 틀렸다.

①, ③, ④는 모두 대시보드의 핵심적인
기능이다. 필터, 드릴다운 등 대화형 요소(①),
다양한 차트와 그래프(③), 데이터 필터링(④)은
필수 기능이다.

53 롤리팝 차트(Lollipop Chart)는 막대 차트의
막대를 얇은 선으로, 막대의 끝을 점(원)으로
대체한 형태이다. 막대 차트보다 시각적으로
덜 복잡하고 깔끔한 인상을 주면서도, 각
항목의 값을 직관적으로 비교할 수 있는 장점을
가진다. 막대 차트의 변형된 형태로 이해할 수
있다.

① 단계별 변화 과정은 폭포수 차트(Waterfall
Chart)가 더 적합하다.
③ 계층적 그룹 관계는 트리맵(Treemap)이나
선버스트 차트(Sunburst Chart)가 적합하다.
④ 데이터의 분포를 시각화하는 데는
히스토그램이나 상자 그림(Box Plot)이
적합하다.

56 게슈탈트(Gestalt) 법칙은 "전체는 부분의
합보다 크다"는 개념을 바탕으로, 인간의 뇌가
시각적 요소들을 어떻게 그룹화하고 패턴을
인식하여 하나의 의미 있는 통합된 전체(Unified
Whole)로 인지하는지에 대한 심리학적 원리
이다. 근접성, 유사성, 연속성 등의 원리를 통해
흩어진 요소들을 하나의 덩어리로 인식하게
만든다.

①, ②, ④는 게슈탈트 법칙의 목적과 정반대
이거나 관련이 없는 설명이다.

54 시각화에서 대비(Contrast)는 정보를 명확하게
전달하기 위한 매우 중요한 원리이다. 히트맵의
각 셀에 숫자 값을 표시할 경우, 배경색과
텍스트 색상의 대비를 '최대화'하여 가독성을
높여야 한다. 예를 들어, 어두운 배경색
위에는 밝은 색 텍스트를, 밝은 배경색 위에는
어두운 색 텍스트를 사용해야 한다. 대비를
'최소화'하면 텍스트를 읽기 어려워진다.

①, ②, ④는 모두 효과적인 히트맵을 만들기 위한 필수적인 고려사항이다.

55 C 차트는 그룹 막대 차트(Grouped Bar Chart)이다. 이 차트의 핵심 목적은 각 그룹 내에서 여러 항목을 '직접적으로 비교'하는 것이다. 예를 들어, '1분기'라는 그룹 내에서 '제품 A', '제품 B', '제품 C'의 판매량을 나란히 놓고 비교하는 데 매우 효과적이다. 따라서 '그룹 내 항목의 직접적 비교는 어렵다'는 설명은 이 차트의 목적과 정반대되는 명백히 잘못된 설명이다.

①, ②, ④는 모두 각 막대 차트의 특징과 용도에 대한 올바른 설명이다.

57 질감(Texture)은 시각적 흥미를 더하고 정보를 보완하는 데 사용될 수 있지만, 과도하게 사용하면 오히려 시각적 소음(Visual Noise)을 만들어 정보를 방해할 수 있다. 특히, 의미 없는 여러 종류의 질감을 남용하면 인포그래픽이 복잡하고 산만해져 핵심 메시지 전달에 실패하게 된다. 질감은 절제하여, 목적에 맞게 일관성 있게 사용해야 한다.

①, ②, ③은 모두 질감을 시각화에 긍정적으로 활용하는 방법에 대한 올바른 설명이다.

58 아이콘(Icon)은 특정 개념이나 정보를 누구나 빠르고 직관적으로 이해할 수 있도록 단순화하고 상징화한 그래픽 기호이다. 복잡한 텍스트 설명을 대체하여 정보 전달의 효율성을 높이는 역할을 한다.

② 아이콘은 텍스트를 대체하거나 보완하기 위한 '그래픽' 요소이며, 텍스트 자체를 활용하는 것은 타이포그래피에 가깝다.
③ 아이콘은 '단순화'와 '상징화'가 핵심이므로, 세부적인 디테일은 의도적으로 생략하는 경우가 많다.

④ 아이콘은 문화권에 따라 그 의미가 다르게 해석될 수 있다(예: '엄지 척' 제스처). 따라서 대상을 고려하여 보편적으로 이해될 수 있는 아이콘을 사용하는 것이 중요하다.

59 '시간 시각화'는 시간의 흐름에 따른 데이터의 변화나 사건의 순서를 표현하는 것이다.

④ 상자 그림(Box Plot)은 데이터의 분포 (중앙값, 사분위수, 최소/최댓값, 이상치 등)를 요약하여 보여주는 통계 차트이다. 일반적으로 가로축은 시간을 나타내는 것이 아니라, 여러 그룹이나 범주 간의 데이터 분포를 '비교'하기 위해 사용된다. 시간의 '흐름'이나 '추세'를 표현하는 데는 적합하지 않다.

① 선 그래프는 연속적인 시간의 흐름에 따른 데이터 변화를 보여주는 대표적인 시간 시각화이다.
② 캘린더 히트맵은 일별 데이터를 달력 형태로 표현하여 요일별, 주별 패턴을 보여주는 시간 시각화이다.
③ 간트 차트는 프로젝트의 각 작업(Task)이 시간의 흐름에 따라 언제 시작하고 끝나는지를 보여주는 시간 시각화이다.

60 두 차트는 각각 'Sample' 데이터(범위: 10~458)와 'Rainfall(mm)' 데이터(범위: 15~354)라는 서로 다른 범위의 값을 시각화하고 있다. 히트맵의 명도 스케일은 일반적으로 각 데이터셋 내에서 상대적으로 결정되므로, 두 차트는 서로 다른 명도 스케일을 사용한다. 따라서 'Sample' 차트의 특정 색상이 나타내는 값과 'Rainfall' 차트의 동일한 색상이 나타내는 값은 다르다. 이로 인해 두 차트 간에 색상만으로 데이터 값을 직접 비교하는 것은 불가능하므로, "동일한 명도 스케일을 사용하므로 데이터 간의 시각적 비교가 직접적으로 가능하다"는 설명은 틀렸다.

① 이 차트는 각 날짜 칸의 데이터 값을 색상의 진하기(명도) 차이로 표현하여 값의 크기를 시각적으로 인지하게 하는 캘린더 히트맵의 기본 원리를 따르고 있다.

② 이미지의 'Rainfall(mm)' 차트를 보면, 값이 큰 날(비가 많이 온 날)이 더 어두운 색으로 표시되어 있어 명도의 강도를 통해 데이터의 대소를 비교할 수 있다.

③ 이미지 상단에 각 데이터셋의 'Max', 'Avg', 'Min' 등 요약된 통계 정보가 표로 명확하게 제공되고 있으므로, 이 시각 자료가 통계 정보를 제공한다는 설명은 맞다.

01 ②	02 ②	03 ④	04 ②	05 ④
06 ④	07 ③	08 ③	09 ①	10 ④
11 ③	12 ②	13 ④	14 ③	15 ④
16 ④	17 ③	18 ②	19 ①	20 ④
21 ④	22 ③	23 ④	24 ①	25 ④
26 ②	27 ①	28 ④	29 ②	30 ④
31 ④	32 ②	33 ②	34 ③	35 ①
36 ③	37 ③	38 ①	39 ③	40 ②
41 ②	42 ②	43 ②	44 ①	45 ④
46 ①	47 ③	48 ②	49 ②	50 ②
51 ②	52 ①	53 ③	54 ②	55 ④
56 ④	57 ①	58 ④	59 ④	60 ①

01 • 업셀링(Up-selling): 고객이 구매하려는 상품보다 더 비싼 상위 모델이나 옵션을 추천하는 것이다.
  • 교차판매(Cross-selling): 고객이 구매하려는 상품과 함께 사용하면 좋은 다른 상품을 추가로 추천하는 것이다.
  '가'와 '라'는 각각 상위 모델(저장용량, 비즈니스석) 추천(업셀링)과 관련 상품(이어폰, 라운지 이용권) 추천(교차판매)이 모두 포함되어 있다.

［오답해설］

나. 고급 와인 세트를 '같은 가격'으로 제안하는 것은 업셀링이나 교차판매보다는 프로모션이나 번들링에 가깝다.

다. 리퍼 제품을 '할인된 가격'으로 제안하는 것은 하위 상품을 추천하는 다운셀링(Down-selling)에 해당한다. 정품 잉크 패키지 추천은 교차판매이다.

02 물가가 지속적으로 상승하는 인플레이션 상황에서는 나중에 매입한 재고(원가가 높은)를 먼저 매출원가로 인식하는 후입선출법(LIFO)을 적용할 경우, 매출원가가 가장 높게 계산된다. 매출총이익은 '매출액-매출원가'이므로, 매출원가가 가장 높은 후입선출법이 매출총이익을 가장 적게 계산하게 된다.

［오답해설］

① 선입선출법(FIFO): 먼저 매입한 재고(원가가 낮은)를 먼저 매출원가로 인식하므로, 매출원가가 가장 낮게 계산되어 매출총이익은 가장 크게 나타난다. ③ 이동평균법, ④ 총평균법: 매입 시점의 원가를 평균하여 매출원가를 계산하므로, 선입선출법과 후입선출법의 중간 수준의 매출총이익이 계산된다.

03 유연근무제는 법적으로 의무화된 제도가 아닌, 기업이 인재 유치, 직원 만족도 향상, 생산성 증대 등을 위해 자율적으로 도입하는 '비법정 복리후생제도'의 일종이다. 기업의 상황과 직무 특성에 맞춰 다양한 형태로 운영된다.

［오답해설］

① 종업원이 '시간에 제약 없이' 근무시간을 조정할 수 있는 것은 아니며, 일반적으로 회사가 정한 규정(예: 코어타임, 총 근무시간) 내에서 선택적으로 조정할 수 있다.
② 재택근무는 사무실 임대료, 관리비 등 물리적 공간에 대한 비용을 절감시켜주므로, 오히려 기업의 비용을 줄이는 효과가 있다. 다만, 원격 근무로 인한 커뮤니케이션 및 성과 관리가 더 어려워질 수 있다.
③ 성공적으로 운영되는 유연근무제는 직원에게 자율성과 책임감을 부여하여 직무 만족도와 몰입도를 높여 동기부여에 긍정적인 영향을 미친다.

04 가. 산점도는 두 연속형 변수 간의 관계 (상관관계)를 파악하는 데 매우 유용한 시각화 기법이다. (옳음)

나. 체크리스트는 불량 항목, 발생 횟수 등을 기록하는 도구이며, 발생 '위치'를 함께 기록하면(예: 제품 도면에 표시) 위치별 불량 분포도 파악할 수 있다. (옳음)

다. 파레토 차트는 '소수의 중요한 원인이 다수의 문제를 일으킨다(80/20 법칙)'는 원리에 기반하여, 가장 빈번하게 발생하는 문제에 집중하여 개선 효과를 극대화하도록 돕는다. (옳음)

라. 특성요인도(어골도)의 4M은 일반적으로 Man(작업자), Machine(설비), Method (작업방법), Material(원재료)을 의미한다. '비용(Money)'은 포함되지 않는다. (틀림)

05 직무분석의 결과물은 크게 직무기술서(Job Description)와 직무명세서(Job Specification)로 나뉜다. 직무를 수행하는 개인이 갖춰야 하는 자격요건(지식, 기술, 능력 등)을 명시한 문서는 '직무명세서'이다. '직무기술서'는 해당 직무의 과업, 책임, 역할 등을 기술한 문서이다. 따라서 보기④는 직무기술서가 아닌 직무명세서에 대한 설명이므로 옳지 않다.

① 직무분석을 통해 각 직무의 가치와 난이도를 평가하고, 이를 기반으로 공정한 평가 및 보상 체계를 수립할 수 있다.

② 직무명세서는 해당 직무에 필요한 자격요건을 정의하므로, 채용 시 지원자를 평가하는 기준이 된다.

③ 직무기술서는 해당 직무가 수행해야 할 구체적인 업무 내용을 담고 있으므로, 업무 지시 및 R&R(역할과 책임) 정의에 활용된다.

06 강제할당법은 직원들을 '사전에 정해진 비율'에 따라 특정 등급(예: 상위 10%, 중위 80%, 하위 10%)에 강제로 배분하는 '상대평가' 방식이다. 반면, 평가자가 직원들의 성과를 단순히 비교하여 1등부터 순서대로 순위를 매기는 방법은 '서열법(Ranking Method)'이라고 한다.

강제할당법은 순위를 매기는 것이 아니라 정해진 범주에 할당하는 방식이다.

① 하위 등급으로 분류된 직원들은 불만을 느끼고 사기가 저하될 수 있는 명백한 단점이다.

②, ③ 성과를 상대적으로 비교하여 '상위/중위/하위'와 같은 스펙트럼 범주에 할당하는 것이 강제할당법의 핵심 특징이다.

07 옵션 매수자의 잠재적 이익은 콜옵션과 풋옵션에서 다르게 나타난다. 콜옵션(매수 권리)의 경우, 기초자산 가격이 상승하면 이론적으로 무제한의 이익을 얻을 수 있다. 반면, 풋옵션(매도 권리)의 경우, 기초자산 가격이 하락할 때 이익이 발생하며, 가격이 0원 이하로 내려갈 수는 없으므로 이익은 '행사가격−프리미엄'으로 제한된다. 따라서 풋옵션의 보상이 이론적으로 무제한이라는 설명은 옳지 않다.

① 채권 포트폴리오에 옵션을 결합하여 금리 변동(채권 가격 변동)에 따른 위험을 해지하거나 추가 수익을 추구할 수 있다.

② 옵션의 '권리'를 사는 매수자는 그 대가로 '프리미엄'이라는 비용을 권리를 파는 매도자에게 지불해야 한다.

④ 옵션의 가치는 기초자산의 현재 가격과 권리를 행사할 수 있는 가격(행사가격)의 차이에 따라 결정되므로, 이 관계는 옵션 가치에 직접적인 영향을 준다.

08 인적자원평가 결과의 활용은 관점에 따라 구분된다.

- 관리적 관점: 채용, 배치, 승진, 보상 등 인사관리 의사결정에 직접 활용하는 것
- 조직적 관점: 조직의 목표 달성, 인력 계획, 규정 준수 등 조직 전체 차원에서 활용하는 것
- 종업원 관점: 개인의 성장, 경력 개발, 피드백 수용 등 구성원 개인 차원에서 활용하는 것

'가'는 법규 준수, '나'는 핵심 인력 식별 및 인력
계획과 관련된 내용으로 조직적 관점에 해당
한다. '다'(급여 조정)와 '라'(피드백/코칭)는 각각
보상과 육성이라는 관리적 관점의 활용법이다.
문제에서는 관리적 관점을 묻고 있으므로 '다'와
'라'가 정답이다.
(※ 문제 원본의 보기 구성에 오류가 있는
것으로 보인다. 주어진 보기 중에서는 '나, 다,
라'를 묶은 ③이 가장 근접하나, '나'는 조직적
관점에 더 가깝다. 하지만 '가'는 명백히 조직적
관점이므로, '가'가 포함된 ①, ②, ④는 오답이다.
문제 출제 의도상 관리적/조직적 관점을 넓게
해석하여 '나, 다, 라'를 정답으로 의도했을
가능성이 높다. 하지만 엄밀히는 '다, 라'만
관리적 관점이다. 가답안은 ③으로 되어 있으나,
이는 이의제기 소지가 있을 수 있다.) → 가답안
기준

09 • 외가격(OTM: Out of The Money): 현재
　　　상태에서 권리를 행사하면 손실이 발생하는
　　　상태
　　　　– 콜옵션의 외가격: 기초자산 가격〈행사가격
　　　　– 풋옵션의 외가격: 기초자산 가격〉행사가격
　　• 내가격(ITM: In the The Money): 현재
　　　상태에서 권리를 행사하면 이익이 발생하는
　　　상태. 따라서 (가)와 (나)는 모두 '외가격'에
　　　대한 설명이다.

10 공공데이터포털(data.go.kr)은 공공기관이
　　생성하는 다양한 데이터를 파일이나 API 형태로
　　제공하는 플랫폼이다. 반면, 각종 증명서(등본,
　　초본 등)를 신청하고 발급받는 서비스는
　　행정안전부가 운영하는 정부24(gov.kr)에서
　　제공한다. 두 포털은 목적과 기능이 다르다.

11 경제적 주문량(EOQ) 모형은 '수요가 일정하고
　　예측 가능하며, 주문 단가와 리드타임이 변하지
　　않는다'는 것을 기본 가정으로 한다. 따라서
　　수요 변동성이나 주문 단가 변화를 반영하여
　　탄력적으로 조정된다는 설명은 EOQ 모형의
　　기본 가정에 위배되므로 옳지 않다. 실제 재고
　　관리에서는 이러한 변동성을 고려하기 위해
　　안전재고나 다른 재고 모형을 사용한다.

① EOQ는 연간 총 재고비용(주문비용＋
　　재고유지비용)을 최소화하는 1회 주문량을
　　찾는 모델이다.
② 리드타임(주문 후 도착까지 걸리는 시간)이
　　일정하고 수요도 일정하다면, 재고가 0이
　　되는 시점에 맞춰 주문품이 도착하도록 주문
　　시점을 계산할 수 있으므로, 불확실성에
　　대비한 안전재고는 필요하지 않다.
④ 이는 EOQ 모형의 핵심 가정 중 하나이다.

12 마이클 포터의 5 Forces 분석에서 '잠재적
　　진입자의 위협'은 새로운 경쟁자가 해당 산업에
　　얼마나 쉽게 들어올 수 있는지를 의미한다.

　　나. 산업 내 제품 차별화의 수준이 낮음'은 기존
　　　　기업들의 제품이 서로 비슷하여 고객들이
　　　　브랜드를 바꾸기 쉽다는 의미이다. 이는
　　　　신규 진입자가 약간의 가격 우위나 새로운
　　　　기능만으로도 쉽게 고객을 확보할 수
　　　　있다는 뜻이므로, 진입 장벽이 낮아져
　　　　위협이 높아진다.

　　가, 다, 라: 규모의 경제(기존 기업의 원가
　　　　우위), 높은 자본 투자 요구(초기 비용
　　　　부담), 배타적 유통 경로(신규 기업의 판로
　　　　확보 어려움)는 모두 신규 기업이 시장에
　　　　진입하기 어렵게 만드는 높은 '진입 장벽'에
　　　　해당한다. 따라서 이는 잠재적 진입자의
　　　　위협을 '낮추는' 요인이다.

13 영업이익은 기업의 주된 영업활동으로부터
　　발생한 이익을 의미한다. 손익계산서 상에서
　　매출총이익(매출액－매출원가)에서 기업의
　　'상품/서비스'를 판매하고 관리하는 데 들어간
　　비용인 판매비와관리비(판관비)를 차감하여
　　계산한다.

14 순수고객추천지수(NPS)에서 응답자는 점수에
　　따라 세 그룹으로 분류된다.

　　• 권유자(Promoters): 9~10점
　　• 중립자(Passives): 7~8점

• 비판자(Detractors): 0~6점 따라서 '4점~6점' 사이의 점수를 부여한 응답자는 '중립자'가 아닌 '비판자'로 분류된다.

15 고착도(Stickiness)는 DAU(일간 활성 사용자)/MAU(월간 활성 사용자)로 계산되는 비율 지표이다. 이는 서비스의 절대적인 사용자 수와는 무관하게, 월간 사용자 중 얼마나 많은 사용자가 거의 매일 접속하는지를 나타내는 '사용자 충성도' 또는 '참여도'의 질적인 척도이다. 사용자 수가 적더라도 고착도가 높을 수 있고, 반대의 경우도 가능하므로 둘은 비례 관계가 아니다.

16 주경로(Critical Path)는 프로젝트를 완료하는 데 필요한 가장 긴 시간을 나타내는 연속된 활동들의 경로이다. 이 경로에 포함된 활동들은 지연될 경우 전체 프로젝트의 일정이 지연되는 매우 중요한 활동들이다. 주경로상에 있는 활동들의 특징은 여유 시간(Slack 또는 Float)이 '0'이라는 점이다. 즉, 지연시킬 여유가 전혀 없는 활동들의 연결이 바로 주경로이다.

17 현대적 구매관리는 단순히 가장 싼 가격에 구매하는 '원가효율성'만을 최우선으로 삼지 않는다. 공급업체와의 장기적인 협력 관계를 통해 품질, 납기, 기술 혁신, 지속가능성 등 총체적 가치(Total Value)를 확보하는 것을 목표로 한다. 따라서 원가효율성이 최우선 기준이라는 설명은 전통적 구매관리에 가까우며, 현대적 구매관리와는 거리가 멀다.

18 ROI(투자수익률)는 '(수익-투자 비용)/투자 비용'으로 계산된다. 퍼포먼스 마케팅에서 ROI를 계산하려면, 광고를 통해 발생한 '수익'과 광고에 사용된 '비용'을 알아야 한다.
• CPA(Cost Per Action): 특정 행동(예: 회원가입, 구매) 1건당 지출된 비용. (비용 지표)
• ROAS(Return On Ad Spend): 광고비 대비 매출액. (광고로 발생한 매출/광고비)*100. (수익/비용 복합 지표)
• 클릭률(CTR): 클릭을 통해 사용자가 유입되어야 수익이 발생하므로 간접적으로 수익에 영향을 준다. 반면, 페이지 체류 시간은 사용자의 '관심도'를 나타내는 지표일 뿐, 그 자체로 직접적인 수익이나 비용을 나타내지 않는다. 물론 체류 시간이 길면 구매 전환율이 높아져 수익에 기여할 수 있지만, CPA나 ROAS처럼 ROI 계산에 직접적으로 사용되는 재무적 지표는 아니다.

19 현금흐름표의 영업활동 현금흐름은 기업의 주된 수익 창출 활동과 관련된 현금의 유입과 유출을 의미한다.
가, 다, 라: 로열티 수입, 재화 판매, 종업원 급여 지급 등은 모두 주된 영업활동에 해당한다.
나. 단기차입금에 의한 현금 유입은 돈을 빌리는 활동으로, 이는 '재무활동'으로 인한 현금흐름에 해당한다.

20 CTR과 CVR의 계산 공식은 다음과 같다.
• CTR(Click-Through Rate, 클릭률): (클릭 수/노출 수)×100
• CVR(Conversion Rate, 전환율): '(전환 수/클릭 수)×100' CTR의 분모는 '노출 수'가 맞지만, CVR의 분모는 '클릭 수'이다. 따라서 두 지표 모두 '노출 수'를 분모로 한다는 설명은 명백히 옳지 않다.

오답해설

① CTR이 높아 광고를 많이 클릭했지만, CVR이 낮다는 것은 광고를 클릭한 후 방문한 페이지(랜딩페이지)나 구매 과정에서 사용자가 이탈했음을 의미한다.
② 광고에서 보여준 내용과 클릭 후 보게 되는 콘텐츠가 일치하면 사용자는 기대했던 정보를 얻게 되므로 클릭(CTR)과 전환(CVR) 모두 긍정적인 영향을 받는다.
③ 포괄적인(넓은) 타깃에게 광고를 하면 관심 없는 사람이 많아 CTR은 낮아진다. 하지만 소수의 관심 있는 사람이 클릭했을 경우 전환율(CVR)이 높게 나타날 수도 있다 (반드시 그런 것은 아니지만, 논리적으로 가능한 시나리오이다.).

21 가. EDA 과정에서 변수 간 상관관계를 히트맵 등으로 확인하여, 독립변수 간 강한 상관관계가 나타나는 다중공선성 문제를 미리 파악할 수 있다. (옳음)

마. 회귀분석 등 모델링을 하기에 앞서 데이터가 특정 통계적 가정을 만족하는지 (정규성, 등분산성 등)를 시각화나 기초 통계량으로 검토하는 것 또한 EDA의 중요한 과정이다. (옳음)

나. 불확실한 사건의 발생 가능성을 수치화하는 것은 '확률'의 정의이며, 이를 시각적으로 표현하는 것은 데이터 시각화의 한 부분일 수는 있으나 EDA 자체를 설명하는 말로는 부적절하다.

다. EDA는 데이터의 'what(무엇)'을 보여주는 것을 넘어, 'why(왜)'에 대한 가설을 세우고 패턴과 인사이트를 탐색하는 과정에 더 중점을 둔다.

라. EDA는 데이터 종류에 제약이 없다. 수치형 데이터뿐만 아니라 범주형 데이터(막대그래프, 교차표 등)에 대해서도 활발하게 적용된다.

22 빅데이터의 특징 중 다양성(Variety)은 데이터가 정형(구매 이력), 반정형(웹사이트 로그), 비정형(텍스트, 이미지, 동영상) 등 다양한 형태와 구조로 존재하는 특성을 의미한다. 문제에서 제시된 구매 이력(정형), 웹사이트 기록(반정형), SNS 게시물/이미지/ 동영상(비정형)은 빅데이터의 다양성을 보여주는 대표적인 예시이다.

23 셀프서비스 BI는 현업 사용자가 IT팀의 개입 없이 직접 데이터를 분석하고 시각화하는 환경을 말한다. 이 과정에서 발생할 수 있는 주요 위험은 다음과 같다.

가. IT팀의 역할이 리포트 개발에서 데이터 거버넌스 및 플랫폼 관리로 바뀌면서 역할 변화에 대한 저항이 발생할 수 있다. (옳음)

나. 검증 프로세스 없이 현업 사용자가 생성한 분석 결과가 확산되면, 잘못된 데이터 기반의 의사결정으로 이어질 위험이 크다. (옳음)

라. 데이터에 대한 이해가 부족한 사용자들이 각자 다른 기준으로 지표를 만들면, 같은 지표임에도 부서마다 다른 값이 나오는 '데이터 사일로' 및 신뢰도 저하 문제가 발생한다. (옳음)

다. 라이선스 및 교육 비용 증가는 프로젝트 관리의 위험 요소일 수는 있지만, 이는 셀프서비스 BI '전환' 자체의 본질적인 위험이라기보다는 일반적인 IT 프로젝트의 예산 관리 문제에 가깝다. '가, 나, 라'는 데이터 거버넌스 및 조직 문화와 관련된, 셀프서비스 BI 환경에서 발생하는 더 근본적이고 주요한 위험 요소이다.

24 데이터베이스 분산 방법에는 크게 분할 (Partitioning/Fragmentation)과 복제 (Replication)가 있다.

- 분할: 하나의 테이블을 여러 조각으로 나누어 분산 저장(보기 ②, ③)
- 복제: 동일한 테이블을 여러 서버에 복사하여 분산 저장(보기④)

보기 ①은 "테이블은 다른 데이터베이스에 중복 생성된다"고 하여 복제를 설명하는 듯하지만, "테이블 구조 변화 없이 테이블의 위치를 분산시킨다"는 설명이 모호하며 일반적인 분산 방식으로 보기 어렵다. 특히, 단순히 위치만 분산시키는 개념은 없으며, 분할 또는 복제를 통해 분산이 이루어진다. 따라서 가장 부적절한 설명이다.

25 보기④는 웹 스크레이핑(또는 크롤링)에 대한 설명이다. 웹 스크레이핑은 웹페이지의 HTML 구조를 분석하여 필요한 데이터를 자동 추출하는 기술이다. 반면, API(Application Programming Interface)는 서비스 제공자가 정해진 규약(인터페이스)에 따라 데이터를 정제된 형태로 제공하는 공식적인 통로이다. 따라서④는 API를 이용한 데이터 수집 방법이 아니다.

26 균일분포(Uniform Distribution)는 특정 구간 [a, b] 내에서 모든 사건이 발생할 확률이 동일한 연속확률분포이다. 따라서 확률밀도 함수(PDF)는 이 구간 내에서 1/(b-a)라는 일정한 값을 가지며, 그 외의 구간에서는 0의 값을 갖는다.

27 APFS(Apple File System)는 Apple이 자사 제품(macOS, iOS 등)을 위해 개발한 파일 시스템이다. 따라서 Apple의 OS와는 완벽하게 호환되지만, Windows 등 다른 OS와의 호환성은 매우 제한적이다. "개발사 외 일부 OS와 호환이 가능하다"는 설명은 틀렸다.

28 이 문제는 온프레미스(On-premises) 방식에 대한 설명으로 옳지 않은 것을 묻고 있다. 온프레미스는 기업이 자체 데이터센터에 서버, 스토리지 등 하드웨어를 직접 구축하고 운영하는 방식이다.

- 보기④는 온프레미스 환경의 한계(확장성 부족, 유지보수 비용 등)를 극복하고, 클라우드의 장점(유연성, 확장성)을 결합하기 위해 사용하는 하이브리드 클라우드(Hybrid Cloud)에 대한 설명이다. 이는 온프레미스 '방식 자체'에 대한 설명이 아니라, 온프레미스와 다른 방식을 '결합'하는 활용 사례에 해당하므로, 온프레미스 방식 자체에 대한 설명으로는 가장 거리가 멀다.

①, ②, ③은 모두 온프레미스 방식의 대표적인 특징(높은 커스터마이징 자유도, 강력한 내부 통제로 인한 보안성, 높은 초기 투자 비용)을 올바르게 설명하고 있다.

29 분산 데이터베이스의 투명성은 사용자가 데이터베이스가 분산되어 있다는 사실을 인지하지 못하고, 마치 하나의 중앙 집중형 데이터베이스를 사용하는 것처럼 느끼게 해주는 특성을 말한다.

- 병행 투명성(Concurrency Transparency): 여러 사용자가 동시에 데이터에 접근하더라도 시스템이 동시성을 제어하여 데이터의 일관성을 유지해주므로, 사용자는 다른 사용자의 존재를 신경 쓸 필요가 없다.

① 사용자가 데이터의 물리적 저장 위치를 알 필요가 없는 것은 '위치 투명성'이다. 보기 설명은 중복(복제)과 위치를 혼합하여 잘못 설명하고 있다(복제 사실을 알 필요 없는 것은 '복제 투명성').
③ 데이터베이스가 여러 조각으로 나뉘어 있다는 사실을 알 필요가 없는 것은 '분할 투명성'이다.
④ '분산 투명성'이라는 용어는 일반적으로 사용되지 않으며, 설명 내용도 분할 투명성에 가깝지만 명확하지 않다.

30 LOO(Leave-One-Out) 교차검증은 데이터 샘플의 개수가 n개일 때, 1개의 샘플을 검증 세트로, 나머지 n-1개를 훈련 세트로 사용하는 과정을 n번 반복하는 방법이다. 모든 샘플을 한 번씩 검증에 사용하므로 모델의 성능을 안정적으로 추정할 수 있지만, n번의 모델 훈련을 수행해야 하므로 데이터가 클 경우 연산 비용이 매우 많이 드는 단점이 있다. 따라서 '적은 연산 비용'이라는 설명은 명백히 틀렸다.

31 확증 편향(Confirmation Bias)은 자신의 기존 신념이나 가설과 일치하는 정보는 적극적으로 받아들이고, 그에 반하는 정보는 무시하거나 외면하는 인지적 편향을 의미한다. 글상자의 설명은 확증 편향의 전형적인 정의에 해당한다.

32 트랜잭션 관리자(Transaction Manager)는 데이터베이스에서 트랜잭션의 ACID 속성(원자성, 일관성, 고립성, 지속성)을 보장하는 역할을 한다. 이를 위해 여러 데이터 조작 작업(INSERT, UPDATE, DELETE 등)을 '하나의 논리적 작업 단위(트랜잭션)'로 묶어, 모두 성공하거나(Commit) 모두 실패하도록(Rollback) 제어함으로써 데이터의 일관성과 동시성(병행 제어)을 관리한다.

①, ④ 스키마, 메타데이터, 사용자, 제약조건 등을 정의하고 관리하는 것은 '데이터 정의어(DDL)'와 관련된 기능이며, 데이터 사전을 관리하는 시스템의 역할이다.

③ 파일 시스템이나 인덱스 구조를 관리하여 데이터 검색을 효율화하는 것은 '저장 관리자(Storage Manager)' 또는 파일 관리 시스템의 역할이다.

33 ETL은 Extract(추출), Transform(변환), Load(적재)의 약자이다.

가. 복잡도가 낮은 비즈니스 룰 적용이 필요한 상황에서 일반적으로 사용된다. (틀림) ETL의 Transform 단계는 복잡한 비즈니스 로직을 적용하고, 데이터를 통합, 정제, 계산하는 등 복잡도가 높은 데이터 변환 작업에 주로 사용된다. 복잡도가 낮은 경우에는 ELT 방식이 더 효율적일 수 있다.

다. 추출 단계에서 데이터를 목적에 맞게 변경하거나, 구조를 변경하여 획득한다. (틀림) ETL에서 '추출(Extract)' 단계는 원본 소스에서 데이터를 그대로 가져오는 과정이다. 데이터를 변경하고 구조를 바꾸는 것은 '변환(Transform)' 단계에서 수행된다.

나. 데이터가 발생할 때마다 실시간으로 처리하는 것은 '스트림 프로세싱'이며, ETL은 일반적으로 정해진 주기마다 대량의 데이터를 일괄 처리하는 '배치 프로세싱'에 사용된다. 따라서 '나'도 옳지 않은 설명이다.

(※ 문제에 오류가 있을 가능성이 높다. 가, 나, 다 모두 ETL에 대한 옳지 않은 설명이다. 가답안은 ②(가, 다)로 되어 있으나, '나' 역시 명백히 옳지 않은 설명이다.) → 가답안 기준

34 파일 시스템은 운영체제 수준에서 기본적인 파일 단위의 읽기/쓰기 권한을 제공할 뿐, 데이터베이스 관리 시스템(DBMS)처럼 사용자별, 데이터 항목별로 세분화된 접근 제어나 체계적인 보안 정책을 자동 관리하는

기능이 매우 미흡하다. 따라서 "보안 및 접근 제어가 체계적으로 자동 관리된다"는 설명은 명백히 틀렸다.

35 글상자의 사례는 훈련 데이터에서는 성능이 매우 높지만, 새로운 실제 데이터(테스트 데이터)에서는 성능이 급격히 떨어지는 과적합(Overfitting) 현상을 설명하고 있다. 과적합은 모델이 훈련 데이터에 너무 과도하게 맞춰져서, 데이터의 일반적인 패턴을 넘어 노이즈까지 학습한 상태를 말한다. 과적합을 방지(해결)하기 위해서는 모델의 복잡도를 낮추는 방향으로 조절해야 한다(예: 규제(Regularization) 적용, 트리의 깊이 제한, 특성(Feature) 수 줄이기 등). 따라서 모델의 복잡도를 '늘리는' 방향으로 조절한다는 설명은 과적합을 오히려 심화시키는 방법이므로 옳지 않다.

36 데이터 정제는 분석에 적합하도록 데이터의 품질을 높이는 과정이다. 보기 ③의 '부동 소수점을 정수로 변환'하는 것은 데이터의 정밀도를 떨어뜨려 정보 손실을 유발할 수 있다. 예를 들어, 0.1과 0.9는 정수로 변환하면 모두 0이 되어 구별할 수 없게 된다. 이는 데이터의 복잡성을 줄이는 것이 아니라 정보를 왜곡하는 행위이므로, 일반적인 데이터 정제 방법으로 옳지 않다.

37 데이터 웨어하우스의 스타 스키마에서 Dimension 테이블과 Fact 테이블의 특징은 다음과 같다.

가. Dimension 테이블은 '누가, 언제, 어디서, 무엇을'과 같은 분석의 기준이 되는 설명적, 범주형 데이터를 저장한다. (옳음)

다. Fact 테이블은 매출액, 수량 등 측정할 값(Measure)과 Dimension 테이블을 가리키는 외래 키들로 구성된 중심 테이블로, 주요 데이터 저장소 역할을 한다. Dimension 테이블은 이 Fact 데이터를 설명하는 카테고리(차원)를 정의한다. (옳음)

나. 일반적으로 Fact 테이블이 거래 데이터를 계속 쌓기 때문에 행의 수가 훨씬 많고, Dimension 테이블은 상대적으로 행의 수가 적다(예: 상품 Dimension은 상품 종류만큼, Fact는 전체 판매 건수만큼).

라. Fact 테이블이 다수의 외래키를 가지고 Dimension 테이블의 기본키를 참조한다. 설명이 반대로 되었다.

38 이 문제는 결측값 처리 방법에 대해 묻고 있다.

① 데이터의 평균값이나 중앙값, 최빈값 등으로 결측값을 대체한다. → 이것은 가장 기본적인 결측값 처리 방법 중 하나인 단순 대치법(Single Imputation)이다.

② 다른 변수를 기반으로 회귀 분석을 수행하여 결측값을 예측한다. → 회귀 대치법(Regression Imputation)이다.

③ 결측값이 있는 데이터 포인트와 가장 유사한 k개의 이웃 데이터 포인트를 찾아 이들의 값을 기반으로 결측값을 추정한다. → K-최근접 이웃(KNN) 대치법이다.

④ 결측값을 여러 번 대체하여 여러 개의 완전한 데이터 세트를 생성하고, 이들 결과를 종합하여 최종 결론을 도출한다. → 다중 대치법(Multiple Imputation)**이다. 모두 결측값 처리 방법으로 사용되는 기법들이다. (※ 문제 또는 가답안에 오류가 있을 가능성이 매우 높다. 모든 보기가 결측값 처리 방법에 대한 올바른 설명이다. 굳이 답을 골라야 한다면, ①이 가장 단순하고 정보 손실이 클 수 있는 방법이라는 점에서 다른 보기들과 성격이 다르다고 볼 수 있으나, '옳지 않은 것'이라는 질문에는 부합하지 않는다.) → 가답안 기준

39 가. 수치형 데이터의 분포를 요약하기 위해 평균, 중앙값(중심 경향)과 표준편차, 분산, 범위(산포) 등을 계산한다. (옳음)

나. 범주형 변수들 간의 관계를 파악하기 위해 각 범주의 빈도를 표로 나타낸 교차표(분할표)나, 그 비율을 면적으로 시각화한 모자이크 플롯을 사용한다. (옳음)

마. 수치형 데이터를 구간화(Binning)하면 연속적인 정보가 이산적인 범주로 바뀌므로, 원래 데이터가 가진 세밀한 정보(해상도)가 일부 손실될 수 있다. (옳음)

다. 수치형 데이터의 집단 간 평균 차이를 검정할 때는 t-검정(t-test)이나 분산분석(ANOVA)을 사용한다. 카이제곱 검정은 범주형 데이터의 관찰 빈도와 기대 빈도 간의 차이를 검정하는 데 사용된다.

라. 상자그림(Box Plot)은 수치형 데이터의 분포(사분위수, 중앙값, 이상치)를 보여주는 그래프이다.

40 정형 데이터는 관계형 데이터베이스 모델을 따르며, 제1정규형에 따라 하나의 속성(컬럼)에는 원자적인(atomic) 값 하나만을 가져야 한다. 하나의 속성 값 내부에 또 다른 속성과 값을 가지는 구조는 비정형 또는 반정형 데이터(예: JSON)의 특징이다.

41 도넛 차트(또는 파이 차트)는 전체에서 각 부분이 차지하는 '비율'을 보여주는 데는 유용하지만, 인간의 눈은 각도나 면적의 미세한 차이를 정확하게 비교하기 어렵다. 따라서 여러 항목 간의 값을 정밀하게 비교하는 데는 막대 차트가 훨씬 효과적이다. "데이터 비교가 직관적이다"라는 설명은 막대 차트에 비해 상대적으로 옳지 않다. 또한, "파이 차트보다 유용하다"는 주장도 근거가 부족하며, 가운데 구멍으로 인해 오히려 파이 차트보다 더 왜곡을 일으킬 수 있다.

42 자크 베르탱의 시각적 변수 중 기울기(Orientation)는 순서나 양을 나타내는 데는 적합하지 않다. 즉, 기울기가 30도인 것이 10도인 것보다 3배 더 크다는 양적 정보를 전달하지 못한다. 따라서 서로 다른 범주를 '구분'하는 명목 변수(Nominal variable)를 표현하는 데는 사용할 수 있지만, 순서가 있는 범주(순서 변수)나 양적 정보를 표현하는 데는 부적합하다.

(※ 문제의 의도는 '순서나 양적 정보를 표현하기에 부적합하다'는 의미로 보인다. 범주 데이터 '구분' 자체는 가능하지만, 다른 시각 변수(예: 색상, 모양)에 비해 효과적이지 않아 일반적으로 권장되지 않는다. 가장 옳지 않은 것을 고르는 문제이므로, 다른 명확한 활용법에 비해 부적절하다고 판단할 수 있다.) → 가답안 기준

43 흐름도(Flow chart)와 다이어그램은 프로세스의 단계, 의사결정 지점 등 이산적(discrete)인 구성 요소들의 순서와 관계를 명확하게 보여주는 데 적합하다. 시간의 흐름에 따라 연속적으로 변하는 데이터(예: 주가, 기온)를 표현하는 데는 선 그래프 등이 더 적합하다.

44 모자이크 차트는 범주형 데이터의 비율을 사각형의 면적으로 표현하는 차트이다. 모든 사각형이 서로 붙어 있어 전체적인 구조와 비율을 파악하는 데 용이하다. 따라서 "공간적으로 인접하지 않은" 셀 간의 관계를 보여준다는 설명은 모자이크 차트의 시각적 특징과 맞지 않는다. 오히려 인접한 셀들의 면적 비교를 통해 관계를 파악하는 방식이다.

45 가. 대시보드의 핵심 목적은 복잡한 데이터를 시각화하여 사용자가 패턴과 이상 징후를 빠르게 파악하고 직관적인 의사결정을 내리도록 돕는 것이다. (옳음)
라. 탐색형 대시보드는 사용자가 데이터를 자유롭게 탐색하며 스스로 인사이트를 찾도록 하는 것이 목적이다. 따라서 특정 결론을 유도하지 않도록 색상이나 레이아웃 등 디자인 요소를 최대한 중립적으로 사용하여 데이터 자체를 객관적으로 보여줘야 한다. (옳음)
마. 현대의 BI 도구는 데이터베이스와 실시간으로 연동하여 거의 실시간에 가까운 최신 데이터를 대시보드에 반영할 수 있는 기능을 제공한다. (옳음)

오답해설

나. 설명형 대시보드는 특정 스토리를 전달하고 결론을 명확히 보여주는 데 적합하다. 반면,

경영지표를 지속적으로 모니터링하고 이상 징후를 탐색하는 목적이라면 운영/탐색형 대시보드가 더 적합하다.
다. 대시보드는 과거 데이터 요약뿐만 아니라, 예측 모델과 연동하여 미래 예측 결과를 시각화하는 데도 활용될 수 있다.

46 정보 시각화는 인간의 뇌가 시각 정보를 빠르게 처리하는 능력을 활용하는 것이다. 하지만 시각 시스템에 저장된 자료를 '그대로' 사용하는 것이 아니라, 복잡하고 방대한 원시 데이터를 인간이 이해하기 쉬운 시각적 형태로 '변환'하고 '요약'하여 표현함으로써 정보 처리 능력을 확장시키는 것이다. '그대로 사용한다'는 표현이 옳지 않다.

47 •(ㄱ) 지리적 영역을 데이터 값에 따라 색상의 명도나 채도를 다르게 채우는 지도는 단계 구분도(Choropleth Map)이다.
•(ㄴ) 데이터 값에 비례하여 지리적 영역의 면적을 의도적으로 왜곡하여 표현하는 지도는 카토그램(Cartogram)이다.
•(ㄷ) 지리적 정보를 유지하되, 각 영역을 동일한 형태(예: 정사각형, 육각형)로 단순화하여 표현하는 지도는 타일맵 또는 그리드맵이라고 하며, 이는 카토그램의 한 종류로 볼 수 있다(히트맵은 특정 지점의 밀도를 색상으로 표현하는 것이므로, 각 주를 정사각형으로 나타낸 것과는 다르다.). 따라서 (ㄱ)단계구분도, (ㄴ)카토그램, (ㄷ)카토그램(또는 타일맵)이 가장 적절한 조합이다. 보기 중에서는 ③이 가장 가깝다.

48 나. 상자그림(Box Plot)은 데이터의 사분위수 범위를 벗어나는 값들을 이상치(Outlier)로 명확하게 표시해주므로, 데이터의 특이값을 발견하는 데 매우 용이하다. (옳음)
라. 수염(Whisker)은 일반적으로 사분위수 범위(IQR=Q3−Q1)의 1.5배를 벗어나지 않는 범위 내의 최솟값과 최댓값까지 이어진다. 즉, Q1−1.5*IQR과 Q3+1.5*IQR 안쪽에 있는 데이터 포인트 중 가장 멀리 있는 값까지 표현한다. (옳음)

가. 첫 번째 사분위수(Q1)와 세 번째 사분위수(Q3)는 박스의 양 끝을 의미하며, 그 밖에 자리하는 데이터가 모두 이상값은 아니다. 위 '라'에서 설명한 수염의 범위를 벗어나는 데이터 포인트를 이상값이라고 한다.

다. 상자그림의 박스 안 굵은 선은 중앙값(Median)을 나타낸다. 평균값(Mean)은 일반적으로 표시하지 않는다.

49 경사 차트(Slope Chart)는 두 시점 또는 두 그룹 간의 값 변화와 '순위' 변화를 보여주는 데 효과적인 그래프이다. 하지만 이 차트는 값의 '절대적인 크기'보다는 '변화의 방향(기울기)과 순위 변동'을 강조한다. 따라서 표현된 비율을 절대적인 값으로 해석하기보다는 변화의 추세를 보는 데 집중해야 한다.

50 상관도표(Correlogram 또는 Correlation Matrix Heatmap)는 여러 변수 간의 상관계수를 행렬 형태로 나타내고, 그 값의 크기를 색상으로 표현한 시각화이다.

가. 여러 변수(다중 변수) 간의 상관관계를 한눈에 볼 수 있다. (옳음)

다. 행렬의 대각선은 변수 자기 자신과의 상관관계를 의미하므로 항상 1이다. (옳음)

마. 상관계수 값(계수)과 부호(+/−)를 통해 변수 간 관계의 강도와 방향(정/부)을 파악하는 데 용이하다. (옳음)

나. 정적 상관관계(양의 상관관계)는 양(+)의 상관계수를, 부적 상관관계(음의 상관관계)는 음(−)의 상관계수를 의미한다. 설명이 반대로 되었다.

라. 변수의 수가 너무 많아지면(수십 개 이상) 행렬이 너무 복잡해져 한눈에 이해하기 어려워질 수 있다.

51 Power BI(DAX 함수)와 Tableau에서 공통적으로 사용되거나 유사한 개념의 함수들이다.

- (A) 두 날짜 사이의 간격(일, 월, 년 등)을 반환하는 함수는 DATEDIFF이다.
- (B) 주어진 날짜에서 '일(day)' 부분만 정수로 반환하는 함수는 DAY이다(DATE는 년, 월, 일을 조합하여 날짜를 만드는 함수).
- (C) 숫자를 반올림하는 함수는 ROUND이다(UPPER는 텍스트를 대문자로 변환하는 함수).
- (D) 숫자의 절댓값을 반환하는 함수는 ABS이다.

52 2000년 플로리다 주의 '버터플라이 투표용지'는 게슈탈트의 근접성의 법칙(Law of Proximity)을 위반한 대표적인 실패 사례이다. 근접성의 법칙은 서로 가까이 있는 요소들을 하나의 그룹으로 인식하는 경향을 말한다. 해당 투표용지는 후보자 이름과 펀치 구멍 사이의 거리가 명확하지 않고, 특정 후보의 이름이 오히려 다른 후보의 펀치 구멍에 더 가깝게 보여 유권자들이 의도와 다른 후보에게 투표하는 실수를 유발했다.

53 레이더 차트(스파이더 차트)는 여러 변수들의 값을 하나의 다각형 면적으로 비교하는 데 사용된다. 보기 ③에서 "범주가 하나일 때만 가능하다"는 설명이 틀렸다. 레이더 차트는 여러 개의 범주(그룹)를 각기 다른 색상의 다각형으로 겹쳐서 표현함으로써, 그룹 간의 전체적인 균형과 특정 항목의 강점/약점을 비교하는 데 매우 효과적이다.

54 시간을 시각화하는 그래프는 시간의 흐름에 따른 데이터의 변화나 활동의 순서를 보여준다.

- 간트 차트: 프로젝트 활동의 시작과 끝을 시간에 따라 막대로 표현
- 칼럼 스파크라인: 셀 안에 들어가는 작은 세로 막대그래프로, 시간 흐름에 따른 변화를 간략히 표현
- 폴라 그래프(폴라 에어리어 차트): 주기적인 시간 데이터(예: 월별, 요일별)를 표현하는 데 사용될 수 있다. 반면, 2차원 상자는 일반적인 시각화 용어가 아니며, 시간을 표현하는 대표적인 그래프 유형이 아니다.

55 범프 차트(Bump Chart)는 시간에 따른 여러 항목의 '순위' 변화를 시각적으로 추적하는 데 특화된 그래프이다.

  가. 순위 변동을 시간에 따라 시각적으로 표현하는 것이 핵심 기능이다. (옳음)

  다. 선의 끝(또는 시작) 부분에 원을 그리고 그 안에 순위 숫자나 아이콘 등의 정보를 넣어 가독성을 높일 수 있다. (가답안에는 '다'가 포함되어 있으나, 이는 필수 요소는 아니고 선택적인 디자인 요소이다.)

  마. 각 항목(그룹)을 고유한 색상으로 구분해야 순위 변화를 쉽게 추적할 수 있다. (옳음)

  나. 데이터의 '절댓값'이 아닌 '순위'를 중심으로 비교한다. 상관관계를 나타내는 차트도 아니다.

  라. 범프 차트는 일반적으로 단일 y축(순위)을 사용하며, 이중 축을 활용하는 경우는 드물다.

(※ 가답안은 ④(가, 다, 마)로 되어 있으나, '다'는 부가적인 디자인 요소에 가깝다. 하지만 '가'와 '마'가 핵심 특징이므로, 이를 포함하는 ④가 가장 적절한 답이다.)

56 제시된 이미지는 융기선 도표(Ridgeline Plot) 또는 조이플롯(Joy Plot)으로, 여러 그룹(여기서는 월별)에 대한 수치형 데이터(기온)의 분포를 중첩된 밀도 도표 형태로 보여주는 시각화이다.

  ④ 융기선 도표는 밀도 도표를 기반으로 하지만, 히스토그램을 사용해서도 유사하게 구현할 수 있다. 다만 히스토그램의 각진 형태 때문에 겹쳐 그릴 경우 밀도 도표보다 시각적으로 산만해 보일 수 있다는 단점이 있다. 이 설명은 융기선 도표의 특성을 잘 이해하고 있다.

  ① 와플 차트는 전체에서 각 부분이 차지하는 개수를 정사각형 블록으로 표현하여 비율을 보여주는 차트로, 분포를 시각화하는 융기선 도표와는 다르다.

  ② 바이올린 도표도 분포를 보여주지만, 융기선 도표는 여러 그룹의 분포를 시간의 흐름이나 순서에 따라 비교하는 데 더 특화되어 있어 "더 직관적"이라고 단정하기 어렵다. 목적이 다르다.

  ③ x축은 반응 변수(기온), y축은 그룹화 변수(월)를 나타낸다. 설명이 반대로 되었다.

57 조건부 서식은 엑셀이나 BI 도구에서 특정 조건을 만족하는 셀에 자동으로 시각적 서식(색상, 아이콘, 데이터 막대 등)을 적용하는 기능이다.

  가. 특정 조건(예: 값)100, 텍스트에 '서울' 포함)에 맞는 셀에 서식을 자동으로 적용하는 것이 핵심 기능이다. (옳음)

  나. 조건부 서식의 규칙을 정할 때, 특정 수식을 사용할 수 있으며 이때 엑셀의 참조 방식인 상대참조, 절대참조, 혼합참조를 모두 활용하여 복잡한 논리를 구현할 수 있다. (옳음)

  다. 조건부 서식은 셀의 배경색, 글꼴 색, 데이터 막대, 아이콘 세트 등 '값'에 기반한 서식은 제어할 수 있지만, 여러 셀을 하나로 합치는 '셀 병합'과 같은 구조적 변경은 제어할 수 없다.

  라. 조건부 서식 자체가 데이터의 패턴(예: 높은 값, 낮은 값, 이상치)을 시각적으로 빠르게 파악하도록 돕는 시각화 방식의 일종이다. 다른 시각화와 병행하면 더 좋지만, 병행'해야만' 패턴을 파악할 수 있는 것은 아니다.

58 제시된 이미지는 불릿 차트(Bullet Chart)이다. 불릿 차트는 하나의 막대(실제 값)와 비교 기준선(목표 값), 그리고 성과 수준을 나타내는 배경색 구간(좋음, 보통, 나쁨 등)으로 구성된다. 이는 '목표 대비 실적의 달성 정도'를 매우 효과적으로 보여주는 데 특화된 차트이다. 따라서 '팀별 목표 성과 달성 정도'를 시각화하는 데 가장 적합하다.

59 오컴의 면도날(Ockham's Razor): "필요 이상의 것을 가정하지 말라" 또는 "같은 현상을 설명하는 두 개의 주장이 있다면, 더 간단한 쪽을 선택하라"는 사고 원칙이다.

다. 이 원칙을 정보 디자인에 적용하면, 불필요한 시각적 요소(차트 정크)를 최대한 제거하고 꼭 필요한 데이터 정보(데이터 잉크)만으로 메시지를 전달해야 한다는 에드워드 터프티의 주장과 일맥상통한다. 이는 사용자의 인지 부하를 줄여준다. (옳음)

라. 오컴의 면도날은 원래 철학, 논리학, 과학에서 가설을 세우거나 문제를 해결할 때 사용되던 원칙이다. (옳음)

오답해설

가. 중요한 정보를 동일한 색상으로 강조하는 것은 '유사성의 법칙' 등 다른 디자인 원리에 해당하며, 오컴의 면도날(단순성, 간결성)과는 직접적인 관련이 적다.

나. 오컴의 면도날 원칙은 불필요한 잉크를 줄이고 데이터 잉크 비율을 '높여야 한다'는 개념과 상반되는 것이 아니라, 오히려 그 철학적 기반을 제공한다. 따라서 상반된다는 설명은 틀렸다.

60 교차표(Cross-Table, 분할표)는 두 개 이상의 범주형 변수에 대한 빈도를 행과 열로 정리한 표이다. 이를 통해 범주형 변수들 간의 관계를 파악할 수 있다. 보기 ①에서 "연속형 자료로 상관 분석에 적합하다"는 설명은 틀렸다. 상관 분석은 두 연속형 변수 간의 선형 관계를 분석하는 기법이다.

경영정보
시각화능력 필기

2026. 2. 4. 초 판 1쇄 인쇄
2026. 2. 11. 초 판 1쇄 발행

지은이 | 김민지
펴낸이 | 이종춘
펴낸곳 | **BM** ㈜도서출판 **성안당**

주소 | 04032 서울시 마포구 양화로 127 첨단빌딩 3층(출판기획 R&D 센터)
10881 경기도 파주시 문발로 112 파주 출판 문화도시(제작 및 물류)
전화 | 02) 3142-0036
031) 950-6300
팩스 | 031) 955-0510
등록 | 1973. 2. 1. 제406-2005-000046호
출판사 홈페이지 | www.cyber.co.kr
ISBN | 978-89-315-8476-9 (13000)
정가 | 30,000원

이 책을 만든 사람들
책임 | 최옥현
진행 | 최창동
본문 디자인 | 인투
표지 디자인 | 박원석
홍보 | 김계향, 임진성, 김주승, 최정민
국제부 | 이선민, 조혜란
마케팅 | 구본철, 차정욱, 오영일, 나진호, 강호묵
마케팅 지원 | 장상범
제작 | 김유석